Quentin Ludwig

Les religions

Catholicisme, orthodoxie, protestantisme,
judaïsme, kabbale, islam, bouddhismes

EYROLLES

Éditions Eyrolles
61, Bld Saint-Germain
75240 Paris Cedex 05
www.editions-eyrolles.com

Direction de la collection « Eyrolles pratique » : gheorghi@grigorieff.com
Maquette intérieure et mise en pages : M2M

© Groupe Eyrolles, 2007
ISBN 10 : 2-7081-3591-0
ISBN 13 : 978-2-7081-3591-8

Remerciements

Marianne Arnould et Vladimir Grigorieff, mes deux premiers lecteurs, se sont admirablement acquittés de la lourde tâche consistant à relire, mot après mot, un dictionnaire spécialisé. Leurs conseils se sont souvent révélés précieux pour clarifier un concept ou corriger une orthographe. Qu'ils trouvent ici l'expression de toute ma reconnaissance.

Kyrie eleison

Il avait la vie devant lui, il est parti pour une autre vie. Il est parti trop tôt, il est parti trop vite, à la fin de son adolescence, à l'heure où chaque minute mérite d'être vécue, où tous les rêves peuvent encore se réaliser. Je dédie cet ouvrage à la mémoire de Thibault de Montpellier d'Annevoie, mon voisin, et à ses parents dont l'immense douleur pudiquement se réconforte dans la Foi.

Introduction

Pas de contrainte en religion.
(Coran II, 256).

Personne n'a le droit de forcer quelqu'un à
adhérer à la foi catholique contre sa conscience.
(*Droit canonique 748, art. 2.*)

Expliquer les mots en usage dans l'Église, c'est déjà
toute une catéchèse, c'est baptiser une langue,
c'est l'immerger dans l'histoire du peuple de Dieu.
(*Vocabulaire théologique orthodoxe, Cerf. page 8.*)

Un mot inconnu
j'ouvre le dictionnaire
c'est là qu'il habite
(*Vladimir Grigorieff, La porte applaudit, Haïkus, filipson éditions.*)

Lorsque j'ai entrepris la rédaction de ce dictionnaire, mon intention de départ était de rédiger des articles encyclopédiques pour les différentes entrées. Très vite j'ai compris que ce projet, du fait du volume qu'il était amené à prendre, n'intéresserait qu'une frange limitée de lecteurs. En outre, il existe de très nombreux dictionnaires encyclopédiques ouverts à la consultation dont on regrettera cependant qu'ils soient habituellement limités à une seule religion ou seulement aux religions monothéistes. En cours de route, j'ai également perçu que l'utilisateur non spécialiste d'un dictionnaire des religions a besoin d'y trouver des définitions courtes consacrées au quotidien de la religion ; c'est-à-dire aux mots qu'il rencontre dans les journaux, au cours de ses lectures, lors de l'assistance à un office divin. Ces mots relatent la réalité d'un objet (phylactères, drilbut, patène, tapis de prière, etc.) ou un moment liturgique (Kyrie eleison, Hosannah, etc.). Aussi, ce que nous proposons dans les pages qui suivent est assez original par rapport aux autres dictionnaires des religions.

En dehors du fait qu'il englobe les quatre principales religions actuelles (judaïsme, bouddhisme, christianisme et islam), ce dictionnaire contient également des articles consacrés à l'hindouisme, à des courants religieux actuels (kimbanguisme, etc.) ou aux religions qui sont entrées, à un moment ou l'autre, en concurrence avec l'une des quatre religions principales (mazdéisme, manichéisme, etc.). De plus, une part importante de ce dictionnaire est consacrée aux objets cultuels, aux fêtes religieuses, aux traditions, aux expressions religieuses, etc. Bref, à tout ce qui fait le quotidien d'une religion. Ainsi, il est rarissime de trouver dans un dictionnaire des religions les mots *kippa* (calotte des juifs religieux), *ciboire* (récipient pour conserver les hosties) ou épectase (désir inassouvi de fusion mystique avec Dieu) alors qu'il s'agit de mots d'un usage fréquent non seulement dans les ouvrages religieux mais aussi dans les ouvrages de littérature. Nous avons donc fait le choix de recenser les divers mots ayant un rapport avec la pratique des principales religions. Enfin, il nous a également semblé utile d'inclure dans ce dictionnaire les mots se rapportant aux principaux concepts religieux, les mots les plus fréquents de la théologie et, pour terminer, le nom de quelques personnalités éminentes ayant marqué de leur sceau les religions. Outre Bouddha, Jésus-Christ et Mahomet, il nous semblait impensable de faire l'impasse sur Maïmonide, al-Hallâj ou saint Paul, pour n'en citer que quelques-uns. D'autre part, chaque fois que cela est utile, nous proposerons des comparaisons entre les religions. Le but de ce dictionnaire est d'être pratique et de permettre au lecteur de s'en servir pour lire la plupart des ouvrages traitant de religion. S'il n'y trouve pas une définition encyclopédique pour chaque mot, il saura au moins de quoi il s'agit et ne confondra pas une hérésie avec un objet liturgique. En règle générale, nous limitons les entrées consacrées aux vêtements liturgiques, sauf pour ce qui concerne la religion orthodoxe. En effet, cette information est utile pour quiconque s'intéresse à l'art orthodoxe des icônes. Si les dates ont été réduites au strict minimum, pour des raisons évidentes les chiffres statistiques sont absents. Par contre, les dates des conciles chrétiens sont généralement indiquées car cela permet au lecteur de se positionner par rapport aux deux événements d'importance historique majeure que sont le concile de Chalcédoine et le Schisme d'Orient. Souvent, nous n'ouvrons que des pistes car traiter convenablement du sujet d'une entrée du dictionnaire nécessiterait un ouvrage entier alors que nous ne lui consacrons que quelques lignes. Cependant, à partir de la piste ainsi ouverte, le lecteur peut, s'il juge le sujet intéressant, partir en exploration pourvu des ouvrages spécialisés dont les principaux sont repris dans la bibliographie. C'est ainsi que, pour de nombreux concepts, nous avons limité la définition au strict minimum nécessaire pour rendre le mot compréhensible ou les éléments biographiques utiles. Signalons encore que durant nos recherches dans les différents dictionnaires de langue française, nous avons été très surpris de découvrir combien ces dictionnaires étaient catholico-centrés. Ainsi, pour ne donner qu'un seul exemple parmi des centaines, prenons le mot *concile*. À la consultation des différents dictionnaires de langue française (Larousse, Robert, TLFi, etc.), le lecteur peut facilement croire que ce mot est réservé exclusivement à la foi catholique alors qu'il existe des conciles bouddhiques (bien antérieurs aux conciles catholiques), des conciles orthodoxes, etc.

Le contenu du dictionnaire

Comme nous l'avons dit, ce dictionnaire contient :

- Les mots spécifiques des différentes religions (les rites, les objets liturgiques, les coutumes, les fêtes, les saints, la théologie, etc.). Il couvre les quatre religions principales : le judaïsme (y compris la kabbale), le christianisme (catholicisme, orthodoxie, protestantisme, hérésies diverses), les bouddhismes (les trois véhicules) et l'islam (sunnite et chiite).
- Les mots en rapport avec les religions ou qui possèdent dans celles-ci un sens spécifique (souvent proche de celui de la philosophie, mais pas toujours).
- Les principaux concepts de la théologie.
- Des formules latines ou hébraïques employées régulièrement dans le christianisme.
- La symbolique des principales paraboles de Jésus entrées dans le langage courant.
- Des événements « historiques » régulièrement cités dont certains sont entrés dans le langage courant (le *Buisson ardent*, la *Fuite en Égypte*).
- Des faits historiques majeurs en rapport avec les religions (guerres de religion, Édit de Nantes).
- Des informations religieuses sur des faits de société (funérailles, mariage, suicide, etc.).
- Les biographies succinctes des fondateurs de religions et de quelques personnages dont le rôle politique ou religieux s'est révélé majeur au point qu'ils sont habituellement cités dans les ouvrages religieux sans aucune référence biographique, laquelle est supposée connue. C'est le cas pour Luther dans les ouvrages protestants, pour Photius dans

les ouvrages orthodoxes, pour al-Bukkhari dans les ouvrages musulmans, etc.

- Des données de base concernant certaines religions historiques (hindouisme, jaïnisme, zoroastrisme) qu'on ne peut passer sous silence.

Nous espérons que ce modeste dictionnaire rendra quelques services à tous ceux qui s'intéressent aux religions ; nous remercions déjà d'avance ceux qui voudront bien nous écrire pour relever un manquement, une erreur, etc. Bien entendu, avant de nous condamner, le lecteur spécialisé tiendra compte des dimensions modestes de ce volume et aura toujours conscience que pour chacune des entrées nous aurions pu rédiger des dizaines de pages (voire des centaines) et que nous avons été dans l'obligation de réduire l'essentiel à quelques lignes.

Remarques importantes

- L'orthographe des mots étrangers, surtout s'ils sont spécialisés et ne figurent pas dans les dictionnaires « classiques » (Robert, Larousse, Littré, TLFi), est loin d'être uniformisée en langue française. Le lecteur est donc invité, s'il pense qu'un mot ne figure pas dans ce dictionnaire, à vérifier s'il n'est pas écrit de manière différente. Ainsi, chaque fois qu'il pense trouver le mot à la lettre S (comme shabbat, etc.), nous l'invitons à regarder à la lettre C.
- Il en est de même pour les lettres C et K (ainsi, les deux écritures Cabbale et Kabbale sont correctes).
- Le Q remplace aussi parfois le C ou le K (ainsi, on peut parfois lire Qoran au lieu de Coran ou Tariqa au lieu de Tarika).
- La lettre H pose aussi problème. On écrit tout aussi correctement Thorah et Torah. Pour de nombreux mots d'origine hébraïque, le h final est optionnel (on écrit sabbat, sabbath, chabbat et chabbath).
- Le pluriel en hébreu est indiqué par le préfixe *oth* (séfira [une émanation de Dieu], séfiroth [les émanations de Dieu]). En russe, le pluriel est produit par l'adjonction de la lettre *i* (raskolnik [un schismatique], raskolniki [des schismatiques]).
- Les références à Matthieu, Marc, Luc ou Jean indiquent les Évangiles de ces apôtres.
- Pour les fêtes chrétiennes, les dates sont indiquées exclusivement dans le calendrier grégorien (pour obtenir la date dans le calendrier julien, utilisé par certains orthodoxes, il convient au lecteur de faire lui-même la conversion).
- Pour les livres saints (Bible, Coran), l'indication entre parenthèses de deux chiffres précise le chapitre (ou la sourate) puis le verset. L'indication « 12, 6 » derrière un extrait coranique précise donc qu'il s'agit du verset 6 de la sourate 12.

Dictionnaire

A

A DIVINIS ■ C'est-à-dire privé des choses divines. Sanction du droit canon catholique interdisant à un prêtre de dire la messe et de donner les sacrements.

AARON ■ Frère aîné de Moïse. Porte-parole de Moïse, il passe pour avoir été le premier grand-prêtre dont les Cohanim seraient les descendants (ces derniers remplissent, de ce fait, des fonctions particulières à la synagogue). Aaron est surtout connu comme un habile médiateur. Sa vie est racontée dans l'Exode.

ABBAYE ■ Monastère d'hommes ou de femmes. Le supérieur de l'abbaye porte le nom d'Abbé et jouit de certains privilèges.

ABBÉ ■ Au départ, ce titre désignait le supérieur d'un monastère érigé en abbaye. Depuis le 18e siècle, ce titre est donné à tous les prêtres.

ABEL ■ Fils d'Adam et d'Ève, il plaisait à Dieu et pour cette raison fut tué par son frère Caïn.

AB-GAD ■ Dans la kabbale, système qui consiste à remplacer une lettre par sa suivante dans l'ordre alphabétique. L'exemple le plus connu est le remplacement du tétragramme YHVH (Yahvé) par le mot Kouzou (la lettre yod devient le kaf ; le hé devient le vav et le vav devient le zayin).

ABHI ■ En sanscrit, donc dans les textes bouddhiques, préfixe indiquant ce qui est supérieur.

ABHIDHARMA ■ La troisième partie, la plus théorique, du Canon bouddhique (tripitaka).

ABHIDHARMAKOSA ■ *Le Trésor de la doctrine approfondie* est le commentaire de l'Abhidharmapitaka par Vasubandhu (le frère puîné d'Asanga), lequel appartenait à une secte du Petit Véhicule. Nous disposons aujourd'hui de l'intégralité de cet ouvrage en trois langues : le sanscrit, le chinois et le tibétain. Comme la plupart des ouvrages de l'époque, il est composé de vers (qui expriment la théorie), lesquels sont suivis de longs commentaires en prose.

ABHIRATI ■ C'est le paradis du Bouddha Aksobhya (l'Inébranlable), situé à l'est de l'univers. Les fidèles qui respectent le vœu de ne jamais se mettre en colère sont assurés de renaître dans son paradis et de ne plus jamais transmigrer dans un état inférieur. Dans l'iconographie, ce bouddha est représenté avec le haut du corps peint en bleu (ou en doré). Il a pour support un éléphant bleu et ses mains forment souvent le geste (mudrâ) de la prise à témoin de la terre.

ABIGOUMÈNE ■ Supérieur d'un monastère copte.

ABJECTION ■ Humiliation profonde recherchée volontairement par amour pour Dieu.

ABJURATION ■ Renonciation solennelle à sa religion.

ABJURER ■ C'est renier de manière solennelle sa religion.

ABLUTION ■ Action de se purifier avec de l'eau (ou de la terre) dans un but religieux. Dans le monde musulman, il est impératif de procéder à des ablutions avant la prière.

Selon son état, le croyant peut se contenter d'une simple purification (*woudou*) ou d'une purification complète (*ghousl*). La purification s'effectue avec de l'eau selon un rituel codé. Si l'eau manque, le croyant peut se purifier au moyen de sable ou d'une pierre (cette purification est connue sous le nom de *tayammoum*). Chez les juifs, les nombreuses circonstances d'impureté obligent à des ablutions, dont le bain rituel. Certaines ablutions concernent le corps entier, d'autres ne concernent que les pieds (pour les prêtres) ou les mains (pour tout juif pratiquant). En règle générale, le juif pieux se purifie avec de l'eau avant de rompre le pain. Cette ablution est assez compliquée car il faut utiliser un récipient à large ouverture et bords lisses et verser l'eau d'abord sur sa main droite puis sur sa main gauche : cela demande un peu de dextérité. Chez les catholiques, l'entrée dans la religion, le baptême, consiste à verser de l'eau sur la tête du baptisé.

ABOU BAKR ■ Le premier calife (632-634) et le père de Aïcha, la femme préférée de Mahomet. Il fut aussi le plus fidèle compagnon de Mahomet, le premier musulman après Mahomet et le premier à croire en son Voyage nocturne. Pour cette raison, il a reçu le surnom de « véridique ». À la mort du Prophète, il prit le titre de khalifat rasûl Allâh, c'est-à-dire de « successeur du prophète d'Allah ». C'est lui qui commença la recension du Coran, laquelle fut terminée par le calife Umar.

ABRAHAM ■ Abraham est le père des trois religions monothéistes : le judaïsme, le christianisme et l'islam. Selon les traditions de ces trois religions, Abraham (Ibrahim, pour l'islam) est le premier homme a avoir perçu intuitivement ce qu'était le monothéisme ; on dit de lui que c'est un hânif. Pour les Juifs, Abraham est le premier des trois Patriarches. Pour le situer historiquement, les Juifs disent qu'il y a eu dix générations entre Adam et Noé et dix autres générations entre Noé et Abraham. Selon la tradition, Abraham naquit en l'an 1948 du calendrier juif ; c'est-à-dire en l'an -1812 de l'è.c. (son histoire est racontée dans la Genèse à partir du chapitre 12). Il vécut en Mésopotamie (l'actuel Irak) jusqu'à la mort de son père. Vers cette époque, il reçut de Dieu, à soixante-quinze ans, l'ordre de quitter la Mésopotamie pour se rendre, lui, sa femme (Sarah) et sa tribu vers le pays de Canaan (actuellement Israël). Pour ses quatre-vingt ans, Sarah, inféconde, lui offrit pour présent, comme concubine, sa servante Agar. C'est Agar qui lui donna son premier fils Ismaël (dont se revendiquent les Arabes). Plus tard, Dieu se manifesta encore à lui (il avait 99 ans) pour lui donner l'ordre, en signe d'Alliance, de se circoncire et de faire de même pour sa famille, ses esclaves et tous ses descendants. Après cette alliance, Dieu voulut qu'Abraham eut un fils de sa femme légitime et il le lui confirma. La tradition dit qu'effectivement Sarah (90 ans) enfanta peu de temps après et lui donna (alors qu'il avait 100 ans) un fils, Isaac.

ABRAXAS ■ Ce mot symbolise, selon des sectes gnostiques, les 365 émanations de Dieu.

ABROGATION ■ C'est le remplacement d'un verset coranique par un autre verset ou un hadîth. Le fait qu'un verset coranique en abroge un autre est admis par toute la communauté islamique. Par contre, le problème se pose lorsqu'un verset du Coran et un hadîth sont en contradiction. De nombreux exégètes estiment que c'est le hadîth qui abroge le verset coranique mais il n'y a pas de consensus sur cette question. On notera que les questions suscitées par l'abrogation ont donné lieu à une véritable science, la « science de l'abrogeant et de l'abrogé ». L'abrogation est plusieurs fois nommée dans le Coran. L'abrogation peut survenir pour plusieurs raisons : Satan a glissé un message dans le discours coranique, la situation sociale a évolué (il existe plusieurs versets contradictoires sur la manière de se comporter avec les juifs), une nouvelle décision est prise (la direction de la prière change de Jérusalem vers La Mecque), un verset doit être clarifié, etc. Le Coran n'étant pas chronologique, en présence de deux versets, il est parfois difficile de déterminer lequel est antérieur à l'autre. Lorsqu'on sait qu'un verset est mekkois et l'autre médinois, l'application de la règle d'abrogation est facile mais ce l'est beaucoup moins, par exemple, pour deux versets tous deux médinois. L'abrogation, en arabe, se dit *naskh*. Le verset abrogé est dit *mansûkh* et le verset abrogeant est dit *nâsikh*.

ABSIDIOLE ■ Chapelle secondaire d'une église.

ABSOLUTION ■ Acte du prêtre qui, au nom de Dieu, lors du sacrement de pénitence pardonne les péchés du pénitent. Pour les catholiques, la confession – complétée par une pénitence – est obligatoire au moins une fois l'an. Les protestants ne considèrent pas la pénitence comme un sacrement. Pour les orthodoxes, il est nécessaire de se confesser avant chaque communion (laquelle ne peut être reçue que quatre fois dans l'année). La pénitence existe également chez les orthodoxes, mais n'est pas aussi codifiée que chez les catholiques ; en cas de nécessité, il est possible de se confesser de manière valide à une personne de son choix.

ABSOUTE ■ Prière dite devant le cercueil, après la cérémonie religieuse, demandant à Dieu de pardonner au défunt.

ABSTINENCE ■ Refus pénitentiel de manger une catégorie d'aliments certains jours de l'année liturgique. Les règles d'abstinence ne concernent que les adultes et varient selon les époques et les pays (ainsi, pour ce qui concerne l'abstinence de viande le vendredi, chez les catholiques, en France, elle est prescrite les vendredis de Carême ; en Suisse uniquement le Vendredi saint et n'est plus du tout obligatoire en Belgique). Par extension, il peut s'agir aussi de privation de relations sexuelles, de cigarettes, etc.

ABSTINENT ■ Ce dit de quelqu'un qui observe les règles d'abstinence de sa religion comme, par exemple, pour les musulmans ne pas manger, fumer et avoir de relations sexuelles du lever du jour à la tombée de la nuit durant le ramadan.

ABÛL-HASAN KHARAQÂNÎ ■ Un soufi d'origine iranienne (11e siècle) qui a laissé un corpus littéraire bien qu'il ne savait ni lire ni écrire. Le corpus contient donc essentiellement des paroles dites et recueillies par ses disciples. Les deux corpus sont le *Nûr al-ulûm* (*La Lumière des Sciences*) et un texte du poète et mystique persan Attâr (ce mot désigne celui qui tient un commerce de parfums, ce qui était réellement la profession du poète soufi Farid al-din Attâr). Les citations reproduites dans notre ouvrage proviennent des dits de Kharaqânî tels qu'ils sont repris dans l'œuvre de Farid al-din Attâr, *Mémorial des saints* (*Tadhkirat al-awliyâ*).

ACATHISTE ■ Dans l'Église orthodoxe, hymne pendant le chant duquel les fidèles doivent rester debout. Cet hymne a été composé au 7e siècle pour remercier la Vierge de la libération de Constantinople.

ACCIDE ■ État de paresse, de manque de zèle ou d'intérêt pour les choses spirituelles ou religieuses (on dit aussi acédie).

ACCLAMATION ■ Dans la liturgie, courtes formules (par exemple Alléluia) où les fidèles disent leur approbation.

ACÉMÈTES ■ Moines qui dans certains grands monastères assurent la continuité de la prière par groupes de huit heures.

ACHALANÂTHA ■ Serviteur de Bouddha. Plus connu sous son nom japonais de Fudô Myô, Achalanâtha est le chef des cinq grands rois de science magique. C'est le destructeur des passions. Il est tout sauf beau : atteint de strabisme, il se mord convulsivement les lèvres, est de couleur verte, etc. Son glaive lui sert à combattre les trois poisons : l'avarice, la colère et l'ignorance. De sa main gauche, il tient une corde pour lier les forces mauvaises. Ce serait un des aksalas (gardiens farouches) de la cosmologie bouddhiste.

ACHARISME ■ École de théologie — fondée vers le deuxième siècle de l'islam par un théologien mutazilite — qui se situe entre le traditionalisme et le mutazilisme. Cette école théologique définit de la manière suivante la nature et les attributs de Dieu : les attributs divins (les Beaux Noms de Dieu) existent mais on ne peut les expliquer (il y a un risque d'anthropomorphisme à tenter de les expliquer) ; l'homme possède un libre arbitre, mais les actes humains sont prédéterminés par Dieu ; la création est continue (création du monde, Adam, Ève, les Prophètes). Cette position est maintenant celle de tous les sunnites.

ÂCHÂRYA ■ Un maître spirituel bouddhiste. Dans le bouddhisme, il existe deux maîtres spirituels : l'un pour la guidance spirituelle et l'autre pour l'observance des règles monastiques. L'âchârya est le maître spirituel.

ACHÉIROPOIÈTE ■ Ce qui n'est pas fait de la main de l'homme. La première image non faite par la main de l'homme est la Véronique (voir ce mot). D'autres images ont également une origine divine : l'icône du Sauveur à Saint-Jean-de-Latran, le tableau de Notre-Dame-de Guadalupe (à Mexico), le Saint-Suaire (à Turin). En iconographie orthodoxe, on désigne par ce mot certaines icônes représentant le Christ. Voir aussi Mandylion.

ACHOURA ■ Dans l'islam chiite, c'est la commémoration du martyre de l'imâm hussein à Karbala (680). Ce jour là, un pèlerinage et des manifestations doloristes de grande ampleur ont lieu dans les territoires chiites.

ACOLOUTHIE ■ 1. Dans le rite orthodoxe, c'est l'ordonnancement des éléments d'une célébration liturgique. 2. C'est le désir d'imiter le Christ par l'ascèse.

ACOLYTAT ■ Chez les catholiques, c'est le plus élevé des ordres mineurs.

ACOLYTE ■ Chez les catholiques, clerc qui a été élevé à l'acolytat et dont la fonction consiste à aider le prêtre en servant à l'autel.

ACTA APOSTOLICÆ SEDIS ■ Journal Officiel du Saint-Siège dans lequel sont promulguées les lois de l'Église.

ACTE DE CONTRITION ■ Prière récitée par celui qui après sa confession reçoit l'absolution de ses péchés.

ACTE DES APÔTRES ■ Livre du Nouveau Testament écrit par l'évangéliste Luc. Il retrace les événements qui se sont produits après la mort et la Résurrection du Christ ainsi que la vie des premiers chrétiens.

ACTION CATHOLIQUE ■ Regroupement de sociétés de militants chrétiens. Ce regroupement de laïcs est apparu vers la fin du 19e siècle.

ACTION DE GRÂCES ■ Remerciement pour des bienfaits reçus de Dieu.

ADAB ■ Dans le monde musulman, c'est la culture profane par rapport à la culture religieuse.

ADAM ■ Le premier homme, l'ancêtre mythique du genre humain, selon le récit de la Genèse. Il existe deux récits de la création. Dans le premier, Adam et Ève furent créés en même temps. Dans le second, Ève fut créée plus tard, à partir d'un côté d'Adam.

ADAM KADMON ■ C'est, selon la kabbale, l'homme primordial (l'homme créé à l'image de Dieu, Genèse 1, 27, opposé à l'homme créé d'argile, Genèse 2, 7).

ADAMISME ■ Hérésie chrétienne du 2e siècle. Se réclamant d'Adam, les adamistes pratiquaient le nudisme.

ADDUCTION ■ En théologie catholique, action par laquelle sous l'effet des paroles de la Consécration, Jésus-Christ se rend présent dans le pain et le vin.

ADEPTE ■ Se dit de quelqu'un qui pratique les commandements de sa religion.

ADHAN ■ Dans l'islam, c'est le mot qui désigne l'appel à la prière (cinq fois par jour).

ADI GRANTH ■ Livre sacré des sikhs.

ADIAPHORA ■ Deux livres importants du luthérianisme (la Confession d'Augsbourg et la Formule de concorde) autorisant les luthériens à participer à des cérémonies catholiques.

ADIBOUDDHA ■ Le « bouddha primordial » du Mahâyâna (Grand Véhicule). Ce Bouddha est à l'origine des cinq Bouddhas de méditation (Dhyâni-Bouddha), lesquels ont pour émanation cinq bodhisattvas et cinq bouddhas terrestres. Adibouddha est toujours représenté comme un « Bouddha paré ».

ADMONITION ■ Réprimande d'une autorité religieuse.

ADONAÏ ■ L'une des manières de nommer le Dieu d'Israël (selon la kabbale, c'est le dernier degré des noms de Dieu).

ADOPTIANISME ■ Conception selon laquelle Jésus ne serait que le fils adoptif de Dieu. Cette conception hérétique a été condamnée par le concile de Francfort (794).

ADULTÈRE ■ Motif de répudiation dans toutes les religions, y compris dans certaines églises chrétiennes. En effet, selon l'évangéliste Matthieu (MT 5,32 et 19,9), Jésus a interdit la répudiation « sauf pour adultère ». Matthieu est cependant le seul à en parler (c'est ce qu'on appelle l'incise mathéenne). Pour les catholiques, l'époux innocent a le droit de rompre la vie commune, ce qui ne l'autorise pas à se remarier. Pour les orthodoxes, l'époux innocent peut se remarier. On notera que le divorce civil n'est pas interdit pour les catholiques ; c'est le remariage qui est prohibé. Pour être en règle avec le droit canonique, les divorcés catholiques peuvent demander le statut de « séparés ». Contrairement à une opinion générale, le Droit canon ne prévoit pas explicitement l'interdiction de l'eucharistie aux divorcés remariés (canon 915).

ADVENTISME ■ Secte protestante fondée au 19e siècle par William Miller et Ellen White. Elle annonçait le retour du Christ pour 1843. Aujourd'hui, elle s'est structurée dans l'Église du Septième jour. Les adventistes célèbrent leur culte le samedi et s'astreignent à une hygiène de vie rigoureuse.

ADVENTISTES DU SEPTIÈME JOUR
Voir Adventisme.

ADVERTANCE ■ Action qui consiste à être attentif à ses actes sous l'aspect du bien et du mal.

ADYTUM ■ Dans les temples, chambre secrète où seuls les prêtres étaient admis.

AÉMÈRE (ou AHÉMÈRE) ■ Saint pour lequel il n'a pas de jour consacré dans l'année liturgique (le jour de sa mort étant inconnu).

AËR ■ Dans la liturgie orthodoxe, le plus grand des trois voiles liturgiques, destiné à couvrir la patène et le calice.

AEVUM ■ État dans lequel se trouve l'âme après la mort (en langage théologique, on parle aussi d'éviternité).

AFFUSION ■ Action de verser de l'eau sur la tête du baptisé.

AGADA ■ Voir Hagada.

AGADISTE ■ Prédicateur populaire juif dont le discours se base sur les (h)agada (ou historiettes).

AGAMA ■ Nom donné, dans le Grand Véhicule, aux recueils reprenant les textes canoniques de base (Sûtras) du bouddhisme. Le mot équivalent, en pâli, est Nikâya. C'est ce dernier terme qui est généralement utilisé dans la littérature du Petit Véhicule.

AGAPÈ ■ Terme néotestamentaire qui désigne à la fois l'amour de Dieu et celui du prochain (il se manifeste, par exemple, par un repas de charité).

AGAR ■ La concubine d'Abraham qui lui a donné son premier fils, Ismaël. Le personnage Agar mériterait d'être analysé de manière plus approfondie car outre le fait qu'elle soit la première femme à donner un enfant à Abraham, le Patriarche des trois religions monothéistes, c'est aussi le premier personnage biblique qui reçoit la visite d'un messager de Dieu. En outre, bien que chassée par Abraham, sur ordre de Sarah mais avec la complicité de Dieu, ce dernier l'aide à trouver de l'eau dans le désert et lui assure qu'elle aura une importante descendance. L'histoire d'Agar peut se lire comme un Exil du peuple arabe.

ÂGE CANONIQUE ■ Âge à partir duquel une femme peut résider dans un presbytère. Cet âge a été fixé à 40 ans (mais peut varier selon les évêchés).

ÂGE DE LA LOI ■ Pour les chrétiens, temps écoulé depuis Moïse jusqu'à Jésus-Christ.

ÂGE DE LA LOI DE GRÂCE ■ Pour les chrétiens, temps écoulé depuis Jésus-Christ jusqu'à aujourd'hui.

ÂGE DE LA LOI DE NATURE ■ Pour les chrétiens, temps écoulé depuis Adam jusqu'à Moïse.

ÂGE DES CONFLITS ■ Dans le bouddhisme, d'après les textes canoniques, à la mort de Bouddha cinq périodes de cinq cents ans se succéderont. Chaque période aura ses caractéristiques propres. La dernière période, appelée l'« âge des conflits » — dans laquelle nous vivons — se caractérisera par des conflits entre les différentes écoles bouddhiques, par la mauvaise compréhension de l'enseignement de l'Éveillé et par la perte du Dharma (on désigne aussi cette période par l'expression « les derniers jours de la Loi »). Mais comme tout phénomène est soumis au cycle des renaissances, un nouvel Enseignement apparaîtra dans une autre période ainsi d'ailleurs qu'un nouveau Bouddha (Maitreya).

AGENDE ■ Désigne des livres liturgiques utilisés par les luthériens (rituels et recueils liturgiques) et les Chartreux (livres de prières pour les morts).

AGGADAH ■ Ce mot signifie récit (son pluriel est aggadoth). Il s'agit d'un genre littéraire qui regroupe divers styles : des récits, de l'humour, des anecdotes, des légendes, des éléments folkloriques, des recettes, des croyances astrologiques, des informations sur les anges et les démons, etc. La particularité des aggadoth est de figurer au sein de textes parfois très sérieux de la littérature rabbinique classique (c'est-à-dire du Talmud et du Midrash). En d'autres mots, la Aggadah est tout ce qui dans le Talmud et le Midrash n'est pas du droit (halakha) mais appartient à un des genres « légers » cités ci-dessus. Les textes de la Aggadah occupent plus ou moins un tiers du Talmud et la majeure partie du Midrash. Ils représentent donc une somme considérable d'informations pour quiconque s'intéresse à la mentalité des Juifs de l'époque de la rédaction des textes du Talmud et du Midrash (c'est-à-dire une période qui s'étend sur près de 1700 ans : de -330 avant l'ère commune à l'aube du 15e siècle) ; sa rédaction concerne les us et coutumes de nombreux pays. Contrairement à la halakha (la loi juive), la Aggadah n'a aucun caractère contraignant. Sa fonction est d'être didactique et aussi d'aménager des aires de repos dans l'étude des textes du Talmud et du Midrash.

AGGIORNAMENTO ■ Expression italienne signifiant « mise à jour ». Cette formule a été utilisée par le pape Jean XXIII lors de l'ouverture du concile Vatican II (1962). Elle indiquait la volonté de l'Église de se mettre à l'unisson du monde moderne sans pour autant sacrifier ses convictions profondes.

AGHIRA ■ Dans l'islam, c'est le mot qui désigne la vie après la mort.

AGNEAU ■ Dans la liturgie orthodoxe, c'est la parcelle centrale, de forme carrée, découpée dans le pain, qui sera consacrée (prosphore) pendant l'anaphore (partie centrale de la liturgie durant laquelle s'effectue le mystère de l'eucharistie). La découpe du pain s'effectue au début de la Divine Liturgie dans un local spécifique (voir Proscomédie).

AGNEAU DE DIEU ■ Dans le christianisme, figure du Christ, victime sans tache.

AGNEAU MYSTIQUE ■ C'est le symbole du Christ victime expiatoire.

AGNI ■ Dans le bouddhisme, divinité mineure (une des douze devas).

AGNOÉTISME ■ Hérésie chrétienne soutenant que le Christ ignore certaines choses de manière temporaire ou permanente. Elle fut condamnée par le concile du Latran (649).

AGNOSTIQUE ■ Personne qui, sans être athée, estime que la raison humaine est incapable d'accéder à la connaissance de Dieu. Ce mot a été forgé par H. Huxley (1869).

AGNOTISCISME ■ Terme créé par T.H. Huxley pour désigner un comportement intellectuel excluant toute thèse métaphysique, c'est-à-dire une suspension du jugement pour tout ce qui concerne toute connaissance permettant d'être appréhendée de manière objective. Ainsi, dans le domaine religieux, c'est l'abstention de toute position : ni adhésion à une foi, ni athéisme.

AGNUS DEI ■ Partie de la messe catholique, située entre le Pater et la communion où le prêtre prononce trois fois une prière commençant par Agnus Dei.

AGONISTIQUES ■ Adeptes des donatistes qui parcouraient les provinces pour propager leur doctrine.

AGRAPHA ■ Ce mot signifie ce qui « n'est pas écrit ». On l'utilise pour désigner les paroles attribuées à Jésus-Christ et reprises dans des textes apocryphes datant du début du christianisme.

AGRÉGATS (CINQ -) ■ Les skandhas (piles, tas, paquets) ou agrégats sont des ensembles dans lesquels Bouddha a englobé tous les phénomènes physiques et mentaux qui conditionnent l'existence des êtres vivants, c'est-à-dire tous les phénomènes composés. Au niveau des êtres vivants, et tout particulièrement de l'homme, les cinq skandhas sont la base de sa personnalité et de son existence. C'est de leur association que naît l'idée du « moi » à laquelle l'homme est attaché et qui n'est qu'illusion. C'est à cause de cette attachement à une illusion, résultant des cinq agrégats, que l'on parle habituellement des « agrégats d'attachement ». Comme tous les phénomènes composés, les skandhas sont impermanents et provoquent la souffrance (*duhkha*). Pour l'homme, ces skandhas sont au nombre de cinq et chaque groupe est divisé en un certain nombre de facultés. En d'autres mots, l'homme est un assemblage éphémère des cinq agrégats : le groupe des formes, le groupe des sensations, le groupe des perceptions et des sentiments, le groupe des formations karmiques et le groupe de la conscience.

AHAD ■ Dans l'islam, c'est le mot qui désigne l'unicité de Dieu. Il est un, indivisible, n'a pas engendré et n'a pas été engendré.

AHARONIM ■ Ce (mot signifiant « les derniers ») désigne, dans le judaïsme, les autorités juridiques postérieures au livre

Choulkham Aroukh (« La Table dressée », voir l'article consacré à ce sujet).

AHESS-BETA ■ Dans la kabbale, système de transposition de lettres qui se combinent trois par trois. Cette transposition permet de découvrir un sens caché dans un texte religieux. En utilisant cette méthode ainsi que la guématria et le notarikon, tout texte offre des possibilités ésotériques.

AHIMSÂ ■ Dans le bouddhisme, désigne la non-violence (ou, plus exactement, l'absence d'intention de frapper), une des bases de la morale bouddhiste.

AHL AL-BAYR ■ Dans l'islam, c'est l'expression qui désigne la famille du Prophète. Cette famille étant particulièrement vénérée par les chiites.

AHL AL-KISA ■ Dans l'islam, c'est le mot qui désigne « ceux du manteau », c'est-à-dire les cinq membres de la famille du Prophète (Mohamed, Alî, Fâtima, Hassan et Hussein).

AHL AL-KITÂB ■ C'est le terme coranique désignant les juifs, les chrétiens, les zoroastriens et les sabéens. Ce sont toutes des religions monothéistes disposant d'un livre sacré. Voir aussi dhimmis.

AHMAD ■ Dans l'islam, c'est un des noms du Prophète. On a voulu voir dans ce nom la traduction de *periclutos* (le paraclet). Ceci permettait aux musulmans de considérer Mohamed comme le prophète annoncé par Jésus (voir Évangile de saint Jean 15, 26).

AHMANDIYYAS ■ Secte mystique — dont le nombre d'adeptes dépasse le million — qui se base sur l'enseignement de Mirza Ghulam Ahmad (1839-1908). M.G. Ahmad prétendit successivement être le Messie (Christ), le Mahdi, un « avatar » de Krishna et Bourouz (une manifestation de

Mahomet). Malgré cela, les ahmandiyyas se déclarent toujours musulmans et suivent les rites de l'islam même s'ils n'en acceptent pas tous les dogmes (comme, par exemple, celui de l'inimitabilité du Coran). Bien entendu, comme M. G. Ahmad se prétendait Prophète, les ahmandiyyas — qui suivent ses préceptes — sont déclarés apostats par le pouvoir religieux puisqu'il ne peut y avoir de prophètes après Mahomet lequel est le « sceau des Prophètes », c'est-à-dire le dernier prophète. Signalons que pour les ahmandiyyas, le Christ n'est pas mort sur la croix (il s'est simplement évanoui) et, après son rétablissement, il s'est réfugié en Inde (sa tombe aurait même été retrouvée au Cachemire).

AHOSI KARMA ■ Dans le bouddhisme, c'est le nom donné aux karmas inefficaces.

AHRIMAN ■ Dans le zoroastrisme (mazdéisme), c'est l'esprit du mal, le Dieu mauvais.

AHURA MAZDA ■ Dans le zoroastrisme (mazdéisme), c'est le Dieu bon.

AÏD EL-FITR ■ La « petite fête », qui marque la fin du Ramadan. Marquée par des signes d'allégresse et des prières, il est classique d'y manger des sucreries. Elle porte également le nom d'aïd al-saghir et, en turc, celle de « fête du sucre ». C'est l'une des deux fêtes canoniques de l'islam (l'autre étant la « grande fête » ou aïd el-kebir.

AÏD EL-KEBIR ■ C'est la plus grande fête du monde musulman (aussi appelée aïd el-adhâ) ; célébrée à La Mecque (au cours du Pèlerinage) et, en même temps, dans le monde entier. Elle est célébrée le 10 du mois de dhou al-hijja (le dernier mois du calendrier musulman). Elle est fête à deux titres : c'est le souvenir du sacrifice d'Abraham mais c'est aussi la communion avec la communauté des pèlerins de La Mecque qui — par un sacrifice identique — clôturent leur pèlerinage. L'animal sacrifié doit être partagé en trois parties égales : une pour la famille, une pour l'aumône et la troisième pour les amis et les voisins. En aucun cas la viande du sacrifice ne sera monnayée.

AIQ-BÉKAR ■ Dans la kabbale, système de transposition de lettres qui se combinent trois par trois. Cette transposition permet de découvrir un sens caché dans un texte religieux. En utilisant cette méthode, ainsi que la guématria et le notarikon, tout texte offre des possibilités ésotériques.

AKSHOBHYA ■ Bouddha de sagesse (dhyâni-bouddha).

AKUSALA ■ Dans le bouddhisme, se dit d'un acte s'il produit automatiquement des effets néfastes sur le karma de l'individu. L'acte akusala est un acte qui s'oppose à la morale bouddhique ; la simple volonté d'effectuer un acte nuisible est déjà akusala : il n'est donc pas nécessaire que l'acte soit réalisé pour qu'il entraîne des effets nuisibles sur celui qui l'a pensé ou organisé. Un acte méritoire ayant des effets favorables sera dit *kusala*.

ALAOUITES ■ Musulmans chiites. Ils se présentent comme les hérauts du 9e imam. Ils sont considérés par les autres musulmans comme hérétiques et ne représentent une force que par l'arrivée au pouvoir, en Syrie, en 1971 d'un musulman alaouite (Hafz el-Hassad).

ALARA KAMALA ■ Le maître yoga de Bouddha.

ALAYA-VIJNANA Dans le bouddhisme, mot désignant « la conscience réceptacle ».

ALBIGEOIS ■ Dans le christianisme, secte appartenant à l'hérésie des cathares. Ce mot désigne, plus exactement, les cathares du Languedoc.

AL-BUKHARI ■ Mahomet Ben Ismaïl Al-Jou (810-870) est né à Boukhara, d'où il tient son surnom al-B(o)ukhari. Fils d'un savant qui s'intéressait déjà aux hadîths, al-Bukhari parcourut le monde arabe à la recherche des traditions et des rapporteurs (*rawis*) de hadîths. L'histoire dit qu'il compila ainsi plus de 600 000 hadîths mais qu'il n'en garda que moins de 7 500 qu'il tenait pour authentiques. Ces hadîths sont recensés dans un recueil appelé le *Sahih* (*L'Authentique*). Pour chacun des hadîths, al-Bukhari a vérifié la source, laquelle est toujours citée dans son ouvrage sous la forme : « Ibn Omar — Que Dieu l'agrée — a rapporté : … » ou « Nas Ben Malek — Que Dieu l'agrée — a rapporté : … »

ALEM ■ Terme coranique désignant le monde créé par Dieu. Ce monde, signe de la puissance de Dieu, est divisé en un monde physique (âlam al-mulk) et un monde spirituel (âlam al-mithâl).

ALEV ■ Partisans de Alî (voir ce nom). Membres d'un mouvement religieux turc proche du chiisme. Ils représentent un quart des musulmans de Turquie (c'est-à-dire une quinzaine de millions de personnes) et sont plus ou moins apparentés au chiisme (leur nom provient de *alawi* : qui rend un culte à Ali). La moitié des alévis sont Kurdes. Ils pratiquent un islam assez peu orthopraxe (par exemple le jeûne du Ramadan est réduit à quelques jours et ils ne fréquentent pas les mosquées), sont mystiques et antiétatiques. Toujours persécutés car différents, ils pratiquent la « dissimulation religieuse » (*takya*) pour survivre, comme cela est autorisé par la religion islamique.

AL-ASMA AL-HUSNA ■ Dans l'islam, c'est l'expression coranique qui désigne les « plus beaux noms de Dieu ».

AL-HALLÂJ ■ Mystique soufi. Al-Hallâj naît en Iran en 858. Impliqué très tôt dans les mouvements mystiques soufis, il prêche l'amour divin, la pénitence et la prière. Il prétendait connaître le cœur de chacun, ce qui lui vaut le sobriquet de « cardeur du cœur » (*al-hallâj*). Abandonnant la robe des soufis pour la tenue des ascètes, il se mêle à la population à laquelle il prêche son amour de Dieu et fait part de son union mystique avec Lui. Il utilise divers mécanismes (dont le *dihkr*) pour arriver à l'extase. Durant ses moments d'extase, d'union mystique avec Dieu, il affirme « Je suis la Vérité », c'est-à-dire Dieu. Cela lui vaut de sérieux ennuis avec le pouvoir en place qui, compte tenu de l'unicité divine, ne pouvait admettre de fusion humaine avec Dieu. Emprisonné durant de longues années, puis traduit en justice, Al-Hallâj est condamné, en 922, au gibet puis à la décapitation. L'acte d'accusation note que Al-Hallâj est coupable d'avoir dit qu'il était inutile de faire le Grand Pèlerinage à La Mecque puisqu'on pouvait trouver Dieu en son cœur. Déclaré apostat, il devait être condamné à mort en fonction de la Loi (charia). Pour le grand orientaliste Louis Massignon (qui a consacré deux gros volumes à Al-Hallâj), la parole de Hallâj « C'est dans la religion du gibet que je mourrai ; La Mecque et Médine ne me sont plus rien » est une allusion directe à la « religion de la croix », donc au christianisme. On notera que, paradoxalement, bien que le mysticisme soit en marge de l'islam, c'est généralement à travers lui que les chrétiens se convertissent à l'islam. C'est à Al-Hallâj également que l'on doit cette extraordinaire formule : « Dieu, je te déclare libre de tout ce que tes amis et tes ennemis disent. »

ALÎ ■ Le quatrième calife râshidûn (bien dirigé). Pour les chiites, Alî, qui meurt assassiné, est leur premier imâm. Beau-fils de Mahomet et mari de Fâtima (une fille que Mahomet a eu de son premier mariage, la seule à lui avoir donné des héritiers mâles), Ali aurait pu devenir le premier calife à la mort de Mahomet en 632. Malheureusement pour lui, ce fut Abu Bakr — un beau-père de Mahomet — qui se fit élire premier calife. Avant qu'Ali ne fut élu à son tour calife, deux autres calives régnèrent sur les Arabes (Osman et Uthman), et trente années s'écoulèrent. Ce n'est qu'après l'assassinat de Uthman (en 661) qu'Ali fut, enfin, élu calife… et pour peu de temps. En effet, un parent du dernier calife Omeyyade (Moawiya) voulait également devenir calife et obtint l'appui d'Aïcha, l'épouse préférée de Mahomet. Ali gagna une bataille (dite des chameaux) mais, devant l'incertitude d'une autre bataille, il accepta un arbitrage, lequel lui fut défavorable. Certains membres de sa tribu n'acceptèrent pas cet arbitrage et créèrent un mouvement dissident (les kharijites). Ali combattit ce mouvement mais mal lui en prit car il mourut assassiné quelques mois après avoir été élu calife (sa tombe, à Nadjaf, en Irak, est un des lieux saints de l'islam chiite). Il laissa deux fils (les petits-fils de Mahomet) : Hassan abandonna assez vite toute velléité de pouvoir tandis que Hussein (le plus jeune) périt avec ses compagnons à la bataille de Kerbela. Hussein est considéré par les chiites comme un martyr et la ville de Kerbela (à moins de 100 kilomètres de Bagdad) devint un des principaux lieux saints de l'islam chiite. Signalons encore, pour terminer, une petite distinction : les chiites alides sont les chiites partisans d'Ali alors que les chiites alaouites « rendent un culte à Ali ».

ALIM ■ Dans l'islam, c'est le mot qui désigne un savant, quelqu'un qui possède une grande connaissance de la religion.

ALIMENTAIRES (INTERDITS) ■ 1. Chez les juifs, les interdits alimentaires sont nombreux, déjà dans la Bible. Plus tard, les rabbins ont encore multiplié les interdictions dans le but « d'ériger une barrière autour de la Torah ». Certains interdits alimentaires s'expliquent pour des raisons d'hygiène (on pourrait ainsi imaginer que l'interdiction de consommer du porc provient du réel danger d'une viande mal cuite : la viande de porc héberge des vers hautement pathogènes pour l'homme) ; d'autres pour des raisons compréhensibles portant sur la sécurité (comme, par exemple, l'interdiction de consommer un animal mort de mort naturelle) ; d'autres encore pour des raisons historiques (l'animal « interdit » était utilisé dans les sacrifices des cultes païens) ou pour des raisons éthiques (arracher les pattes des grenouilles vivantes est un acte barbare). Néanmoins, la plupart des interdits ne s'expliquent pas, ce sont des règles sans explication (*hoq*), qui doivent s'appliquer simplement parce qu'il s'agit d'un commandement (*mitzva*) de Dieu. Les lois alimentaires sont basées sur quatre règles : interdiction de certains aliments, abattage rituel, interdiction du mélange viande et lait, casherisation. La stricte observance de ces règles a été pour le peuple juif un extraordinaire moyen de cohésion, une différenciation du mode de vie des goy, une protection contre l'assimilation et, osons ce sens, une protection de la Torah. 2. Pour les musulmans les aliments sont classés en quatre catégories : *halâl* (licite) : ce sont les aliments que l'on peut consommer sans crainte : *mubah* (permis) : la consommation est laissée au choix de la personne ; *makruh* (réprouvé) : la consommation est déconseillée mais elle n'est pas interdite et *harâm* (illicite) : la consommation en est interdite. 3. Les premiers chrétiens appliquaient tous les interdits alimentaires des juifs. Cependant une parole du Christ levait déjà tous les interdits : « Il n'est hors de l'homme rien qui, entrant en lui, puisse le souiller ; mais ce qui sort de l'homme, c'est ce qui le souille. » (Marc 7.15) C'est cependant à la suite d'un rêve de saint Pierre et du premier concile que les interdits furent définitivement levés pour les chrétiens. Le rêve de saint Pierre : « Pierre monta sur le toit, vers la sixième heure, pour prier. Il eut faim, et il voulut manger. Pendant qu'on lui préparait à manger, il tomba en extase. Il vit le ciel ouvert, et un objet semblable à une grande nappe attachée par les quatre coins, qui descendait et s'abaissait vers la terre, et où se trouvaient tous les quadrupèdes et les reptiles de la terre et les oiseaux du ciel. Et une voix lui dit : « Lève-toi, Pierre, tue et mange. ». Mais Pierre dit : « Non, Seigneur, car je n'ai jamais rien mangé de souillé ni d'impur. Et pour la seconde fois la voix se fit encore entendre à lui : « Ce que Dieu a déclaré pur, ne le regarde pas comme souillé. » (Actes des Apôtres 10, 10-15). Cette abolition des interdits (et de la circoncision) fut décidée lors du premier concile (à Jérusalem). Plus tard, saint Paul confirmera cette abolition dans ses épîtres aux Romains et aux Corin-thiens : « Je sais et je suis persuadé par le Seigneur Jésus que rien n'est impur en soi, et qu'une chose n'est impure que pour celui qui la croit impure » (Épître aux Romains 14,14). Aujourd'hui, des interdits alimentaires ne sont appliqués que par quelques sectes chrétiennes (adventistes, mormons, témoins de Jéhovah, etc.). 4. Pour les bouddhistes, il n'existe pas d'aliments strictement interdits mais étant donné le cycle des renaissances, la plus grande circonspection s'impose.

ALLAH ■ 1. Ce mot est la contraction de al-Lah : le Dieu. Ce terme était utilisé dans le monde arabe préislamique et est encore utilisé aujourd'hui par les Arabes chrétiens pour désigner Dieu (dans un sens différent, bien entendu, du Dieu de l'islam). 2. Allah désigne le Dieu des musulmans. Allah n'a pas été engendré et n'a pas engendré. Il n'a pas d'associé. Pour les musulmans, l'associationnisme (*shirk*) est le pire des péchés.

Allah était connu en Arabie préislamique mais Mahomet en a fait le Dieu unique des musulmans. C'est Allah — d'abord nommé Rabb (Seigneur) — qui ordonne à Mahomet de « réciter » les paroles qui lui sont révélées par l'ange Gabriel. Ces paroles forment le Coran. D'autres paroles de Dieu ont également été révélées à Mahomet au cours de songes, états mystiques ou hypnagogiques mais elles ne font pas partie du Coran : ce sont les *hadîths quansi*. Dieu possède cent noms dont seuls 99 sont connus ; ce sont les « Beaux Noms » de Dieu. En principe, c'est tout ce que l'on sait de Dieu et la théologie spéculative (*kalâm*) n'a jamais rencontré un très grand succès en islam (contrairement au monde chrétien) bien que de nombreuses questions aient été posées concernant les Attributs de Dieu, ses qualités, sa justice, etc. Si Mahomet ne rencontrait pas Dieu lorsque le Coran lui était révélé, la Tradition dit cependant qu'il le rencontra face à face lors de son « Voyage Nocturne » (Ascension ou *al-Mirâj*). Ce « Voyage nocturne » est un épisode assez controversé de la vie de Mahomet. Réveillé par l'ange Gabriel, il se rend, de nuit, à Jérusalem chevauchant al-Bûraq, une monture fantastique. Arrivé au Dôme du Rocher, à Jérusalem, il emprunte une échelle céleste, visite les sept cieux, rencontre Moïse et, enfin, Dieu. Après quoi, la même nuit, il revient à La Mecque (voir la sourate XVII-1).

ALLAH HOU AKBAR ! ■ Formule utilisée par les musulmans. Elle signifie : « Allah est (le) plus grand ! ». Cette expression (appelée le *takbîr*) — en quelque sorte, le condensé de la profession de foi de la religion islamique : reconnaissance de l'unicité de Dieu et soumission à Sa volonté — est utilisée par les musulmans dans de très nombreuses circonstances. Quotidiennement, elle ouvre l'appel du *muezzin* à la prière et commence puis clôt les prières.

Cette formule est prononcée aux grands moments de la vie (naissance, mariage, mort). Alors qu'elle n'est habituellement prononcée que quatre fois de suite, elle est utilisée par les soufis comme support pour la prière mystique (le *dhikr*, voir ce mot). Cette formule figure également sur la plupart des édifices religieux mais aussi sur les murs des maisons, sur des voitures, etc. Comme la main de Fâtima (une amulette), l'islam populaire lui attribue le pouvoir d'éloigner le mauvais œil (pouvoir apotropaïque).

ALLÉGEANCES ■ Grâces ou faveurs divines.

ALLÉGORIE ■ Doctrine qui consiste à rechercher dans les écrits religieux un sens différent, caché, du sens obvie (c'est-à-dire immédiatement accessible). Voir aussi Pardès.

ALLÉGORISTE ■ Exégète des écrits saints dont le but est de rechercher le sens caché des textes étudiés.

ALLÉLUIA ■ Expression verbale de joie très présente dans la liturgie chrétienne, particulièrement à Pâques.

ALLIANCE ■ C'est le fondement de la religion juive. Il s'agit de l'Alliance entre Dieu et le peuple juif ; cette Alliance est concrétisée par la circoncision. On peut également distinguer l'Ancienne Alliance (celle de Dieu avec le peuple juif) et la Nouvelle Alliance (celle du christianisme). L'expression « introduire dans l'alliance » signifie pratiquer la circoncision. Pour les juifs orthodoxes, chaque fois qu'un événement grave intervient et perturbe le cours de la vie (destruction du Temple, exil, pogroms, etc.), c'est toujours parce que le peuple juif est dans l'état de péché et a, en quelque sorte, rompu l'Alliance. Tout malheur est donc interprété comme une punition de Dieu parce que le peuple juif a rompu l'Alliance.

ALLIANCE SPIRITUELLE ■ Dans le christianisme, lien définitif entre deux personnes consécutif à un acte religieux (ainsi, il existe une alliance spirituelle entre un parrain et son filleul). Divers interdits naissent de l'existence de ce lien.

ALLIANCE TRIPLE ■ Dieu a conclu de nombreux contrats (ou alliances ; en hébreu « berit ») avec l'humanité, d'abord, et le peuple juif, ensuite. La première Alliance, liant Dieu et l'humanité, fut conclue, en deux temps, avec Noé. Dieu lui annonça d'abord qu'il serait sauvé, lui et un couple d'animaux de chaque espèce, s'il construisait une arche (Genèse 6, 18). Ensuite, après le Déluge, Dieu lui annonce qu'il ne détruira plus jamais aucune vie par un Déluge (Genèse 9, 8). Le symbole de cette alliance universelle est concrétisé par l'arc-en-ciel. Plus tard, Dieu se choisit un peuple et fait alliance avec lui. Il choisit Abraham, puis Isaac et Jacob (les Patriarches) auxquels il ordonne les gestes les plus fous, sans que ceux-ci se rebiffent. À Abraham, il ordonne de quitter son pays et de graver dans la chair et le sang le nouveau pacte (la circoncision), à Isaac d'accepter d'être immolé par son père, à Jacob de se battre contre un ange. Il a choisi ses hommes, il a choisi son peuple, il lui reste à lui donner une loi et une terre et, enfin, à élire celui qui conduira son peuple à cette terre. C'est à Moïse qu'échoit l'honneur de transformer une peuplade asservie en Égypte en une nation libre. À cet effet, Dieu lui ordonne de libérer les Juifs de l'esclavage et de quitter l'Égypte. Quelques semaines plus tard (sept semaines, dit la Tradition), dans le désert, Dieu donne une loi à son peuple (laquelle est matérialisée par le Décalogue gravé de « l'écriture d'Elohim » sur deux tables de pierre). Il ne lui reste plus qu'à attendre que son peuple s'installe dans la Terre Promise. La troisième alliance est concrétisée par le Nouveau Testament (la Nouvelle Alliance). Les trois alliances sont ainsi l'Alliance noachique, l'Ancienne Alliance et la Nouvelle Alliance. Chacune gardant toujours sa pertinence.

ALMENOR ■ Dans la synagogue, estrade pour l'officiant (autres noms *bimah* et *alménar*).

ALO-RATRA ■ Dans la cosmologie bouddhique, une unité de mesure.

ALUMBRADOS ■ Secte hérétique chrétienne qui se disait directement inspirée par Dieu. Elle fut pourchassée par l'Inquisition espagnole.

ALUMNAT ■ Chez les catholiques, maison d'enseignement où les enseignants religieux forment leurs futurs disciples.

AMAN ■ Dans le droit musulman, c'est l'amnistie accordée suite à des faits insurrectionnels.

AMBON ■ Dans les églises orthodoxes, petite estrade ou pupitre, en forme de demi-cercle, placé dans la nef. Il y a généralement deux ambons d'où se font les lectures, les annonces et les prédications. On le désigne également sous le nom de *kliros*.

ÂME ■ Principe spirituel. L'âme est détachable du corps auquel elle est unie pendant la vie terrestre, elle est capable d'entrer en communion avec Dieu et est immortelle. 1. Dans le judaïsme, le concept de l'âme est absent de la Bible et ne fait pas partie des 13 Principes de foi de Moïse (par contre, il y est affirmé : « Je crois en la résurrection des morts ». 2. Selon la kabbale, Adam, le premier homme, comprenait en lui l'ensemble des âmes à venir. La brisure des vases (voir *tsimtsoum*) a dispersé ces âmes qui, comme les étincelles divines (*kélipoth*), sont enfermées dans des éclats les vases brisés. Pour la kabbale, l'âme de l'Adam primordial est composée de 613 parties (comme le nombre des commandements divins) et est subdivisée en plusieurs ramifications. La dernière ramification, ou « étincelle », est une âme humaine. Chacun des 613 commandements a pour fonction de restaurer une des 613 parties de l'âme de l'Adam primordial. 3. Pour les bouddhistes, quel que soit le courant religieux, l'âme n'existe pas. 4. Pour les chrétiens, « il y a trois éléments en l'homme : le corps, l'âme et l'esprit. Ce dernier est l'élément divin présent dans l'homme, don gratuit de Dieu qui incite l'âme au bien ». (J-Y Lacoste, *Dictionnaire critique de théologie*)

AMEN ■ Dans le christianisme et le judaïsme, formule utilisée à la fin de certaines prières pour marquer son accord ou pour manifester un souhait. On traduit habituellement la formule par « ainsi soit-il ».

AMÉRICANISME ■ « Hérésie fantôme » de l'Église catholique. À la fin du 19e siècle, les nouveaux émigrants américains, catholiques, mettent en sourdine ce qui risque de heurter les protestants déjà bien installés. Cet irénisme inquiète le pape Léon XIII et l'incite, dans sa lettre *Testem benevolentiae* (1899), à mettre solidement en garde les nouveaux colons contre l'hérésie américaine. Cependant, au nom des catholiques américains, le cardinal Gibbons répond au pape qu'aucun catholique ne se reconnaît dans le tableau brossé d'un américanisme « qui n'avait jamais existé et qui n'existerait jamais ».

AMESHA SPENTA ■ Nom des six esprits du bien dans le zoroastrisme (mazdéisme).

AMESSEMENT ■ 1. C'est l'assistance à la messe. 2. Dans la religion catholique, c'est une bénédiction faite à la mère après la mise au monde d'un enfant (cette bénédiction précède donc les relevailles).

AMICT ■ Linge blanc que le prêtre dépose sur son épaule avant de revêtir les vêtements sacerdotaux pour dire la messe.

AMIDA ■ Il s'agit du nom japonais du Bouddha de la lumière infinie de la Terre Pure. Ce Bouddha est inconnu du bouddhisme premier (le Petit Véhicule, Hînayâna, continue d'ailleurs à l'ignorer totalement) et n'a fait son apparition qu'assez tardivement avec le Grand Véhicule. En sanscrit, ce Bouddha porte le nom d'Amitâbha mais comme son culte est surtout important au Japon, c'est sous son nom japonais qu'il est le plus connu. Signalons que le chef spirituel du Tibet (le Patchen-Lama), se présente comme une réincarnation d'Amida. Il s'agit d'un culte que l'on pourrait rapprocher du christianisme car non seulement il annonçait aux croyants la survie dans son « Paradis de la Terre Pure » mais il proclamait également que la méditation et l'effort personnel comptaient moins que sa compassion. Pour renaître dans le paradis, il suffisait de croire fermement en l'invocation dite nembutsu (*Namu Amida Butsu*, c'est-à-dire « Gloire au Bouddha Amida ! »). Ceux qui n'y croyaient pas étaient envoyés dans l'enfer dont la description est très proche de celui de la tradition chrétienne avec ses flammes et ses démons. Au cours des siècles, l'amidisme se constitua en diverses sectes (secte de la « Terre Pure » (*Jôdo-shû*), secte de la « Vraie Terre Pure » (*Jôdo-shin-shû*), secte *Ji-shû*), lesquelles subsistent aujourd'hui encore. Dans les milieux populaires, de nombreux moines mendiants parcouraient le Japon pour annoncer la bonne parole d'Amida et la manière de se sauver en récitant le nembutsu. L'un des plus

représentés dans la statuaire est Kûya Shônin (903-972), « le saint des rues ». Notons, au passage, que le culte d'Amida est apparu, vers le 4e siècle, en Chine où ce Bouddha porte le nom de Amituofo.

AMIDAH ■ Dans le judaïsme, c'est « la prière debout », élément central de tous les offices. Selon la tradition, cette prière remplace les offrandes au Temple, devenues impossibles. C'est la raison pour laquelle cette prière — c'est une exception — doit être récitée qu'il y ait ou non un *minyan* (le quorum de 10 adultes mâles). Au départ, la prière complète comportait 18 bénédictions (aujourd'hui, elle en comporte 19). Durant les fêtes (dont le chabbat), on ne récite qu'une partie des bénédictions (selon un ordre précis, dont la nomenclature n'intéresse que le juif pratiquant). Les dix-huit bénédictions de l'Amidah correspondent soit aux 18 mentions du nom divin que David a insérées dans le Psaume 29, soit aux « 18 vertèbres de l'échine » selon l'enseignement des Psaumes (35, 10) : « Tous mes os parleront et s'associeront à ma prière ».

AMIDISME ■ Bouddhisme de la foi surtout pratiqué au Japon ; il vénère le Bouddha Amitâbha lequel, lorsqu'il était bodhisattva, a promis que, lorsqu'il serait bouddha, toute personne ayant fait appel à lui renaîtrait dans la Terre Pure et qu'aucun obstacle n'existerait à son Éveil.

AMIR AL-MOUMININ ■ Dans l'islam, c'est l'expression qui désigne le commandeur des croyants (cette expression a été utilisée par les différents califes).

AMISHS ■ Courant religieux chrétien (issus de l'anabaptisme) fondé en 1690 par le Suisse Jacob Ammann mais aujourd'hui essentiellement présent aux États-Unis, où les amishs émigrèrent en 1710. Les anabaptistes refusent les innovations modernes et continuent à porter un uniforme datant des siècles précédents, à parler un dialecte germanique, à pratiquer le lavement des pieds. Les hommes portent la barbe et les femmes un foulard qui leur couvre les cheveux. Récemment un mouvement dissident s'est un peu ouvert au monde.

AMISSIBLE ■ Qualité de ce qui peut être perdu (par exemple, la grâce).

AMISSION ■ La perte d'un état (par exemple, la perte de l'état de grâce).

AMITÂBHA ■ Voir Amida.

AMITUOFO ■ Nom du Bouddha Amida dans le bouddhisme chinois.

AMOGHASIDDHI ■ Bouddha de sagesse (dhyâna-bouddha, voir ce mot).

AMORAÏM ■ Rabbins de l'époque de la fin de la rédaction du Talmud, auteurs de la Guemara. Ce sont les maîtres de la loi orale, les sages, les docteurs de la loi, les rabbins qui, en quelque sorte, sauvèrent le judaïsme (qui risquait de disparaître suite à la destruction du Temple puis du centre de Yavneh) en fixant par écrit les commentaires de la Loi et en intervenant, lorsque cela était nécessaire, auprès des autorités romaines. La désignation de ces maîtres varie en fonction de l'époque de leur activité ; les deux époques étant séparées par la publication de la Michnah du rabbin Yehoudah ha-Nassi. L'époque des Amoraïm (les rabbins talmudiques), plus tardive que celle des Tanaïm, s'étend de l'an 200 (c'est-à-dire de l'époque de la fin de la rédaction de la Michnah) jusqu'en l'an 500 (c'est-à-dire la fin de la rédaction du Talmud de Babylone). La fonction des Amoraïm était, en raisonnant sur la Michnah et en l'analysant méticuleusement, d'en fournir des commentaires et des explications (ce qu'on désigne, dans le Talmud, sous le nom de Guemara). Il y eut plusieurs générations d'Amoraïm (8 à Babylone et 5 à Jérusalem) et alors qu'on ne connaît avec précision qu'une bonne centaine de Tanaïm, on a identifié plus de 2000 Amoraïm.

AMPOULE ■ Petit vase qui contient les huiles saintes.

AMPOULE À EULOGIE ■ Il s'agit d'une ampoule de bénédiction (*eulogia* signifiant bénédiction en grec) que les visiteurs des lieux saints chrétiens rapportaient en souvenir de leur visite. Cette ampoule (en terre cuite ou en métal) contenait de l'eau miraculeuse ou de l'huile d'une lampe brûlant au-dessus du tombeau d'un saint. Des sujets religieux étaient dessinés sur les faces des ampoules. Continuant la tradition, les pèlerins actuels rapportent de l'eau de Lourdes dans de petits flacons.

AMULETTE ■ Les amulettes font partie de la religion populaire et sont offertes en diverses occasions dans toutes les religions. Chez les juifs, sur la plupart des amulettes, on peut lire le mot Chaddaï (le « Tout-Puissant », c'est le nom de Dieu qui figure également sur chaque mezouzah). Chez les juifs marocains, la main (*yad*) est tout particulièrement utilisée pour protéger du mauvais œil. Amulettes et talismans sont en principe proscrits par la foi musulmane. Néanmoins, ils participent à la vie quotidienne du musulman. C'est l'islam populaire du culte des saints, de la divination, de l'astrologie, de la géomancie, de l'oniromancie, de la protection contre le mauvais œil, etc.

AN DE GRÂCE ■ Cette formule signifie que l'on compte les années à partir de la naissance de Jésus-Christ (identique à « après Jésus-Christ »).

ANABAPTISME ■ Mouvement religieux protestant apparu au 16e siècle. Les anabaptistes refusent le baptême des enfants, la plupart des sacrements chrétiens mais attachent une grande importance à la vie communautaire et au pacifisme (bien qu'avec Thomas Munzer il y ait eu un courant non pacifiste). Ce mouvement est aujourd'hui représenté par plusieurs branches dont principalement les mennonites, les amishs et les huttériens.

ANACHORÈTE ■ Religieux qui mène, seul, dans le plus parfait dénuement, une vie contemplative. Synonyme d'ermite (du grec « se retirer »).

ANÂDI ■ Dans le bouddhisme, désigne « ce qui est sans commencement ».

ANAGAMIN ■ Dans le bouddhisme, nom donné à « celui qui ne revient pas ».

ANAGNOSTE ■ Personne qui, dans une assemblée religieuse, fait la lecture à la communauté.

ANAGOGIE ■ Elévation de l'âme vers les choses divines.

ANALABE ■ Sorte de scapulaire des moines orthodoxes.

ANAMNÈSE ■ Dans la messe catholique, prière placée après l'Élévation et qui suit la Consécration. Elle est un rappel (du grec « retour sur la mémoire ») du souvenir de la Rédemption.

ANANDA ■ Disciple préféré de Bouddha et aussi son cousin. Doué d'une mémoire prodigieuse, il connaissait de mémoire toutes les interventions de Bouddha. On se servit de son talent pour rédiger, lors du premier concile, les textes des Sûtras authentiques.

ANANISME ■ Voir Karaïtes.

ÂNANTARYA ■ Dans le bouddhisme, c'est le péché de damnation-immédiate (voir ce mot).

ANAPHORE ■ Dans le rite orthodoxe, partie centrale de la Liturgie, grande prière eucharistique, au cours de laquelle s'accomplit le mystère de l'eucharistie (correspond au Canon de la Messe romaine).

ANARGYRE ■ Dans les Églises orientales, nom donné à un saint qui a le pouvoir de guérir et ne demande aucune rétribution pour cela.

ANASTASIS ■ Mot grec pour désigner la Résurrection du Christ. En iconographie orthodoxe, la Résurrection est représentée par la descente du Christ aux Enfers.

ANATHÉMATISER ■ Synonyme d'excommunier, c'est-à-dire rejeter de la communauté religieuse.

ANATHÈME ■ Dans l'Église catholique, c'est une excommunication infligée avec solennité, le plus souvent au cours d'un concile. Depuis Vatican II et les dispositions du Droit canonique de 1983, l'anathème n'est plus prononcé.

ANÂTMAN ■ Le non-soi (la doctrine de la non-substance), le concept de base du bouddhisme. C'est ce concept qui oppose bouddhisme et hindouisme (ces derniers croient en l'existence d'une âme qui transmigre lors de la mort). L'*anâtman*, le « non-soi », fait partie des trois caractéristiques de l'existence : le non-soi (*anâtman*), l'impermanence (*anitya*), la souffrance (*duhkha*). C'est la seule doctrine bouddhique qui ne se retrouve dans aucune autre religion.

ANATTAVADI ■ Un des noms de Bouddha (le Maître de la non-personnalité).

ANCELLE ■ Femme qui consacre sa vie au service de Dieu.

ANÉANTISSEMENT ■ Dans le vocabulaire des mystiques, fusion totale avec l'Absolu.

ANGE ■ Dans toutes les religions monothéistes, entité supérieure à l'homme dont la caractéristique est d'être (ou d'avoir été) en contact avec Dieu. Les anges déchus sont des démons. Dieu utilise régulièrement des anges pour accomplir certaines missions (c'est un ange qui fait rouler la pierre devant le tombeau du Christ, c'est un ange qui annonce à Joseph la mort d'Hérode, c'est encore un ange qui explique à Joseph le secret de la naissance du Christ, etc.). La classification des anges comprend plusieurs niveaux dont les plus connus sont les séraphins, les chérubins et les archanges. La tradition catholique connaît également (depuis les sermons du jésuite Pierre Favre, au 16e siècle) les anges gardiens réputés veiller sur un homme ou un lieu. Dans la religion musulmane, c'est l'Ange Gabriel qui fait descendre le Coran sur Mahomet. Voir aussi Archange.

ANGÉLUS ■ Prière catholique récitée matin, midi et soir après l'appel des cloches. Elle reprend les paroles de l'archange Gabriel à la Vierge Marie (Luc 1, 26).

ANGLICAN ■ Voir Anglicanisme.

ANGLICANISME ■ Doctrine de l'Église d'Angleterre. Cette Église s'est détachée de Rome suite au refus du pape Clément VII d'annuler le mariage d'Henri VIII et de Catherine d'Aragon. L'acte consacrant ce détachement porte le nom d'Acte de Suprématie (1534). Du point de vue doctrinal, l'Église d'Angleterre, dont la reine d'Angleterre est le chef suprême, oscille entre le catholicisme et le protestantisme. Des scissions ont donné lieu à divers mouvements religieux dont les méthodistes, les quakers, les baptistes, etc.

ANGUTTARANIKAYA ■ Un des livres canoniques du bouddhisme.

ANICCA ■ Dans le bouddhisme, ce mot désigne l'impermanence.

ANICONISME ■ C'est l'absence de représentation figurée dans l'art. L'aniconisme est présent dans de nombreuses religions, dont l'islam (Allah n'est jamais représenté et le visage de Mahomet est toujours voilé) et le judaïsme (où toute représentation d'êtres vivants est absolument interdite, à l'exception des chérubins sur l'Arche d'Alliance). Pour le christianisme, le problème ne se posait plus puisque Dieu s'est fait chair en son fils Jésus. Dans le bouddhisme des premiers siècles, la représentation humaine de Bouddha apparaissait comme une « fausse note » (selon l'expression de Mario Bussagli) car elle se révélait impuissante à montrer l'essence de Bouddha, son Éveil. Peut-être aussi l'affirmation de Bouddha : « Je ne suis ni Deva, ni Ghandhabba, ni Yakka, ni homme » avait-elle été reçue comme une mise en garde à toute représentation humaine de l'Éveillé. Enfin, pour les premiers bouddhistes, il pouvait y avoir une contradiction entre la représentation du Bouddha et son enseignement qui insistait sur la nécessité de se libérer du monde des illusions, donc des images.

ANIMISME ■ Sans doute la religion la plus primitive puisque tout l'univers y est dépendant des dieux. Toujours pratiquée dans de nombreuses régions, les cultes et rites animistes sont habituellement incorporés à d'autres religions dans un syncrétisme complexe d'adoration des saints. C'est la croyance que les différents objets qui nous entourent sont doués d'une « âme », d'un « esprit » et qu'il est donc possible de les invoquer et de leur rendre un culte. Selon une théorie aujourd'hui contestée, l'animisme est la première étape dans le processus religieux, suivie ensuite par le polythéisme et, enfin, par le monothéisme. Aujourd'hui, on devrait ajouter à ce processus le syncrétisme religieux fruit, lui-aussi, de la mondialisation.

ANIRUDDHA ■ Un des dix premiers disciples de Bouddha.

ANITYA ■ Pour les bouddhistes, l'impermanence (*anicca* ou *anitya*) est l'une des trois caractéristiques de l'existence. Pour le bouddhiste, rien n'est permanent, tout est en constante mutation : tout disparaît puis se recompose perpétuellement, rien ne persiste jamais de la même façon, même si, à notre échelle humaine du temps, certains éléments nous paraissent « permanents ». Tout « ce qui a la nature d'apparaître, a la nature de disparaître ». Cela est vrai pour la nature, les animaux, l'homme, les univers, etc. ... et aussi pour la Loi bouddhique (*Dharma*), ce qui explique l'apparition et la disparition de divers bouddhas. La personne humaine, par exemple, est un ensemble transitoire et en perpétuelle mutation des cinq groupes ou agrégats. Pour d'autres êtres vivants, le nombre d'éléments en mutation peut être inférieur, mais le résultat est identique : la recomposition perpétuelle, l'impermanence. Ce qui est vrai pour les phénomènes physiques l'est également pour les phénomènes psychiques. Puisque tout est impermanent, il ne peut y avoir de véritable soi (voir le mot *Anâtman*). C'est de l'impermanence des choses que naît aussi la souffrance, la douleur (*duhkha*) car les phénomènes comme la naissance et la mort, sources d'inconstance, sont à l'origine de la souffrance. Même les phénomènes agréables, dont on sait qu'ils ne peuvent être permanents, sont également source de souffrance. La compréhension et l'acceptation de l'impermanence des êtres et des choses est fondamentale pour se libérer du cycle des renaissances (*samsâra*) et atteindre le *nirvâna*. Puisque tout est impermanence, il

n'y a pas de véritable soi, pas d'âme (le bouddhisme du Grand Véhicule dit qu'il y a vacuité), et tout est également douleur (*duhkha*), ce qui nous renvoie aux Quatre Nobles Vérités.

ANITYA(TA) ■ Dans le bouddhisme, désigne ce qui est impermanent.

ANJALIMUDRÂ ■ Dans le bouddhisme, c'est le mudrâ de l'offrande.

ANNEAU DU PÊCHEUR ■ Bague que porte le pape. À sa mort, elle est brisée par le cardinal camerlingue. Certains documents pontificaux sont scellés au moyen de cette bague.

ANNÉE EMBOLISMIQUE ■ Le calendrier juif possède la particularité d'être à la fois solaire (cycle annuel) et lunaire (cycle mensuel). La conséquence en est qu'il faut ajouter, de manière irrégulière, lors de certaines années (dites embolismiques), un mois supplémentaire.

ANNÉE LITURGIQUE ■ Période de douze mois qui commence selon les religions à des moments différents. Dans la plupart des religions, les fêtes sont à dates mobiles (ainsi, Pâque, Pâques et Aïd-el-Kébir tombent chaque année à des dates différentes). Certaines fêtes, surtout dans le christianisme, tombent à des dates fixes (Annonciation, Noël, Baptême du Christ, Dormition, etc.).

ANNIHILATIONISME ■ Théorie de certains protestants sellon laquelle seuls les justes ressusciteront à la fin des temps mais que les mauvais mourront simplement sans connaître l'enfer qui n'existe pas.

ANNONCE ■ Synonyme de prédication.

ANNONCIATION ■ Fête chrétienne commémorant l'annonce faite à Marie qu'elle sera la mère de Jésus-Christ. L'Annonciation est fêtée le 25 mars sauf si elle tombe pendant la Semaine sainte.

ANOMA ■ Un des noms du Bouddha historique (l'Insondable).

ANSÉE (CROIX) ■ Dans la religion égyptienne, croix dont l'extrémité se termine par un cercle ou un anneau : c'est le symbole de l'immortalité.

ANTÉCHRIST ■ C'est celui qui, à la fin du monde, viendra prêcher une doctrine qui s'oppose au Christ.

ANTÉLAPSAIRE ■ Désigne ce qui se rapporte à la période précédant la chute d'Adam et Ève.

ANTERION ■ Vêtement ecclésiastique de l'Église orthodoxe.

ANTHROPOGONIE ■ Récit mythique de l'origine de l'homme. Pour les religions monothéistes, l'homme a été créé par Dieu à partir d'un peu de terre ou d'une « goutte de sperme » (islam).

ANTHROPOLÂTRIE ■ Culte rendu à un homme divinisé.

ANTHROPOMORPHISME ■ Croyance selon laquelle Dieu est semblable morphologiquement à l'homme et utilisation d'attributs humains pour la représentation de Dieu.

ANTIDORE ■ Morceaux de pain surplus des prosphores (pains prêts à être consacrés) après que l'officiant eut enlevé l'Agneau et les autres parcelles pendant la Proscomédie. Ces morceaux sont bénis pendant la Liturgie, mais non consacrés. Ensuite, ils sont distribués aux fidèles après la communion ou après la Liturgie.

ANTIDORON ■ Voir Antidore.

ANTIENNE ■ Phrase musicale courte que l'on peut comparer à un refrain. Elle précède et clôt le chant du psaume et parfois l'entrecoupe. Elle précise le sens dans lequel le psaume doit être compris.

ANTILEGOMENA ■ On désigne ainsi les lettres de saint Paul dont l'authenticité est contestée.

ANTILÉGOMÈNE ■ Livre donc l'authenticité est contestée.

ANTILOGIE ■ Contradiction relevée dans les écritures saintes par les ennemis du christianisme dans le but de s'opposer à la véracité des textes saints.

ANTIMENSIUM ■ Morceau de tissu utilisé dans le rite oriental pour être placé sur un autel mobile. Ce morceau de tissu représente d'un côté la mise au tombeau du Christ et de l'autre des reliques d'un saint.

ANTINOMISME ■ Opposition à toute loi religieuse.

ANTIOCHE ■ Un des cinq patriarcats historiques du christianisme.

ANTIPHONAIRE ■ Recueil de chants liturgiques.

ANTISÉMITISME ■ Terme créé en 1879 par W. Marr. Ce mot est incorrect dès le départ (les Juifs ne sont pas tous sémites, et les sémites ne sont pas tous Juifs), mais a rencontré un grand succès linguistique : il désigne la haine des Juifs. On notera que les Juifs, en refusant les contacts sociaux conviviaux, du fait de leurs pratiques alimentaires, de l'interdiction des mariages mixtes, etc., ont nourri d'une certaine manière un antisémitisme primaire. Bien entendu, en marquant les Juifs du sceau de l'infamie, fixé à leur statut de « déicides », les chrétiens ont alimenté cet antisémitisme. Il est difficile de fixer une date précise pour le début de l'antisémitisme occidental mais on peut, sans trop se tromper, le faire remonter aux premières croisades (1096). En 1215, le concile de Latran codifie d'une certaine manière l'antisémitisme en interdisant aux Juifs l'accès à certaines professions, la libre circulation dans les villes, des restrictions sociales et l'obligation de porter des vêtements distinctifs.

ANULOMA ■ Dans le bouddhisme, c'est la descente, par l'homme, de la chaîne de la coproduction conditionnée, c'est-à-dire sa participation au samsâra.

ANUMÂNA ■ Dans le bouddhisme, c'est le mot qui désigne l'inférence.

ANUSHAYA ■ Dans le bouddhisme, c'est le mot qui désigne une passion latente.

APHORISMOS ■ Nom de l'excommunication dans l'Église orthodoxe grecque.

APHTHARTODOCÈTES ■ Mouvement chrétien qui affirmait, au 6e siècle, l'incorruptibilité du corps du Christ.

APOCALYPSE ■ 1. Dans le judaïsme, comme dans le christianisme, il s'agit d'écrits contenant la « révélation de Dieu » (*Apocalypsis*) concernant la fin des temps. Dans le judaïsme, les scènes de l'apocalypse sont surtout décrites dans le Livre de Daniel ; chez les chrétiens, l'apocalypse est dépeinte dans l'Évangile de saint Jean, le dernier ouvrage du Nouveau Testament. Outre les informations qu'elle donne sur le monde transcendant, la littérature apocalyptique fournit essentiellement des informations sur la fin du monde et la lutte finale entre le Bien et le Mal. Dans la littérature juive, on trouve des récits apocalyptiques déjà vers le 3e siècle avant l'è.c. mais c'est surtout à partir de l'époque du Second Temple que ces écrits se sont multipliés. Le terme Apocalypse (« révélation », « apparition », en grec) est utilisé comme tel, pour la première fois, dans l'Évangile de saint Jean. 2. Pour les bouddhistes (du moins pour les theravadins, Petit Véhicule), les mondes sont également soumis au cycle des transmigrations. La séquence de disparition des mondes a été décrite de manière très précise. Ceci se produit durant le kalpa de Dissolution du monde. À ce kalpa de Dissolution succède un kalpa de Néant, puis un kalpa de Création et, enfin, un kalpa de Durée du monde créé ; c'est durant ce kalpa de Durée (subdivisé, bien entendu, en de multiples kalpas) qu'un nouveau Bouddha apparaît. Le prochain Bouddha, le successeur du Bouddha historique (Shakyuamuni) doit, selon la théorie des kalpas, apparaître 5 670 000 000 d'années après la disparition de son prédécesseur.

APOCATASTASE ■ Doctrine de la restauration universelle du cosmos dans son harmonie originelle à la fin des temps.

APOCRYPHE ■ Texte dont l'inspiration divine n'est pas attestée et qui, dès lors, est exclu des canons de l'Église.

APOKRÉO ■ Dans la religion orthodoxe, il s'agit du dernier dimanche où l'on peut manger de la viande avant le Grand Carême. Ce mot signifie « adieu à la chair ».

APOLLINARISME ■ Hérésie chrétienne prétendant que le Christ n'avait qu'un corps humain sans âme l'accompagnant.

APOLOGÉTIQUE ■ Discipline qui a pour mission de défendre la religion. On parlera ainsi de théologie apologétique lorsque le but de celle-ci est uniquement de défendre une religion en l'opposant aux autres pour démontrer sa véracité.

APOLOGIE ■ Théologie qui défend la religion contre les attaques des opposants.

APOLOGUE ■ Récit populaire qui met en scène et fait parler des plantes (Apologue de Yotam : Juges 9,7-15 et Apologue du roi Joas : 2 Rois, 14-9).

APOPHTEGME ■ Parole mémorable des Pères du désert. Un apophtegme est généralement construit sous la forme d'une question du disciple et d'une réponse du maître ou encore sous la forme d'une anecdote.

APOSTASIE ■ L'apostasie est la renonciation volontaire à sa religion. Aucune religion n'est aussi ferme envers l'apostat que l'islam. Dans l'islam, les deux plus grands péchés sont l'apostasie et l'association-nisme. Il s'agit de péchés dirigés contre Dieu. Lorsqu'on lit de la littérature se rapportant à l'islam, il ne faut jamais oublier que le musulman est « soumis » à Dieu. Ainsi rien ne peut être plus grave qu'un rejet de Dieu, une insulte envers Dieu (ou son Prophète) et le rejet du monothéisme (par l'association à Dieu d'autres divinités).

APOSTOLICITÉ ■ Dans le christianisme, caractère de ce qui remonte à l'époque des Apôtres.

APOSTOLIQUE ■ 1. Dans la chrétienté, désigne ce qui concerne les apôtres. 2. Pour les catholiques, désigne aussi ce qui concerne le pape (par exemple, le Siège apostolique). 3. Concerne l'apostolat, les missions.

APÔTRE DES GENTILS ■ Nom donné à saint Paul.

APÔTRES ■ Ce sont les 12 disciples du Christ qui furent ensuite envoyés pour annoncer la bonne nouvelle (Simon Pierre, André, Jacques fils de Zébédée, Jacques fils d'Alphée, Jean, Philippe, Barthélemy, Thomas, Matthieu, Thaddée, Simon le Zélote, Judas l'Iscariote (de « ishqarya », le faux). Après la mort de Judas, ce dernier fut remplacé par Matthias.

APOTROPAÏQUE ■ Objet, pouvoir qui a la faculté d'éloigner le mauvais œil. Du grec *apotrepo*, « détourner ».

APPARELLAMENTUM ■ Nom de la confession publique chez les Cathares.

APPARITION ■ Manifestation visible d'un être surnaturel.

APPELÉE ■ Dans la théologie chrétienne de la prédestination, personne destinée à être sauvée.

APRATISHTHITANIRVÂNA ■ Dans le bouddhisme, c'est le mot qui désigne l'extinction active non figée (extinction des boddhisattvas qui continuent à œuvrer tant qu'il y a des âmes à sauver mais ne sont plus atteints par les effets karmiques).

AQÉDAH ■ Mot hébreu signifiant ligature. La plus célèbre des ligatures est celle d'Isaac qu'on appelle dans la plupart des ouvrages le « sacrifice d'Isaac » (Abraham s'apprêtant à sacrifier sur le Mont Moriah son fils unique par obéissance à Dieu).

AQÎDA ■ Mot arabe désignant la croyance et le dogme.

AQUARIENS ■ Secte chrétienne (3e siècle) qui refusait le vin et n'utilisait que l'eau et le pain pour l'Eucharistie.

AQUILA ■ Une des versions grecques de la Bible (postérieure à la Septante).

ARABIE SAOUDITE ■ Depuis 1925, l'Arabie Saoudite est la « gardienne des Lieux saints de l'islam ». Rappelons que ce pays applique le sunnisme le plus strict (le wahhabisme – voir ce mot). Malgré les conflits avec les chiites et les quotas de pèlerins par pays, ce rôle procure à l'Arabie Saoudite une dimension internationale.

ARAFAT ■ Plaine au nord de La Mecque. C'est une étape importante lors du grand pèlerinage. Pour les musulmans, c'est à cet endroit qu'aura lieu le jugement dernier.

ARAMÉEN ■ Langue de communication de l'Antiquité, langue liturgique aujourd'hui. Cette langue a été, durant une longue période, en Palestine et dans les pays limitrophes (jusqu'en Perse), l'idiome le plus utilisé. Née en Mésopotamie, où l'écriture araméenne a progressivement remplacé l'écriture cunéiforme, cette langue est devenue à l'époque du Second Temple la langue de communication. On la parlait en Palestine, bien sûr, mais aussi en Perse (dont c'était la langue diplomatique) et dans de nombreux pays limitrophes. Langue internationale, langue du commerce et des affaires, on ne s'étonnera pas qu'elle ait été utilisée par les Juifs pour la rédaction des contrats de mariage (*ketoubbah*) et de répudiation (*get*). De nombreux manuscrits juifs (Talmud, Zohar, etc.) et chrétiens ont été rédigés en araméen. C'est aussi la langue des manuscrits de la mer Morte et Jésus parlait araméen. Ainsi que nous l'avons dit ailleurs, aujourd'hui encore, certaines prières sont récitées en araméen à la synagogue (*Kaddish*, *Kol Nidrê*).

ARBRE DE JESSÉ ■ Arbre généalogique du Christ, issu de la maison de David.

ARBRE DE LA BODHI ■ Figuier sous lequel Boddha a connu l'Éveil. Connu depuis l'Éveil de Bouddha comme l'arbre de la Bodhi ou l'arbre de la Sagesse, il s'agit, d'après les botanistes, d'un *Ficus religiosa* ou Figuier pipal. C'est en réalité un épiphyte qui se développe d'abord sur un autre arbre avant de l'étouffer et de devenir indépendant ; il peut mesurer jusqu'à 30 mètres de haut.

ARCANE (DISCIPLINE DE L'-) ■ Loi interdisant aux disciples d'une religion d'en dévoiler le contenu et les rites aux personnes qui n'en font pas partie. Cette discipline est présente dans toutes les religions durant les phases de développement et de consolidation.

ARCHANGE ■ Être spirituel placé au-dessus des anges. Les principaux archanges sont Gabriel (voir Annonciation et Coran), Raphaël et Michel.

ARCHE D'ALLIANCE ■ Coffre en bois construit selon les directives divines alors que le peuple hébreu séjournait encore dans le désert. Ce coffre est conçu pour contenir les Tables de la Loi (« les tables de pierre, la loi et la règle que j'ai écrites » (Exode 24, 12)). C'était l'objet rituel le plus sacré du peuple juif. Chaque fois que les Juifs se déplaçaient, ils emportaient l'Arche d'Alliance dans leur voyage. Plus tard, cette Arche fut placée dans un endroit spécifique du Premier Temple jusqu'à la destruction de celui-ci (en -587) où elle disparut à jamais.

ARCHE DE NOÉ ■ Arche construite par Noé pour échapper au Déluge. Il emmena avec lui sa famille ainsi qu'un couple de chacune des espèces vivantes. Après le déluge, Dieu fit alliance avec lui et l'humanité entière (c'est la Première Alliance ; la seconde étant avec le peuple hébreu et la troisième, avec les chrétiens).

ARCHÉTYPE ■ Dans le cadre de l'iconographie orthodoxe, c'est le modèle idéal, celui qui est le plus proche de la « réalité ». Pour approcher cette « réalité », les peintres d'icônes doivent respecter des directives très précises, canoniques, sans pouvoir donner libre cours à leur fantaisie. Voir

Podlinnik et Canon iconographique orthodoxe.

ARCHIMANDRITE ■ Dans la religion orthodoxe, supérieur d'un monastère (synonyme d'higoumène). Parfois aussi, il s'agit simplement d'un titre honorifique que l'on accorde à un moine prêtre.

ARCHIPRÊTRE ■ Prêtre catholique desservant une église paroissiale qui est aussi une cathédrale.

ARELIGIEUX ■ Celui qui n'a aucune religion.

ARÉOPAGITE ■ Membre de l'Aréopage (colline d'Arès, en Grèce, où se réunissait un tribunal). Aujourd'hui, ce mot désigne une assemblée de doctes personnes. L'Église chrétienne fait régulièrement référence à saint Denys l'Aéropagite. Ce sénateur grec (Dionysos), membre de l'Aréopage puis premier évêque d'Athènes, aurait été converti par saint Paul lors d'un prêche à l'Aréopage.

ARHAT ■ Saint bouddhique ayant atteint le plus haut niveau de connaissance. Arrivé au niveau ultime de la pensée, il n'a pas d'illusions, plus de désirs et est libéré des dix liens d'enchaînement au cycle des réincarnations. Il a acquis l'abolition définitive de toute souillure et de toute passion. Libéré du cycle des renaissances, à sa mort, il entre immédiatement dans le nirvâna. Dans le bouddhisme premier (Hînayâna), l'arhat est un saint qui devient un bouddha mais il parvient seul à l'éveil. Pour devenir arhat, l'une des rares voies possibles est la vie monacale ; ainsi, dans le bouddhisme premier, les laïcs n'ont aucune chance de devenir arhat, ni de parvenir au nirvâna. Dans le bouddhisme mahâyâniste, l'arhat est un sage qui progresse vers la bouddhéité. L'arhat n'est plus le personnage principal ; il a été remplacé par le bodhisattva, lequel œuvre pour l'ensemble des hommes. On est ainsi passé de la condition élitiste et égoïste du saint à une ouverture plus grande au monde (tout le monde peut atteindre le nirvâna... et parfois très vite) et à celle du saint oblatif (la compassion est devenue la première vertu morale). Pour atteindre l'état de sainteté (*arhat*), il existe quatre étapes : la première est celle de « celui qui est entré dans le courant », le second stade est « celui qui revient une fois », le troisième stade est « celui qui ne revient jamais », le quatrième est celui de l'*arhat* qui est libéré de toute souillure.

ARHAT (LES POUVOIRS DE L'-) ■ L'arhat (comme le bodhisattva) possède des pouvoirs surnaturels, lesquels sont : l'« oreille divine » (perception des voix humaines et divines), l'« œil divin » (la connaissance du cycle du samsâra chez tous les êtres vivants), la perception de la pensée des autres êtres, le souvenir de ses existences antérieures, la prise de conscience de l'abolition de ses propres souillures et passions et le riddhi (c'est-à-dire le pouvoir de se multiplier, de se rendre invisible, de marcher sur l'eau, de se transformer en d'autres personnes, etc.). Il est à noter que le fait de se donner en spectacle constitue une atteinte aux règles monastiques ainsi d'ailleurs que de se prévaloir d'un pouvoir qu'on ne possède pas ; ces deux manquements aux règles justifient l'exclusion de la communauté.

ARHATS (SEIZE) ■ La tradition raconte qu'au moment d'entrer dans le parinirvâna (c'est-à-dire, au moment de mourir), Bouddha voyant que de nombreux arhats voulaient associer leur destin au sien, décida de confier la Loi (Dharma) à seize d'entre eux. Il leur demanda de rester dans le monde tant que cela serait nécessaire pour le salut des humains. Durant le premier concile bouddhique, peu après le décès de Bouddha, les seize arhats confirmèrent leur désir de ne pas entrer dans le nirvâna tant qu'ils seraient utiles sur terre.

La tradition dit aussi que lorsque plus personne ne comprendra le Dharma (la Loi), les arhats rassembleront tous les textes sacrés éparpillés sur la Terre et les placeront dans une construction commémorative (un stûpa). Alors seulement, pendant que le stûpa s'enfoncera dans la terre, les seize arhats entreront dans le nirvâna. Un nouveau Dharma sera proclamé par la suite par le successeur du Bouddha, le Bouddha Maitreya.

ARIANISME ■ Hérésie des ariens, qui, sous la conduite d'Arius, niaient la consubstantialité du Fils avec le Père (le fils ne serait qu'une créature humaine). Cette hérésie fut condamnée au concile de Nicée (325).

ARIDITÉ ■ État d'une âme pieuse momentanément insensible au bonheur de la piété.

ARIK ANPIN ■ Mots hébreux signifiant le « Grand Visage ». Dans les écrits de la kabbale, Arik Anpin représente le don du grand amour de Dieu, c'est la plus pure manifestation de Dieu, la première des dix séfiroth (ou émanations de Dieu), la Séfirah Kéter. Voir aussi Partsouf.

ARKÂN ■ Dans l'islam, c'est le mot qui désigne les piliers de l'islam (profession de foi, prière, aumône, jeûne et pèlerinage).

ARMÉE DU SALUT ■ Société religieuse protestante organisée sur un modèle militaire. Elle fut fondée en 1865 par William et Catherine Booth pour venir en aide aux plus malheureux. Exclusivement basée sur le message de l'Évangile, la foi des salutistes ne reconnaît aucun sacrement.

ARMOR ■ Voir Tsaddiq.

ARRHES DU SAINT-ESPRIT ■ Les dons (miracles, prophéties, etc.) que le Saint-Esprit procure aux apôtres et aux prédicateurs.

ARTICLE DE FOI ■ Point fondamental d'une religion. Le refus d'un article de foi élimine *ispo facto* celui qui s'en réclame de la communauté des fidèles de la religion (il devient hérétique, schismatique, etc.).

ARTICLE DE SMALKALDE ■ Exposé de la foi rédigé par Luther en 1537. C'est un des livres fondateurs du protestantisme.

ARTOPHORION ■ Dans la liturgie de l'Église orthodoxe, écrin dans lequel on garde le pain eucharistique.

ARTOTYRITES ■ Secte chrétienne (2e siècle) qui refusait le vin et n'utilisait que le pain et le fromage pour l'Eucharistie.

ARYA ■ Dans le bouddhisme, c'est le mot qui désigne un noble.

ARYAMARGA ■ Dans le bouddhisme, c'est le mot qui désigne l'Octuple Noble Sentier.

ARYÂVALOKITESHVARA ■ Dans le bouddhisme, c'est le mot qui désigne la forme féminine du bodhisattva de la compassion.

ASANA ■ Dans la statuaire bouddhique et le yoga, c'est une attitude corporelle.

ASANGA ■ Frère de Vasubandhu et fondateur d'une école du bouddhisme mahâyâna.

ASCENSION ■ Fête chrétienne commémorant l'élévation du Christ au ciel quarante jours après sa résurrection.

ASCÈSE ■ Exercice pratique auquel se livre le fidèle d'une religion pour parvenir à la communion avec Dieu. Les pratiques ascétiques sont extrêmement variées et s'échelonnent de la prière au jeûne extrême.

Ainsi, aux premiers temps du bouddhisme, l'ascèse (*dhûta*) consistait en exercices pratiqués dans le but de purifier le corps et l'esprit. Ces exercices sont : vivre loin de toute habitation, vivre exclusivement d'aumônes, dormir debout sur une jambe, ne manger qu'une fois par jour, manger peu, ne pas boire de jus des fruits ou de sève d'arbres l'après-midi, vivre en haillons, ne posséder que trois vêtements, vivre dans un cimetière, vivre sous un arbre, s'asseoir, ne jamais s'allonger.

ASCÈTE ■ Personne qui, par piété, s'impose des conditions de vie faites de privations ou de mortifications (voir aussi anachorète, cénobite, ermite, fakir, moine, stylite).

ASCÉTÈRE ■ Lieu de vie de l'ascète.

ASCITES ■ Nom des membres d'une secte montaniste (d'obédience chrétienne) qui apparut au 2e siècle.

ASÉITÉ ■ Caractéristiques de l'Être qui existe par soi.

ASHKÉNAZES ■ Nom donné aux Juifs d'Europe occidentale et centrale (essentiellement les Juifs d'Allemagne, de France, de Pologne, etc.).

ASHVAMEDHA ■ Le rituel accompli, à cheval, par les souverains victorieux.Ceci explique pourquoi Bouddha est parfois représenté symboliquement par un cheval (les autres représentations symboliques sont le turban, la roue de la Loi, le svatika, un trône vide et l'arbre de la Bodhi).

ASOKA ■ Empereur indien (-291/-232 de l'è.c.). Après une période de grande cruauté, il adopta le bouddhisme pour sa non-violence et l'établit comme religion officielle de son empire ; il construisit de nombreux monastères et stûpas, grava des édits traitant du bouddhisme sur des rocs et des colonnes (édit du Bhrada, rescrit de Kausambi, inscription de Rummindei), envoya des missionnaires dans de nombreux pays et convoqua le troisième concile bouddhique (concile de Pataliputra). C'est certainement à lui que l'on doit l'extraordinaire expansion du bouddhisme par rapport à celle du jaïnisme, religion très proche du bouddhisme et née plus ou moins à la même époque et dans les mêmes conditions. Pour les bouddhistes, Asoka est connu sous le nom de Darmashoka mais lui-même préférait s'appeler Devamampîya (« Aimé des Dieux ») ou Priyadarshin (« Soucieux du bien-être de ses sujets »).

ASOKA (ÉDITS D'-) ■ Édits bouddhistes gravés sur des colonnes en grès ou sur des rochers en divers endroits de l'empire d'Asoka (Inde et Pakistan). On y admire l'éthique et la compassion du roi. Trois édits à titre d'exemple : Il est interdit de sacrifier des animaux, que ce soit pour la nourriture ou les cérémonies religieuses. Il est recommandé d'observer les lois du Dharma et de pratiquer la compassion et la charité. Le roi désire voir se réconcilier toutes les tendances religieuses.

ASPERGÈS ■ Dans le christianisme, au début de la grand-messe, moment où le prêtre asperge les fidèles avec de l'eau bénite.

ASPERSOIR ■ Goupillon servant à l'aspersion de l'eau bénite.

ASSOCIATION MONDIALE DES BOUDDHISTES ■ L'association mondiale des bouddhistes, plus connue sous ses initiales WFB (*World Fellowship of Buddhists*), a été fondée en 1950. Son but est de répandre la doctrine bouddhique et d'obtenir un rapprochement entre les divers courants du bouddhisme. C'est cette association qui a déclaré le jour de la pleine lune du mois de mai « Jour du Bouddha ». Son drapeau est la Roue de la Loi sur un fond de six couleurs. Le drapeau du bouddhisme (existant depuis 1885 mais adopté en 1950), universellement utilisé, est composé de six bandes verticales : les cinq premières bandes sont successivement peintes en bleu (symbole de la méditation), en jaune (symbole de la pensée juste), en rouge (symbole de l'énergie spirituelle), en blanc (symbole de la foi dans le Dharma) et en orange (symbole de l'intelligence). La sixième bande est découpée verticalement en cinq bandes horizontales qui reprennent les couleurs des bandes horizontales (cette bande symbolise le caractère harmonieux de la religion bouddhique).

ASSOCIATEURS ■ Terme coranique désignant ceux qui donnent un associé à Dieu. Pour l'islam, c'est le plus grand des péchés. Voir Associannisme.

ASSOCIATIONNISME ■ Pour les musulmans, l'associationnisme (ou *shirk*) consiste à « associer à Dieu d'autres divinités ». Or, selon les termes mêmes du Coran, « Dieu n'a pas d'associé », Il est Unique (*tawhîd*). Dieu ne pardonne pas cette faute grave (*ithm*) qui semble même plus importante que l'apostasie (qui pourtant mérite la mort). C'est le plus grave péché — contraire au credo de l'unicité divine — que puisse commettre un musulman. Dans le Coran, les associationnistes, ce sont historiquement d'abord les polythéistes et ensuite les chrétiens. En effet, les musulmans ne parviennent pas à considérer les chrétiens comme de parfaits monothéistes : la Trinité ainsi que les nombreux saints de l'Église chrétienne sont perturbants pour un monothéiste strict.

ASSOMPTION ■ Fête de la Vierge Marie (15 août). On célèbre ce jour le dogme catholique selon lequel Marie a été enlevée au ciel corps et âme. Les orthodoxes parlent de Dormition.

ASTAARYAPUDGALA ■ Dans le bouddhisme, ce sont les huit nobles personnes.

ASTAKSANA ■ Dans le bouddhisme, c'est le mot qui désigne les huit libertés.

ASTALOKADHARMA ■ Dans le bouddhisme, c'est le mot qui désigne les huit dharmas mondains.

ASTER ■ Dans la religion orthodoxe, petit objet en or servant à recevoir le voile qui recouvre l'hostie. Il empêche ainsi que le voile ne touche l'hostie.

ASTÉRISQUE ■ Dans la religion orthodoxe, objet liturgique qui sert à préserver le pain et le vin consacrés du voile qui les recouvre.

ASURA ■ Dans le bouddhisme, demi-dieu ou être hostile aux dieux (étymologiquement, signifie ce qui n'est pas un dieu).

ATH-BASH ■ Dans la kabbale, système de transposition de lettres qui se combinent trois par trois. Cette transposition permet de découvrir un sens caché dans un texte religieux. En utilisant cette méthode, éventuellement combinée avec la guématria et le notarikon, tout texte offre des possibilités ésotériques.

ATHÉISME ■ Doctrine de celui qui ne croit pas en Dieu. Cette doctrine ne doit pas être confondue avec l'agnosticisme (qui n'a pas d'opinion sur Dieu), la libre-pensée (qui est détachée de tout dogme), le paganisme (qui possède le sens du sacré, de la mystique) et l'anti-religiosité (qui s'oppose, parfois avec violence, à toute religion). Les religions utilisent plusieurs mots pour désigner les athées qui sont souvent bien plus mal considérés que les fidèles d'autres religions : païens, mécréants, hypocrites, etc. Signalons que les musulmans, par exemple, tolèrent les Gens du Livre (c'est-à-dire les fidèles des religions monothéistes créées avant l'arrivée de l'islam : juifs, chrétiens, mazdéens) mais n'acceptent pas les athées. Il est à noter que de nombreuses personnes qui s'affirment athées ignorent le sens réel de cet mot. Dans une étude récente parue dans un journal catholique (la *Libre Belgique*), plus de 40 % des croyants affirmaient ne pas croire en l'existence de l'âme alors que près de 40 % des « athées » disaient croire en l'existence d'une âme immortelle. On retiendra que l'accusation d'athéisme était lancée à Rome contre ceux qui refusaient le culte aux dieux de la cité. Ainsi, les Romains accusaient les chrétiens d'athéisme. Durant la même époque, les mêmes étaient accusés par les juifs (et plus tard par les musulmans) de polythéisme.

ATHONITE ■ Moine du Mont-Athos.

ATI ■ Dans le bouddhisme, c'est le mot pour dire « il y a ».

ATMAN ■ Dans le bouddhisme, c'est la « vitalité immortelle », un « soi », qui continue à exister après la mort et se transmet lors de la transmigration.

ATSILOUTH ■ Dans la kabbale, c'est le premier (et le plus important) des mondes d'émanation de Dieu. C'est le monde le plus proche de En-Sof (le Dieu infini, inconnaissable) où prédomine la Séfirah Hokmah (la Sagesse).

ATTA ■ Dans le bouddhisme, c'est le mot pour dire « la personnalité ».

ATTENTION ■ Qualité de conscience que doit posséder la personne qui engage un acte pour en être moralement responsable.

ATTHAKATHÂ ■ Textes sacrés bouddhiques rédigés en cingalais et traduits par Buddhaghosa.

ATTHANGIKA MAGGA ■ Dans le bouddhisme, c'est l'expression qui désigne la Voie octuple.

ATTRIBUTS DIVINS ■ 1. L'unicité divine (le *tawhîd*) est le dogme fondamental de l'islam. Comment, dès lors, interpréter toutes les qualités de Dieu (sa « Toute-puissance », sa « Science », sa « Miséricorde », sa « Lumière », etc.) sans porter atteinte au strict monothéisme ? Terrible question qui a donné lieu à d'innombrables débats théologiques dont, aujourd'hui, on ne mesure plus la véhémence. Au sujet de ces attributs, signalons qu'ils sont les 99 Beaux Noms de Dieu que le croyant récite en litanie en égrenant son chapelet ou *soubha*. 2. Chez les juifs, Dieu est également personnifié et un ouvrage kabbalistique célèbre décrit même les dimensions des membres de Dieu (voir l'article *Shiour Qomah*, « la mesure du corps »). 3 . Chez les chrétiens, le problème ne se pose pas puisque Dieu est devenu homme en son fils Jésus-Christ.

ATTRITION ■ Pour les catholiques, contrition imparfaite basée uniquement sur la peur du châtiment.

AUBE ■ Vêtement blanc porté par les clercs lorsqu'ils célèbrent un office. Dans la religion catholique, c'est aussi le vêtement porté par les communiants.

AUDITEUR ■ Dans la terminologie bouddhique, un Auditeur est un saint, celui qui connaît la vérité grâce à l'enseignement du Bouddha ou de l'un de ses disciples. Comme figure emblématique d'Auditeur, on peut citer Ananda, le cousin et disciple de Bouddha. Accompagnant partout son maître, il en retenait toutes les paroles. C'est ainsi qu'au premier concile bouddhique, c'est Ananda qui fut chargé de réciter toutes les paroles de Bouddha, lesquelles furent consignées dans les Sûtras. Un Auditeur est donc celui qui peut atteindre l'Éveil grâce à l'expérience d'un autre. L'*arhat*, le saint bouddhique par définition, qui atteint l'Éveil grâce à l'enseignement de Bouddha, est lui aussi un Auditeur. Les cinq premiers moines (et disciples) de Bouddha représentent un exemple type d'arhat : ils sont parvenus à l'Éveil (très vite d'ailleurs...) grâce à l'enseignement de Bouddha. On sait que la tradition attribue également le titre d'arhat à Bouddha lui-même, ce dont on peut s'étonner car il est parvenu à l'Éveil sans enseignement extérieur (mais l'Eveil s'est imposé à lui de manière extérieure).

AUDITEURS ■ Dans le manichéisme, ce sont les catéchumènes. Ces Auditeurs (dont fut saint Augustin) se dévouaient pour les Parfaits, la caste sacerdotale, les Élus. Pour les manichéens, qui croyaient à la métempsycose, lors de la nouvelle vie, l'âme d'un Auditeur se réincarnait dans le corps d'un Élu.

AUGUSTINISME ■ Pensée de saint Augustin (354-430). Un des principaux Pères de l'Église chrétienne.

AUMÔNE ■ 1. L'aumône légale (*zakât*) — prescrite par le Coran — fait partie des cinq piliers. de l'islam. Comme la prière, l'aumône est une purification et en tant que telle sera récompensée au Paradis. 2. Pour les chrétiens, c'est une grâce accordée par Dieu.

AURÉOLE ■ Dans le christianisme, cercle placé au-dessus des martyrs et des saints.

AUTEL ■ Table pour le sacrifice. Dans le christianisme, c'est la table qui est utilisée pour recevoir les objets liturgiques de la messe.

AUTEL DOMESTIQUE ■ Table dédiée à un culte domestique. Plusieurs écoles bouddhiques proposent au laïc de disposer dans sa demeure d'un petit autel dédié à Bouddha. Sur l'autel, on placera une statue de Bouddha ou une peinture représentant Bouddha ou un Bodhisattva. Cet autel servira essentiellement à recevoir des offrandes : de l'encens, des bougies (qui symbolisent la lumière de Bouddha), des fleurs, de la nourriture, etc.). Au sujet du Bouddha, signalons que les fidèles bouddhistes ne considèrent jamais une statue de Bouddha comme une simple œuvre d'art, elle est généralement considérée comme un stûpa car elle est un substitut de Bouddha. C'est la raison pour laquelle la statue doit être traitée avec déférence : elle sera placée dans le meilleur endroit de la maison et toujours en hauteur (les pieds de la statue à hauteur du visage du fidèle). Si la statue est cassée, s'il lui manque un bras ou une jambe, elle sera déposée dans un monastère où elle sera enfermée dans un reliquaire.

AUTOCÉPHALE ■ Dans le monde orthodoxe, se dit d'une Église orthodoxe qui a le droit d'élire sa « propre tête », son propre chef et possède une grande autonomie de gouvernement interne. Le seul chef, inisible, étant le Christ. En dehors des quatre patriarcats anciens (Constantinople, Alexandrie, Antioche et Jérusalem), une Église orthodoxe nationale ne peut se déclarer autocéphale que si l'État est indépendant. La conquête de l'autocéphalie a toujours été un des buts des Églises nationales. Actuellement, les Églises autocéphales sont les suivantes : Albanie, Bulgarie, Chypre, Géorgie, Grèce, Pologne, Républiques Tchèques et Slovaquie, Roumanie, Russie, Serbie. Outre les Églises autocéphales, on dénombre également les Églises autonomes (Chine, Finlande, Japon, Sinaï) et les Églises de la Diaspora (qui portent différentes dénominations, sont issues des diverses immigrations et sont régulièrement en lutte pour leur indépendance). Étant donné l'autocéphalie, aucune décision d'une Église ne peut lier les autres. Ainsi, la rencontre entre le Patriarche Athénagoras et le Pape Paul VI, rencontre où fut levée l'excommunication réciproque des deux Églises, lie tous les chrétiens catholiques mais ne lie pas, par exemple, l'Église orthodoxe russe.

AUTODAFÉ ■ Cérémonie par laquelle les hérétiques condamnés par l'Inquisition sont appelés à faire un acte de foi (*auto dafe*) pour mériter le salut.

AVALOKITESHVARA ■ Dans le bouddhisme, Bodhisattva de la Grande Compassion. C'est le protecteur du Tibet où il porte le nom de Chènrezi. Les Dalaï-Lamas sont ses émanations dans le monde. En Chine, il est connu sous le nom de *Guanyin* et au Japon sous celui de *Kannon*, deux formes féminines d'Avalokiteshvara. Tantôt homme, tantôt femme, il est le complice d'Amida. C'est certainement le bodhisattva le plus populaire. Il est représenté sous de nombreuses formes, dont des formes féminines (Târâ, une divinité très populaire est née des larmes d'Avalokiteshvara). Son nom signifie « le Seigneur qui regarde d'en haut ». C'est lui qui détient et enseigne la formule en six syllabes *Om mani padme hum*. Cette formule est donc le mantra de Chènrezi (Tchènrézi).

AVATAR ■ Dans certaines religions, c'est l'une des incarnations d'un dieu (ainsi dans le bouddhisme, l'hindouisme, etc.). Dans l'hindouisme, le dieu Vishnou possède ainsi plusieurs avatars.

AVE MARIA ■ La plus courante des prières adressées à Marie par les catholiques.

AVÈNEMENT ■ Dans le christianisme, naissance du Christ (premier avènement). Sa venue à la fin des temps constitue le second avènement.

AVENT ■ 1. La fête de la Nativité du Christ (Noël), le 25 décembre. Dans la religion orthodoxe, cette fête est précédée d'un carême de quarante jours. 2. Période de préparation à Noël.

AVESTA ■ Livre canonique des mazdéens (zoroastriens). En 2001, l'UNESCO a fêté le deux mille sept centième anniversaire de sa création. Cet ouvrage a servi de source pour de nombreux livres religieux ainsi que pour une encyclopédie religieuse, le Denkard (ouvrage théologique écrit au neuvième siècle avant l'è.c. dont seule une partie subsiste).

AVIDYA ■ Dans le bouddhisme, c'est l'ignorance fondamentale, la nescience. Elle est la source de notre attachement au monde et à la perpétuation du cycle du *samsâra*.

AVOCAT DU DIABLE ■ Dans la religion catholique, désigne celui qui, dans un procès de canonisation, a pour rôle de contester les mérites de celui dont la canonisation est proposée.

AVVAKUM ■ Archiprêtre de l'Église orthodoxe russe au 17ᵉ siècle. Opposant à la modification de la liturgie imposée, avec la complicité du tsar, par le patriarche Nikon, il est l'auteur d'une autobiographie (considérée comme un monument de la littérature russe) où il raconte les vilenies du patriarche Nikon, la vie des « vieux-croyants » (ceux qui refusèrent les modifications imposées par Nikon) et sa conception de l'orthodoxie. On lui doit encore d'autres textes polémiques dont un « sur la façon de joindre les doigts » pour faire le signe de croix (une des causes de la lutte sanglante entre les partisans de Nikon et les « vieux-croyants »). En s'opposant à la nouvelle liturgie « à la grecque » imposée par Nikon, Avvakum proteste contre une conception laxiste de la religion, son opposition prend une forme sociale. Condamné par le concile de 1666-1667, il est brûlé vif. Obligés de s'enfuir dans les forêts sibériennes, privés de prêtres et de sacrements, les vieux-croyants (*staryviéri*) forment aujourd'hui encore un mouvement homogène dans l'Église russe.

AYAH ■ 1. Dans l'islam, c'est le mot qui désigne un miracle. 2. Ce mot désigne également chaque verset du Coran (le Coran lui-même étant considéré comme un miracle).

AYATOLLAH ■ Chez les chiites, dignitaire religieux. Le titre ayatollah signifie *Signe de Dieu*. Les ayatollahs sont les *mujtahids* qui ont reçu une habilitation particulière. S'il commence à avoir des disciples, l'ayatollah devient Grand ayatollah (*ayatollah uzma*). L'Imâm des chiites est leur chef spirituel et temporel. Le dernier des imâms a été occulté au 9e siècle. Assez étrangement, l'ayatollah Khomeyni a porté le titre d'Imâm : il est le seul depuis l'occultation du dernier Imâm.

AZYME ■ Pain sans levain. C'est le pain utilisé par les catholiques pour la consécration eucharistique lors de la messe. Les orthodoxes utilisent un pain levé. Pendant la Pâque, les juifs ne mangent que du pain azyme.

B

BAAL CHEM ■ Ce titre signifie « maître du Nom (de Dieu) ». Le titre de Baal Chem (plus tard modifié en Baal Chem Tov ou *Becht*) a été attribué depuis le Moyen Âge aux rabbins, talmudistes et kabbalistes disposant de « pouvoirs magiques » tels que, par exemple, le don de réaliser des amulettes ou des potions thérapeutiques. À de rares exceptions près — comme, par exemple, le *Becht*, le fondateur du hassidisme —, la plupart des personnages s'attribuant ce titre étaient des charlatans.

BABISME ■ Religion fondée en Perse au 19e siècle par Mirza Ali Mohammed aussi appelé el-Bab (c'est-à-dire « la porte », pour signifier que la porte était ouverte à une nouvelle vie, à de nouvelles connaissances). À la suite d'une révélation, il se déclare le Messie, le *Mahdi* tant attendu par les chiites. Il propose une complète réforme de l'islam avec une réinterprétation du Coran et l'égalité des hommes et des femmes. Emprisonné par le gouvernement persan, il est fusillé en 1850 mais son mouvement s'étend et prend de l'ampleur pour, aujourd'hui, être représenté dans la plupart des pays.

BACULAIRES ■ Membres de la secte anabaptiste non-violente (la seule arme autorisée était le bâton).

BAGHAVAT ■ Un des noms du Bouddha historique (le Bienheureux).

BAHAÏSME ■ Voir BABISME.

BAHIR (SÉFER HA-) ■ Le premier des ouvrages de la kabbale. Sous une forme très concise (dialogues entre un maître et son élève au sujet de la Genèse), on y trouve l'essentiel de ce qui sera développé plus tard par les grands kabbalistes (aussi bien la transmigration des âmes que les dix séfiroth).

BAIN RITUEL ■ Un traité complet du Talmud (le *Miqvaot*) est consacré au bain rituel ou *miqveh*. Cela est compréhensible lorsqu'on admet que le bain rituel est une des institutions de la vie juive, au même titre que la synagogue (pour construire un bain rituel, il est même autorisé de vendre une synagogue). Ainsi, avant de s'installer dans une ville, un juif pieux s'informe d'abord de l'existence d'une synagogue, d'une maison d'étude et, surtout, d'un bain rituel. Le bain rituel — bain répondant à certaines caractéristiques précises énumérées dans le Talmud — est fréquenté aussi bien par les femmes que par les hommes. S'immerger dans un bain rituel rend à l'individu sa pureté rituelle. Il est clair que l'immersion dans un bain rituel nécessite une propreté absolue du corps, la propreté spirituelle est acquise après le bain. Le *miqveh* est donc fréquenté régulièrement par les femmes (après la période des règles et avant le mariage) et par les hommes (avant le chabbat ou avant certaines fêtes religieuses). Les ustensiles de cuisine en métal ou en verre qui ne sont pas fabriqués par un juif doivent également être immergés dans un bain rituel avant de pouvoir être utilisés par un juif orthodoxe. La conversion également oblige le converti à s'immerger dans le bain rituel. Nous n'entrerons pas dans les détails complexes concernant la qualité de l'eau du bain et la manière de le remplir (des livres entiers existent sur ce sujet « très complexe ») pour qui veut respecter toute la Loi ; ce qui explique que les bains rituels sont toujours supervisés par un rabbin très au courant de la jurisprudence juive ou *halakha*. À titre anecdotique, signalons que la capacité d'un bain rituel est d'environ 700 litres (le minimum étant 332 litres), soit plus ou moins celle d'un petit spa ou d'un grand jacuzzi.

BANDHAS ■ La mise en mouvement de l'énergie dans le yoga tantrique.

BANQUES ISLAMIQUES ■ La charia (le droit islamique) interdit le prêt à intérêt fixe, qui est assimilé à de l'usure (*ribâ*). Dans la pratique, il est difficile de faire du commerce et de stimuler la croissance sans faire circuler de l'argent et sans en rémunérer le prêt. Pour résoudre ce problème, différentes dispositions ont été prises par les musulmans, du Moyen Âge à aujourd'hui (contrat de participation, partenariat, prise de risque, société en commandite, payement de services, etc.). Signalons cependant qu'aucune disposition ne satisfait pleinement tant la charia que les règles du système bancaire mondial. Dans l'islam médiéval, et sous l'empire ottoman, le rôle des banquiers était tenu par des non-musulmans (généralement des juifs). Ils participaient également à la levée des impôts et aux opérations de change : on les désignait sous le nom de *jahâbidha*. Aujourd'hui, différents États ont créé des banques dont l'organisation répond le mieux possible aux dispositions de la charia : ce sont les banques islamiques. Dans chaque banque islamique, il y a un Conseil de la charia qui vérifie si l'opération est conforme au principe de la loi religieuse (par exemple, un prêt sera refusé à une compagnie d'aviation si de l'alcool est servi à bord...). La création des banques islamiques est assez récente. En 1975, la Dubaï Islamic Bank est la première banque islamique privée. En 1979, le Pakistan décrète l'islamisation de l'ensemble du secteur bancaire (il est suivi par le Soudan puis par l'Iran). En 1996, la CitiBank établit une filière au Bahrein. Depuis lors, la plupart des banques importantes disposent de « guichets islamiques » où sont proposés des produits répondant aux prescrits coraniques. Devant l'impérieuse nécessité de permettre la circulation de l'argent, les autorités civiles et religieuses ont pris certaines dispositions pratiques. Ainsi, l'État turc, en 1887 déjà, avait promulgué une loi autorisant le prêt à intérêt en en fixant le taux à 9 % (considéré comme un taux non usuraire). D'autre part, plusieurs *fatwas* (consultations juridiques) permettaient la rémunération de l'épargne. Cette rémunération étant alors présentée non comme un intérêt pour la somme prêtée mais comme la rémunération d'un service ou une opération de commandite (les clients de la banque étant alors considérés comme des « associés »). Divers services répondant aux prescriptions coraniques sont proposés par les banques islamiques : investissements à court terme, commandite, rémunération de services, etc.

BAPTÊME ■ Dans la religion chrétienne, c'est la cérémonie qui consiste à faire entrer l'enfant dans la religion en le lavant du péché originel. Selon les courants religieux, il se pratique à divers âges soit par immersion totale (chez les Orientaux orthodoxes ou catholiques) ou simplement par aspersion, infusion ou affusion. Certains groupes religieux estiment que le baptême des enfants n'est pas valide et (re)baptisent les adultes.

BAPTÊME DE DÉSIR ■ Selon la théologie chrétienne, c'est le baptême de tout homme qui recherche Dieu et conduit sa vie de manière digne alors qu'il ne connaît pas ou n'a pas accès à la religion chrétienne. Ainsi, le salut n'est pas réservé aux seuls chrétiens.

BAPTISME ■ Doctrine chrétienne selon laquelle le baptême ne peut être administré qu'à des adultes et doit se pratiquer exclusivement par immersion totale.

BAPTISTAIRE ■ Dans le christianisme, document qui constate le sacrement de baptême.

BAPTISTES ■ Communauté protestante refusant le baptême des enfants. En bute, au 17ᵉ siècle, à l'Église anglicane, les baptistes trouvèrent refuge aux États-Unis. Aujourd'hui, ils constituent la plus importante communauté protestante des États-Unis. Très autonomes, prosélytes, les baptistes refusent d'autre pouvoir religieux que celui de l'Écriture. Il semblerait que plus de la moitié des noirs américains appartienne à ce courant religieux.

BAR MITZVAH ■ Dans le judaïsme, la bar mitzvah (« fils du commandement ») est une cérémonie religieuse par laquelle le jeune garçon, à treize ans et un jour, devient adulte au regard de la loi juive ; c'est le moment à partir duquel il doit observer les commandements. En outre, sa participation compte pour le *minyan* (quorum de dix hommes adultes, indispensable pour dire valablement certaines prières publiques). Dans la tradition juive, la bar mitzvah est relativement tardive et n'apparaît que vers le 14ᵉ siècle ; ainsi, l'un des principaux codificateurs de la loi juive (*halakha*), Maïmonide, n'en fait aucunement mention dans ses écrits. Grosso modo, elle est identique pour tous les juifs mais peut varier dans l'organisation des détails selon que l'enfant appartienne au rite ashkénaze ou séfarade ou encore à certains mouvements juifs actuels. Dans la plupart des cas, elle se présente de la manière ci-après. La cérémonie a lieu à la synagogue au plus tôt le lendemain du jour où le garçon vient de fêter son treizième anniversaire : le bar mitzvah (c'est-à-dire le jeune homme fêté) se rend à la synagogue en compagnie de son père. Le plus souvent, c'est la première fois qu'il porte les *teffilin* (voir ce mot). Le jeune garçon est invité à prononcer un discours, lequel est généralement en rapport avec le droit talmudique (ce discours a souvent été préparé avec l'assistance de son professeur et doit rester assez « modeste »). À la fin de la cérémonie (en semaine ou lors du chabbat), il est invité à lire la Torah. Après cette lecture, son père prononce une formule spéciale (*baroukh chèpetarani*) qui marque le nouveau statut de l'enfant devenu adulte eu égard à la loi juive. Dans la plupart des cas, du moins dans le monde occidental d'aujourd'hui, une fête termine la cérémonie et le bar mitzvah reçoit des cadeaux de la famille et des amis. Le judaïsme réformé a remplacé la bar/bat mitzvah par une cérémonie de confirmation, laquelle a lieu vers l'âge de dix-huit ou dix-neuf ans. Les Juifs non religieux ont remplacé cette cérémonie religieuse par différentes autres cérémonies laïques.

BARAÏTOTH ■ On désigne sous ce terme tous les exposés rabbiniques anciens (de l'époque des Tanaïm et des Amoraïm) ayant pour objet la Bible (lois et exégèse), qui ne figurent pas dans la Michnah et ont de ce fait moins de valeur que les opinions y figurant (surtout s'ils sont contradictoires). Par contre, lorsqu'un sujet n'est pas développé dans la Michnah, le Talmud (c'est-à-dire la Guemara, les commentaires de la Michnah) accepte les décisions de la *baraïta*. Certains de ces exposés sont réunis dans un ouvrage nommé *Tossefta* (publié, dans sa version définitive, en 1521). La Tossefta est un ouvrage six fois plus développé que la Michnah. Il semblerait, par ailleurs, que les rédacteurs de la Michnah ne connaissaient pas le contenu de la Tossefta.

BARAKA ■ **1.** Mot hébreu signifiant bénédiction, c'est-à-dire le flux de l'essence divine sur l'homme. 2. Mot arabe, très utilisé par les joueurs de tous pays, signifiant également « bénédiction ». Il est passé dans le langage courant pour désigner la chance. Le mot baraka est coranique et signifie une faveur divine. Dieu a le pouvoir de distribuer cette faveur à qui il veut mais, c'est normal, il la dispense plus volontiers aux hommes bons et pieux et tout particulièrement aux prophètes, les saints, et leurs descendants, lesquels peuvent en faire profiter ceux qu'ils fréquentent. Par la suite, le culte populaire des saints prenant de l'extension, la baraka fut attachée aux objets ayant appartenu au saint, au lieu où il vécut et à sa tombe. Ceci explique les nombreux pèlerinages sur les tombes des saints et aux endroits où ils vécurent et où sont parfois exposées des reliques (comme, par exemple, les poils de la barbe de Mahomet).

BAR-DAÏÇAN ■ Le fils de Daïçan, plus connu sous le nom de Bardesane (voir Bardesanisme).

BARDESANISME ■ Hérésie des premiers siècles du christianisme dont le propagateur est Bardesane (né en 154 à Édesse). Opposant farouche à l'astrologie, Bardesane estimait que le libre arbitre permettait à l'homme de contrer toutes les influences astrales. Le bardesanisme a eu une certaine influence en Orient.

BARDO ■ Dans le bouddhisme tibétain, c'est la période de transition entre la mort et la « renaissance » dans un autre corps. Cette période dure, en principe, quarante-neuf jours (selon le *Livre des morts tibétains*). Cet état intermédiaire commence à la dissolution des cinq agrégats et dure quarante-neuf jours. Le mort y fait la connaissance de la « claire lumière », des déités, du dieu Yama. Pendant les quarante-neuf jours d'errance entre la vie et la mort, le mort peut être « guidé » et bénéficier des prières et attentions de ses proches. Pour les bouddhistes du Petit Véhicule, cette période n'existe pas et la transmigration s'effectue immédiatement d'un corps à l'autre.

BARDO THÖDOL ■ Le Livre des morts tibétains. C'est un « trésor caché » (un *terma*, voir ce mot) qui décrit le chemin de la transmigration.

BARNABÉ (ÉVANGILE DE -) ■ Évangile dont l'apparition est signalée pour la première fois en 1709 en Hollande. Cet Évangile, manifestement un faux (on y trouverait des citations de Dante, et certains faits signalés sont historiquement impossibles, etc.), est un sujet de controverse entre chrétiens et musulmans. Pour les musulmans, il s'agit d'une « pièce » historique importante car cet Évangile annonce clairement la venue de Mahomet.

BARZAKH ■ Dans l'islam, ce mot désigne la séparation entre le monde physique et le monde spirituel.

BARRETTE ■ Dans la liturgie catholique, petit chapeau rigide porté par les ecclésiastiques dans le chœur (noire pour le prêtre, violette pour un évêque, rouge pour un cardinal).

BASILIQUE ■ Chez les catholiques, église de grande dimension qui abrite le corps ou la relique d'un saint.

BASMA ■ Revêtement métallique qui entoure certaines icônes orthodoxes.

BASMALA ■ La formule *bismillâh al-rahman al-rahîm*, c'est-à-dire « Au nom d'Allah, le Bienfaiteur miséricordieux » (ou le « Très-Miséricordieux »), est non seulement prononcée avant chaque acte important de la vie (une prière, une proclamation, un acte juridique, une promesse, etc.), mais figure également comme entrée de tous les écrits (de la simple lettre à l'œuvre littéraire en passant par le dictionnaire) et, bien entendu, comme entrée de chaque sourate du Coran (à l'exception de la sourate n° 9). Cette formule est la sourate liminaire du Coran qu'on désigne sous le nom de *Al-Fâtiha* (à ne pas confondre avec Fâtima, la fille de Mahomet, épouse d'Ali). Il est intéressant de savoir que l'Arabie préislamique connaissait une formule du même type, qui était déjà utilisée au début d'un écrit.

BATÎN ■ Dans l'islam, c'est le mot qui désigne le sens caché, ésotérique des choses. Il est opposé au mot zâhîr, qui désigne le sens littéral. Dans l'islam, ce sont les chiites qui s'intéressent au sens ésotérique des choses ; c'est la raison pour laquelle certains (les ismaéliens) sont parfois appelés bâtiniyia. Ce dernier mot est parfois aussi appliqué aux soufis.

BAT MITZVAH ■ La bat mitzvah (« fille du commandement ») est l'état de la jeune fille qui atteint l'âge de douze ans et un jour, celui de la majorité religieuse pour les jeunes filles. Le judaïsme « classique » n'a prévu aucune cérémonie pour fêter cet état. Cependant, depuis le 19e siècle, le judaïsme néo-orthodoxe a imaginé une cérémonie pour fêter cette accession à la majorité religieuse. Primitivement, la cérémonie n'était pas intégrée au rite de la synagogue, mais aujourd'hui la plupart des courants religieux organisent cette cérémonie dans ce lieu. La cérémonie varie selon le courant religieux et, dans certaines synagogues, quasi plus rien ne sépare la bar mitzvah du garçon d'une bat mitzvah (la jeune fille fait un discours, conduit l'office, lit la Torah). Compte tenu des courants religieux et des coutumes, il est compréhensible que la bat mitzvah ne soit pas encore intégrée dans tous les cercles religieux : la femme conservant encore un statut particulier dans la religion (par exemple, pour les juifs « orthodoxes », une femme ne compte pas pour atteindre le quorum nécessaire – minyan – pour la récitation de certaines prières).

BÉAT ■ Se dit d'une personne qui est heureuse en Dieu.

BÉATIFICATION ■ Dans la religion catholique, acte solennel par lequel le pape déclare que le serviteur de Dieu, maintenant béatifié, est au ciel. La béatification est l'acte solennel qui précède la canonisation éventuelle.

BÉATIFIQUE ■ Qui procure la béatitude.

BÉATILLES ■ Petits objets religieux confectionnés par des religieuses.

BÉATITUDES ■ Code de la vie chrétienne (Matthieu 5, 3-12 : « Bienheureux les simples d'esprit, ceux qui pleurent, les pauvres, etc. » prononcé par le Christ lors de son *Sermon sur la montagne*.

BEDEAU ■ Employé laïc qui s'occupe de l'entretien de l'Église (ont dit aussi marguillier, sacristain, suisse).

BÉGARD ■ Homme appartenant à une communauté religieuse mais n'ayant pas prononcé de vœux perpétuels.

BÉGUINAGE ■ Communauté de béguines.

BÉGUINE ■ Femme appartenant à une communauté religieuse mais n'ayant pas prononcé de vœux perpétuels.

BÉHÉMOTH ■ Voir Léviathan.

BÊMA ■ 1. Dans les églises orthodoxes, c'est la partie surélevée, cachée aux fidèles par un panneau d'icônes (l'iconostase) où le prêtre célèbre la divine liturgie. 2. Principale fête du manichéisme. C'est la commémoration du martyre de Mani.

BÉNARÈS (SERMON DE -) ■ Premier sermon de Bouddha au parc des Gazelles, situé près de Bénarès. Les sermons de Bouddha prononcés durant la première mise en route de la Loi ont été rapportés par son disciple Ananda lors du premier concile bouddhique. Leur ensemble forme les Sûtras de la première roue du Dharma, lesquels font partie du Canon pâli et sont acceptés par tous les courants bouddhiques. Le sermon de Bénarès constitue la pierre angulaire de la Loi (Dharma ou Dhamma). Les thèmes des quatre vérités développées durant ce sermon concernent la souffrance (ou, selon l'expression bouddhique, la *duhkha*) : la vérité sur la souffrance, l'origine de la souffrance, la cessation de la souffrance et la vérité sur la voie qui mène à la cessation de la souffrance.

BÉNÉDICITÉ ■ Chez les catholiques, petite prière prononcée avant le repas pour remercier Dieu pour la nourriture de la table.

BÉNÉDICTION ■ Grâce accordée par Dieu par l'intermédiaire de l'un de ses serviteurs. La bénédiction est un sacramental, c'est-à-dire un signe sacré produisant des effets spirituels. Dans les religions sans sacrements, la bénédiction et les autres sacramentaux jouent un rôle très important de communication avec Dieu.

BÉNÉDICTUS ■ Dans la liturgie catholique, prière récitée chaque jour aux laudes et aussi lors des funérailles des adultes.

BÉNITIER ■ Récipient placé à l'entrée des églises catholiques. Il contient de l'eau bénite. Le fidèle y trempe les doigts de sa main droite avant d'effectuer le signe de croix.

BERECHIT ■ C'est le premier mot de la Bible (donc de la Genèse et de la Torah). Il est habituellement traduit par « au commencement ».

BERIT ■ Mot hébreu signifiant alliance.

BERIT MILA ■ Mots hébreux pour désigner alliance de la circoncision, le pacte entre un juif et son Dieu. La seule véritable obligation de la loi religieuse juive.

BETH DINE ■ Dans le judaïsme, c'est la maison de la loi (tribunal rabbinique, sanhédrin).

BETHLÉEM ■ Village à 8 km au Sud de Jérusalem. Un verset du livre des Rois annonce que le Messie naîtra dans cette ville. Cette tradition est reprise par les Évangélistes. C'est ainsi que Jésus-Christ, dit le Nazaréen, est réputé être né à Bethléem.

BHAISAJYAGURUBUDDHA ■ C'est le nom d'un bouddha de médecine. C'est aussi un Bouddha de vénération (un Bouddha terrestre antérieur au Bouddha historique).

BHAKTI BOUDDHIQUE ■ C'est le bouddhisme de la foi où une dévotion particulière et des cultes sont organisés envers des divinités particulières (bouddhas, bodhisattvas, déités).

BHAVACAKRA ■ C'est la roue de l'existence. Dans le bouddhisme tibétain, cette roue est complétée par de nombreuses illustrations : l'anneau extérieur symbolise les douze liens de la loi de coproduction conditionnée ; le cadran principal contient les six domaines de l'existence (royaume des dieux, royaume des titans, royaume des démons, royaume des enfers chaud et froid, royaume du monde animal, royaume des êtres humains) ; le cercle le plus intérieur est divisé en deux parties : l'une montre les êtres en route vers le nirvâna et l'autre les êtres en route vers l'enfer ; au centre figurent les trois grandes fautes représentées par des animaux : la passion (coq), la haine (serpent), l'erreur (le porc). Cette roue est généralement tenue dans ses bras par Mâra, le dieu de la mort.

BHÂVANÂ ■ Dans le bouddhisme, les « création psychiques » sont des exercices de méditation poussée ; le méditant persévère jusqu'à ce que la représentation d'un objet soit aussi claire qu'une vision réelle de l'objet (il existe 40 exercices de méditation, y compris dix exercices portant sur des objets de dégoût).

BHIKSU ■ Dans le bouddhisme, moine mendiant.

BHIKSUNI ■ Dans le bouddhisme, nonne mendiante.

BHÛMISHPARSHAMUDRÂ ■ Mudrâ de la prise à témoin de la terre.

BIBLE ■ Le livre saint des juifs et des chrétiens. Ce livre comprend deux parties : la partie vénérée par les juifs (ou Ancien Testament ou *Miqra* ou *Tanakh*) et la partie vénérée uniquement par les chrétiens (ou Nouveau Testament). Le contenu de l'Ancien Testament est différent pour les juifs, les catholiques, les protestants et les orthodoxes. Certains textes n'ont pas été admis par les juifs mais bien par les catholiques (et parfois aussi par les orthodoxes) : ce sont les écrits deutotérocanoniques (c'est-à-dire admis secondairement dans le Canon) et pseudépigraphiques (c'est-à-dire attribués à un auteur mythique).

BIBLE CHRÉTIENNE ■ L'Ancien Testament des Bibles chrétiennes comprend davantage de livres qu'il n'y en a dans la Bible hébraïque. Les livres adoptés par les chrétiens (catholiques et orthodoxes), mais rejetés par les juifs, sont appelés deutérocanoniques, ce qui signifie admis dans le canon dans un second temps. Ceux admis par les juifs et les chrétiens sont appelés protocanoniques. La Bible protestante se rapproche davantage de la Bible juive car certains textes en ont été retirés. Les protestants appellent ces textes apocryphes (c'est-à-dire « cachés »). Il ne faut pas confondre les apocryphes de l'Ancien Testament avec les apocryphes du Nouveau Testament (Évangile de Pierre, Évangile de Thomas, etc.). Pour désigner ces textes qui ne sont pas entrés dans le canon de la Bible hébraïque, les Juifs parlent de « livres extérieurs » (*sefarim khitsonim*). Ce sont les apocryphes et les pseudépigraphiques (c'est-à-dire des livres attribués à d'autres personnes que l'auteur).

BIBLE ORTHODOXE ■ L'Église orthodoxe reconnaît les mêmes ouvrages que l'Église catholique. L'Ancien Testament utilisé est la version traduite en grec par les juifs d'Alexandrie (la Septante). L'Apocalypse de saint Jean fait partie du Nouveau Testament mais n'est pas lue à l'Église.

BIDAH ■ Dans l'islam, c'est le mot qui désigne l'innovation ; c'est-à-dire toute action ou pratique qui ne trouve aucune justification dans le Coran ou les hadîths.

BIENHEUREUX ■ Dans le catholicisme, personne dont les qualités spirituelles sont reconnues par l'Église et à laquelle il est donc permis de rendre un culte local. C'est l'étape qui précède la canonisation.

BIENS DU MARIAGE ■ Pour les catholiques, suivant en cela saint Augustin, un des Pères de l'Église, ce sont la procréation et l'éducation des enfants (*bonum prolis*), l'unité et la fidélité (*bonum fidei*) et l'indissolubilité (*bonum sacramenti*).

BIHÂR AL-ANWÂR ■ Il s'agit d'une œuvre gigantesque (aussi appelée *L'océan des lumières*) compilée par Alameh Majlessi, une autorité religieuse chiite vivant au 16e siècle sous le règne de la dynastie turcophone des Safavides. Pour s'affranchir de l'empire turc (de courant religieux sunnite), cette dynastie a adopté le chiisme. Par la suite, elle a adapté celui-ci à ses besoins propres en ordonnant, par exemple, des milliers de prêtres (ce qui n'existait pas et n'existe toujours pas chez les sunnites) pour contrôler tous les aspects de la vie quotidienne. Le Bihâr al-Anwâr est ainsi, en quelque sorte, pour les chiites, le complément « pratique » du Coran ou, en d'autres mots, un code confessionnel ou un « guide pratique » de ce qui est autorisé et de ce qui ne l'est pas dans la vie religieuse comme dans la vie de tous les jours.

BIJA ■ 1. Dans le bouddhisme, c'est le mot qui désigne un germe. 2. Mot désignant les germes phoniques comme, par exemple, OM.

BILAL ■ Le nom du premier muezzin de l'islam.

BIMAH ■ Dans la synagogue, c'est l'estrade sur laquelle les fidèles montent pour lire la Torah et les orateurs pour faire leur sermon. Elle porte aussi le nom d'« almémar » (de l'arabe *al-minbar*) ou de *tévah*. Au cours des siècles, beaucoup d'attention a été portée à cette estrade qui est normalement placée au centre de la synagogue (au 19e siècle, cent rabbins orthodoxes signèrent une déclaration interdisant à leurs fidèles de fréquenter les synagogues où la *bimah* ne serait pas située au centre de l'édifice). Lorsqu'on déroule les rouleaux de la Torah, on fait attention à ce que la partie postérieure des rouleaux soit en face de l'arche et que les deux pans de l'étui soient face au public. Cette estrade (la *bimah)* est également présente dans les mosquées (*minbar*) et dans les églises chrétiennes catholiques (chaire de vérité).

BLACHERNITSA ■ Type d'icônes représentant la Vierge Marie en position d'orante que l'on trouve au monastère des Blachernes (à Constantinople).

BLASPHÈME ■ C'est un écrit ou une parole injurieux envers Dieu ou la religion. Le blasphème est sanctionné dans toutes les religions, pouvant parfois conduire, là où la religion est puissante, à la peine de mort.

BODH GAYÂ ■ Lieu où Bouddha reçut l'illumination après avoir médité pendant 49 jours.

BODHI ■ Dans le bouddhisme, c'est l'Éveil qui peut se résumer en cette formule : « j'ai détruit la douleur, je n'aurai plus à la détruire ; c'est l'arrivée au salut ». Pour le Petit Véhicule, l'Éveil (Bodhi), c'est la compréhension et la réalisation des Quatre Nobles vérités. Dans le Grand Véhicule, l'Éveil c'est la prise de conscience de sa propre bouddhéité et la compréhension de la vacuité universelle. Plusieurs « niveaux » d'Éveil sont répertoriés dans les deux Véhicules. En gros, on distingue la bodhi inférieure, la bodhi supérieure et la parfaite illumination. Cette dernière est faite de connaissances multiples, de pouvoirs magiques, de caractéristiques merveilleuses et de l'omniscience.

BODHICITTA ■ Dans le bouddhisme, c'est l'esprit d'Éveil (ou *bodhisatta*, en pâli), l'engagement vers la recherche de l'Illumination. La *bodhicitta* (la « pensée de l'Éveil ») est le vœu initial que fait le futur bodhisattva pour atteindre l'Éveil dans le but d'aider les autres hommes. Selon la croyance populaire, avant de revenir sur terre pour son ultime naissance, le bodhisattva vit un certain temps dans le paradis Tusita. Les théoriciens bouddhistes distinguent la bodhicitta absolue et la bodhicitta relative. Elle est dite absolue lorsqu'elle est tournée exclusivement vers l'Éveil ; elle est dite relative lorsqu'elle a pour objet le bien d'autrui. Pour développer en soi la bodhicitta relative, il faut en faire le vœu et aussi le mettre en pratique. Le futur bodhisattva doit s'exercer aux « quatre illimités » (aussi appelés les Quatre sentiments incommensurables ou « Demeures de Brahma », c'est-à-dire l'amour illimité, la compassion illimitée, la joie illimitée et l'équanimité illimitée.

BODHIDHARMA ■ 1. Le premier patriarche de l'école Chan en Chine. L'école Chan chinoise a donné naissance, au Japon, au bouddhisme zen. Bodhidharma est ainsi un personnage très important pour de nombreux bouddhistes asiatiques. Venu d'Inde, Bodhidharma débarqua en Chine aux environs de l'an 520. Sa vie est jalonnée d'événements significatifs pour quiconque s'intéresse au bouddhisme zen. Bodhidharma a laissé deux disciples : Daoyu et Eka. Ce dernier n'hésita pas à se trancher le bras pour montrer sa détermination à son maître. Bodhidharma a laissé de nombreux ouvrages dont le plus connu est *Le Traité de Bodhidharma* (*Damolun*). 2. L'esprit du Dharma.

BODHISATTVA ■ L'« être destiné à l'Éveil ». On désigne ainsi, dans le Grand Véhicule, les êtres quasi divins qui, en quête de l'Éveil suprême et sur le point d'y arriver, décident par compassion infinie de consacrer leur vie à sauver tous les êtres vivants. Si le Bouddha occupe la première place dans le bouddhisme premier (Petit Véhicule), dans la dévotion des fidèles, il a été rapidement supplanté par les nombreux bodhisattvas, mâles ou femelles, que l'on vénère dans tous les temples et dans tous les pays (Inde, Chine, Japon, etc.). Celui qui découvre le bouddhisme est assez désorienté par les nombreuses effigies des bodhisattvas et autres divinités. Il éprouve quelques difficultés à fixer immédiatement leur rôle dans la religion, d'autant plus que le terme bodhisattva possède des significations différentes selon qu'il s'agisse du Petit ou du Grand Véhicule. Dans le bouddhisme premier (Hînayâna, Petit Véhicule ou Theravâda), le bodhisattva est un arhat, c'est-à-dire un saint. Comme tel, il peut soit entrer dans le nirvâna (c'est-à-dire, en gros, interrompre le cycle des vies, le samsâra), soit choisir de postposer son nirvâna pour continuer à œuvrer pour le bien d'autrui. En ce sens, le Bouddha historique a non seulement été un bodhisattva dans ses vies antérieures, mais c'est le seul bodhisattva reconnu par le Petit Véhicule. Consacrant sa vie à œuvrer pour le bien d'autrui, le bodhisattva acquiert également au cours des vies les qualités nécessaires pour devenir un bouddha parfait. Le bodhisattva du bouddhisme premier est toujours de sexe masculin, acquiert les trente-sept signes auxiliaires de l'Éveil et pratique les dix vertus transcendantes. Dans le bouddhisme plus tardif (apparu aux environs du second siècle après l'è.c.), connu sous le nom de Grand Véhicule (ou Mahâyâna), le bodhisattva prend une tout autre dimension et devient central. L'idéal de sainteté n'est plus maintenant de devenir un arhat et de ne penser qu'à son propre salut (ce qui, en définitive, n'était possible que pour les moines et était, dès lors, particulièrement élitiste), mais bien d'œuvrer pour le salut de la majorité des hommes. D'élitiste, la religion devient nettement plus sociale, ce qui se manifeste par l'apparition d'une profusion de bodhisattvas, pleins de compassion et toujours disposés à aider les autres. Ces bodhisattvas (aussi appelés « Fils des vainqueurs ») font, devant un bouddha, dès le début de leur cheminement spirituel, le vœu de devenir bodhisattva et de consacrer leur vie au bien d'autrui à travers toutes leurs renaissances. Au terme de sa vie spirituelle, le bodhisattva devient un bouddha parfait pouvant obtenir la fruition des trois corps d'un bouddha. Ce n'est pas pour autant qu'il entre en nirvâna. S'il le désire, il peut continuer à œuvrer dans le samsâra sans pour autant être touché par ce dernier. Les principaux bodhisattvas, ceux que l'on rencontre dans la plupart des pays sous forme de statues ou d'images pieuses et qui bénéficient de dévotions parfois nationales, sont les suivants : Avalokiteshvara, le bodhisattva de compassion ; Maitreya, le futur Boudda ; Manjushri, le bodhisattva de sagesse et Vajrapani, le bodhisattva d'énergie, etc. Le Grand Véhicule distingue deux types de bodhisattvas: le bodhisattva terrestre et le bodhisattva transcendantal. Le bodhisattva terrestre est un homme qui souhaite parvenir à l'état de Bouddha et s'engage pour cela à divers vœux.

BODHISATTVA TRANSCENDANTAL ■ Bodhisattva ayant déjà atteint la condition de Bouddha mais qui a différé son entrée dans le nirvâna par compassion pour les hommes. C'est ce bodhisattva transcendantal que l'on désigne habituellement sous le nom de bodhisattva. Du point de vue artistique, il est relativement facile de distinguer la statue d'un bouddha de celle d'un bodhisattva : le bodhisattva est toujours richement habillé et porte de nombreux bijoux dont des boucles d'oreilles, des colliers, des bracelets aux mains, aux bras et aux pieds, etc.

BOFO ■ Chien de Bouddha qui garde les temples(en réalité, c'est un lion).

BOGOMILE ■ Membre d'une secte hérétique chrétienne apparue au 13e siècle en Bulgarie. Le mouvement bogomile tire son nom du prêtre Bulgare Bogomil (ce qui dans la plupart des langues slaves signifie « Que Dieu prend en Pitié »). Tout comme le paulicianisme (voir ce mot), le mouvement bogomile tire sa source du manichéisme (peut-être même est-il l'héritier du pauli-

cianisme). Pour les bogomiles, Dieu a eut deux fils dont l'aîné, Satan, se révolte et crée son propre monde, un monde mauvais, le nôtre. Les bogomiles refusent la plupart des livres canoniques chrétiens, vivent dans l'ascétisme et respectent une morale très stricte qui leur évite de participer aux « réjouissances » d'un monde malsain. Héritiers — en ligne indirecte — du manichéisme et du paulicianisme, les bogomiles qui se sont scindés en deux groupes (les Dragovitsiens et les Bulgares ou « Bougres ») sont à l'origine de la secte des cathares et des vaudois.

BON LARRON ■ Un des malfaiteurs crucifié en même temps que Jésus-Christ et qui, demandant pardon, reçoit l'assurance qu'il sera le jour même au Paradis.

BON PASTEUR ■ Parabole de Jésus-Christ qui montre l'attention du Bon Pasteur à chacune de ses brebis.

BON SAMARITAIN ■ Parabole de Jésus-Christ, montrant qu'il faut pratiquer la charité à l'égard de tous.

BONOSIAQUE ■ Partisan d'une hérésie chrétienne du 4e siècle niant la virginité de la Vierge Marie.

BÖN-PO ■ Religion pré-bouddhique du Tibet aussi appelée Bön. Cette religion animiste, spécialisée dans la magie est encore mal connue mais de nombreux éléments en teintent le bouddhisme tibétain. La plus haute autorité de cette religion, toujours pratiquée au Tibet est le 23e menri trezin, Lungtag Tempei Nyima. Contrairement à se qui se pratique dans la plupart des religions, lors des rites de circumanbulation, les böns tournent dans le sens contraire des aiguilles d'une montre. Ceci fait dire au peuple qu'ils sont anti-bouddhistes !

BONZE ■ Ce mot d'origine japonaise (*bonzo*) désigne les religieux de certains pays d'Extrême-Orient : Chine, Japon et Viêt-nam. Aujourd'hui, ce mot est utilisé pour désigner tous les religieux bouddhistes d'Asie. Dans le bouddhisme tibétain, c'est un membre du clergé.

BOOK OF COMMON PRAYER ■ Livre (rédigé en 1552) qui, débarrassé de tout ce qui ressemble au christianisme dans les sacrements, comprend toute la liturgie de l'Église anglicane.

BOROBUDUR ■ Situé au cœur de l'île de Java (Indonésie), Borobudur, édifié au cours des 7e-9e siècles, est le plus grand monument bouddhique au monde (le parcours rituel sur les 9 niveaux atteint 5 km). Cette gigantesque construction (plus de 500 statues de Bouddhas et plus de 1600 bas-reliefs) est en réalité un mandala où l'on retrouve non seulement la description de la vie de Bouddha (*Jâtaka*), tout le panthéon bouddhique mais aussi une représentation de la cosmologie bouddhique. Chacune des terrasses est ornée des Bouddhas des quatre points cardinaux (Akshobhya à l'est, Ratnasambhava au sud, Amitâbha (Amida) à l'ouest et Amoghasiddhi au nord). Au centre trône Vairochana, le premier des bouddhas transcendantaux, qui devint, par la suite le Bouddha suprême (ou Adibouddha). Abandonné au 11e siècle, recouvert par les cendres volcaniques, Borobudur a été redécouvert en 1814 par l'archéologue anglais Sir Stamford Raffles. Aujourd'hui cette construction fait partie du patrimoine mondial (classement Unesco).

BOUC ÉMISSAIRE ■ Dans la Bible (Lévitique 16, 5-10), animal qui, lors de la fête de l'Expiation ou du Grand Pardon (Yom Kippour), était chargé de tous les péchés du peuple d'Israël et envoyé dans le désert.

BOUCLIER DE DAVID ■ Le Bouclier (ou Étoile) de David ou *Maguen David* est une étoile à six branches constituée de deux triangles renversés. Cette étoile est d'apparition assez tardive et n'a rien à voir avec le roi David. Durant la Seconde Guerre mondiale, les nazis ont imposé le port de cette étoile aux Juifs. Par défi, le Parlement israélien décida d'intégrer cette étoile sur le drapeau israélien. Depuis, elle est le symbole de l'appartenance au peuple juif.

BOUDDHA ■ Outre le Bouddha historique, Siddhartha Gautama, le bouddhisme du Grand Véhicule a mis en place de nombreux autres Bouddhas. Il existe ainsi une véritable généalogie des Bouddhas dans laquelle il est facile de se perdre, d'autant plus que certains sont accompagnés de bodhisattvas ou possèdent des parèdres et peuvent apparaître comme bouddha ou comme bodhisattva, selon les pays.

BOUDDHA (BAIN DE -) ■ En Chine, principalement, pour l'anniversaire du Bouddha historique, il est de tradition d'arroser d'eau une petite statuette du Bouddha. L'origine de cette coutume provient de la légende indienne qui raconte qu'à sa naissance neuf Nâgas (serpents assimilés aux dieux des eaux) seraient venus asperger d'eau le futur Bouddha.

BOUDDHA (CONCEPT) ■ Les quatre sens principaux du mot bouddha sont les suivants : (1). L'homme qui a atteint l'Éveil. (2). Le Bouddha historique. (3). Le principe de bouddha (les bouddhas transcendantaux). (4). L'Absolu. 1. Un bouddha est donc un homme qui est parvenu à l'Éveil, ce qui lui permet d'échapper au cycle des renaissances (*samsâra*). On distingue deux types de bouddhas : le bouddha-pour-soi (*Pratyekabuddha*) et « le bouddha de l'éveil parfait » (*Samyaksambuddha*). Ce dernier possède quantité de qualités que ne possède pas le bouddha-pour-soi. 2. Le Samyaksambuddha de notre ère, l'Éveillé parfait, est le Bouddha historique. Ce n'est pas le seul et unique Bouddha : il y a eu des Bouddhas avant lui (Vipashyin, Shikin, Vishvabhû, Krakuchchanda, Konagâmana et Kâshyapa) et il y aura un Bouddha après lui (Maitreya). D'après les textes saints, d'autres univers ont également été visités par d'autres Bouddhas. 3. Le terme bouddha désigne aussi le principe de bouddha qui se manifeste sous la forme des bouddhas transcendantaux (ou dhyâni-buddhas), lesquels n'existent que dans le Grand Véhicule. Le principe de bouddha se manifeste dans les Trois corps de Bouddha (voir l'article). Les bouddhas transcendan-taux sont des incarnations de ce même principe. Les principaux bouddhas trans-cendantaux sont Vairochana, Akshobhya, Ratnasambhava, Amitâbha et Amogha-siddhi. Chacun de ces bouddhas transcen-dantaux est accompagné d'un Bouddha terrestre et d'un bodhisattva, parfois aussi d'un parèdre féminin. Le cinquième Bouddha terrestre est Sâkyamuni, le Bouddha historique. À cette liste, les Tibétains ajoutent le bouddha des origines ou Adibouddha, faisant passer de cinq à six le nombre des familles de bouddhas (bien que le bouddha des origines soit aussi confondu avec Samatabhadra, la nomen-clature n'étant pas parfaitement claire). À côté des bodhisattvas transcendantaux (ou *dhyânibodhisattvas* ou bodhisattvas de méditation), il existe encore une autre caté-gorie de bodhisattvas, dite des bodhi-sattvas ordinaires. Ils sont huit et certains appartiennent en même temps à la caté-gorie des *dhyânibodhisattvas* ; ce sont : Avalokiteshvara, Samantabhadra et pour les « nouveaux » : Aksagharba, Vajrapati, Khsitigharda, Sarvanivaranavishkambhin, Maitreya (qui est aussi le Bouddha du futur) et Manjusri. 4. Un bouddha représente aussi l'Absolu. L'Absolu étant l'ultime réalité, dénuée de forme, de couleur, de

qualité. C'est la nature de tous les êtres qui sont des bouddhas en puissance et doivent seulement découvrir leur nature de bouddha, grâce à l'Éveil. Cette théorie est naturellement absente du Petit Véhicule pour lequel tous les êtres n'ont pas la possibilité de devenir bouddha.

BOUDDHA (DISCIPLES DE -) ■ Bouddha était entouré de dix disciples dont les noms nous sont restés grâce aux textes des canons bouddhiques. Ce sont (dans l'ordre alphabétique) : Ananda (le cousin de Bouddha, lequel est connu comme le rapporteur, mot à mot, des paroles de Bouddha (voir l'article stûpa), Aniruddha (le spécialisé dans la perception des phéno-mènes), Kâtyâyana (l'expert en discussion), Mahâkâshyapa (le maître de la rigueur), Maudgalyâyâna (le maître des pouvoirs occultes), Purnâ (le contrôleur de la Loi), Râhula (le fils de Bouddha, spécialisé en connaissances ésotériques), Shâriputra (le sage), Subbhuti (le maître de la vérité) et Upâli (le maître de la discipline).

BOUDDHA (ENSEIGNEMENT DU -) ■ L'enseignement essentiel de Bouddha peut se résumer aux huit thèmes ci-après. 1. Les Quatre Nobles Vérités (*catvâryâryasatyâni*). 2. Le Noble Sentier Octuple. 3. Les Cinq Agrégats (*panca skandha*). 4. Le Karma. 6. Le Samsâra (la renaissance). 6. La Production conditionnée (*pratityasamut-pada, paticcasamuppada*). 7. L'Anâtman ou doctrine du « Non-Soi » (*anatta*, en pâli). 8. L'établissement de l'attention rapprochée (*smrtyupasthana, satipatthâna*). Signalons que l'enseignement du Bouddha est qualifié d'« ehi-passika », c'est-à-dire d'in-vitation à « venir voir » et non d'un commandement à « venir croire ». Si le Bouddha ne s'est pas exprimé sur certaines choses, c'est qu'il estimait qu'il n'était pas utile d'en parler car cela ne conduisait pas au salut (voir les silences de Bouddha).

BOUDDHA (LES DIX TITRES DE -) ■ Le titre le plus utilisé est certainement l'Éveillé mais on trouve également les titres ci après : Arhat (ou *arhant*, en pâli), Bienheureux, parfaitement et complètement Éveillé, doué d'une bonne conduite conforme à la connaissance, ayant une bonne destinée, connaisseur du monde, cocher suprême capable de dompter les hommes, professeur des hommes et des dieux. Les noms les plus utilisés pour Bouddha sont : Saccanama (celui dont le nom est vérité), Bhagavat (le Bienheureux), Anoma (l'Insondable), Sounyamourti (la Forme du Vide) et Chakravartin (celui qui fait tourner la Roue de la Loi).

BOUDDHA (LES NOMS DU -) ■ Le Bouddha historique est connu sous différents noms qu'il n'est pas inutile de rappeler pour éviter les confusions. Le prénom du Bouddha historique était Siddhartha (ou Siddhattha, en pâli) et son nom de famille Gautama (Gotama, en pâli). Ce prénom, vient du mot sanscrit « siddha », lequel signifie « parfait ». Dans le brahmanisme, comme dans le bouddhisme, le « siddha » est celui qui est parvenu à faire son salut. Sa vie n'a alors plus rien à voir avec celle du commun des mortels. On désigne également par ce terme celui qui possède des pouvoirs magiques. Le Bouddha historique est également connu comme Sâkyamuni, c'est-à-dire le Sage des Sâkya (Sâkya étant le clan du Bouddha historique, lequel dirigeait un petit État du Nord de l'Inde ; le père de Bouddha étant le dernier roi de cet État). Enfin, comme la pièce maîtresse de son édifice philosophique est le « Non-Soi » (*anâtman*, *anatta* en pâli), il est aussi désigné comme « Anattavadi » ou le « Maître de la non-personnalité ». Parlant de lui-même, le Bouddha se désignait par l'épithète *Tathâgata*, c'est-à-dire « celui qui est venu ainsi » ou « celui qui est arrivé à la Vérité » mais on le désignait aussi comme le *Baghavat*, c'est-à-dire le Bienheureux.

Donc, Bouddha historique, Gautama, Gotama, Siddharta Gautama, Siddhattha Gotama, Sâkyamuni, Tathâgata, Baghavat et Anattavadi sont des noms qui désignent le même personnage, le fondateur du bouddhisme.

BOUDDHA (LES POSTURES CANONIQUES DE -) ■ Elles ont été fixées vers la fin du 5e siècle (fin de la période Gupta) dans une série de bas-reliefs décrivant les « huit épisodes de la vie du Bouddha ». Ces huit épisodes sont la naissance, la vie d'ascète, la quête de la vérité, la médiation sous l'arbre bodhi, la « prise à témoin de la terre », la victoire sur les forces de Mâra, le premier sermon, l'entrée dans le nirvâna. Par la suite, quatre d'entre elles sont considérées comme essentielles : méditation, « prise à témoin de la terre », sermon, entrée dans le nirvâna.

BOUDDHA (NATURE DU -) ■ Pour les bouddhistes du Grand Véhicule (et particulièrement ceux qui prennent pour règle le Sûtra du Lotus), Bouddha ne naît ni ne meurt, mais vit dans l'éternité. Tous les fidèles de l'Éveillé possèdent cette nature du Bouddha, tous les hommes sont donc des « bouddhas en puissance » et tous sont donc appelés au salut. Dans le bouddhisme du Grand Véhicule, la place du Bouddha historique est bien précisée. Il existe tout d'abord un Bouddha primitif, non-né, créateur du monde : c'est Adibouddha. Sa méditation fait naître cinq bouddhas que l'on nomme les « bouddhas de la méditation » ou *dhyânibuddhas*. Ceux qui produisent les cinq « bodhisattvas de la méditation » ou *dhyânibodhisattvas* (dont Amitâbha ou Amida et Avalokiteshvara) ainsi que cinq « bouddhas humains » ou *manushibuddhas*. Le Bouddha historique, Gautama, en est le quatrième. Il sera suivi par le dernier Bouddha de ce cycle de l'évolution, lequel est Maitreya.

BOUDDHA (REPRÉSENTATION DU -) ■ Pendant les premiers siècles, Bouddha n'était jamais représenté comme personne humaine mais uniquement sous la forme d'un symbole. La représentation humaine de Bouddha peut être datée de l'école gréco-bouddhique du Gandhâra et aussi, dans une moindre part, de l'école de Mathura. Lorsque Bouddha est représenté, on le montre siégeant sur une fleur de lotus, sur le mont Sumeru (qui représente l'univers dans la cosmologie bouddhique) ou sur un lion (qui représente la force de la doctrine bouddhique). Devant les statues de Bouddha, on trouve habituellement l'un des huit symboles ci-après, ce sont les « huit joyaux » : une ombrelle (protection contre le malheur), deux poissons (signe indien du maître de l'univers), une conque (symbole de la victoire aux combats), une fleur de lotus (symbole de pureté), un récipient d'eau (signe d'immortalité), un drapeau enroulé (signe de la victoire de la religion), les nœuds (signe de vie infinie), la roue de la Loi. Notons que Bouddha est considéré par les hindouistes comme un avatar de Visnu, il appartient dès lors à leur religion.

BOUDDHA AMITABHA ■ Le Bouddha de Lumière. Bouddha vénéré spécialement au Japon où il prend le nom d'Amida (voir amidisme).

BOUDDHA DANS LE GRAND VÉHICULE ■ Pour le Grand Véhicule, le Bouddha historique est loin d'être le seul Bouddha. Il y a eu des Bouddhas avant lui et il y en aura après lui. D'ailleurs, le Bouddha historique n'est qu'un des aspects du Bouddha, un de ces « trois corps » (voir l'article). Dans le bouddhisme Mahâyâna, le Bouddha est en quelque sorte l'univers lui-même et il n'existe guère de distinction entre le Bouddha et l'univers. Ainsi, chacun porte une part de bouddhéité en lui : chacun peut devenir bouddha. Le Bouddha du Mahâyâna n'est plus seul comme celui de l'Hînayâna (Petit Véhicule). Il est flanqué de nombreux bodhissatvas et de quelques autres Bouddhas dont Adibouddha, le Bouddha primordial, abstrait, omnipotent et omniscient, qui par sa méditation a donné naissance à l'univers, dont les Bouddhas de Méditation, et surtout Amida flanqué de ses deux « assistants » Avalokiteshvara et Mahâsthâmaprapta.

BOUDDHA DE LA TERRE PURE ■ Amida est aujourd'hui la divinité la plus populaire du panthéon bouddhique, surtout au Japon et en Chine. Il s'agit d'un roi légendaire qui renonça à son trône pour devenir moine. Selon la légende, il explora pendant des milliers d'années un nombre infini de royaumes dans l'univers et finit par créer son propre royaume, la Terre Pure (ou paradis Sukhâvati), après avoir fait plusieurs vœux, dont le 18e concerne son Paradis. Parmi les différents Bouddhas promettant un futur dans un paradis (paradis de Tusita de Maitreya, paradis d'Abhirati d'Aksobhya), Amida a rencontré le plus de succès pour des raisons encore mystérieuses. Son culte va de pair avec le culte d'une autre divinité non moins mystérieuse, Avalokiteshvara. L'association Amida-Avalokiteshvara est telle que, dans l'ensemble du monde bouddhique sino-japonais, toutes les images d'Avalokiteshvara portent sur la tête une petite image d'Amida. Avec le temps, il s'est développé autour d'Amida un véritable culte, une doctrine du salut et des récits de ses vies antérieures (*Jâtaka*), comme pour le Bouddha historique. Comme pour ce dernier, on décrit pour Amida un corps d'Essence (sa nature propre), un corps de métamorphose (son apparition comme roi-mendiant), un corps de fruition (Amida après son vœu fondamental). Amida a promis d'emmener tous les êtres qui invoquent son nom dans cette Terre Pure que l'on peut comparer au paradis des chrétiens. Ce paradis est la dernière escale avant le nirvâna car le fait de renaître dans le paradis d'Amida provoque une sorte de blocage karmique (il n'y a plus de rétribution automatique pour les actes bons ou mauvais).

BOUDDHA DE SAGESSE (bouddhisme) : voir Jina.

BOUDDHA DIPANKARA ■ Un des bouddhas dans la succession vers le Bouddha.

BOUDDHA DU PETIT VÉHICULE ■ Dans le Bouddhisme premier (*Hînayâna*), rien ne permet d'affirmer que la plupart des hommes peuvent parvenir à la bouddhéité, c'est-à-dire à l'Éveil.

BOUDDHA HISTORIQUE ■ Par Bouddha historique, nous désignons l'homme Bouddha, né quelque six cents ans avant l'è.c. dans une région qui appartient aujourd'hui au Népal. Le Bouddha historique est, à lui seul, sans révélation, sans intervention d'une divinité quelconque, à l'origine du bouddhisme. La majuscule devrait être réservée à ce Bouddha historique et aux autres bouddhas matérialisés car, selon les tenants du Grand Véhicule, chacun peut devenir un bouddha. Avant de devenir le Bouddha historique, l'homme Bouddha a une histoire de bouddha. Il y a donc les bouddhas d'hier, le Bouddha historique et les bouddhas de demain, sans compter l'état de bouddha dans lequel baigne chaque être humain.

BOUDDHA KÂSHYAPA ■ Un des premiers bouddhas dans la succession vers le Bouddha.

BOUDDHA KONAGAMANA ■ L'avant-dernier des bouddhas dans la succession vers le Bouddha.

BOUDDHA SÂKYAMUNI ■ Un des premiers bouddhas dans la succession vers le Bouddha. Pour les bouddhistes tibétains, ce serait le septième et dernier manushi-bouddha.

BOUDDHALOCANA ■ Nom d'une shakti qui accompagne (et complète) les Bouddhas de méditation.

BOUDDHA-POUR-SOI ■ Le bouddha-pour-soi (ou Bouddha-par-soi ou encore « illuminé solitaire », *pratyekabuddha*) est un saint solitaire qui obtient l'Éveil par lui-même bien qu'il ait sans doute rencontré Bouddha ou un de ses disciples et écouté l'enseignement de la Loi dans une vie antérieure. Solitaire dans l'accès à l'Éveil, il est également solitaire dans ses contacts sociaux : il ne prêche pas et ne vit pas en communauté. Pour devenir bouddha-pour-soi, il est nécessaire d'accumuler des mérites dans ses nombreuses vies antérieures et de pénétrer le sens de la loi de coproduction conditionnée. Cet Éveillé solitaire a souvent été comparé à un rhinocéros. Dans la métaphore bouddhique, le bouddhisme ancien (Petit Véhicule) est comparé au chevreuil blessé qui ne s'occupe que de lui, le bouddha-pour-soi à un rhinocéros qui s'occupe encore de ses enfants et le Grand Véhicule à un éléphant qui veille sur son troupeau tout en tenant à l'œil le chasseur dangereux.

BOUDDHAS (LA CHAÎNE DES -) ■ Le Bouddha naissait quelque 500 ans avant l'ère commune. À cette époque, les Juifs revenaient de leur Exil à Babylone et mettaient en route la rédaction du Talmud. Le Christ n'était pas encore né et plus de mille ans encore allaient s'écouler avant que Mahomet ne prophétise. Le bouddhisme a donc bien de l'avance sur le christianisme et sur l'islam, d'autant plus que la naissance du Bouddha, appelé aussi l'Éveillé ou l'Illuminé, avait été en quelque sorte programmée et annoncée par d'autres Bouddhas. En effet, le Bouddha que nous connaissons tous, le Bouddha « historique », est la dernière transmigration d'une série de Bouddhas dont le premier, le Bouddha initial, avait décidé de l'endroit et de la date exacte de sa dernière naissance (ceci dans le cadre des lois de la transmigration). Ce Bouddha initial, qui n'est pas le créateur de l'univers, est pourtant à l'origine de pas mal d'événements. La longue lignée des Bouddhas à l'origine du Bouddha historique se manifeste concrètement sur l'aspect physique de ce dernier par une série de 32 signes physiques. Signalons que la volonté de remonter le plus loin possible dans le temps n'est pas typique des généalogistes mais également des religieux pour lesquels la légitimité ne s'acquiert qu'avec les siècles. Ainsi, ce désir de faire remonter la source de la religion à une époque reculée n'est pas spécifique au bouddhisme : pour les musulmans, le Coran existait de toute éternité (il est incréé) et pour les chrétiens, le dessein de Dieu existait bien avant la naissance du Christ.

BOUDDHAS (SUCCESSION DES -) ■ Dans le Grand Véhicule (Mahâyâna), la succession des Bouddhas annonçant la naissance du Bouddha historique est la suivante (bouddhisme) : Vajradhra (le bouddha original), suivi par les cinq « Vainqueurs des illusions » (Jina) : Amitabha, Vairochana, Ratnasambhava, Amogasiddhi et, le dernier, Akshobya.

BOUDDHISME (LES DIEUX DU -) ■ Dans le bouddhisme, la renaissance peut s'effectuer dans divers mondes, dont celui des dieux. Cependant, il faut savoir que le dieu bouddhique n'a rien à voir avec le dieu des religions monothéistes. En effet, le dieu bouddhique — qui n'est pas le créateur du monde — est lui aussi soumis au cycle des renaissances. Aucun dieu bouddhique n'est

éternel, ni parfaitement heureux. Aucun dieu n'est omniscient, ni omnipotent. Pour quitter le cycle des renaissances (*samsâra*), les dieux doivent d'abord redevenir des hommes. Cependant, rien n'est parfaitement rigoureux dans le domaine des religions, pour certains bouddhistes, Bouddha, lui, est omniscient et éternel ; c'est, en quelque sorte, sans le dire, un « superdieu ». C'est le cas également de certains êtres de compassion ou bodhisattvas comme, par exemple, Amida. Bien entendu, cette dérive à partir de l'enseignement du Bouddha n'existe pas dans le bouddhisme premier (bouddhisme du Theravâda ou Petit Véhicule) mais seulement dans les boudhismes du Grand Véhicule, du Véhicule du Diamant et du bouddhisme tibétain. Néanmoins, même le bouddhisme premier a incorporé, sans trop leur définir de fonction, la plupart des dieux de l'hindouisme.

BOUDDHISME DU HÎNAYÂNA ■ C'est le nom en sanscrit pour désigner le bouddhisme du Petit Véhicule.

BOUDDHISME DU MAHÂYÂNA ■ C'est le nom en sanscrit pour désigner le bouddhisme du Grand Véhicule.

BOUDDHISME DU MAHÂYÂNA (ÉVOLUTION DU -) ■ Vers le 1er siècle, un courant moins élitiste apparaît dans le bouddhisme : c'est le Mahâyâna. Quelques siècles plus tard, le Mahâyâna donne naissance au bouddhisme tantrique (Véhicule du Diamant), lequel donne naissance au bouddhisme tibétain (lamaïsme). Dans ce bouddhisme, il n'existe aucune différence entre le corps et l'esprit et, dès lors, tout devient possible et le physique comme le mental peuvent obéir à la parole, aux pratiques magiques. Plus tard (vers le 5e siècle), le Mahâyâna donne naissance au Chan (Chine), lequel diffuse en Corée puis au Japon où il devient le bouddhisme zen.

Aujourd'hui, avec ses différents courants et écoles, le bouddhisme du Mahâyâna est le bouddhisme le plus répandu ; seules quelques régions du monde (Ceylan, Thaïlande, Birmanie) résistent encore et pratiquent le bouddhisme premier, celui des anciens (Theravâda), celui du Petit Véhicule (Hînayâna). S'il reste encore une sagesse et une philosophie, le bouddhisme mahâyâniste est assurément devenu une religion mais pratiquée, contrairement à ce qu'on en dit, par de moins en moins de personnes. Alors que le christianisme a gagné des pays entiers, le bouddhisme a perdu l'Inde (au 12e siècle) et la Chine (à partir du 8e siècle et définitivement au 20e siècle). C'est-à-dire qu'il a perdu pour sa foi une population aujourd'hui chiffrée à plus de plus de deux milliards d'individus. Ce n'est pas sa diffusion en Europe, où il n'est pratiqué que de manière éclectique (chacun compose sa « popote religieuse » à sa manière), qui peut faire contrepoids. Cet éclectisme, associé à la souplesse historique du bouddhisme, pourrait bien donner naissance à un Nouveau Véhicule (*Navayâna*). Seul l'avenir nous le dira.

BOUDDHISME ÉSOTÉRIQUE ■ Au 9e siècle, Kukaï introduit au Japon un enseignement ésotérique (le *Shingon*) consistant en une initiation aux mandalas (diagrammes cosmiques), aux gestes symboliques (*mudrâs*), aux formules incantatoires mystiques (*mantras*) et à différents rites (rituel de l'initiation, rituel du feu, etc.). L'autre tendance du bouddhisme ésotérique est le *Tendaï* qui annonce qu'il est possible d'atteindre l'Éveil dans cette vie déjà. Au centre de cet enseignement figure le Bouddha universel source de toute chose, de toute énergie et de tous les bouddhas et bodhisattvas. Ce Bouddha porte le nom de *Mahâvairochana* ou, en japonais, de *Dainichi* (le « Grand Soleil »).

BOUDDHISME PREMIER ■ C'est le bouddhisme du Petit Véhicule (Hînayâna ou Theravâda).

BOUDDHISME TANTRIQUE ■ C'est le courant mystique ou ésotérique du bouddhisme. On le désigne également comme le Véhicule du Diamant ou *Vajrayâna*. Ce courant mystique invite le pratiquant à des rites mystérieux où interviennent des paroles, des gestes (*mudrâs*), des formules (*mantras*), des représentations symboliques du cosmos (*mandalas*) et des expériences sexuelles.

BOUDDHISME TIBÉTAIN ■ C'est, comme le tantrisme, un bouddhisme ésotérique. Du fait du rayonnement international du Dalaï-Lama, ce bouddhisme connaît une grande expansion à l'étranger et notamment en France où toute participation du Dalaï-Lama à une conférence fait salle comble. En France, il existe actuellement plus de soixante centres de bouddhisme tibétain. Le bouddhisme tibétain se divise essentiellement en quatre écoles ou sectes. Les quatre sectes tibétaines sont le Nyingmapa (la plus ancienne), le Ka(r)gyupa, le Sakyapa et le Gelupka. D'après la légende, la secte Nyingmapa fut fondée par un roi et par Padmasambhava, un saint bouddhiste indien, qui visita le Tibet au 8e siècle. Les Tibétains le désignent comme le « Second Bouddha » étant donné son rôle primordial dans l'introduction du bouddhisme au Tibet. La secte mystique Kagyupa fut fondée par un bouddhiste tantriste, Tilopa. Parmi ses membres les plus célèbres on retiendra les noms de Naropa, Marpa et Milarepa (le plus grand poète tibétain). Les membres de ces deux sectes peuvent se marier, contrairement aux membres des deux sectes « réformées » que sont les Sakyapas et les Gelupkas. Au sujet des Nyingmapas, retenons la coutume curieuse qui était de tirer la langue pour saluer les visiteurs. La secte Sakyapa insiste sur le retour des écritures originales et met l'accent sur la discipline et le célibat. Les textes canoniques de cette secte portent le nom de Lamdre, ils intègrent les Sûtras et les Tantras. Une curiosité : le titre d'abbé se transmet d'oncle à neveu. La dernière secte, aujourd'hui la plus connue car c'est celle qui a eu le pouvoir au Tibet, a pour chef le Dalaï-Lama. Elle a été fondée au 15e siècle par Tsongkhapa. Cette secte, comme la précédente, tient du Petit Véhicule (pour la discipline), du Grand Véhicule (pour la doctrine) et du Véhicule du Diamant (pour les rites).

BOUGIES DU CHABBAT ■ Dans le judaïsme, les bougies (au moins deux) sont utilisées pour toutes les fêtes religieuses (chabbat, Yom Kippour, Hanoukah, etc.) ainsi que pour les mariages et les enterrements. Pour la célébration du chabbat, on trouve dans le commerce des bougies spécialement décorées car, ne l'oublions pas, la table familiale du chabbat est un autel pour les prières adressées à Dieu. Toutes les matières sont utilisées pour la confection des bougies, à l'exception du suif (cette graisse n'étant pas cachère). Pour la cérémonie de la havdalah (voir ce mot), on utilise une bougie spéciale ayant au moins deux mèches emmêlées de manière à obtenir, comme décrit dans la bénédiction, un feu multiple.

BOURSE ■ Objet liturgique chrétien utilisé à l'autel (carton enrobé de tissus servant à recevoir les corporaux).

BOUTISTÈS ■ Dans la religion orthodoxe, prêtre chargé de plonger dans la piscine les catéchumènes recevant le baptême par immersion.

BRAHMA ■ Un des nombreux dieux de l'hindouisme. On le représente habituelle-ment avec quatre visages et quatre bras, il symbolise l'univers. Le bouddhisme en a fait l'un de ses principaux dieux et certains Bouddhas prennent parfois sa forme (comme, par exemple, Vairocana, le Bouddha aux quatre visages et aux quatre bras). Dans les canons bouddhiques, Brahma sollicite fréquemment l'enseignement de Bouddha.

BRAHMÂ ■ 1. Dans le bouddhisme, c'est une divinité mineure (un des douze devas). 2. Dans l'hindouisme, c'est l'Absolu.

BRAHMADANDA ■ Dans le bouddhisme, c'est le châtiment qui consiste à ignorer un moine en faute, à se comporter comme s'il n'existait pas.

BRAHMAN ■ Dans le bouddhisme, c'est l'Absolu, de quoi tout procède et à quoi tout retourne.

BRAHMANA ■ Texte sacré de l'hindouisme (il fait partie des Vedas).

BRAKHA ■ Dans le judaïsme, bénédiction prononcée avant d'accomplir une action.

BRAS SÉCULIER ■ C'est l'autorité civile. Lors des procès religieux (par exemple pendant l'Inquisition), le tribunal ecclésiastique se déchargeait sur l'autorité civile (le bras séculier) de l'application des peines prononcées.

BREBIS ÉGARÉE ■ Parabole de Jésus-Christ concernant la miséricorde divine (Luc 15, 4-7).

BREF ■ Chez les catholiques, petit livre indiquant l'office de chaque jour.

BRÉVIAIRE ■ Chez les catholiques, livre contenant toutes les prières que les religieux ont l'obligation de lire chaque jour.

BUDDHAGHOSA ■ Maître du Theravâda (Petit Véhicule bouddhique), il se rendit en 420 au Sri Lanka pour y étudier et traduire en pâli des textes rédigés en cingalais (les *Atthakathâ*). Esprit vif et rigoureux, il rédigea le plus célèbre des traités doctrinaux du Petit Véhicule, le Visuddhimagga (*Le Chemin de la complète purification*). La légende raconte que son manuscrit lui fut dérobé deux fois par les dieux et qu'il fut obligé de recomposer trois fois l'ouvrage. Ensuite, les dieux firent réapparaître les copies et on constata que les trois copies étaient rigoureusement identiques. On lui doit encore de nombreuses autres œuvres importantes dont des commentaires de la discipline et de l'Abhidhamma.

BUDDHAPÂDA ■ Les empreintes des pieds de Bouddha.

BUIS ■ Arbuste à feuillage persistant. Le buis est bénit le jour des Rameaux et utilisé durant toute l'année pour certains rites ainsi que pour orner les crucifix.

BUISSON ARDENT ■ Épisode de la Bible. Moïse « remarqua que le buisson était en feu et cependant ne se consumait point » (Exode 3, 2). Il s'en approcha. C'est durant cet épisode que Dieu se révèle à lui pour la première fois (« Je suis celui qui est ») et lui fait part de sa mission : « Fais que mon peuple, les enfants d'Israël, sortent de l'Égypte ». (Exode 3, 10)

BUKHARI ■ Voir al-Bukhari.

BULLAIRE ■ Recueil des bulles du Pape.

BULLE ■ Lettre du pape à caractère solennel. Une bulle est désignée par les premiers mots de son texte.

BURETTE ■ Dans la liturgie catholique, petit récipient utilisé à l'autel pour contenir l'eau ou le vin nécessaires pour la célébration.

BURQA ■ Dans l'islam, c'est le mot qui désigne le voile intégral imposé aux femmes par certains fondamentalistes. On retiendra que la langue arabe compte plus d'une centaine de mots pour désigner les variétés de voiles.

BYZANCE ■ 1. Nom donné à l'Empire romain d'Orient qui dura de 395 (division de l'Empire romain) à 1453 (prise de Constantinople). 2. L'adjectif byzantin est parfois utilisé comme synonyme d'orthodoxe (par exemple : rite byzantin).

C

CACHER ■ Dans le judaïsme, ce mot signifie « conforme », pur. Il désigne ce qui est conforme aux règles de la cachrouth, c'est-à-dire les aliments « aptes » à être consommés ou, par extension, les actions en accord avec les commandements de la Loi juive.

CACHROUTH ■ Dans le judaïsme, ensemble des règles complexes délimitant ce qui est permis et ce qui est interdit en matière d'alimentation.

CADI ■ Le cadi est un juge chargé de faire respecter la loi religieuse (ou charia). Pour rendre son avis, il peut faire appel à des muftis.

CAÏD ■ Fonctionnaire musulman qui cumule plusieurs postes : juge, chef de police, etc.

CAÏN ■ Fils d'Adam et d'Ève, il aurait tué son frère Abel et, pour cette raison — marqué d'un sceau —, il aurait été condamné par Dieu à l'errance (le premier « Juif errant »).

CAITYA ■ Dans le bouddhisme, c'est le mot donné à un sanctuaire construit dans le roc.

CAKRA ■ Dans le bouddhisme, c'est le mot qui désigne la roue.

CAKRASAMSÂRA ■ Dans le bouddhisme, c'est le mot qui désigne la Roue de la félicité.

CAKRAVARTIN ■ Un des noms du Bouddha historique (celui qui fait tourner la Roue de la Loi). En traduction, ce mot signifie « la roue du souverain ».

CALAME ■ Plume taillée dans du bambou ou du roseau. Le calame (*qalam*) est un des outils de la puissance divine. Une sourate entière (pas des plus limpides, malheureusement) lui est consacrée (LXVIII). Elle commence par ces mots : « Par le Calame et ce qu'ils écrivent ! grâce au bienfait de ton Seigneur, tu n'es pas possédé! » Le calame serait la première création de Dieu, créée de lumière. La sourate XCVI, sans doute la première révélation à Mahomet, dit dans ses cinq premiers versets : « Prêche au nom de ton Seigneur qui créa ! qui créa l'Homme d'une adhérence. Prêche ! ton Seigneur étant le Très Généreux qui enseigna par le Calame et enseigna à l'Homme ce qu'il ignorait. » La longueur du calame divin serait de cinq cents ans de marche et, sur ordre divin, il écrit sur les tablettes tout ce qui concerne les hommes et la création.

CALENDRIER JUIF ■ L'année juive se calcule depuis la « création du monde ». Selon les rabbins du 2e siècle (qui arrivèrent à ce calcul en utilisant les repères généalogiques de la Bible, l'âge des Prophètes, etc.), en l'an zéro de notre ère, le monde avait déjà 3760 années derrière lui. Ainsi, pour connaître l'année « juive » correspondant à une date, il suffit d'ajouter le nombre 3760 au chiffre de l'année du calendrier « civil universel ». Jusqu'en 358, le calendrier était fixé en fonction de témoignages oculaires mais à partir de cette date il fut basé sur des calculs mathématiques et astronomiques. Depuis lors, le calendrier juif n'a subi aucune modification. On remarquera que l'année juive commence

3 à 4 mois plus tôt que l'année civile (en septembre ou octobre). On notera également que samaritains, sadducéens et esséniens disposaient de leur calendrier personnel. Étant donné que les mois du calendrier juif sont des mois lunaires de 29 ou 30 jours, il y a, chaque année, un retard de 11 jours à rattraper sur l'année solaire de 365 jours. Ce retard est comblé tous les 3 ans (durant l'année dite embolismique) par un mois intercalaire. Il est intéressant de noter que dans les temps anciens la décision de fixer la date du nouvel an appartenait aux prêtres qui, le cas échéant, pouvaient retarder d'un jour ou deux l'annonce du Nouvel An. En effet, il était indispensable de fixer cette date de manière à ce que les fêtes de Yom Kippour et de Hochana Rabba (le septième jour de la fête de Souccoth) ne tombent ni un vendredi, ni un samedi (ce qui aurait perturbé le déroulement du chabbat étant donné que pour les Juifs une journée commence et finit au coucher du soleil). C'est pour cette raison que les rabbins décrétèrent que le premier jour de Rosh Hachana (Nouvel An) ne pouvait tomber ni un dimanche, ni un mercredi, ni un vendredi.

CALENDRIER MUSULMAN ■ Le calendrier musulman est basé sur le cycle de la lune (comme le calendrier juif ou le calcul des Pâques chrétiennes) ; la lune étant le « régulateur des actes canoniques » par excellence. L'année compte 354 jours et quelques heures (donc quelques jours de moins que l'année du calendrier civil) et comprend douze mois ; chaque mois compte vingt-neuf ou trente jours. Le nouvel an — tout comme le début du Ramadan — tombe donc chaque année à une date différente (généralement dix jours plus tôt que l'année précédente). En une vie, un bon musulman pratiquant le Ramadan connaît donc deux révolutions complètes du calendrier pour la fête de l'aïd el-fitr (la rupture du jeûne) qui clôt le Ramadan. Le nom des mois est rarement utilisé dans la littérature francophone, hormis le neuvième mois qui est celui du Ramadan (c'est le nom de la période de jeûne mais c'est aussi le nom du mois). Contrairement à ce qui se dit généralement, le Ramadan (qui est aussi le mois de la révélation coranique) n'est donc pas le premier mois de l'année musulmane, lequel se dit mouharram. Le calendrier des musulmans est dit calendrier hégirien (car il commence à l'Hégire — hijra — c'est-à-dire l'exil de Mahomet quittant La Mecque pour Yathrib, la future Médine). La date de l'Hégire a été fixée par le premier calife (Abû Bakr, le beau-père de Mahomet) au 16 juillet 622. Elle marque le début de l'ère musulmane. Le passage de l'année hégirienne à l'année grégorienne peut se calculer facilement : il suffit de multiplier l'année hégirienne par 0,97 et d'ajouter 622. Le passage de l'année grégorienne à l'année hégirienne n'est guère plus compliqué : il suffit de retrancher 622 de l'année civile grégorienne et de diviser par 0,97. Ainsi, l'année 2003 est l'année hégirienne 1424. On arrondit à l'unité supérieure ou inférieure selon les règles habituelles.

CALENDRIER ORTHODOXE ■ L'Église orthodoxe utilise deux calendriers : le calendrier julien (ancien calendrier) et le calendrier grégorien (nouveau calendrier). Ce qui explique que certaines fêtes (à l'exception de Pâques, toujours fixée en fonction du calendrier julien) ne soient pas célébrées à la même date dans toutes les Églises orthodoxes.

CALENDRIERS RELIGIEUX ■ Outre notre calendrier civil (dit grégorien, du nom du pape Grégoire XIII), la plupart des religions possèdent leur propre calendrier comme c'est le cas chez les chrétiens orthodoxes (qui utilisent le calendrier julien, décalé de treize jours), les juifs (qui utilisent un calendrier luni-solaire et sont actuellement en l'an 5764), les musulmans, etc.

CALICE ■ Dans la liturgie catholique, coupe utilisée à l'autel pour recevoir le vin consacré lors de l'Eucharistie.

CALIFE ■ Le titre de calife est prestigieux car il désigne le chef temporel et spirituel de la Communauté des musulmans (*Umma*). Ce titre n'a d'abord été donné qu'aux successeurs de Mahomet pour ensuite être porté par divers chefs (parfois rivaux) dont le pouvoir était important. Ainsi, au 9e siècle, coexistaient les califes de Bagdad, de Cordoue et du Caire. Le premier calife de l'histoire musulmane est Abû Bakr, le beau-père de Mahomet avec qui il avait partagé la fuite de La Mecque (l'Hégire). Les trois califes suivants sont Omar, Uthmân et Ali. Ces quatre califes sont nommés les « bien dirigés » (*râshidûn*). Le califat a été définitivement supprimé en 1924 par Mustapha Kemal (Atatürk).

CALMADULE ■ Moine (ou moniale) ermite de l'ordre fondé par saint Romuald.

CALOYER ■ Moine (ou moniale) de l'Église d'Orient.

CALVAIRE ■ Nom du lieu où le Christ a été crucifié. Ce serait également, pour les chrétiens, le lieu où serait enterré le crâne d'Adam.

CALVINISME ■ Doctrine protestante élaborée par Jean Calvin (1509-1564), un contemporain de Luther. Les calvinistes adoptent la plupart des thèses de Luther mais s'opposent à lui pour ce qui est de l'eucharistie (pour les chrétiens, il y a trans-substantiation : transformation complète du pain et du vin ; pour les luthériens, il y a consubstantiation : le corps du Christ est présent « avec et dans » le pain). Pour Calvin, le corps du Christ n'est pas présent dans le pain et le vin consacrés. Le calvinisme s'est essentiellement implanté en Suisse, pays de son fondateur.

CALVINISTE ■ Personne qui se réclame du protestantisme réformé par Calvin.

CAMAURO ■ « Bonnet du pape » utilisé pendant l'hiver. Il est rouge et bordé d'une fourrure blanche. Popularisé par Jean XXIII, il a été remis au goût du jour par Benoît XVI.

CAMERLINGUE ■ Il s'agit du cardinal qui assure l'intérim lors de la vacance du Siège apostolique.

CAMISARD ■ Protestant français des Cévennes (leur nom provient du fait qu'ils se battaient contre l'autorité du roi de France revêtus d'une chemise blanche).

CANA (NOCES DE -) ■ Première épiphanie (manifestation de la divinité du Christ) sous la forme du premier miracle du Christ qui, lors d'un banquet, transforma une grande quantité d'eau en vin.

CANDRAKIRTI ■ Un moine et philosophe indien (6e siècle).

CANON ■ Ce mot possède plusieurs sens. 1. Composition poétique liturgique 2. Partie de l'office divin. 3. Règles de l'Église (ouvrages reconnus, discipline, etc.).

CANON CHINOIS ■ Ce canon bouddhique s'est constitué entre le premier et le douzième siècle. Il comprend une centaine de volumes dont certains sont simplement des traductions des textes sanscrits ou pâlis et d'autres des textes des écoles chinoises du bouddhisme. L'intérêt de ce Canon réside dans ce qu'il contient des textes qui n'existent plus qu'en version chinoise et n'ont pu être repris dans le Canon pâli, l'original en sanscrit ayant disparu et aucune traduction en langue tibétaine n'ayant été effectuée. On doit aux moines voyageurs chinois la préservation de ces textes (un peu comme les textes grecs qui nous sont parvenus grâce aux traductions en langue arabe). Ce Canon est spécialement étudié au Japon. Le Canon chinois (dont le nom en japonais est Taishô Issaikyô) est légèrement différent du Canon pâli (le seul a avoir été transmis en entier), du Tripitaka (en sanscrit), du Kanjur/Tenjur (en tibétain). Il a été entièrement revu de 1924 à 1934 et comporte une centaine de volumes.

CANON DE LA MESSE ■ Liste officielle des prières qui doivent être dites lors de la messe.

CANON ICONOGRAPHIQUE ORTHODOXE ■ Canon qui fixe la manière d'écrire les icônes. Les premiers principes de l'art sacré furent formulés lors du concile Quinisexte (692) et longuement développés par la suite, principalement après la victoire contre les iconoclastes. Les principaux défenseurs des icônes furent saint Jean Damascène et saint Théodore Studite, très vénérés dans l'Église orthodoxe. Rappelons que l'icône — qui est vénérée et non pas adorée — représente la personne du Christ, de la Vierge Marie et des saints : c'est une théologie de l'image car, selon saint Basile, « ce que la parole communique par l'ouïe, la peinture le montre silencieusement ». Dieu le Père, qui ne possède qu'une nature divine, insaisissable, n'est jamais représenté. Le Saint-Esprit n'est représenté que sous la forme d'une colombe ou de langues de feu. Le canon iconographique détermine tous les aspects de l'icône : de la préparation des matières premières aux couleurs utilisées en passant par la nature et la disposition des personnages. Les icônes qui ne respectent pas les canons ne peuvent être employées pour le culte.

CANON PÂLI C'est le Canon (*tipitaka*) de référence des pays de l'Asie du Sud où l'on pratique le bouddhisme premier (Petit Véhicule ou Theravâda ou Hînayâna), c'est-à-dire au Sri Lanka, en Birmanie, en Thaïlande, au Cambodge et au Laos. C'est aussi le Canon le plus complet et le plus ancien. La langue utilisée est le pâli. Ce Canon suit la classification des Trois Corbeilles (voir Canon sanscrit) et a été mis par écrit vers la fin du premier siècle avant l'è.c. La tradition raconte que 1000 moines se mirent à la tâche pour traduire et rassembler les différents textes et que le résultat fut obtenu en seulement un an. De 1881 à nos jours, le Canon pâli a été traduit en grande partie en anglais (74 volumes sont disponibles en langue anglaise) sous l'égide de la *Pali Text Society*. Il en existe également une traduction en allemand et en japonais mais pas en français. Il n'existe pas de grande différence entre les Canons sanscrit et pâli mais les textes sont regroupés de manière différente. La « Triple Corbeille » (*tripitaka, tipitaka*) comprend trois subdivisions : 1. La corbeille des discours de Bouddha (*Sûtrapitaka* ou corbeille des Sûtras, c'est-à-dire des discours de Bouddha). Cette corbeille contient tous les textes de Bouddha dont, essentiellement, les sermons et les explications de la Loi (Dharma). Cette corbeille contient donc les textes de référence pour tous les bouddhistes, c'est-à-dire les textes les plus « saints ». Deux titres sont particulièrement connus : le *Dhammapada* (c'est-à-dire les « Sentences de la Loi ») et les *Jâtakas* (c'est-à-dire les « Renaissances », textes racontant les vies antérieures de Bouddha sous forme humaine ou animale). 2. La corbeille de la vie monastique, ou plus exactement de la discipline monastique (*Vinayapitaka* ou corbeille du *vinaya*, de la discipline). Cette corbeille contient de nombreux textes concernant ce que doit être la vie du moine par rapport à lui-même ou à la communauté (Sangha). On y trouve ainsi les règles monastiques concernant les hommes et les femmes, les péchés qui font encourir l'excommunication du Sangha, etc. On notera que certains textes sont rejetés par certains courants bouddhiques.

3. La corbeille de la Loi approfondie, c'est-à-dire des connaissances supérieures des phénomènes d'après la vision de Bouddha (*Abhidharmapitaka* ou corbeille au-dessus de la Loi). Elle contient sept grands traités spéculatifs et analytiques de haute technicité concernant la cosmologie, la classification des phénomènes, la psychologie et la métaphysique.

CANON SANSCRIT ■ Ce Canon (*tripitaka*) comprend les textes qui sont considérés comme les paroles de Bouddha. Ces textes sont regroupés dans ce qu'on appelle la « Triple Corbeille » ou *Tripitaka*. Cet ensemble de textes comprend trois parties (ou corbeilles) qui sont : le *Sûtrapitaka* ou corbeille des Sûtras c'est-à-dire des discours de Bouddha), le *Vinayapitaka* ou corbeille du *vinaya* (c'est-à-dire de la discipline) et *l'Abhidharmapitaka* ou corbeille des connaissances supérieures des phénomènes. Chaque partie comprend de nombreuses subdivisions et l'ensemble occupe une centaine de volumes. Il s'agit donc d'un ensemble considérable de textes. On notera que de nombreux textes du Canon sanscrit ne nous sont parvenus qu'en version chinoise ou tibétaine. En simplifiant quelque peu, on peut dire que le Canon sanscrit constitue l'écriture canonique du bouddhisme du Grand Véhicule (Mahâyâna) alors que le Canon pâli serait celle du Petit Véhicule (Hînayâna). L'importance apportée aux textes varie également selon le courant bouddhique. Ainsi, dans le Grand Véhicule *l'Abhidharmapitaka* (très théorique) s'estompe pour la forme littéraire moins contraignante que sont les Sûtras. Parmi ceux-ci, certains (comme, par exemple, le Sûtra du Lotus) sont représentatifs d'un courant religieux (Véhicule du Diamant).

CANON TIBÉTAIN ■ Ce canon bouddhique s'est constitué entre le huitième et le dix-septième siècle. Il comprend la collection des paroles du Bouddha (dont les textes « pratiques » ou *tantras*), des commentaires de ces textes, des textes médicaux, des textes littéraires, un recueil abrégé des paroles du Bouddha. Le canon tibétain est riche de plus de 300 volumes. Il faut retenir que la plus grande partie des textes bouddhiques indiens n'existe plus aujourd'hui que dans une des traductions tibétaine ou chinoise. Les canons tibétains se répartissent en deux types de recueils nommés *Kangyur* ou *Kanjur* (c'est-à-dire traduction de l'enseignement du Bouddha) et *Tengyur* ou *Tenjur* (c'est-à-dire traduction de la doctrine du Bouddha). Le *Kangyur* contient donc les textes canoniques (Sûtras, vinaya, tantras, etc.) et le *Tengyur* représente les exégèses indiennes de ces textes, lesquels comprennent également des traités de poésie, de médecine, etc.

CANONISATION ■ 1. Dans l'Église chrétienne (catholique et orthodoxe), déclaration solennelle du Pape ou du Saint-Synode affirmant qu'un bienheureux est saint et, dès lors, inscrit au catalogue des saints. Les fidèles sont ainsi autorisés à leur rendre un culte. 2. Ce terme est également utilisé pour désigner la réception de certaines normes du droit civil dans le droit canonique (chez les orthodoxes, la réception du droit civil dans le droit canonique est habituelle et forme ce qu'on appelle le Nomocanon).

CANONISER ■ Dans la religion catholique, c'est admettre une personne défunte dans le catalogue des saints.

CANONS BOUDDHIQUES ■ Un Canon est l'ensemble des textes authentiques d'une religion définissant son histoire, sa foi ou sa discipline. Le bouddhisme s'étant propagé dans de nombreux pays, on distingue, outre le Canon bouddhique sanscrit, un Canon chinois, un Canon pâli (*Tipittaka*) et un Canon tibétain. Il convient cependant de noter que le Bouddha, lui-même, n'a rien écrit, pas la plus petite ligne : il ne s'agit donc que de paroles authentifiées par l'un ou l'autre de ses disciples, parfois plusieurs siècles après sa mort, souvent lors de conciles. Le Bouddha parlait un dialecte du Nord de l'Inde proche du sanscrit vernaculaire. Les moines qui ont retransmis sa parole parlaient soit sanscrit, soit pâli (et, plus tard, chinois, japonais, tibétain, etc.). On signalera également que la presque totalité des discours de Bouddha ne concernait que les moines ; en effet, dans le bouddhisme premier, seuls les moines pouvaient accéder à l'Éveil (ce n'est que plus tard, vers le 2e siècle, que le bouddhisme du Grand Véhicule ouvrit la porte du salut aux laïcs). Les canons bouddhiques comprennent le canon sanscrit, le canon pâli, le canon chinois, le canon tibétain et le canon japonais. À cela, s'ajoutent quelques textes non canoniques (dont les *Questions de Milinda*).

CANTIQUE ■ Chant d'action de grâces à la gloire de Dieu.

CANTIQUE DES CANTIQUES ■ Un des livres de l'Ancien Testament attribué au roi Salomon. Véritable hymne d'amour, symbolisant l'amour entre Dieu et le peuple d'Israël, c'est un des ouvrages les plus vénérés par les juifs et l'objet de nombreuses interprétations par les kabbalistes juifs.

CANTIQUE DES MONTÉES ■ Nom des Psaumes 120-134. Ils étaient utilisés vraisemblablement lors des pèlerinages. Aujourd'hui, l'Église chrétienne les utilise lors des funérailles.

CAO DAI (ÉGLISE DE) ■ Secte vietnamienne empruntant des éléments au christianisme, au bouddhisme et au taoïsme.

CAODONG (SECTE) ■ École bouddhique chinoise du Chan. Au Japon, elle est connue sous le nom de soto.

CAPITULAIRE ■ Ce qui est relatif aux assemblées d'un chapitre (de chanoines, de religieux).

CAPITULATION ■ Convention entre la Sublime Porte (gouvernement Ottoman) et les nations chrétiennes afin de régler le sort des chrétiens vivant dans un pays musulman.

CAPITULE ■ Dans la liturgie chrétienne, brève lecture effectuée à certains moments de l'office divin.

CAPTIVITÉ DE BABYLONE ■ 1. Exil du peuple hébreu à Babylone après la destruction du Temple et la prise de Jérusalem par Nabuchodonosor (-587). 2. Pendant la papauté d'Avignon (1309-1417), les tenants du retour à Rome parlaient également de la « captivité de Babylone » pour désigner le séjour des papes en Avignon.

CARACTÈRE INDÉLÉBILE ■ Dans le christianisme, caractère imprimé de manière indélébile par les sacrements qui ne sont pas renouvelables (baptême, confirmation, ordre).

CARAÏTES OU KARAÏTES ■ Secte fondée, à Bagdad, au 7e siècle par Anan Ben David, un des exilarques de Babylone par volonté de s'opposer aux rabbins. Les membres de cette secte, très orthopraxes, n'acceptent que la tradition écrite (la Bible et surtout la Torah) et refusent toute la tradition orale (le Talmud) et toutes les « coutumes » juives (phylactères, châle de prière, mezouza, etc.). D'abord tolérée, cette secte a été fortement combattue par Saadia Gaon (10e siècle, un maître talmudiste) puis par Maïmonide. Aujourd'hui, la secte est limitée à une quinzaine de milliers de membres (surtout en Israël où ils disposent d'un grand rabbin et d'un tribunal rabbinique propres). La doctrine des caraïtes porte également le nom d'ananisme.

CARDINAL ■ Dans l'Église catholique, prélat élu par le pape. Il fait partie du Sacré Collège et peut être amené à élire un nouveau pape.

CARDINAL IN PECTORE ■ Dans l'Église catholique, cardinal nommé par le pape sans que son nom soit rendu public. C'est le cas, par exemple, si la nomination du cardinal est susceptible de déclencher des manifestations politiques indésirables.

CARDINALES (VERTUS) ■ Vertus réglant les rapports des hommes entre eux : la justice, la prudence, la tempérance et la force. On les oppose aux vertus théologales, vertus réglant les rapports de l'homme avec Dieu : la foi, l'espérance et la charité.

CARÊME ■ Période de jeûne ou d'abstinence (de viande et de laitages). 1. Pour les catholiques, il n'existe qu'un carême de quarante jours avant Pâques. 2. Dans la religion orthodoxe, il existe plusieurs carêmes (le *Grand Carême*, qui précède la Semaine Sainte ; le *carême de Noël*, du 15 novembre au 25 décembre ; le *carême des Apôtres* et le *carême de la Dormition*, du premier au 14 août).

CARO (JOSEPH BEN EPHRAÏM) ■ Né en 1488 et décédé en 1575, Joseph Caro est un des principaux codificateurs de la Loi juive et aussi un important kabbaliste. Comme Maïmonide (expulsé d'Andalousie par les Almohades) et de nombreuses autres personnalités juives, Joseph Caro est chassé, en 1492, de sa ville natale Tolède, par le Décret d'expulsion des Juifs. Il se réfugie au Portugal mais un nouveau décret d'expulsion en chasse tous les Juifs quatre ans plus tard. Après un séjour en Turquie, il s'installe en Palestine et, plus précisément, dans la ville de Safed dont il devient une éminente personnalité (directeur du Tribunal rabbinique et de l'Académie talmudique). Il y rédige (de 1522 à 1554, soit pendant trente ans), un ouvrage qui met en lumière la source talmudique de chaque loi (*Bet Yoseph* ou « La Maison de Joseph »). Il rédige, ensuite, un résumé de ce travail connu sous le nom de *Choulhane Aroukh* (ou « La Table dressée »), ouvrage où sont consignées toutes les règles qui régissent la vie du Juif du matin de sa naissance à sa dernière heure. Pour chaque loi, J. Caro a consulté les travaux de trois de ses éminents prédécesseurs (Maïmonide, Haroche et Harif). La règle à observer était déterminée en fonction de l'avis majoritaire de ces trois halakhistes. D'origine séfarade, J. Caro était de ce fait particulièrement réceptif aux traditions orientales. Pour contrer cela, quelques années plus tard, un autre talmudiste, mais ashkénaze, rabbin à Cracovie, Mosès Isserlès (connu sous l'acronyme de Rema), compléta cet ouvrage en y ajoutant les traditions polonaises (son complément porte le nom de *Mappah* ou « La Nappe »). Le *Choulhane Aroukh* est un ouvrage toujours utilisé par les juifs orthodoxes qui y cherchent la « bonne conduite » de vie. Pour illustrer son importance, il suffit de signaler que les autorités juridiques antérieures à cet ouvrage portent le nom de *Richonim* alors que les autorités juridiques qui lui sont postérieures portent le nom de *Aharonim* : l'ouvrage étant considéré comme une référence absolue.

CASHER ■ Voir Cacher.

CASHROUT ■ Voir Cachrouth.

CASSOLETTE À AROMATES ■ Lors de la cérémonie de la havdalah (voir ce mot) qui termine le chabbat, les convives hument des aromates pour se consoler du départ de l'âme supplémentaire qui accompagne chaque juif durant la journée du chabbat.

CASUEL ■ Dans l'Église catholique, revenus accessoires perçus par un membre de l'Église à l'occasion de cérémonies ou de fêtes religieuses.

CASUISTIQUE ■ Partie de la théologie morale qui traite des cas de conscience.

CATACOMBES ■ Cimetières souterrains. L'inhumation des morts dans les catacombes romaines était commune aux juifs et aux chrétiens. Certaines auraient servi de lieu de réunion aux premiers chrétiens et seraient fréquentées jusqu'à l'an Mil pour être ensuite abandonnées et redécouvertes au 16e siècle.

CATAFIGE ■ Type canonique d'icônes représentant la Vierge de refuge.

CATANYCTIQUE ■ Partie de l'office orthodoxe durant laquelle on implore le pardon de Dieu pour ses péchés.

CATAPHATIQUE (THÉOLOGIE) ■ C'est la connaissance de Dieu qui procède par affirmation (contrairement à la théologie négative ou apophatique).

CATÉCHÈSE ■ C'est l'enseignement oral du catéchisme, c'est-à-dire des bases de la religion chrétienne.

CATÉCHUMÈNE ■ Adulte qui se prépare au baptême. Le catéchumène jouit déjà de certains droits dans l'Église comme, par exemple, celui de funérailles ecclésiastiques. Dans les Églises orthodoxes, le catéchumène quittait la Divine liturgie avant la consécration du pain et du vin. Jadis, dans les églises catholiques, les catéchumènes se réunissaient dans le fond de l'église (narthex) où ils étaient séparés des autres fidèles.

CATHARE ■ Membre de la secte des cathares. Les cathares étaient des hérétiques qui croyaient le monde créé par deux principes divins (le Bien et le Mal). Ils formaient des groupes importants en France et en Italie et furent combattus par l'Inquisition. Les sectes cathares sont également connues sous d'autres noms : les albigeois (en France), les bagnolais (en Italie, Lombardie), les bogomiles (en Bulgarie), les concoréziens (en Italie, Milan). Les cathares niaient les sacrements, le mariage, le purgatoire, le rôle du pape, la hiérarchie ecclésiastique, la résurrection des morts, etc.

CATHÉDRALE ■ Église où se trouve la chaire de l'évêque.

CATHISME ■ 1. Dans la liturgie orthodoxe, le cathisme (ou cathismata) est la partie de l'office durant laquelle on peut s'asseoir. 2. Ermitage isolé où un moine vit seul ou en compagnie de deux autres ermites.

CATHOLICISME ■ Religion de l'Église catholique romaine dont le chef spirituel, le pape, successeur de l'apôtre Pierre – assisté par les évêques et les cardinaux – dirige le monde catholique à partir de l'État de la Cité du Vatican où il réside. Souverain de l'État du Vatican, le pape est également le pontife infaillible lorsqu'il s'exprime ex cathedra.

CATHOLICISME D'ORIENT ■ Une ancienne dénomination du bouddhisme tibétain. Il existe, ainsi que l'ont remarqué de très nombreux auteurs catholiques, d'étranges parentés entre le bouddhisme tibétain et le catholicisme. Citons, à titre d'illustration, les nombreux rituels, l'importance de la vie monastique, la méditation, le nombre de saints vénérés, la place importante de la compassion, le décorum omniprésent, l'utilisation du rosaire (*mâla*). Au 17e siècle, les missionnaires catholiques qui pénétrèrent au Tibet furent ainsi saisis par cette ressemblance et qualifièrent le bouddhisme tibétain d'« Église jaune » ou de « catholicisme d'Orient ». Cela est si communément admis que le pape Clément XII lui-même fait parvenir le 21 septembre 1738 une missive au Dalaï-Lama, dans laquelle il reconnaît clairement ce rapprochement : « Vous en arriverez à voir clairement que seule la pratique de la doctrine de l'Évangile, dont votre religion se rapproche beaucoup, peut conduire au bonheur d'une vie éternelle. »

CATHOLICON ■ Dans la religion orthodoxe, église principale d'un grand monastère.

CATHOLICOS ■ 1. Dans le catholicisme des premiers siècles, chef d'une Église nationale dans un pays où cette religion était la religion de l'État. Aujourd'hui, ce titre n'est plus porté que par les chefs des Églises catholiques arméniennes et chaldéennes. 2. Dans la religion orthodoxe, c'est le Primat d'une Église, en dehors des frontières orientales de l'Empire Byzantin. 3. Titre du chef religieux de l'Église apostolique arménienne.

CATHOLIQUE ■ 1. Personne qui professe la religion catholique. 2. Ce mot — qui signifie « universel » — peut prendre plusieurs sens selon le contexte. Ainsi, les chrétiens orthodoxes peuvent se déclarer catholiques (de même que les catholiques peuvent dire qu'ils sont orthodoxes). Le sens le plus général est cependant celui désignant l'Église catholique romaine. L'adjectif catholique s'applique aux baptisés par un prêtre catholique et aux Églises orientales en communion avec le Saint-Siège. Du point de vue du droit canonique, signalons que l'adjectif « catholique » est réglementé (canon 216). Il faut une autorisation pour appeler catholique une association, une université, etc.

CATUSKOTI ■ Dans le bouddhisme, c'est le mot utilisé pour désigner le tétralemme.

CATVÂRYÂRYASATYÂNI ■ Dans le bouddhisme, c'est le mot utilisé pour désigner les Quatre Nobles Vérités.

CAUSALITÉ (LA) ■ Pour les bouddhistes, la causalité (*pratyaya*) est l'élément moteur du monde. En effet, tous les phénomènes composés (en d'autres mots, les composants de notre monde) sont le résultat de causes et de conditions précises. Ainsi, tout phénomène composé est produit par la réunion temporelle de causes et de conditions précises. Ainsi, l'homme est produit par la réunion des cinq agrégats et conditionné par ses actions antérieures (son karma). L'ensemble dépendant de la loi de coproduction conditionnée. Bien que ceci puisse paraître très compliqué, en réalité, le schéma directeur est assez simple. Pour qu'un phénomène composé (un être vivant, un produit) naisse, il faut qu'un programme soit respecté (la loi de coproduction conditionnée) et que certains éléments (les agrégats) puissent être réunis. Le phénomène composé disparaît si, dans le strict respect du programme, les agrégats se dissolvent. Le nombre d'agrégats nécessaires pour créer un produit dépend du produit ; pour la « création » de l'homme, cinq agrégats sont nécessaires. Le seul produit incomposé est le nirvâna, vers lequel tend tout être vivant.

CCEO ■ Abréviation de *Codex Canonum Ecclesiarum Orientalium* (c'est-à-dire Code des canons des Églises orientales). Il s'agit du code des Églises orientales catholiques ; ce code a été promulgué en 1990 suite aux travaux de Vatican II.

CÉLÉBRANT ■ Celui qui célèbre l'office religieux.

CÉLÉBRATION EUCHARISTIQUE ■ Expression régulièrement utilisée pour désigner la messe. Cette formule insiste sur l'importance de la célébration eucharistique, centre de la messe et motif de la réunion des fidèles.

CÉLÉBRET ■ Dans le catholicisme, document attestant que le prêtre est admis à célébrer la messe en un lieu particulier ou en tous les lieux.

CÉLIBAT ■ C'est l'état de celui qui n'est pas marié. Alors que les moines sont célibataires dans toutes les religions qui en prévoient le statut, seules de rares religions imposent le célibat à leur clergé. Le célibat « général » est une particularité de l'Église catholique romaine. Il n'existe ni chez les protestants ni chez les orthodoxes (sauf pour devenir évêque). Dans l'Église catholique, le mariage est même pratiqué dans les Églises de rite oriental avec cependant une restriction générale : un homme marié peut devenir prêtre ou diacre (s'il a le consentement de son épouse) mais s'il est déjà clerc (prêtre ou diacre), il ne peut plus se marier. Notons encore que, contrairement à une opinion générale, pour un prêtre catholique la « réduction à l'état laïc » n'entraîne pas automatiquement le droit de se marier. Pour ce faire, il faut obtenir une dispense papale. Dans le bouddhisme, le célibat fait partie de la condition de moine mais les vœux monastiques ne sont jamais définitifs.

CÉLICOLE ■ Habitant du ciel.

CELLA ■ Dans les temples des religions polythéistes (grecque, romaine, bouddhiste, etc.), petite pièce consacrée à une divinité et interdite au profane.

CÉNACLE ■ La salle où Jésus prit son dernier repas en compagnie de ses apôtres. Il y institua le sacrement de l'eucharistie.

CÈNE (DERNIÈRE) ■ Dernier repas du soir que le Christ prit avec ses apôtres. C'est autour de ce repas pascal (la Pâque juive) que fut instituée l'eucharistie.

CÈNE (SAINTE) ■ Chez les protestants, désigne la célébration de l'office divin (la messe des catholiques, la divine liturgie des orthodoxes). Si certains protestants (les luthériens) croient à la présence du corps du Christ dans le pain et le vin consacrés, il n'y a jamais pour eux de transsubstantiation (conversion totale des espèces). Pour les calvinistes, la célébration eucharistique n'est jamais miraculeuse mais simplement symbolique. C'est la raison pour laquelle, lors d'un office divin œcuménique, il ne peut y avoir de concélébration mais simplement des célébrations simultanées.

CÉNOBITE ■ Moine vivant une forme de vie communautaire basée sur l'ascèse. Cette vie communautaire distingue les cénobites des ermites et des anachorètes, lesquels vivent seuls.

CENSURE ■ Condamnation d'une opinion ou d'un texte (voir aussi excommunication, index, interdit, monition, suspense).

CÉRÉMONIAL ■ C'est le livre contenant les règles liturgiques des cérémonies ecclésiastiques.

CÉRÉMONIE DE L'OUVERTURE DES YEUX ■ Pour les bouddhistes, une statue ne devient « vivante » qu'à partir du moment où on lui dessine les yeux. Ce dessin des yeux était parfois précédé par l'introduction, dans une ouverture de la statue, d'animaux vivants ou de simulacres de viscères en toile. Cette cérémonie était particulièrement importante et on raconte que c'est l'empereur Shômu, lui-même, qui tenait la corde de l'énorme pinceau utilisé pour dessiner les yeux de la statue du Bouddha du Todai-ji (en 752), le « grand temple de l'Est », l'un des principaux centres bouddhiques du Japon. Plusieurs fois détruit, ce temple a encore été restauré en 1980.

CERF ■ Symbole de la survie de l'âme après la mort par analogie à sa ramure se régénérant régulièrement.

CÉSAROPAPISME ■ Système politique où l'Église et l'État sont étroitement liés à tel point que le chef de l'État peut intervenir directement dans les affaires ecclésiastiques et même dans la doctrine. Le césaropapisme est unes des causes du Grand Schisme d'Orient (du chef des occidentaux : Charlemagne imposant le Filioque, voir ce mot). Paradoxalement, le césaropapisme a subsisté fort longtemps dans l'Empire byzantin, ce qui est manifeste au niveau du droit canonique : les Nomocanons de l'Église orthodoxe étant un mélange de textes en provenance du pouvoir impérial et du pouvoir religieux.

CHABBAT ■ C'est le septième jour de la semaine. Pour les juifs, c'est le jour de repos obligatoire qui commence le vendredi soir pour se terminer le samedi soir par la cérémonie dite de la Havdala (la « séparation »). La fête de chabbat se termine avec la dernière bénédiction sur le vin (après avoir bu le vin, le père en renverse un peu pour éteindre la bougie et clôturer le chabbat). Pour comprendre l'importance de ce jour chez les juifs, il faut savoir que c'est le seul jour sacré qui soit mentionné dans le Décalogue. La place primordiale du chabbat dans la vie juive est signalée à plusieurs reprises dans la Bible (Gn 2,1-3 ; Ex 20-10 ; Dt 5,14, etc.). Le texte fondateur du chabbat est contenu dans le texte de la Genèse. Dans les récits de la Bible, lorsque les Juifs ne respectaient pas le chabbat, Dieu « se fâchait ». Il rappelait alors à son peuple que, dans le désert, il procurait toujours, le sixième jour, le pain pour deux jours et que ce jour était donc réservé au repos et non à la recherche de nourriture. Le chabbat est un jour de repos, de repas de fête, d'ambiance familiale et d'étude. Tous les travaux sont, en principe, interdits. Très

tôt, les premiers sages de la Michnah ont dressé une liste des 39 catégories de travaux interdits. Par la suite, les rabbins ont régulièrement complété cette liste. Il est important de préciser que l'interdiction ne porte pas sur la difficulté du travail mais sur l'éloignement que celui-ci crée entre le travailleur et Dieu, le travailleur et sa famille (il est donc aussi bien interdit de couper un arbre que de recoudre un bouton). Outre le travail, il est également interdit de transporter les objets servant à la réalisation de celui-ci (ainsi, un couturier doit faire très attention à ne pas transporter une aiguille accrochée à son veston…). Ici encore, ce n'est pas le poids de l'objet qui importe mais son utilité dans le travail (cependant, transporter un livre est autorisé). Autre interdiction (mais qui a donné lieu à de nombreux « aménagements »), celle de se déplacer hors du périmètre « privé ». Enfin, signalons encore l'interdiction de porter des chaussures en cuir pour prier à la synagogue (car il n'est pas « sain » de prendre appui sur une matière vivante pour s'adresser à Dieu). Pour terminer, notons que l'obligation de repos concerne toutes les personnes qui habitent la maison (donc les domestiques s'il y en a) ainsi d'ailleurs que les animaux. La circoncision qui doit se pratiquer le 8e jour, ne peut être postposée : elle peut donc être pratiquée le jour du chabbat. Pour défendre sa vie (en cas de légitime défense) ou celle des autres (par exemple pour un problème médical), on peut également transgresser les interdictions du chabbat. Les animaux dangereux peuvent également être abattus. Le chabbat est une fête de famille : des manifestations religieuses familiales sont ainsi prévues. Le chabbat est également une fête de la communauté : le juif pieux se rend plusieurs fois à la synagogue.

CHABBAT (DÉBUT DU -) ■ Rappelons que la journée juive (voir l'article consacré au calendrier) commence à la tombée de la nuit et dure jusqu'à la tombée de la nuit suivante (la seule exception concernant certains jeûnes pour lesquels la journée commence le matin). Le chabbat commence donc à la tombée de la nuit du vendredi et dure jusqu'à la tombée de la nuit du samedi.

CHABBAT (REPAS DE -) ■ La table du repas est considérée comme un autel à la gloire de Dieu. On y trouvera les éléments suivants : le vin cacher, les verres à vin pour la prière de qiddoush, deux petits pains tressés, une nappe blanche, deux bougies (dont l'une est à plusieurs mèches pour la cérémonie de la havdala).

CHADDAÏ ■ Un des noms de Dieu (le « Tout-Puissant ») dans le judaïsme. Lorsqu'il fut content de son œuvre, Dieu dit « Daï » (assez), et le monde s'arrêta de grandir, le processus de création était terminé. C'est ce nom qui figure sur chaque mezouzah. Pour les kabbalistes, c'est le dernier nom de Dieu dans le processus d'émanation.

CHAFÉITE ■ École juridique musulmane, elle se réclame de al-Shâffi (9e siècle). Cette école privilégie, lorsque c'est nécessaire, le raisonnement par analogie. Elle est surtout répandue en Iran, en Irak et en Asie (Indonésie, Malaisie).

CHAHADA ■ C'est le témoignage de foi de l'islam. Cette formule (« Je témoigne qu'il n'y a d'autre dieu que Dieu et que Mahomet est son prophète ») est récitée par celui qui veut devenir musulman.

CHAHARIT ■ Dans le judaïsme, office du matin.

CHAÎNE DE PRIÈRES ■ Pratique courante dans le catholicisme populaire où il est demandé aux réceptionnaires d'un document contenant une prière de recopier celle-ci en plusieurs exemplaires et de faire circuler le document. Cette pratique, assimilée à de la superstition, a été condamnée par l'Église catholique.

CHAIRE DE VÉRITÉ ■ Meuble imposant utilisé jadis dans les églises catholiques pour permettre au prédicateur d'être vu et entendu de tous. Aujourd'hui, afin de ne plus « écraser » l'assistance, le prêtre prononce son homélie dans le chœur, près de l'autel.

CHAISE D'ÉLIE ■ Dans le judaïsme, lors de la circoncision, chaise sur laquelle prend place le parrain tenant l'enfant.

CHALCÉDOINE (CONCILE DE -) ■ Le 4e Concile œcuménique (451). Ce concile est très important car il y a été défini l'union des deux natures, divine et humaine, dans la seule personne du Christ. Certaines Églises (dites préchalcédoniennes) n'ont pas admis cette union des deux natures du Christ. Il s'agit principalement des Églises d'Égypte (les Coptes), d'Arménie, d'Éthiopie et l'Église Jacobo-Syrienne. La position actuelle de l'Église est une seule substance pour le Père, le Fils et le Saint-Esprit, trois hypostases et deux natures distinctes pour le Fils (vrai Dieu et vrai homme).

CHALCÉDONIENS ■ Partisans du concile de Chalcédoine (451) qui déclara que Jésus-Christ possédait à la fois la nature humaine et la nature divine. Cette décision, qui fut loin d'être acceptée par tous les membres de l'Église, aboutit à la constitution de plusieurs Églises hérétiques. On notera que lorsqu'on se réfère à ce conflit religieux, le terme « orthodoxes » s'applique aux partisans du concile.

CHALDÉENNE (ÉGLISE) ■ Église orientale nestorienne. Au 16e siècle, certains chaldéens se sont réunis à Rome pour former l'Église chaldéenne uniate (patriarcat de Babylone).

CHALUMEAU ■ Dans le catholicisme, objet liturgique en métal destiné au pape, servant lors de la messe pontificale à aspirer le vin consacré.

CHAM ■ Danses sacrées des moines du bouddhisme tibétain.

CHAMACH ■ Bedeau de la synagogue.

CHAMANISME ■ Phénomène religieux caractérisé par la transe. Au départ, ce phénomène religieux est propre à la Sibérie. Cependant, l'existence d'un « maître de la transe » a été observée dans de nombreuses autres contrées. Au sens large, le chamanisme consiste en un culte de la nature et en la croyance en divers esprits.

CHAN ■ École bouddhiste chinoise, basée sur la méditation, qui se développe en Chine au 7e siècle. Le mot chinois *chan* traduit le sanscrit *dhyâna* (méditation). Il en existe deux courants : celui qui prétend que l'Éveil est immédiat (école subitiste) et celui qui considère que l'Éveil est progressif (école gradualiste). Le chan est surtout connu depuis qu'il s'est introduit au Japon (vers 700) sous le nom de zen.

CHANDELEUR ■ Dans l'Église catholique, c'est le nom populaire de la fête de la Présentation de Jésus au Temple (quarante jours après sa naissance) et de la Purification de la Vierge (relevailles). Elle est célébrée le 2 février. Chez les orthodoxes, cette fête porte le nom de Sainte Rencontre.

CHANDRA ■ Dans le bouddhisme, c'est une divinité mineure (une des douze devas).

CHAOS ■ Vide existant avant la création (voir aussi Tohu-bohu).

CHAPELET ■ Objet dédié à la dévotion. Il est composé d'un certain nombre de petits grains enfilés parfois séparés par des grains plus gros. Le chapelet est utilisé dans la plupart des religions (christianisme, bouddhisme, etc.). Le chapelet musulman est fait de 33 ou 99 grains (qui symbolisent les 99 Beaux Noms de Dieu). Le chapelet complet est divisé en trois sections de 33 grains. Introduit vraisemblablement par les mystiques musulmans (les soufis) qui récitaient des litanies ininterrompues (*wird*), le chapelet fait aujourd'hui partie de l'univers de tous les musulmans, qui s'en servent comme support pour la prière. Dans la liturgie orthodoxe, le chapelet (souvent en laine noire) est formé habituellement de cent nœuds. Il est surtout utilisé pour la récitation de la prière de Jésus. Chez les Slaves, il porte le nom de *tchotki*. Chez les Grecs, on parlera de *komvologhion*. Voir aussi rosaire.

CHAPITRE ■ Dans l'Église catholique, ensemble d'ecclésiastiques qui se réunissent dans une salle dite capitulaire.

CHARIA ■ La loi divine des musulmans. Elle est inscrite principalement dans le Coran mais aussi dans la Tradition (c'est-à-dire essentiellement dans les hadîths). Pour l'islam, cette loi — comme le Coran — existe de toute éternité et ainsi préexiste à la société musulmane. Cette conception intemporelle de la loi agit comme un carcan sur la société musulmane. En effet, définie de cette manière, la loi ne peut en aucune façon évoluer en fonction des progrès de la société. La porte à une quelconque évolution est ainsi d'emblée fermée. Cependant, il reste un mince espoir d'évolution. En effet, comme le message des versets est souvent elliptique, l'homme doit interpréter la loi divine, d'autant que tout n'est pas précisé dans le Coran. En outre, chaque fois qu'un fait n'est pas précisé, c'est que le statu quo est préférable. Cette interprétation de la loi a été poussée très loin durant les premiers siècles de l'islam. Cependant, vers le 12e siècle, il a été décidé que tout avait été interprété et que les règles de la charia étaient fixées pour toute l'éternité. Cette interprétation des premiers siècles a donné naissance à plusieurs écoles juridiques et il est facile de comprendre que, selon les écoles juridiques et les juristes, on rencontre de nombreuses opinions différentes. On trouve dans le Coran de nombreuses règles concernant la famille (héritage, mariage, divorce), le commerce et les bonnes mœurs. En règle générale, ces dispositions sont plutôt favorables à la femme. La charia interdit également tout ce qui n'est pas produit par le travail personnel (l'enrichissement sans cause) et qui rendrait le riche plus riche et le pauvre plus pauvre : les jeux de hasard, les assurances, etc. On conçoit ainsi qu'il existe une théorie islamique concernant les richesses produites, le développement de la production, la propriété privée, etc. La charia, ou loi de Dieu, couvre tous les domaines du droit (droit civil, droit familial, droit commercial, etc.) mais c'est dans le domaine du droit pénal que ses manifestations heurtent le plus les sensibilités occidentales. La mort pour une nuit d'amour, une main coupée pour une pomme volée, des coups de fouet pour deux fois rien... Voilà des sanctions auxquelles nous ne pouvons plus souscrire dans un monde plus humain. Mais est-ce fréquent dans le monde musulman ? La réponse est non. En effet, le droit pénal coranique prévoit des preuves très difficiles à obtenir (il faut généralement plusieurs témoins qui déclarent avoir vu commettre l'acte) et également de très lourdes sanctions pour celui qui serait parjure.

CHARISMATIQUE (RENOUVEAU) ■ Branche catholique d'un phénomène basé sur le don reçu de Dieu par l'intermédiaire du Saint-Esprit (Pentecôtisme). Ce mouvement tente de retrouver les racines vivantes de l'Église comme au temps des premiers chrétiens.

CHARISME ■ En théologie chrétienne, don surnaturel (guérison, prophétie, glossolalie, etc.), grâce particulière, octroyé à un croyant ou à un groupe de croyants pour le bien de la communauté. Ce don est conféré à l'homme par l'Esprit saint.

CHARNAGE ■ Dans la religion catholique, période pendant laquelle il est autorisé de manger de la viande.

CHÂSSE ■ Grand coffre qui contient la dépouille d'un saint.

CHASUBLE ■ Vêtement liturgique ample et sans manches que le prêtre met par-dessus l'aube.

CHAUSSETTES BLANCHES ■ Elles sont symbole de pureté et sont portées le jour du chabbat par les juifs hassidim.

CHAVOUOTH ■ Nom hébreu de la Pentecôte juive (« fête des Semaines »). Cette fête a lieu 50 jours après Pâque (d'où le nom de Pentecôte) : elle commémore le don de la Loi (Torah) fait par Dieu à Moïse : c'est la « fête du don de notre Torah », de la remise à Moïse du Décalogue et de l'indéfectible fidélité du peuple juif à la Torah. Les synagogues sont décorées de fleurs et de plantes vertes et les études religieuses commencent généralement ce jour.

CHEDI ■ Mot thaï pour désigner un stûpa.

CHEKHINAH ■ On désigne ainsi la présence de Dieu dans le monde ou dans un lieu privilégié (on dit ainsi que lorsque règne la parfaite harmonie dans un couple, la *Chekhinah* est présente dans le foyer conjugal). Le concept de la *Chekhinah* est un concept rabbinique, en ce sens qu'il n'apparaît jamais dans la Bible. La

Chekhinah est une autre manière de désigner Dieu mais jamais dans la littérature rabbinique il n'est fait de distinction entre Dieu et la *Chekhinah*. Cette distinction — qui pèche contre l'unicité divine, dogme fondamental du judaïsme — n'apparaît que dans des écrits midrachiques (où elle est la manifestation de Dieu) ou mystiques (où elle est parfois l'une des hypostases de Dieu).

CHEMA ISRAËL ■ Prière juive. « Écoute, Israël, l'Éternel est notre Dieu, l'Éternel est Un. Béni soit à jamais le nom de son règne glorieux. » (Deutéronome 6, 4-9). Voici les premières phrases de la prière *Chema Israël* qui est la profession de foi de tous les Juifs et le noyau central des offices du matin et du soir car, conformément au verset biblique (Deutéronome 4, 7), cette profession de foi sera proclamée « en te couchant et en te levant ». Comme le *Chema* ne contient que 245 mots et que la Torah contient 248 commandements positifs, trois mots ont été rajoutés à cette prière pour faire le lien symbolique avec les commandements (dans la communauté ashkénaze, on ajoute les trois mots : « Dieu, roi fidèle »).

CHEMIN DE CROIX ■ Chemin parcouru par Jésus-Christ de l'endroit de son arrestation (Gethsémani) à l'endroit de sa crucifixion (Golgotha). Les différentes étapes de ce chemin sont symbolisées dans les églises chrétiennes par les stations du chemin de croix.

CHEMIN DE DAMAS ■ Route empruntée par Paul de Tarse pour se rendre à Damas et y arrêter des chrétiens. En route, Jésus lui apparaît. Il se convertit et devient le plus zélé des défenseurs et prosélytes de la foi. Connu comme l'apôtre des Gentils, il est l'un des principaux pivots du christianisme. Prendre le chemin de Damas, c'est changer complètement d'orientation.

CHEMIN DU MILIEU ■ Dans le bouddhisme, c'est le chemin, ni trop à gauche, ni trop à droite, ni trop ascétique, ni sybarite, qui conduit à la paix, à la sagesse, à l'Éveil et, enfin, au Nirvâna.

CHEMINI ATSERÈT ■ Dans le judaïsme, c'est le nom de la fête qui suit les sept jours de la fête de Souccoth.

CHÈNREZI ■ Le nom tibétain d'Avalokiteshvara (le bodhisattva de la compassion). Voir Avalokiteshvara.

CHÉRIF ■ Chez les musulmans sunnites, on désigne ainsi les descendants en lignée directe masculine du Prophète (pluriel chorfa). Chez les chiites, on parlera plus volontiers de Sayyed.

CHEVARIM ■ Types de sons produits par le chofar.

CHIISME ■ Un des courants religieux de l'islam. Pour faire simple, on pourrait dire — sans trop se tromper d'ailleurs — que l'islam, c'est 90% de sunnites et 10 % de chiites. Ces chiites tirent leur nom de *shîa Ali* qui signifie « parti de Ali ». Les chiites sont donc les partisans de Ali (le quatrième calife) ou de l'un de ses descendants. Pour les désigner, on utilise également l'expression « alides ». Le chiisme constitue le premier schisme de l'islam, lequel apparaît à peine vingt ans après la mort du Prophète. Ce premier schisme — d'origine purement politique car il ne portait que sur la désignation du calife — aboutit à la création de trois mouvements : les sunnites (nettement majoritaires), les chiites, et aussi une branche dissidente des chiites : les kharijites. Les chiites, eux-mêmes, ont connu d'énormes dissensions, ce qui fait qu'aujourd'hui on distingue quatre grands mouvements dans le chiisme : l'imamisme duodécimain (qui est la religion officielle de l'Iran depuis 1501), l'ismaélisme (conduit par l'Aga Khân), l'alévisme (un quart des Turcs) et le zaydisme. Il y a peu de différences entre chiites et sunnites pour ce qui concerne les bases de la foi ; par contre, il y en a beaucoup pour ce qui concerne la pratique quotidienne, l'application de la loi religieuse ou charia, la généalogie, la vie quotidienne, les lieux de pèlerinage, etc. Bien souvent, en pratique, le chiisme s'oppose au sunnisme. Aux croyances fondamentales de l'islam, les chiites ajoutent deux doctrines de base : la croyance en la justice de Dieu (*adl* – Dieu ne peut être responsable du mal que fait l'homme, né libre) et l'imamat. La première doctrine est assez subtile et n'intéresse que les théologiens. La seconde a une implication tout à fait pratique car elle est responsable du clergé que l'on trouve dans le monde chiite alors qu'il n'y a aucun clerc dans le monde sunnite. Pour les chiites, Dieu ne pouvait abandonner l'homme à la mort de Mahomet ; aussi, dans un souci de justice, il lui a donné des guides éclairés, des hommes purs et parfaits : ce sont les imâms. Leur nombre varie selon les mouvements chiites : certains n'admettent que sept imâms alors que d'autres reconnaissent les douze imâms. Quoi qu'il en soit, les chiites majoritaires reconnaissent l'existence de Quatorze Très Purs qui sont : Mahomet, sa fille Fâtima et les douze Imâms (qui tiennent leur investiture de Dieu). Seuls, ici, nous intéressent le premier et le dernier des Imâms. Le premier est Ali (le beau-fils de Mahomet et le mari de Fâtima). Le dernier (Muhammad al-Muntazar) a disparu en 874 ; pour les chiites (du moins pour la majorité d'entre eux, les imamites duodécimains), cet Imâm est simplement occulté et on attend son retour d'un jour à l'autre. De cette absence résultent quelques « désagréments » ; ainsi certaines décisions ne peuvent être prises en son absence (par exemple, les chiites ne peuvent décréter la jihad – improprement appelée, en Occident, « guerre sainte » – car seul l'Imâm a ce pouvoir). D'un autre côté, pour eux, la porte de l' ijtihâd – ou réflexion personnelle dans le domaine du droit et de la religion – n'est pas fermée. Ce qui n'est pas sans conséquence car un ayatollah peut ainsi proposer ou imposer un avis neuf.

CHIKEN-IN ■ Nom japonais du mudrâ du Point de la Sagesse.

CHILIASME ■ Croyance (basée sur Apocalypse 20, 3-6) selon laquelle le Christ régnera sur terre pendant mille ans avant le Jugement Dernier. On parle aussi de millénarisme. Ce mot provient du grec *chilioi* qui signifie mille.

CHINOIS (BOUDDHISME) ■ Le bouddhisme commence à se répandre en Chine à partir des 1er et 2e siècles de l'è.c., c'est-à-dire au moment où il s'est déjà constitué en religion et offre aux fidèles et aux sympathisants un vaste choix de bouddhas et de bodhisattvas, lesquels vont contribuer pour une bonne part à sa large diffusion. Cependant, au début de sa propagation, il ne touche que la population aisée. Ce n'est qu'à partir des 4e-5e siècles qu'il éclate comme une bombe, partant de la Chine du Nord et se disséminant dans tout l'Empire. Vers la fin du 5e siècle, les Chinois ayant perdu tout contact avec l'Inde et inquiets concernant leur orthodoxie par rapport à l'enseignement du Bouddha, envoient un moine, Fa Xian (ou Fa-Hsien), en Inde. Celui-ci emprunte alors la célèbre route de la soie qui lui fait traverser de nombreux pays. Son voyage durera douze ans et il reviendra par la route des épices. Deux siècles plus tard, conscients de la mauvaise traduction des textes sacrés bouddhiques, les bouddhistes chinois envoient en Inde un autre moine, Xuan- Zang. Sa mission est de ramener des textes originaux pour qu'ils puissent être traduits en chinois. Son voyage, qui emprunte également la route de la soie, durera seize ans. Durant son voyage, Xuan-Zang découvre que, dans de nombreuses régions d'Inde, l'ancienne religion, l'hindouisme, a remplacé le bouddhisme. Il collecte cependant de nombreux manuscrits et, revenant par la route de la soie, il s'installe à Chang'an où il entreprend la traduction des textes sacrés en chinois. C'est à lui que nous devons la conservation (en traduction chinoise) de nombreux textes bouddhiques dont l'original, en langue sanscrite, n'existe plus. On n'insistera jamais assez sur l'importance des routes commerciales pour la dissémination des religions ; c'est grâce à la route de la soie que le bouddhisme a pu pénétrer dans de nombreux pays. En effet, si le bouddhisme connut une extraordinaire expansion en Chine (et de là, plus tard, au Japon et en Corée), c'est dû à deux faits principaux : d'une part, *la Pax sinica*, qui permettait les communications sans danger entre la Chine et l'Inde et, d'autre part, l'ouverture militaire de la route de la soie qui faisait de la Chine la voisine directe de l'empire indoscythe. Malgré sa dissémination en Chine, le bouddhisme fut loin d'emporter l'unanimité des suffrages. Ainsi, les lettrés confucéens prononcèrent un véritable réquisitoire contre cette religion étrangère. Parmi les nombreux reproches qu'ils formulaient contre cette religion, on signalera l'égoïsme des moines qui ne pensaient qu'à leur salut personnel et se montraient indifférents au salut de l'État et, surtout, leur désintérêt pour le culte des ancêtres, base de l'organisation de la famille chinoise. À partir du 12e siècle, le bouddhisme décline en Chine pour ne plus exister qu'à l'état de germe aujourd'hui. Si Mao a été le « destructeur du Dharma » (selon la formule du Dalaï-Lama), le déclin du bouddhisme lui était bien antérieur. Si la Russie post-communiste redevient orthodoxe, la Chine post-communiste ne redeviendra pas bouddhiste mais confucéenne.

CHINTÂMANI ■ Dans le bouddhisme, c'est le joyau qui exauce tous les désirs.

CHIROTHÉSIE ■ Chez les orthodoxes, c'est l'imposition des mains pour conférer une fonction sacerdotale secondaire.

CHIROTONIE ■ Chez les orthodoxes, c'est l'imposition des mains pour conférer une fonction sacerdotale majeure.

CHITIPATI ■ Dans l'art tibétain, ce sont les deux acolytes de Yamarâja, un roi des enfers. Il s'agit des squelettes d'un homme et d'une femme ayant les jambes et les bras entrelacés et dansant sur des cadavres.

CHMIELNICKI (BOGDAN) ■ C'est sous la conduite de l'hetman Chmielnicki qu'en 1648 les Cosaques ukrainiens pillèrent les communautés juives de Pologne et tuèrent plus de 100 000 Juifs. Les juifs religieux considèrent ces massacres comme les premières manifestations des « douleurs de l'enfantement du Messie ». Ce hourban (catastrophe) est à l'origine des mouvements mystiques et messianiques juifs (hassidisme, sabbatéisme, etc.).

CHOFAR ■ La corne de bélier est l'un des plus anciens instruments de musique à vent. On l'utilise à l'occasion de certaines fêtes juives (Rosh Hashana, Yom Kippour) pour écarter les forces du mal et apaiser le courroux divin. Faible en harmoniques, le son du chofar s'entend de très loin.

CHOHET ■ Dans le judaïsme, désigne le préposé à l'abattage rituel.

CHORTEN ■ Mot tibétain pour désigner un stûpa (monument commémoratif ou votif).

CHORYPHÉE ■ Titre donné par l'Église orthodoxe à saint Pierre, celui qui est à la tête de l'Église. Son frère Thomas a reçu le titre de protoclite, le « premier appelé ».

CHOSES CONDITIONNÉES ■ Dans le bouddhisme, les choses conditionnées (*trilakshana*) se caractérisent par trois signes :

elles sont éphémères (*anitya*), douloureuses (*duhkha*) et impersonnelles (*anâtman*).

CHOULHANE AROUKH ■ Cette expression en hébreu signifie la « Table dressée » ; c'est l'un des principaux codes de la loi juive (écrit, au 16e siècle, par Joseph Caro ; voir ce nom).

CHRÊME (SAINT) ■ Huile d'olive mêlée de baume. Dans l'Église catholique, elle est bénie par l'évêque le Jeudi saint et n'est utilisée que pour les sacrements non réitérables (baptême, confirmation, ordre).

CHRESTOMATHIE RELIGIEUSE ■ Ensemble de textes religieux choisis parmi les textes classiques.

CHRÉTIEN ■ Personne pratiquant une des religions chrétiennes basées sur l'enseignement et la personne de Jésus-Christ.

CHRÉTIENTÉ CACHÉE ■ Au 19e siècle des savants et des missionnaires (dont saint François-Xavier) décrétèrent qu'il existe une chrétienté cachée au Japon (un peu comme la tribu perdue des Juifs) et que les bouddhistes en font partie même si les siècles ont quelque peu corrompu les textes et dégradé les symboles. Cette « chrétienté cachée » se basait essentiellement sur certains signes extérieurs du bouddhisme d'Amida mal interprétés par les missionnaires.

CHRISMAL ■ Petit vase liturgique contenant les huiles saintes.

CHRISMATION ■ 1. Chez les chrétiens, onction faite avec le saint chrême. 2. Chez les orthodoxes, sacrement qui associe le baptême avec la « confirmation ».

CHRISME ■ Monogramme du Christ formé des deux premières lettres du mot : X (*chi*) et P (*rhô*). Parfois on y mêle l'alpha et l'oméga.

CHRIST ■ Titre donné à Jésus de Nazareth. Ce mot signifie « oint » en grec (« christos »).

CHRISTIANISME ■ Religion basé sur la personne et l'enseignement de Jésus-Christ. Le christianisme connaît trois grands mouvements religieux : le catholicisme, l'orthodoxie et le protestantisme. Chacun de ces mouvements (surtout le protestantisme) est divisé en plusieurs courants religieux.

CHRISTIANISME (NAISSANCE DU -) ■ Après la mort du Christ, les premières « communautés chrétiennes » étaient composées uniquement de juifs lesquels souhaitaient conserver la Loi et les traditions juives (circoncision, lois alimentaires, censure à la fréquentation des païens, etc.). C'est ce qu'on appelle les judéo-chrétiens et les chrétiens judaïsants. Les païens ne faisaient pas encore partie de ce nouveau courant religieux. Le premier païen à s'être converti est le centurion Corneille. Par la suite, saint Paul (l'apôtre des Gentils) s'est particulièrement occupé des païens et a obtenu, au premier concile, que la qualité de chrétien ne passe plus par le judaïsme (plus de règles alimentaires, plus de circoncision, accueil fraternel des païens, etc.). C'est à Antioche que se développa la première communauté importante de chrétiens incirconcis, parlant grec, et détachés du judaïsme. C'est d'Antioche que l'apôtre Paul partit pour ses différentes missions d'évangélisation. On notera que si la première « opposition idéologique » du futur monde chrétien avait pour acteurs les Juifs de Palestine opposés aux Juifs de la Diaspora (jugés « inférieurs »), la seconde opposition avait pour acteurs les Juifs convertis opposés aux gentils convertis. Une troisième division aura pour acteurs les judaïsants (soutenus par saint Pierre) opposés aux gentils non circoncis (soutenus par saint Paul et saint Jacques). C'est de cette troisième division, et du détachement des judaïsants de la synagogue, que naît réellement l'Église chrétienne, qui se sépare ainsi définitivement du judaïsme pour prêcher à toutes les nations. Pour les Juifs, à l'aube de la destruction du Temple, se pose le choix douloureux entre la religion juive et la foi en Christ, représentée par l'Église chrétienne. La destruction du Temple, catastrophe des catastrophes, déplaçant le centre vital des Juifs de Jérusalem à Yavneh et celui des chrétiens de Jérusalem à Antioche, allait consolider irrémédiablement cette rupture. Pendant que le judaïsme, religion sacrificielle du Temple, religion des prêtres, allait se reconvertir en religion synagogale, religion des rabbins, le christianisme se détachait lentement, par mutations successives, mais irrémédiablement du judaïsme. Deux nouvelles religions naissaient. En 330, l'empereur Constantin se convertit au catholicisme et, en 380, l'empereur Théodose 1er, par l'Édit de Thessalonique, institue la religion chrétienne comme religion officielle de l'Empire romain (ce qui n'empêcha pas son excommunication par la suite). De *religio licita* (statut jadis accordé au seul judaïsme), la religion chrétienne devient la religion officielle, la religion dominante. Certains fixent cette date comme celle de la rupture définitive entre les deux religions. Les quelques sectes judéo-chrétiennes encore existantes disparaissent ou se fondent dans d'autres religions. En d'autres mots, la destruction du Temple a pour conséquence la division du judaïsme en deux courants opposés, en deux religions neuves : le judaïsme rabbinique et le christianisme.

CHRISTOTOKOS ■ Titre (mère du Christ) donné à Marie par Nestorius qui ne la considérait que comme la mère du Christ. Cette hérésie (nestorianisme) a été condamnée par le concile d'Ephèse (431) qui a proclamé Marie mère de Dieu (*Theotokos*).

CHRONISTE ■ Dernier livre des Écrits (de la Bible). Rédigé par un lévite de Jérusalem, il retrace la vie du peuple juif depuis les origines jusqu'à la chute du royaume de Judas.

CHTONIEN ■ Ce qui a rapport avec le monde souterrain. Désigne l'ensemble des figures surnaturelles souterraines.

CIBOIRE ■ Chez les chrétiens, vase sacré contenant les hosties destinées à la communion des fidèles.

CIBORIUM ■ Baldaquin soutenu par des colonnes, érigé au-dessus de tout objet de vénération.

CIMETIÈRES RELIGIEUX ■ En principe, en France, tous les cimetières sont laïques mais il existe des dérogations pour les juifs (à Bagneux), les chrétiens orthodoxes (à Sainte-Geneviève-des-Bois), les musulmans (à Bobigny). Le cimetière « franco-musulman » de Bobigny est en principe réservé aux personnes musulmanes décédées à l'hôpital franco-musulman de Bobigny mais il est possible d'obtenir une autorisation pour y être enterré. En outre, depuis 1975, les maires ont reçu l'autorisation (mais non l'obligation) de réserver pour les musulmans « des carrés spéciaux » dans les cimetières existants.

CINGALAIS (BOUDDHISME) ■ Le bouddhisme du Sri Lanka (anciennement Ceylan) présente la particularité d'être l'héritier le plus pur du bouddhisme des origines. Il s'agit donc du bouddhisme du Theravâda (Petit Véhicule) qui se différencie des autres bouddhismes par la seule acceptation du Canon pâli. On peut affirmer que ce bouddhisme a été très peu affecté par l'esprit mondain et les différentes conquêtes sociales des dernières années (émancipation des femmes, etc.). On se souviendra que l'empereur Asoka, grand propagateur du bouddhisme, avait envoyé différentes missions dans les pays d'Asie. La mission évangélique envoyée au Sri Lanka, vers 250 avant l'ère commune, était dirigée par son propre fils. À la fin du premier siècle avant l'ère commune, suite à des attaques répétées des Tamouls, créant le chaos et mettant en danger le bouddhisme, les Cingalais décidèrent, lors d'un rétablissement de l'ordre, de mettre pour la première fois par écrit l'enseignement du Bouddha. La légende raconte que mille vénérables moines travaillèrent nuit et jour pour fixer par écrit, en un an seulement, le contenu oral de l'enseignement de l'Éveillé. En réalité, il fallut plus d'un siècle pour mener cette tâche à bien. Plus tard, au 5e siècle, le moine Buddhaghosa rédigea, au Sri Lanka, en pâli, le *Visuddhimagga* (« Le Chemin de la complète purification »), le plus célèbre des traités du Petit Véhicule. Entre le 7e et le 12e siècle, une lutte d'influence s'exerça au Sri-Lanka entre les partisans du Petit et du Grand Véhicule. Cependant, le roi Parakkamabâhu obligea les différentes écoles à se réunir et seul le bouddhisme theravadin fut considéré comme religion d'État. Au cours des siècles, le Sri Lanka fut colonisé par les Portugais, les Hollandais et, enfin, les Anglais. À la colonisation des terres, la plupart voulurent joindre la colonisation des âmes. Le Sri Lanka fut donc soumis à une christianisation intense mais l'histoire a parfois de curieux retournements ; ainsi, c'est grâce à l'influence des Occidentaux sympathisants du bouddhisme que l'on doit la résurgence du bouddhisme au Sri Lanka.

CINQ AGRÉGATS D'ATTACHEMENT (LES -) ■ Dans le bouddhisme, ce sont les cinq éléments qui engendrent la souffrance : la naissance, la vieillesse, la maladie, la mort, ne pas avoir ce qu'on désire (être uni à ce qu'on n'aime pas et être séparé de ce que l'on aime). On parle également des agrégats (*skandhas*) suivants : matière, sensations, perceptions, volitions, conscience.

CINQ EMPÊCHEMENTS À LA MÉDITATION (LES -) ■ Dans le bouddhisme, ce sont les désirs sensuels, la malveillance et la haine, la torpeur, l'agitation et le remords, le doute sceptique.

CINQ FACULTÉS OU VERTUS ■ Dans le bouddhisme, elles aident l'homme dans la voie de la sainteté. Ce sont : la foi, l'effort, l'attention, la concentration et la sagesse.

CIRCONCISION ■ 1. Pour les juifs, c'est la cérémonie la plus importante car elle scelle pour le juif son Alliance avec Dieu. Il s'agit d'un commandement (*mitzva*) qui se pratique obligatoirement au 8e jour même s'il s'agit d'un jour de fête. C'est le signe tangible de l'Alliance entre Dieu et le peuple juif. En hébreu, circoncision se dit *berith mila*, c'est-à-dire « alliance de la circoncision ». En effet, la circoncision est « le signe de l'Alliance » entre Dieu et le peuple juif (Genèse 17). La circoncision rituelle, qui consiste en l'ablation de tout le prépuce avec mise à nu complète du gland, obéit à un rite très précis. Divers instruments sont utilisés pour cette petite opération : un couteau aiguisé sur les deux faces (*izamel*), un bouclier de protection pour le gland (*magen*) et un stylet en argent. Rappelons également le siège d'Élie sur lequel on place l'enfant avant l'opération. Ce n'est qu'après la circoncision que l'enfant reçoit son nom à la synagogue (et non pas à son domicile familial pour bien marquer que s'il est l'enfant de ses parents, il appartient également à la communauté).

2. La circoncision est également pratiquée par certains peuples pour des raisons d'hygiène mais aussi pour des raisons religieuses (qui sont, en réalité, dictées par la tradition). 3. Pour les musulmans, la circoncision n'est pas l'acte qui rend l'homme musulman. La circoncision n'est qu'une habitude des peuples de l'Orient : elle n'est en rien obligatoire ; il n'en est pas fait mention dans le Coran. On peut donc être un vrai musulman non circoncis ; néanmoins, la circoncision est entrée dans les mœurs et fait souvent l'objet d'une fête.

CIRCUMAMBULATION ■ Ronde autour d'un édifice. Les circumambulations font partie aujourd'hui des rites de la plupart des religions. L'origine de ces circumanbulations est sans doute à chercher dans celle qui fit tomber les murs de Jéricho. Pour les musulmans, la circumanbulation fait partie du pèlerinage à La Mecque. On notera que selon la légende, sur le conseil de l'ange Gabriel, Noé fit avec son arche sept fois le tour du sanctuaire contenant la Pierre Noire (la Kaba).

CIRCUMINSESSION ■ Présence des trois personnes de la Sainte Trinité les unes dans les autres.

CLAIRVOYANCE ■ Don de lire dans les cœurs et les consciences.

CLÉMENTINES ■ Importante collection de décrets provenant du concile œcuménique de Vienne (1311-1312) et des textes du pape Clément V. Cette collection est une des sources du Droit canonique.

CLERC ■ Dans la religion catholique, personne entrée dans l'état ecclésiastique (diacre, prêtre, évêque). Le Code de droit canon catholique (1983) parle plus volontiers de « ministre sacré ». Celui qui n'est pas un clerc est un laïc. L'ensemble des clercs forment le clergé. On distingue le clergé séculier (qui vit dans le monde) et le clergé régulier (qui vit selon une règle monastique). Jusqu'à Paul VI, le signe distinctif du clerc était la tonsure.

CLERGÉ ■ 1. Ensemble des clercs (voir ce mot). 2. Chez les juifs, il n'y a plus de clergé depuis la disparition du Temple. 3. Chez les bouddhistes, les moines remplissent toutes les fonctions cléricales. 4. Dans l'islam sunnite il n'y a ni liturgie, ni sacrements, ni confession, ni cérémonies cultuelles (à l'exception, toutefois, des cérémonies se déroulant à La Mecque lors du Pèlerinage), il n'y a pas non plus besoin de ministres du culte, comme c'est le cas chez les chrétiens. D'autant plus que l'islam conteste le rôle pastoral que pourrait s'arroger un ministre du culte (c'est ainsi que l'islam sunnite conteste, par exemple, le rôle de directeur de conscience qu'exercent les cheiks soufis). L'islam sunnite refuse donc, d'une part, tout intermédiaire entre Dieu et l'homme et, d'autre part, il refuse toute organisation cléricale et, bien entendu, toute hiérarchie dans ce type d'organisation. Ni l'imâm sunnite (qui dirige la prière), ni le muezzin n'appartiennent à un clergé quelconque et n'importe quel musulman peut exercer ces charges. Il n'en est cependant pas exactement de même chez les chiites bien qu'il n'y existe pas, non plus, de sacrement, de confession, etc. Cependant, la présence des imâms « infaillibles et impeccables », des nombreux oulémas, des ayatollahs, signe incontestablement une organisation en clergé. En outre, le culte des morts, les pèlerinages divers, les « saints », conduisent à l'organisation d'événements qui sont de nature liturgique. Néanmoins, pour ce qui concerne le clergé, nous sommes encore loin de l'organisation canonique et hiérarchique que l'on rencontre dans l'Église catholique : pas de moines, pas de vœux, pas de célibat, pas de sacerdoce, pas de sacrement d'ordination, etc. Pour l'essentiel, le « clergé » chiite est constitué des oulémas, des muftis, des cadis, des mujtahids, des sayyids, des ayatollahs et de l'imâm. On estime que la classe religieuse chiite serait composée de plus de 200 000 personnes, ce qui n'est pas rien ! Le mot « clergé » est pris au sens large étant donné l'intrication indissociable du religieux avec la vie de tous les jours et l'application de la loi (qui est, par essence, religieuse).

CLERGYMAN ■ Dans un sens strict, ministre de la religion dans les confessions protestantes issues de la Réforme. Au sens large, tout ecclésiastique.

CLIMAX ■ Traité d'ascèse de saint Jean Climaque, higoumène du monastère de Sainte-Catherine (Sinaï). Ce traité décrit les degrés des vertus monastiques pour se rapprocher des béatitudes célestes.

CLÔTURE ■ Partie d'un couvent interdite aux laïcs.

CODE DE DROIT CANONIQUE ■ Voir Droit Canon.

CODEX MUSULMAN ■ Par codex, on entend un ensemble de feuilles cousues ensemble, reliées. Dans le monde musulman, pour préparer la Vulgate, Otman a fait usage de quatre codex, dont nous ne possédons aujourd'hui plus aucune trace. Il s'agit des codex de Ubayy Ibn Kab, de Zayd Ibn Thâbit, de Abd-Allâh Ibn Masud et de Abû-Mûsâ al-Ashari (tous réunis entre vingt et trente ans après la mort du Prophète). D'après les informations que l'on possède, l'ordre des sourates était différent de celui de la vulgate othmanienne et il existait de nombreuses variantes.

CODIGNE ■ Dans la théologie catholique, peine ou récompense exactement proportionnée à la faute ou à l'action méritoire.

COHEN ■ Dans la religion juive, c'est un descendant d'Aaron (le frère de Moïse). Jusqu'à la destruction du Second Temple, les descendants d'Aaron remplissaient les fonctions sacerdotales. Aujourd'hui encore, malgré l'absence de prêtres et de Temple, certaines prérogatives et obligations sont attachées à cet état (montée à la Torah, interdiction d'épouser une femme divorcée, etc.). Dans leurs fonctions sacerdotales, les Cohanim sont assistés par les Lévites, qui sont les descendants de la tribu des Lévis. Aujourd'hui, ce sont toujours eux qui versent l'eau sur les mains des Cohen avant la bénédiction et ils sont appelés en second à la lecture de la Torah.

COLLARO ■ Dans l'Église catholique, vêtement ecclésiastique (pièce de soie servant à cacher la chemise).

COLLATEUR ■ Dans le christianisme, celui qui conférait un bénéfice ecclésiastique.

COLLATION ■ Action de conférer à quelqu'un un bénéfice ecclésiastique.

COLLECTE ■ Dans la liturgie catholique, courte prière lue avant l'épître.

COLLYRIDIEN ■ Membre d'une secte chrétienne (4ᵉ siècle) dans laquelle le rôle des femmes consistait à offrir des gâteaux à la Vierge Marie.

COLOMBE ■ Symbole du Saint-Esprit. Dans l'iconographie orthodoxe, il est interdit de représenter le Saint-Esprit autrement que selon les trois manières sous lesquelles il est apparu ; c'est-à-dire sous la forme de langues de feu, sous la forme d'une colombe (c'est de cette manière qu'il est apparu dans le ciel au baptême du Christ) ou sous la forme de vagues.

COMMANDEMENTS DE DIEU ■ Ce sont les dix commandements (Décalogue) remis par Dieu à Moïse.

COMMANDEMENTS MOSAÏQUES ■ La loi juive compte 613 commandements obligatoires (ou *mitzvoth* ; singulier : *mitzva*). Ce nombre ne concerne pas chaque individu mais le peuple juif pris dans sa globalité. Certaines obligations intéressent, en effet, exclusivement les hommes, d'autres uniquement les femmes ; certaines ne concernent que le roi, d'autres ont trait au service du Temple, donc ne se rapportent qu'aux prêtres officiants, etc. Il est à noter que du fait même qu'il n'y a plus de rois, plus d'esclaves, plus de Temple, plus de prêtres officiants, de nombreux commandements ne sont plus applicables (on estime que depuis la destruction du Temple et l'exil, seuls 270 commandements sont encore effectifs). Tous les commandements continuent cependant à faire l'objet d'études de manière à pouvoir être appliqués lors de la reconstruction mythique du Temple. Les 613 commandements se subdivisent en 365 actions interdites ou *azharoth* (ce qui correspond au nombre de jours de l'année solaire) et 248 actions positives, c'est-à-dire des devoirs à accomplir (ce qui correspondrait aux parties du corps de l'homme). Concernant les *mitzvoth*, une des œuvres les plus achevées est, sans doute, le « Livre des commandements » (*Sefer ha-mitzvoth*) de Maïmonide où chaque commandement est complété par sa source dans la Bible et par des références talmudiques. Signalons également l'œuvre de Aaron ha-Lévi (le *Séfèr ha-hinnoukh*) qui dit pour chaque commandement s'il est applicable en exil, qui doit l'observer, ce qu'en dit Maïmonide et enfin la manière de l'accomplir. Par rapport aux commandements, la situation de la femme juive est particulière : elle ne doit pas, sauf exception, observer les commandements qui doivent être exécutés à des moments particuliers. Pour expliquer cela, il existe deux théories : la première dit que la femme doit s'occuper des tâches ménagères et n'aurait donc pas la possibilité de respecter tous les commandements ; la seconde dit que, ayant déjà à subir un « cycle naturel », la femme n'a pas besoin qu'on lui impose un autre cycle.

COMMÉMORAISON ■ Dans la liturgie catholique, mention du nom d'un saint lors d'un office qui ne lui est pas consacré mais qui a lieu le jour de sa fête.

COMMENDE ■ Administration provisoire d'un bénéfice ecclésiastique.

COMMÈRE ■ À l'occasion du baptême d'un enfant catholique, statut qu'acquiert la marraine suite au lien qui s'établit entre elle et le parrain. Le précédent Code de droit canonique, suite à ce lien spirituel, prévoyait l'interdiction de mariage entre le parrain et la marraine.

COMMINATION ■ Chez les catholiques, menaces de sanction à l'égard d'un pécheur non repenti.

COMMUNIER ■ Chez les chrétiens, c'est s'unir au Christ dans le sacrement de la communion (eucharistie).

COMMUNION DES SAINTS ■ C'est l'Église au sens le plus large. Elle comprend tous les fidèles vivants ainsi que tous ceux qui, décédés, sont déjà devant Dieu.

COMMUNION PASCALE ■ Communion reçue à l'occasion de la fête de Pâques. Selon le Droit canon, les catholiques sont obligés de communier au moins une fois par an, durant le temps pascal (canon 920). Notons que les catholiques ne peuvent communier plus de deux fois par jour et les orthodoxes plus de quatre fois par an.

COMMUNION PRIVÉE ■ Dans le catholicisme, autre nom pour désigner la Première communion.

COMMUNION SOLENNELLE ■ Chez les catholiques, c'est la communion que l'on effectue vers l'âge de 12 ou 13 ans et se confond avec le sacrement de la Confirmation. Chez les protestants, il n'existe pas de Confirmation mais un examen que l'enfant passe pour évaluer l'étendue de ses connaissances religieuses. Chez les orthodoxes, la Confirmation (appelée chrismation) est donnée en même temps que le baptême.

COMPASROSE ■ La Rose des vents est le symbole de la religion anglicane.

COMPASSION ■ Dans le bouddhisme, ce mot possède un sens particulier. Ce n'est pas l'action stérile de plaindre quelqu'un mais la volonté de libérer tous les êtres de la souffrance et des causes de la souffrance. La compassion (*karunâ*), c'est penser avec sympathie aux souffrances des autres êtres, c'est partager la souffrance avec eux ; ce qui est très différent de la pitié. Pour comprendre en quoi la notion de compassion est centrale dans le bouddhisme, il est nécessaire de rappeler la différence essentielle entre le bouddhisme premier (ou Hînayâna) et son évolution vers le Mahâyâna. Il est utile aussi de faire un détour par la bodhicitta, ou « pensée de l'Éveil », c'est-à-dire le vœu initial de devenir Bodhisattva. Dans le bouddhisme premier, le but était de devenir un saint (*arhat*) et de parvenir ainsi au nirvâna. Ayant acquis la sainteté, le saint vivait les dernières années de sa vie, durant lesquelles plus rien ne pouvait agir en sa défaveur, dans un état en « dehors du karma », avant de s'éteindre et d'entrer dans le nirvâna. Dans ce but, chacun tentait d'arriver à cet état de manière solitaire sans se préoccuper des autres. Ce

bouddhisme était très pur (pas de « parasitage » par des rites, un culte, ou l'adoration d'une multitude de dieux) mais élitiste (réservé aux moines) et égoïste. On se souviendra que la plupart des paroles du Bouddha commencent par ces mots : « Ô moines… ». Le Petit Véhicule (comme Bouddha dans la plupart de ses discours), ne s'intéresse qu'aux moines car eux seuls peuvent parvenir au nirvâna. Bouddha était un rassembleur d'hommes au sein d'une communauté, il n'avait jamais envisagé l'universalité de son discours ; d'ailleurs, juste après l'Illumination, il envisageait même de garder pour lui seul sa découverte car il lui semblait qu'elle était inaccessible à l'intelligence du commun des mortels. Ce n'est que sur l'insistance d'un dieu qu'il décida de réunir quelques ascètes lors du premier discours, à Bénarès. En contre-pied de ce bouddhisme élitiste, un nouveau courant est né vers le 2ᵉ siècle, le courant mahâyâniste, aussi appelé Grand Véhicule car le but n'était pas de parvenir au nirvâna en solitaire mais en grand nombre. Pour cela, certains saints, au lieu d'entrer dans le nirvâna, décidaient de continuer dans le cycle du samsâra (le cycle de la transmigration de la vie) pour aider les autres hommes à y parvenir eux aussi. Ces « saints actifs » ou compatissants sont appelés des bodhisattvas. Ils sont spécifiques au courant mahâyâniste (Grand Véhicule : Véhicule du Diamant, bouddhisme tibétain, etc.) et n'existent pas sous cette forme dans le bouddhisme du Petit Véhicule. C'est par compassion pour le reste des hommes, rappelons-le, que les Bodhisattvas refusent d'entrer immédiatement dans le nirvâna. Signalons qu'il existe dix stades (appelés les « Dix Terres ») qui séparent l'état de bodhisattva de celui de Bouddha ; durant ces stades, le bodhisattva acquiert des qualités et des pouvoirs particuliers parfois même miraculeux. En principe, la grande compassion du bodhisattva lui fait accepter n'importe quelle naissance (y compris dans les enfers) pour autant que cette naissance soit utile aux autres. On s'est souvent posé la question de l'origine du comportement compatissant des lamas du Grand Véhicule envers les laïcs alors que pour eux tout n'est que vacuité. Stricto senso, ils ne devraient donc pas — tout en respectant les règles de base de la morale — attacher une grande importance à la vie et n'auraient aucune obligation de se montrer compatissant envers les laïcs. En réalité, celui qui a perçu la véritable vérité voit aussi parfaitement la douleur (*duhkha*) de ceux qui se trouvent dans l'univers de la vérité conventionnelle et il sent que c'est une obligation réelle pour lui de se montrer compatissant. On notera que la compassion bouddhique s'étend également aux animaux et à la nature. C'est ainsi que, sous l'empereur Asoka, des dispensaires avaient été créés pour soigner les animaux, ce qui était certainement une « première » dans ce domaine.

COMPÈRE ■ À l'occasion du baptême d'un enfant catholique, statut qu'acquiert le parrain suite au lien qui s'établit entre lui et la marraine. Le précédent Code de droit canonique, suite à ce lien spirituel, prévoyait l'interdiction de mariage entre le parrain et la marraine.

COMPLIES ■ Dans le catholicisme, heures canoniales venant après les vêpres. La dernière heure canoniale avant la nuit.

COMPONCTION ■ Sentiment de tristesse affiché par un fidèle face à son indignité devant Dieu.

COMPOSÉ ■ Pour le bouddhisme, tous les êtres vivants sont composés, confectionnés (*samskrta*) à partir de plusieurs éléments (les agrégats) qui varient au cours du temps et selon la nature de l'être vivant. Il est à noter que le bouddhisme ne classe pas les plantes parmi les êtres vivants mais, outre les hommes et les animaux, il classe dans cette catégorie certains dieux et les « revenants affamés » (voir cette expression). Les êtres vivants sont donc soumis aux règles de l'impermanence et de l'absence de soi. Ils ont une apparition, une durée et une fin. Classiquement, seul le *nirvâna*, qui n'a ni début ni fin, n'est pas confectionné mais incomposé. Plus tard, certains courants religieux ont insisté sur le fait que la doctrine du Bouddha est, elle aussi, incomposée, c'est-à-dire sans début et sans fin. Un peu comme les musulmans qui ont déclaré que le Coran existe de toute éternité et inscrit, dans le ciel, sur une « table gardée ».

COMPUTISTE ■ Spécialiste dans le calcul de la date des fêtes religieuses mobiles.

CONCEPTION (IMMACULÉE -) ■ État de la Vierge Marie née exemptée du péché originel. C'est, selon les chrétiens, la seule créature humaine, après le couple Adam et Ève, à avoir été exemptée du péché originel.

CONCILE CATHOLIQUE ■ Réunion d'évêques et de supérieurs ecclésiastiques sous la conduite du pape. Le concile a le pouvoir de traiter de toute question d'ordre religieux. Le premier concile de l'histoire s'est tenu en l'an 40 sous la présidence de saint Pierre. Il y était surtout question de nécessité de la circoncision pour les païens. L'Église catholique a établi une liste de vingt et un conciles oecuméniques, le premier étant celui de Nicée (en 325). Malgré le Schisme d'Orient, elle continue à considérer les conciles comme œcuméniques ; et cela en dépit de l'absence des orthodoxes. La séparation définitive des deux Églises d'Orient et d'Occident date de 1054 mais l'introduction du terme Filioque « et du Fils » dans le Credo — cause principale avouée de la discorde — date du concile d'Aix-la-Chapelle (809). Du point de vue théologique, les premiers conciles se sont donné pour tâche de fixer la foi pour ce qui concerne la Sainte Trinité ; par la suite, ils ont condamné les différentes hérésies, fixé le statut de la Vierge Marie, déterminé le rôle et le pouvoir du pape. Les premiers conciles ont tous été convoqués par le pouvoir politique ; ce n'est qu'après le schisme que les conciles sont convoqués par les papes. Outre les conciles œcuméniques, l'Église réunit également ses dirigeants dans des conciles à portée plus limitée.

CONCILE ORTHODOXE ■ Les différentes Églises orthodoxes étant autocéphales, chaque Église a le droit de réunir un concile, c'est-à-dire une assemblée des principaux dignitaires effectifs de l'Église. Rappelons que la plupart des Églises orthodoxes revendiquent leur participation effective aux 7 premiers conciles. À ce moment, les grandes sujets théologiques de foi concernant la Trinité, la Vierge Marie, les icônes sont déjà fixés. Il n'existe donc pas de réelle différence dogmatique entre les Églises orthodoxe et catholique. Moins hiérarchisée, l'Église orthodoxe n'a pas connu autant de schismes et d'hérésies que l'Église catholique. Pour ce qui concerne l'Église orthodoxe russe, signalons le Grand Concile de Moscou (1666) qui s'est tenu pour fixer les modifications liturgiques proposées par le Patriarche Nikon. Certains haut dignitaires de l'Église russe (dont l'archiprêtre Avvakum, voir ce nom) s'opposèrent à ces modifications, c'est le schisme ou, de son nom russe, le Raskol (voir ce mot).

CONCILE PROTESTANT ■ Les protestants ne réunissent pas de conciles mais reconnaissent la validité des premiers conciles de l'Église avant le Schisme d'Orient. Les luthériens (comme les orthodoxes) reconnaissent les 7 premiers conciles ; les anglicans ne reconnaissent que les 4 premiers conciles (c'est-à-dire, y compris, le concile de Chalcédoine (451) – voir ce mot).

CONCILES BOUDDHIQUES ■ On désigne sous ce nom les grands rassemblements du Sangha, la communauté bouddhique, qui eurent lieu dès la mort de Bouddha. Seuls les deux premiers conciles sont communs au bouddhisme premier (Petit Véhicule ou Hînayâna) et au bouddhisme du Grand Véhicule (Mahâyâna). Le premier concile bouddhique eut lieu un an après la mort de Bouddha (an 1 du Nirvâna), c'est le concile dit de Rajagrha, lequel réunit 499 saints (arhats) de manière à conserver la parole de Bouddha. Ananda (le cousin de Bouddha) récita de mémoire toutes les paroles de Bouddha et c'est ainsi que naquirent les Sûtras qui forment le canon bouddhique. La récitation d'Ananda explique pourquoi tous les Sûtras commencent par la formule « Ainsi l'ai-je entendu de la bouche de Bouddha ». C'est également durant ce concile que furent fixées les règles de la discipline des moines (*vinaya*) ainsi que les commentaires de l'Abhidharma. C'est donc durant ce concile que se constituèrent (du moins oralement, la mise par écrit étant plus tardive) les Trois corbeilles ou *Tripikata* (Sûtra, Vinaya, Abhidharma). Le second concile se réunit cent dix ans après la mort de Bouddha, c'est le concile de Vaisali, lequel réunit 700 moines avec pour but principal de fixer les règles monastiques trop souvent transgressées. Le troisième concile (Pataliputra) se réunit sous le règne de l'empereur Asoka, cent soixante ans après la mort du Bouddha. Son but était de clarifier les divergences apparues dans les divers groupes. Les Mahâyânistes ne mentionnent pas ce troisième concile (sans doute du fait de son attachement très net au Petit Véhicule). Pour eux, le troisième concile fut celui du Cachemire qui se déroula plus tard. Dans l'un et l'autre cas, la discussion porta sur différentes questions dont les réponses divergeaient selon les écoles (comme, par exemple : les arhats sont-ils sujets à la tentation sexuelle ?, etc.). En définitive, le bouddhisme, dès le second concile, se sépara en dix-huit sectes (ou écoles de pensée). Les trois premiers conciles sont les plus importants du point de vue de la fixation du Canon et des règles mais il y en eut d'autres. Signalons le concile de Lhassa (au 8e siècle) dont le débat porta sur la question du subitisme : l'Éveil est-il le fruit de compréhensions successives (gradualisme) ou se produit-il en une seule fois (subitisme). On sait l'importance attachée à cette question par les adeptes du bouddhisme zen pour lesquels l'Éveil peut provenir d'un simple coup de canne ou d'une éructation. Le dernier concile bouddhique (le 6e) s'est tenu à Rangoon, en Birmanie, en 1954.

CONCILIARISME ■ Doctrine selon laquelle le concile est supérieur au pape. Cette doctrine a été condamnée par le 5e concile du Latran (1517) mais refait régulièrement surface. Pour contrer cette doctrine, le concile de Vatican I a promulgué l'infaillibilité papale et le Droit canon est très explicite et menace de censure quiconque « recourt au Concile œcuménique ou au collège des évêques contre un acte du Pontife romain » (canon 1372). Dans l'Église orthodoxe russe, lors du Raskol (schisme), le patriarche Nikon, appuyé par le tsar, avait prit des dispositions identiques pour que son autorité ne soit jamais contestée.

CONCLAVE ■ Assemblée de cardinaux réunis pour élire un nouveau pape. Si l'assemblée des cardinaux n'a pas pour mission d'élire un nouveau pape, on parlera de consistoire.

CONCLAVISTE ■ Dans le catholicisme, religieux attachés à un cardinal durant la durée du conclave.

CONCORDAT ■ Accord entre le Saint-Siège (ou un concile ou encore une assemblée d'évêques) et un État. Cet accord régle-mente les rapports réciproques entre le pouvoir spirituel et le pouvoir temporel. De très nombreux États ont signé des concordats avec l'Église catholique. Le concordat le plus connu est celui qui a fondé l'État de la Cité du Vatican au sein de l'État italien (Accords du Latran, 1929, 1984).

CONCORDAT DE LEUENBERG ■ Texte par lequel différentes confessions protestantes européennes se sont déclarées, en 1973, en accord total sur diverses questions théologiques portant sur la Sainte Cène, la prédestination et la christologie.

CONCORDISME ■ Système d'exégèse tendant à faire coïncider les données bibliques et les données scientifiques.

CONFECTIONNÉ ■ Voir Composé.

CONFESSION ■ 1. C'est la déclaration d'appartenance à une religion. 2. Dans la religion chrétienne, c'est également l'acte qui consiste à déclarer ses péchés soit à un confesseur (catholicisme, orthodoxie ; c'est le sacrement de pénitence), soit *in petto* lors d'une assemblée (protestantisme). 3. C'est le résumé de la doctrine d'une Église (par exemple, la Confession d'Augsbourg).

CONFESSION D'AUGSBOURG ■ C'est la principale confession de foi du luthéranisme. Elle a été rédigée en 1530 par Melanchthon.

CONFESSIONNAL ■ Isoloir présent dans la plupart des Églises catholiques pour permettre la confession. Depuis 1973, le rituel de la confession prévoit une imposition des mains du confesseur ce qui provoque la disparition des confessionnaux. Le Code de droit canon (1983) permet cependant au fidèle qui le souhaite de continuer à l'utiliser. Dans l'Église orthodoxe, pour la confession le prêtre et le confessé sont agenouillés côte à côte devant un pupitre où sont placés la Croix et les Évangiles.

CONFESSIONNEL ■ Se dit de ce qui est relatif à une religion.

CONFIRMATION ■ Dans l'Église catholique, c'est le sacrement de confirmation, vers l'âge de douze ans, effectuée par un représentant du Pape, des promesses du baptême. On la désigne également sous le nom de Communion solennelle.

CONFITEOR ■ Dans l'Église catholique, prière qui se place au début de la messe et lors de la confession.

CONFORMISTE ■ Personne qui professe la religion anglicane.

CONFRÉRIES ISLAMIQUES ■ Les confréries musulmanes sont des communautés mystiques (et missionnaires) qui rassemblent des hommes et des femmes. Au départ, l'expérience mystique est une expérience individuelle mais ensuite les maîtres (Cheikh) — dont le charisme, la piété et les miracles sont reconnus — transmettent leur expérience à des disciples, lesquels deviennent de plus en plus nombreux pour, enfin, former une communauté hiérarchisée et structurée autour de ceux-ci. Cette communauté mystique est parfois limitée à quelques membres qui vivent une vie monacale autour d'un *chaykh* mais prend aussi la forme d'une vaste communauté s'étendant sur toute une région, où la structure hiérarchisée est doublée d'un rituel complexe fait d'exercices individuels mais aussi de réunions régulières et de préceptes de vie. Il arrive ainsi que les membres d'une profession se regroupent dans une confrérie. Lorsque cette structure hiérarchisée — où les disciples vénèrent le maître, attendent de lui les directives de vie et, en échange, lui abandonnent leurs biens matériels — prend des proportions importantes, la confrérie devient riche, efficace et, s'il s'agit d'une confrérie regroupant les membres d'une profession importante, puissante et largement politisée. Construites initialement sur le mode mystique, les confréries se sont largement développées dans le monde musulman du 12ᵉ siècle jusqu'au milieu du 20ᵉ siècle, avant d'être combattues par le pouvoir étatique. Les raisons de ce développement sont nombreuses : la confrérie assure une certaine sécurité à ses membres, elle apporte également le « supplément d'âme » que ne procure pas la religion musulmane assez austère ; enfin, elle permet la création de relations sociales et commerciales. En outre, historiquement, dans une certaine mesure, elle permettait de résister à l'influence du colonialisme européen. Aujourd'hui, les confréries sont principalement représentées au Maghreb et dans les pays de l'Afrique noire. Plusieurs organisations islamistes sont organisées sous forme de confréries qui, bien qu'elles regroupent des centaines de milliers de membres, sont quasi secrètes. Pour éviter de se faire reconnaître par le pouvoir en place (généralement hostile à toutes les confréries et organisations semi-clandestines), les membres de ces confréries pratiquent (surtout en Turquie laïque) la dissimulation religieuse (*taqiya*), c'est-à-dire le reniement extérieur. La dissimulation religieuse (allant jusqu'à feindre l'apostasie), lorsqu'elle est nécessaire, est autorisée par le Coran.

CONFRÉRIES SOUFIES ■ Les confréries musulmanes sont historiquement liées au mouvement mystique des soufis. Le mode de vie des membres des confréries soufies varie considérablement selon le maître (*chaykh*) : certains vivent dans un couvent, d'autres sont ermites, d'autres encore exercent une activité et ont une vie tout à fait normale. La plupart des confréries portent le nom de leur *chaykh* fondateur. Les règles des confréries varient également selon le *chaykh* et certaines sont à la limite de l'orthodoxie, ce qui explique les critiques nombreuses portées contre elles. Cependant, dans un but de légitimation, les mystiques soufis font remonter les confréries à Mahomet (en utilisant une « chaîne de transmission » ou *silsila*, comme cela se pratique pour les hadîths), ce qui leur confère une authenticité certaine. Beaucoup de confréries ont disparu aujourd'hui mais certaines, très anciennes, sont encore actives sur le plan local ou même parfois national. Citons la Kadiriyyah (chaykh soufi el-Djilani, constituée au 12ᵉ siècle), les mevlévis (chaykh soufi Eddin Roumi, constituée au 13ᵉ siècle), les sénoussis (chaykh soufi Ali el-Sénoussi, du 19ᵉ siècle), les tidjanis (el-Tidjani, du 20ᵉ siècle).

CONFUCIANISME ■ Il s'agit du système de pensée basé sur les écrits de Confucius, philosophe chinois contemporain de Bouddha. Ce système de pensée est basé sur l'éthique, la sagesse, les relations sociales, l'art de gouverner. Le culte des ancêtres, typique de la société chinoise, ne fait pas partie du confucianisme même si, en Chine, il est impossible de l'en dissocier.

CONGRÉGATION ■ Association de religieux.

CONGRÉGATIONALISME ■ Dans le protestantisme, c'est le régime d'autonomie de l'Église locale.

CONGRUISME ■ Thèse défendue au 16ᵉ siècle par le jésuite Francisco Suarez affirmant que Dieu donne à chacun la grâce « qui convient » afin qu'il lui soit possible d'apporter la réponse souhaitée pour son salut tout en respectant sa liberté.

CONOPÉE ■ Dans la liturgie catholique, voile recouvrant le tabernacle.

CONSACRER ■ Action consistant à rendre un acte, un objet ou une personne « sacrée », c'est-à-dire consacrée à dieu.

CONSCIENCE DE TÉMOIN ■ Dans le bouddhisme, après des années de méditation, l'homme parvient à se libérer de l'identification avec son corps, ses pensées et ses sentiments. Il devient un « spectateur », un « témoin » de lui-même (*sâkshin*). Sans être insensible à rien, il regarde le monde et lui-même comme un jeu de l'illusion (*mâyâ*). À ce moment, même moine, il peut fréquenter les lieux les plus luxueux, se livrer même à la débauche, c'est sans importance car plus rien ne l'affecte.

CONSÉCRATION ■ Dans la liturgie catholique, moment de la messe où le prêtre effectue la transsubstantiation du pain et du vin en le corps et le sang de Jésus-Christ.

CONSEIL ŒCUMENIQUE DES ÉGLISES ■ Selon la définition affichée sur le site Internet, **« le Conseil œcuménique des Églises (COE) est la plus vaste et la plus inclusive des nombreuses expressions organisées du mouvement œcuménique moderne, dont l'objectif est l'unité des chrétiens. Le COE rassemble plus de 340 Églises, dénominations et communautés d'Églises d'une bonne centaine de pays et territoires du monde entier, représentant quelque 550 millions de chrétiens et comprenant la plupart des Églises orthodoxes, un grand nombre de dénominations issues des traditions historiques de la Réforme protestante — anglicane, baptiste, luthérienne, méthodiste et réformée — ainsi que de nombreuses Églises unies et indépendantes ».** On remarquera que les catholiques n'en font pas partie (l'Église catholique a seulement le statut d'associé).

CONSIGNATION ■ Dans le christianisme, autre nom donné à la confirmation. Ce mot provient du latin *consignatio* qui désigne l'« action de marquer ». C'est la marque faite par l'évêque sur le front du confirmé.

CONSISTOIRE ■ 1. Dans la religion catholique, réunion du collège des cardinaux sous la présidence du pape (si les cardinaux se réunissent pour élire un nouveau pape, l'assemblée porte le nom de conclave). 2. Chez les protestants, assemblée d'élus (pasteurs, diacres et laïcs) pour diriger les affaires de la communauté religieuse. 3. Chez les juifs, le Consistoire central créé en 1808 par Napoléon existe toujours et rassemble, à l'heure actuelle, 232 centres cultuels. Bien entendu, ce Consistoire n'exerce son influence que sur les juifs pratiquants. Outre le Consistoire, le réseau associatif des Juifs de France comprend également le CRIF (*Conseil représentatif des israélites de France*) qui se veut le porte-parole politique des Juifs de France (mission, bien entendu, impossible), le FSJU (*Fonds Social Juif Unifié*) qui fédère pour la France des activités sociales, culturelles ou éducatives et l'AUI (*Alliance Israélite Universelle*) qui exporte, dans la limite de ses moyens, le modèle français dans le monde entier.

CONSOLAMENTUM ■ Imposition des mains, baptême par l'Esprit, qui permettait au croyant cathare de devenir un Parfait.

CONSOMMATION DU MARIAGE ■ Pour les catholiques, le Droit canon précise qu'il n'y a consommation que si la relation sexuelle s'est effectuée selon le mode humain (*humano modo*, canon 1061). Toute relation sexuelle n'est donc pas une consommation.

CONSOMPTION ■ Dans la liturgie catholique, miracle se produisant durant la messe, au moment de la Consécration où le pain et le vin perdent leur substance pour devenir le corps et le sang du Christ.

CONSTITUTIONS APOSTOLIQUES ■ Ensemble de textes canoniques chrétiens composés vers 380 à partir de documents antérieurs (*Didascalie, Didachè, Tradition apostolique, Canon des apôtres*).

CONSUBSTANTIALITÉ ■ Dans le christianisme, unité et identité de substance des trois personnes divines, le Père, le Fils et le Saint-Esprit. Une seule substance (*homoousios*) pour trois hypostases distinctes et pour le Fils, deux natures (humaine et divine).

CONSUBSTANTIEL ■ Dans le christianisme, indication que les trois personnes divines sont de même substance (ou de même nature). Ce point fondamental de la foi chrétienne a été défini par le concile de Nicée (325). Pour désigner la consubstantialité, les auteurs (surtout orthodoxes) utilisent souvent le mot grec *homoousios*.

CONTRE-RÉFORME ■ Suite au mouvement de la Réforme qui provoqua, au 16e siècle, un schisme dans l'Église catholique, cette dernière convoqua le concile de Trente qui devait proposer des contre-mesures aux réformes ecclésiastiques et de doctrine proposées par les protestants.

CONTRISTER ■ C'est retomber dans le péché après avoir obtenu la grâce.

CONTROVERSE ■ Débat sur des points de doctrine. La controverse peut s'effectuer au sein d'une religion (sur des points controversés de doctrine) ou entre les représentants de deux religions différentes (sur des grands thèmes religieux). Certaines controverses importantes eurent des répercutions nationales.

CONVERGENCES ENTRE L'ISLAM ET LA RELIGION CHRÉTIENNE ■ Il existe de nombreuses convergences entre les deux religions.

Rappelons qu'elles sont toutes deux mono-théistes ; qu'elles trouvent leurs racines dans le pacte noachique ; que leurs généa-logies remontent à Abraham (Ibrahim), le hânif ; qu'elles font référence aux mêmes personnages mythiques ou historiques (Adam et Ève, Noé, Jésus, Marie, Moïse, etc.). Enfin, elles annoncent toutes les deux les fins dernières avec un partage des humains vers le Paradis ou l'Enfer. Leur point de discorde principal est Jésus-Christ : prophète pour les musulmans et Fils de Dieu pour les chrétiens. En outre, la doctrine de la Trinité n'est pas reçue par les musulmans pour lesquels Dieu n'a pas d'associé.

CONVERS ■ Personne qui, dans un monas-tère ou un couvent, se consacre aux travaux manuels.

CONVERSOS ■ Terme générique pour dési-gner, en Espagne, les juifs et les maures convertis (souvent de force). Pour les juifs, l'appellation la plus fréquente est marranes.

CONVERTI ■ Se dit d'une personne qui est passée d'une religion à une autre.

COPTE (ÉGLISE) ■ Il existe en fait deux Églises coptes. L'une étant monophysite (c'est-à-dire n'ayant pas accepté les défini-tions du concile de Chalcédoine) et l'autre (plus restreinte) s'étant ralliée à Rome (c'est l'Église copte uniate). Le mot copte provient du grec *egyptoï*, devenu *qibti* en arabe. Les coptes sont les descendants directs des anciens Égyptiens. L'Égypte, pour des raisons géographiques, fut l'un des premiers pays touchés par le christia-nisme (c'est dans le désert égyptien qu'est né le monachisme). Pour des raisons d'in-compatibilité entre les patriarches d'Alexandrie et de Constantinople, l'Église égyptienne s'est isolée après le concile de Chalcédoine (451). Par la suite, la conquête

de l'islam réduisit fortement le nombre de chrétiens. Aujourd'hui, l'Église copte est essentiellement représentée en Égypte et en Éthiopie-Érythrée. Un petit nombre de coptes est revenu à Rome (les coptes uniates). Tous les prêtres coptes peuvent se marier, y compris les uniates.

CORAN ■ Le Coran est le livre sacré des musulmans. Le mot Coran signifie récita-tion, prédication, lecture, ce qu'il était au départ (rappelons que le message divin s'adressait à une société orale). Ce n'est qu'ensuite que ce mot désigna le livre où était transcrit le message divin. Pour dési-gner le Coran, les Arabes utilisent le mot *mushaf*, qui désigne un livre constitué de feuilles reliées. Le Coran est « descendu » sur Mahomet pendant 20 ans et, pour la première fois, en 610, durant la « Nuit du Destin ». Le Coran a été « dicté » en « pur arabe », aussi cette langue est-elle la seule autorisée pour la prière et la lecture litur-gique du Coran. Signalons que pour les musulmans, le Coran est un ouvrage « dicté » et non un ouvrage inspiré : il est donc la Parole de Dieu. Le Coran est divisé en un certain nombre de chapitres, qu'on désigne sous le nom de sourates ; chaque sourate (*sûra*) est composée de plusieurs versets (*âya*). Au total, le Coran est composé de 114 sourates de longueurs inégales (la plus courte n'a que deux lignes, la plus longue compte soixante pages) et de plus de 6200 versets. Chaque sourate porte un nom, lequel a varié au cours des temps. Les trois premières sourates ont pour nom : la Liminaire (*Al-Fâtiha*), la Vache (*Al-Baqarah*), la famille d'Imran (*Al-Imrân*). Pour chaque sourate, la plupart des éditions indiquent le nombre de versets, l'origine de son nom et la date de prédica-tion (post- ou préhégirienne). Le Coran a été révélé à Mahomet en deux villes : d'abord à La Mecque et ensuite à Médine. Les sourates de Médine sont nettement plus longues que les sourates reçues à La

Mecque. Or, à l'exception de la première sourate (La Liminaire), toutes les sourates sont rangées (à quelques exceptions près) dans l'ordre dégressif de leur longueur : les sourates les plus longues d'abord puis les plus courtes en fin d'ouvrage (la lecture du Coran est donc anti-chronologique : on lit d'abord les dernières sourates reçues pour terminer la lecture par les premières révélations). La parole divine, transmise par l'ange Gabriel, pouvait descendre à tout moment sur Mahomet. Lorsqu'il avait mémorisé la sourate, Mahomet la récitait à ses disciples. Certains d'entre eux, plus fervents, ou simplement plus lettrés, écrivaient le discours sur le support dont ils disposaient (qui pouvait être une omoplate de chameau, des feuilles de palme, un tesson de poterie, un morceau de cuir, une pierre, etc.). Mahomet ne se préoccupait pas de savoir si ses prédictions étaient retranscrites car dans la société tribale du désert la véracité d'un discours était assurée par sa transmission orale, l'écrit était fort secondaire (en outre, Mahomet croyait à la fin du Monde et se préoccupait, sans doute, fort peu du futur de son texte). C'est seulement à Médine, au contact des juifs et des chrétiens, que Mahomet s'interrogea sur la nécessité réelle de consigner les révélations dans un livre comme celui auquel juifs et chrétiens se référaient. La Tradition dit que dans les dernières années de sa vie, Mahomet avait des dizaines de secrétaires qui notaient ses paroles (c'est-à-dire aussi bien les sourates du Coran que les hadîths — paroles, faits et gestes du Prophète — que les *hadîth quansi* — c'est-à-dire les paroles divines qui n'entraient pas dans le Coran). À la mort de Mahomet, à partir des divers documents écrits (sur cuir, os, végétal, etc.), des érudits établirent des corpus contenant les diverses sourates transmises par Mahomet. Ces divers corpus — dont on ne possède plus le moindre échantillon — divergeaient parfois quant au contenu. Puisque plusieurs érudits et

dignitaires disposaient de corpus coraniques, le calife aussi — dont le rôle était de faire respecter la Loi — souhaitait disposer d'une collection complète des sourates. C'est ainsi que les deux premiers califes firent colliger tous les documents disponibles dans de nouveaux corpus. La Tradition dit que le calife Othman demanda à un jeune « scribe » de Mahomet (Zayd ibn Thâbit) d'effectuer une ultime recension. On raconte également que celui-ci était assez réticent à réaliser « une chose que le Prophète n'a pas faite ». Il le fit cependant. Lorsque le travail fut terminé, Othman, le troisième calife, fit détruire toutes les autres versions encore en circulation. C'est ainsi que fut constitué le Coran actuel qui, sous la pression du calife, et malgré certaines réticences des chiites, devint la Vulgate. L'écriture des premiers exemplaires du Coran ne comportait que des consonnes. Cette *scriptio defectiva* ne permettait pas une véritable lecture mais servait seulement de support pour les lecteurs qui connaissaient déjà le texte. On peut aisément imaginer que dans les diverses parties du monde arabe les lectures du Coran n'étaient pas identiques : un mot pouvait facilement en remplacer un autre. C'est pour lutter contre les erreurs pouvant provenir de ces diverses lectures que tout fut mis en œuvre par les califes pour créer une *scriptio plena* (c'est-à-dire une écriture comportant tous les signes nécessaires pour une lecture fidèle) ne permettant, elle, plus aucune interprétation de lecture. Mais le « mal » était fait et les califes furent contraints d'accepter une pluralité des lectures du Coran pour autant, bien entendu que ces lectures fussent en accord avec le texte de la Vulgate et authentifiées par les principaux docteurs de la Loi. Ce n'est pas sans mal que le consensus des docteurs de la Loi se fixa sur sept lectures acceptées du Coran, c'est-à-dire sur les interprétations de sept lecteurs dont les qualités intellectuelles et morales étaient sans reproche.

CORAN (INIMITABILITÉ DU -) ■ Pour les musulmans, le Coran est *inimitable (ijâz al-Qurân)*. Les musulmans prétendent que personne n'est capable de produire un texte d'une telle perfection de langue. Cette inimitabilité du Coran est inscrite dans le Coran et plusieurs fois il est demandé aux incroyants de produire des versets de la qualité du Coran (XI- 16, X-39). On considère que la transmission du Coran aux hommes est le seul miracle de Mahomet (certains considèrent que le « Voyage nocturne », *laylat al-mirâj* est également un miracle).

CORAN (LA DESCENTE DU) ■ C'est pendant la nuit du vingt-septième jour du mois de ramadan que Mahomet a reçu, par l'intermédiaire de l'ange Gabriel, sa première révélation coranique, il avait alors quarante ans (Coran 17, 1-3). C'est cette nuit que le Coran incréé, gardé de toute éternité, est « descendu » intégralement sur Mahomet. Cette nuit porte le nom de *Laylat al-quadar* (ou « Nuit du destin »). Par la suite, et durant vingt ans, l'ange Gabriel récite les versets du Coran à Mahomet. D'abord rétif puis soutenu par son épouse (qui devient ainsi la première « croyante »), sa famille et des amis, Mahomet prêche aux membres de sa tribu. Les versets sont notés par des adeptes, puis par des scribes secrétaires. L'ensemble des documents épars sera rassemblé par le calife Abu Bakr pour former la première version écrite « complète » du Coran. Il est à noter que seules les paroles de Dieu transmises par l'ange Gabriel forment le Coran (une parole transmise d'une autre manière, par exemple durant un songe, est appelée *hadîth quansi*).

CORAN (LETTRES SÉPARÉES DU -) ■ Le premier verset d'une trentaine de sourates ne forme pas une phrase mais est composé uniquement de lettres détachées (de une à quatre) comme, par exemple, T.S.M, A.L.M, Y.S, etc. Jusqu'à présent personne n'est parvenu à donner la signification de ces lettres. Le Saint Coran édité par le Royaume d'Arabie Saoudite précise dans une note : « Le Prophète lui-même ne semble pas avoir précisé leur signification, d'où d'innombrables interprétations suggérées par les commentateurs anciens et modernes. Laissons-les alors telles quelles. » Bien entendu, vous comprendrez que la suggestion n'a pas été retenue et qu'il existe quantité d'interprétations allant du secret divin à la numérologie en passant par de simples marques de possession ou l'abréviation de formules pieuses.

CORAN INCRÉÉ / CORAN CRÉÉ ■ La doctrine des musulmans est que le Coran existe depuis toujours et est seulement « descendu » sur Mahomet qui en a été le réceptacle. Considérer le Coran comme une œuvre incréée — c'est-à-dire dictée par Dieu et définitivement figée hors de l'espace et du temps — empêche également toute exégèse, toute évolution, toute interprétation de son contenu. Le Coran incréé, c'est l'obligation pour l'homme du 21e siècle de vivre selon des préceptes conçus au 7e siècle. Or, on sait que Mahomet édictait ses règles avec bon sens, en fonction des circonstances. Le dogme du Coran incréé, c'est la fixation canonique du monde musulman dans une organisation politique et religieuse décidée par le pouvoir politique des califes du 12e siècle. Notons que tous les musulmans ne considèrent pas cette option comme intangible : c'est le cas, par exemple, des mutazilites pour lesquels le Coran est créé.

CORÉDEMPTRICE ■ Titre accordé par l'Église catholique à la Vierge Marie, lui reconnaissant ainsi un rôle actif dans la rédemption des hommes.

CORELIGIONNAIRE ■ Personne qui professe la même religion qu'une autre.

CORPORAL ■ Dans la liturgie catholique, linge de lin blanc, consacré, que le prêtre étend sur l'autel pour recevoir les fragments de l'hostie consacrée.

CORPS DE BOUDDHA ■ Le mahâyânisme (Grand Véhicule) ne pouvait se contenter de la seule représentation du Bouddha historique. Pour stimuler la piété des laïcs, il était nécessaire que Bouddha ne fût pas seulement un homme. Pour cela, ils créèrent le concept des Trois corps de Bouddha. Il s'agit du corps absolu (*dharmakâya*) et des deux corps formels au service des êtres (*sambhogakâya* et *nirmanakâya*). Le corps terrestre est celui du Bouddha historique, Gautama, c'est le corps de métamorphose ou *nirmanakâya*. Mais au-delà de ce corps terreste, Bouddha est pourvu d'un corps absolu, le *dharmakâya* qui est ineffable, inconcevable et n'est perceptible qu'aux Bouddhas. Enfin, entre les deux se situe le corps de fruition, ou de jouissance (ou *sambhogakâya*), qui est imperceptible pour les êtres ordinaires mais est perceptible par certains bodhisattvas. On notera que la syllabe « magique » OM est réputée permettre aux Trois corps d'apparaître. À ces trois corps, les bouddhistes tibétains ont encore ajouté un quatrième corps, un corps d'énergie qui imprègne tous les êtres.

CORPS MYSTIQUE ■ Une expression paulienne pour désigner l'Église dont la tête serait le Christ et les membres les chrétiens. Cette expression a été reprise par le pape Pie XII dans son encyclique *Corporis mystici* (1943).

CORPUS ■ Ensemble de textes se rapportant à un même domaine.

COSMOLOGIE ■ La cosmologie est la représentation de l'univers : représentation réelle pour les astrophysiciens et représentation symbolique pour les religions. Dans la religion chrétienne, la cosmologie est assez simple : la terre (et son paradis terrestre perdu), le ciel (et son paradis à conquérir), le purgatoire (zone d'attente) et l'enfer (à éviter). Dans le cas du bouddhisme, c'est infiniment plus complexe. Dans les méandres de la cosmologie bouddhique, il est particulièrement difficile, même pour les spécialistes, de s'y retrouver. En effet, les lieux de la cosmologie varient selon qu'il s'agit du bouddhisme du Petit ou du Grand Véhicule, les dimensions et localisations des enfers et paradis ne sont pas toujours précises et utilisent des unités particulières auxquelles on n'est guère habitué, sans compter que les bouddhistes comptent en milliards d'années et en milliards de mondes. Enfin, selon les écoles, les pays, les époques, de nombreuses variantes existent. La compréhension de la cosmologie bouddhiste n'est pas indispensable pour pénétrer le bouddhisme mais elle permet néanmoins de mieux comprendre comment s'organise le symbolisme et l'imaginaire de cette sagesse devenue religion. La description de la cosmologie permet également de fixer certains endroits (comme, par exemple, le paradis Tusita) évoqués dans les textes. Enfin, il est important de noter que la cosmologie bouddhique s'articule autour de l'homme ; sans lui point besoin d'enfers, ni de paradis ni même de dieux puisque ceux-ci doivent obligatoirement renaître en tant qu'hommes pour accéder au nirvâna. La cosmologie bouddhique permet également d'affiner les concepts de karma (l'univers entier n'existe que du fait de son énergie), de samsâra (la transmigration selon les six états) et du nirvâna (seulement accessible aux hommes). Pour toutes ces raisons, l'étude de cette cosmologie n'est pas vaine. Pour les bouddhistes, l'univers est né du karma, s'entretient grâce au karma et se désintégrera sous l'action du karma. Ainsi, selon le bouddhisme, l'univers lui aussi transmigre et subit des changements considérables au cours de périodes tellement longues qu'il est impossible de les nommer. L'univers du bouddhisme primitif est ainsi organisé en plusieurs couches successives : un cercle de vents ayant la forme d'un disque flotte dans l'espace, un disque d'eau, une couche terrestre en or, neuf chaînes de montagnes, des océans, des îles et des terres émergées et le mont Sumeru. Ces diverses régions sont peuplées de dieux, de demi-dieux, de gardiens, etc. dont la seule description nécessiterait des centaines de pages.

COULOIRE ■ Dans la liturgie catholique, ustensile liturgique servant à filtrer le vin destiné à la messe.

COUPOLES ■ Dômes surmontant les églises orthodoxes. Une coupole symbolise le ciel au-dessus de la terre ; cinq coupoles symbolisent le Christ et les quatre évangélistes.

COURONNEMENT ■ Dans l'Église orthodoxe, c'est le mot utilisé pour désigner le sacrement du mariage.

COUVRE-PAIN DU CHABBAT ■ Petit tapis réalisé en velours richement brodé aux fils d'or. Il est utilisé pour recouvrir les pains lors du chabbat.

CRAIGNANT-DIEU ■ Païen sympathisant du judaïsme et en pratiquant certains rites sans pour autant se convertir.

CRÉATION ■ Acte par lequel Dieu a créé le monde. Les religions monothéistes se basent sur le récit biblique de la Genèse (tout en proposant diverses interprétations : le Monde a été créé à partir du néant, le Monde a été créé par le retrait de Dieu en lui-même (*tsimtsoum*), etc.). D'autre religions (comme le bouddhisme) font l'économie de la création du Monde, lequel n'aurait ni commencement, ni fin.

CRÉATION DE L'HOMME ■ 1. Dans les religions monothéistes, « L'Éternel Dieu forma l'homme de la poussière de la terre, il souffla dans ses narines un souffle de vie et l'homme devint un être vivant. » (Bible, Genèse 2.7). Nous avons créé l'humain d'une goutte de mixture pour le tester. Ensuite, nous l'avons fait écouteur, clairvoyant. » (Coran, Sourate 76, 2) 2. Dans le bouddhisme, on fait l'économie du commencement. Cependant, comme les mondes disparaissent et qu'il s'en crée d'autres, cette religion a prévu un mécanisme pour la création des hommes sur les mondes nouveaux. Les hommes sont créés par métamorphose, sans mère, par la seule force du karma collectif, à partir des atomes, par la réunion des cinq skandhas (agrégats).

CRÉATIONNISME ■ Doctrine de certains fondamentalistes protestants affirmant que Dieu a créé les espèces en une fois et que les théories de Darwin sur l'évolution des espèces sont fausses. Aujourd'hui, les créationnistes, préférant ne pas placer le débat sur le plan religieux, choisissent d'évoquer le « dessein intelligent ».

CRÉATIONS MENTALES ■ Dans le bouddhisme, ce sont des actes de concentration assez intenses pour que l'objet que l'on veut imaginer (*bhavana*) soit aussi clair que s'il s'agissait de l'objet réel. On peut aider la création mentale en se rendant dans les lieux en rapport avec la représentation que l'on souhaite obtenir ou avec la passion contre laquelle on veut lutter. Ainsi, par exemple, pour une création mentale de l'horrible, on se rendra dans un cimetière et on imaginera les différentes étapes de décomposition du cadavre. On notera, en passant, que le psychologue comportementaliste n'agit pas autrement : il incite son patient à se représenter des situations et, dans certains cas, l'accompagne même sur le « champ de bataille ». La place nous manque pour développer ici le sujet mais tant dans sa description minutieuse des sentiments, des passions et des comportements humains que dans la thérapie proposée, le bouddhisme se rapproche étrangement des travaux des psychologues contemporains, et cela avec 2500 ans d'avance ; cela méritait d'être signalé.

CRÉCELLE ■ Dans la liturgie catholique, instrument qui remplace les cloches du jeudi au samedi saint.

CREDO ■ Acte de foi qui résume l'essentiel du dogme, c'est-à-dire les points fondamentaux de la religion. Dans la religion chrétienne, le premier Credo dogmatique fut formulé par le concile de Nicée (325) puis complété et confirmé par les conciles de Constantinople (381 et 680). Cet acte de foi est connu sous le nom de Crédo de Nicée-Constantinople et est utilisé par les orthodoxes et les catholiques. Par la suite, l'Église catholique, dans la partie consacrée à l'Esprit saint, a inséré dans ce Credo la formule « et du Fils » (voir Filioque). Dans les Églises protestantes, on utilise plus volontiers le « Symbole des Apôtres ». Le Credo de Nicée-Constantinople et le Symbole des Apôtres sont repris dans les annexes de ce dictionnaire.

CROISADE DES ALBIGEOIS ■ Combat mené par l'Inquisition contre les cathares du Midi de la France (1209-1229).

CROISADES ■ Expéditions lancées par les chrétiens d'Occident pour « délivrer » les lieux saints. En chemin, ils ne se privèrent pas d'autres expéditions comme, par exemple, le sac de Constantinople et la déposition du patriarche d'Orient (un des griefs des orthodoxes envers l'Église chrétienne).

CROISSANT DE LUNE ■ Ce symbole fait partie de nombreux drapeaux de pays musulmans (Algérie, Comores, Malaisie, Maldives, Mauritanie, Ouzbékistan, Pakistan, Tunisie, Turkménistan et Turquie) ; il est aussi utilisé (sur fond blanc) par le Croissant rouge (l'équivalent de la Croix rouge). Le calendrier musulman (comme de nombreux computs religieux) est lunaire. Le croissant de lune symbolise donc le temps rituel. Rappelons que l'observation du premier croissant de lune détermine, durant le Ramadan, la fin de la journée.

CROIX (SYMBOLE DE LA -) ■ La croix catholique est composée d'une branche verticale (longue) et d'une branche horizontale (courte). La croix janséniste est une croix où les deux bras du Christ sont disposés verticalement et non horizontalement (cette disposition trouve son origine dans la théologie janséniste de la prédestination mais aussi dans la matière utilisée qui ne permettait pas de tailler une branche verticale). La croix orthodoxe dispose de trois branches verticales. La première est réservée à une inscription trilingue, la seconde est réservée aux bras et la dernière aux pieds (dans la tradition orthodoxe, les deux pieds ont été cloués séparément). Le crâne au pied de la croix est celui d'Adam, lequel aurait été, selon la tradition, enterré sur les lieux de la crucifixion. Ce n'est qu'assez tardivement que la Croix est apparue comme le symbole principal du christianisme. Le caractère infamant de la crucifixion (réservée aux esclaves et aux non-citoyens) empêchait son utilisation trop généralisée. Le premier symbole du christianisme fut le poisson, remplacé ensuite par le monogramme du Christ. Ce n'est que vers 340, après la découverte matérielle de la Croix du supplice, que celle-ci fut parfois choisie par des chrétiens. Ce n'est cependant qu'après un « miracle », l'apparition d'une croix de lumière au-dessus du Golgotha, que l'objet fut valorisé pour devenir le symbole dominant du christianisme.

CROSSÉ ■ Qui a le droit de porter la crosse.

CRUCIFIX ■ Le symbole du christianisme. Il représente une croix portant ou non le corps du Christ.

CUIUS REGIO, EIUS RELIGIO ■ Devise affirmant « tel pays, telle religion ». C'est exactement ce qui s'est produit en Allemagne après la paix d'Augsbourg (1555) entre catholiques et luthériens où les sujets devaient suivre la religion du prince. La liberté religieuse était donc accordée aux seigneurs mais pas à leurs sujets.

CULTE ■ 1. C'est l'ensemble des pratiques rendues à un dieu, à une divinité ou à un saint. Le culte se manifeste par des actes liturgiques, des actes spirituels et mentaux, des pèlerinages, etc. 2. Dans la religion protestante, c'est le nom donné à l'office divin (c'est-à-dire l'équivalent de la messe chez les catholiques et de la divine liturgie chez les orthodoxes). **3.** Hommage rendu à Dieu ou à ses saints. Dans la religion catholique, on parle de culte de latrie s'il concerne Dieu, de culte de dulie s'il concerne les saints et les anges et de culte d'hyperdulie s'il concerne la Vierge Marie.

CULTE À BOUDDHA ■ La cérémonie du culte (*pujâ*) est pratiquée tous les quinze jours, à chaque nouveau quartier de lune. Cette fête lunaire est appelée *Uposatha* et son but est d'appeler le laïc, par une discipline sévère et le jeûne, à une réflexion religieuse. Le culte consiste en une explication de la doctrine par un moine, des offrandes (mets, fleurs, encens, lumière, eau), la proclamation de la prise de refuge (« Je prends refuge dans le Bouddha, le Dharma, le Sangha ») et une méditation. Elle est surtout pratiquée dans le Sud de l'Asie, dans le bastion du Petit Véhicule.

CULTE DES SAINTS ■ 1. Chez les chrétiens (catholiques et orthodoxes), le culte des saints est très vivace. Selon les historiens des religions, les saints se sont substitués aux nombreux dieux de la religion polythéiste romaine, permettant ainsi un passage en douceur. 2. Les protestants ne pratiquent pas le culte des saints. 3. En islam, en principe, le culte des saints n'est pas admis. Cependant, l'homme reste l'homme et il a besoin de pouvoir s'identifier à des semblables dotés de vertus. C'est ainsi que le culte des saints s'est particulièrement développé dans les confréries soufies (autour des directeurs de conscience) et chez les chiites (autour des imâms et des martyrs). Ce culte des saints est à l'origine de nombreux pèlerinages extra-canoniques sur les tombes et mausolées des saints, martyrs et marabouts, suscitant ainsi un folklore pseudo-religieux n'ayant plus grand-chose à voir avec des « visites pieuses » et l'ascétisme de l'islam. On se doute bien que ce culte est vigoureusement condamné par les plus orthodoxes des musulmans, d'autant plus que ce culte a donné lieu à quantité d'écrits mystiques venant « authentifier » l'existence des saints dont le nombre serait fixe pour l'éternité (un nouveau membre venant remplacer le saint décédé). 4. Chez les juifs, en principe, on n'honore pas les morts de manière exagérée ; cependant, les divers mouvements mystiques (kabbalistes et hassid) ont développé un culte des saints avec pèlerinage, amulettes, etc. 5. Pour ce qui concerne le bouddhisme, voir l'article arhat.

CULTE MARIAL ■ Culte rendu à la Vierge Marie, mère de Dieu (*Théotokos*). Ce culte est très développé dans l'Église catholique et inexistant chez les protestants.

CURIE ■ Ensemble des administrations qui constituent le Saint-Siège de Rome, le gouvernement pontifical.

CUSTODE ■ Dans la religion catholique, ce mot possède trois sens. 1. Boîte où le prêtre enferme l'hostie pour l'exposer et la transporter en cas de besoin pour le viatique ou pour la communion des malades (si la boîte est construite en bois, on la désignera également sous le nom de pyxide). 2. Personne chargée du soin des ornements liturgiques ou préposée à la garde de reliques ou d'une église. 3. Religieux chargé de faire appliquer une règle monastique.

CYRÉNAÏQUE ■ Membre d'une secte chrétienne du 2e siècle qui proscrivait la prière.

D

DAGOBA ■ Mot cingalais pour désigner un stûpa.

DAINICHI ■ C'est le nom japonais de l'Adibuddha (aussi appelé Mahâvairochana), le Bouddha universel source de toute chose, de toute énergie et de tous les bouddhas et bodhisattvas. Dainichi signifie le « Grand Soleil ».

DAINICHI NYORAI ■ Le « Grand Soleil », nom japonais pour Vairochana.

DAIS NUPTIAL ■ Dans le judaïsme, c'est sous le dais nuptial (ou houppa) — où les parents, une bougie à la main, ont conduit les futurs mariés — que le rabbin prononce la bénédiction sur le vin et la bénédiction des *érousin* (qui consacre la femme à son mari et l'interdit à tout autre homme).

DÂKINI ■ Dans le bouddhisme tibétain, les Dâkinis représentent les forces inspiratrices. Elles sont généralement représentées sous la forme d'une déesse nue. Rappelons que le bouddhisme tibétain a étendu le nombre de refuges, qui de trois est passé à six. Aux Trois Joyaux (Dharma, Bouddha, Sangha), il a ajouté les Trois Racines (Lama, Yidam ou divinité personnelle, et Dâniki).

DALAÏ-LAMA ■ C'est le chef temporel et spirituel du Tibet. L'actuel Dalaï-Lama (« Maître Océan de sagesse ») est la quatorzième réincarnation d'une lignée qui a commencé avec Guendün Droup (1391-1474). Le titre de Dalaï-Lama a été décerné à la troisième réincarnation, de Guendün Droup, Sönam Gyatso, par Altan Khan qui convertit les Mongols au bouddhisme. Le Dalaï-lama est considéré comme l'émanation d'Avalokiteshvara, le bodhisattva de compassion, protecteur du Tibet, dont le nom en tibétain est Tchenrézi (aussi écrit Tchenrézik et Chènrezi). Le rôle du Dalaï-lama est double : à la fois chef politique du Tibet et chef spirituel du bouddhisme tibétain, il a longtemps assumé ces deux tâches jusqu'à ce que l'invasion du Tibet par la Chine n'oblige le dernier et quatorzième Dalaï-Lama à se réfugier en Inde où, indépendamment de ses fonctions spirituelles, il exerce les fonctions de chef de gouvernement en exil. À la mort de chaque Dalaï-Lama, on recherche sa nouvelle incarnation en respectant une procédure minutieuse. Un des signes de la réincarnation est, par exemple, la reconnaissance par l'enfant d'objets ayant appartenu à son prédécesseur ou encore de personnes qui ont compté dans sa précédente vie. Avant l'invasion du Tibet par la Chine, le monde connaissait trois théocraties : le Tibet (avec pour souverain, le Dalaï-Lama), le Vatican (avec pour souverain, le Pape) et le Mont-Athos (qui possède un statut juridique particulier). L'actuel Dalaï-Lama, Tenzin Gyatso, est né en 1935. Il s'exila en Inde, à Dharamsala, en 1959, lors de l'invasion du Tibet par la Chine. Il a reçu le prix Nobel de la paix en 1989 pour sa résistance non violente au gouvernement chinois.

DALMATIQUE ■ Vêtement liturgique à manches porté par les diacres et les évêques.

DAMARÛ ■ Dans le bouddhisme tibétain, petit tambour rituel.

DAMOLUN ■ Le nom chinois du « Traité de Bodhidharma ».

DARMASHOKA ■ Le nom bouddhique de l'empereur Asoka.

DÂR AL-HARB ■ Dans l'islam, c'est le « le pays de la guerre » ; c'est-à-dire l'ensemble des pays dont l'islam n'est pas la loi. Les musulmans opposent le *dâr al-hârb* au *dâr al-islâm*, c'est-à-dire les pays où règne la loi de l'islam. Entre les deux, existe le *dâr al-sulh*, c'est-à-dire un pays au statut provisoire.

DÂR AL-ISLAM ■ Voir Dâr al-harb.

DÂR AL-SULH ■ Voir Dâr al-harb.

DARBYSTES ■ Mouvement chrétien protestant, issu de l'anglicanisme, fondé par le pasteur irlandais John Nelson Darby (19e siècle). Très rigoristes, ils forment des sociétés (« frères exclusifs ») où la Cène n'est partagée qu'avec les membres de la communauté, les femmes étant séparées des hommes.

DARUMA ■ Nom sous lequel Bodhidharma est connu au Japon.

DAVID ■ Roi des juifs. La vie de David est racontée dans le premier *Livre des Rois* et dans les deux *Livres de Samuel*. La Bible relate que très jeune il aurait tué le géant Goliath. Rival de Saül, obligé de s'enfuir chez les Philistins, il sera cependant oint par Samuel — avec la bénédiction des Philistins heureux de briser ainsi l'alliance des douze tribus — après le suicide de Saül.

DAYAN ■ Le mot hébreu pour désigner un juge.

DE PROFONDIS ■ Dans la religion catholique, psaume 129 utilisé comme prière pour les défunts (il commence par les mots *de profondis*).

DÉAMBULATOIRE ■ Dans l'architecture religieuse, il s'agit d'une nef qui tourne autour du chœur et permet la circulation.

DÉBAT RELIGIEUX ■ Le débat religieux mettait en présence un ou plusieurs orateurs religieux qui discutaient en public, pendant plusieurs jours si nécessaire, de questions religieuses. Aux époques où le livre était rare, le débat religieux était le moyen privilégié pour faire connaître les opinions des uns et des autres. Les débats religieux (dont certains célèbres connus sous le nom de *disputation*) ont opposé des chrétiens aux juifs, des bouddhistes aux chrétiens, des chrétiens aux musulmans. C'est pour apprendre aux musulmans à mieux débattre que les califes abbassides traduisirent les premiers textes grecs en arabe (il s'agissait de textes d'Aristote consacrés aux débats). Plus près de nous, en 1873, près de Colombo, dans l'actuel Sri Lanka, un moine bouddhiste cingalais débattit durant trois jours avec un pasteur méthodiste. Sa victoire fut le point de départ de la renaissance moderne du bouddhisme.

DÉCALOGUE ■ C'est le texte de l'Alliance conclue entre Dieu et son peuple sur le mont Sinaï, sept semaines après la sortie d'Égypte. D'abord prononcée par Dieu du sommet du mont Sinaï, cette injonction fut par la suite remise à Moïse — « de l'écriture d'Élohim » — sur deux tables de pierre. Dieu ordonna à Moïse de monter sur le mont Sinaï pour recevoir « les tables de pierre, la loi et la règle que j'ai écrites » (Exode 24, 12). Redescendant du mont Sinaï, Moïse vit le peuple juif se prosterner devant le Veau d'or, une idole construite durant son absence. Déçu et furieux, il brisa les deux tables (Exode 32, 19). Dieu lui enjoignit par la suite de tailler deux tables identiques aux premières et de remonter sur le mont Sinaï pour y graver les paroles déjà gravées sur les premières (Exode 34, 1-4). Ce sont ces nouvelles tables que Moïse déposa dans l'Arche d'Alliance. Elles furent conservées dans le Premier Temple jusqu'à sa destruction, en -586 è.c. La tradition juive donne du Décalogue une présentation sur « deux tables » où figurent, généralement, les premiers mots ou les premières lettres de chaque commandement.

DÉCHAUX ■ Se dit de ce qui se rapporte aux religieux ayant les pieds nus dans des sandales.

DÉCRÉTALES ■ Lettres du Pape ayant un caractère canonique, c'est-à-dire utilisées pour constituer le Droit canon. Aujourd'hui, ce mot n'est plus utilisé que pour les décrets du pape concernant des canonisations.

DÉDICACE ■ 1. Consécration d'une église. 2. Inauguration du Temple de Jérusalem.

DÉESIS ou **DÉISIS** ■ 1. Prière d'intercession de Marie et des saints auprès du Seigneur. 2. En iconographie orthodoxe, il s'agit d'une série d'icônes placées au-dessus des portes royales de l'iconostase. Il s'agit généralement de trois icônes : au centre le Christ assis sur un trône, à sa droite sa mère (symbole du Nouveau Testament) et à sa gauche saint Jean-Baptiste (symbole de l'Ancien Testament). Ces deux derniers personnages sont dans l'attitude de l'intercession (déisis). D'autres personnages peuvent également être représentés selon un ordre canonique (les archanges Michel et Gabriel, les apôtres Pierre et Paul, etc.). Parfois, le Christ est représenté dans sa jeunesse (Christ Emmanuel) et les deux personnages à sa droite sont alors les archanges Michel et Gabriel ; on parlera dès lors de la « Déesis aux anges ».

DÉFROQUE ■ Vieux vêtements et objets qu'un religieux laisse en mourant.

DÉICIDE ■ C'est un tueur de Dieu. Pendant très longtemps (en fait jusqu'au concile Vatican II, 1965), le peuple juif a été considéré par les chrétiens comme un peuple déicide. Aujourd'hui, cette appellation est rejetée.

DÉIFICATION ■ Action d'élever au rang de dieu ou de donner un caractère sacré à soi-même ou à une autre personne.

DÉISME ■ Système philosophique qui croit en un Dieu créateur (« L'univers m'embarrasse, et je ne puis songer que cette horloge existe et n'ait pas d'horloger », Voltaire) mais refuse son instrumentation religieuse (Dieu ne gouverne pas le monde, il ne se fait pas connaître aux hommes, il ne s'est pas incarné dans un homme, il n'a pas remis de « textes sacrés » aux hommes, etc.). Les déistes ne croient donc pas à une religion révélée et s'opposent ainsi à toutes les Églises, aux cultes et aux prêtres de ces cultes.

DÉLUGE ■ Dans la Genèse, pour punir les hommes, Dieu décide de faire pleuvoir sans interruption. Seuls seront sauvés Noé et sa femme ainsi qu'un couple d'animaux de chacune des espèces vivantes. Le Déluge de la Bible n'est pas le seul ni le premier récit religieux de ce type (à citer, par exemple, le Déluge dans l'épopée de Gilgamesh).

DEMEURES DE BRAHMA ■ Dans le bouddhisme, les « Demeures de Brahma », sont les « quatre illimités », (aussi appelés les « Quatre sentiments incommensurables », c'est-à-dire l'amour illimité, la compassion illimitée, la joie illimitée et l'équanimité ou impartialité illimitée, auxquels le futur bodhisattva doit s'exercer.

DEMI-DIEUX DU MAHÂYÂNA ■ Ce sont les êtres protecteurs du bouddhisme mahâyâniste, mi-dieux, mi-démons. Leur nombre est innombrable et, pour cette raison, ils ont été classés en huit espèces : les devas, les nâgas (serpents), les yaksas (sauvages et d'aspect farouche), les gandharvas (chanteurs et musiciens), les asuras (les ennemis démoniaques des devas, les anti-dieux), les garudas (aigles mythiques), les kinnaras/kinnaris (oiseaux) et les maho-ragas (boas).

DÉMIURGE ■ Le Dieu créateur, par opposition au Dieu transcendant, inconnaissable. 1. Dans la kabbale, l'opposition est très nette entre Ein Sof, le Dieu transcendant, et le Dieu créateur de la Bible qui en est une des émanations (*séfira*). 2. Pour les gnostiques, le démiurge est le Dieu « mauvais » (celui de l'Ancien Testament) par opposition à un « Dieu bon ».

DÉMON ■ Voir aussi diable, Satan, incube, succube, Lucifer.

DÊNÂWARRYA ■ Secte manichéenne du 5ᵉ siècle établie dans les pays musulmans et en Chine (où elle portait le nom de *tien-na-wou*).

DENDRITE ■ Dans le monachisme oriental, ascète qui passait une partie de sa vie dans les arbres.

DENIER DE SAINT-PIERRE ■ Contribution des fidèles au fonctionnement de l'État du Vatican.

DENIER DU CULTE ■ En France, don des fidèles en vue de contribuer à la subsistance du clergé, celui-ci n'étant plus, depuis la loi de séparation des Églises et de l'État (1905), rétribué par ce dernier. Dans de nombreux autres pays (dont la Belgique), les ministres du culte des religions reconnues continuent à être rétribués par l'État.

DÉNOMINATION ■ Dans le langage religieux américain, ce mot désigne un groupe de chrétiens organisés autour d'une Église.

DENZINGER ■ Ouvrage de base concernant la foi et les mœurs (*fides et mores*) dans l'Église catholique. Colligés et commentés par Heinrich Denzinger, cet ouvrage bilingue latin-français est une véritable somme *théologique (Symboles et définitions de la foi catholique, Enchiridion Symbolorum*. Éditions du Cerf, 2001, 38ᵉ édition).

DEPOSITIO ■ Formule chrétienne pour désigner l'inhumation. Pour les chrétiens, l'inhumation n'est, en effet, qu'un dépôt provisoire dans la terre en attendant la résurrection.

DÉPRÉCATION ■ Prière faite avec soumission dans l'intention d'obtenir le pardon d'une faute.

DERASH ■ L'un des quatre niveaux de lecture ésotérique du texte de la Torah. Derash (ou *Drach*) est le niveau de l'interprétation au sens figuré, c'est-à-dire sous la forme d'une parabole, d'une légende, d'un proverbe. Le domaine de la connaissance ésotérique est désigné par les kabbalistes sous le nom de Pardès (le verger, le paradis). Ce mot est formé des quatre consonnes initiales des niveaux de lecture de la Torah : P (*pshatt*, le sens littéral), R (*remez*, le sens allégorique), D (*derash*, le sens figuré) et S (*sod*, le sens secret, le sens herméneutique).

DÉRÉLICTION ■ Situation de l'homme qui se sent abandonné, privé de tout secours de la religion.

DERVICHES TOURNEURS ■ Le mot derviche provient du persan *darwîsch* qui signifie mendiant, pauvre. Ce terme fut appliqué, dès le 13ᵉ siècle, aux soufis. Les derviches tourneurs appartiennent à la confrérie turque des mevlévis. Elle a son centre à Konya et est connue dans le monde entier par les séances de musique et de danse — la

« sama », la danse mystique sacrée créée par Rûmi et codifiée par son fils Sultan Valad — que pratiquent ses membres pour atteindre l'extase. Voir Soufis.

DESCENTE AUX ENFERS ■ Dans le Credo chrétien, il est dit qu'avant sa résurrection le Christ est descendu aux enfers. Le catéchisme de l'Église catholique précise qu'il est descendu aux enfers pour libérer les justes de l'Ancien Testament qui attendaient cette délivrance dans le « sein d'Abraham ».

DESERET (ALPHABET DE -) ■ Alphabet « divin » créé vers 1850 par l'Église des Mormons. Des caractères sont fondus vers 1855 mais l'expérience est vite abandonnée.

DÉSERT 1. Dans le langage des ermites, désigne tout endroit inhabité même s'il s'agit d'une forêt. 2. Pour les protestants, c'est la longue période qui s'étend de 1685 (Révocation de l'Édit de Nantes) à 1787 (Édit de tolérance) pendant laquelle les protestants français furent à l'obligation religieuse catholique.

DÉSINCARNATION ■ C'est le fait d'être dépouillé de son enveloppe charnelle, comme cela se produit lors de la mort.

DÉSIR ■ Pour les bouddhistes, le désir (*kâma*) est l'un des principaux obstacles sur le chemin de la spiritualité car il est cause de souffrance et enchaîne l'homme au cycle des renaissances (*samsâra*). Les cinq catégories de désirs dans la sphère de la sensualité sont le désir de formes, le désir de sons, le désir de goûts, le désir d'odeurs et le désir de sensations physiques ou psychiques. Pour abolir le désir, il faut prendre conscience de l'inexistence d'un soi (*anâtman*).

DESSEIN INTELLIGENT ■ Doctrine (*Intelligent design*), née aux États-Unis dans les milieux fondamentalistes protestants, affirmant que la vie sur terre a été créée obligatoirement par une intelligence supérieure (Dieu ou des extra-terrestres). Pour les tenants américains de cette doctrine, l'agent causal est naturellement le Dieu du christianisme. Les tenants de cette doctrine, qui s'opposent au darwinisme, souhaitent que, faute d'un enseignement religieux de la création du monde (le créationnisme, comme toute doctrine religieuse, a été retiré, aux USA, des manuels scolaires), le dessein intelligent soit enseigné dans les écoles au même titre que le darwinisme, comme une alternative possible à la théorie de l'évolution. Considérée comme une « fausse science » et une tentative récidivante d'exprimer les dogmes religieux sous une forme scientifique, le dessein intelligent est combattu tant par l'Académie nationale des sciences des États-Unis que par les scientifiques européens.

DESSERVANT ■ En Alsace-Moselle, nom donné au prêtre catholique chargé de certaines paroisses.

DESTINS DES ÊTRES ANIMÉS ■ Dans le bouddhisme, il existe six classes de destins pour les êtres animés. Lors de la renaissance, le passage peut s'effectuer indifféremment d'une classe à l'autre mais seule la condition d'être humain masculin permet d'échapper au cycle des renaissances. Ainsi, même les dieux doivent d'abord renaître sous la forme d'un homme pour parvenir au nirvâna. En fonction du karma, les bouddhistes distinguent les destinées défavorables (la renaissance en enfer, les esprits avides ou *preta*, les animaux) et les destinées favorables (les titans ou *asuras*, les dieux et les êtres humains). Cette première classification se diversifie considérablement (il existe, pour ne donner qu'un exemple, 18 enfers différents) aboutissant à une véritable cosmologie.

DEUTÉRO- ■ Préfixe utilisé pour indiquer ce qui a été admis secondairement, par exemple pour les textes admis dans le canon dans un second temps (ils seront désignés comme deutérocanoniques).

DEUTÉROCANONIQUES (LIVRES -) Livres adoptés en « second lieu » dans le Canon de l'Église. Plus exactement, il s'agit de livres dont le caractère inspiré, c'est-à-dire canonique, a été mis en doute par des auteurs prestigieux (comme saint Jérôme). Ils n'ont été incorporés dans le canon de l'Église catholique qu'assez tardivement, au 16e siècle.

DEUTÉRONOME ■ C'est le dernier des cinq livres du Pentateuque (ou Torah).

DEUTÉRONOMIQUE (CODE) ■ Recueil de Lois inclus dans le Deutéronome (Dt 12-26).

DEUTÉROPAULIENNES ■ Lettres de saint Paul dont l'authenticité est contestée.

DEUTÉROSE ■ 1. Dans le judaïsme, interprétation orale de la Loi écrite. 2. En exégèse biblique, reproduction d'une chose ou d'un événement (comme c'est le cas, dans la Bible, de la reprise de grands ensembles).

DEVA ■ Divinité bouddhique. C'est un être supérieur à l'homme, une divinité, qui vit un bonheur parfait ne connaissant aucune douleur ni physique, ni mentale. Si sa longévité est nettement supérieure à celle de l'homme d'aujourd'hui, elle n'est pas éternelle. Bien qu'il s'agisse d'une divinité, sur le plan de l'Éveil, elle est inférieure à l'homme car ne connaissant pas la douleur elle n'est pas intéressée à la vie spirituelle et continue à vivre dans l'ignorance, ce qui l'empêche de quitter le cycle des transmigrations (*samsâra*). Pour entrer dans le *nirvâna*, elle doit d'abord revenir sur terre sous condition humaine. Les devas sont des divinités mineures provenant de l'hin-douisme. Le bouddhisme n'avait pas voulu abandonner les divinités brahmaniques et les a donc, dès l'origine, incorporées dans sa sphère en tant que divinités mineures au service du bouddhisme. Les douze devas (que l'on rencontre également dans la religion brahmanique) sont : Agni, Brahma, Chandra, Indra, Îshâna, Nirrîti Prithivî, Sûrya, Vaishravana, Varuna, Vâyu, Yamarâja.

DEVADATTA ■ Cousin de Bouddha, jaloux et méchant, il a essayé d'assassiner l'Éveillé.

DEVAMAMPÎYA ■ Un des noms de l'empereur Asoka (« Aimé des dieux »).

DEVANAGARI ■ Dans le bouddhisme, c'est l'écriture des dieux : forme d'écriture du sanscrit, la plus utilisée aujourd'hui.

DEVAS ■ Dans le bouddhisme, ce sont les demi-dieux.

DÉVÉKOUTH ■ Ce mot hébreu signifie attachement. En mystique juive, il possède plusieurs sens selon que l'on est traditionaliste (c'est-à-dire talmudiste pur), kabbaliste ou *hassid*. Pour le juif traditionaliste, la *dévékouth*, c'est simplement l'attachement à Dieu. En effet, l'union intime avec la divinité – inaccessible feu dévorant – n'est pas imaginable. L'attachement consiste donc essentiellement à suivre les voies du Seigneur en observant les commandements et en fréquentant les sages. Pour le kabbaliste, c'est l'union intime, l'union mystique avec Dieu ou, en d'autres mots, l'extase divine ; c'est-à-dire une part de paradis sur terre déjà. Pour le *hassid*, c'est l'anéantissement de son moi au profit de la volonté divine, mais aussi l'union privilégiée avec le *tsaddiq*, le sage, dont on imite et observe tous les gestes de manière à être, par son intermédiaire, en communion permanente avec Dieu.

DÉVOT ■ Personne très attachée aux pratiques de sa religion.

DÉVOTION ■ Attachement très intense aux pratiques de sa religion. La dévotion peut aussi être dirigée tout particulièrement vers le culte rendu à certains personnages.

DHAMMACAKKAPAVATTANASUTTA ■ Le nom, en pâli, du texte fondateur de la communauté bouddhique.

DHAMMACAKRA ■ C'est la Roue de la Loi du bouddhisme, laquelle a été mise en route pour la première fois par le Parfaitement-Éveillé lorsqu'il prononça, au parc d'Isipatana, près de Bénarès, son premier sermon sur les Quatre Nobles vérités. Le texte du Bouddha (ou Sûtra/ Sutta) qui contient ce premier discours est le *dhammacakkapavattanasutta*. Ce premier discours est également fondateur de la communauté monastique. Le lancement de la roue de la Loi signifie l'enseignement de Bouddha. Il y eut trois lancements de la roue de la Loi. Lors du premier (à Bénarès), Bouddha lança le bouddhisme du Petit Véhicule. Lors du second (au pic du Vautour), Bouddha lança le Grand Véhicule. Lors du troisième (en divers lieux), Bouddha lança le bouddhisme ésotérique (Véhicule du Diamant).

DHAMMAPADA ■ Il s'agit d'un texte en vers (les « vers de la Loi ») contenant, sous forme de sentences courtes, les points principaux de l'enseignement du Bouddha. Le Dhammapada est très populaire et existe en plusieurs langues dont le pâli, le sanscrit, le tibétain. On notera que le Dhammapada est écrit en pâli et non dans la langue que parlait Bouddha (le maghadi). Les grands thèmes du Dhammapada sont ceux du bouddhisme premier, c'est-à-dire la nature douloureuse de l'existence et la possibilité de se délivrer de la souffrance ;

le caractère impermanent du monde, son caractère illusoire, etc.

DHÂRANÂ ■ Dans le bouddhisme, c'est le sixième des huit stades (celui de la concentration) dans le Yoga de Patañjali.

DHÂRANÎS ■ Dans le bouddhisme, ce sont des formules magiques (*mantras*) constituées de courts passages des Sûtras utilisées comme moyen pour parvenir à la méditation.

DHARMA ■ Dans sa principale définition, le Dharma est l'enseignement du Bouddha indiquant la voie pour atteindre l'Éveil. On dit aussi que le Dharma, c'est la Loi bouddhique, c'est-à-dire non pas la loi des hommes mais la Loi naturelle. Le Dharma est avec le Bouddha et le Sangha (la Communauté) un des trois joyaux du bouddhisme. On devient bouddhiste en prononçant trois fois la formule rituelle : « Je prends refuge dans le Bouddha, le Dharma et le Sangha) ». En traduisant Dharma par *Loi*, nous insistons sur son aspect normatif mais nous pourrions avec autant de justesse traduire Dharma par *Vérité* ou encore par *Doctrine*, si nous préférons faire ressortir qu'il s'agit de l'enseignement du Bouddha ou si nous voulons insister sur ce à quoi croit et adhère la communauté bouddhiste. Le champ sémantique de ce mot est énorme et étroitement lié au contexte : il faut en tenir compte lorsqu'on lit des textes bouddhiques. Tous les sens du mot dharma proviennent de la racine « dhr » qui signifie tenir. Les dix sens de ce mot (d'après P. Cornu) sont les suivants : tous les connaissables, la voie, les objets de l'esprit, les mérites et comportements vertueux, la durée de vie, les écritures de la Loi, les objets matériels sujets à transformation, les règles de la vie monastique et les traditions religieuses. Selon certaines traditions, chaque fois que le Dharma est perdu pour les hommes, un nouveau bouddha apparaît. C'est ainsi que le Bouddha historique (Sâkyamuni) a été précédé par 7 à 100 Bouddhas (le chiffre varie selon les écoles). La série la plus classique étant la suivante : Vipassi, Sikhi, Vessabhu, Kakusandha, Konagamana, Kassapa et Sâkyamuni. Parmi les Bouddhas du futur, le plus connu est Maitreya.

DHARMACAKRAMUDRÂ ■ Mudrâ de la rotation de la Roue de la Loi.

DHARMAKAYA ■ Dans le bouddhisme du Mahâyâna (Grand Véhicule), c'est le corps d'essence du Bouddha, le corps ineffable.

DHARMAPADA ■ Nom d'un célèbre ouvrage bouddhiques : « Les sentences de la Loi ».

DHARMAS ■ Lorsque ce mot est écrit au pluriel (les dharmas), il désigne les phénomènes naturels, les objets matériels de la vie.
DHARMASAMUCCAYA ■ Le Compendium de la Loi bouddhique.

DHIKR ■ Prière mystique des soufis ; elle consiste à répéter inlassablement le nom de Dieu ou l'un de ses Beaux Noms (il en possède 99, lesquels correspondent en partie à ses attributs). Cette prière peut être dite de manière solitaire, par exemple en utilisant le chapelet (*shuba*), ou en groupe. Les mystiques musulmans (soufis) la répètent en litanie (*dhikr*) jusqu'à l'extase. Signalons que les chrétiens orthodoxes connaissent également ce type de prière (*dobrotoloubiè* ou petite philocalie de la prière du cœur) qui était très en vogue chez les ermites russes.

DHIMMIS ■ Dans les pays arabes, ce terme désigne les « protégés » et regroupe tous les « gens du Livre » (*ahl al-kitâb*), c'est-à-dire toutes les personnes à qui la pratique d'une religion monothéiste confère un statut particulier en vertu des versets du Coran et des dispositions des premiers califes. Cette catégorie de personnes, particulière au droit musulman, comprend les juifs, les chrétiens, les sabéens et les zoroastriens. Dans un pays dont le pouvoir est musulman, les « gens du Livre » sont libres et protégés. L'obligation principale des dhimmis consistait à payer un impôt spécial, dit de capitation (la *jizya*). Ce statut a été appliqué jusqu'à la fin de l'Empire ottoman puis récemment repris par des gouvernements intégristes. En règle générale, le prescrit divin concernant les dhimmis fut bien respecté. S'ils acceptaient de se comporter en sujets discriminés et de payer la taxe, les « gens du Livre » étaient bien traités. Bien entendu, il y eut des exceptions comme, par exemple, sous les premiers Almohades. Période pendant laquelle ils furent privés de cette protection (les Almohades usèrent même de traitements infamants envers les juifs convertis, leur imposant des restrictions vestimentaires et matrimoniales).

DHRTARASTRA ■ Dans le bouddhisme, un des Quatre Rois célestes.

DHÛTA ■ Dans le bouddhisme, c'est le mot utilisé pour désigner l'ascèse.

DHYÂNA ■ C'est le terme le plus large pour parler de la méditation ou du recueillement. Le bouddhisme décrit quatre étapes à la méditation ; il y a donc quatre dhyânas.

DHYÂNI-BUDDHAS ■ Dans le bouddhisme, ce sont des bouddhas célestes. Ils sont cinq et une couleur est associée à chacun d'eux : Akshobhya (bleu), Amitâbha (rouge), Amoghasiddhi (vert), Vairochana (blanc) et Ratnasambhava (jaune). Chacun de ces bouddhas s'étant révélé sous diverses formes humaines comme, par exemple, Vairochana sous la forme du moine Kûkai.

DIACONAT ■ Chez les catholiques et les orthodoxes, premier des ordres sacrés.

DIACONIKON ■ Dans l'église orthodoxe, sorte de sacristie à droite de l'autel où les diacres préparent les vases sacrés pour la Divine Liturgie.

DIACRE ■ 1. Chez les chrétiens, assistant de l'officiant dans les offices solennels. 2. Dans l'Église catholique, le diacre est un clerc ordonné *non ad sacerdotium sed ad ministerium*. Il est au service des évêques et des prêtres. Au cours de la messe, le diacre n'a qu'un rôle mineur comme la lecture de l'Évangile. Dans la pratique, les diacres sont chargés de l'administration des biens ecclésiastiques et des œuvres.

DIASPORA JUIVE ■ On désigne sous ce terme, aujourd'hui encore, toutes les colonies juives dispersées dans le monde entier, par opposition aux Juifs qui vivent en Israël. Au lieu de parler de Diaspora, on parlera d'Exil ou de *Galout* (mot hébreu). Dans des textes anciens, on trouvera parfois aussi les termes de captivité ou de déportation. En d'autres mots, la Diaspora représente tous les pays en dehors d'Israël où les Juifs vivent en minorité. La dispersion des Juifs en Europe se répartit en séfarades, ashké-nazes et yavans. Les deux principaux groupes sont les séfarades et les ashké-nazes, les yavans (de Grèce et du sud de l'Italie) ne représentent qu'une assez petite communauté. Parmi les séfarades, les puristes distinguent encore les *sefaradim* (originaires d'Espagne) et les *misrahim* (originaires d'Orient). On appelle ashké-nazes les Juifs originaires d'Allemagne, du Nord de la France et de l'Est de l'Europe. Les séfarades sont les descendants des Juifs expulsés d'Espagne (1492) et du Portugal (1496) ainsi que les Juifs d'Afrique du Nord. Il y a donc de nombreuses communautés séfarades non seulement en Méditerranée mais aussi, suite aux expulsions, en Hollande, en Angleterre, aux USA, etc. Les séfarades se différencient des ashkénazes essentiellement par les rites, l'organisation de la liturgie, les coutumes lors des fêtes, la prononciation de l'hébreu, la graphie et la langue juive vernaculaire : le yiddish pour les ashkénazes et le djudezmo/ladino pour les séfarades. On notera que les Juifs séfa-rades, même cultivés, déchiffraient mal la graphie ashkénaze : la séparation entre les deux mondes était donc réelle. Malgré des origines géographiques différentes, dès le 17e siècle (et peut-être même avant), les séfarades et les ashkénazes se côtoyaient dans de nombreuses villes européennes (Amsterdam, Londres, Hambourg, Buda-pest, Istanbul, etc.). La population ashké-naze est majoritaire dans le monde entier (y compris en Israël) — 80 % des Juifs sont ashkénazes. Habituellement, les Juifs de l'une ou l'autre tradition tiennent énormé-ment à la conserver. La Diaspora est une notion fondamentale de l'histoire juive et a acquis une signification religieuse. Historiquement, le premier exil est la déportation et la captivité des dix tribus du royaume d'Israël, en 722 avant l'è.c. La première « véritable » Diaspora, qui a donné son sens au mot, se situe immédiatement après la destruction du Premier Temple. L'élite juive fut envoyée en exil à Babylone. Lorsque le roi Cyrus autorisa les Juifs exilés à revenir à Jérusalem, un certain nombre décidèrent de rester à Babylone. Ils gardè-rent cependant le contact avec Jérusalem en payant un impôt au Temple, en organi-sant des pèlerinages et en construisant des synagogues. La vie religieuse en Diaspora fut très riche et on lui doit, entre autres, le Talmud de Babylone, qui fait autorité (plus riche que le Talmud de Jérusalem, il a supplanté celui-ci). L'exil et la diaspora sont des punitions infligées au peuple juif pour ses péchés, c'est la position constante des prophètes puis des rabbins.

DIASPORA ORTHODOXE ■ C'est la dispersion des orthodoxes en dehors des pays de tradition orthodoxe.

DIATESSARÔN ■ Une version « harmonisée des quatre Évangiles » réalisée vers 170 par Tatien et disponible en grec et en syriaque (une langue proche de l'araméen).

DIBBOUQ ■ Dans le judaïsme, esprit malin et malheureux qui, ne pouvant trouver le repos dans l'au-delà, s'attache au corps d'une personne devenue sensible suite à un péché. Pour extirper le dibbouq, les rabbins organisent des séances d'exorcisme. Le dibbouq (ou dibbouk) a donné lieu a une très riche littérature. Ce phénomène (sous le nom d'envoûtement) est également décrit dans la littérature chrétienne et islamique. Chez les Juifs, c'est surtout le mouvement de la kabbale qui lui a donné consistance.

DICASTÈRE ■ Dans l'Église catholique, nom donné aux divers organismes qui aident le pape (curie).

DIDACHÈ ■ Mot grec signifiant « enseignement ». Il s'agit d'une compilation de textes du 1er siècle de l'è.c. qui réglemente l'organisation de la vie d'une communauté chrétienne. Le Didachè est connu également sous le nom de *Doctrine des douze apôtres*. Cette compilation a été reprise par la suite dans d'autres compilations dont la *Didascalie* et les *Constitutions apostoliques*.

DIDASCALE ■ Dans l'église chrétienne des premiers temps, docteur chargé de l'enseignement des catéchumènes.

DIES IRAE ■ Dans la liturgie romaine, partie de la messe des défunts qui commence par ces mots qui signifient « jours de colère ».

DIEU ■ S'il est écrit avec une majuscule, il s'agit de l'unique Dieu d'une religion monothéiste (judaïsme, christianisme, islam, mazdéisme, bahaïsme, etc.). S'il est écrit avec une minuscule, c'est un dieu d'une religion polythéiste ou une considération d'ordre général (« je sens qu'un dieu est avec moi »). Pour les juif, les chrétiens et les musulmans, Dieu est l'être suprême, le créateur des mondes. Pour les kabbalistes, le Dieu créateur n'est pas le Dieu infini (*En Sof*) dont il n'est qu'une émanation. Pour les bouddhistes, les dieux, comme les hommes, renaissent et, pour accéder au nirvâna, ils doivent d'abord reprendre une enveloppe humaine. En résumé, Dieu est l'être transcendant, alors qu'un dieu est une puissance surnaturelle.

DIEU (NOMS DE -) ■ La Bible utilise de nombreux noms pour désigner Dieu. Selon Maïmonide, ils sont au nombre de sept : YHVH, El, Eloha, Elohim, Elohaï, Chaddaï et YHVH Tsevaot (« YHVH des armées »). En réalité, ils sont beaucoup plus nombreux… Citons simplement : Bore Olam (le Créateur du Monde), El Elion (le Très Grand), En Sof (l'Infini), Ha Makom (l'Omniprésent), Ha-Rahaman (le Miséricordieux), Kedosh Israël (le Saint d'Israël). Le rapport des Juifs avec les noms de Dieu est assez complexe. La plupart des noms de Dieu peuvent être écrits mais non effacés (on ne peut ainsi détruire un document sur lequel figure le nom de Dieu). Le nom sous lequel Dieu s'est présenté à Moïse (YHVH) ne peut être prononcé à voix haute. Certains juifs orthodoxes refusent même de prononcer à voix haute les autres noms de Dieu et les remplacent par d'autres ; ainsi Adonaï devient Adochem, Elohim devient Elokim, etc. Dans le milieu francophone, les juifs orthodoxes remplacent habituellement le mot Dieu par « D. » ou « D-ieu ».

DIEU TRINITAIRE (unicité du -) ■ Le Dieu des chrétiens est Un mais en trois personnes. Ce mystère a été explicité par le concile de Florence qui insiste aussi sur les relations entre les trois personnes : « … un seul vrai Dieu, tout-puissant, immuable et éternel ; le Père, le Fils et le Saint-Esprit ; un en essence, trine en personnes, le Père inengendré, le fils engendré par le Père, le Saint-Esprit procédant du Père et du Fils ; le Père n'est pas le Fils ou le Saint-Esprit, le Saint-Esprit n'est pas le Père ou le Fils, mais le Père est seulement le Père, le Fils est seulement le Fils, le Saint-esprit est seulement le Saint-Esprit. Le Père seul a engendré de sa substance le Fils. Le Fils seul est né du Père seul. Le Saint-Esprit seul procède à la fois du Père et du Fils. Ces trois personnes sont un seul Dieu, non trois dieux, parce que des trois une est la substance, une l'essence, une la nature, une la divinité, une l'infinité, une l'éternité et toutes choses sont unes, là où ne se rencontre pas l'opposition d'une relation » (Denzinger, *Enchiridion symbolorum*, 1330). Cette définition du concile de Florence n'est pas acceptée par l'Église orthodoxe, monopatriste radicale ; pour celle-ci, l'affirmation que le Saint-Esprit procède exclusivement du Père n'est pas une affirmation libre, indépendante de la foi (*théologoumenon*). Voir Filioque.

DIEUX ET DIVINITÉS DU BOUDDHISME ■ Le bouddhisme premier n'avait guère imaginé de dieu, et certainement pas, comme dans les monothéismes, de Dieu créateur du monde. Cependant, héritier du Brahmanisme, il n'avait aucune répulsion envers les nombreux dieux hindous auxquels il accordait le statut particulier « d'intervenant sans intervention ». Après une longue période d'aniconisme durant laquelle Bouddha était simplement représenté par une fleur de Lotus, un trône ou une empreinte de pas, l'influence du monde grec et tout particulièrement de sa statuaire aboutit à la création de nombreuses statues du Bouddha historique (art du Gandhâra, art du Mathura). C'était, sans doute, le premier pas vers la divinisation, laquelle reste cependant très limitée dans le Petit Véhicule. Par la suite, le développement d'un bouddhisme moins élitiste, celui du Grand Véhicule (vers le 1er siècle de l'è.c.), privilégie les nombreux « éveillés de compassion », les bodhisattvas auxquels la population finit par accorder le statut de divinités. Ces bodhisattvas que la population vénère et auxquels elle demande également d'intervenir en sa faveur sont largement représentés dans les peintures et les sculptures. Selon les pays, les représentations varient (ainsi d'ailleurs que le nom des bodhisattvas qui sont adaptés au pays d'accueil : Chine, Japon, Corée, etc.). Au Bouddha historique, aux dieux hindous, à ces bodhisattvas divinisés, le bouddhisme (entre-temps devenu une religion) ajoute de nombreuses formes ou manifestations de bouddhas (dont le bouddha primordial à l'origine de tous les bouddhas, les bouddhas prédécesseurs du Bouddha historique, le bouddha des fins dernières), etc. Arrivé en Chine, en Corée, au Japon puis au Tibet, le panthéon bouddhique s'enrichit des nombreux dieux et divinités des religions chinoises, japonaises (shintoïsme) et tibétaines (bön-po). Ainsi, aujourd'hui, cette religion sans dieu bénéficie d'un énorme catalogue de dieux, divinités, saints (arhats et bodhisattvas), démons, protecteurs, dont la complexité est surprenante et nécessite, de la part de celui que cela intéresse, une véritable étude.

DIGHANIKAYA ■ Corpus reprenant les Dialogues du Bouddha.

DIGNÂGA ■ Philosophe bouddhiste de la fin du 5e siècle, il enseignait à la prestigieuse université bouddhique de Nâlânda où il fonda une école de logique. On lui doit de nombreux ouvrages de logique dont le plus connu est *l'Accumulation des critères* *de connaissance juste*. La pensée de Dignâga a été commentée pendant des siècles et, malgré la destruction des bibliothèques et monastères bouddhistes par les musulmans, on possède encore la plupart de ses œuvres en sanscrit ou en tibétain. L'intérêt pratique de la logique pour les religieux était de donner aux orateurs une technique de discussion permettant de mettre en difficulté l'adversaire lors des nombreuses joutes oratoires organisées par les princes au moment des tournois. L'enjeu de ces joutes oratoires n'était pas mince, car le perdant devait, lui et tous ses disciples, embrasser la doctrine du vainqueur.

DIKIRION ■ Dans l'église orthodoxe, petits chandeliers portant deux cierges représentant la double nature divine et humaine du Christ.

DILECTION ■ Amour tendre et spirituel.

DIN ■ Chez les juifs, comme chez les musulmans, c'est le tribunal céleste, le tribunal du jugement de Dieu. Par extension, c'est aussi la manifestation de la justice de Dieu.

DIN TORAH ■ Jugement religieux chez les juifs.

DIOCÈSE ■ Dans l'Église catholique, c'est un territoire réel ou virtuel (par exemple une armée) sous la juridiction d'un évêque. Dans les Églises orientales, on parlera d'éparchie.

DIOPHYSISME ■ Doctrine (établie au concile de Chalcédoine) affirmant qu'il y a deux natures en Jésus-Christ : une nature humaine et une nature divine. Le diophysisme s'oppose au monophysisme qui proclame que les deux natures sont confondues dans le Christ (nestorianisme). La position actuelle de l'Église est la suivante : une seule substance pour le Père,

le Fils et le Saint-Esprit mais trois hypostases distinctes avec, pour le Fils, deux natures distinctes (vrai Dieu et vrai homme).

DIPANKARA ■ Un Bouddha légendaire qui symbolise l'ensemble des Bouddhas du passé.

DIPTYQUES ■ Dans l'église orthodoxe, cartes doubles sur lesquelles les fidèles inscrivent les noms des personnes pour lesquelles ils désirent qu'une prière soit dite spécifiquement.

DISKOS ■ Dans la liturgie de l'Église orthodoxe, patène pour le pain eucharistique.

DISPARITÉ DE CULTE ■ Expression utilisée en droit matrimonial canonique, chez les catholiques, lorsque l'un des futurs conjoints est catholique et que l'autre n'est pas baptisé. C'est un empêchement dirimant (annulant le mariage) pour lequel une dispense doit être accordée (canon 1086). Il faut distinguer le mariage dispar (entre catholique et non baptisé) du mariage mixte (entre baptisés de confessions différentes).

DISPENSE ■ Dans le droit canonique catholique, exception à une règle accordée par une autorité compétente (le plus souvent l'ordinaire mais parfois le Saint-Siège). En droit canonique, les dispenses sont fréquentes car il est prévu une mise en œuvre miséricordieuse, humaine, des lois canoniques.

DISSIMULATION RELIGIEUSE ■ Dans l'islam, la dissimulation religieuse (*taqiya*), c'est-à-dire le reniement extérieur de sa foi (allant jusqu'à feindre l'apostasie), est autorisée par le Coran pour autant qu'elle soit indispensable. la dissimulation religieuse est également autorisée par la loi juive, pour les mêmes raisons (les marranes sont un exemple de dissimulation religieuse autorisée ; il semblerait que Maïmonide même se converti à un moment à l'islam).

DIVINITÉ ■ Être par nature supérieur à l'homme. Il peut s'agir de Dieu (dans les religions monothéistes), d'un dieu (dans les religions polythéistes et le paganisme), d'un ange, d'un esprit, etc. Dans le bouddhisme, la divinité bien que supérieure à l'homme pour ses qualités lui est inférieure au niveau des possibilités d'Éveil (pour quitter le cycle du *samsâra*, elle doit d'abord renaître en tant qu'homme).

DIVORCE ■ Voir adultère.

DIX LIENS D'ATTACHEMENT (LES -) ■ Dans le bouddhisme, ce sont les liens qui lient l'homme au cycle de la vie (samsâra). Ce sont : l'ignorance, l'illusion de la personnalité, l'attachement aux rites et aux règles, le désir des sens, la rancune, le désir de non-corporéité, l'orgueil, l'agitation, le doute, la rancune.

DIX TERRES ■ Dans le bouddhisme, ce sont les dix stades (appelés les « Dix Terres ») qui séparent l'état de bodhisattva de celui de bouddha. Durant ces stades, le bodhisattva acquiert des qualités et des pouvoirs particuliers parfois même miraculeux.

DJALÂL-OD-DIN RÛMÎ ■ Né en Afghanistan, il émigre avec sa famille en Turquie, à Konya où une place importante d'enseignant attend son père surnommé le « sultan des savants ». A la mort de celui-ci, Djalâl-od-din Rûmî lui succède. Très sensible au mysticisme, il fonde à Konya la confrérie des Mevlevis plus connue sous le nom de Derviches tourneurs. Le mot derviche provient du persan darwîsch qui signifie mendiant, pauvre. Ce terme fut appliqué, dès le 13e siècle, aux soufis. Les derviches tourneurs appartiennent à la confrérie turque des mevlévis. Elle a son centre à Konya et est connue dans le monde entier par les séances de musique et de danse — la « sama », la danse mystique sacrée créée par Rûmi et codifiée par son fils Sultan Valad — que pratiquent ses membres pour atteindre l'extase. Rûmî est l'auteur d'une œuvre poétique importante dont de nombreux quatrains (Rubâiyat).

DJIZYA ■ Dans l'islam, c'est le mot qui désigne l'impôt exigé des non musulmans qui résident dans un État islamique.

DOCÈTE ■ Partisan du docétisme.

DOCÉTISME ■ Hérésie chrétienne du 2e siècle : elle niait l'Incarnation et n'attribuait au Christ qu'une apparence humaine. Elle niait donc la double nature du Christ vrai homme et vrai Dieu.

DOCTEUR DE L'ÉGLISE ■ Les catholiques donnent ce titre à des auteurs religieux qui répondent aux quatre critères suivants : sainteté de la vie, pureté de la doctrine, science remarquable et approbation de l'Église. Les Docteurs de l'Église se distinguent des Pères de l'Église, d'une part, par l'époque (les Pères de l'Église doivent avoir vécu avant le 15e siècle, même avant pour certains) et, d'autre part, par leur distinction par l'Église catholique (et non pas par toutes les Églises chrétiennes). Notons cependant que la distinction n'est pas parfaitement nette entre Docteurs et Pères de l'Église car les auteurs catholiques les plus stricts ferment la liste des Pères de l'Église au 4e siècle alors que pour les orthodoxes elle n'est toujours pas close. Parmi les plus connus, citons Thomas d'Aquin, François de Sales, Antoine de Padoue et le dernier (une dernière...), proclamé en 1997, Thérèse de l'Enfant Jésus et de la Sainte Face.

DOCTRINE ■ 1. Position de l'Église pour ce qui concerne l'univers, l'homme, les relations humaines, la morale, les fins dernières, etc. La doctrine constitue un système auquel le fidèle est invité à participer. Bien entendu, la doctrine n'est puissante que si l'Église possède un réel pouvoir, une véritable hiérarchie. C'est donc la doctrine catholique qui est la mieux élaborée. De nombreux papes, étendant la doctrine de l'Eglise au delà du spirituel, ont publié des encyclique concernant la doctrine sociale de l'Église (*Rerum Novarum, Quadregesimo anno, Mit brennender Sorge, Divini Redemptoris, Mater et Magistra*, etc.). 2. Saint Augustin appelait la théologie du nom de *Doctrina sacra*.

DOCUMENTAIRE (THÉORIE) ■ Théorie exégétique récente selon laquelle le Pentateuque proviendrait de quatre « documents » différents par leur âge et leur provenance. Ces quatre documents sont appelés « yahvistes » (parce que Dieu y est appelé YHVH), « élohistes » (Dieu y est appelé Élohim), « deutéronomistes » et « sacerdotaux » (car ils proviendraient de prêtres de Jérusalem) .

DODECAORTON ■ Dans les Églises orthodoxes, ensemble des icônes qui se rapportent aux douze grandes fêtes.

DOGEN ■ Fondateur (1200-1253), au Japon, de la tradition zen soto.

DOGME ■ Ensemble de vérités auxquelles le croyant est obligé d'adhérer. Le dogme est soit contenu dans la révélation divine (c'est, par exemple, un extrait d'un Livre saint) soit affirmé par un représentant autorisé de la religion (cas de l'Église catholique). Le dogme est caractéristique des religions monothéistes. L'enseignement du dogme est une des branches de la théologie.

DOGME (BOUDDHISME) ■ Bouddha a été très clair à ce sujet : il ne faut rien croire mais tout expérimenter. Et il a ajouté qu'il était inutile de se lancer dans des spéculations métaphysiques qui ne peuvent en rien aider pour le salut.

DOGME (CATHOLICISME) ■ Dans la religion catholique, le problème des articles de foi est assez simple car il existe une autorité suprême qui dit ce qu'il faut obligatoirement croire. L'église catholique a même érigé en dogme l'infaillibilité pontificale.

DOGME (ISLAM) ■ Dans la religion musulmane, c'est également simple car il suffit de croire qu'Allah est le Dieu unique et Mahomet son prophète (on demandera également au musulman de croire aux anges, etc., mais cela est accessoire).

DOGME (JUDAÏSME) Dans la religion juive, le problème du dogme est assez complexe car aucun texte de la loi écrite (Torah) ne précise exactement ce qu'il faut croire. On pourrait espérer que la demande de l'Éternel dans le Deutéronome 10,12 (« Et maintenant, ô Israël ! ce que l'Éternel, ton Dieu, te demande uniquement… » (Dt 10, 12) précise exactement le dogme ; il n'en est rien. En effet, Dieu demande à son peuple de le révérer, « de suivre en tout ses voies, de l'aimer, de le servir (...) en observant les préceptes et les lois du Seigneur » (Deutéronome 10, 12-13). Formulation bien vague mais qui explique déjà pourquoi les juifs orthodoxes sont surtout orthopraxes. Pour arriver, malgré tout, à formuler un dogme fondamental, les rabbins séparèrent dans les 613 commandements (ou *mitzvoth*) ceux qui concernaient la relation entre Dieu et l'homme… mais les commandements ne sont pas les croyances. C'est dans la prière quotidienne, *Chema Israël* (« Écoute Israël… »), qu'est énoncé le dogme essentiel de la religion juive : « Écoute, Israël : l'Éternel est notre Dieu, l'Eternel est Un ! » (Deutéronome 6, 4). Pourtant, cet énoncé est insuffisant car il ne distingue pas les juifs des caraïtes, des chrétiens ou des musulmans. C'est la raison pour laquelle, au Moyen Âge, plusieurs penseurs juifs, dont Maïmonide, se sont penchés sur l'énoncé d'un article de foi plus complet. Maïmonide est le plus complet (bien que dans ses principes il oublie le libre arbitre). Les treize principes de foi de Maïmonide sont récités dans les synagogues après l'office du matin.

DOIGT DE DIEU ■ Nom donné à la troisième personne de la Trinité, l'Esprit saint.

DOJO ■ Ce mot japonais signifie « le lieu de la Voie ». 1. À l'origine, c'était le lieu où Bouddha obtint l'Éveil. 2. En Europe, ce mot désigne aujourd'hui les endroits où se pratique la méditation zen (au Japon et aux USA, on parlera plus volontiers de *zendo*). 3. Ce mot est également associé aux arts martiaux où il désigne une discipline particulière (par exemple, l'aïkido, kendo, judo, etc.).

DOLORISME ■ Doctrine religieuse qui exalte la valeur et le pouvoir de la douleur offerte à Dieu.

DOMUS ECCLESIA ■ Maison privée dans laquelle les chrétiens, à l'époque des persécutions, disposaient d'un local pour dire la messe.

DON DES LARMES ■ Dans le christianisme, don que possèdent certaines personnes de laisser couler des larmes de joie, des larmes qui ne dépriment pas le cœur. Ces larmes surgissent suite à une sainte tristesse, c'est-à-dire comme la conséquence d'une tristesse inspirée par l'amour de Dieu lorsque ces personnes prennent conscience du fossé qui existe entre elles et Lui. Ces larmes, disent les théologiens chrétiens, peuvent éteindre les feux de l'enfer.

DONATISME ■ Hérésie de l'Église chrétienne africaine du 4e siècle. Le donatisme prétendait que le sacrement dépendait de la conduite morale de celui qui le confère

DORJE ■ Mot tibétain pour foudre (*vajra*). On notera que les moines tibétains tiennent le foudre de la main droite et la cloche de la main gauche.

DORMITION ■ Mort de la Vierge Marie. Court moment qui a précédé son Assomption. La Vierge Marie n'a pas connu l'agonie et son corps n'a pas connu la décomposition : il est monté directement au ciel. L'Église orthodoxe fête la Dorminition de la Vierge Marie alors que l'Église catholique fête son Assomption (15 août).

DOSA ■ Dans le bouddhisme, ce mot (haine) figure au centre de la roue de la vie.

DOUBLE RÉALITÉ (LA) ■ Ce concept bouddhique, très important, a été développé dans le Grand Véhicule pour répondre à certaines contradictions manifestes entre l'enseignement et la réalité quotidienne et aussi pour permettre aux laïcs de mieux participer à la Communauté, laquelle dans le Grand Véhicule n'est plus limitée aux moines mais est étendue aux laïcs. Le concept de double réalité distingue la vérité absolue de la vérité conventionnelle. La vérité conventionnelle est celle du sens commun, de la vie quotidienne faite d'actions, de désirs, de manifestations, de rites, etc. Elle fait partie de notre quotidien et elle seule permet d'arriver à la vérité ultime. La vérité absolue est la vérité ultime, celle à laquelle on ne parvient qu'après une longue discipline intellectuelle et méditative. Dans la vérité conventionnelle, les choses ont une réalité (on pourrait dire qu'elles sont tangibles) alors qu'elles sont vides au sens de la réalité absolue. Dans le cas de la pensée bouddhique, on peut, comme en mathématiques, considérer la vérité conventionnelle comme une hypothèse de travail. Quant à la connaissance de la vérité absolue elle n'est fournie qu'après un long travail intellectuel et aussi, ceci est primordial pour les bouddhistes, après une expérimentation personnelle. Bien entendu, cette notion de double réalité conduit à un certain nivellement des choses et c'est ainsi que, pour les bouddhistes du Grand Véhicule, il y a égalité entre le cycle des renaissances (*samsâra*) et le nirvâna ; alors que ces deux concepts étaient parfaitement opposés dans le bouddhisme premier.

DOUKHANE ■ Dans le Temple juif, estrade d'où les prêtres bénissaient le peuple.

DOUKHOBOR ■ Secte apparue en Ukraine au 18e siècle. Elle niait les mystères, refusait les sacrements et déclarait invalides certaines interdictions prescrites par le clergé orthodoxe (dont la consommation des laitages durant certaines périodes, d'où leur nom de « buveurs de lait »). Du point de vue littéral, la traduction serait le « lutteur en esprit ».

DOXAL ■ Petit meuble où l'on chantait les doxologies dans certaines églises catholiques.

DOXOLOGIE ■ Finale d'une prière consistant en une louange à la Sainte Trinité.

DRAPEAU BOUDDHIQUE ■ Le drapeau du bouddhisme est composé de six bandes verticales : les cinq premières bandes sont successivement peintes en bleu (symbole de la méditation), en jaune (symbole de la pensée juste), en rouge (symbole de l'énergie spirituelle), en blanc (symbole de la foi dans le Dharma) et en orange (symbole de l'intelligence). La sixième bande est découpée verticalement en cinq bandes.

DRILBU ■ Dans le bouddhisme tibétain, c'est le mot utilisé pour désigner des clochettes.

DROIT APODICTIQUE ■ Lois bibliques qui ne connaissent pas d'exceptions (par exemple Ex 20, 1-17 ou Dt 27, 15-26 ou encore Lv 18, 7-17).

DROIT CANONIQUE ■ 1. L'Église catholique possède deux droits canoniques : l'un pour l'Église latine et l'autre pour l'Église orientale. L'origine du droit canonique est très ancienne (influencée par le droit romain) mais le droit canonique catholique, influencé par le Code Napoléon, a connu trois évolutions majeures au 20e siècle sous la forme de véritables codes remplaçant les anciens Corpus. Les deux premiers codes concernent l'Église latine et le dernier, l'Église orientale. Le premier code date de 1917 (il s'appuie sur les travaux des conciles de Trente et de Vatican I), le second, de 1983 (il s'appuie sur les travaux de Vatican II) et le troisième, de 1990 (c'est le Code des canons de l'Église orientale). Le code de 1917 est aussi connu sous le nom de Code pio-bénédictin (commencé sous Pie X et promulgué par Benoît XV). Sans entrer dans les détails, signalons que le code de 1983 a supprimé un certain nombre d'injustices comme par exemple les discriminations entre les enfants légitimes et les enfants légitimés (qui ne pouvaient accéder à certaines fonctions hiérarchiques). Il a aussi rétabli les droits des enfants illégitimes qui, par exemple, ne pouvaient être admis au séminaire, etc. 2. L'Église orthodoxe possède des recueils qui servent pour le droit canon. Le recueil le plus récent est appelé Nomocanon en XIV chapitres. Les canons de l'Église orthodoxe présentent la particularité de contenir des textes de sources très diverses, y compris en provenance du pouvoir politique, d'où le nom de Nomocanon.

DROIT CASUISTIQUE ■ Droit biblique dont les lois ne sont applicables que dans certaines circonstances.

DROIT D'ASILE ■ Immunité accordée, en France jusqu'à la Révolution, à celui qui s'était réfugié dans une église ou un monastère. La tradition du droit d'asile remonte au concile de Sardique (en 344) et a été insérée dans le Code Théodosien.

DROIT D'ÉTOLE ■ Somme perçue par le clergé à l'occasion de certains actes du culte.

DROIT ISLAMIQUE ■ Pour résoudre les différents problèmes pratiques qui se posaient aux juges (*cadis*), les juristes utilisaient bien entendu toutes les ressources du Coran, de la Sunna (tradition) mais aussi leur interprétation personnelle de ces deux principales ressources. Ainsi, au fil des années, quatre écoles juridiques se constituèrent dans le monde sunnite (dans le monde chiite, d'autres règles furent utilisées, donnant lieu parfois à des oppositions très fortes entre chiites et sunnites). En gros, quatre sources furent prises en compte chaque fois qu'une décision devait être prise. Bien entendu, on ne passait à la source suivante que dans le seul cas où la source précédente n'apportait pas la solution : le Coran, la Sunna (les hadîths), le consensus général (*ijmâ*) et le raisonnement par analogie (*qiyâs*). Malgré la faible authenticité de la plupart des hadîths et les nombreuses contradictions de certains avec les versets du Coran, la jurisprudence musulmane estima le corpus des hadîths élaboré par les meilleurs savants (dont Boukhari et Muslim) comme authentique et en fit une des principales sources du droit. Rappelons que certains corpus contenaient des dizaines de milliers de hadîths ; ainsi, le juriste n'avait qu'à puiser celui qui lui convenait le mieux en fonction de ses convictions personnelles ou des intérêts du pouvoir en place. Un Coran difficile à interpréter, des hadîths peu fiables : les deux premières sources du droit ne possèdent guère les qualités pour séduire un juriste occidental. Qu'en est-il des deux autres ? On se rend aisément compte que le consensus général (au sujet duquel le Coran est par ailleurs muet) pose un véritable problème car aucune autorité ne représente réellement les musulmans (contrairement à ce qui se passe, par exemple, dans l'Église catholique) et, d'autre part, comment imaginer un consensus général dans un territoire qui, à une époque, couvrait l'Europe, l'Asie et l'Afrique ? En outre, ce prétendu consensus général n'a fait que tarir le foisonnement intellectuel des premiers siècles pour figer le droit dans un processus rigide où seule restait autorisée l'imitation mais non plus la réflexion. Le droit à la réflexion (*ijtihâd*) fut remplacé par le devoir d'imitation (*taqlîd*). Le raisonnement par analogie a, lui aussi, été source de problèmes et même de jugements particulièrement contestables même si les juristes ont toujours préféré une tradition faible à une analogie évidente... Malgré toutes ces difficultés, des adaptations furent nécessaires et, selon les cas, les époques et les systèmes politiques en place, les juristes mirent en avant « la considération d'intérêt public » (dans le système juridique malikite) ou encore la « préférence juridique » (dans le système hanafite). Ces diverses considérations ont amené les juristes des différentes écoles à prendre parfois des décisions tout à fait opposées. Étant donné le caractère très contraignant de la charia, la plupart des États islamiques se sont trouvés dans l'obligation d'organiser deux types de justice : d'un côté une justice religieuse et de l'autre une justice séculière. Il était, en effet, plus simple de laisser la charia abandonner, pour l'intérêt public, la pratique quotidienne plutôt que de lui imposer une refonte et des modifications que, par essence, elle ne pouvait admettre.

DRSTI ■ Dans le bouddhisme, c'est le mot utilisé pour désigner une fausse opinion.

DRUIDISME ■ Religion des druides.

DRUZES ■ Population partiquant un courant religieux détaché du chiisme ismaélien. Fondée au 11e siècle, la religion des druzes est à tendance ésotérique. Les druzes croient en la réincarnation et pratiquent, pour se protéger, la dissimulation. Actuellement, ils forment des communautés au Liban, en Syrie et en Israël.

DUALISME ■ Théorie selon laquelle le principe du bien et celui du mal seraient coéternels à la divinité. Cette théorie serait à la base du zoroastrisme (mazdéisme), du manichéisme, de la gnose, de certaines hérésies chrétiennes, etc. Elle se rencontre également chez les cathares, les bogomiles, les vaudois, etc.

DUHKHA ■ Dans le bouddhisme, la souffrance est la première des Quatre Nobles vérités et l'une des trois caractéristiques de l'existence. Le Bouddha a énoncé huit types de souffrances qui sont la naissance (le support de toutes les autres souffrances), la vieillesse (à cause de la dégradation due au temps), la maladie, la mort, l'union à qui l'on n'aime pas, la séparation de qui on aime, la frustration de ne pas obtenir ce qu'on désire et les cinq agrégats d'attachement (à cause du déséquilibre qu'ils provoquent constamment). Les bouddhistes décrivent les trois types de souffrance suivantes : la souffrance réelle, la souffrance du changement, la souffrance continue. Après avoir identifié ce qu'était la souffrance, Bouddha, comme un médecin, s'intéresse à sa cause pour ensuite en annoncer la guérison et, au final, proposer le remède qui convient. Ce discours sur la souffrance est le premier discours de Bouddha, celui des Quatre Nobles Vérités qu'il prononça à Bénarès. En résumé, le discours sur les Quatre Nobles Vérités (*arya satya*) se résume à poser un diagnostic : la douleur (*duhkha*) est partout présente du fait de l'impermanence des choses ; une étiologie : le désir (la soif) est à l'origine du cycle des réincarnations (*samsâra*) et donc de la chronicité de la douleur ; un pronostic : il est possible de rompre la chronicité de la douleur ; la cessation des causes permet de quitter le cycle des réincarnations (*samsâra*) pour entrer dans le nirvâna ; un traitement : il consiste à observer les directives de l'Octuple chemin. Le mot *duhkha* est traduit habituellement par douleur ou souffrance mais c'est en limiter la portée et, peut-être, égarer le lecteur qui n'a pas conscience de souffrir et ne voit donc pas en quoi le discours de Bouddha le concerne. En réalité, le mot *duhkha* signifie, plus exactement, insatisfaction, déséquilibre, non-satiété. Si tout un chacun ne souffre pas, l'insatisfaction (de quelque nature qu'elle soit), par contre, est bien plus largement distribuée. Cette insatisfaction s'accompagne de soif, de désirs divers, de convoitise, de passions, de jalousie, tous sentiments qui sont à la source d'une nouvelle insatisfaction puisque tout est impermanent. Ainsi, par la quête d'un plaisir qui engendre immanquablement une insatisfaction, la boucle est bouclée ; le seul moyen de quitter le cercle vicieux du désir qui engendre le désir est de ne plus désirer. Équation difficile à résoudre mais à laquelle on peut parvenir en quittant le domaine de l'ignorance, en prenant refuge dans le bouddhisme et en pratiquant la méditation. En effet, l'instabilité permanente à laquelle est soumis l'homme insatisfait produit une véritable agitation mentale, véritable fatigue psychique, laquelle ne peut trouver le repos que dans la méditation.

DULIE ■ Mot signifiant soumission (du grec *douleia*). On utilise ce mot pour décrire le culte de vénération rendu aux anges et aux saints (culte de dulie) et à la Vierge Marie (hyperdulie). Signalons que le mot *muslim* (musulman) signifie « se soumettre ». Les musulmans se soumettent à Dieu. Les chrétiens se soumettent aux saints, aux anges et à la Vierge Marie (culte de dulie) mais ils « adorent » Dieu (culte de latrie).

DUNHUANG ■ Ville de Chine, c'est la dernière étape de la route de la soie. On y a découvert dans les grottes de Mogao des milliers de thangkas et de documents bouddhiques datant du 5e siècle.

DUNMEH ■ Secte composée des héritiers du mouvement messianique et kabbalistique fondé par Sabbatai Tsevi. Le nom *Dunmeh*, c'est-à-dire « convertis » leur fut donné par les Turcs lorsqu'ils se convertirent collectivement à l'islam tout en pratiquant le judaïsme en cachette. Alors que les Dunmeh gardaient le secret absolu sur leurs prières, on a eu la surprise de constater, en 1942, grâce à la découverte d'un livre de prière, que leurs prières étaient les prières juives authentiques mais avec quelques modifications mineures.

DUNYA ■ Dans l'islam, c'est le mot qui désigne la vie sur terre (par opposition à la vie dans l'au-delà).

DUODÉCIMAINS. ■ Secte musulmane chiite dominante en Iran. Elle vénère 12 *imâms*. Le 12e, *Muhammad al-Mahdi*, disparaît jeune, en 873. La plupart des chiites croient qu'il est « endormi » et reviendra à la fins de temps. C'est le Mahdi. Ces chiites portent également le nom d'imâmites.

DVADASABUDDHAKARYA ■ Dans le bouddhisme, c'est le mot utilisé pour désigner les Douze Actes de Bouddha.

DVADASADHARMAPRAVACAMA ■ Dans le bouddhisme, c'est le mot utilisé pour désigner la Collection de douze textes de la loi.

DVARAPALA ■ Dans le bouddhisme, déité placée comme gardienne à l'entrée des temples bouddhistes.

DVESA ■ Dans le bouddhisme, c'est le mot utilisé pour désigner la haine.

DVIJKI ■ Dans l'iconographie orthodoxe, petits coups de pinceau que donne le peintre pour accrocher la lumière sur les visages (le mot, en russe, signifie peigne).

E

ÉBIONITES ■ Mot hébreu signifiant « pauvres ». Mouvement religieux judéochrétien des premiers temps du christianisme. Les ébionites refusent les écrits de saint Paul (accusé par eux d'apostasie), rejettent l'existence divine de Jésus « pur homme », se font circoncire, respectent tous les commandements du judaïsme et font l'apologie du « Sermon sur la montagne ».

ECCE HOMO ■ Parole de Pilate présentant le Christ, vêtu du manteau de pourpre et portant la couronne d'épine, aux Juifs.

ECCLESIA ■ 1. Ce terme a été utilisé par les traducteurs juifs de la Bible d'Alexandrie (bible en langue grecque aussi appelée la Septante) pour désigner le peuple de Dieu dans le désert. 2. Par la suite, les chrétiens ont adopté ce terme pour signifier qu'ils sont le nouveau peuple de Dieu. 3. Enfin, dès le second siècle, il désigne le lieu de réunion des chrétiens. 4. Aujourd'hui, il désigne également une communauté de pensée ou de liturgie.

ECCLÉSIASTE ■ Un des livre sapientiaux de l'Ancien Testament rédigé vraisemblablement vers le milieu du 3e siècle avant l'è.c. L'auteur se désigne lui-même sous ce nom mais la tradition parle plus volontiers de l'Ecclésiaste (à ne pas confondre avec l'Ecclésiastique, un livre apocryphe). Certains assimilent aussi l'Ecclésiaste (aussi appelé Qohéleth) à Salomon mais en réalité nous ne savons rien sur l'auteur si ce n'est qu'il voulait profiter pleinement de sa courte vie mais finit par se poser quantité de questions sur la vanité des choses.

ECCLÉSIASTIQUE ■ Un texte deutérocanonique (ne faisant donc pas partie du canon hébraïque) écrit vraisemblablement deux siècles avant l'è.c. par un Juif d'Alexandrie. Ce livre porte le nom d'Ecclésiastique ou de Siracide (ceci parce qu'il a été édité par un fils de Ben Sira). Cet ouvrage comprend de nombreux aphorismes, proverbes et dictons. Du fait de son rôle éducatif dans le domaine des mœurs, il a été appelé en latin *Liber Ecclesiasticus* (c'est-à-dire l'Ecclésiastique). Signalons au passage que certaines parties, très anciennes, ont été découvertes dans la Genizah du Caire (la Genizah étant un endroit spécial de la Synagogue où les juifs entassaient, siècle après siècle, les textes sacrés qui ne pouvaient être détruits) et d'autres à Qoumran. Aujourd'hui, les exégètes ont tendance à réévaluer l'importance de ce texte pour la connaissance de l'évolution des sectes juives.

ÉCOLES JURIDIQUES DE L'ISLAM ■ Dans l'islam, on désigne par écoles juridiques les diverses interprétations « canoniques » de la charia ou loi religieuse. Pour leurs interprétations de la loi (charia), les juristes se fondent sur le Coran et sur la Tradition du Prophète (hadîths). Il existe une différence essentielle entre les écoles juridiques sunnites et chiites. Alors que les écoles sunnites ont toutes déclaré la fin de l'interprétation personnelle du Coran (« la fermeture de la porte de l'*ijtihâd* »), ce n'est pas le cas des écoles juridiques chiites, pour lesquelles l'interprétation personnelle est toujours valide (pour autant, bien entendu, que ce soit celle d'un éminent docteur de la loi). Toutes ces écoles juridiques traduisent la volonté d'Allah. Puisque ces écoles sont réputées orthodoxes, toutes les interprétations sont également valides. Les quatre écoles juridiques de l'islam sunnite ont été créées aux environs des années 800 et l'interprétation des textes a définitivement été fixée durant les 9e-12e siècles. Après cette date, toute nouvelle interprétation devenait impossible. Dès lors, ce sont toujours les explications et interprétations de savants du 9e siècle concernant des textes du 7e siècle qui déterminent la Loi des musulmans. On comprend que cela puisse poser problème ! Les quatre écoles juridiques ont pour nom celui de leur fondateur. Elles se basent toutes sur un concept apparu assez tôt dans l'islam : celui du consensus. Comme on le sait, les sources principales du droit sont le Coran et la Sunna. Dans le cadre de l'élaboration d'une loi, il a été décidé, très tôt, en Islam, que l'acceptation ou le refus de certaines des traditions du Prophète — exprimées, par exemple, dans les hadîths — devaient se faire par le consensus des savants. C'est ce consensus « local » qui est à l'origine des différentes écoles juridiques. Dès lors, pour être plus complet, il faut préciser que le droit islamique repose sur le Coran, la Sunna et le consensus des savants (un quatrième pilier est le raisonnement par analogie). Suite à des circonstances historiques, ces quatre écoles juridiques sont actives dans différentes zones géographiques de l'Islam. Les quatre écoles juridiques actives, aujourd'hui encore, sont : l'école juridique malikite (malikisme), l'école juridique chaféite (chaféisme), l''école juridique hanafiste (hanafisme) et l'école juridique hanbalite (hanbalisme). Une cinquième école, le zâhirisme, a disparu.

ÉCRITS ∎ Livres de la Bible (Ancien Testament). Ils portent également le nom d'Hagiographes. En hébreu, ils portent le nom de *Ketouvim*. Ici, il ne s'agit plus de l'histoire du peuple juif mais d'écrits divers qui mêlent tous les genres : de la poésie

aux prophéties eschatologiques. C'est dans les Écrits que figure le très célèbre Cantique des Cantiques. Plusieurs de ces livres sont lus à la synagogue à l'occasion des fêtes religieuses. Les principaux livres des Écrits sont : les Psaumes, les Proverbes, le Livre de Job, les Lamentations (elles sont récitées à Tichah be Av), l'Écclésiaste (il est récité à Souccoth), le Livre de Ruth (récité à Chavouoth), le Livre d'Esther (récité à Pourim), le Cantique des Cantiques (récité à Pessah), le Livre de Daniel. le Livre d'Ezra (connu, en français, comme Esdras), le Livre de Néhémie, les deux livres des Chroniques.

ÉCRITS INTERTESTAMENTAIRES ∎ Écrits à caractère biblique produits dans la période entre les deux testaments (c'est-à-dire deux siècles avant ou après l'ère commune).

ÉCRITURE HÉBRAÏQUE ∎ L'hébreu biblique connaissait les mêmes problèmes que l'arabe : il était possible de lire un même mot de plusieurs manières (et ainsi lui donner plusieurs sens). De nombreux essais furent tentés pour remédier à cette *scriptio defectiva*. Le plus abouti (celui qui est encore utilisé aujourd'hui) est dû à des rabbins de Tibériade, les Massorètes, qui notaient sept timbres vocaliques. Voir aussi Vocalisation.

ÉCRITURES (LES -) ∎ Pour les chrétiens, c'est l'ensemble des textes de l'Ancien et du Nouveau Testament.

ECTÉNIE ∎ Dans la liturgie orthodoxe, évocation à haute voix, par l'officiant, d'une liste de saints.

ECTHÈSE ∎ En langage théologique, synonyme de profession de foi.

ECTOPHÈNE ∎ Dans l'Église orthodoxe, brève formule de doxologie (glorification) trinitaire toujours prononcée à voix haute.

EDEN (GAN) ■ Chez les juifs, c'est le jardin, le paradis, où vécurent Adam et Ève avant la faute.

ÉDIT DE NANTES ■ Octroi, le 13 avril 1598, par Henri IV de France d'une charte des libertés et privilèges aux protestants. Privilège énorme, eu égard à la situation religieuse dans le monde, les protestants de France étaient libre de pratiquer leur foi. Ce privilège fut révoqué par Louis XIV en 1685.

ÉDIT SANGLANT ■ Acte en « Six articles » publié en 1539 sur ordre d'Henri VIII d'Angleterre. Séparé de Rome, il y affirme cependant des positions strictement catholiques : chasteté et célibat obligatoire du clergé, validité de la confession, affirmation de la transsubstantiation lors de la communion, autorisation des messes privées, limitation de la communion sous les deux espèces aux seuls prêtres. Les opposants catholiques sont pendus et les hérétiques protestants brûlés.

ÉGLISE ARMÉNIENNE APOSTOLIQUE ■ Église fondée dès le 3e siècle, elle est dirigée par un patriarche indépendant. En rupture avec Rome depuis le concile de Chalcédoine (451), non inféodée aux orthodoxes, elle continue une vie indépendante ayant ses propres traductions des textes saints et une liturgie personnelle. Elle est dirigée par un patriarche qui porte le titre de « Catholicos de tous les Arméniens ». Quelques membres de cette église se sont ralliés à Rome pour former l'Église arménienne uniate.

ÉGLISE ASSYRIENNE CATHOLIQUE ■ Une des Églises catholiques orientales. D'origine nestorienne, cette église n'admet que les deux premiers conciles. Jusqu'en 1994 (date de son rapprochement avec Rome), elle n'était en communion avec aucune autre Église.

ÉGLISE CATHOLIQUE ■ Ensemble des chrétiens et des Églises « gouvernés par le successeur de Pierre et les évêques en communion avec lui » (canon 204). Dans l'Église catholique, on distingue l'Église latine (qui dépend du patriarcat de Rome, utilise la liturgie latine et est sujette au Code de Droit canon de 1983) et les Églises orientales qui dépendent d'un des quatre patriarcats orientaux (Antioche, Jérusalem, Alexandrie, Constantinople), utilisent une liturgie orientale (byzantine, copte, syrienne) et respectent le Droit canonique réservé aux Églises orientales (promulgué en 1990). Les Églises orientales catholiques sont – à l'exception des Maronites (qui ne se sont jamais séparés de Rome) – des Églises Uniates car après avoir rompu la communion avec Rome elles sont revenues dans son sein, tout en conservant leurs rites.

ÉGLISE CATHOLIQUE ÉTHIOPIENNE ■ Une des Églises catholiques orientales. Elle est revenue à Rome au 16e siècle. Cette Église fut fondée au 4e siècle par le Syrien Frumence. Elle garde encore beaucoup de pratiques de l'Ancien Testament : circoncision, interdits alimentaires, respect du chabbat, etc. Aux catholiques qui leurs reprochent le respect du chabbat, les éthiopiens répondent que le chabbat et le dimanche sont inséparablement liés : le samedi le Christ s'est reposé dans sa tombe pour ne ressusciter que le dimanche. D'ailleurs, le jour du chabbat ils célèbrent l'eucharistie et font un repas.

ÉGLISE CHALDÉENNE CATHOLIQUE ■ Une des Églises catholiques orientales. Église qui possède deux branches : l'une en Irak et l'autre en Inde (Église malabare). Elle s'est rapprochée de Rome en 1830.

ÉGLISE COPTE CATHOLIQUE ■ Une des Églises catholiques orientales. Elle remonte au 5e siècle et professe le monophysisme (qui, niant sa nature humaine, ne reconnaît qu'une nature au Christ). Une branche est toujours monophysite et a pour patriarche le pape d'Alexandrie, une branche est entrée en communion avec Rome à la fin du 19e siècle.

ÉGLISE DE JÉSUS-CHRIST DES SAINTS DES DERNIERS JOURS ■ Voir Mormons.

ÉGLISE MALABARE CATHOLIQUE ■ Une des Églises catholiques orientales. Son origine remonte à saint Thomas. Elle a rejoint Rome en 1930.

ÉGLISE MARONITE ■ Une des Églises catholiques orientales. Héritière des moines du monastère de Saint-Maroun (sur les rives de l'Oronte), l'Église maronite était monothéliste (ne reconnaissant au Christ qu'une seule volonté) mais a renoncé à cette hérésie au 12e siècle. C'est la seule Église orientale à n'avoir jamais rompu avec Rome (elle n'est donc pas « uniate » comme les autres Églises catholiques orientales).

ÉGLISE MELKITE ■ Une des Églises catholiques orientales. Restée fidèle au concile de Chalcédoine (451), l'Église melkite est revenue à Rome en 1759.

ÉGLISE POUR L'UNIFICATION DU CHRISTIANISME MONDIAL ■ Dénomination officielle de la secte Moon.

ÉGLISE SYRIENNE CATHOLIQUE ■ Une des Églises catholiques orientales. Elle est revenue à Rome au 17e siècle.

ÉGLISE TRIOMPHANTE ■ Dans la terminologie du christianisme, l'Église triomphante rassemble l'ensemble des élus ; l'église militante, l'ensemble des fidèles en vie et l'Église souffrante, toutes les âmes mortes en attente du salut.

ÉGLISES CATHOLIQUES ORIENTALES ■ Elle sont au nombre de vingt et une à être catholiques et à ne pas pratiquer les rites latins. Certaines sont dites uniates car revenues à Rome après un passage par une hérésie chrétienne (nestorianisme, monophysisme, monothélisme) ou l'adoption de la foi orthodoxe ; d'autres, plus rares (les maronites), sont toujours restées fidèles à Rome. Les églises catholiques orientales, classées selon le rite pratiqué, sont les suivantes : rite alexandrin (Église copte, Église éthiopienne) ; rite antiochien (Église maronite, Église syrienne, Église malankare) ; rite arménien (Église arménienne) ; rite chaldéen (Église chaldéenne, Église syro-malabare) ; rite constantinopolitain (Église melkite, Église grecque, Église russe et toutes les autres Églises des anciens pays de l'Est).

ÉGLISES DES TROIS CONCILES ■ On désigne ainsi les Églises qui se sont opposées aux conclusions du concile de Chalcédoine (en 451), lequel affirme les deux natures distinctes du Christ (vrai Dieu et vrai homme). Ces Églises, qui n'admettent que les trois premiers conciles, sont aussi appelées anti-chalcédoniennes (ou pré-chalcédoniennes). Ce sont toutes des Églises orientales. Pendant longtemps ces Églises ont été qualifiées de monophysites (adeptes d'une seule nature ; ce qui nie, d'une certaine manière, la nature humaine du Christ) mais aujourd'hui, on préfère parler d'Églises miaphysites (les deux natures coexistent sans qu'il y ait égalités entre elles). Ces Églises sont : l'Église copte orthodoxe, l'Église éthiopienne orthodoxe, l'Église érythréenne orthodoxe, l'Église syriaque orthodoxe, l'Église syro-malankare orthodoxe, l'Église malankare orthodoxe, l'Église apostolique arménienne et l'Église orthodoxe britannique. Rappelons que la position actuelle des Églises chrétiennes concernant la Trinité est : une seule substance, trois personnes (hypostases) et deux natures distinctes pour le Fils.

ÉGLISES LUTHÉRIENNES ■ Elles sont réunies dans la Fédération luthérienne mondiale. Sept écrits résument la doctrine luthérienne : *Petit Catéchisme* (de Luther), *Grand catéchisme* (de Luther), *Confession d'Augsbourg*, *Apologie de la confession d'Augsbourg*, *Traité sur le pouvoir et la primauté du pape* (de Melanchthon), *Articles de Samalkalde* et *Formule de Concorde*.

EHI-PASSIKA ■ Nature de l'enseignement du Bouddha, laquelle est une invitation à « venir voir » et non un commandement à « venir croire ».

EIHEI DOGEN ■ Le fondateur de l'école zen Sôto (basée sur la méditation).

EL ■ El est le terme générique pour désigner Dieu. Plusieurs noms de Dieu sont formés à partir de cette racine (Eloha, Elohim, Elohaï). Ces différents noms désignent une qualité de Dieu (El elyon, « El Très Haut » ; El olam, « El du Monde » ; El berit, « El de l'Alliance »). Il est utilisé également dans des noms comme Israël, Samuel, Ismaël, etc.

ELCHE ■ Chrétien converti à l'islam.

ELÉOUSA ■ Dans l'iconographie orthodoxe, c'est un type d'icône de la Mère de Dieu dite « Vierge de Tendresse » où s'exprime un rapport de tendresse entre la divinité (représentée par le Christ) et le genre humain (représenté par sa mère).

ÉLÉVATION ■ Dans la liturgie catholique, geste par lequel le prêtre, après la Consécration, élève l'hostie et le calice pour les montrer aux fidèles.

EL-GHAZÂLI (ABÛ HAMID) ■ Le plus illustre représentant du soufisme. Théologien, juriste et philosophe, Ghazâli (décédé en 1111) réconcilia le soufisme avec le sunnisme et la charia en étudiant scrupuleusement le Coran et la Sunna. Partisan de l'abandon total au père spirituel, il utilise divers procédés (jeûne, retraite, musique, danse, etc.) pour accéder à l'extase mais reste prudent quant à l'interprétation de la fusion mystique avec Dieu. Particulièrement sensible aux expériences des mystiques chrétiens, il avoue : « le christianisme serait l'expression absolue de la vérité, n'étaient son dogme de la Trinité et sa négation de la mission divine de Mahomet ». Mis à l'index par certaines écoles musulmanes (dont les hanbalites et leurs affidés, les wahhabites), il n'en est pas moins considéré par l'islam comme l'un de ses prestigieux docteurs.

ÉLIE ■ 1. Prophète juif qui, d'après la tradition, monta au ciel, emporté par un tourbillon, sur un char et des chevaux de feu. Il est devenu un personnage très important dans l'imaginaire juif, les prières et la liturgie juives. En effet, n'étant jamais mort, il continue à enseigner aux sages (certains livres – Midrash – lui sont attribués) et peut revenir sur terre en cas de nécessité (par exemple, pour former le 10ᵉ manquant du quorum nécessaire pour la prière collective). Ainsi, dans la tradition juive : il est invité à toutes les circoncisions ; il a sa place à table pour le chabbat ; il annoncera la venue du Messie ; il lui est réservé un siège et un verre à la table du *Sédèr* de Pâque ; il lui est gardé une porte ouverte lors de toutes les fêtes ; à la fin des temps, il résoudra tous les problèmes de loi non résolus (*tyku*) et réconciliera parents et enfants. Le prophète est invité traditionnellement à de nombreuses fêtes et à toutes les circoncisions (d'où la présence de son siège). Cette coutume provient de ce qu'Élie s'était plaint à Dieu en ces termes : « les enfants d'Israël ont répudié ton alliance, renversé tes autels... » (1 Rois 19, 10). 2. Dans le monde musulman, Elie porte le nom de

Ilyâs et est assimilé à Khezr, l'initiateur de Moïse dont il est question dans le Coran (18, 59-81). Un culte populaire s'est également développé autour de lui.

ELKHASAÏSME ■ Secte gnostique judéo-chrétienne du second siècle. Cette secte rejette certaines parties du Nouveau Testament et puise à sa guise dans l'Ancien Testament. Elle affirme que le Christ était déjà né d'une vierge antérieurement (il naît et renaît – la première fois sous la forme d'Adam – mais est pourtant un homme comme les autres). Elle autorise l'apostasie en cas de nécessité (apostasie de bouche mais non de cœur). Elle rejette la plupart des rites et des sacrements (sauf le baptême) mais insiste sur une morale très stricte (nombreux interdits alimentaires, etc.). Il est intéressant de noter la chaîne qui relie l'elkhasaïsme à saint Augustin. Mani, le fondateur du manichéisme, était un membre de la secte des Elkhasaïtes. Saint Augustin, lui, a été jusqu'à un âge avancé un fidèle du manichéisme.

ÉLOHIM ■ Un des noms de Dieu dans l'Ancien Testament, sans doute le plus ancien. C'est le nom utilisé lorsque Dieu procède au jugement (« din »).

ÉLU ■ Choisi par Dieu.

ÉMACIPATION DES JUIFS ■ C'est l'accession des Juifs à l'égalité des droits. Du fait de l'émancipation, les Juifs ne sont plus traités, dans les pays chrétiens et musulmans, comme des sujets de seconde zone. Cette émancipation, qui en quelques années s'est étendue à tout le monde occidental pour, enfin, atteindre l'Orient (avec la suppression du statut de dhimmi) a eu, avec la disparition des ghettos, une influence énorme sur l'organisation du monde juif. Pour la première fois, les conditions nécessaires à la sécularisation et à l'assimilation apparaissent. Plusieurs dates importantes jalonnent cette émancipation : 1787 (la Constitution américaine supprime toute discrimination religieuse), 1791 (la Révolution française accorde aux Juifs l'égalité des droits et décrète l'émancipation), 1807 (Napoléon convoque un Grand Sanhédrin), 1796 (la Hollande décrète l'émancipation des Juifs), 1831 (la Belgique décrète l'émancipation des Juifs suivie en cela par d'autres pays), 1878 (le Congrès de Berlin déclare que l'émancipation des Juifs est la condition à la reconnaissance des nouveaux États balkaniques), 1917 (la Révolution russe libère les Juifs).

ÉMANATION ■ Théorie selon laquelle le monde au lieu d'être une création directe de Dieu procède bien d'un principe premier mais par l'intermédiaire d'un dieu créateur. Cette théorie a fortement influencé les gnostiques (dieu démiurge), se retrouve dans la kabbale (Ein Sof, le Dieu infini et ses émanations, les séfiroth), dans la théologie de saint Grégoire de Palamas (bien qu'il n'y soit pas fait allusion à la création mais simplement aux manifestations énergétiques de Dieu) et dans l'encratisme (voir ce mot).

EMBLOQUIER ■ C'est couvrir de blocs de pierre. Cette pratique était utilisée dans l'Église catholique pour recouvrir la dépouille d'un excommunié privé d'un enterrement ecclésiastique.

ÉMIR ■ Chez les musulmans, ce titre est attribué à quiconque possède un poste de commandement plus ou moins important. Le plus important étant le calife (« émir des croyants »).

EMMANUEL (CHRIST) ■ Nom habituellement donné au Christ lorsqu'il est représenté en adolescent imberbe aux cheveux bouclés (type hellénistique du Christ). Ce Christ représente le Verbe éternel de Dieu avant même la création de l'Univers (c'est la raison pour laquelle il est représenté très jeune).

EMPREINTES DES PIEDS DE BOUDDHA ▪ Les empreintes des pieds de Bouddha (*buddha-pâda*) sont vénérées dans tous les pays bouddhiques mais principalement dans les régions pratiquant le bouddhisme du Petit Véhicule. En règle générale, les pieds sont représentés de manière très schématique et tous les orteils ont plus ou moins la même longueur. On trouve généralement un *cakra* (c'est-à-dire une roue représentant la Loi bouddhique) au centre de la plante du pied. Parfois aussi les signes distinctifs des Bouddhas (32 ou 108) sont aussi représentés ou écrits dans une sorte de damier.

ENCÉNIE ▪ Dans la liturgie byzantine, dédicace d'une église qui devient alors un lieu sacré.

ENCHÂSSER ▪ Mettre (des reliques) dans une châsse.

ENCOLPION ▪ Dans la liturgie de l'Église orthodoxe, croix ou icône portée sur la poitrine par le clergé supérieur.

ENCRATISME ▪ Théorie selon laquelle le corps et la matière ayant été créés par un Dieu mauvais (le démiurge), il faut rester « maître de soi » et pratiquer une ascèse rigoureuse. Cette théorie a connu une grande popularité durant les quatre premiers siècles de notre ère tant chez les juifs que chez les chrétiens (Tatien et Sévère), et chez les manichéens et les gnostiques.

ENCYCLIQUE ▪ Lettre circulaire dans un environnement chrétien. Sa tradition remonte aux Pères de l'Église ; aujourd'hui, elle est réservée au pape s'adressant aux évêques ou à toute la catholicité. En règle générale, l'encyclique n'a pas pour rôle de préciser un dogme ou de définir une vérité de foi mais cela ne lui est pas interdit. Ainsi, contrairement à une opinion souvent entendue, le contenu d'une encyclique ne s'impose pas aux croyants comme un article de foi.

ENDURA ▪ Chez les Cathares, suicide par inanition afin de séparer plus vite l'âme du corps.

ÉNERGIES DIVINES ▪ Ce sont les moyens par lesquels Dieu se fait connaître à nous. Les énergies incréées font partie de la théologie orthodoxe (théologie de saint Grégoire Palamas) ainsi que de la kabbale (voir Séphiroth).

ÉNERGUMÈNE ▪ Personne possédée par le démon.

ENFANT DE CHŒUR ▪ Dans la liturgie catholique, enfant qui assiste le prêtre durant la messe.

ENFERS ▪ Lieux destinés au supplice des damnés. Alors que la religion chrétienne et certains courants du bouddhisme font une description très complète des Enfers, ceux-ci préoccupent assez peu les musulmans (qui préfèrent s'occuper des joies du paradis) et les juifs (le mot géhenne = enfer) est très rare dans l'Ancien Testament) Ainsi, les sadducéens nient son existence alors que les pharisiens croient au châtiment éternel.

ENFERS BOUDDHIQUES ▪ Ces enfers appartiennent au bouddhisme depuis les temps les plus anciens mais leurs descriptions et emplacements se sont enrichis au cours des siècles. Il est cependant utile de noter que les enfers font partie de l'héritage intellectuel de tous les Indiens et qu'on en trouve une description quasi identique dans les autres religions indiennes (hindouisme, jaïnisme). Les enfers, comme les paradis, sont des lieux de transition, même si le séjour peut y être relativement long. Dans le bouddhisme, ni dieux ni diables ne sont éternels, ils ne sont qu'une des étapes de la transmigration des hommes. Selon les actions (ou plus exactement selon la volonté des actions, car dans le bouddhisme ce qui compte ce n'est pas tant le résultat que la volition) fournies durant la vie, la renaissance s'effectue dans l'un des six états possibles mais, rappelons-le une fois encore, pour entrer dans le nirvâna, il faut renaître d'abord comme humain (et, plus précisément, comme mâle selon la doctrine du bouddhisme du Petit véhicule). Pour le bouddhisme « orthodoxe », les enfers, comme les paradis, sont des états de conscience même s'ils sont perçus dans le bouddhisme populaire comme des lieux géographiques. Néanmoins, il n'est pas rare de lire dans certains textes « orthodoxes » que le corps lors de la renaissance dans un enfer ou un paradis ne sera pas de même nature que celui qu'on avait sur terre, que le paradis (par exemple celui d'Amida) n'est peuplé que d'hommes (Amida ayant fait le vœu que toutes les femmes qui invoquent son intervention renaîtront sous forme d'homme, seule voie pour parvenir au nirvâna), etc. On comprend, dès lors, que ces concepts ont évolué au cours des âges et des lieux et qu'il n'existe plus aujourd'hui de position claire à ce sujet : chacun étant libre de croire ce qu'il veut ! Ce qui est d'ailleurs le cas pour l'ensemble du corpus bouddhique.

ENNÉATEUQUE ■ Mot grec désignant les neuf premiers livres de la Bible.

ENO ■ Le sixième patriarche du bouddhisme zen (*chan*). Le jeune Eno était pauvre et ne savait ni lire ni écrire. Entendant, un jour, une personne réciter *Le Sûtra du Diamant*, il fut bouleversé et s'éveilla. Il décida alors de devenir moine et devint le sixième patriarche du chan. Bien avant de devenir patriarche, alors qu'il n'était encore qu'un jeune moine, on lui lut un poème considéré comme excellent : *Notre corps est comme l'arbre de la Bodhi L'esprit est comme le miroir précieux. Aussi devons-nous chaque jour l'épousseter Afin que la poussière ne s'y dépose pas.* Eno fut scandalisé par ce poème qui, d'après lui, ne reflétait absolument pas l'essence du zen et il le modifia : *Il n'y a pas d'arbre de la Bodhi Ni de miroir précieux Tout est vacuité Où donc la poussière pourrait-elle se déposer ?* Toute l'essence du zen (et même du mahâyânisme) n'est-elle pas exprimée dans ce court poème ?

ENSAÏ ■ Le fondateur de l'école zen Rinzaï (basée sur le zazen, le mondo, les koans – voir à ces différents mots).

EN-SOF ■ L'Infini. C'est le Dieu des kabbalistes. Dieu est parfois appelé simplement Adonaï : c'est-à-dire mon Seigneur, mon Maître. Pour les kabbalistes, le Dieu caché, celui qui n'est pas concevable par l'esprit humain, porte le nom de En-Sof (= infini). Il y a très peu de discussions à son sujet dans la kabbale puisque n'étant pas concevable par l'esprit humain, il n'y a rien à en dire. Par contre, Dieu se manifeste par des émanations, lesquelles représentent sa divinité : ce sont les *Séfiroth*. Chacune des *Séfiroth* est désignée par un nom et occupe une place dans l'arbre des *Séfiroth*. Les unes sont disposées à gauche, les autres à droite, les unes sont féminines et les autres masculines. Il s'agit d'un système anthropomorphique extrêmement complexe qui a été très critiqué car, bien qu'il prêche un monothéisme pur, son système des dix Séfiroth pourrait donner à penser le contraire (exactement comme la Trinité du christianisme n'est pas comprise comme un monothéisme par les juifs et les musulmans... et même par certains mouvements chrétiens aujourd'hui presque disparus, comme, par exemple, les unitariens).

ÉON ▪ 1. Dans le gnosticisme, les éons représentent des « entités » (des « mondes » ou des « périodes »). 2. Pour les bouddhistes, voir Kalpa.

ÉPARCHIE ▪ Équivalent d'un diocèse dans les églises orientales.

ÉPECTASE ▪ 1. Effort de l'homme vers Dieu. Pour certains Pères, c'est l'état éternel des élus, lequel est caractérisé par une croissance infinie dans la béatitude sans jamais atteindre la satiété. Selon Grégoire de Nysse (4e siècle), c'est un désir qui dépasse le monde et tourne l'homme vers Dieu dans une ascension sans fin. 2. Il est à noter qu'aujourd'hui le mot signifie « mort dans l'orgasme » ou tout simplement l'orgasme (c'est le seul sens repris dans le dictionnaire de *l'Encyclopedia Universalis* 11, 2006). Ceci depuis qu'à la suite de la mort d'un haut personnage religieux, décédé dans les bras d'une prostituée, l'Église publie le communiqué suivant : « [c'est] dans l'épectase de l'Apôtre qu'il est allé à la rencontre du Dieu Vivant ».

EPHPHTEA ▪ Mot araméen signifiant « ouvre-toi ». Geste liturgique pratiqué par le prêtre lors du baptême. Il touche les oreilles et la bouche du catéchumène en disant « Ephphtea, pour proclamer de bouche la foi reçue par l'oreille ».

ÉPICLÈSE ▪ C'est une invocation à l'Esprit-Saint soit au cours de l'office divin, soit au moment de l'administration d'un sacrement (c'est cette invocation qui donne au sacrement son pouvoir).

ÉPIGONATION Dans la liturgie de l'Église orthodoxe, losange d'étoffe brodée porté à la hauteur des genoux par les membres du clergé supérieur de l'Église.

ÉPIKIE ▪ Application bienveillante de la loi. L'épikie est appliquée en théologie morale et en droit canonique.

ÉPIPHANIE ▪ 1. C'est une manifestation de Dieu. Ce mot est utilisé de manière régulière dans l'Église orthodoxe. 2. Fête chrétienne fixée au 6 janvier (ou au dimanche suivant). Aussi appelée fête des Rois mages. C'est la fête de la présentation de Jésus aux trois rois mages venus l'adorer. C'est aussi le baptême du Christ, moment où il se fait connaître comme Dieu. Enfin, on fête également les noces de Cana où le Christ, signe qu'il est Dieu, change l'eau en vin.

ÉPISCOPAL ▪ Qui a trait à l'évêque.

ÉPISCOPAT ▪ Ensemble des évêques d'un pays ou d'une région.

EPISKEPSIS ▪ Type canonique d'icônes représentant la Vierge protectrice.

ÉPISTÈMONARQUE ▪ Titre de l'empereur byzantin (« chef de la doctrine ») en raison de ses pouvoirs dans le domaine ecclésiastique.

ÉPISTOLAIRE ▪ Dans la liturgie catholique, recueil des épîtres lues à la messe.

ÉPITAPHIOS ▪ Dans la liturgie de l'Église orthodoxe, grande étoffe brodée portant la représentation du corps du Christ enveloppé dans un linceul. L'épitaphios est vénéré dans toutes les églises orthodoxes le Vendredi et le Samedi saints. On dit aussi épitaphion.

ÉPITIMIE ▪ Dans la religion orthodoxe, c'est la pénitence à accomplir par le pénitent recevant l'absolution.

ÉPITRACHELION ▪ Dans la liturgie de l'Église orthodoxe, étole portée par les prêtres et les évêques.

ÉPÎTRE ▪ Dans le Nouveau Testament, il s'agit d'une lettre écrite par un apôtre ou un père apostolique à une communauté de chrétiens.

ÉRÉMITISME ■ Première forme de monachisme. L'érémitisme apparaît pour la première fois en Égypte vers le 3e siècle de l'è.c. avec Antoine (appelé le « Père des moines ») qui s'enfonce seul dans le désert pour y rencontrer Dieu. Il aura de nombreux disciples dans tout l'Orient. L'érémitisme (aussi appelé anachorèse, c'est-à-dire « montée au désert ») a également été pratiqué en Occident mais à une échelle bien plus réduite. Pour saint Benoît (le fondateur d'une règle monastique toujours actuelle), le cénobitisme (la vie monacale en communauté) est une préparation à l'érémitisme. Au Mont-Athos, les moines vivent une partie de l'année en cénobites et l'autre en ermites. L'érémitisme est une forme de vie toujours pratiquée par certains religieux et religieuses, même dans nos régions.

EREV ■ Dans le judaïsme, mot signifiant « le soir ». Il s'agit du soir qui précède une fête ; c'est la veille d'une fête. Ainsi, le vendredi, qui précède le chabat, est erev chabbat.

ERMITE ■ Religieux retiré du monde et vivant en solitaire. On parle aussi, parfois, d'anachorète.

ESCHATOLOGIE ■ L'eschatologie, comme son nom l'indique, est l'étude de la chose dernière (*eschaton*). Il s'agit essentiellement d'une littérature religieuse dont le thème principal s'articule autour des « fins dernières ». 1. Pour les chrétiens, les fins dernières s'accompagnent de la seconde venue du Christ (Parourie). Le principal ouvrage traitant de l'eschatologie chrétienne est l'Apocalypse de saint Jean. 2. Pour certains musulmans, les fins dernières sont précédées de la venue du Mahdi, l'imam caché. 3. Contrairement aux autres religions monothéistes, chez les juifs, l'eschatologie s'occupe assez peu des fins dernières de l'homme pour s'intéresser

surtout au destin final du peuple juif. D'ailleurs c'est surtout durant les périodes troubles (où le destin du peuple juif est préoccupant) que des prophètes annoncent les fins dernières et l'arrivée imminente du Messie (pour les juifs, deux Messies doivent se succéder : le premier Messie, de la maison de Joseph, sera vaincu, laissant la place au Messie issu de la maison de David, lequel présidera aux bouleversements annonciateurs des fins dernières préparant le jour du Jugement de Dieu). La description de l'Apocalypse — surtout présente dans le livre de Daniel — a donné naissance à de nombreux textes interprétatifs. C'est dans les périodes précédant puis succédant à la destruction du Second Temple que de nombreuses sectes prêchaient la fin des temps.

ESDRAS ■ Esdras le Scribe (Ezra) est un personnage important de l'histoire religieuse juive qui lui reconnaît les mêmes qualités qu'à Moïse. C'est sous la conduite de ce prêtre qu'en 538 avant l'è.c., des dizaines de milliers de Juifs quittèrent, à pied, l'exil babylonien pour se rendre à Jérusalem. Si le judaïsme d'après l'exil babylonien a beaucoup changé, c'est en partie l'œuvre d'Esdras, lequel a énormément œuvré pour l'étude de la Loi, pour les prières dans les synagogues et pour la connaissance de la Torah dont il a fixé le contenu, aidé en cela par Néhémie. Esdras rendit à la Torah, oubliée des juifs de Babylone, la place qu'elle occupait avant la destruction du Premier Temple. Pour son action après la destruction du Premier Temple, Esdras est considéré comme le second fondateur (après Moïse) de la nation juive. On lui doit non seulement la redécouverte de la Torah mais aussi le remplacement des prêtres par les rabbins, c'est-à-dire les premiers pas vers la transformation d'une religion sacrificielle en une religion rabbinique.

ÉSOTÉRISME JUIF ■ Les spécialistes distinguent cinq grandes périodes dans les sources de l'ésotérisme juif. Ou, en d'autres mots, cinq grandes périodes kabbalistiques. Ce sont : le mysticisme juif talmudique ancien, les écoles mystiques juives dans l'Europe des 12ᵉ et 13ᵉ siècles (les textes du *Sefer ha-Bahir* et les écrits de R. Isaac l'Aveugle ; c'est la période d'émergence de la kabbale, laquelle se systématise au 13ᵉ siècle dans le *Zohar*), la Kabbale espagnole (c'est à cette époque qu'apparaît le principal ouvrage de la Kabbale, l'œuvre maîtresse, le Zohar (*Sefer ha-Zohar*, *Le Livre de la Splendeur*), la kabbale de Louria (voir *tsimtsoum*) et le hassidisme.

ESPÈCE ■ Apparence sensible des choses.

ESPÈCES (SAINTES) ■ Dans la théologie chrétienne, ce sont le pain et le vin qui vont subir le miracle de l'eucharistie ; c'est-à-dire la transformation du pain et du vin en corps et en sang du Christ. La distribution de la communion sous les « deux espèces » signifie que le communiant recevra un morceau du pain et une goutte du vin consacrés (le pain est trempé dans le vin au moment d'être donné au communiant ; c'est ce qu'on appelle l'intinction).

ESPRIT D'ASSISE ■ Esprit œcuménique. C'est en effet à Assise que, le 27 octobre 1986, le pape Jean-Paul II invite toutes les religions du monde à se rencontrer pour prier pour la paix. Cette expérience est renouvelée en 1991 (Guerre des Balkans) et en 2002 (après les attentats du 11 septembre 2001). Aujourd'hui, la ville d'Assise est le quatrième lieu de pèlerinage chrétien après Rome, Jérusalem et Saint-Jacques-de-Compostelle. Il est à noter que par un décret (motu proprio) rendu public le 19 novembre, le pape Benoît XVI qui craint le syncrétisme « remet de l'ordre » à Assise accusée d'être devenue le repère des pacifistes, écologistes et altermondialistes.

ESPRIT SAINT ■ 1. Dans l'Ancien Testament, c'est le souffle de Dieu (*roûah*). 2. Dans le Nouveau Testament, l'Esprit saint (*pneuma*) désigne également le souffle de Dieu, l'esprit de vie. Le concept d'Esprit saint c'est surtout développé à partir de saint Paul (*Épître aux Romains* 8). 3. Dans le sens le plus courant, l'Esprit saint (ou mieux, sans possibilité de confusion, le Saint-Esprit) désigne la troisième personne de la Trinité. La place et la fonction de chacun des membres de la Trinité n'est pas simple et a nécessité pour s'affiner plusieurs siècles, quelques conciles et de nombreuses hérésies. La position actuelle du christianisme est la suivante : une seule substance mais trois personnes (ou hypostases distinctes) — le Père, le Fils et le Saint-Esprit — qui s'interpénètrent dans un mouvement d'amour (périchorèse). Le Fils possède deux natures distinctes (il est vrai Dieu et vrai homme) qui coexistent dans une union hypostatique. Dans cette inhabitation trinitaire, la place du Saint-Esprit n'est pas identique chez les catholiques et les orthodoxes bien qu'il soit unique, de même substance que le Père et le Fils et égal au Père et au Fils. Pour les orthodoxes, le Saint-Esprit procède du Père tandis que pour les catholiques, le Saint-Esprit procède du Père et du Fils (Filioque). Le Filioque est une des causes du Schisme d'Orient (1054). Pour les orthodoxes, la formule catholique paraît réduire la puissance du Saint-Esprit et n'est donc pas acceptable par une théologie tout inspirée du Saint-Esprit (théologie pneumatophore). Dans le Nouveau Testament, le Saint-Esprit s'est manifesté principalement à la Pentecôte sous la forme de langues de feu. Aujourd'hui, les mouvements chrétiens (surtout protestants) pentecôtistes se disent inspirés du Saint-Esprit. La théologie pneumatique est aussi en pleine effervescence tant chez les orthodoxes et les protestants que chez les catholiques. Parmi les principales questions soulevées : quelle est l'intervention de l'Esprit-Saint dans l'épiclèse eucharistique, dans l'obombration, dans la résurrection ; quels sont les dons du Saint-Esprit accordés à l'homme, etc. Voir aussi Paraclet et Dieu (unicité).

ESSÉNIEN ■ Membre d'une secte juive active autour des trois siècles précédant la destruction du Second Temple (en l'an 70). Cette secte (comme la plupart des autres sectes du judaïsme) disparaît à la destruction du Second Temple. Elle ne nous est bien connue que depuis la découverte, à Qumran, des manuscrits de la mer Morte. Cette secte n'était pas numériquement très importante mais tout en observant un judaïsme pur et dur, par plusieurs de ses aspects elle préfigure le christianisme (obéissance à un chef religieux hiérarchique, monachisme, vie communautaire, culpabilité innée de l'homme, etc.). Les écrits de la mer Morte apportent de nombreux éclaircissements sur la réalité du judaïsme à la fin de l'époque du Second Temple. Ils éclairent également sur les débuts du christianisme en fournissant des informations sur la vie monastique de la secte et sur ses conceptions religieuses qui s'écartent sensiblement des conceptions du judaïsme (comme, par exemple, la culpabilité innée de l'homme — le péché originel — tout à fait étrangère à la religion juive).

ÉTATS CHIITES ■ Bien que les chiites ne représentent actuellement qu'environ 10 % des musulmans dans le monde, ils ont connu des périodes de gloire. Ainsi, tous les chérifs hachémites qui ont régné sans interruption sur les lieux saints de La Mecque, du 10e siècle jusqu'à l'arrivée des Saoudiens, sont des descendants d'Ali. La dynastie des Fatimides, à laquelle on doit la création du Caire et de sa prestigieuse université, a régné pendant deux siècles. Les califes Fatimides prétendaient descendre de Fâtima, la fille de Mahomet,

d'où leur nom. Plus récemment, un État imamite a été instauré en 1979, en Iran, par l'ayatollah Khomeini. En Irak aussi, le début du 21e siècle voit la résurgence du chiisme.

ÉTATS RELIGIEUX ■ Voir Théocraties.

ETHNOMARTYR ■ Chrétien grec orthodoxe mort en martyr en refusant de renier sa foi lors des luttes des Turcs contre les chrétiens.

ÉTIMASIE ■ Dans l'iconographie orthodoxe, représentation d'un trône sur lequel la Bible est déposée.

ÉTOILE À CINQ BRANCHES ■ Elle figure à côté du croissant dans de nombreux drapeaux de pays musulmans. L'Étoile à cinq branches symbolise les cinq piliers de l'islam.

ÉTOILE DE DAVID ■ L'étoile (ou bouclier) de David, le *Magen David*, est une étoile à six branches. Après avoir été utilisée généreusement comme motif ornemental, elle est devenue aujourd'hui le symbole du peuple juif. Pour les kabbalistes, c'est le symbole ésotérique qui représente la Rédemption. Pendant la Seconde guerre mondiale, les nazis imposèrent le port de cette étoile à tous les Juifs. On notera aussi que le *Magen David* est le symbole de la Croix Rouge israélienne.

ÉTOLE ■ Ornement liturgique en forme d'écharpe.

EUCHARISTIE ■ L'un des principaux sacrements des églises chrétiennes. Pour les catholiques et les orthodoxes, le sacrement de l'eucharistie consiste en la transsubstantiation du pain et du vin, le pain devenant le corps du christ, et le vin son sang. Pour les protestants, il y a consubstantiation en ce sens que malgré la présence du Christ, la nature du pain et du vin ne sont pas modifiées. Pour les calvinistes et les anglicans, c'est simplement un acte symbolique.

EUCHELAION ■ Chez les orthodoxes, sacrement de l'extrême-onction (onction des malades).

EUCHOLOGE ■ Dans la religion orthodoxe, il s'agit d'un livre de prières à l'usage du prêtre.

EULOGIE ■ Bénédiction, prière d'action de grâce (tout particulièrement sur le pain et le vin). Du grec *eulogia* qui signifie « dire du bien de ».

EUTYCHÈS ■ Archimandrite de Constantinople au 5ᵉ siècle. Adversaire du dogme des deux natures en Jésus-Christ (vrai homme et vrai Dieu), il est déposé par un synode, mais parvient à réunir un concile à Éphèse, en 448. Ce concile (le « Brigandage ») le réhabilite, mais un nouveau concile, en 450, l'anathématise. En 451, le très important concile de Chalcédoine condamne fermement tous les partisans de la simple nature du Christ. Tous les écrits d'Eutychès sont brûlés.

EVAM ■ Dans le bouddhisme, c'est le mot utilisé pour dire *Ainsi*. C'est de cette manière que commencent les dires de Bouddha rapportés par Anada (cousin et disciple de l'Éveillé).

ÉVANGÉLIQUE ■ Courant fondamentaliste au sein du protestantisme dans lequel la Bible est la seule et unique référence. Les principales Églises évangéliques sont les congrégationalistes (le pouvoir est dans l'Église locale), les anabaptistes, les méthodistes, les baptistes, les quakers, l'Armée du Salut et les pentecôtistes.

ÉVANGÉLIQUES (MOUVEMENTS) ■ Mouvements chrétiens dont l'attachement principal est l'Évangile. 1. Dans les pays germaniques, ce terme recouvre tout le protestantisme. 2. Courant conservateur du protestantisme.

ÉVANGÉLISME ■ 1. Aspiration à retourner à la simplicité de la vie religieuse selon l'esprit de l'Évangile. 2. Doctrine des Églises évangéliques.

ÉVANGÉLISTE ■ Terme se rapportant à l'un des quatre évangélistes (Matthieu, Marc, Luc et Jean).

ÉVANGILE ■ Ce mot signifie « bonne nouvelle ». Il s'agit de quatre livres canoniques inspirés par Dieu et écrits par Matthieu, Marc, Luc et Jean. D'autres saints ont également rédigé des Évangiles (saint Thomas, saint Jacques, etc.) mais ils ne sont pas canoniques ; on les désignera comme évangiles apocryphes.

ÉVANGILES APOCRYPHES ■ Évangiles qui pour diverses raisons ne peuvent être rangés parmi les textes canoniques du christianisme. Ce sont : le Protévangile de Jacques ; l'Évangile selon Thomas ; l'Évangile de l'Enfance, du pseudo Matthieu ; le Livre de la Nativité de Marie, du pseudo Jean ; l'Évangile de Nicodème ; l'Évangile des Hébreux ; l'Évangile des Nazaréens ; l'Évangile des Ébionites ; le Kérygme de Pierre.

ÈVE ■ Selon la tradition kabbalistique, elle serait la seconde femme d'Adam. Elle aurait été créée à partir d'une côte d'Adam (ou d'un côté d'Adam). Elle aurait eu, d'Adam, plusieurs enfants dont Caïn et Abel.

ÉVEIL ■ Voir Bodhi.

ÉVERGÈTE ■ Bienfaiteur. Selon la doctrine de la plupart des religions, l'évergétisme (la bienfaisance envers les moins munis) est une obligation morale. Pour les musulmans, c'est même une obligation coranique, l'un des cinq piliers de l'islam (obligation pour l'individu mais aussi pour les groupements d'individus ; ainsi, les mouvements islamistes se distinguent par la création de nombreuses fondations charitables d'aide aux plus démunis). L'évergétisme fait également partie des obligations morales des divers mouvements missionnaires chrétiens. Dans une vue eschatologique, la maxime de l'évergète pourrait être : « on n'emporte que ce qu'on a donné ».

ÉVERGÈTE (CHRIST) ■ Dans l'iconographie orthodoxe, c'est une variété typologique de Christ : le Christ Bienfaiteur.

ÉVHÉMÉRISME ■ Doctrine selon laquelle les dieux seraient des êtres humains que le temps et la légende ont transformés en divinités. Cette doctrine a été utilisée aussi bien par les Pères de l'Église pour condamner les dieux païens que par les athées pour condamner tous les dieux.

EX CATHEDRA ■ Formule utilisée pour désigner la parole du Pape lorsqu'il s'exprime de manière infaillible, aidé en cela par l'Esprit saint, en tant que chef de l'Église catholique, en matière de *fides et mores* (foi et morale).

EX VOTO ■ Don pour s'acquitter d'un vœu. Ce don peut être de différentes natures, une plaque, ses béquilles (si on a été guéri d'une paralysie), etc. Dans les églises catholiques, il existe parfois une partie d'un mur ou d'une petite chapelle réservé aux ex voto.

EXARQUE ■ Dans l'Église orthodoxe, administrateur ecclésiastique d'une circonscription (*exarcat*) en dehors des limites territoriales d'une Église autocéphale.

EXCISION ■ Ni l'ablation du clitoris (excision), ni celle des grandes lèvres (infibulation) ne sont des pratiques islamiques. Il

n'en est fait mention ni dans le Coran, ni dans le Sahih al-Bukhari (le livre des hâdiths).

EXCOMMUNICATION ■ Sanction qui retranche quelqu'un d'une communauté religieuse. 1. Dans le judaïsme, l'excommunication (*hérèm*) était une pratique assez répandue ; si certains y échappèrent par miracle (comme, par exemple, Louria, un maître de la Kabbale), d'autres, comme Spinoza, en furent victimes. Bien entendu, puisqu'il n'existe pas dans le judaïsme d'autorité suprême, l'excommunication est locale et sociale (l'excommunié traité comme un pestiféré dans sa ville peut parfaitement être fêté dans une autre ville). Il n'est donc pas possible de comparer l'excommunication dans le monde juif à ce qui se pratique dans le monde chrétien. 2. Dans le monde chrétien, l'excommunication est la plus grave des peines ecclésiastiques. Certaines excommunications *latae sententiae* (c'est-à-dire automatiques, les sentences étant prononcées dès l'acte) sont réservées exclusivement au pape. L'individu excommunié ne fait plus partie de l'Église et ne peut donc plus recevoir les sacrements. En 1054, lors du Schisme d'Orient, les Églises orthodoxe et catholique se sont mutuellement excommuniées (la sentence n'a été levée que très récemment, en 1965). 3. Chez les orthodoxes, grecs, l'excommunication porte le nom d'*aphorismos*. 4. Chez les bouddhistes, l'excommunication est, comme chez les juifs, de nature sociale et ne concerne que les moines. Voir aussi Anathème et Hassidisme.

EXEAT ■ Autorisation donnée à un clerc d'exercer les fonctions de son ministère dans un autre diocèse.

EXIL À BABYLONE ■ Au moment de la déportation des Juifs, Babylone est la plus grande ville au monde et son souverain très puissant. La déportation des Juifs s'effectue en deux étapes : la première (en 597 avant l'è.c.) concerne essentiellement l'élite de la population, la seconde (en 586 avant l'è.c.) s'applique à l'ensemble de la population juive. C'est à ce moment que le Premier Temple est détruit et qu'un groupe important de Juifs trouve refuge en Égypte.

EXILARQUE ■ Depuis l'époque de la communauté en exil à Babylone, un exilarque est un haut dignitaire qui représente les Juifs auprès des dirigeants non juifs. Il est d'ailleurs, la plupart du temps, nommé par le pouvoir en place, c'est-à-dire le plus souvent par le calife. La transmission du titre était héréditaire et il n'y eut que 17 dignitaires autorisés à porter ce titre. L'exilarque n'était cependant pas le chef de la communauté juive. Ce dernier portait le titre de *Gaon* (ou pluriel *geonim*). Les relations entre les exilarques et les *geonim* étaient régulièrement conflictuelles.

EXOMOLOGÈSE ■ Aveu public des péchés.

EXORCISER ■ C'est soustraire à l'emprise du démon.

EXORCISME ■ Action visant à chasser les démons ayant pris possession d'un corps humain. Parmi les églises chrétiennes, seule l'église catholique forme des prêtres pour cette fonction.

EXOTÉRISME ■ La notion d'exotérisme et son pendant, l'ésotérisme, apparaissent régulièrement lorsqu'il s'agit de religion, il convient d'en faire la distinction. Par exotérisme, on entend toutes les doctrines et enseignements de la religion tels qu'ils sont divulgués à l'ensemble des pratiquants. Par ésotérisme, on entend les enseignements oraux qui ne sont divulgués qu'à certains initiés. L'ésotérisme s'accompagne également de rites et de croyances magiques auxquels n'accèdent que les

initiés selon leur degré de connaissance. Ces notions existent dans toutes les religions et se constituent parfois en un courant religieux (comme, par exemple, la Kabbale, chez les juifs). Mais c'est sans doute dans le bouddhisme que la différence entre l'ésotérisme et l'exotérisme est la plus tangible. Ainsi, dans le bouddhisme premier, l'aspect ésotérique est quasi inexistant car Bouddha répugnait à la magie et aux rites (il réprimanda même l'un de ses compagnons qui en usait pour convertir les foules). Par contre, dans le bouddhisme tibétain, l'aspect ésotérique est très important et se manifeste par des gestes symboliques (mûdras), des paroles magiques (mantras), des diagrammes (mandalas), des actions fantasmagoriques, etc. Cette différence de traitement entre l'exotérisme (pour tous) et l'ésotérisme (pour les initiés) conduit également certains courants bouddhistes à distinguer deux types de vérités : la vérité conventionnelle (pour tous) et la vérité absolue (pour les initiés). Cette distinction entre les deux vérités s'est révélée nécessaire pour résoudre les problèmes posés par certains concepts particuliers qui s'opposent à la doctrine essentielle du bouddhisme. Cette double vérité explique également l'utilisation par Bouddha (et ses disciples) d'un langage intentionnel (samdhabhasya), c'est-à-dire adapté aux circonstances. La vérité relative (ou conventionnelle) convient pour tous ceux qui n'ont pas une grande connaissance de la Loi, elle convient au peuple et elle est pratique pour expliquer les faits de la vie quotidienne tandis que la vérité absolue (ou ultime) n'est accessible qu'à ceux qui ont beaucoup étudié et peuvent dépasser l'illusion des faits quotidiens. On peut également dire que la vérité relative est d'ordre exotérique, inférieur, tandis que la vérité absolue est d'ordre ésotérique et n'est accessible qu'à des initiés.

EXTASE ■ État particulier d'une personne en communion intime avec Dieu. L'extase peut s'accompagner de phénomènes physiques divers. L'extase est un état particulier que recherchent les mystiques chrétiens et musulmans (soufis). Les mystiques juifs (les kabbalistes), par contre, ne recherchent pas la communion intime avec Dieu pour fusionner avec Lui (ce qui est réputé impossible) mais simplement la *dévekouth*, c'est-à-dire un attachement intime avec Dieu ou l'une de ses émanations.

EXTINCTION ACTIVE NON FIGÉE ■ L'*apratishthitanirvâna* est, dans l'esprit de la compassion suprême du mahâyânisme, l'extinction des bodhisattvas transcendantaux qui renoncent à l'extinction totale (*nirvâna*) et à la libération du cycle des renaissances (*samsâra*) pour continuer à se consacrer aux autres humains tant que tous les êtres vivants ne sont pas parvenus à l'Éveil. On notera que le « libéré actif » n'est plus soumis au karma (il n'y a donc plus de rétribution automatique de ses actes), qu'il est indépendant des lois de la nature et qu'il possède quantité de pouvoirs extraordinaires.

EXTRÊME-ONCTION ■ Dans la religion catholique, sacrement donné aux personnes en danger de mort. Ce sacrement peut-être répété plusieurs fois.

EXULTET ■ Lors de la vigile pascale, premier mot latin chanté de l'annonce de la Résurrection du Christ (« Qu'exulte le chœur des anges… »).

EZRAT NASHIM ■ Dans le judaïsme antique, c'est la « Cour des femmes », c'est-à-dire l'espace réservé aux femmes dans le Temple.

F

FACE (SAINTE) ■ Empreinte que Jésus laissa sur un morceau de tissu. C'est une image non faite de main d'homme, c'est-à-dire *achiropite* (ou *achéiropoiète*). Il existerait quelques images achiropites dispersées dans le monde. D'abord celle décrite par Jacques de Voragine dans son ouvrage la *Légende dorée* (il s'agit de l'empreinte que Jésus laissa sur un morceau de son manteau et qu'il envoya à Abgar, roi d'Édesse, qui lui avait offert l'asile pour éviter la Passion (ce linge porte également le nom de Mandilion, de l'arabe *mandul*, « pièce d'étoffe »). Ensuite, celle qui figure sur la Véronique, linge qu'avait utilisé sainte Véronique pour essuyer le visage du Christ sur son chemin de croix. Enfin, le saint Suaire de Turin reproduit l'ensemble du corps du Christ mais après la Passion (le visage est ceint de la couronne d'épine et le torse montre la cicatrice de la pénétration de la lance). Dès le 6ᵉ siècle, le mandilion (ou mandylion) sert de modèle pour reproduire les traits du Christ (lesquels étaient jusqu'alors représentés selon un modèle grec). Le Christ sera maintenant dessiné avec des traits orientaux. D'autres images achiropites sont moins connues : sainte face de Manoppello (Italie), tableau de Notre-Dame-de-Guadalupe (Mexique), etc.

FAIRE SES PÂQUES ■ Dans la terminologie catholique, cela signifie satisfaire aux devoirs de base du chrétien. C'est-à-dire se confesser durant la Semaine sainte et communier le jour de Pâques.

FAKIR ■ Ascète musulman.

FALDA ■ Vêtement ecclésiastique (longue jupe) porté par le Pape. Il n'a été supprimé, qu'après Vatican II, par le pape Paul VI, à qui on doit un véritable dépoussiérage liturgique.

FALDISTOIRE ■ Dans la liturgie catholique, siège avec accoudoir mais sans dossier réservé à l'évêque et à certains hauts dignitaires de l'Église.

FALLACHAS ■ Juifs éthiopiens qui, selon le rabbinat d'Israël, sont des descendants de la tribu de Dan (une des dix tribus perdues). Il s'agit donc de Juifs de la première génération (la tribu de Dan appartenait au royaume d'Israël qui s'était séparé du royaume de Juda, à la mort du roi Salomon : elle fut déportée en Assyrie, en l'an 722 avant l'è.c., moment à partir duquel on perd sa trace… il y a trois mille ans !). Les Juifs éthiopiens observent un rituel assez strict mais ne connaissent pas, et pour cause, la Loi orale (le Talmud).

FANON ■ Pièce en tissu portée par le prêtre sur son poignet gauche lorsqu'il dit la messe.

FAQIH ■ Dans le monde musulman, juriste (souvent un maître d'une école coranique). C'est aussi celui qui est expert en jurisprudence islamique.

FATWA ■ En droit musulman, c'est la réponse d'un mufti (ou d'un ouléma) à une question portant sur la loi coranique.

FAUSSES OPINIONS ■ Pour les bouddhistes, il existe six opinions fausses (*drsti*) qui empêchent d'avancer vers la délivrance : croire en l'existence d'un soi propre, refuser la loi automatique du karma, croire en l'éternité, respecter de mauvais commandements, croire que l'on peut obtenir un bon karma à partir de mauvaises actions, mettre en doute les vérités bouddhiques.

FEMME (STATUT CORANIQUE DE LA -) ■ Contrairement à une opinion généralisée, le statut coranique de la femme lui est plutôt favorable. Ainsi quiconque s'intéresse aux héritages s'aperçoit que, d'après le Coran, la femme doit recevoir une part nettement moins importante que l'homme (mais beaucoup plus qu'elle ne recevait dans la société tribale). La raison en est simple... et de bon sens. Dans la famille musulmane, seul l'homme doit subvenir aux besoins de la famille : l'argent que possède une femme est exclusivement réservé à son usage personnel. La dot, aussi, revient à la femme. De plus, le Coran insiste pour que le capital lui soit payé en main propre. Concernant la répudiation, dans la société tribale, elle était immédiate. Le Coran a introduit un délai de viduité qui, outre qu'il oblige l'homme à entretenir sa femme durant cette période, ouvre également les conditions à une réconciliation. Ce n'était pas si mal pensé ! Concernant la polygamie, le Coran la restreint à quatre épouses et précise que l'homme doit toutes les traiter à égalité. S'il n'en a pas les moyens, qu'il se contente d'une seule épouse. Enfin, le divorce peut résulter de trois causes : une répudiation unilatérale par le mari, un consentement mutuel, une décision judiciaire, mais les diverses écoles juridiques ne sont pas d'accord sur les motifs que peut invoquer une femme pour réclamer le divorce.

FEMME EN MILIEU CHIITE ■ Parmi les Quatorze Très Purs figure Fâtima, une des filles de Mahomet et aussi la seule à lui avoir assuré une descendance mâle. Fâtima occupe dans la religion chiite une position très proche de celle de la Vierge Marie dans la religion chrétienne (à tel point que, pour certaines sectes chiites, Fâtima est restée vierge, malgré ses maternités). Malgré cette dévotion pour « la Resplendissante », les chiites ont une conception assez particulière du rôle de la femme. Ainsi, pour ne donner qu'un exemple, les imamites duodécimains (qui représentent la majorité des chiites) sont les seuls musulmans à reconnaître le mariage *muta*, c'est-à-dire un mariage provisoire. En effet, alors que dans le droit sunnite (ainsi que chez certains chiites), il n'existe que deux types de rapports sexuels licites (le pouvoir du maître sur son esclave et le contrat de mariage), chez les imamites duodécimains, il existe un troisième rapport sexuel licite : le contrat de mariage provisoire (*muta*). Ce « contrat de mariage » est conclu pour une période déterminée et contre rémunération à la femme. Les docteurs de la loi affirment qu'une union *muta* doit respecter toutes les conditions d'un mariage licite (au niveau des interdits de consanguinité, de la religion des partenaires, etc.) mais ne confère aucun droit (aucune obligation des partenaires, pas d'héritage possible, etc.). Signalons aussi que les imamites duodécimains sont très formalistes pour ce qui concerne la répudiation de la femme et que leurs règles d'héritage sont diamétralement opposées à celles des musulmans sunnites (ici, tout parent a droit à une partie de l'héritage).

FEMME ET CULTE ■ Étant donné ses particularités physiologiques (menstrues) et les interdits qui y sont attachés, la femme jouit d'un statut cultuel particulier dans toutes les religions (à l'exception des protestants). 1. Chez les musulmans, elle ne doit pas assister à la prière obligatoire du vendredi (si elle le fait, elle sera placée à distance des hommes). Durant ses menstrues et quarante jours après un accouchement, la femme est considérée comme impure (il en est de même dans le judaïsme) et ne peut ni participer aux prières, ni pratiquer le jeûne, ni même toucher le Coran. Enfin, les femmes ne sont pas obligées de porter des vêtements particuliers prévus durant le Pèlerinage à La Mecque. 2. Chez les juifs, la femme, n'est pas soumise aux commandements « cycliques », liés au temps. Elle n'est pas non plus soumise au port des teffilin, du talith et n'est, en principe, pas appelée à la lecture de la Torah. Enfin, son témoignage en matières civiles et pénales n'est pas valide. Malgré cela, ces limitations n'ont pas empêché certaines femmes d'atteindre des positions élevées dans la civilisation juive ; ainsi la dynastie hasmonéenne eut une femme pour dernière dirigeante, Salomé Alexandra. 3. Dans le catholicisme et l'orthodoxie, la femme est l'égale de l'homme (certaines sont même proclamées docteur de l'Église) sauf en ce qui concerne la prêtrise qui ne leur est pas accessible. 4. Pour les bouddhistes « orthodoxes », pour accéder au nirvâna, la femme doit d'abord renaître dans un corps d'homme.

FEMMES PURES DE L'ISLAM ■ Elles ne sont guère nombreuses. Signalons Marie (la mère de Jésus), Khadîja (la première femme de Mahomet), Fâtima (la fille de Mahomet et l'épouse d'Ali) et la fille du pharaon qui sauva Moïse des eaux.

FÉRULE ■ Bâton pastoral du pape, il est surmonté d'une croix mais sans représentation du Christ. Certains cardinaux disposent également d'une férule.

FÊTE DE PRÉCEPTE ■ Dans la religion catholique, cette terminologie indique que cette fête est assimilée à un dimanche et nécessite donc la participation à la messe. En France, les fêtes de précepte sont l'Ascension, l'Assomption, Toussaint et Noël.

FÊTE-DIEU ■ Dans la religion catholique, fête en l'honneur du corps et du sang du Christ. Le Saint-Sacrement est porté en procession alors que des autels sont disposés le long du parcours. La date de cette fête varie selon les pays.

FÊTES BOUDDHIQUES ■ En principe, il ne devrait pas y avoir de fêtes bouddhiques, car pour Bouddha il n'y avait rien à commémorer et personne à honorer. Mais l'on connaît les besoins des hommes et, dès le lendemain de sa mort, Bouddha était déjà commémoré ! Les fêtes bouddhiques varient selon les pays (ainsi, au Japon on se rendra en pèlerinage à l'endroit de la naissance d'un grand maître, tandis qu'au Tibet on fêtera la naissance d'un autre maître), aussi n'existe-t-il pas de calendrier bouddhique unique. Dans certaines contrées, les fêtes sont rares ; dans d'autres, elles sont nombreuses tout comme les pèlerinages dans les grands lieux bouddhiques (à Lumbinî où il est né, à Bodh-Gaya où il connut l'Éveil, à Sarnath où il prononça son premier discours et à Kusinagara où il s'éteignit). La seule fête qui soit réellement célébrée par les bouddhistes du monde entier — mais selon des rites différents — est la fête de *Vesakh* (ou *Phat Dan*). C'est une cérémonie majeure qui se déroule lors de la pleine lune du mois de vesakha (avril/mai). Durant cette fête, on célèbre à la fois la naissance de Bouddha, son éveil et sa mort (*parinirvâna*). Signalons que cette fête ne sera pas célébrée le même jour dans les différents pays ; ainsi elle sera célébrée le 8 avril au Japon, le 17 mai au Laos et le 7 juin au Tibet.

FÊTES CATHOLIQUES ■ Le calendrier liturgique catholique combine deux cycles différents : le cycle centré sur la vie du Christ (ou cycle temporel) et le cycle basé sur la vie des saints (ou cycle sanctoral). Tout a été prévu pour que fêtes fixes et mobiles s'enchevêtrent harmonieusement dans une hiérarchie où le cycle temporel prime sur le cycle sanctoral (et dans ce dernier les fêtes de la Vierge sur celles des saints). Les principales fêtes catholiques sont : la naissance du Christ ou fête de Noël (et sa période préparatoire, l'Avent) ; la résurrection du Christ ou la fête de Pâques (et sa période préparatoire, le Carême) ; la montée du Christ au ciel ou Ascension (quarante jours après Pâques) et la descente du Saint-Esprit ou Pentecôte (cinquante jours après Pâques). Les sept semaines qui suivent Pâques constituent le Temps Pascal. Le reste du cycle temporal (entre la Pentecôte et l'Avent) porte le nom de temps ordinaire. Seule la fête de Noël est fixe (25 décembre), les autres fêtes liées à Pâques sont mobiles respectant en cela une tradition juive (le Jeudi saint tombe durant le sèder de la Pâque juive). Le cycle sanctoral est constitué par les fêtes de la « naissance au ciel » (c'est-à-dire de la mort terrestre) d'un certain nombre de saints sélectionnés. Signalons également que (suivant en cela une tradition juive), les solennités des fêtes catholiques commencent la veille au soir. Parmi les principales fêtes célébrant la Vierge Marie, signalons l'Annonciation (25 mars), l'Assomption (appelée Dormition par les orthodoxes, 15 août), la Nativité de la Vierge Marie (8 septembre) et la fête de l'Immaculée Conception (8 décembre).

FÊTES DE L'ÉGLISE ORTHODOXE ■ Ces fêtes sont (selon le calendrier grégorien) : la Nativité de la Mère de Dieu (8 septembre), l'Exaltation de la Croix (14 septembre), l'Entrée de la Mère de Dieu au Temple (21 novembre), la Nativité du Christ (25 décembre), la Théophanie ou Épiphanie (6 janvier), la Présentation du Christ ou Sainte Rencontre (2 février), l'Annonciation (25 mars), l'Entrée du Christ à Jérusalem, l'Ascension et la Pentecôte (selon le cycle pascal), la Transfiguration du Christ (6 août), la Dormition de la Mère de Dieu (15 août).

FÊTES DE PÈLERINAGE ■ Il s'agit des trois fêtes (Souccoth, Pessah et Chavouoth) durant lesquelles les Juifs montaient au Temple, à Jérusalem. La destruction du Temple (en 70 è.c.) a supprimé les pèlerinages.

FÊTES INSTITUÉES PAR LA TORAH ■ Ces fêtes religieuses sont au nombre de six. Elles définissent, d'une certaine manière, ce qui est fondamental dans le judaïsme. Les fêtes religieuses instituées par la Torah sont : la Création du monde (fêtée tous les chabbat et particulièrement à Rosh Hachana), l'Omnipotence divine (fêtée à Pessah — fête de pèlerinage), la Révélation du Sinaï et le don de la Torah (fêtée à Chavouoth — fête de pèlerinage), la Providence (fêtée à Roch Hachana), le Repentir (fêté à Yom Kippour) et la Promesse de la Terre Promise, du « monde à venir » (fêtée à Souccoth — fête de pèlerinage).

FÊTES JUIVES ■ La loi juive décrète l'observance de sept jours de fête où le travail, comme pour le chabbath, est interdit. Ces fêtes sont : Rosh Hashana (fête du Nouvel an), Yom Kippour (fête du grand pardon), Souccoth (le premier jour ou fête des cabanes et le huitième jour ou Chemini Atsèret), Pessah (fête de la sortie d'Égypte : le premier et le dernier jour) et Chavouoth (fête des semaines).

FÊTES MUSULMANES ■ Elles ne sont pas aussi nombreuses que dans le calendrier chrétien. Il est vrai qu'il n'y a guère de saints à honorer et que l'Unicité de Dieu est rigoureusement respectée. La date des fêtes musulmanes est fixe dans leur calendrier mais mobile dans notre calendrier. Les principales fêtes sont : le Nouvel an (1 *mouharram*) ; le meurtre de Hussein, le fils d'Ali (*achoura*) ; la naissance du Prophète (*al-mawlid*) ; le Voyage nocturne de Mahomet (*laylat al-mirâj*) ; la Nuit du destin (la révélation coranique — *laylat al-barâa*) ; le Ramadan ; la Rupture du jeûne du Ramadan (*aïd el-fitr* ou *aïd el-saghir*) ; la Fête du sacrifice (ou Grande fête — *aïd el-kebir* ou *aïd el-adha*).

FETFA ■ Voir Fatwa.

FIDÂÎ ■ Dans l'islam, c'est le mot qui désigne un martyr, celui qui a sacrifié sa vie pour sa foi (un autre mot est *mojâhid*). Ces mots ont donné en français : *moudjahidin*, c'est-à-dire combattants de dieu, et *feddayin*.

FIDÉISME ■ Doctrine catholique donnant la prééminence à la foi sur la raison.

FIDÈLE ■ Se dit d'une personne qui est rattachée à une religion et fréquente régulièrement les lieux du culte.

FILIOQUE ■ Mot latin signifiant « et du Fils ». L'adjonction unilatéralement, en Occident, sous l'influence de Charlemagne, au 9e siècle, de ce mot dans le Credo est à l'origine en partie du Schisme d'Orient. Pour les Occidentaux, le Saint-Esprit procède du Père et du Fils, ce que les Orientaux ne pouvaient accepter, eux dont la théologie est pleinement pneumatique. Cet « affaiblissement » du Saint-Esprit était inacceptable pour les Orientaux d'autant plus que le symbole de Nicée-Constantinople (381) ne l'incluait pas. Les Orientaux rompent une première fois avec Rome en 899. La querelle reprend cependant sous Michel Cérulaire et, faute de médiateurs diplomates, elle aboutit, en 1054, au schisme d'Orient, lequel existe toujours. Signalons que lors de sa rencontre avec un haut dignitaire de l'Église orthodoxe, le pape Jean-Paul II aurait récité le Credo sans le Filioque.

FILLE AÎNÉE DE L'ÉGLISE ■ Titre attribué à la France dont le fondement est à chercher dans une lettre du pape Grégoire 1er (570-595). Depuis Pie X jusqu'à Jean-Paul II, tous les papes ont utilisé cette expression dans divers documents.

FILS PRODIGUE ■ Une parabole du Christ qui montre que Dieu accorde toujours son pardon à qui se repent. C'est dans cette parabole que figure l'expression « tuer le veau gras ».

FIQH ■ La science du droit religieux musulman mais aussi la jurisprudence. Cette science détermine les décisions juridiques qui doivent être prises lorsqu'il n'y a pas de lois précises dans le Coran ou la Sunna.

FITNA ■ Mot arabe désignant la tentation de diviser la communauté musulmane, laquelle doit rester unie.

FOI ■ C'est la croyance en une religion et en ses dogmes. Dans la plupart des religions, l'Acte de foi se concrétise d'une manière matérielle, tangible : circoncision (chez les juifs), baptême (chez les chrétiens), acte de foi devant deux témoins (chez les musulmans), pèlerinage, etc.

FOI (PRINCIPES DE -, DE MAÏMONIDE) Maïmonide (voir ce nom) a tenté de synthétiser le crédo juif ; cependant, cette énumération n'engage pas les juifs religieux (nombre d'entre eux n'acceptent pas certains des principes énumérés). Cependant, ces treize principes sont repris tels quels dans un cantique (*Yigdal* : « qu'Il soit magnifié ») chanté le chabbat et les jours de fête. Signalons, au passage, que Maïmonide a oublié de faire mention du libre arbitre. Les principes de foi de Maïmonide sont les suivants : 1. Je crois en l'existence d'un créateur et d'une providence. 2. Je crois en l'unicité de Dieu. 3. Je crois en l'incorporéité de Dieu. 4. Je crois en l'éternité de Dieu. 5. Je crois qu'à Dieu seul est dû un culte. 6. Je crois en la parole des prophètes. 7. Je crois que Moïse a été le plus grand de tous les prophètes. 8. Je crois à la révélation de la Torah à Moïse, sur le Sinaï. 9. Je crois à l'immuabilité de la Loi révélée. 10. Je crois à l'omniscience de Dieu. 11. Je crois en la rétribution dans ce monde et dans l'autre. 12. Je crois en la venue du Messie. 13. Je crois en la résurrection des morts.

FOL EN CHRIST ■ Dans l'Église orthodoxe, il s'agit d'une forme de sanctification, d'ascétisme, par laquelle un homme ou une femme se fait passer pour fou/folle, par amour pour le Christ. En réalité, par humilité, le « fol en Christ » effectue des actes qui peuvent être considérés comme des folies. En pratiquant ces actes, le « fol en Christ » nie ses propres facultés intellectuelles et transmet le message proclamant que la connaissance de Dieu n'est pas intellectuelle. En russe, ils portent le nom de *iourodivyié* (*saloï*, en grec).

FONDAMENTALISME ■ Le fondamentalisme — qui consiste, dans une attitude militante et prosélyte, à s'en tenir exclusivement aux textes sacrés, en refusant toute forme de modernité — est présent dans toutes les religions (dans la religion chrétienne, il se manifeste dans les divers mouvements protestants mais aussi, plus rares, catholiques). Dans l'islam, il a été présent dès son origine ; c'est ainsi que les divers mouvements de l'islamisme trouvent leurs racines dans des mouvements déjà anciens (dont celui des traditionalistes hanbalites du Moyen Âge). Il faut éviter de confondre les fondamentalistes avec les islamistes même si le distinguo est subtil : le fondamentalisme repose sur une base religieuse alors que l'islamisme est davantage politisé. Aujourd'hui, les fondamentalistes sont surtout actifs dans les pays suivants : Arabie Saoudite (le mouvement wahhabite), Iran (les chiites imamites duodécimains), Égypte (Frères musulmans) et Afghanistan (les talibans).

FONDAMENTALISTE ■ Au départ, ce mot désignait la branche des protestants qui prenaient tout l'Évangile dans le sens littéral et fermaient la porte à toute exégèse. Par extension, on utilise ce mot pour désigner les membres des courants religieux rigoristes et conservateurs présents dans toutes les religions monothéistes.

FORNICATION ■ La fornication est une relation sexuelle sans union stable (le concubinage n'est donc pas une fornication puisqu'il s'agit d'une union stable). Le mot provient du latin *fornix* (« voûte ») car les prostituées à Rome vivaient dans des chambres voûtées.

FRÈRE ■ Appellation des membres de certaines communautés religieuses (par exemple chrétiennes).

FRÈRES MORAVES ■ Mouvement fondé en 1457 par les taborites, c'est-à-dire les extrémistes issus de la postérité de Jan Hus (voir ce nom). Ce mouvement exercera plus tard une influence sur le méthodisme. Ce mouvement est aussi connu sous le nom d'Église de l'unité.

FRÈRES MUSULMANS ■ Le mouvement des Frères musulmans est une organisation intégriste solidement implantée en Égypte et dans divers pays limitrophes. Cette organisation a été créée en Égypte, en 1928, par un jeune instituteur du nom d'Hassan al-Banna. Elle est basée sur cinq commandements : « Dieu est notre but ; le Prophète est notre modèle ; le Coran est notre loi ; le jihad est notre vie ; le martyre est notre vœu ». Aujourd'hui, ce mouvement — dont l'objectif était double : répandre l'enseignement religieux et améliorer le niveau de vie des populations défavorisées — possède des antennes dans de très nombreux pays musulmans (Syrie, Jordanie, Liban, Irak, Soudan). Il s'est manifesté activement dans la lutte des Arabes de Palestine contre les Britanniques d'abord, les Israéliens ensuite. Leurs relations avec le pouvoir égyptien ont toujours été très difficiles. Le pouvoir égyptien condamnant à mort des militants des Frères musulmans et ceux-ci préparant l'élimination des dirigeants. Rappelons la tentative d'assassinat de Gamal Abdel Nasser puis l'assassinat, en 1981, par un groupe se réclamant de la mémoire des condamnés, de Anouar al-Sadate. Les Frères musulmans seraient également responsables des attentats de Louxor (1977) où périrent des touristes occidentaux.

FRÈRES SÉPARÉS ■ Appellation récente — depuis le concile Vatican II — donnée par les catholiques aux orthodoxes (séparés en 1054) et aux protestants (séparés en 1517).

FRUCTUOSITÉ ■ Qualité de ce qui est bénéfique au salut.

FRUIT KARMIQUE ■ Chaque action karmique produit tôt ou tard (parfois après plusieurs vies) — lorsque les conditions de « maturation » sont réunies — un fruit (*phala*), lequel sera, selon la cause karmique, favorable, défavorable ou neutre. Ce fruit karmique permet, dès lors, de comprendre qu'une vie heureuse s'explique par des actes antérieurs vertueux et qu'une vie malheureuse s'explique par d'anciens actes mauvais. Comme c'est l'habitude dans le bouddhisme, les actes positifs et négatifs ont été recensés et, sans entrer dans le détail, disons que le karma favorable procède des dix vertus (ne pas tuer, ne pas voler, mener une vie chaste, ne pas médire, etc.) tandis que le karma défavorable procède des dix actes non vertueux (tuer, voler, etc.). On notera, au passage, que les dix vertus sont toutes des vertus négatives, des abstentions ; ceci n'implique naturellement pas que les vertus positives (comme, par exemple, nourrir les moines) soient dépourvues d'effets karmiques. On voit donc que le bouddhisme est un dynamisme car, comme il est dit dans l'Abhidharmakosa, « la variété du monde naît de l'acte ».

FUDÔ MYÔ ■ Dans le bouddhisme japonais, nom de Achalanâtha, un des cinq Rois de Science Magique.

FUITE EN ÉGYPTE ■ Événement affectant la famille du Christ. Joseph est averti par un ange qu'Hérode a décidé de tuer tous les enfants premiers-nés des familles juives habitant la ville de Béthléem et des alentours. Pour échapper à ce massacre (appelé les « saints innocents »), Joseph emmène en catastrophe sa famille en Égypte.

G

GALLICAN ■ Désigne ce qui est propre à l'Église catholique française.

GALLICANISME ■ Attitude des autorités françaises (jusqu'en 1905, date de la loi de séparation de l'Église et de l'État) envers l'Église catholique. Les autorités s'estimaient indépendantes des décisions du Saint-Siège et, au contraire, voulaient imposer leurs propres directives au clergé français qui, libéré de Rome, devenait dépendant du gouvernement français. Le courant opposé est l'ultramontanisme qui insiste sur la primauté du pape.

GALOUT ■ Mot hébreu pour désigner la dispersion, la diaspora. Quelques années après la destruction du Premier Temple et l'Exil à Babylone, les Juifs reçurent l'autorisation de revenir en Israël. Certains préférèrent rester à Babylone : c'est le début de la diaspora. Aujourd'hui, tout Juif qui décide de ne pas monter en Israël est en diaspora car il n'y a plus à proprement parler d'exil, à condition toutefois de reconnaître à l'État d'Israël une centralité religieuse (ce qui est loin d'être le cas pour les juifs les plus orthodoxes). Les puristes font la distinction entre la *galout* (l'exil) et la *gola* (la dispersion, la diaspora volontaire).

GALOUTI ■ Aujourd'hui, en Israël, l'adjectif *galouti* est devenu péjoratif et fait référence à une mentalité de timoré, de craintif, de pusillanime, comme c'était le cas pour les habitants du ghetto. « Il est plus aisé d'extraire un Juif de la galout que d'extraire la galout du Juif » (C. Levin). Pour désigner l'exil, en Israël, on préfère aujourd'hui les termes de *tefutsa* ou de *pezura*, qui signifient exactement « dispersion ».

GANDHÂRA ■ Région ancienne qui représente aujourd'hui le nord-ouest de l'Inde, une partie du Pakistan et de l'Afghanistan. Cette région est historiquement connue pour son art gréco-bouddhique. C'est en effet au Gandhâra que la pensée bouddhique rencontre la pensée grecque (voir *Milindapanha*) et que les écoles de sculpture sont influencées par l'anthropomorphisme des divinités grecques. Il en résulte un art nouveau et surtout la création d'une représentation humaine du Bouddha, lequel n'était jusqu'alors représenté que par des symboles.

GANDHARVAS ■ Dans le bouddhisme, c'est le mot utilisé pour désigner des demi-dieux (chanteurs et musiciens).

GANESHA ■ Divinité mineure de l'hindouisme ; elle est représentée avec un corps d'éléphant. Elle fait également partie du panthéon du bouddhisme tibétain. Ganesha est le dieu du travail intellectuel, invoqué avant d'écrire un livre.

GAON ■ Ce mot hébreu signifie « gloire » ; c'est le titre honorifique des présidents des académies de Babylone (Soura et Poumbedita) du 6ᵉ au 10ᵉ siècle. Le pluriel est *géonim*.

GARANTS (CHAÎNE DES -) ■ C'est, dans la religion musulmane, la base des systèmes d'authentification (*isnâd* et *silsila*) des paroles dites et entendues. La chaîne des garants est ainsi utilisée principalement pour certifier des hadîths. Cependant, on le comprend aisément, en cas de litige, chacune des parties accordera davantage

"

de crédit aux garants qui abondent dans son sens. C'est ainsi que, pour ce qui concerne la Tradition du Prophète (les hadîths), les chaînes des garants n'étant pas identiques chez les sunnites et chez les chiites, le contenu des paroles du Prophète peut varier sensiblement d'un rapporteur final à un autre.

GARUDA ▪ Oiseau mythique (demi-dieu) du bouddhisme.

GATI ▪ Dans le bouddhisme, c'est le mot utilisé pour désigner la destinée.

GAUTAMA ▪ Nom patronymique du Bouddha historique.

GÉHENNE ▪ C'est l'enfer des Juifs. Ce terme est la francisation de Géhinnom, déformation du nom de la vallée de Ben Hinnom, au sud de Jérusalem. À l'époque de la royauté d'Israël, un culte païen, consistant en sacrifices d'enfants, y était pratiqué.

GELUPKA ▪ Une des écoles du bouddhisme tibétain.

GENIZAH ▪ Dans le judaïsme, local consacré aux objets pieux « hors d'usage ». Ce local existe dans de nombreuses synagogues car les objets rituels et les livres saints endommagés ne peuvent être détruits. La coutume était de les ensevelir dans des cimetières ou de les placer dans des *genizoth*. C'est grâce à l'existence de ces lieux hors du temps qu'on a pu découvrir dans d'anciennes synagogues de véritables trésors (des documents inconnus et des versions originales de documents dont on ne possédait plus que des traductions).

GENOUILLER ▪ Dans l'ancienne liturgie catholique, petit linge porté par les prêtres (au côté droit de la ceinture) quand ils officiaient.

GENTIL ▪ Pour les juifs, le gentil est celui qui n'est pas juif. Pour les chrétiens, le gentil, c'est celui qui est encore païen. Saint Paul est désigné comme l'apôtre des Gentils ; cela signifie qu'il était l'apôtre qui s'occupait de convertir les non-juifs au christianisme.

GENTILITÉ ▪ Ensemble des peuples païens.

GÉONIM ▪ Ce mot est le pluriel du mot hébreu *Gaon*. Le mot *Gaon*, qui signifie « gloire », est un titre honorifique donné, du 6e au 10e siècle, aux présidents des académies babyloniennes (Soura et Poumbedita). Le pouvoir des *géonim* était très important et s'étendait au delà de Babylone à toute la communauté juive. On leur doit de très nombreuses *responsa*, lesquelles ont fixé la Loi, c'est-à-dire la pratique du judaïsme, jusqu'à nos jours. Saadiah Gaon (882-942) est l'un des plus importants *géonim*, connu et respecté pour ses nombreuses *responsa*, œuvres halakhiques (droit religieux), dictionnaires hébraïques (dont un dictionnaire des *hapax legomena* de la Bible, c'est-à-dire des mots n'y apparaissant qu'une seule fois) ainsi que pour son opposition ferme aux caraïtes (lesquels rejetaient la Loi orale).

GÈT ▪ Dans le judaïsme, c'est la lettre de répudiation que le mari doit remettre à sa femme.

GETHSÉMANI ▪ Jardin de Jérusalem, au pied du Mont des oliviers, dans lequel le Christ passa la nuit, le Jeudi saint, avant sa crucifixion.

GÉZÉRAH: ▪ Dans le judaïsme, décret de la loi (pluriel *gézéroth*).

GHARBA ▪ Dans le bouddhisme, c'est le mot utilisé pour désigner « un embryon de… », ce qui est à l'intérieur de….

GHAYB ■ Terme coranique pour désigner ce qui est mystérieux, ce qui ne peut être connu par les sens.

GHETTO ■ C'est, dans une ville, l'espace clôturé réservé aux Juifs. Les portes du ghetto étaient fermées la nuit. Le but du ghetto était de séparer les Juifs des chrétiens (ou, plus rarement, des musulmans). Le ghetto vivait dans une certaine autarcie mais les conditions d'existence y étaient très difficiles. Avec l'émancipation des Juifs, les ghettos européens disparaissent (le dernier, à Rome, en 1870). Au cours du vingtième siècle, l'Allemagne nazie a recréé des ghettos dans certaines villes (Lodz, Varsovie), comme étape intermédiaire avant l'extermination. C'est cependant à tort qu'on les appelle ghettos (les allemands les nomment d'ailleurs *bezirk* (quartiers)) car leur fonction était d'être un lieu de rassemblement avant la déportation dans des centres d'extermination.

GHOUSSL ■ Dans l'islam, c'est le mot qui désigne la grande ablution avant la prière ou la lecture du Coran.

GILGOUL ■ Dans le judaïsme kabbalistique, c'est la réincarnation des âmes. Certaines âmes, du fait de leurs mauvaises actions sur terre, doivent y revenir plusieurs fois pour y errer dans des conditions difficiles. Certaines âmes tentent de pénétrer les corps vivants pour former un *dibbouk* (un corps occupé par une âme qui n'est pas la sienne). Les kabbalistes et les hassidims disposent de rites spécifiques pour traiter les dibbouks (exorcismes). La notion de gilgoul est à rapprocher du *samsâra* (la transmigration des bouddhistes) bien que les bouddhistes ne connaissent pas la notion d'âme et que la transmigration n'est qu'une étape vers le nirvâna. Bien entendu, dan le judaïsme le gilgoul n'est pas un acte de foi.

GLOSE ■ Courte explication ajoutée à un texte par un scribe ou un commentateur pour en clarifier le sens.

GLOSSOLALIE ■ 1. Langage incompréhensible parlé par certains mystiques (mais aussi par des médiums) lors de moments d'extase. 2. Langage parlé par certains prophètes qui, disent-ils, ne choisissent pas eux-mêmes les mots qui arrivent de manière automatique. 3. Don surnaturel de parler une langue étrangère (bien que fréquemment rencontrée, cette troisième définition est fausse ; le fait de parler une langue étrangère inconnue, par le fait du Saint-Esprit, est la xénoglossie).

GLYCOPHILOUSA ■ Type canonique d'icônes représentant la Vierge au doux baiser. Voir Vierge (iconographie).

GNOSE ■ 1. C'est la tentative d'élucider l'existence de Dieu par la spéculation philosophique ou par la prière et l'ascèse. 2. Dans le langage ascétique, c'est la connaissance ou l'expérience de Dieu.

GNOSTICISME ■ 1. Attitude philosophique qui considère que Dieu est inaccessible à l'intelligence humaine. 2. Courant religieux des premiers siècles combinant un mélange d'hérésies chrétiennes, de manichéisme et de pensées philosophiques. Cette doctrine de l'ensemble des sectes et courants religieux des premiers siècles faisait du dualisme la base de la conception du monde et consistait à connaître Dieu grâce à l'étude, à la prière et à l'ascèse. Il y a eu des gnoses païennes, des gnoses chrétiennes et des gnoses juives. Dans toutes ces formes, on relève cependant quelques points communs : un dualisme fondamental entre un Principe « bon » et un Principe « mauvais », le mythe de la chute de l'âme, la doctrine selon laquelle la connaissance est libératrice et permet à l'homme de réintégrer le monde du divin.

Plusieurs hérésies chrétiennes sont à mettre au compte du gnosticisme dont l'elkhasaïsme, le bardanisme, le marcionisme, etc.

GODEFROY DE BOUILLON ■ Godefroy de Bouillon est l'un des principaux chefs de la Première Croisade (vers 1096). Élu souverain du nouveau royaume latin de Jérusalem, il décline le titre et prend celui d'« avoué du Saint-Sépulcre ». On estime que c'est cette croisade qui est à l'origine de l'antisémitisme occidental. L'office commémoratif *Yizkor* (« Que Dieu se souvienne de l'âme de… ») est toujours dédié à la mémoire des martyrs de la Première Croisade.

GOLA ■ Mot hébreu pour désigner la diaspora.

GOLEM ■ Monstre créé de la main de l'homme. La légende du Golem serait attachée au Maharal de Prague, un rabbin du 17e siècle qui aurait construit une sorte de monstre mécanique auquel il aurait insufflé la vie en lui inscrivant sur le front le tétragramme du nom divin. Le Golem qui obéissait aux ordres de son maître et effectuait toutes les tâches demandées redevenait inerte dès qu'on lui ôtait le tétragramme sacré. Un jour, cependant, alors que le rabbin avait oublié d'effacer le nom divin, le Golem s'est rebellé contre son maître. On notera, à titre anecdotique, qu'au 17e siècle, un rabbin d'Amsterdam s'interrogeait très sérieusement sur la validité d'un golem dans un quorum religieux (*minyan*).

GOLGOTHA ■ Colline de Palestine où le Christ fut crucifié.

GOMARISME ■ Courant religieux très rigoriste du calvinisme. Il affirme que le sort de l'homme est prédestiné et ne dépend absolument pas de sa conduite sur terre. Voir aussi Supralapsarisme.

GOMPA ■ Monastère tibétain.

GOSPEL ■ Chant religieux des noirs américains. Dans le gospel, le Nouveau Testament est souvent cité alors que le negro-spiritual, très proche, lui, cite l'Ancien Testament.

GOUPILLON ■ Dans l'Église catholique, objet liturgique servant à l'aspersion de l'eau bénite.

GOUROU ■ Dans l'hindouisme, un maître spirituel.

GOY ■ Ce terme désigne aujourd'hui toute personne non juive (un « gentil »). Historiquement, les juifs se méfient des non-juifs tant pour préserver leur intégrité physique que pour la pureté de leur vie spirituelle. Déjà, le Deutéronome, invitait les juifs à éviter les non-juifs « afin qu'ils ne vous apprennent pas à imiter toutes les abominations commises par eux en l'honneur de leurs dieux, et à devenir coupable envers l'Éternel, votre Dieu » (Deutéronome 20, 18). Le terme goy, jadis péjoratif, est aujourd'hui banalisé.

GRÂCE ■ Don gratuit de Dieu.

GRÂCE JUSTIFIANTE ■ Voir grâce sanctifiante.

GRÂCE SANCTIFIANTE ■ En théologie chrétienne, selon la définition du Catéchisme de l'Église catholique, « don gratuit que Dieu nous fait de sa vie infusée par l'Esprit Saint dans notre âme pour la guérir du péché et la sanctifier ». Les protestants parlent plus volontiers de grâce justifiante.

GRAND VÉHICULE ■ Courant bouddhique très important, apparu vers le début du premier millénaire, faisant suite au Petit Véhicule. Il s'agit d'une évolution naturelle du bouddhisme vers une plus grande participation des laïcs et des femmes au salut, une divinisation de Bouddha, l'apparition de nombreux saints (boddhisattvas), la multiplication des rites, etc. Avec le Grand Véhicule, le bouddhisme devient une religion. Par ailleurs, à côté d'une plus grande participation du peuple à la religion, le Grand Véhicule a produit énormément de textes philosophiques (basés sur le concept de la vacuité, sur la double vérité, sur la logique du tétralemme, etc.) d'une grande profondeur intellectuelle. Le Grand Véhicule est également à la source de l'art bouddhique en général (statues des bouddhas, bodhisattvas, divinités, gardiens, rois, démons, etc.) et de l'art tibétain (*thangkas*) en particulier. Développant la notion clé du bouddhisme, le « non-soi » (*anatman*), le Grand Véhicule en vient à considérer que rien n'a de soi ; que la vacuité est universelle. Le Grand Véhicule a donné naissance à de nombreuses écoles et courants dont les deux plus importants sont le zen et le bouddhisme ésotérique (tantrisme).

GRÉGORIEN ▪ Chant liturgique de la chrétienté latine (aussi appelé plain-chant).

GUANYIN ▪ Nom chinois du bodhisattva Avalokiteshvara.

GUÈBRE ▪ Fidèle de la religion de zoroastre vivant en Inde. L'origine de ce terme est discutée ; il pourrait signifier « infidèle à l'islam ». Plusieurs écrits théologiques rédigés par les guèbres nous sont parvenus dont le célèbre *Denkard*, une encyclopédie de la religion mazdéenne (9e siècle) ainsi que de nombreuses « lettres sur la religion » (ou *Riwâyats*) envoyées par les parsis (les zoroastriens de l'Iran).

GUÉLOUPGPA ▪ Une des écoles du bouddhisme tibétain (aussi écrit Geloug-pa).

GUEMARA ▪ Une des parties du Talmud (c'est le commentaire de la première partie nommée la Michnah). Chaque section du Talmud commence par un texte de la Michnah suivi de son commentaire, la guemara.

GUÉMATRIA ▪ La guématria est une technique dont la visée est de dévoiler le sens caché des mots et des phrases. La langue hébraïque se prête particulièrement bien à cette technique car, comme pour la plupart des langues anciennes, chaque lettre, ou association de lettres, représente également un chiffre. En utilisant la guématria (l'une des 32 méthodes pour interpréter la Torah), on arrive ainsi à décrypter le sens supposé caché de certains textes. La guématria est surtout utilisée par les kabbalistes.

GUENDÜN DROUP ▪ Nom du « premier » des Dalaï-Lama (1391-1474).

GUERRE DES RELIGIONS ▪ Série de conflits qui opposèrent, en France, de 1562 à 1598, les catholiques aux calvinistes (huguenots). Au total, huit conflits opposèrent les deux mouvements politico-religieux. La paix fut conclue en 1598 (Édit de Nantes), cinq ans après la conversion au catholicisme d'Henri de Navarre (Henri IV).

GUIMPE ▪ Pièce de toile blanche entourant une partie de la tête et le cou. Elle fait, aujourd'hui encore, partie du costume de certaines religieuses.

GUPTA ▪ Période très féconde de l'art bouddhique. Elle s'étend de 330 à 470 après l'è.c. et succède donc à l'art du Gandhâra. La principale école est celle de Sarnath. Une des caractéristiques des Bouddhas de la période Gupta est d'avoir les cheveux lisses. Si le grès des statues est rose moucheté, il s'agit d'une statue de l'école de Mathura ; s'il est beige, il s'agit d'une statue de l'école de Sarnath.

GURU ▪ Dans les religions asiatiques, guide spirituel, maître.

H

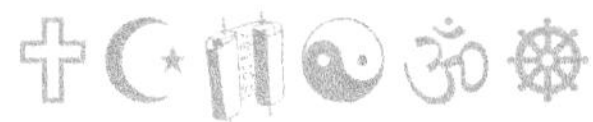

HABIT (PRENDRE L'-) ■ Expression utilisée pour désigner l'entrée en religion.

HABITUDINAIRE ■ Celui qui commet toujours le même péché.

HADÎTHS ■ Ce sont les paroles du Prophète (on pourrait les comparer aux paraboles du Christ) ou d'un de ses très proches compagnons. Alors que le Coran est d'origine divine, les hadîths sont d'origine humaine. Cependant, comme ils sont la parole du Prophète, leur pouvoir est énorme. Les hadîths, ou récits, sont considérés comme le second fondement de la foi après le Coran. Le rôle des hadîths est de préciser le sens du Coran et la volonté de Dieu dans les divers actes de la vie (religion, société, droit, etc.). On pourrait ainsi comparer le rôle des hadîths à celui du Talmud, qui lui aussi explicite la Loi. À une certaine époque de l'islam, plusieurs dizaines de milliers de hadîths circulaient, dont certains franchement contradictoires. Il fallait mettre de l'ordre dans cela ; ce à quoi se sont appliqué historiens et juristes en créant des ouvrages de compilation des hadîths puis en soumettant ces hadîths à une critique historique d'un genre particulier. Pour l'islam sunnite, six recueils de hadîths sont considérés comme canoniques, ils ont tous été rédigés au 9e siècle. Parmi les compilations de hadîths les plus célèbres, citons les recueils de al-Bukhâri et de Mouslim, les deux auteurs étant contemporains et leurs ouvrages datant plus ou moins de la même époque (875). D'autres recueils existent (ceux de Sijistâni et de al-Tirmidhi, appelés les Livres de la tradition ou *Koutoub al-sounan*, et aussi les recueils de Ibn Hanbal, de Ibn Mâlik, etc.) mais les deux ouvrages de al-Bukhâri et de Mouslim constituent ce que l'Islam désigne comme « Les deux authentiques » (*Sahihân*). Dans son édition bilingue, celui de al-Bukhari porte d'ailleurs le nom de Sahîh al-Bukhari. Dans son édition intégrale, l'ouvrage de al-Bukhari contient près de 7 300 hadîths alors que celui de Mouslim en contient près de 4 500. Le mérite de ces deux auteurs est d'avoir effectué un choix parmi les dizaines de milliers de hadîths en circulation à leur époque (c'est-à-dire près de 200 ans après la mort du Prophète). Les hadîths font partie de ce qu'on désigne sous le terme de Sunna, c'est-à-dire la « conduite de Mahomet », la Tradition du Prophète.

HADÎTHS D'ALÎ ■ Ce sont les paroles d'Alî, le quatrième calife, cousin et gendre du Prophète. Mort assassiné pour les chiites, Alî Ibn Abi Talib est le premier imâm et pour certains même un être supérieur au Prophète, une incarnation de la divinité. Certains chiites refusent d'admettre la mort d'Alî et en font le *mahdi*, celui dont le retour (à une époque indéterminée) ramènera l'ordre sur terre. On comprend, dès lors, que les chiites aient colligé toutes les paroles d'Alî et les traitent avec un profond respect. Les hadîths repris dans notre ouvrage proviennent de la recension d'Abderrhamanr Rehabi qui a puisé aux meilleures sources (dans le classique *Nahj am-balâghah* de ash-Shazrîf ar-Radî datant du 11e siècle et dans une dizaine d'autres compilations qu'il est inutile de présenter ici).

HÂDITHS QUANSI ■ Ce sont les paroles du Prophète rapportées comme étant d'origine divine mais n'étant pas insérées dans le Coran (elles ne sont pas coraniques car elles n'ont pas été révélées par l'intermédiaire de l'ange Gabriel mais au cours d'un songe ou d'une inspiration).

HADRA ■ Terme arabe utilisé par les mystiques. Il désigne la présence de Dieu.

HAGALA ■ Dans le judaïsme, purification des ustensiles de cuisine par l'eau bouillante.

HAGGADAH ■ Dans le judaïsme, rituel et récit codifié de la sortie d'Égypte tel qu'il est lu à *Pessah* (Pâque juive).

HAGHIOSORITISSA ■ Type canonique d'icônes représentant la Vierge à la sainte ceinture.

HAGIOGRAPHIE ■ Récit de la vie d'un saint.

HAJJ ■ Le pèlerinage à La Mecque. Le *hajj* (on prononce *hadj*) est, selon Massignon, « le seul centre de coordination effective, capable de donner une structure liturgique au sunnisme ». En d'autres mots, pour l'islam sunnite (qui ne possède ni clergé, ni liturgie), c'est l'un des rares rituels collectifs à structure liturgique. Concernant le pèlerinage, Mahomet n'a pas beaucoup innové et a repris (presque point par point) le cérémonial et le trajet de l'ancien pèlerinage. Préislamique. C'est le seul pèlerinage auquel doit participer au moins une fois dans sa vie tout musulman qui en a les moyens.

HÂL ■ Terme soufi pour désigner l'état d'extase.

HALAF ■ Dans le judaïsme, nom du couteau utilisé pour l'abattage rituel.

HALAKHA ■ Lois, codes, règles de la vie juive telles qu'elles ont été codifiées par les rabbins. La Halakha est donc l'application de la loi religieuse (l'équivalent de la charia pour les musulmans). Le mot halakha recouvre non seulement la loi, le droit, mais également son interprétation, son application, la jurisprudence et, bien entendu, puisque la loi juive est avant tout une loi religieuse, tout ce qui a trait au dogme. La halakha prend en charge tous les événements de la vie du juif, jusqu'aux plus infimes détails. Pour faire simple, on peut dire que la halakha est l'ensemble des décisions rabbiniques qui règlent la vie quotidienne des juifs. Il ne faut jamais oublier que la halakha est la loi des hommes (la loi de Dieu étant la Torah). Les érudits juifs n'ont jamais oublié cela. Comme ils ont conscience que les hommes peuvent aisément se tromper, il a été admis qu'un raisonnement n'est jamais accepté comme une vérité finale. Ainsi, par exemple, dans les discussions talmudiques qui ont opposé deux grands rabbins halakhistes, Chammaï et Hillel, même si finalement c'est l'interprétation de Hillel qui a prévalu, on considère que c'est l'ensemble des deux commentaires qui forme la vérité. Comme la religion juive ne se cantonne pas au domaine strictement religieux (dogmes, rites, liturgie) mais à toutes les choses de la vie (le commerce comme l'amour ou les aliments autorisés), le domaine de la halakha est extrêmement vaste et couvre l'ensemble de la vie quotidienne. Comme, en outre, la société juive a longtemps été fermée sur elle-même (par sa volonté — refus de la mixité — mais aussi par la volonté des religions dominantes chrétienne ou musulmane), elle a pu, en quelques siècles, créer un véritable système juridique en vase clos en évitant toute ingérence extérieure et, dès lors, tout affrontement « légal » avec un autre système juridique.

HALAL ■ 1. Dans l'islam, c'est le mot qui désigne ce qui est licite et, par extension, la viande d'un animal tué selon le rite musulman. 2. Mot hébreu signifiant « vide ». Pour les kabbalistes, le halal est le vide résultant du *tsimtsoum* (voir ce mot).

HALITSA ■ Dans le judaïsme, cérémonie de déchaussement en rapport avec la loi du lévirat qui impose au beau-frère d'épouser la femme du disparu.

HALLÂJ ■ voir Al-Hallâj.

HALLEL ■ Dans le judaïsme, suite de psaumes lus lors de certaines fêtes.

HAMETZ ■ Dans le judaïsme, produit fermenté (interdit durant la fête de *Pessah*, la Pâque juive).

HANAFITE ■ Une des écoles juridiques de l'islam. L'école hanafite se réclame de Abû Hanîfa (8e siècle). Faisant grand cas de la tradition du Prophète (hadîths), cette école est basée sur la recherche de la meilleure solution et fait régulièrement appel à la réflexion personnelle. C'était l'école privilé- giée de l'Empire ottoman et de l'Irak.

HANBALITE ■ Une des écoles juridiques de l'islam. L'école hanbalite se réclame d'Ahmad ibn Hanbal (9e siècle). C'est la plus rigoriste de toutes les écoles juridiques car elle se base sur l'aspect littéral des écrits. Cette école est représentée actuellement par le wahhabisme, très actif en Arabie Saoudite et dans les mouvements isla- mistes. Il n'est pas inintéressant de noter cette remarque de J. Schacht, un grand connaisseur du monde arabe, dans son *Introduction au droit musulman* : « L'attitude intolérante des premiers wahhabites à l'égard des autres musul- mans leur valut d'être longtemps soup- çonnés d'hérésie, et ils en sont venus à être généralement considérés comme ortho- doxes seulement depuis leurs succès poli- tiques dans la présente génération. »

HÂNIF ■ Pour les musulmans, est hânif celui qui aspirait au monothéisme alors qu'il n'existait pas encore de religion monothéiste, ou celui qui pratiquait le monothéisme avant la descente du Coran. Ce monothéisme pouvait être soit « naturel » soit celui d'une religion (chris- tianisme, judaïsme, etc.). Ainsi, le premier humain à mériter cette distinction fut Abraham qui « a été un guide, un homme docile à Allah, un hânif et il n'a pas été parmi les Associateurs ». (Coran Sourate XVI, 120). Dans le Coran, l'islam est même désigné comme la religion d'Abraham (*millat Ibrahim*). Il est cependant à noter que ce n'est que tardivement que Mahomet accorda à Abraham la distinction de premier musulman. On suppose que c'est après ses controverses avec les Juifs qu'il décida de donner à l'islam la priorité sur le judaïsme (fondé par Moïse) et sur le christianisme (fondé par Jésus). Pour ce faire, il eut l'idée riche de conséquences d'instituer le Patriarche de l'Ancien Testament en tant que fondateur de l'islam. Il est intéressant de noter que c'est sa confrontation avec les païens puis avec les Juifs qui conforta Mahomet dans son monothéisme et lui fit rechercher pour l'islam une prestigieuse généalogie.

HANOUKAH ■ Dans le judaïsme, c'est « la fête de la Dédicace » ou « fête des lumières ». Cette fête commémore le miracle de la lampe à huile lors de la purifi- cation du Temple (en -164 è.c.). Selon la légende, cette lampe à huile resta allumée huit jours (le temps nécessaire aux prêtres pour fabriquer de l'huile) alors qu'il n'y avait d'huile que pour un jour seulement. Elle commémore également la victoire des Maccabées sur les Syriens (qui voulaient helléniser les Juifs et supprimer la religion). Pendant la célébration (qui dure huit jours), des prières et des lectures spécifiques sont dites à la synagogue et les lumières de *Hanoukiah* (chandelier à 8 branches) sont allumées chaque soir jusqu'au 8ᵉ. Chaque soir — de manière à rendre le miracle public — on allume une bougie jusqu'au 8ᵉ soir (la neuvième branche du chandelier, au devant, sert comme bougie « servante » qui allume les autres).

HANOUKIAH ▪ Chandelier à 8 branches utilisé pour commémorer la fête de Hanoukah. Ce chandelier comporte une neuvième branche (le *chammach*) dont la bougie sert à allumer les autres.

HARAAM ▪ Dans l'islam, c'est le mot qui désigne ce qui est illicite.

HARMONISTE ▪ Dans le christianisme, auteur attaché à démontrer la concordance des Évangiles entre eux.

HASKALAH ▪ Mouvement (signifiant « raison ») né, à la fin du 18ᵉ siècle, au sein des communautés juives de l'Europe de l'Est. Les disciples de ce mouvement — les *maskilim* — souhaitaient une meilleure intégration des Juifs dans la société. Leur mot d'ordre était : « Sois Juif chez toi et homme au dehors. » Le principal théoricien de ce mouvement fut Moïse Mendelsohn, philosophe allemand de grande envergure. Malheureusement, si la *haskalah* préparait l'émancipation des Juifs, elle portait également en elle les germes de la destruction du judaïsme : de nombreux disciples (y compris des membres directs de la famille de Mendelsohn) se convertirent au christianisme. Si ce n'est par conviction religieuse, certainement pour accéder plus vite à un meilleur statut social.

HASSIDIM ▪ Dans l'histoire juive, le terme hassidim (« pieux ») a été utilisé dans plusieurs occasions (dans la littérature rabbinique pour désigner les juifs pieux qui soutinrent la révolte des Maccabées — les *hassidim rishonim* — et aussi pour désigner les piétistes allemands du 13ᵉ siècle). Ces deux mouvements n'ont rien de commun avec le hassidisme du Baal Shem Tov. Actuellement, lorsqu'on utilise ce terme, c'est toujours en référence à ce mouvement kaballo-mystique. Ce courant religieux populaire et mystique est né au 18ᵉ siècle en Podolie (dans les Carpates). Son créateur est le rabbin Israël Baal Chem Tov, plus connu sous son acronyme de Becht dont on connaît assez mal la biographie. Ce mouvement (dont le nom signifie « pieux ») a surtout connu son expansion à la mort, en 1760, du Becht du fait de l'action de deux de ses disciples : Jacob Joseph de Polonnoye et Dov Baer. On doit au premier un ouvrage contenant les paroles du Becht et au second un esprit d'organisation qui allait transformer le mouvement en une vaste organisation envoyant des disciples dans le monde entier. Il semblerait qu'à la moitié du 19ᵉ siècle le mouvement avait conquis la moitié de la population juive d'Europe orientale ; ceci malgré le fait qu'à la fin du 18ᵉ siècle les hassidim firent l'objet d'excommunication dans de nombreuses villes (il fut interdit de contracter mariage avec ces sectaires, de partager leur repas et même de traiter des affaires avec eux). Plusieurs raisons peuvent expliquer la naissance et la rapide expansion de ce mouvement populaire et mystique. Des conditions politiques d'abord : le hassidisme est né alors que la Pologne venait de connaître, en 1648, son plus grand pogrom (sous le feu des cosaques de Bogdan Chmielnicki). Des conditions religieuses ensuite : la population juive européenne venait de subir une énorme déception suite au faux messie Sabattai Tsevi. Des conditions économiques aussi : les Juifs de l'Europe orientale vivaient dans des conditions économiques épouvantables. Les pogroms de Chmielnicki, l'apostasie de Tsevi, les misérables conditions de vie de toute la population expliquent que le peuple juif avait besoin d'un mouvement qui puisse lui remonter le moral en lui annonçant qu'on pouvait servir Dieu dans la joie (*simha*), la ferveur (*hitlahavout*) et l'attachement (*devéqout*). Le mouvement rabbinique « classique » voyait d'un très mauvais œil le développement du hassidisme qui passait pour un mouvement de rébellion contre la communauté. Au vingtième siècle, l'extermination des Juifs et la dissolution des communautés ont détruit la plupart des communautés hassidiques. Néanmoins, ce mouvement populaire (se manifestant par de grands rassemblements, des fêtes, des chants, des danses, un attachement particulier au tsaddiq) et mystique (transes où la présence de Dieu se dévoile sous forme de paroles) a apporté au judaïsme un sang neuf qui, aujourd'hui encore (malgré le nombre élevé de victimes de la shoah), se concrétise par la présence de nombreux groupes hassidiques (aux États-Unis et en Israël) et par de nombreuses publications. Le mouvement hassidique a adopté une liturgie fondée sur le rituel kabbaliste où la prière perd en régularité ce qu'elle gagne en spontanéité. Le corps tout entier participe à la prière, laquelle, dans le meilleur des cas, aboutit à l'extase. Outre leurs chants et danses maintenant connus dans le monde entier, les hassid continuent à parler le yiddish et à s'habiller comme le noble polonais du 18e siècle.

HATHA YOGA ■ Dans le bouddhisme, c'est le « yoga de l'effort » fait de postures et d'exercices physiques. C'est la voie préliminaire avant le véritable yoga de la méditation.

HATIMA ■ Dans le judaïsme, conclusion apaisante de midrash homilétique.

HAVDALAH ■ Mot hébreu signifiant « séparation ». Chez les juifs, c'est la cérémonie qui marque la fin du chabbat ; elle sépare le sacré du profane.

HAZANE ■ Chanteur professionnel qui assiste le rabbin durant la cérémonie religieuse. En réalité, il fait beaucoup mieux : c'est lui qui, en commençant et en terminant les prières, conduit la cérémonie religieuse. Longtemps objet de dérision, le hazane est pourtant l'un des piliers de la synagogue. S'il existe aujourd'hui des femmes rabbin, il est presque impensable que la fonction du hazane (en contact régulier avec les fidèles) puisse être occupée par une femme, laquelle, pour la religion, on l'a vu, connaît des jours d'impureté. Pourtant, aux USA, il y a déjà eu des *hazanioth* (féminin pluriel de hazan).

HÉBREU ■ Dans la littérature talmudique, l'hébreu est désigné comme étant la « langue sacrée ». Selon les spécialistes, l'hébreu de la Bible serait du cananéen enrichi par des apports de la langue parlée par les Juifs avant leur installation à Canaan. Depuis la Bible jusqu'à aujourd'hui, l'hébreu biblique a subi de nombreuses influences. On distingue ainsi l'hébreu biblique ou « langue sacrée » (apparu sous le règne du roi Salomon), l'hébreu de la Michnah ou « langue des sages » (enrichi par l'araméen, langue vernaculaire à Babylone), l'hébreu du Moyen Âge (enrichi par les langues parlées en diaspora) et l'hébreu moderne (dont on doit la renaissance au linguiste lituanien Eliezer Ben Yehoudah). On considère que l'hébreu n'a jamais été une « langue morte » car il a continué à être enseigné dans les écoles juives et dans certaines familles selon la maxime « Si un père ne parle pas à son fils dans la langue sacrée, c'est comme s'il l'avait enterré » (Tossefta Hagigah, 1,2).

HÉBREUX ■ L'Éternel avait dit à Abram : « Éloigne-toi de ton pays, de ton lieu natal et de la maison paternelle, et va au pays que je t'indiquerai » (Genèse 12,1). Après avoir traversé l'Euphrate, Abram reçoit le nom d'Abraham (« père d'une multitude de nations », Genèse 17,5) et sa famille, celle d'Hébreux (ce qui signifie « de l'autre côté »). Lorsque les Hébreux quittent le pays de pharaon, ils deviennent une nation. Sous Saul, cette nation devient un royaume qui, à la mort de Salomon, est partagé en deux royaumes : Israël et Juda. Les Juifs, ce sont les sujets du Royaume de Juda. Un Israélite est tout simplement un Juif, c'est-à-dire une personne appartenant à la communauté juive. Ce terme était jadis utilisé par euphémisme pour éviter de parler de Juif, ce qui aurait pu avoir une connotation antisémite. Il n'y a, aujourd'hui, aucune raison de préférer ce terme à celui de Juif. Au contraire, actuellement, c'est l'utilisation de ce terme qui pourrait faire croire que le locuteur est antisémite. Un Israélien est une personne possédant la nationalité de l'État d'Israël : un Israélien peut donc n'être pas juif mais chrétien ou musulman. La judéité est le fait d'être Juif alors que la judaïté est le fait d'appartenir au judaïsme. La judaïcité, elle, est le fait d'appartenir à une communauté juive locale ou nationale. Enfin, le mot judaïsme peut désigner la religion juive, la communauté juive ou l'appartenance à cette dernière et l'État d'Israël n'est pas, comme on l'entend parfois, l'État hébreux.

HÈDÈR ■ École primaire juive.

HÉGIRE ■ C'est la migration de Mahomet de La Mecque à Médine. Ce déplacement marque le début du calendrier musulman.

HEIKHAL ■ Mot hébreu signifiant « palais ». 1. C'est le Temple de Jérusalem. 2. Voir Heikhaloth.

HEIKHALOTH ■ Mot hébreu signifiant « les palais ». Un des grands thèmes de la mystique juive, repris par les kabbalistes. Les palais sont les lieux, les demeures spirituelles, où séjournent les âmes humaines lors des expériences mystiques ou au moment de la mort. Pour quitter le dernier palais, l'individu utilise – s'il en est digne – un « char » (*Merkavah*). Toute une mystique s'est développée conjointement autour des deux thèmes des *Heikhaloth* et de la *Merkavah*.

HÉKSHER ■ C'est une déclaration de conformité à la Loi religieuse.

HELLÉNISTES ■ Juifs qui, aux environs du 4e siècle avant l'ère commune, adoptaient un comportement ambivalent vis-à-vis de l'hellénisme ambiant. Ils s'appropriaient certains des traits culturels et sociaux des Grecs tout en rejetant leur conception païenne du monde. Ainsi, certains n'hésitaient pas à opter pour la chirurgie réparatrice et à se greffer un prépuce. C'est cependant dans l'architecture des monuments religieux que l'influence grecque s'est fait le plus sentir. La révolte des Maccabées et l'instauration (en -167 de l'è.c.) de la dynastie Hasmonéenne mirent fin à cette attitude dangereuse et sauvèrent le monothéisme de l'hellénisme païen.

HÉNOCH ■ La Bible dit de lui « qu'il marchait avec Dieu et qu'il ne fut plus ». Hénoch qui occupait la septième place dans la descendance d'Adam fut donc enlevé par Dieu pour prendre en main la destinée des anges. Le « Livre d'Hénoch » est un ouvrage canonique pour l'Église d'Éthiopie. Voir aussi Métatron.

HÉNOTHÉISME ■ Adoration d'un dieu unique sans pour autant croire qu'il s'agisse du seul dieu créateur. Dieu est conçu comme le protecteur d'un peuple ou d'une nation et il est admis que d'autres peuples ou nations aient d'autres dieux à adorer. L'hénothéisme est parfaitement admis dans la Bible (voir Deutéronome 32, 8-9). Ce n'est qu'après l'Exil que le judaïsme est devenu une religion parfaitement monothéiste (Isaïe 44,6).

HENOTICON ■ Formule préparée (en 482) par le Patriarche de Constantinople (Acace) réinterprétant la doctrine du concile de Chalcédoine de manière à ce qu'elle puisse être universellement acceptée. Le concile de Chalcédoine (451) affirme qu'il n'existe qu'une personne mais deux natures en Jésus-Christ (vrai homme et vrai Dieu). Les monophysites affirment qu'il n'y a qu'une seule nature en Jésus-Christ. Les nestoriens affirment qu'il existence deux personnes en Jésus-Christ. La formule d'Acace n'a pas été acceptée et il a été déposé par le pape Félix II.

HÉORTOLOGIE ■ Science de l'origine des fêtes religieuses.

HERBÂD ■ Prêtre dans la religion mazdéenne, « maître de la connaissance ».

HÉRÉM ■ Dans le judaïsme, c'est une excommunication dans le cadre d'une communauté (*qehilah*).

HÉRÉSIARQUE ■ Fondateur et propagateur d'une hérésie.

HÉRÉSIE ■ Négation d'une vérité de foi, c'est-à-dire d'une vérité du dogme. L'hérésie doit être distinguée du schisme : l'hérétique veut rester au sein de sa religion tandis que le schismatique veut s'en séparer car il veut fonder un nouveau courant dont il serait le chef. C'est une atteinte à la vérité du dogme. Les hérésies ne concernent, bien entendu, que les religions révélées (c'est-à-dire les religions monothéistes). L'hérésie est condamnée par le détenteur du pouvoir religieux. Durant les premiers siècles du christianisme, de nombreuses hérésies ont été condamnées par les conciles. Contrairement au monde chrétien, le monde islamique sunnite (tout comme le monde juif) ne connaît pas l'hérésie puisqu'il n'y a pas d'autorité qui puisse dire ce qui est hérétique et ce qui ne l'est pas.

HERMÉNÉIA ■ Manuel de modèles d'icônes (on écrit aussi herménie). Voir Podlinnik.

HERMÉNEUTIQUE ■ Ensemble des techniques d'interprétations des textes anciens, y compris des textes bibliques. Comme la médecine, l'herméneutique n'est pas seulement une science mais aussi un art et le praticien doit apprendre à jongler avec de nombreuses disciplines portant sur le texte, l'histoire, l'écriture, etc.

HÉSYCHASME ■ Dans la religion orthodoxe, il s'agit d'un courant religieux important né au 14e siècle sous l'influence de saint Grégoire Palamas. Ce mouvement, basé sur la prière et la contemplation, entendait conduire à la paix intérieure et à la libération des passions pour faciliter l'approche de Dieu. Divers moyens furent conseillés pour atteindre cette paix intérieure dont celui de la prière perpétuelle et la pratique de la répétition continue de la prière de Jésus (voir Philocalie). Ce mouvement a été condamné au concile de 1351.

HÉTÉRODOXE ■ Celui qui s'écarte de la doctrine reçue (on l'appelle aussi hérétique).

HÉTIMASIE ■ Dans l'iconographie orthodoxe, trône préparé par les officiants célestes pour le Christ en vue du Jugement dernier. Le trône étant associé à l'autel sur lequel s'effectue l'eucharistie (en grec, *hétoïmasie*).

HEURES ■ Cycle des offices quotidiens : vêpres, complies, matines (office des nocturnes), laudes, prime, tierce, sexte, none.

HEZB ■ Terme coranique désignant les adeptes d'une doctrine.

HIÉRARQUE ■ Dans la religion orthodoxe, titre des membres importants du clergé : évêque, archevêque, métropolite ou patriarche.

HIERATIKON ■ Livre liturgique des Églises d'Orient.

HIÉRATIQUE ■ Représentation d'un art, d'un style ou d'un geste imposés par une tradition sacrée.

HIÉROGAMIE ■ Mariages entre dieux et déesses.

HIÉROGNOSE ■ Capacité de certains saints de reconnaître ce qui est sacré de ce qui ne l'est pas.

HIÉRONOMOINE ■ Chez les orthodoxes, moine-prêtre.

HIÉRONYMITE ■ Religieux ayant saint Jérôme pour patron.

HIÉROPHANIE ■ Manifestation du sacré dans le vécu. Une des manifestations les plus fréquentes est l'apparition. Ainsi, la Vierge Marie est apparue de très nombreuses fois dans le vécu des individus et des populations.

HIÉROSOLYMYTAIN ■ Ce qui se rapporte à la ville de Jérusalem.

HIGOUMÈNE ■ Dans la religion orthodoxe, abbé ou supérieur d'un monastère.

HIJÂB ■ 1. Dans le langage coranique, c'est un voile quelconque placé devant un être pour le cacher. 2. Dans le langage actuel, c'est une institution qui fait porter le voile aux femmes dès l'âge de la puberté. 3. Dans le langage des mystiques, c'est ce qui voile Dieu à l'homme. 4. Dans l'islam populaire, c'est un talisman.

HIJRAH ■ Dans l'islam, c'est le mot qui désigne la migration et, tout particulièrement, la migration de Mahomet de La Mecque à Médine (l'Hégire). L'installation du Prophète à Médine marque le début du calendrier musulman.

HIKAM ■ Ce mot générique désigne une anthologie de propos de sagesse. Il en existe de très nombreuses mais nous nous sommes contentés des Paroles initiatiques soufies de Faouzi Skali qui sont une réflexion contemporaine des hikam de Ibn Atâ Allâh, des hikam de Atâ et des hikam de l'imâm Alî.

HILLEL ■ Un des maîtres de la loi juive. Il vivait à l'époque du Second Temple (-70/-10 è.c.). C'est l'un des premiers sages à avoir systématisé l'interprétation de la Loi biblique et cela dans un sens plutôt libéral. Malgré son origine modeste, il fut nommé Président du Sanhédrin (*nassi*) et cette fonction demeura héréditaire pendant plusieurs siècles. Dans ses discussions sur l'interprétation de la loi juive, Hillel s'opposait toujours à Chammaï, lequel prônait une grande rigueur. In fine, ce fut presque toujours l'opinion de Hillel qui fut acceptée car il avait le génie de trouver un exemple pratique qui ne pouvait qu'entraîner l'adhésion.

HÎNAYÂNA ■ Petit Véhicule, c'est le terme utilisé par les bouddhistes du Grand Véhicule (les plus nombreux) pour désigner le bouddhisme originel. Au départ, ce terme était polémique car les disciples du Grand Véhicule se moquaient du « chemin étroit » emprunté par les disciples du bouddhisme primitif. Le Petit Véhicule est le plus proche de la parole de Bouddha. Longtemps, le Petit Véhicule fut le seul courant bouddhique pratiqué et, sans crainte de se tromper, on peut qualifier le bouddhisme du Petit Véhicule de sagesse et non point de religion. Aujourd'hui, le bouddhisme des origines (appelé Petit Véhicule ou *Hînayâna*, ou Theravâda ou encore bouddhisme premier ou encore

« Véhicule fondamental ») n'est plus qu'un des nombreux courants de cette religion laquelle comprend le Grand Véhicule (*Mahâyâna*), bien sûr, mais aussi les héritiers qui s'en sont quelque peu distancés tels le Véhicule du Diamant (*Vajrayâna*), le lamaïsme (ou bouddhisme tibétain), le zen et ce courant nouveau qu'on appelle en Occident le *Navâyâna* (ou Nouveau Véhicule), un syncrétisme religieux, composé à partir d'un éclectisme commode de nombreuses sources religieuses. Un syncrétisme que certains n'ont pas peur de qualifier de « soupe religieuse », de « mélasse new âge » ou de « solipsisme narcissique ».

HIRMOLOGION ■ Dans l'Église orthodoxe, psautier dans lequel figure tous les premiers versets des hymnes chantés.

HIRMOS ■ Dans les livres liturgiques de l'Église orthodoxe, c'est la première strophe poétique de chacune des odes d'un canon. Son rôle sert à lier le thème de l'ode biblique à la fête célébrée.

HITBODEDOUTH ■ Mot hébreu signifiant « isolement ». C'est la « retraite spirituelle » des kabbalistes ou encore leur isolement pour entrer en méditation. Lors de *l'hitbodedouth*, le mystique, après avoir purifié le lieu et son corps, emploie les divers moyens techniques « actifs » mis à sa disposition : méditation sur les Noms divins, méditation sur les lettres de l'alphabet, etc.

HIUAN-TSANG ■ Moine bouddhiste (aussi nommé Xuanzang ou encore Siun-Tsang) parti aux Indes en 629 à la recherche des sources authentiques du bouddhisme indien. Il y restera quinze ans et rapportera de nombreux manuscrits. À son retour, il entreprend de traduire tous ces textes en chinois. Outre les manuscrits, Xuanzang

rapporte un savoir énorme car il aurait fréquenté l'université bouddhique de Nalanda (dans l'État de Bihar, en Inde). Cette université existait déjà à l'époque de Bouddha et se développpa jusqu'à sa destruction par les turcs au 12e siècle. À son apogée, elle accueillait plus de 10 000 étudiants et son corps enseignant atteignait 2000 professeurs.

HODIGHITRIA ■ Dans l'iconographie orthodoxe, c'est un type d'icône de la Mère de Dieu « qui montre le chemin ». La Vierge Marie montre de la main le Christ, assis sur son autre bras. La Vierge symbolise ainsi le guide (*hodigos*) qui montre le chemin qui passe par son fils, le sauveur.

HOJJAT OL-ESLÂM ■ Dans l'islam chiite, titre honorifique donné à un théologien.

HOLOCAUSTE ■ 1. Dans l'antiquité juive, sacrifice religieux où la victime animale était entièrement consumée par le feu. 2. Terme improprement utilisé pour désigner la Shoah (voir ce mot).

HOMÉOUSIEN ■ Partisan d'un courant religieux hérétique affirmant que Jésus-Christ est d'une « substance semblable » à celle de Dieu le Père. Ce courant affirme donc qu'il n'est pas d'une « substance identique » (c'est-à-dire *homoousien*), ce qui est l'affirmation du concile de Nicée, en 325. Aujourd'hui, le dogme est fixé : une seule subtance pour le Père, le Fils et le Saint-Esprit ; trois hypostases distinctes et, pour le fils, deux natures distinctes (vrai Dieu et vrai homme).

HOMILÉTIQUE ■ Partie de la théologie qui est en rapport avec la prédication.

HOMOLOGOUMENA ■ Lettres de saint Paul dont l'authenticité est certaine.

HOMOLOGOUMÈNE ■ Se dit d'un livre dont l'authenticité n'a jamais été contestée.

HOMOOUSIEN ■ Partisan d'un courant religieux affirmant que Jésus-Christ est de la « même substance » que celle de Dieu le Père. Cette affirmation du concile de Nicée, en 325, s'oppose au courant homéousien (qui dit qu'il est d'une « substance semblable »).

HOMOPHORION ■ Dans l'Église orthodoxe, large bande de tissus blanc en laine ornée de croix tombant jusqu'aux pieds. Cette bande de tissu, attribut des évêques, qui se croise sur la poitrine est passée autour du cou et sur les épaules. Cette bande de tissus symbolise la brebis perdue que le Bon Pasteur porte sur ses épaules, c'est la raison pour laquelle elle est toujours tissée en laine.

HONJI ■ Dans le bouddhisme japonais, ce sont les divinités bouddhiques originelles (*honji*) qui se manifestèrent dans des kami spécifiques (*suijaku*). Cette synthèse *honji-suijaku*, caractéristique essentielle de la religion japonaise, se manifesta dans la pensée, la littérature et les arts.

HOSANNAH ■ Terme hébreu régulièrement utilisé dans les offices divins chrétiens. Le terme exact est « osi-anna » (« osi » est un impératif qui signifie sauve et « anna » est une interjection de supplication au Seigneur). Le mot pourrait ainsi se traduire par « Sauve, ô Seigneur ». Par la suite, c'est également devenu une interjection de salutation.

HOSTIE ■ Dans la liturgie catholique, mince rondelle de pain azyme que le prêtre consacre pendant la messe. L'hostie consacrée devient par transsubstantiation le corps et le sang du Christ.

HOUPPA ■ Dans le judaïsme, dais nuptial.

HOURBAN ■ Ce mot signifie « catastrophe » (dans le sens d'une catastrophe voulue par Dieu dans un dessein que l'homme ne peut comprendre). C'est le terme utilisé par les juifs religieux pour désigner les deux destructions du Temple : la première en - 586, conduisant les Juifs à l'Exil à Babylone et la seconde, en l'an 70, les déplaçant en Diaspora après la perte de Jérusalem. Dans un cas comme dans l'autre, l'Exil et la Diaspora ont été pour les Juifs le creuset d'une reconstruction de la religion (autour de la Torah d'abord, autour de la synagogue ensuite). Préférant le terme de Hourban à celui d'Holocauste ou de Shoah, des juifs religieux l'utilisent également pour désigner l'assassinat de 6 millions de Juifs par les nazis. Pour désigner l'extermination massive des Juifs par les nazis, cinq termes sont utilisés : catastrophe, shoah, hourban, judéocide (judéicide) et holocauste. Le terme shoah est la traduction, en hébreu, du mot catastrophe. C'est le mot le plus utilisé. Depuis son introduction par Elie Wiesel (écrivain, prix Nobel de la Paix), les Anglo-Saxons utilisent le mot holocauste. Pour quantité de raisons (philologiques et religieuses), ce mot ne devrait pas être utilisé car il introduit dans cette extermination des éléments religieux et sacrés qui n'y ont pas leur place. Assimiler le peuple juif à une victime offerte en sacrifice à Dieu est un non-sens et une contre-vérité.

HUGUENOT ■ Nom donné aux calvinistes français.

HUI NENG ■ Le sixième Patriarche du chan.

HUI ■ Nom des Chinois musulmans. Ce serait la troisième minorité ethnique en Chine où ils représenteraient plus de 5 millions de personnes et vivraient dans le nord et l'est de la Chine.

HUILES SAINTES ■ Huiles consacrées utilisées dans le judaïsme et dans le christianisme (catholicisme et orthodoxie) pour sacrer les rois et pratiquer les sacrements. Le saint chrême, utilisé pour le sacrement de l'extrême-onction) n'est qu'une huile d'olive consacrée (le mot chrême vient de *khrisma*, huile en grec).

HUSSITE ■ Chrétien hérétique partisan de Jan Hus, condamné au concile de Constance (1414-1418) et brûlé vif (ceci malgré les garanties de liberté qui lui avaient été assurées s'il se présentait). Les membres les plus convaincus se retranchèrent au camp de Tabor, d'où leur nom de taborites. Les hussites sont à l'origine du mouvement des Frères moraves (en Bohême).

HYPAPANTE ■ Dans la religion orthodoxe, c'est la fête de la Présentation au Temple du Christ, célébrée le 2 février.

HYPERDULIE ■ Culte que l'on rend à la Vierge Marie.

HYPOCRITES ■ Terme habituellement utilisé dans les traductions du Coran pour désigner les opportunistes (munâfiqûna) qui jouent un jeu double en ne s'attachant qu'extérieurement à l'islam.

HYPOSTASE ■ Terme théologique désignant les différentes individualités d'un Dieu-Un. 1. Dans la théologie chrétienne, ce sont les trois personnes de la Sainte Trinité. 2. Dans la kabbale, ce sont le Dieu « cause première », le Dieu d'Israël et la *Chekhinah* (la présence divine).

IAKSANA ■ Dans le bouddhisme, c'est le mot utilisé pour désigner les marques majeures sur le corps d'un Éveillé.

IBÂDÂT ■ Dans l'islam, c'est le mot qui désigne l'ensemble des gestes liturgiques qui permettent à l'homme d'entrer en communion avec Dieu.

IBN ATÂ ALLÂH ■ Un grand mystique arabe (14e siècle) dont la célébrité est surtout due à une œuvre très importante (dans différents domaines dont l'exégèse coranique, l'ascèse, la grammaire, etc.) mais pour partie encore inédite (la plupart des ouvrages sont encore sous forme manuscrite). Parmi les six ouvrages imprimés on notera un important recueil de maximes (al-Hikam al-attaiyya) encore édité et commenté aujourd'hui.

ICÔNE ■ Dans la religion orthodoxe, il s'agit d'une image sacrée peinte sur un matériau transportable (le plus souvent sur bois). Une icône peut représenter le Christ, la Mère de Dieu ou des saints. La représentation des personnages obéit à des canons très précis tant au niveau des formes que des couleurs. L'icône n'est pas un objet décoratif mais un objet liturgique destinité à la vénération, devant lequel on prie, face auquel on fait la proskynèse (prosternation) et qu'on baise mais qu'on n'adore pas. Les canons iconographiques ont été fixés lors des conciles in Trullo (691) et de Nicée II (787). Au niveau des couleurs, l'or (une couleur qui ne possède pas de teintes) est généreusement utilisé car il représente l'infini. Pour ce qui concerne les personnages, on notera la symétrie du visage (signe de perfection) toujours de face (même lorsque le sujet est représenté de profil), le front important (signe de spiritualité), la bouche fine et toujours fermée (le silence est la plus grande des qualités), un nez très fin et des oreilles très petites (les sens sont minimisés). Signalons également que les icônes n'utilisent jamais la perspective, que les personnages sont en deux dimensions et qu'aucune ombre n'est jamais dessinée. La plupart du temps les personnages sont représentés avec d'amples habits qui recouvrent les corps qui ne sont jamais dessinés (sauf durant une courte période appelée « Renaissance des Paléologues »). On notera cependant que le corps de l'enfant Jésus, lui, est représenté dans toute sa dimension humaine pour insister sur la double nature du Christ (vrai Dieu et vrai homme). Une icône n'est jamais signée (il y eut cependant quelques exceptions). Inspirée, au départ, de l'art grec, l'art des icônes a fortement influencé l'art italien.

ICONOCLASME ■ Proscription et destruction des images saintes. Durant deux siècles (8e et 9e), l'Église orthodoxe a vécu la querelle des images donnant lieu à divers rebondissement. En gros, certains (surtout le haut clergé et le pouvoir politique) s'opposaient à la représentation des images car Dieu ne pouvait être représenté et la représentation de la Vierge et des saints présentait toujours un risque d'idolâtrie. Les adeptes des images (surtout le peuple et le bas clergé) répondaient que nier les images revenait à nier la double nature du Christ et était donc hérétique. Les iconoclastes eurent cependant le dessous et, en 843, un concile confirma la vénération des icônes et condamna l'iconoclasme comme hérésie. La seule représentation qui reste interdite est celle de Dieu le Père car il n'est jamais apparu à l'homme (le Saint-Esprit, lui, ne peut être représenté que de la manière dont il s'est présenté, c'est-à-dire sous la forme d'une colombe ou de langues de feu).

ICONOCLASTES ■ Partisans de la doctrine qui prétendait que les adeptes des images pieuses étaient des iconolâtres et qu'il fallait détruire toutes les images représentant Dieu, la Vierge Marie et les saints. Les partisans des images, eux, s'appelaient les iconodoules. Cette querelle est apparue après que Léon III, pour des raisons mystérieuses, promulgua un édit qui interdisait le culte des images. Le patriarche byzantin Germanos 1er refusa de contresigner cet édit et fut déposé par le pape. À la mort de Léon III, son successeur déclencha une répression féroce contre tous les partisans du culte des images. À sa mort, un synode général rétablit le culte des images mais le pape suivant reprit la persécution. En fin de compte, ce n'est qu'à la mort de l'empereur Théophilos, surtout grâce à l'intelligence de son épouse Théodora, que la persécution cessa et que fut instituée la fête des images, dite Fête de l'Orthodoxie (843). La querelle sanglante avait duré plus de 110 ans. Cette querelle reprit, sous une forme nettement moins virulente, à l'époque de la Réforme.

ICONODOULE ■ Nom attribué lors de la querelle iconoclaste aux partisans des images. Le triomphe de ceux-ci est fêté par les orthodoxes sous le nom de fête du Triomphe de l'orthodoxie (premier dimanche du carême).

ICONOGRAPHIE ■ 1. Ensemble des représentations des sujets d'une religion. 2. Art sacré de l'écriture des icônes. Pour peindre une icône, le moine doit se placer dans les conditions de sainteté idéales et donc commencer son œuvre dans la prière et le recueillement.

ICONOSTASE ■ Dans les églises orthodoxes, cloison séparant et cachant le sanctuaire de la nef de l'église. De très nombreuses icônes sont toujours disposées sur cette cloison (voir aussi Déisis). L'iconostase sépare le *naos* (ou nef) où se tiennent les fidèles du *bêma* (sanctuaire surélevé par rapport au *naos*) où officie le prêtre.

IDJMÂ ■ Dans l'islam, c'est le mot qui désigne le consensus des savants concernant les règles de vie conformes à la loi (charia).

IDOLÂTRIE ■ Pour les adeptes des religions monothéistes, c'est adorer une autre divinité que le Dieu-Un. Pour les juifs, comme pour les musulmans, l'idolâtrie est le plus grand des péchés. La plupart des interdictions de la religion juive ont pour rôle d'éviter celle-ci. Chez les musulmans, pour l'éviter (exactement comme chez les juifs), il est interdit de représenter les êtres vivants hommes ou animaux (voir aniconisme). Les juifs, comme les musulmans, taxent régulièrement les chrétiens d'idolâtres à cause du culte des saints. Dans la religion chrétienne, les iconoclastes qualifiaient également ceux qui vénéraient les images (les iconodoules) d'idolâtres. Pour les chrétiens, les icônes et les images saintes sont un objet de vénération mais non d'adoration.

IDOLOTHYTES ■ On désigne ainsi les viandes animales offertes aux idoles. Du grec *eidola* (= idole) et *thyta* (= choses sacrifiées).

IGNORANCE ■ Pour le bouddhisme, l'ignorance (*avidyâ/avijjâ*) — aussi appelée nescience dans les écrits philosophiques —

est la source de tous les maux, la racine de toutes les passions et le premier maillon des douze liens de la loi (ou chaîne) de coproduction conditionnée (voir ces mots). C'est l'ignorance qui nous empêche de connaître les causes de la souffrance (*duhkha*) et d'adopter les mesures nécessaires pour s'en affranchir. L'ignorance, c'est l'ignorance des Quatre Nobles Vérités, du Karma, de la Loi de coproduction conditionnée et des Trois sceaux de l'existence (l'*anâtman* ou « non-soi », l'impermanence (*anityata*) et la *duhkha* ou souffrance). C'est l'ignorance qui retient les êtres dans le samsâra (cycle des renaissances). Toutes les choses conditionnées se caractérisent par trois signes : elles sont éphémères (*anitya*), douloureuses (*duhkha*) et impersonnelles (*anâtman*).

IHRAM ■ État de sacralisation du musulman avant d'entrer à La Mecque. Lorsqu'il est en état d'ihram, le pèlerin doit respecter quelques règles : il ne peut engager de contestation, il lui est interdit de se parfumer ou d'avoir des relations sexuelles, de porter des vêtements à couture, de chasser, de se couper les ongles ou les cheveux.

IJMÂ ■ Terme musulman pour désigner le consensus de la communauté des croyants (en droit musulman, c'est l'une des sources possibles de la loi).

IJTIHAD ■ Ce mot arabe désigne l'effort de réflexion personnelle, l'érudition en matière juridique permettant d'adapter, de renouveler, les préceptes de l'islam à l'évolution de la société. C'est certainement l'un des éléments les plus importants pour la compréhension de l'évolution de l'islam. Pour le monde musulman sunnite (il en est autrement dans l'islam chiite), au douzième siècle, la porte de l'ijtihâd a été fermée. C'est à ce moment que les principaux théologiens ont décidé, par consensus, que tout ce qui pouvait être discuté l'avait été et qu'il ne restait plus maintenant qu'à appliquer l'islam tel qu'il est contenu dans le Coran et la Sunna (les hadîths du Prophète) en utilisant les interprétations des écoles juridiques. C'est ainsi que pour le calife Omeyyade Umar ibn Abd-al-Azîz : « Personne n'a le droit à une opinion personnelle sur les points déjà établis par le Coran ; l'option personnelle du calife ne porte que sur les points sur lesquels il n'y a pas de révélation dans le Coran et aucune véritable sunna du Prophète ; personne n'a le droit à une opinion personnelle sur des points déjà établis par une sunna exprimée par le Prophète. » (J. Schacht, *Introduction au droit musulman*) Cela aboutit à une fiction de justice coranique. En effet, deux justices parallèles s'appliquent dans l'ensemble du monde musulman : une justice basée sur la charia et pratiquée par les cadis et l'autre laïque dépendant, selon les moments de la coutume, du gouvernement ou des codes. Si la porte de l'ijtihâd a été fermée au 12e siècle, il n'en a pas toujours été ainsi, bien au contraire. Au cours des trois premiers siècles de l'ère musulmane (c'est-à-dire du 7e au 10e siècle), l'ijtihâd était encouragée et tout savant, tout penseur pouvait apporter sa propre solution à des problèmes juridiques. Ce n'est que par la suite que les savants (n'ayant en fin de compte que le Coran et la Sunna à se mettre sous la dent !) sentirent que toutes les questions essentielles avaient été discutées par eux et qu'il devenait téméraire pour un individu de prétendre disposer des connaissances suffisantes pour apporter un nouvel éclairage, une nouvelle explication à la doctrine. Par consensus, ils décidèrent donc « la fermeture de la porte de l'ijtihâd ». Les juristes passèrent ainsi progressivement de l'*ijtihâd* (réflexion personnelle) au *taqlîd* (imitation). Ainsi, le droit musulman, qui avait été souple et ouvert, s'enferma dans une grande rigidité.

ILLATION ■ 1. Apport des biens que fait une personne lorsqu'elle entre dans le noviciat. 2. Dans le rite mozarabe, prière proclamée à haute voix avant le Canon de la messe. 3. Transfert ou retour des reliques d'un saint.

ILLICITE ■ Est illicite ce que la morale réprouve ou ce que le droit religieux interdit. 1. Chez les juifs, comme chez les musulmans, il existe une distinction très nette entre ce qui est licite, c'est-à-dire permis (*halâl*, en arabe ; *cacher*, en hébreu) et ce qui est illicite, c'est-à-dire interdit (*haram*, en arabe ; *tref*, en hébreu). La distinction concerne essentiellement (mais pas exclusivement) les aliments et la femme (au moment des règles, la femme est illicite ; en état d'impureté, certains lieux sont illicites, etc.). 2. Chez les chrétiens, cette distinction n'existe pas de manière aussi tranchée car il n'existe pas d'interdits alimentaires ou sexuels (l'illicite a été remplacé par le péché). Par contre, étant donné l'existence des sacrements, il convient de faire la distinction entre illéicité et invalidé. Ainsi, pour les catholiques, un prêtre catholique schismatique qui célèbre l'eucharistie commet un acte illicite (il n'a pas les autorisations de l'autorité compétente) mais qui est valide (car il possède le pouvoir d'ordre).

ILLUMINÉ ■ Personne en communication avec Dieu (mystique).

ILLUMINISTES ■ Mouvement religieux protestant qui donne la primauté à l'illumination intérieure par le Saint-Esprit.

ILM AL-KALÂM ■ Le mot arabe *kâlam* possède trois sens. Le *Kalam Allah*, la Parole de Dieu : c'est le Coran. Le *kâlam*, c'est aussi le tube de roseau servant à calligraphier l'arabe. Le *kâlam*, c'est aussi le discours sur la foi, l'analyse de la parole (*kâlam*) de Dieu. Ce discours théologique est généralement désigné sous le nom de *ilm al-kâlam*. Il s'agit d'une théologie spéculative, apologétique et de controverses. Cette théologie n'a jamais eu un franc succès en islam car pour les musulmans l'important c'était l'interprétation de la loi (le *fiqh*) et non le discours sur Dieu, la défense de la foi musulmane et l'authenticité du discours du Prophète. L'authenticité du discours du Prophète allant de soi pour un musulman ; en outre, la plupart des savants ne voyaient pas l'intérêt de défendre ces idées face à des non-musulmans. Malgré cela, le *kâlam* a eu une certaine importance en islam et une influence non négligeable sur l'interprétation de la loi (*fiqh*) car il établissait solidement les croyances religieuses et toutes les opinions qui pouvaient les contredire. Les premiers à pratiquer le kâlam furent, à la fin du 8e siècle, les mutazilites confrontés aux enseignements de la philosophie grecque. Les mutazilites étaient partisans d'une doctrine qui accordait une part importante à la raison. Le *kâlam* se présentait alors comme une profession de foi argumentée et comme une réfutation des arguments des adversaires. Si les mutazilites furent les premiers à le pratiquer, par la suite, d'autres écoles juridiques adoptèrent également les enseignements du *kâlam*. Seule l'école juridique hanbalite, une école assez rigoriste, refusait la théologie spéculative du *kâlam* car elle refusait d'introduire un élément humain dans la définition d'un article de foi. En outre, ils estimaient qu'il y avait un danger à discuter avec son adversaire car on pouvait finir par accepter l'une de ses thèses. Les principaux thèmes du kalam furent liés aux statuts de l'imamat, de la foi, de la responsabilité de l'homme, des conditions du salut, de la nature du Coran (créé ou incréé), des attributs divins, du péché, etc.

IMAGE (DANS L'ISLAM) ■ Contrairement à une opinion très répandue, l'interdiction de la représentation du vivant n'est pas mentionnée dans le Coran. Par contre, de nombreux hadîths du Prophète (dont on sait que la plupart sont apocryphes) insistent sur cette interdiction, tout en la relativisant. Ceci explique qu'au sujet de l'image, il n'y ait pas de position tranchée dans le monde musulman. Il y a deux raisons principales pour lesquelles le monde musulman est aussi sensible à l'image : la transcendance absolue d'Allah et l'associationnisme. Pour l'islam, Dieu est présent partout : il n'est donc ni possible ni nécessaire de le représenter. L'associationnisme (c'est-à-dire donner un associé à Dieu — le *shirk*) est rigoureusement interdit par l'islam : c'est le plus grand des péchés pour cette religion monothéiste pure. Pour brosser rapidement la situation de l'image en islam, notons que l'interdiction — pour autant qu'elle soit valide — ne s'applique qu'à la représentation des êtres animés et tout particulièrement aux statues et aux idoles. Sur la triple interdiction portant sur l'image divine, les idoles et les statues, il y a une véritable unanimité, « allant de soi » au sein du monde musulman. Pour ce qui concerne la représentation des êtres inanimés, il y a également unanimité : elle est autorisée, même dans les mosquées. Pour ce qui concerne les êtres animés, les avis varient selon les époques et le niveau culturel. Néanmoins, même les musulmans les plus stricts acceptent les représentations animées si elles sont de petite dimension (par exemple sur des pièces de monnaie ou dans des miniatures) ou si elles sont indispensables pour le bon fonctionnement de l'État (photos d'identité). On notera cependant que le statut de l'image est loin d'être uniforme en Islam. Ainsi, la persistance dans les églises chrétiennes, transformées en mosquées, d'images représentant des êtres vivants ne semble poser aucun problème (on dit d'ailleurs que Mahomet, détruisant toutes les idoles de la Kaba, laissa en place une représentation de la Vierge Marie). D'autre part, les palais et bains de la période omeyyade sont recouverts de fresques représentant des hommes et des femmes (mais ces édifices n'étaient pas fréquentés par le peuple, qu'il fallait, bien entendu, tenir éloigné de tous les dangers, et surtout de celui de l'associationnisme). Enfin, toutes les miniatures persanes et mongoles représentent des personnalités vivantes (du fait de la miniaturisation, il n'y avait pas de danger d'idolâtrie). Si pour certains édifices privés les artistes ont dérogé à la règle, il est à remarquer qu'en ce qui concerne les lieux de prière (par exemple les mosquées), la règle est toujours rigoureusement respectée. Il mérite d'être observé que malgré l'absence de références coraniques, il existe au sujet de l'image un véritable consensus en Islam tant chez les théologiens que chez les artistes (hormis, nous l'avons vu, chez quelques miniaturistes persans). Cette interdiction de représenter Dieu fait également partie de la religion juive mais non de la religion chrétienne. En effet, dans le christianisme, Dieu en devenant homme a permis sa représentation (la théophanie passe par la représentation humaine).

IMAGE (DANS LES RELIGIONS MONO-THÉISTES) ■ Dans l'islam, l'interdiction de l'image n'est pas coranique, contrairement à son statut dans la religion juive où cette interdiction est biblique : « Tu ne te feras point d'image taillée, ni de représentation quelconque des choses qui sont en haut dans les cieux, qui sont en bas sur la terre, et qui sont dans les eaux plus bas que la terre » (Ex. 20,4). Dans la religion chrétienne, l'image a été le thème de deux synodes (celui de Constantinople, en 753, qui interdit les images puis celui de 843 qui réhabilite l'adoration des icônes et met fin à l'iconoclasme). Ensuite — mais c'est une autre histoire — le pape Benoît XIV dressa une liste des représentations approuvées pour chaque membre de la Trinité. En Islam, l'image est interdite si elle représente Dieu, si elle est celle d'un saint auquel un culte est voué, si elle est le travail de création d'un artiste (seul Dieu est créateur), si elle glorifie une personne humaine, si on la vénère (comme les icônes dans la religion orthodoxe). Les statues sont de toute façon interdites dans tous les cas. On notera cependant que dans les palais des premiers califes omeyyades et surtout dans leurs salles de bains, la représentation du corps, même dénudé, n'était pas encore interdite : elle ne s'appliquait qu'aux édifices religieux. La religion chrétienne a codifié, lors d'un concile, la représentation de Dieu : le Père sous la forme d'un important personnage barbu généralement entouré d'anges, le Fils sous les traits d'un homme mince et légèrement barbu, le Saint-Esprit, lui, prenant les traits d'une colombe ou de langues de feu. Une telle représentation est absolument inimaginable dans le monde musulman.

IMÂM ■ 1. C'est le musulman qui dirige la prière rituelle (*salât*) et prépare le sermon du vendredi. L'islam étant une religion très égalitaire, cette personne — du moment qu'elle satisfait aux conditions de pureté rituelle — peut être n'importe quel musulman (dans les temps anciens, cela pouvait même être un esclave). 2. Chez les chiites, ce titre a un sens tout particulier : c'est Ali (le premier imâm) ou l'un de ses descendants dont la mission est de guider la Communauté (l'imâm chiite est censé être dépositaire du sens complet du message coranique). Dans l'islam chiite, le titre imâm est particulièrement prestigieux. L'imâm est l'objet d'une vénération (certaines sectes vénèrent sept imâms — les ismaéliens septimains — d'autres douze — les imamites duodécimains). Pour les imamites duodécimains, le dernier (et douzième imâm) a disparu en 874 et ils attendent son retour (c'est l'imâm caché). Ce dernier est représenté sur terre par les

ayatollahs. 3. C'est un titre que l'on donne, dans la langue arabe, à une personne ayant une autorité dans une discipline quelconque (même profane). Ce titre avait donc le même sens que Herr Professor chez les Allemands.

IMÂM AGA KHAN ■ L'Aga Khan est le chef spirituel d'une communauté chiite : les ismaïliens nizaris. L'actuel chef a pour nom et titre Imâm Aga Khan Karîm IV.

IMÂM DE LA COMMUNAUTÉ ■ C'était l'un des titres du calife en tant que chef temporel et spirituel de la Communauté (*Umma*).

IMÂMITES ■ Voir Duodécimains.

IMÂMIYYA ■ Dans l'islam, c'est le mot qui désigne la communauté chiite qui attend le retour du douzième imam (Muhammad al-Mahdi) disparu en l'an 874.

IMITATION DE JÉSUS-CHRIST ■ Petit ouvrage de dévotion paru au 15e siècle dont l'auteur présumé serait Thomas A Kempis. Cet ouvrage de conseils où l'imitation de Jésus-Christ occupe la place principale est, aujourd'hui encore, un ouvrage très lu par les chrétiens.

IMMACULÉE CONCEPTION ■ Qualité de la Vierge Marie, mère de Jésus-Christ, née sans tache, c'est-à-dire sans le péché originel. En 1854, le pape Pie IX définit ce dogme de la manière suivante : « Dès le premier instant de sa conception, par une grâce et un privilège spécial du Dieu tout-puissant, en vue des mérites de Jésus-Christ, Sauveur du genre humain, la bien-heureuse Vierge Marie a été préservée et exempte de toute tache du péché originel ». Plus tard, la Vierge serait apparue à Bernadette Soubirous et lui aurait affirmé en patois local : « Je suis l'Immaculée Conception ».

IMMANENCE ■ Qualité de ce qui manifeste sa présence par le mode de l'intériorité. On oppose l'immanence à la transcendance. L'immanence divine est la présence de Dieu en chacun de nous. La transcendance divine est la manifestation de Dieu par une action extérieure.

IMMERSION ■ Un des modes utilisés pour administrer le baptême dans la chrétienté. Ce mode est utilisé principalement par les orthodoxes et certains protestants. Les autres modes d'administration du baptême sont l'infusion, l'aspersion ou l'affusion.

IMMORTALITÉ ■ Elle est promise aux hommes par de nombreuses religions dont le christianisme et l'islam. Elle ne fait pas partie des promesses du bouddhisme puisque le but ultime est de quitter le cycle des réincarnations pour atteindre le nirvâna. Elle ne fait pas non plus partie à part entière du judaïsme. Pour les auteurs bibliques, il n'existe pas d'autre avenir que celui du clan ou de la tribu. Aux premiers siècles du judaïsme, les différents courants religieux s'opposent sur cette question : les saducééens ne croient en aucune forme de survie, les autres mouvements religieux ne s'accordent pas sur la forme de la survie (est-ce l'âme ? le corps ?).

IMPANATION ■ Doctrine de Luther qui affirme que le pain et le vin consacrés lors de l'eucharistie conservent leur qualité de pain et de vin tout en étant transformés en corps et en sang du Christ. On parle également de consubstantiation. Selon la formule luthérienne, les substances du corps et du sang du Christ sont présentes « avec, dans et sous » les éléments du pain et du vin. En outre, la présence réelle disparaîtrait avec la dispersion de l'assemblée eucharistique. Cette doctrine s'oppose à la doctrine des églises catholiques et orthodoxes où il y a transsubstantiation.

IMPASSIBILITÉ ■ Qualité d'un être qui n'est pas atteint par la souffrance.

IMPECCABILITÉ ■ Qualité d'une personne qui est incapable de commettre le péché.

IMPECCANCE ■ État de celui qui ne commet pas de péché.

IMPÉNITENT ■ Celui qui ne se repent pas de ses péchés.

IMPERMANENCE ■ Tout ce qui est composé est impermanent : c'est l'une des notions fondamentales du bouddhisme et cela dans toutes les écoles. Seul le nirvâna, parce qu'il est incomposé, échappe à l'impermanence (*anityata*). Héraclite, le philosophe Grec, avait résumé cela en une formule : « On ne se baigne jamais deux fois dans le même fleuve ». L'impermanence est l'un des trois caractères de l'homme ; en effet, les agrégats qui le composent sont impermanents (*anitya*), insubstanciels (*anâtman*) et douloureux (*duhkha*).

IMPIE ■ Personne qui n'a pas de croyance, pas de religion (ou, le plus souvent, n'est pas de la même religion que celui qui lance l'invective).

IMRÂN ■ Dans le Coran, ce nom d'homme se rapporte soit à l'Amram biblique (le père de Moïse), soit à Joachim (le père de la Vierge Marie, selon des apocryphes chrétiens). L'expression « la famille d'Imrân » désigne la famille de Moïse et d'Aaron.

IN PARTIBUS (INFIDELIUM) ■ Un évêque *in partibus* (*infidelium*), c'est-à-dire « dans les régions des infidèles », est un évêque dont le diocèse est situé dans un pays non chrétien. C'est donc un évêque sans clergé et sans fidèles.

IN PETTO ■ Dans le catholicisme, se dit de la décision papale de nommer un cardinal sans le faire connaître et sans rendre sa nomination publique (ceci généralement pour des raisons politiques ou pour ne pas mettre la vie du nouveau cardinal en danger).

INAMISSIBLE ■ Qui est dans l'impossibilité de se perdre.

INCARNATION ■ C'est le fait pour une divinité de s'incarner dans le corps d'un animal ou d'un homme. Dans les religions polythéistes, les incarnations des dieux sont fréquentes. Dans les religions monothéistes, l'unique Incarnation est celle de Dieu dans le corps d'un homme, Jésus-Christ.

INCRÉDULE ■ Personne qui doute en matière de religion.

INCROYANT ■ Personne qui refuse de croire en une quelconque religion.

INCUBATION ■ Pratique consistant à passer la nuit dans un sanctuaire de manière à être « conseillé en songe » par la divinité.

INCUBE ■ Démon masculin réputé abuser des femmes pendant leur sommeil.

INDÉFECTIBLE ■ Qui durera jusqu'à la fin du monde.

INDEX ■ Dans l'Église catholique, il s'agit d'une liste de livres interdits (dont le *Grand Larousse*). Il s'agit d'une tradition ancienne car Saint Paul, déjà, brûlait certains livres… En tant que loi religieuse, l'index a disparu en 1966.

INDICTION (BULLE D'-) ■ Publication (de *indicere*, « publier) ou moyen par lequel le pape fixe un concile, l'année sainte, etc.

INDRA ■ Une divinité mineure (une des douze devas).

INDULGENCE ■ Dans la religion catholique, rémission des peines pour les péchés déjà pardonnés.

INDULGENCES (COMMERCE DES) ■ À partir du 11e siècle, l'Église catholique organise un commerce des indulgences. Contre une « participation aux bonnes œuvres », le pécheur reçoit un document qui lui assure la remise des peines de son confesseur et une réduction de la durée d'attente au Purgatoire. Le commerce des indulgences fut très efficace durant les Croisades car il permettait d'engranger des numéraires et d'engager des hommes. C'est à ce moment que naquit l'idée de l'« indulgence plénière ». Celui qui acceptait de partir en Croisade était assuré de la remise de toutes les peines pour ses fautes passées et futures, un blanc-seing à toutes les turpitudes. Par la suite, les indulgences plénières furent accordées à tous les pèlerins de l'« Année sainte ». Ce commerce des indulgences mit mal à l'aise plus d'un théologien. Il est à l'origine de la Réforme (c'est-à-dire la naissance du protestantisme) puis de la Contre-Réforme (c'est-à-dire la réforme au sein de l'Église) et du concile de Trente. Sans qu'il soit question de commerce, on sait que les indulgences (plénières ou limitées) sont toujours accordées par l'Église catholique en diverses occasions.

INDULT ■ Privilège accordé par le pape en dérogation du droit commun comme, par exemple, continuer à dire la messe tridentine en lieu et place de celle de Paul VI.

INEFFABLE ■ Qu'il est impossible de nommer, de prononcer, de décrire ou d'exprimer. Ainsi, par exemple, chez les juifs, YHVH, le tétragramme divin, est un nom ineffable qu'il est interdit de prononcer (sauf par le prêtre en de rares occasions).

INFAILLIBILITÉ ■ Désigne ce qui est sans erreur, sans possibilité de se tromper. Dans l'Église catholique, le pape est infaillible lorsqu'il prononce *ex cathedra* des vérités doctrinales. C'est-à-dire qu'il est même dans l'impossibilité de commettre une erreur. Le dogme de l'infaillibilité papale a été prononcé par le concile Vatican I (1869-1870). Cette infaillibilité proclame l'entière indépendance du pape par rapport aux conciles. Cette infaillibilité est cause de discorde au sein des Églises car une fois prononcé, un dogme ne peut plus être retiré, même par un concile. Voir aussi Conciliarisme.

INFIDÈLE ■ C'est celui qui professe une autre religion que celle de l'accusateur (ainsi, les musulmans et les chrétiens étaient tour à tour accusés d'être des infidèles).

INFIDÉLITÉ ■ Trahison de sa foi.

INFRALAPSAIRE ■ État de l'humanité après le péché originel. On dit aussi sublapsaire.

INHABITATION ■ 1. Dans la théologie chrétienne, c'est la présence de chacune des trois personnes de la Sainte Trinité l'une dans l'autre. 2. Chez les chrétiens, c'est l'état de grâce par la présence de Dieu dans l'âme. Voir Périchorèse.

INITIATION ■ Dans les courants ésotériques des religions, c'est le fait d'être initié à certains mystères, à certaines pratiques qui permettent l'accès à un niveau supérieur de connaissance.

INNASCIBILITÉ ■ En théologie trinitaire, exprime la qualité du Père à qui aucune origine n'est attribuée. Par contre, le Père est à l'origine du Fils et du Saint-Esprit. Voir aussi Filioque.

INNOCENTS (SAINTS) ■ Fête liturgique chrétienne (28 décembre, calendrier grégorien) qui commémore le massacre par Hérode de tous les enfants premiers-nés des familles juives habitant la ville de Bethléem et les alentours. Pour échapper à ce massacre, Joseph emmène en catastrophe Jésus et Marie en Égypte (c'est la fuite en Égypte).

INQUISITION ■ Tribunal ecclésiastique catholique chargé de réprimer les hérésies. Fondé en 1231 par le pape Grégoire X, l'Inquisition était sous la direction directe du pape. Les principaux inquisiteurs étaient choisis chez les franciscains et les dominicains, à cause surtout de leur érudition en théologie. L'Inquisition eut à s'occuper des albigeois, vaudois, marranes, protestants, musulmans convertis, etc. Elle fut particulièrement active en Espagne où elle ne dépendait plus du pape mais de l'État. Ce tribunal (qui a porté plusieurs noms pour devenir, en 1908, le Saint-Office) a d'abord lutté contre les cathares pour s'intéresser ensuite aux marranes (juifs convertis mais pratiquant encore le judaïsme) et, enfin, aux protestants. Après avoir soumis le suspect à la torture, le pouvoir religieux, après les aveux et la sentence, le transférait au pouvoir séculier pour l'application de la loi.

INSALIVATION ■ Dans l'ancienne liturgie chrétienne, cérémonie qui consiste à toucher les narines et la bouche des baptisés avec de la salive en prononçant « ouvre-toi ». Voir Ephphtea.

INSPIRATION ■ Voie par laquelle Dieu a guidé les auteurs des livres saints dans la rédaction de leurs textes. Une bonne définition figure dans 2 Tm3, 15-17.

INTÉGRISME ■ Attitude des croyants d'une religion qui refusent toute évolution de celle-ci malgré l'évolution des sociétés. Ainsi, les intégristes chrétiens refusent pour la plupart la nouvelle messe de Vatican II (lui préférant la messe tridentine), les intégristes musulmans refusent que les femmes découvrent leurs cheveux, etc. Parfois anecdotique, l'intégrisme porté à son stade ultime devient dangereux car il prend les prescriptions bibliques ou coraniques à la lettre (ainsi, la femme adultère doit être lapidée en même temps que son amant, comme il est dit dans la Bible et le Coran). L'intégriste souhaite un retour à une étape antérieure de la religion, réputée plus conforme à la volonté de Dieu et à une prétendue pureté historique.

INTERCESSION ■ Dans le christianisme, intervention du Christ, de la Vierge-Marie ou d'un saint auprès de Dieu.

INTERDÉPENDANCE ■ Notion fondamentale du bouddhisme : les existences sont toutes en étroite relation et dépendent les unes des autres (voir l'article consacré à la coproduction conditionnée).

INTERDIT ■ Dans l'Église catholique, peine ecclésiastique interdisant à une personne, à une collectivité ou même à un pays (comme ce fut le cas pour la République de Venise sous le pape Paul V) l'accès à certaines choses sacrées (dire la messe, recevoir des sacrements, etc.).

INTERDITS ALIMENTAIRES ■ Les interdits alimentaires sont fréquents dans les religions. La religion chrétienne fait exception car, aujourd'hui, elle n'interdit aucun aliment mais en restreint seulement la consommation certains jours de la semaine ou durant une certaine période (Carême). À l'origine, cependant, les premiers chrétiens respectaient les mêmes règles alimentaires que les juifs (*kash-*

routh). Ils s'interdisaient également de partager la même table qu'un païen, etc., exactement comme les juifs. C'est à la suite d'un rêve de saint Pierre qu'il fut décidé d'abandonner définitivement les règles alimentaires juives de la *kashrouth* (par la même occasion, les premiers chrétiens abandonnèrent également la circoncision, laquelle était pratiquée durant les premières années du christianisme). Par contre, les musulmans, comme les juifs, s'interdisent la consommation de certains aliments considérés comme impurs. Vingt-quatre versets du Coran sont consacrés à des interdits alimentaires, c'est la preuve que ce sujet préoccupait beaucoup Mahomet. On notera qu'il existe de grandes similitudes entre les interdits juifs et musulmans. D'ailleurs, le musulman, faute de mieux, peut acheter de la viande dans une boucherie juive. Néanmoins, il existe quelques différences. Ainsi, le juif ne peut consommer de lapin ou de chameau : nourritures autorisées pour les musulmans. Par contre, les musulmans ne connaissent pas l'interdiction juive de mélanger la viande avec du lait.

INTERTESTAMENTAIRE ■ Mot donné à certains ouvrages qui n'entrent pas dans le canon de l'Église catholique : ils n'appartiennent ni au canon de l'Ancien Testament, ni à celui du Nouveau Testament. Certains préfèrent les appeler apocryphes, pseudépigraphiques ou para-testamentaires.

INTINCTION ■ Dans la liturgie chrétienne, un des deux modes de communion sous les deux espèces. Dans l'intinction (de *in* « dans » et *tingere* « mouiller »), le prêtre trempe l'hostie dans le calice contenant le vin consacré puis la dépose sur la langue du fidèle.

INTROÏT ■ Dans la liturgie catholique, prière que chante le prêtre lorsqu'il monte à l'autel. C'est aussi le chant du chœur à l'entrée d'une grand-messe.

INVENTION ∎ Dans la religion catholique, c'est la découverte d'une relique.

IPSÉITÉ ∎ Qualité d'un être défini par des caractéristiques qui lui sont propres, semblables à nulles autres. L'ipséité est un des attributs de Dieu.

IPSSIMA VERBA ∎ En exégèse des évangiles, ce sont des mots dont l'authenticité historique ne fait pas de doute. On qualifie ainsi certaines paroles du Christ.

IRÉNIQUE ∎ Fait ou action qui apaise les querelles religieuses (du grec *irénikos*, pacifique).

IRÉNISME ∎ Attitude consistant à éviter toute polémique et, au contraire, à se montrer compréhensif dans le but d'éviter toute scission. L'origine de ce mot (qui, en grec, signifie « paix ») provient de saint Irénée de Lyon (2ᵉ siècle) qui se montra conciliant pour éviter une rupture entre l'Orient et l'Occident chrétiens. L'irénisme a été condamné plusieurs fois par l'Église catholique, entre autres, dans l'encyclique *Humani Generis* qui met en garde contre la tolérance qui « de façon tranquille [admet] des graves erreurs, inacceptables, par désir exagéré de paix et de conciliation ». Cette condamnation a été confirmée par Vatican II car il « porte préjudice à la pureté de doctrine catholique et obscurcit son sens authentique et assuré » (décret *Unitatis redintegratio*, 11).

IRINIKA ∎ Chez les orthodoxes, grande litanie pour la paix.

ISÂ ∎ C'est le nom attribué à Jésus-Christ chez les musulmans. Le Christ est considéré par les musulmans comme un prophète et son nom est cité de nombreuses fois dans le Coran.

ISAAC ∎ Le second Patriarche est le fils légitime d'Abraham et de Sarah. Le nom Isaac signifie « il rit », car c'est ainsi que Sarah réagit lorsque cette naissance lui fut annoncée, à un âge très avancé. Isaac est surtout connu pour l'épisode de son sacrifie (la « ligature d'Isaac ») racontée en Genèse 22.

ISAAC (SACRIFICE D'-) ∎ Ce sacrifice — effectué à l'endroit où se dresse aujourd'hui le Dôme du Rocher, à Jérusalem — est revendiqué par toutes les religions monothéistes. Les Juifs ne parlent pas de sacrifice mais plus exactement de « ligature » (*Aqèdat Yitshaq*) ; les chrétiens voient en lui le sacrifice du Christ ; les musulmans pensent que c'est Ismaël qui aurait été sacrifié bien que le Coran (37, 102-109) ne cite aucun nom.

ÎSHÂNA ∎ Dans le bouddhisme, c'est une divinité mineure (une des douze devas).

ISLAM ∎ Lorsque le mot est écrit avec une minuscule, il désigne exclusivement la religion musulmane. Lorsqu'on l'écrit avec une capitale, on fait référence à toute la civilisation islamique.

ISLAM (LES PILIERS DE LA RELIGION) ∎ Les piliers de la religion islamique (*arkân al-dîn*) — ou devoirs religieux obligatoires (*ibâdât*) pour tout musulman — sont au nombre de cinq : 1. La profession de foi ou *shahâda*. 2. La prière rituelle ou *salât*. 3. Le jeûne du mois du Ramadan ou *sawm*. 4. L'aumône légale ou *zakât*. 5. Le Pèlerinage. à La Mecque ou *hajj*.

ISLAMISME ∎ Jusqu'à ces dernières années, ce terme désignait l'étude de la civilisation musulmane : c'est ainsi qu'il doit être pris sous la plume des spécialistes — historiens, philologues, juristes, orientalistes — du siècle dernier. Aujourd'hui, ce terme a radicalement changé de sens et désigne l'extrémisme religieux (et politique) de certains groupes de musulmans.

ISLAMISTES ■ Intégristes musulmans. Ils sont parfois appelés fondamentalistes et forment différents groupes. Sans entrer dans les détails, particuliers à chaque groupe, ces intégristes souhaitent la création d'États purement islamiques. Ceci ne peut se réaliser que par : une application rigoureuse de la loi musulmane (*charia*), un statut de la femme qui soit conforme à leur lecture du Coran et de la Tradition, une obligation pour tous de respecter les préceptes de la foi, une démission des gouvernants qui ne respectent pas la loi de Allah, le *jihâd* contre tous les mauvais musulmans (même les chefs d'État). Ces doctrines prônant un retour à l'islam des ancêtres et à la pure interprétation du Coran portent également le nom de salafisme (de salaf = ancêtres) ou *salafiya*. Pour créer ces « purs » États islamiques, les intégristes admettent que toutes les méthodes sont permises, y compris les plus violentes. Quelles que soient les manifestations des islamistes, il faut cependant se garder de placer tous les mouvements « arabes » armés dans le monde dans l'unique sac de l'islamisme : certains sont seulement des mouvements de libération face à une occupation étrangère. Il faut également prendre garde à l'amalgame simplificateur : des centaines de mouvements « islamistes » existent dans le monde : tous ne prônent pas une guerre ouverte à l'Occident. Il faut, enfin et surtout, éviter de confondre l'Islam et islamisme : les islamistes ne représentent qu'une infime partie de l'Islam et leur lecture restrictive des textes sacrés de l'islam est très loin de faire l'unanimité chez les docteurs de la loi. L'islamisme doit être considéré comme une dérive religieuse et politique.

ISMAÉLIENS ■ Membres d'un courant religieux reconnaissant seulement 7 imâms. Deux sectes importantes existent dans ce courant : les nizârites et les alaouites (en Syrie). On les appelle aussi les septimaniens.

ISNÂD ■ Un hadîth est toujours composé de deux parties : l'*isnâd* et le *matn*. L'*isnâd* est la « chaîne des transmetteurs », c'est-à-dire la liste ininterrompue de ceux qui ont transmis le hadîth. C'est en fonction de la qualité de cette chaîne (et de son contenu) que le hadîth sera qualifié d'excellent (*sahîn*), de bon (*hasan*), de faible (*daîf*) ou de faux (*mawdoû*). Le *matn* est simplement le texte du hadîth.

ISRAËL ■ Le mot « Israël » désigne pendant une période de l'histoire uniquement le royaume du Nord. Au retour d'Exil, ce mot retrouve son sens premier pour désigner l'ensemble du peuple juif. Le mot « Juif » ne prend son sens qu'à partir de l'exil des Judéens à Babylone.

ISTIGHFAR ■ Dans l'islam, c'est le mot qui désigne le fait de demander pardon à Dieu.

ISVARIS ■ Dans le bouddhisme, ce sont les parèdres, les doubles féminins des *Jinas*. Dans l'art tibétain, surtout, les *Jinas* et *asvaris* sont généralement accouplés (*yab-yum*).

IURA MAJESTATICA CIRCA SACRA ■ Le « droit royal sur les choses sacrées » fut une donnée classique pendant des siècles. L'Église s'accommoda de cet état, lequel était d'ailleurs officialisé par des concordats.

J

JACOB ■ Le troisième Patriarche juif est le fils d'Isaac et de son épouse Rebecca. Il rachète par rouerie le droit d'aînesse à son jumeau Esaü (Genèse 25, 34). Il eut douze fils, dont Joseph.

JACOBITE ■ Membre d'une église hérétique chrétienne d'Orient (6e siècle, fondée par Jacob Baraddai) qui ne reconnaît en Jésus-Christ que sa nature divine.

JACULATOIRE ■ Adjectif qui exprime un vif élan vers Dieu.

JAHANNAM ■ Dans l'islam, c'est le mot qui désigne l'enfer.

JÂHILIYYA ■ La *jâhiliyya* (ou âge de l'ignorance) est la période culturelle qui précède l'islam et à laquelle celui-ci a emprunté de nombreux éléments, entre autres rituels. Cette période porte le nom de l'âge de l'ignorance [de l'islam] car c'est celle du culte des idoles et de la dépravation morale. Les historiens arabes se sont très peu occupés de cette période, sans intérêt pour eux. Elle nous est essentiellement connue grâce aux nombreux poèmes qui constituent le patrimoine culturel arabe. C'est aussi à partir de ces poèmes que les savants ont été en mesure de préciser certains mots du Coran.

JAÏNISME ■ Religion fondée par Mahavira, un contemporain de Bouddha. Cette religion, parfois très proche du bouddhisme, n'a guère rencontré de succès et on en estime aujourd'hui le nombre de pratiquants à moins de quatre millions. Pour asseoir sa diffusion, il a manqué à Mahavira un propagandiste (doublé d'un politique) de la stature d'Asoka.

JAMBUDVIPA ■ Dans la cosmologie bouddhique, c'est le nom de la terre sur laquelle nous vivons.

JANNAH ■ Dans l'islam, c'est le mot qui désigne le paradis.

JANSÉNISME ■ Doctrine élaborée par Jansénius (1585-1638) selon laquelle l'homme ne bénéficierait pas du libre arbitre et son âme serait prédestinée. Ses actions sur terre sont sans conséquences sur son Salut, car il ne peut l'obtenir que de la grâce divine. Défendues par Pascal et Port-Royal, le jansénisme fut condamné par le Pape Innocent X et Port-Royal détruit en 1712.

JANSÉNISTE ■ Membre d'une église hérétique chrétienne (1640, Jansénius) qui affirme que le salut ne concerne que certaines personnes prédestinées dès leur naissance et cela indépendamment de leurs actes. Du point de vue artistique, les bras du Christ janséniste en croix sont placés à la verticale et non à l'horizontale.

JAPONAIS (BOUDDHISME) ■ Pour arriver au Japon, le bouddhisme a fait un assez long chemin traversant l'Inde, la Chine et la Corée. S'arrêtant quelques siècles dans ces deux derniers pays, il n'arrive — à la faveur de moines chinois et d'immigrants coréens — au Japon qu'au 6e siècle. Le bouddhisme qui s'implante au Japon est celui du Grand Véhicule. Ce bouddhisme, le *Mahâyâna*, est passablement différent de celui du bouddhisme premier (*Theravâda*) et fait la part belle aux différents bodhisattvas (ou saints compatissants). Dans l'implantation du bouddhisme au Japon, autant dire qu'il ne reste pas grand-chose du bouddhisme des origines. Tout ce que nous savons du bouddhisme premier concernant l'absence de divinité, la non-conceptualisation des fins dernières, les rites réduits au strict minimum, est ici carrément pris non seulement en défaut mais se manifeste de manière exactement opposée : les dieux sont légion, le paradis et l'enfer n'ont rien à envier à leurs homologues chrétiens, les rites sont légion, etc. Héritier du *Mahâyâna* et de sa cosmogonie de bodhisattvas, le bouddhisme japonais a encore amplifié le mouvement. Comment en est-on arrivé à cela ? La religion des Japonais, le *shintô*, n'était guère structurée et se basait essentiellement sur le culte rendu à des centaines de divinités protectrices, les *kamis*. Ces divinités protectrices étaient généralement associées à une activité (la guerre, l'agriculture, etc.) et souvent à une famille noble (ainsi, le Bouddha fut d'abord le *kami* d'une famille noble extrêmement puissante dont des membres prirent place sur le trône impérial, la famille de Soga-no-Iname). Au moment de l'arrivée du bouddhisme, le shintô ne possédait ni littérature, ni art, ni philosophie et pas d'écrits : sur le plan intellectuel, il ne pouvait donc se mesurer au bouddhisme. Par contre, il était émotionnellement enraciné dans le peuple qui ne pouvait abandonner le culte des *kamis*. Le bouddhisme a considérablement modifié le panthéon *shintô*, lequel trouvait des exemples dans la cosmogonie littéraire et artistique du bouddhisme du Grand Véhicule. Un des principaux courants du bouddhisme japonais fut justement le mélange de la religion bouddhiste et du shintô. Pour le peuple, Bouddha était une sorte de « super-kami » et les *kamis* les protecteurs de Bouddha ou encore des manifestations des bodhisattvas. On ne trouvera donc pas étrange de rencontrer très souvent un Bouddha entouré de *kamis*, les dieux protecteurs du shintoïsme. Comme il était habituel de représenter les *kamis* sous les traits de personnes nobles (hommes, femmes, enfants), il devint également habituel de les représenter sous les traits de certains bodhisattvas, et tout spécialement du bodhisattva de la compassion Avalokiteshvara, appelé Kannon, au Japon (et Guanyin en Chine). Dans certaines sculptures, on associe même un bodhisattva mâle avec son parèdre (homologue) kami femelle. Le panthéon des dieux, divinités et personnages saints du panthéon japonais est gigantesque. À titre d'exemple seulement, signalons un *kami* très honoré auquel de nombreux sanctuaires furent consacrés : Wakamiya Hachiman. Ce *kami*, identifié au légendaire empereur Ojin, est considéré par les bouddhistes japonais comme une incarnation du bouddha Amida. Une autre figure bouddhique très vénérée au Japon est celle du prince Shôtoku (572-622) qui fut considéré comme l'incarnation du Bouddha lui-même (ce prince vivait dans la région d'Asuka ; on donne, dès lors, aux créations artistiques créées durant son règne le nom de culture d'Asuka). Ainsi, le bouddhisme devenait quasi religion d'État et l'Empereur une émanation du Bouddha, donc de caractère divin. L'union quasi fusionnelle du bouddhisme et du shintoïsme, laquelle caractérisait la vie religieuse du Japon, fut cependant rompue dans les années 1870. Le gouvernement de Meiji ordonna (en 1868) la séparation des deux religions pour faire du shintoïsme la religion d'État.

JÂTAKA ■ Les jâtakas (ou naissances successives) sont des récits édifiants des vies antérieures de Bouddha, racontés par lui-même alors qu'il n'était encore que bodhisattva et vivait sous une forme humaine ou animale. Ces récits, qui font partie des textes canoniques, sont donc très anciens. En effet, de nombreux *jâtakas* proviennent de récits indiens bien antérieurs au bouddhisme. Ces textes sont repris dans le *Suttapitaka* (ou « Corbeille des textes »), un recueil de textes canoniques qui comprend également le *Dhammapada* (« Les Sentences de la Loi »), un texte primordial. En réalité, seule la partie en vers (la morale), la plus importante, fait partie des textes canoniques. Les *jâtakas* sont disponibles en version palie et en version chinoise traduite à partir d'une version sanscrite n'existant plus. Comme tels, les jâtakas ont donné lieu à une très importante iconographie populaire. Ces histoires populaires mettent en scène des hommes ou des êtres humains de différentes conditions, le but étant de provoquer l'édification populaire en exaltant les différentes vertus de Bouddha (générosité, bonté, sagesse, renoncement, équanimité, etc.). On recense 547 textes de ce genre dont certains ont peut-être inspiré les fabulistes (Jean de la Fontaine, Florian, etc.). Dans ces récits, le Bouddha possède les plus grandes vertus jusqu'à donner son corps pour nourrir des animaux. Il est intéressant de signaler que la forme des *jâtakas* où les strophes gnomiques (ou sentences), en s'insérant dans la prose, explicitent celle-ci sous forme de conseils moraux, existait déjà bien avant le bouddhisme. On les retrouve dans certains textes védiques, ce qui prouve qu'ils faisaient parties de la culture brahmanique avant de s'intégrer à la culture bouddhique.

JEÛNE ■ Forme de pénitence qui consiste à se priver de nourriture. La plupart des religions pratiquent le jeûne. Chez les bouddhistes, les moines ne mangent que ce qu'ils récoltent avec leur bol à aumône et uniquement le matin. On notera, chez les musulmans, le jeûne du Ramadan ; chez les juifs, le jeûne de Yom Kippur ; chez les orthodoxes plusieurs jeûnes précédant les grandes fêtes ; chez les catholiques, le jeûne est limité (en France) au mercredi des Cendres et au vendredi Saint. Le jeûne avant l'eucharistie est maintenant réduit à une heure (canon 919).

JEÛNE EUCHARISTIQUE ■ Période de jeûne devant précéder la communion. L 'Église catholique a considérablement réduit la durée de ce jeûne qui n'est que d'une heure (ramené à quinze minutes pour les malades et ceux qui les assistent). L'eau et les médicaments nécessaires ne rompent pas le jeûne.

JEÛNE ISLAMIQUE ■ Un des cinq piliers de l'islam. Mahomet a instauré le jeûne (sawm) car celui-ci existait dans les autres religions du Livre (chez les juifs et chez les chrétiens). Le jeûne collectif est, par ailleurs, un très puissant ferment de cohésion d'un groupe, qu'il soit religieux ou laïc. Le jeûne islamique consiste à se priver non seulement de nourriture mais également de boissons, de tabac, de plaisirs des sens et de relations sexuelles durant toutes les journées du mois de ramadan.. À ce jeûne obligatoire (sauf conditions exceptionnelles telles que le jeune âge, une santé déficiente, etc.) viennent se greffer des jeûnes surérogatoires comme, par exemple chez les chiites, le jeûne pour la fête d'Achoura qui célèbre la mort violente d'al-Husayn, le petit-fils de Mahomet et fils d'Ali, à la bataille de Karbala (lieu de pèlerinage des chiites).

JIHÂD ■ Ce mot signifie « lutte ». C'est d'abord la lutte contre soi-même (*jihâd* majeur) et ensuite seulement la lutte contre les infidèles (*jihâd* mineur). Dans les premières années de l'islam, après l'Hégire, le *jihâd* désigne « l'effort de guerre » devant être entrepris contre les infidèles (*kâfirs*) pour étendre les territoires islamisés. Cette extension des territoires islamisés est prévue par le Coran et la guerre est donc légale. Dans un premier temps, ce terme désigne donc la « guerre légale ». En réalité, le *jihâd* était une obligation collective dont la réalisation était placée sous la responsabilité du calife. Selon le Coran, le *jihâd* — auquel les musulmans doivent leur extraordinaire expansion — n'est jamais accompli tant que le monde entier n'est pas soumis à l'islam. Sans entrer dans les détails, on doit au *jihâd* la distinction du monde en « Territoires de l'islam » (*dâr al-islâm*) et « Territoires de guerre » (*dâr al-harb*) avec lesquels — malgré un état de guerre permanent — on peut conclure des « trêves » (*hudna*) renouvelables tous les dix ans. On comprend aisément que cette division du monde, si elle nourrit un imaginaire arabe, froisse les non-musulmans. Le *jihâd*, pour être valable, doit être déclaré par le calife ou un de ses représentants importants et ne peut être exercé que contre les infidèles (donc jamais contre des musulmans). Il doit aussi être précédé d'une exhortation à la conversion des incroyants. Le dernier *jihâd* a été déclaré en 1914. Aujourd'hui, de petits groupuscules islamistes déclarent régulièrement le *jihâd* à l'Occident ou même à des régimes musulmans (qu'ils accusent de mal gouverner) sans que cela ait un sens du point de vue coranique. Dès le 8e le siècle, en effet, il devint évident que l'expansion musulmane ne pouvait être infinie. Dès lors, la victoire finale sur les infidèles fut repoussée à l'ère eschatologique et le *jihâd*, en principe, remisé dans les archives guerrières. Le sens premier du terme a cependant été infléchi au cours des siècles : il devient ainsi le « combat contre l'hérésie » ou le « combat pour la défense des territoires ». Cette « guerre légale » est appelée par l'islam le *jihâd* mineur (ou « jihâd des corps »). Ce *jihâd* est bien moins important que le *jihâd* majeur ou « jihâd des âmes », lequel est un combat contre soi-même, contre ses passions. Lorsqu'il parle de *jihâd*, Mahomet fait souvent référence au *jihâd* majeur, à cette lutte humaine de tous les instants. On notera également qu'avant l'Hégire (l'expatriation de Mahomet), seul le *jihâd* majeur (*jihâd* des âmes) existait ; le *jihâd* mineur étant né d'une exigence guerrière.

JINA ■ Dans le bouddhisme, ce mot désigne le « vainqueur ». C'est une autre manière de désigner les « dhyâni-buddha » (ou bouddhas de sagesse). Il s'agit de : Akshobhya, Amitâbha, Amoghasiddhi, Mahâvairochana (Vairochana), Ratna-sambhava. Ce sont les bouddhas des points cardinaux.

JINN ■ Dans l'islam, c'est le mot (aussi écrit *djinn*) qui désigne les créatures cachées qui interfèrent avec la vie des humains et peuvent faire le bien comme le mal. Ils sont invisibles pour les êtres humains.

JIRIKI ■ Dans le bouddhisme, c'est le mot utilisé pour désigner la force personnelle.

JODO-SHRÎ ■ Nom, au Japon, d'une des sectes de l'amidisme. Une autre secte est celle de la « Terre Pure » ou *Jôdo-shû*.

JÔDO-SHÛ ■ Le nom japonais de la secte de la Terre Pure.

JOHANNIQUE ■ Qualificatif de ce qui est relatif à la pensée, aux travaux, à l'influence ou à la personne de l'apôtre Jean.

JOHANNITE ■ Membre d'une secte chrétienne d'Orient qui baptise au nom de saint Jean-Baptiste.

JÔ-IN ■ Un des mudrâs d'accueil du Bouddha Amida.

JOSEPH ■ Surnommé le Patriarche. C'est le onzième fils de Jacob et le premier de son épouse Rachel. Préféré par son père, il est détesté par ses frères qui le vendent à des marchands (ce récit figure dans la Bible et aussi dans le Coran). Joseph est connu pour son don à interpréter les rêves (Genèse 40).

Après une belle carrière en Égypte, il pardonne à ses frères et invite ceux-ci à s'installer en Égypte.

JOSUÉ ■ C'est le successeur de Moïse. C'est lui qui reçut de Dieu la permission d'entrer en Terre Promise (autorisation refusée par Dieu à Moïse), qu'il connaissait bien pour l'avoir espionnée au profit de Moïse. C'est le personnage central du livre qui porte son nom.

JUBU ■ Juif bouddhiste (dénomination quelque peu ironique).

JUDAÏSANT ■ Au début du christianisme, juif converti à la nouvelle religion mais qui voulait imposer la loi juive aux chrétiens. Ainsi, le premier concile chrétien (en 40) avait pour thème la circoncision. Par la suite, notamment au 16ᵉ siècle (en Pologne et en Russie), secte chrétienne qui s'inspirait plus que l'Église officielle des textes et pratiques de l'Ancien Testament.

JUDAÏSME ET ISLAM ■ Deux religions très proches. Juifs et musulmans sont parfaitement monothéistes (les uns comme les autres pensent que la religion chrétienne, trinitaire, ne l'est pas réellement ; beaucoup même la considèrent comme idolâtre). Dans le domaine religieux (pour n'évoquer que celui-ci), juifs et musulmans ont de très nombreux points communs. Abraham est leur ancêtre commun, ils sont circoncis (bien que cela ne soit pas imposé par l'islam), ils respectent des interdits alimentaires similaires, ils sont davantage orthopraxes qu'orthodoxes, Jérusalem et d'autres villes sont réputées saintes dans les deux religions, ils pratiquent le jeûne religieux, on retrouve les mêmes thèmes bibliques – et même talmudiques – dans les deux religions, la jurisprudence religieuse (*charia*, chez les uns et *halakha*, chez les autres) occupe une place quasi

identique dans leur vie quotidienne, etc. Signalons encore que les deux religions considèrent que le Loi écrite (Torah ou Coran) n'est complète qu'accompagnée, et explicitée, par la loi orale (Talmud ou Sîra/Hadîths). Une analyse plus fouillée montrerait combien juifs et musulmans sont religieusement très proches et combien leur cohabitation pendant des siècles a été source de profit, même dans le domaine du culte, pour les uns comme pour les autres.

JUDAÏSME LAÏQUE ■ C'est, en Europe, le pendant du reconstructionnisme américain. C'est le judaïsme qui refuse les lois mosaïques mais est attaché à une tradition et à quelques traits du folklore et du vécu existentiel. C'est à cette judéité (terme mieux approprié que judaïsme) laïque que l'on rattache tous les Juifs soucieux du souvenir de la Shoah, fidèles à l'État d'Israël, lecteurs de Schalom Aleichem, d'Isaac Bashevis Singer, amateurs d'humour juif, et qui savent toujours exactement qui est Juif et qui ne l'est pas !

JUDAÏSME LIBÉRAL ■ C'est le judaïsme réformé « version française ». Il reconnaît les obligations de la Halakha mais pense qu'il est nécessaire de la modifier pour mieux s'adapter aux exigences du monde actuel. Ainsi, les prières sont dites en français et le chabbat est célébré (par facilité) le dimanche. Ce judaïsme « culturel » est-il encore du judaïsme, sachant le caractère orthopraxe de celui-ci ? Pour marquer la différence avec le judaïsme orthodoxe, les synagogues portent le nom de temples. Il existe quelques communautés de ce type en France surtout dans les « beaux quartiers ». Pour le judaïsme libéral, les femmes peuvent même accéder au rabbinat. C'est ainsi que Pauline Bebe, l'une des rares femmes rabbins d'Europe, est rabbin de la Communauté juive libérale à Paris.

JUDAÏSME ORTHODOXE ∎ Il est, depuis dix-huit siècles, le gardien de la Loi, respectueux de toutes les obligations de la Halakha. Ici, pas d'innovations : la liturgie est en hébreu ; à la synagogue, les femmes sont séparées des hommes ; le chabbat est bien le samedi ; les règles alimentaires sont strictement respectées ; etc. Bien entendu, ce courant connaît lui aussi des tensions internes, ce qui permet d'y distinguer des néo-orthodoxes et des ultra-orthodoxes (sans compter les hassidim, qui sont également des Juifs orthodoxes).

JUDAÏSME RÉFORMÉ ∎ Il est parfois aussi appelé judaïsme libéral. Né en Allemagne, il existe dans de nombreux pays mais c'est aux USA qu'il est le plus dynamique (près de la moitié de la population juive américaine appartiendrait au judaïsme réformé). Ce judaïsme reconnaît l'existence de la loi juive, la *halakha*, mais admet également la nécessité de la modifier en fonction de la vie moderne ; il ne tient donc plus compte de la loi orale (le Talmud). Ainsi, dans les synagogues, hommes et femmes ne sont plus séparés, le rabbin n'est plus exclusivement un homme, un enfant de père juif (et de mère non juive) est Juif s'il se reconnaît comme tel, les règles de la *cashrout* ne sont plus toutes observées, les interdits sexuels sont appréciés en fonction de la dignité humaine, etc. D'après lui, il convient de prendre ce qu'il y a de mieux dans le judaïsme (une langue, une civilisation, une histoire, une organisation sociale, un attachement à une terre, etc.) et de rejeter le surnaturel. Ceci n'empêche que les coutumes sont préservées autour de la synagogue et de l'attachement à Israël. Le judaïsme réformé connaît également des scissions ; par exemple, le judaïsme conservateur lequel n'accepte pas la suppression de l'hébreu pour les prières...

JUDÉO-CHRÉTIENS ∎ Aussi appelés nazaréens. Ce sont les juifs (de Palestine ou de la Diaspora) qui, convertis au christianisme, voulaient conserver les traditions et les commandements de la Torah. Ils formaient donc une secte au sein du judaïsme (le mot secte n'est bien entendu pas à prendre dans son sens actuel mais simplement comme un courant particulier au sein de la religion). Dans le monde juif, ils sont désignés comme nazaréens (c'est-à-dire des disciples de Jésus de Nazareth). Ils observaient le chabbat, faisaient circoncire leurs enfants, célébraient les fêtes mais croyaient que Jésus-Christ était le Messie et pratiquaient le baptême comme rite d'entrée et la communion en « souvenir » du Christ. Il faut conserver à l'esprit que durant les premiers temps de l'Église chrétienne tous les convertis étaient des juifs. Comme nous l'avons dit, il s'agissait des juifs de Palestine (qui parlaient araméen) et des juifs de la Diaspora (surtout des hellénisants, qui parlaient grec). Sans entrer dans les détails, signalons que des dissensions apparurent très vite entre les judéo-chrétiens de Palestine (assez stricts sur le plan religieux) et les judéo-chrétiens de la Diaspora (beaucoup plus ouverts à des réformes). Ce n'est qu'après un certain temps de coexistence entre judéo-chrétiens et pagano-chrétiens que le christianisme devint une religion à part entière. Sans entrer dans les détails (sur lesquels personne n'est d'ailleurs entièrement d'accord), on peut dater cette transformation entre l'an 70 et l'an 200. C'est-à-dire qu'elle a débuté peu après la destruction du Temple. On peut, sans trop se tromper, affirmer que la destruction du Temple eut pour effet de séparer l'Église de la Synagogue. La religion chrétienne prenait son propre nouveau chemin et la religion juive se reconstruisait sur la Synagogue qui remplaçait le Temple détruit.

JUDÉO-MAÇONNISME ■ L'origine de cette expression est à chercher dans un pamphlet encore aujourd'hui largement distribué : *Le Protocole des Sages de Sion*. Il s'agit d'un document censé contenir le *Programme juif de conquête du monde*. Ce document est présenté par ses diffuseurs comme ayant été rédigé lors du Congrès sioniste mondial tenu à Bâle en 1897. Cet ouvrage, composé de 24 parties, explique comment les Juifs doivent s'y prendre pour devenir les maîtres du monde. Citons simplement : la violence, l'encouragement de l'alcoolisme, l'acquisition de la presse, l'encouragement de la spéculation, la ruine de l'aristocratie par les impôts, l'organisation de coups d'État, l'abolition de la liberté d'enseignement, la destruction du Vatican, etc. Des hommes politiques et même des gouvernements continuent à présenter ce document comme la « preuve » de la perfidie juive. Or, on sait parfaitement aujourd'hui qu'il s'agit d'un faux réalisé par un émigré russe vivant en France, Mathieu Golovinski, sur ordre de la police du Tsar des Russies. En réalité, ce document est un plagiat d'un ouvrage de Maurice Joly, *Dialogue aux enfers entre Machiavel et Montesquieu*, paru à Bruxelles en 1864. Pour de nombreux passages, les seules modifications ont consisté à remplacer le nom Napoléon III par le mot Juifs et le mot France par Monde. Malgré cela, ce document a la vie dure et continue à être présenté comme authentique par certains groupuscules politiques.

JUGEMENT DERNIER ■ Le Jugement dernier existe dans la plupart des religions. Bien entendu, les sadducéens (un courant religieux juif antérieur à la destruction du Temple) et les bouddhistes n'y croient pas, mais ils représentent l'exception. Le judaïsme actuel y croit (voir les 13 principes de foi de Maïmonide), les musulmans y croient (les chiites attendent même le *Mahdi* qui viendra régner un certain temps avant le Jugement Dernier), les chrétiens y croient. Au moment des fins dernières, le Christ reviendra sur terre « comme l'éclair » (Mt 24,27), c'est la parousie. Saint Jean écrit que ce sera « le moment pour les morts d'être jugés ; le temps de récompenser tes serviteurs les prophètes, les saints, et ceux qui craignent Dieu » (Apocalypse 11,18). Selon certains théologiens musulmans, le Jour du Jugement Dernier, on sera interpellé en référence à sa mère. Les arguments des théologiens sont les suivants : le prophète Jésus (généralement nommé, d'ailleurs, *Isâ ibn Myriam*) n'a pas de père mais seulement une mère, la paternité n'est jamais certaine, l'enfant naturel n'a pas de père légal.

JUGES ■ Dans la religion juive, chefs religieux ayant reçu la mission de gouverner Israël de la mort de Josué à l'établissement de la royauté.

JUIF (DÉFINITION RELIGIEUSE) ■ La jurisprudence rabbinique est simple : « Ton fils né d'une femme israélite est appelé ton fils, mais ton fils né d'une femme païenne n'est pas appelé ton fils » (Qiddouchin, 68b). Rappelons que la Bible est muette à ce sujet. Signalons également que cette transmission matrilinéaire est assez tardive dans l'histoire juive (seulement depuis le 1er siècle après l'è.c.) et s'explique par plusieurs raisons. D'abord, c'est une mesure de protection car on est toujours sûr de sa mère mais jamais de son père. Ensuite, c'est une mesure de sauvegarde de l'honneur des filles. Par exemple, pour les viols lors du siège de Jérusalem, ou, plus tard, lors des pogroms. À l'horreur du viol, la femme ne devra pas ajouter l'infâmie de donner naissance à des enfants qui ne seraient pas juifs. Cette transmission matrilinéaire est, par ailleurs, en opposition avec les traditions juives qui sont toutes patrilinéaires (la prêtrise des Cohanim, le vicariat des Lévites, les règles d'héritage, etc.), il s'agit donc bien d'une mesure exceptionnelle prise après le siège de Jérusalem pour sauver l'honneur des femmes violées. Au retour de Babylone (plusieurs centaines d'années avant l'ère commune !), le prêtre Esdras interdit les mariages mixtes (il impose même de douloureuses séparations aux juifs ayant épousé des non-juives). Depuis, les juifs interdisent les mariages mixtes car ils considèrent que cela équivaut à l'abandon de sa religion. La conversion du conjoint n'est pas, non plus, admise dans les milieux orthodoxes car il est interdit de se convertir par intérêt. Dans un couple mixte, les enfants nés de mère juive sont considérés comme juifs mais, *stricto sensu*, leur mère est considérée comme célibataire ou du moins comme ne pouvant pas être répudiée.

JUIFS DE FRANCE ■ La Première Croisade (1096) donne le coup d'envoi de l'antisémitisme en France. En 1171, les habitants de la ville de Blois brûlent tous leurs Juifs. En 1182, Philippe Auguste expulse les Juifs de France. En 1215, le concile de Latran marginalise les Juifs et ceux de France doivent porter la rouelle (une petite pièce de tissu de forme arrondie) comme signe distinctif. En 1307, Charles le Bel expulse tous les Juifs de France. Grâce à divers traités et annexions (Cateau-Cambrésis en 1559, Westphalie en 1648, etc.) de nombreux Juifs reviennent vivre en France même s'ils ne sont pas toujours considérés comme Français. En 1791, tous les Juifs de France acquièrent la nationalité française et Napoléon aplanit la « question juive ». En 1896-99, la « question juive » ressurgit avec l'affaire du capitaine Dreyfus, accusé à tort d'avoir vendu des secrets militaires à l'Allemagne : la France est divisée entre dreyfusards et antidreyfusards. En 1940-41, le gouvernement de Vichy décide de mesures discriminatoires à l'égard des Juifs et les 16 et 17 juillet 1942, la police française

du gouvernement de Vichy effectue, à Paris, une rafle massive des Juifs (connue sous le nom de *rafle du Vel' d'Hiv*).

JUIFS ET CHRÉTIENS DANS LA SOCIÉTÉ PRÉISLAMIQUE ■ Les juifs et les chrétiens habitaient une partie de la Province du Hidjaz. Les juifs, surtout, sédentaires, vivaient dans les oasis mais aussi les villes, comme La Mecque, où ils exerçaient le commerce. Contrairement aux polythéistes qoraïchites, les juifs — comme les chrétiens — étaient monothéistes et surtout avaient été en contact avec leur Dieu, lequel aurait dicté ses volontés à Moïse d'abord puis à Jésus ensuite. Un livre (un *kitab*) renfermait ces commandements divins, ce que beaucoup d'Arabes (et Mahomet en particulier) jalousaient tout particulièrement. Comme c'est sans doute la règle chez les sédentaires, les juifs avaient organisé leur culte autour de lieux fixes : les synagogues, lesquelles ne manquaient pas d'impressionner les Arabes. S'il n'existait aucune tribu juive nomade, il n'en était pas de même chez les chrétiens. Le christianisme était très répandu chez les nomades et, mieux même, la vie errante dans le désert était très prisée par certains anachorètes, moines ou ermites chrétiens. L'Islam a eu de nombreux contacts avec ces ermites auxquels le Coran manifeste sa sympathie (V,85 ; XXIV,35 ; LVII,27). Signalons toutefois que la religion de ces chrétiens — ermites, hommes libres ou esclaves — était considérée comme hérétique ; ils appartenaient, en effet, à l'une ou l'autre des nombreuses hérésies chrétiennes des premiers siècles (jacobitisme, nestorianisme, christianisme d'Abyssinie, etc.). La présence, en Arabie, de ces nombreuses manifestations du christianisme, basées sur des dogmes différents, n'a certainement pas aidé Mahomet à comprendre exactement les valeurs de cette religion dont les trinitaires s'opposaient aux antitrinitaires et dont la place du Père, du Fils et de l'Esprit saint n'est jamais très claire (sans parler des deux natures du Fils...). Pour lui, les juifs, comme les chrétiens, allaient adhérer tôt ou tard à l'islam, la dernière des religions monothéistes. Ceci explique sa grande sympathie tant pour les juifs que pour les chrétiens au début de sa prophétie et puis la volte-face lorsqu'il se rend compte qu'ils refuseront définitivement d'adhérer à l'islam.

JUSTE ■ 1. Personne qui observe tous les devoirs d'une religion. 2. Dans le judaïsme, après la Shoah, ce terme désigne une personne qui a réussi à sauver, parfois au péril de sa vie, des Juifs, enfants ou adultes, menacés de déportation et ou de mort par l'occupant nazi et ses collaborateurs.

JUSTIFICATION ■ Dans la théologie chrétienne, c'est la grâce sanctifiante, le don de Dieu qui nous rend saint. C'est le passage de l'état de péché à celui de grâce (ou de justice). Elle est reçue pour la première fois lors du baptême et renouvelée dans l'acte (ou sacrement) de pénitence.

K

KABA ■ La Kaba (ou cube) abrite, à La Mecque, la Pierre Noire, objet du pèlerinage des musulmans du monde entier. Selon le Coran, ce cube (cabane) aurait été construit par Abraham avec l'aide de son fils Ismaël. Cet édifice cubique de 15 mètres de côté a été choisi par Mahomet pour devenir le lieu vers lequel se tournent les musulmans (pour la prière, pour le pèlerinage, pour l'abattage des animaux, etc.). Cette direction − la *qibla* − est également indiquée dans toutes les mosquées par la présence du *mihrâb* (petite niche dans le mur de fond orienté vers La Mecque). Aujourd'hui, on trouve dans le commerce de petits objets électroniques qui indiquent cette direction et qui sont, dès lors, bien pratiques pour déterminer la manière de poser son tapis de prière. Selon les légendes, la Kaba est également l'emplacement où Adam, chassé du Paradis et regrettant sa curiosité, aurait imploré Dieu, lequel, dans Sa Clémence, lui aurait envoyé une tente et une pierre blanche. À cause des péchés des hommes, cette pierre, objet du pèlerinage des musulmans, devint noire. Durant toute sa vie, Adam vénéra cette Pierre Noire, laquelle, sous Noé, fut élevée au ciel lors du Déluge. C'est à Abraham que revint le mérite de la reconstruction de ce sanctuaire (une empreinte de son pied figure d'ailleurs dans une des pierres). À l'époque de Mahomet, la Kaba, qui servait de sanctuaire polythéiste et se présentait dans un fort piteux état (surtout les rares jours de pluie), fut reconstruite par les quatre principales tribus de La Mecque.

KABBALE ■ Le mot kabbale vient de l'hébreu *qabbalah* qui signifie réception, tradition. La tradition à laquelle il est fait référence est la tradition ésotérique qui remonterait selon certains à Adam et à Moïse. Ce dernier aurait reçu de Dieu non seulement la Loi écrite mais aussi la Loi orale et les commentaires ésotériques se rapportant à cette Loi. On possède ainsi des documents ésotériques juifs datant, déjà, de l'époque du Second Temple. Au sens large, la kabbale désigne tous les mouvements ésotériques juifs de l'Antiquité aux périodes contemporaines. La kabbale est en réalité composée de plusieurs disciplines et phénomènes religieux qui s'enchevêtrent et se fortifient : la mystique, la théosophie, la magie, la cosmologie, l'angéologie, etc. Pour plus de clarté, on pourrait diviser la kabbale en un versant mystique et en un versant pratique. Le versant mystique cherche tous les moyens pour communier de manière plus intuitive avec Dieu. Il cherche à dévoiler les mystères de la vie cachée (théosophie) de Dieu et de ses rapports avec l'homme. Toutes les spéculations sont imaginées et d'audacieuses constructions intellectuelles prennent corps. Ces spéculations assimilent également des traditions ésotériques d'origine étrangère. Le versant mystique ne se communique que sous forme de symboles et de métaphores. Le versant pratique comprend les rites d'initiation, la cosmologie, la chiromancie, la guématria (numérologie, manipulation des noms divins, combinaisons magiques de lettres), etc. Le versant pratique ne se communique qu'aux personnes qui peuvent être initiées, c'est-à-dire à une toute petite partie de la population. Comme on peut déjà s'apercevoir, l'ésotérisme juif n'est pas un mouvement marginal. Cependant, du fait du secret qu'il était tenu de préserver (discipline de l'arcane), il n'a pas fortement influencé la culture juive, bien qu'à certaines époques la kabbale fut le mouvement dominant du judaïsme. Ce mouvement ésotérique-mystique (c'est la meilleure définition qu'on puisse donner de la kabbale) n'est pas un fait récent dans le judaïsme mais trouve ses racines déjà à l'époque du Second Temple. Mouvement très riche, il a pris plusieurs aspects très différents au cours des temps dont la « Rédemption par le péché » des disciples de Sabattaï Tsevi et les danses hassidiques des disciples du Becht ne sont que deux exemples. En principe, la Kabbale ne s'étudie qu'à partir de l'âge de 40 ans. De plus, pour trouver un maître, il faut répondre à des critères très stricts : avoir une éthique irréprochable et des connaissances étendues. La Kabbale ne s'étudie, en effet, que sous la conduite d'un maître initié qui sélectionne ses élèves en nombre réduit. S'il est déconseillé d'apprendre la kabbale avant un âge avancé, c'est qu'il faut d'abord bien assimiler le contenu exotérique (apparent, simple, valable pour tous) de la Révélation avant de se lancer dans le contenu ésotérique (caché, complexe, valable uniquement pour les initiés formés). Faute de quoi, le novice pourrait, dans sa quête du sens caché de la relation de Dieu à l'Univers, tenter de recourir à des procédés magiques dangereux... et peut-être pas tout à fait « orthodoxes ».

KADDICH ■ Mot hébreu signifiant « saint ». C'est une très ancienne prière juive récitée en araméen, de glorification (doxologie) et de sanctification du Nom de Dieu. Bien qu'elle soit récitée pendant la période de deuil, ce n'est pas une prière pour l'âme d'un disparu. Elle est récitée à la synagogue à la fin de chaque partie de l'office.

KAFIR ■ Dans l'islam, c'est le mot qui désigne un mécréant, un infidèle. Ce mot est dérivé du mot coranique *kofr* (l'ingratitude envers Dieu).

KAGYUPA ■ Une des écoles du bouddhisme tibétain, dont Milarepa est un des représentants les plus connus.

KALACAKRA ■ Dans le bouddhisme, c'est la roue du temps.

KALÂM ■ Science de la divinité. Le *kalâm* étudie Dieu, ses Attributs, ses pouvoirs, de manière spéculative. Bien que limitée, l'influence du *kalâm* sur le *fiqh* n'est pas négligeable (il lui donne une assise et le conforte face aux oppositions). Voir auss Ilm-al-Kalâm.

KALOU RIMPOCHÉ ■ Le lama tibétain qui introduisit le bouddhisme tibétain en Occident.

KALPA ■ Dans le bouddhisme, le *kalpa* (ou *éon*) est une période extrêmement longue qui se chiffre en millions d'années. Les bouddhistes, empruntant ce concept aux hindouistes, imaginent que le monde est organisé en successions de *kalpas*, lesquels sont sous la protection d'un Bouddha. Pour décrire la longueur d'un *kalpa* on propose différents exemples dont celui d'un château de 24 000 mètres de base qui serait rempli de graines de coquelicots et qu'on déciderait de vider en ne prenant qu'une graine tous les cent ans. Le kalpa, disent les théoriciens du bouddhisme, exprime un temps encore plus long.

KÂMA ■ Dans le bouddhisme, c'est le mot utilisé pour désigner la jouissance, le désir.

KAMALAÇILA ■ Le moine vainqueur, au concile de Lhassa, contre la thèse chinoise du subitisme.

KAMI ■ Divinité japonaise. La religion première du Japon était le Shintô, ce qui signifie la « Voie des kamis ». Avant l'arrivée du bouddhisme, les *kamis*, des divinités très puissantes, étaient nombreuses mais le panthéon était assez diffus. D'une certaine manière, le bouddhisme (Grand Véhicule) y mit de l'ordre car les *kamis* furent considérés comme des avatars de bouddhas et furent associés aux bodhisattvas. Comme les *kamis*, ces bodhisattvas devinrent les divinités tutélaires des lignages des grandes familles japonaises, y compris des famille royale et princières. Les *kamis* les plus connus sont Wakamiya Hachiman (une incarnation du bouddha Amida), le kami de la guerre ; Zaô Gongen, le kami des mines, gardien de certaines sectes ; Izu-san Gongen, le kami des montagnes (une incarnation de Kannon). Il est à noter que de nombreux bodhisattvas-kamis furent montrés, au Japon, sous l'apparence de femmes et même d'enfants (ce qui était une nouveauté).

KAMULIANUM ■ Voir Mandylion.

KANAKAMUNI ■ Un Bouddha de vénération (Bouddha terrestre ayant précédé le Bouddha historique).

KANGI-TEN ■ La divinité qui représente le dieu hindou Ganesha, à tête d'éléphant, le fils de Shiva. Cette divinité double (à la fois mâle et femelle ; hindouiste et bouddhiste ; maléfique et bénéfique) est généralement représentée par deux corps enlacés (ceux de Shiva et Aryâvalokiteshvara, la forme féminine d'Avalokiteshvara, le bodhisattva de la compassion). C'est dans le bouddhisme japonais une des rares figurations du tantrisme érotique. Cette divinité, que les Japonais transportent parfois sur eux, est douée d'une grande puissance et inspire une tout aussi grande crainte.

KANGYUR ■ Partie du Canon tibétain. Le *Kangyur* ou *Kanjur* est la traduction de l'enseignement du Bouddha. Il s'agit de textes reprenant les paroles du Bouddha (Sûtras], Vinayas, Tantras, etc.). Voir aussi Tengyur.

KANJUR ■ Un des livres du Canon tibétain (voir Kangyur).

KANNON ■ Nom japonais du bodhisattva de compassion Avalokiteshvara. La dévotion de ce dernier fut toujours intense au Japon quelle que soit la secte. Dans la statuaire japonaise, Avalokiteshvara est une divinité polymorphe représentée aussi bien sous forme masculine que féminine. En outre, cette divinité est souvent pourvue de nombreux bras, comme Brahma. On connaît 33 représentations différentes d'Avalokiteshvara. Son principal signe distinctif, au Japon, c'est qu'il contient toujours une représentation du bouddha Amida dans sa coiffure.

KAPILAVASTU ■ Ville natale du Bouddha, au pied de l'Himalaya, dans l'actuel Népal. Vers le 6e siècle avant l'è.c., au moment de la naissance du Bouddha, Kapilavastu était la principale ville de la tribu de Sâkya à laquelle appartenait l'Éveillé.

KARBALA ■ Principale ville de pèlerinage des chiites. C'est à ce endroit, à 100 km de Bagdad, qu'est enterré Hussein, le fils de Alî, le troisième imâm. On écrit aussi Kerbelâ.

KARMA ■ Dans le bouddhisme, c'est l'acte avec toutes les conséquences qui en découlent. Le mot karma désigne simplement une action morale ou immorale, un acte, et aussi les fruits de cet acte mais en aucune façon (contrairement à une opinion généralisée) l'origine de la destinée favorable ou défavorable des êtres vivants. Dans une perspective cinétique, on peut dire que, pris dans le contexte du cycle des renaissances (*samsâra*), et de celui de la chaîne des douze liens (*nidana*) d'interdépendance, le karma est la force motrice de la vie et aussi de l'univers. Pour mieux comprendre la dynamique du mot karma, on peut songer au mot français qui rend bien la double dimension de l'action et de son résultat : œuvre. Œuvrer, c'est fabriquer, c'est agir, c'est poser un acte dont le résultat est l'œuvre. Le rapport de causalité est ici inhérent au mot. Retenons, qu'il s'agit d'une force motrice perpétuelle, laquelle est, bien entendu, conditionnée par nos vies antérieures. Comme toujours dans le bouddhisme, chaque action karmique doit se comprendre comme éphémère, ce qui ne l'empêche pas de laisser des « traces karmiques ». Ces traces ou empreintes karmiques rejoignent d'autres traces karmiques et déterminent ainsi chez l'individu des tendances et aussi des actes automatiques (sortes de réflexes conditionnés). De plus, la répétition de karmas de même type renforce l'empreinte karmique qui évolue dans le temps. Le karma peut agir immédiatement (c'est-à-dire dans la même vie), dans la vie suivante ou encore dans une vie ultérieure. Lorsqu'il n'agit pas immédiatement, le résultat d'un karma se manifeste au moment de la naissance (s'il est négatif l'individu naît, par exemple, dans le monde des enfers), durant la vie (par exemple mourir jeune parce qu'on a tué un être jeune) ou dans le lieu de la naissance (naître dans un continent très froid, etc.).

KARMA (SUPPORT DU -) ■ Sachant que les empreintes karmiques produisent leurs fruits parfois après plusieurs naissances, une question vient immédiatement à l'esprit : quel est le support de ces empreintes karmiques sachant que tout est impermanent et que le bouddhisme est la religion du « non-soi » ? La réponse à cette question est extrêmement complexe car de très nombreuses écoles bouddhiques apportent leur explication personnelle. Ce support relève-t-il de la matière ? Relève-t-il de l'esprit ? Ne relève-t-il ni de l'un, ni de l'autre ? Le mystère est aussi grand que la nature du Saint-Esprit dans l'Église catholique. Il existe cependant un courant de pensée bouddhique qui a trouvé dans le *pudgala* (l'individu, la personne, le support

du karma) l'élément qui transmigrerait. Le *pudgala* se situe à mi-chemin entre les phénomènes composés du *samsâra* et le phénomène incomposé du *nirvâna*. Il est très difficile d'imaginer quel support pourrait servir d'une vie à l'autre s'il n'existe pas de véritable soi. On a encore plus de peine à comprendre comment fonctionnent les réincarnations dans le bouddhisme tibétain, d'autant plus qu'un des moyens de reconnaissance consiste justement en des souvenirs précis.

KARMA CONJUGUÉ ■ Si l'univers bouddhique ne s'effondre pas, si les vents ne se dispersent pas, si l'eau ne s'écoule pas dans le vide cela est dû à l'ensemble des karmas des êtres vivants ; c'est ce que le bouddhisme désigne sous l'appellation de karma conjugué (ou karma commun). Responsable de la création et de la cohésion de l'univers, le karma conjugué est également créateur des enfers et des paradis. Rappelons que le karma c'est l'acte et son effet (ou plus exactement la volonté de l'acte et ses traces) et que les traces karmiques restent attachées à l'être vivant tout au long de ses transmigrations. Ne dit-on pas qu'il suffit de regarder sa vie actuelle pour connaître sa vie passée et qu'il suffit d'analyser les actions de sa vie présente pour connaître sa vie future. Il faut bien comprendre que la rétribution (positive ou négative) du karma est automatique sans que ne se manifeste aucune force ou volonté divine extérieure. Les biologistes occidentaux ont beaucoup discuté des caractères acquis et des caractères innés. La discussion n'est pas entièrement close. Pour les bouddhistes, la discussion est close : les traces karmiques restent acquises de renaissance en renaissance ; c'est aussi automatique que les lois naturelles.

KARMA DANS L'HINDOUISME ■ Ce concept préexistait en Inde avant la naissance de Bouddha. Il désignait, au départ, l'acte rituel au moment de la mort. Par la suite, il est apparu que puisqu'un acte rituel au moment de la mort avait des effets sur les renaissances futures, tout acte de la vie devait en avoir également. Le karma, c'est donc la loi de rétribution des actes. Du karma découle automatiquement le cycle des renaissances (*samsâra*). Le bouddhisme n'a fait qu'amplifier ce concept. Il décrit, par exemple, un karma individuel et un karma collectif (responsable de l'existence de l'univers). Il faut cependant tenir compte que pour les bouddhistes il n'existe pas d'« âme », pas de rétribution / punition pour les actes dont bénéficierait celle-ci. Le cycle des renaissances, en fonction du karma, obéit ainsi à une loi naturelle, automatique. On notera que, dans le bouddhisme tibétain, on revient à la première notion du karma puisqu'il est possible durant les 49 jours qui séparent la mort de la renaissance de modifier le karma du mort au moyen d'actes rituels. Dans l'hindouisme, l'âme, prisonnière du cycle des renaissances, doit se libérer du karma pour rejoindre le Brahman (l'Absolu). Il est tout à fait intéressant de noter que de nombreux concepts du bouddhisme tibétain rejoignent l'enseignement de l'hindouisme, bouclant ainsi la boucle.

KARMAPA ■ 1. Une école du bouddhisme tibétain (*Kagyupa*). 2. Ce mot désigne également le personnage principal de cette école (voir l'article Pachen-Lama).

KARUNA ■ Dans le bouddhisme, c'est le mot utilisé pour désigner la compassion.

KARYA ■ Dans le bouddhisme, c'est le mot utilisé pour désigner l'acte.

KASÂYA ■ Vêtement monastique porté comme une toge par les moines bouddhistes.

KÂSHYAPA ■ voir Bouddha.

KATYÂYANA ■ Un des dix premiers disciples de Bouddha.

KAVANAH ■ Mot hébreu signifiant « intention ». Chez les kabbalistes, ce sont les intentions qui accompagnent les prières et les divers gestes liturgiques. Ces « intentions » consistent à relier divers mots et gestes à des *séfiroth* (émanations de Dieu) déterminées. Certains kabbalistes accompagnent ces intentions d'exercices particuliers. Le pluriel de *kavanah* est *kavanoth*.

KAYÂ ■ Dans le bouddhisme, c'est le mot utilisé pour désigner le corps.

KELI ■ Dans le judaïsme, récipient destiné à la purification des mains.

KELIPPOT ■ Dans la théorie de Louria (kabbale), ce sont les écorces, les forces du mal.

KÉNOSE ■ C'est l'abaissement du Christ, revendiquant la pleine condition humaine, afin de sauver les hommes.

KERAMIDION ■ Forme particulière du Mandylion (voir ce mot) réalisée sur une tuile de terre cuite.

KERBELA ■ Pour les chiites, c'est la ville la plus sainte après La Mecque. C'est, par excellence, la ville pour les pèlerinages. C'est là qu'est enterré le « prince des martyrs », le troisième Imâm, Husseyn, le fils d'Ali et de Fâtima, et petit-fils de Mahomet. La ville de Kerbela (ou Karbala) est située à une centaine de kilomètres de Bagdad. C'est à Kerbela que Husseyn et ses fidèles furent massacrés par les troupes du calife Omeyyade Yazid 1er. C'était en 680. Ce massacre ordonné par le calife contre la famille d'Ali déclenche irrémédiablement la rupture entre les sunnites et les chiites, lesquels n'acceptent d'être gouvernés que par des imâms « impeccables et infaillibles », tous descendants de la famille d'Ali. La ville de Kerbela abrite le mausolée de Husseyn, lieu de nombreux pèlerinages depuis le 8e siècle. Pour les chiites, Kerbala est l'un des cinq « Seuils sacrés » (*atabât*) d'Irak ; c'est-à-dire l'un des cinq sanctuaires renfermant le mausolée d'un des imâms vénérés par les chiites d'Iran et d'Irak. Les autres « Seuils sacrés » sont à Najaf, Kazimayn, Mûsa al-Kazim et Samara.

KEROUVIM ■ Les chérubins sont des créatures ailées semi divines. Ils apparaissent dans la Bible dans leurs fonctions de gardiens de l'Arbre de vie (Genèse) puis de l'Arche d'alliance ou encore en accompagnement des prophètes. Alors que la religion juive s'oppose à la représentation du vivant, la signification de la reproduction des chérubins sur l'Arche d'alliance (suite à un ordre donné par Dieu à Moïse) reste assez mystérieuse.

KÉRYGME ■ 1. Salut des hommes réalisé par Jésus-Christ. 2. Annonce de l'Évangile, prédication des Apôtres, aux non-croyants en vue de leur conversion. 3. En exégèse biblique, c'est le message essentiel d'un texte.

KETOUBBAH ■ Dans le judaïsme, contrat de mariage. Il s'agit d'un document officiel dont l'aspect extérieur est particulièrement soigné (motifs floraux ou animaliers, drapeaux, etc.). Chaque communauté importante avait son style de *ketoubbah*. Aujourd'hui encore, il est possible de confier la réalisation de différents types de *ketoubboth* à des artisans spécialisés.

KETOUBBOTH ■ C'est un traité du Talmud. En réalité, c'est le second traité du troisième ordre (*Nachim*) de la *Michnah* (la première partie du Talmud). Ce traité discourt du mariage et énumère toutes les obligations du mari envers son épouse ; il traite également de la dot de la femme, du contenu du contrat de mariage (*ketoubbah*), de la cérémonie de mariage, du déplacement des époux, etc.

KÉTOUBIM ■ Troisième partie du corpus hébraïque de la Bible (les « Écrits »). La première partie est la Thora (le Pentateuque), la dernière est le *Néviim* (Les « Prophètes »).

KHABAR ■ Ce sont les paroles de Mahomet (ou de ses proches compagnons) rapportées fidèlement, comme il était d'usage dans la transmission du savoir des tribus. Tout comme le hadîth, le *khabar* doit s'appuyer sur une chaîne de transmetteurs (*isnâd*). Son authenticité dépend de la qualité des transmetteurs. Plus encore que le hadîth, le *khabar* sera promu comme « gardien et garant du passé ». En pratique, on parlera aujourd'hui de hadîths pour tout ce qui concerne la parole du Prophète et de Sunna pour ce qui concerne ses faits et gestes, tout en ayant à l'esprit que les hadîths font partie de la Sunna.

KHARIJITES ■ À l'origine, il s'agissait de partisans d'Ali. Lorsque ce dernier accepta une médiation, les kharijites s'y opposèrent et formèrent un mouvement dissident. Les kharijtes estiment que l'imâm, devant être le meilleur membre de la communauté, doit être choisi sans tenir compte de sa race, de sa lignée, etc. Assez rigoristes, les kharijites ne sont plus très nombreux aujourd'hui (environ un million, dont 850 000 à Oman). Leur lecture du Coran est littérale et ils possèdent leur propre compilation des hadîths.

KHATA ■ Dans le bouddhisme tibétain, c'est l'Écharpe de félicité qui fait partie des rites de bienvenue.

KHATA(G) ■ Dans le bouddhisme tibétain, c'est l'écharpe blanche offerte à un hôte de marque.

KHATÎB ■ Prédicateur officiel de la Grande mosquée.

KHLYSTY ■ Voir Xlysty.

KHOUTBA ■ Le vendredi — qui, pour l'islam, n'est pas un jour férié et ne donne lieu, en principe, à aucun congé — est le jour de la prière collective dans les mosquées. La prière est toujours précédée d'un discours dont le thème est laissé à la libre appréciation de l'imâm. La *khoutba* est toujours prononcée sur le *minbar* (une chaire) et est précédée, en principe, par une formule en faveur du chef de la communauté.

KIDDOUCH ■ Bénédiction sur le vin avant les repas du chabbat ou de certaines fêtes.

KIELMA ■ Voir Kleïma.

KIMBANGUISME ■ Mouvement religieux du Bas Congo fondé en 1921 par Simon Kimbangu. Ce mouvement syncrétique fusionne le christianisme avec des croyances traditionnelles. Il porte aussi le nom de Église de Jésus-Christ sur la terre.

KINNARI ■ Déesse mi-femme mi-oiseau. D'origine hindouiste, les déesses kinnaris ont été incorporées à l'ensemble des divinités du bouddhisme, mais sans y jouer aucun rôle.

KIPPAH ■ Dans le judaïsme, petit couvre-chef qui se porte sur le sinciput. L'obligation de le porter (en signe de respect pour la présence divine permanente, la *Chekhinah*) ne fait pas partie des 613 commandements, mais la coutume a pris force de loi. On parle aussi de calotte ou de *yarmoulka*.

KIPPOUR ■ La principale fête juive (le Grand Pardon). Voir Yom Kippour.

KLEÏMA ■ Scènes figurant autour du panneau central d'une icône (le *kovtcheg*). En iconographie stricte, les scènes « extérieures » sont temporellement et spirituellement séparées de la partie centrale ; ainsi, elles peuvent représenter le monde extérieur.

KLESA ■ Dans le bouddhisme, ce sont les passions négatives (convoitise, colère, ignorance, arrogance, doute, etc.) ; elles sont responsables des passions secondaires.

KOAN ■ Dans le bouddhisme zen, énigme qui échappe complètement à l'intelligence humaine (comme, par exemple, « Qui étais-je avant ma naissance ? » Ce type d'énigme est utilisé par le bouddhisme zen pour permettre l'entrée en méditation et parvenir au Satori (Éveil).

KOFR ■ Terme coranique désignant l'ingratitude envers Dieu.

KOINÈ ■ Adjectif qui signifie « commune ». C'est ainsi qu'on désigne la langue grecque commune utilisée dans l'Antiquité dans tous les pays conquis. C'est la langue utilisée dans la Septante et dans le Nouveau Testament. Par extension, le mot *koinè* désigne une chose commune.

KOL NIDRÉ ■ Dans le judaïsme, cette expression signifie « tous les vœux ». Ce sont les premiers mots de l'office de la veille de Yom Kippour. Par le Kol Nidré, le fidèle annule tous ses vœux inconsidérés envers Dieu (mais non les vœux envers ses semblables).

KOLOBIÔN ■ Tunique courte et étroite porté par le Christ sur certaines représentations de la crucifixion.

KOMBOSKINI ■ Chapelet formé à partir d'un fil de laine noué. Chez les Slaves, il porte le nom de *tchotki*. Chez les Grecs, on le désignera aussi sous le nom de *komvologhion*.

KONAGÂMANA ■ Un Bouddha terrestre ayant précédé le Bouddha historique (Bouddha de vénération).

KOR-TEN ■ Dans le bouddhisme tibétain, moulin à prières.

KOUSTARNIKI ■ Fabricants d'icônes travaillant sur un mode artisanal (mot russe).

KRAKUCCHANDA ■ Un des Bouddhas terrestre ayant précédé le Bouddha historique (Bouddha de vénération).

KSANA ■ Dans le bouddhisme, c'est le temps le plus court qu'il soit possible d'imaginer.

KUISINARA ■ Le lieu du décès de Bouddha.

KUKAÏ ■ De son vrai nom Saeki Mao, Kukaï ou Kôbô Daishi (774-835) est un religieux japonais, fondateur de la secte Shingon (secte de la « Vraie Parole »). On lui doit le traité *Sangôshiki* (« Traité des trois doctrines »), dans lequel il démontre que le bouddhisme englobe et dépasse le confucianisme et le taoïsme. En compagnie de Saicho (767-822), le fondateur de la secte Tendaï au Japon, il séjourne plusieurs années en Chine où il étudie auprès de Houei-Kouo, un grand maître du bouddhisme ésotérique. Après la mort de son maître, il revient au Japon où il commence à enseigner sa doctrine. Celle-ci prend une telle importance qu'un bâtiment dédié à ce culte est érigé dans l'enceinte même du palais impérial. Kukaï est l'auteur d'une cinquantaine d'ouvrages consacrés à la doctrine ésotérique et du premier dictionnaire de langue japonaise.

KUNDALI ■ Dans le bouddhisme, c'est le nom d'un Roi de Science Magique.

KUNDALINI ■ Dans le tantrisme, c'est l'énergie lovée à la base du tronc et que la méditation est capable de réveiller.

KURIOS ■ Mot grec signifiant Seigneur. C'est par ce mot que la Septante et les textes grecs traduisent toujours le tétragramme divin (YHVH).

KUSALA ■ Dans le bouddhisme, se dit d'un acte s'il produit automatiquement des effets positifs sur le karma de l'individu.

KUSHINÂGANA ■ Ville où Bouddha s'éteignit, c'est-à-dire entra dans le *parinirvâna*.

KÛYA SHÔNIN ■ Le « saint des rues » (903-972) est un moine japonais itinérant qui se déplaçait de ville en ville en récitant et chantant le *nembutsu* (Namu Amida Butsu ou Gloire au Bouddha Amida). Il prêchait la gloire d'Amida et de son Paradis de la Terre Pure. Kûya Shônin est à l'origine de la construction de nombreux temples amidistes. Il est généralement représenté comme un vieillard décharné s'aidant d'un bâton surmonté d'un bois de daim et portant un gong sur sa poitrine. De sa bouche jaillissent de petites figurines représentant Amida ; elles sont liées entre elles comme les paroles d'un sûtra ou des notes musicales.

KYOSAKU ■ Nom du « bâton d'éveil » utilisé pour la méditation zen. Le maître utilise le *kyosaku* quand l'élève tient mal la posture ou que trop de pensées l'assaillent. Le point classiquement stimulé se trouve à la base du cou, en haut des épaules.

KYRIE ELEISON ■ Invocation (« Seigneur prend pitié ») utilisé dans l'office religieux des chrétiens.

L

LAÏC-LAÏQUE ■ Individu qui n'appartient ni à un clergé, ni à un ordre religieux. Le terme laïc ne préjuge en rien de la religion de l'individu, lequel peut être catholique, juif, agnostique, témoin de Jéhovah, etc. C'est la raison pour laquelle les instances religieuses préfèrent éviter ce mot. Ainsi, le Code de droit canonique (1983) préfère parler de *christifidelis* (c'est-à-dire de fidèle chrétien). Cependant, dans les ouvrages religieux, le mot laïc est souvent opposé à clerc et religieux mais présuppose que la personne désignée fasse partie de la confession.

LAÏCITÉ ■ C'est la séparation, au niveau de l'État, entre ce qui est religieux et ce qui est civil. En France, la loi de 1905 a délimité avec exactitude le champs de l'un et de l'autre (aucun pouvoir religieux pour la politique, aucun pouvoir politique pour le religieux).

LAÏQUE ■ Ce mot possède deux sens contradictoires. 1. Dans la sphère religieuse, c'est le féminin de laïc : c'est-à-dire une personne qui n'est ni clerc, ni religieux mais qui appartient à une religion. 2. Dans la sphère politique, ce mot fait référence à ce qui est extérieur, étranger, à la religion. Ainsi, la « morale laïque » est une morale éloignée de toute référence à la religion et même à une quelconque perception religieuse. Le « partisan de la laïcité », c'est celui qui souhaite une séparation nette du politique et du religieux. Un « militant du laïcisme » c'est celui qui est opposé à toute forme de religion publique.

LAMA ■ Ce terme n'est utilisé que dans le bouddhisme tibétain. Il désigne un maître spirituel et, par extension, une personne religieuse particulièrement respectable. Il s'agit généralement d'un moine mais cela peut aussi être un laïc (on dit même qu'Alexandra David-Neel alla jusqu'à prendre le titre de lama). Étant donné l'importance des lamas dans le bouddhisme tibétain, certains désignent ce dernier sous le nom de bouddhisme lamaïque. En effet, dans le bouddhisme tibétain, un lama possède un réel pouvoir moral et les fidèles lui doivent obéissance. Le lama particulièrement qualifié porte le titre de Rinpoché. Le chef temporel et spirituel des tibétains est le Dalaï-Lama. Le Pachen-Lama en est le chef spirituel. On signalera qu'il existe en France quatre centres de formation pour les futurs lamas et qu'ils auraient déjà « consacré » une centaine de lamas. Pour devenir lama, outre certaines qualités intellectuelles et psychiques, il est nécessaire d'accepter de se retirer du monde pendant une période de trois ans, trois mois et trois jours. Enfin, notons, pour les lecteurs qui se demandent quelle est la différence entre un lama et un gourou, qu'il n'en existe pas : dans la tradition indienne, ce maître spirituel porte le nom de gourou.

LAMAÏSME ■ Nom donné au bouddhisme tibétain du fait du grand nombre de lamas dans cette religion. Jusqu'à la prise du pouvoir par les Chinois, en 1959, la théocratie tibétaine était dirigée par deux lamas : le Dalaï-Lama (le chef temporel et spirituel), incarnation du bodhisattva Avalokiteshvara et le Patchen-Lama (aussi appelé abbé de Tashilhunpo, le chef spirituel), incarnation du bodhisattva Amitâbha (aussi connu sous le nom d'Amida). Le

Dalaï-Lama résidait dans la capitale Lhassa, au palais de Potala. Le Dalaï-Lama et le Patchen-Lama ne sont pas les seules réincarnations que l'on peut rencontrer au Tibet. En réalité, l'idée des *tülkous* (ou réincarnations) est née, dès 1193, dans l'esprit d'un grand maître *karmapa* (titre donné aux hiérarques d'un courant bouddhiste tibétain). Elle s'est ensuite généralisée aux autres grands maîtres, lesquels sont sensés disposer du pouvoir de décider du lieu et du corps de leur renaissance. En principe, le titre de lama n'est décerné qu'aux dignitaires ecclésiastiques (*tülkous*, abbés des grands monastères, docteurs de la Loi, etc.) ; tous les autres moines sont des *trapas* (élèves). L'usage est cependant acquis de donner ce titre à tous les religieux âgés et instruits, même lorsqu'ils sont occidentaux.

LAMENTATIONS (LIVRE DES -) ■ Un des livres de l'Ancien Testament où la destruction de Jérusalem est évoquée (on désigne également ce livre par un autre litre, les « Lamentations de Jérémie »).

LAMENTATIONS (MUR DES -) ■ Mur externe de ce qui subsiste des fortifications entourant le Temple d'Hérode à Jérusalem. Les juifs ont l'habitude de se réunir le long de ce mur pour prier et pour glisser des demandes, des souhaits, dans les fentes laissées par les pierres.

LAMPES COMMÉMORATIVES ■ Dans le judaïsme, ce sont des lampes sur lesquelles le nom de la personne décédée est gravé sur la paroi du verre. Divers supports, richement décorés, sont disponibles pour ces lampes.

LANCE ■ Dans le rite orthodoxe, c'est le petit couteau liturgique utilisé pour inciser et couper les prosphores de la Divine Liturgie (c'est-à-dire, en langage catholique, préparer l'hostie de la messe).

LANGAGE DIVIN ■ Langage par lequel Dieu s'exprime sans « signes verbaux ». Pour certains, c'est à travers la nature (Psaumes 148, 7-8) ; pour d'autres, c'est à travers son « énergie » (kabbale) ou par des « modes d'inspiration internes » (saint Augustin).

LANGUE DE FEU ■ Dans le christianisme, manifestation visible de la descente de l'Esprit-Saint sur les Apôtre le jour de la Pentecôte. Depuis, le Saint-Esprit est représenté soit sous la forme d'une colombe, soit sous celle de langues de feu.

LANGUE INCONNUE ■ Langue utilisée au 12e siècle par la prophétesse Hildegarde von Bingen. Le vocabulaire de cette langue était composé de plus ou moins 900 mots. Jeu linguistique ou glossolalie en état d'extase, les spécialistes ne se sont pas prononcés.

LANGUES LITURGIQUES ■ La plupart des religions utilisent tant pour la liturgie que pour les écrits religieux une langue qui est différente de la langue quotidienne (ou vernaculaire). Bien que cette langue soit considérée comme supérieure à la langue ordinaire, aujourd'hui de nombreuses religions ont été obligées, sous peine de perdre des fidèles, de s'adapter en adoptant une liturgie en langue usuelle. En effet, de nombreux croyants finissent, dans la plupart des pays, par ne plus comprendre la langue de leur liturgie et à n'être plus capables de lire les textes canoniques. Si les chrétiens melkites ont très vite adopté une liturgie en langue courante, l'Église catholique a attendu le Concile Vatican II pour permettre la liturgie en une autre langue que le latin. Par contre, dès la naissance de la Réforme, les protestants ont voulu une liturgie dans la langue du pays alors que les orthodoxes russes continuent à utiliser le slavon, lequel n'est plus compris par une majorité de russes. On notera que, même dans les pays où la langue liturgique est identique à la langue usuelle, il existe des différences significatives entre ces deux langues (c'est le cas, par exemple, pour le grec liturgique, pour l'hébreu liturgique, etc.). Les principales langues liturgiques sont le grec ancien (pour l'Église orthodoxe grecque), le latin (pour l'Église catholique — les encycliques sont toujours diffusées d'abord en latin), le slavon (pour l'Église orthodoxe russe), l'arabe classique (pour les musulmans, la prière ne peut être dite qu'en arabe classique), le guèze (pour les chrétiens coptes d'Éthiopie), le syriaque (c'est-à-dire du néo-araméen, pour les chrétiens du Liban, de l'Irak, etc.), le mandée classique (pour les mandéens), le copte (héritier de l'Égyptien classique s'écrivant avec des caractères grecs et complété par 7 caractères démotiques), le sanscrit et le pâli (pour les bouddhistes), etc.

LAPSI ■ Baptisé chrétien tombé dans l'apostasie.

LATÆ SENTENTIÆ ■ En droit canonique catholique, cela signifie que la sentence est déjà prononcée ; c'est une sentence automatique du seul fait du délit. Aucune procédure, aucun jugement n'est nécessaire pour que la sentence existe. Elle ne concerne que les cas particulièrement graves : apostasie, hérésie, schisme, profanation des espèces consacrées, violence contre le pape, consécration illicite d'un évêque, violation du secret de la confession, avortement suivi d'effets. En droit oriental, elle n'existe plus.

LATIN ■ Langue liturgique de l'Église catholique romaine jusqu'à Vatican II.

LATRIE ■ Service ou culte d'adoration (en grec « latria ») rendu à Dieu seul (voir dulie, hyperdulie).

LAUDES ■ Dans la religion catholique, seconde des heures canoniales (les *Laudes* suivent les *Matines*).

LAURE ■ Dans la religion orthodoxe, grand monastère ou un ensemble de monastères gouvernés par un seul higoumène (supérieur d'un monastère).

LAVA ■ Dans le bouddhisme, c'est le mot utilisé pour désigner une unité de mesure du temps.

LAVABO ■ Dans la religion catholique, prière que dit le prêtre en se lavant les doigts durant la messe.

LECTEUR DE TORAH ■ Instrument liturgique. Puisqu'il est interdit d'apprendre la Torah par cœur et qu'il est interdit de toucher les rouleaux sacrés de son doigt, les artistes ont imaginé quantité d'instruments facilitant la lecture. Le plus utilisé est un pointeur en argent qui permet de suivre le texte sans toucher la Torah du doigt.

LÉGENDE DORÉE ■ Ouvrage de Jacques de Voragine. Composé au treizième siècle, cet ouvrage raconte la vie de plus de cent quarante saints chrétiens en complétant cette description de longues considérations théologiques. Beaucoup de légendes (dont, par exemple, celle de la Sainte Face reçue par le roi d'Édesse) reprises et augmentées au cours des siècles trouvent leur source dans cet ouvrage.

LETOON (INSCRIPTION DE -) ■ Inscription trilingue (en lycien, grec et araméen) trouvée près d'un temple (à Letoon, en Asie Mineure) qui traite de la fondation d'un culte. Cette inscription a donné lieu à une intéressante théorie selon laquelle les rois perses accordaient une certaine autonomie religieuse et juridique aux populations qui fournissaient un document expliquant leur religion. Le Pentateuque serait le document de la communauté juive post-exilique.

LÉVIATHAN ■ Monstre marin qui règne sur les animaux aquatiques. La légende raconte que pour éviter qu'il ne détruise le monde, Dieu castra le mâle et tua la femelle avec la peau de laquelle il fit des vêtements pour Adam et Ève. À la fin des temps, un gigantesque combat opposera Léviathan, le monstre marin, à Béhémoth, le monstre terrestre. Lors du banquet messianique de la fin des temps, la chair des animaux fantastiques (dont Léviathan) sera servie aux Justes qui s'en régaleront.

LÉVIRAT ■ Obligation mosaïque. Le frère d'un défunt devait épouser la veuve de celui-ci s'il était mort sans postérité.

LÉVITIQUE ■ Troisième des cinq livres du Pentateuque (la Torah). C'est l'ouvrage le plus juridique de la Torah car il précise toutes les interdictions et obligations. Ouvrage de base de l'orthopraxie juive (c'est-à-dire de la discipline de vie obligatoire concernant la table, le lit et le temps), il a également été une source d'inspiration pour les chrétiens orthodoxes.

LEVKAS ■ Dans l'iconographie orthodoxe, enduit blanc qui constitue le fond définitif de l'icône. Cet enduit correspond à une prescription canonique et est composé de colle d'esturgeon et de poudre d'albâtre.

LIBATION ■ Acte consistant à répandre un liquide pour honorer une divinité.

LIBÉRATION DES BOUCHES BRÛLANTES ■ Rituel d'origine tantrique qui a pour but de libérer les revenants affamés de leurs tourments en leur permettant de renaître sous forme humaine. Ce rituel est célébré par de nombreuses familles de Taiwan et de Hongkong au décès de l'un des leurs. La cérémonie se déroule le soir et les moines portent des chapeaux rouges et dorés. Divers objets rituels (eau, clochettes, etc.), gestes magiques (mudrâs) et syllabes magiques (mantras) sont utilisés durant cette cérémonie qui dure cinq heures.

LIBOUN ■ Dans le judaïsme, purification des ustensiles de cuisine par le feu.

LIBRE ARBITRE ■ Possibilité laissée à l'homme de choisir entre le bien et le mal et de décider ainsi de son salut. Cette notion a été l'objet de nombreuses controverses dans toutes les religions mais principalement dans le christianisme (catholicisme et protestantisme). Pour les juifs, le libre arbitre constitue un principe capital et il est le pilier qui soutient la Loi et les Commandements. L'écriture déclare en effet : « Vois ! J'ai mis aujourd'hui devant toi la vie et le bien, la mort et le mal » (Deutéronome 30,15). Pourtant, le grand juriste Maïmonide (voir ce nom) n'en tient pas compte dans ses 13 préceptes de la foi juive.

LICITE ■ Est licite ce que la morale ou le droit religieux approuve. La loi coranique fait une distinction très nette entre ce qui est licite (*halâl*) et ce qui est interdit (*haram*). Pour qu'une viande soit *halâl*, deux conditions doivent être remplies : il ne doit pas exister d'interdit alimentaire sur l'animal proposé à la consommation (comme c'est, par exemple, le cas pour le porc) et l'animal doit avoir été égorgé selon les règles rituelles. Bien que les règles concernant l'abattage rituel soient surtout d'application pour la consommation quotidienne de la viande vendue en boucherie, c'est davantage au moment de la grande fête de l'*Aïd el-kebir* (où chaque famille veut égorger un mouton en souvenir du sacrifice d'Abraham) que se pose le problème de l'abattage rituel. Pour la vente de la viande *halâl*, la France dispose seulement de 3000 boucheries — dont plus de la moitié sont situées en Île-de-France — et de 400 sacrificateurs. Ces chiffres démontrent clairement que 80 % de la viande vendue, en France, à des musulmans (qui sont près de cinq millions) n'est pas *halâl*. Ceci explique la création, au moment des fêtes, où réapparaît le sentiment religieux, de nombreuses filières domestiques et clandestines d'abattage rituel (voir aussi l'article Illicite). Pour éviter la souffrance des animaux, les gouvernements imposent — lorsque l'abattage rituel n'est pas interdit, comme en Suisse, où son interdiction est même inscrite dans la Constitution — que l'animal soit d'abord étourdi au moyen d'un choc électrique. Aucune prescription coranique ou mosaïque ne s'oppose à cet étourdissement car l'animal étourdi n'est pas mort.

LIEUX SACRÉS DU BOUDDHISME ■ Il s'agit, en général, de lieux qui sont en rapport avec la vie de Bouddha mais certains le sont également du fait de la construction de temples. Il s'agit de Bodh-Gayâ (lieu où il reçut l'illumination après avoir médité pendant 49 jours), Kapilavastu (ville natale du Bouddha, au pied de l'Himâlaya, dans l'actuel Népal), Chittagong, Kushinâgara (ville où Bouddha s'éteignit, c'est-à-dire atteignit le *parinirvâna*), Lumbinî (bourgade de Kapilavastu, où naquit le Bouddha), Nâlandâ, Sarnâth, Shrâvastî. À Lumbinî, se trouve une colonne érigée par l'empereur Asoka. Sur cette colonne, on peut lire le texte suivant : « Vingt ans après son couronnement, le roi Devânapiya Piyadasi [Asoka] vint ici témoigner de sa dévotion, car c'est ici que naquit le Bouddha. Il fit ériger une colonne de pierre et un bas-relief afin de montrer l'endroit où naquit le Sublime. Il exempta le village de Lumbinî d'impôts... ».

LIEUX SAINTS CHIITES ■ Outre les quatre territoires haram cités ci-dessus (article : Lieux saints de l'Islam), les chiites considèrent également comme saints de très nombreux lieux situés principalement en Irak. Ainsi, malgré les guerres fratricides Iran/Irak, malgré l'implantation massive du chiisme en Iran, de nombreux Iraniens persistent à considérer tout l'Irak comme une Terre Sainte. Retenons les lieux suivants : Kerbala, en Irak (où fut tué l'imâm al-Husseyn, le fils d'Ali et le petit-fils de Mahomet ; c'est aussi la ville d'où, selon la légende, les croyants qui y seraient ensevelis iraient directement au Paradis... la demande d'enterrements y est très forte), la mosquée de Najaf, en Irak (qui abrite le tombeau d'Ali) et Qom, en Iran (où se trouve la tombe de la sœur du 8e imâm ; cette ville abrite de nombreuses écoles coraniques d'enseignement du droit religieux ou *madrasas*).

LIEUX SAINTS DE L'ISLAM ■ Les lieux saints de l'Islam ne sont guère nombreux et certains musulmans n'en admettent même que deux : La Mecque et Médine. Il s'agit, bien entendu, des deux lieux les plus saints puisqu'ils sont à la source de la révélation du Prophète. En pratique, les musulmans sunnites considèrent quatre territoires comme sacrés ou *haram* : 1. Autour de la Kaba, à La Mecque. 2. Autour de la Mosquée de Médine. 3. Autour de la Mosquée d'Omar et de la Mosquée d'el-Aqsa, à Jérusalem. 4. Autour du tombeau d'Ibrahim (Abraham), à Hébron. On notera que le territoire autour de la Kaba (*haram Allâh*) est le plus sacré de tous et soumis à certaines restrictions. En effet, on ne peut y chasser, le port d'arme est prohibé et il reste strictement interdit aux non-musulmans. Outre ces lieux saints universels, les chiites possèdent leurs lieux saints personnels ainsi d'ailleurs que les musulmans sénégalais (Touba), les Afghans (Mazar-i-Charif), les Tunisiens (Kairouan) et les Marocains (Moulay Idriss), pour n'en citer que quelques-uns, bien connus des touristes. Signalons également, pour l'anecdote, la ville d'Istambul qui abrite le manteau de Mahomet et Srinagar (Inde) qui abrite une relique toute spéciale : les poils de la barbe du Prophète. Plusieurs lieux sacrés entourent La Mecque (le mont Arafat, la plaine de Minâ, etc.). Médine est la ville où Mahomet s'est réfugié après avoir fui La Mecque : c'est l'*hégire* ou expatriation. La ville portait au départ le nom de Yathrib mais est devenue Madînat al-nabi (Médine), la ville du Prophète. C'est là que se trouve la tombe de Mahomet dans la « Mosquée de l'Envoyé » (*masjid el-rasûl*). La mosquée aurait été construite sur l'emplacement de la maison de Mahomet. Outre le corps de Mahomet, elle abrite également les tombeaux des deux premiers califes (Abû Bakr et Omar). Le territoire autour de la mosquée est *haram*. Jérusalem est la ville où Mahomet atterrit lors de son voyage céleste nocturne (*isrâ*).

LIEUX SAINTS DU CHRISTIANISME ■ Il n'y a qu'un seul endroit saint pour les chrétiens : Jérusalem. C'est là que le Christ a été crucifié puis qu'il est ressuscité. Par contre, il existe des centaines de lieux de pèlerinage. Il s'agit de lieux qui correspondent soit à une étape de la vie du Christ (son baptême, la multiplication des pains, etc.), soit encore à une apparition de la Vierge ou encore à l'activité d'un saint.

LIEUX SAINTS DU JUDAÏSME ■ La religion juive n'a jamais eu un grand respect pour les lieux et certainement pas au point de les sanctifier. Pour s'en convaincre, il suffit de constater que ni la mer Rouge, ni le mont Sinaï (où Moïse, recevant les Tables de la Loi, a conclu l'Alliance de son peuple avec Dieu) ne sont considérés comme des lieux saints. En réalité, il n'existe qu'une seule ville sainte : Jérusalem, et un seul lieu réellement saint : le Temple. Néanmoins, les hommes étant ce qu'ils sont, ils ont sanctifié, assez tard, à partir du 17e siècle, certaines villes et certaines tombes. Ces lieux devenant des motifs de pèlerinage, on y lit des prières, on y allume des bougies, on y laisse de petits morceaux de papier avec des vœux, on y organise des cérémo-

nies. Les quatre villes « saintes » du judaïsme sont toutes situées en Israël (car c'est uniquement en Israël que l'on peut accomplir certains commandements). Ce sont : Jérusalem, Hébron, Safed et Tibériade. Jérusalem est la ville où se dressait le Temple. C'était aussi la ville dans laquelle il était indispensable de se rendre pour les pèlerinages à l'occasion des trois grandes fêtes (Pessah, Chavouoth et Souccoth). Aujourd'hui encore, le Mur des Lamentions (mur de soutènement du mont du Temple) est le principal lieu de pèlerinage des Juifs du monde entier. Jérusalem, qui est également ville sainte pour les musulmans et les chrétiens. Hébron, à 30 km de Jérusalem, est la ville où sont enterrés — dans la grotte de Makhpélah — les Patriarches (Abraham, Isaac et Jacob) avec leurs épouses. Comme Jérusalem, il s'agit d'une ville sainte commune aux trois religions monothéistes. Safed, non loin de Jérusalem, est devenu un centre juif très important après la déportation des Juifs d'Espagne et du Portugal ; il fut également un haut lieu de la kabbale et c'est à cet endroit qu'est enterré Isaac Louria, un des maîtres de ce mouvement mystique. Tibériade devint également un centre juif très important au 18e siècle. C'est dans cette ville qu'est enterré l'un des plus grands penseurs du judaïsme, Maïmonide. D'autres lieux sont également sanctifiés et sont devenus lieux de pèlerinage car les kabbalistes suggèrent que la fréquentation des tombes aide au rapprochement de l'homme — lequel imite les grands maîtres — avec son Dieu. Il semble que c'est sous l'influence de l'islam mystique que les Juifs se sont mis à visiter les sépultures.

LILITH ■ Selon la tradition kabbalistique, Ève ne fut pas la première femme d'Adam. Dans la Bible, il y a deux récits de la Création (comme il existe également deux textes différents pour le Décalogue). Première version : « Dieu créa l'homme à son image ; c'est à l'image de Dieu qu'il le créa. Mâle et femelle furent créés à la fois » (Genèse 1, 27). Deuxième version : « L'Éternel-Dieu fit peser une torpeur sur l'homme, qui s'endormit ; il prit une de ses côtes, et forma un tissu de chair à sa place. L'Éternel-Dieu organisa en une femme la côte qu'il avait prise à l'homme, et il la présenta à l'homme. » (Genèse 2, 21-22). La première femme d'Adam est nommée Lilith mais très vite elle voulut l'égalité avec Adam, y compris l'égalité sexuelle en refusant la position dite « du missionnaire ». La suite de l'histoire, trop longue à raconter ici, est qu'Adam s'en est plaint à Dieu et qu'à la suite de cela Lilith a été transformée en démon. Depuis, elle hante, dit-on, les nuits des célibataires… Ève a pris sa succession dans le cœur d'Adam et dans la légende des hommes qui voient en elle la « première femme ».

LIMBES ■ 1. C'est l'enfer, le « sein d'Abraham » où attendent les âmes des justes décédés avant la venue du Christ (dont Abraham, les Patriarches de l'Ancien Testament, Moïse, etc.). Pour les chrétiens, il est du domaine dogmatique que le Christ est descendu aux enfers (c'est-à-dire dans les « limbes des Pères ») pour délivrer ces âmes avant de remonter au ciel. 2. Dans la tradition catholique, lieu où séjournent les enfants nés sans être baptisés. Il est à noter que l'Église catholique ne s'est jamais prononcée concernant les limbes et que la théologie actuelle préfère éviter cette notion au profit de la miséricorde accordée par Dieu au bénéfice du « baptême de désir » (voir ce mot). Les Limbes, comme le Purgatoire sont un motif de discorde théologique entre les catholiques et les autres chrétiens.

LINCEUL DE TURIN ■ Linceul conservé actuellement dans la ville de Turin. Il serait celui ayant enveloppé le Christ avant sa mise au tombeau. L'Église ne s'est jamais prononcée en faveur ou en défaveur de ce linge, lequel a été soumis à de très nombreuses expertises scientifiques. La dernière, par le Carbone 14, semble infirmer l'hypothèse du linceul du Christ au grand soulagement de l'Église catholique qui voyait d'un très mauvais œil l'intérêt des scientifiques pour le clonage du Christ. Il existe d'autres représentations achéiro-poïètes (c'est-à-dire non réalisées de main d'homme) du Christ mais limitées au visage (voir les articles consacrés au Mandilion, à la Véronique, à la Face sainte).

LINGAM ■ Dans l'hindouisme, symbole phallique du dieu Shiva.

LION AILÉ ■ Dans le christianisme, le lion ailé symbolise l'Évangéliste saint Marc.

LIONS ■ Dans les temples bouddhiques, les lions ont pour mission de garder les allées et les entrées des bâtiments. Le rugissement du lion représente la « voix de la Loi ». En Chine, le lion porte le nom de « chien de Bouddha » (*Bofo*). On notera que la représentation des lions a fort évolué au cours des siècle : dans leurs dernières présentations, ils avaient des têtes carrées et certains étaient même pourvus de cornes.

LITANIE ■ Prière formée d'une série d'invocations à Dieu (et, le cas échéant, à des saints, des divinités, etc.).

LITIE ■ Dans la religion orthodoxe, prière instante (*litia*) prononcée lors d'une procession ou lors d'un service funèbre.

LITRE ■ Dans la religion catholique, ornement funèbre (large bande noire aux initiales du défunt) tendu autour de l'église pour des funérailles solennelles.

LITURGIE ■ 1. Règles composant l'organisation officielle d'un culte rendu à une divinité. Ces règles comportent des indications (chronologiques et/ou topographiques) concernant le lieu, les prières, la langue utilisée, les objets liturgiques, les officiants, etc. 2. Le mot liturgie est également utilisé par les orthodoxes pour désigner l'office divin (c'est-à-dire la messe des catholiques, la Cène des protestants).

LITURGIE (DIVINE) ■ C'est la dénomination utilisé par l'Église orthodoxe pour désigner l'office divin (chez les catholiques, c'est la messe et chez les protestants, c'est la Cène).

LITURGIE DES CATÉCHUMÈNES ■ Dans l'Église orthodoxe, c'est la première partie de la Divine Liturgie.

LITURGIE DES FIDÈLES ■ Dans l'Église orthodoxe, c'est la deuxième partie de la Divine Liturgie.

LITURGIES ORIENTALES ■ Dès le 5e siècle, les liturgies orientales commencent à se différencier de la liturgie latine. Les principales liturgies actuelles (tant chez les uniates que chez les orthodoxes) sont : la liturgie byzantine (en Grèce, en Russie, en Roumanie, en Géorgie, en Hongrie et en Albanie), la liturgie de saint Marc (liturgie grecque d'Alexandrie, utilisée par les coptes qui l'appellent liturgie de saint Cyrille), la liturgie de saint Basile et Grégoire (utilisée aussi par les coptes), la liturgie éthiopienne, la liturgie de saint Jacques (utilisée par les Grecs), etc.

LIVRES CANONIQUES ■ On désigne ainsi les livres qui appartiennent à un canon ; c'est-à-dire un ensemble de livres admis comme faisant autorité dans une religion. Chaque religion possède ses propres canons. Pour les juifs, ce sont les livres admis de l'Ancien Testament mais aussi le Talmud et le Zohar. Pour les chrétiens, ce sont les livres de l'Ancien Testament et ceux du Nouveau Testament (les livres admis varient selon les tendances religieuses). Chez les bouddhistes, ils portent des noms différents selon quil s'agit du bouddhisme premier (*canon pâli ou Tipittaka*), du Grand Véhicule (canon sanscrit ou *Tripitaka*), du bouddhisme chinois (*Taisho Issaikyô*), du bouddhisme tibétain (*Kanjur/Tenjur*), etc. Chez les musulmans, ce sont le Coran et les compilations certifiées des hadîths ; chez les zoroastriens, ce sont les Avesta, etc. Aux livres canoniques, il convient d'ajouter les ouvrages dits deutérocanoniques et apocryphes (voir ces mots) ainsi que des ouvrages semi-canoniques (comme, par exemple, *Les questions de Milinda*, des bouddhistes).

LIVRES CANONIQUES DU JUDAÏSME ■ Les livres canoniques du judaïsme comprennent les ouvrages de la loi écrite et ceux de la loi orale. C'est-à-dire, en gros, la Bible et le Talmud auxquels on a ajouté, assez tardivement, le Zohar (voir l'article consacré à la kabbale). Tout le monde connaît la Bible qui est partagée par de nombreuses autres religions : les religions chrétiennes (catholiques, protestants, orthodoxes) mais aussi d'autres religions monothéistes (de nombreux personnages bibliques — à commencer par Abraham — interviennent, par exemple, dans le Coran). Le Talmud, par contre, est généralement moins bien connu (voir ce mot).

LIVRES LITURGIQUES ■ Chaque religion possède ses livres liturgiques. Le livre liturgique le plus connu est le bréviaire de l'Église catholique. L'Église orthodoxe ne possède pas d'ouvrage de compilation comparable au bréviaire, c'est la raison pour laquelle un même office exige l'emploi de plusieurs livres (Horologe, Octoèdre, Ménées, Euchologe, etc.). Le livre liturgique des luthériens est l'agende. Le livre liturgique des juifs est le *siddour* (ou *mahzor*). Les musulmans ne possèdent pas de livre liturgique : le Coran, seul, servant en toutes occasions.

LIVRES NON CANONIQUES ■ Certains livres ne sont pas acceptés dans le Canon des religions. Ils portent différents noms : apocryphes, pseudépigraphiques, intertestamentaires et paratestamentaires). Certains de ces mots sont plus spécifiques à la religion chrétienne ; d'autres sont utilisés également par le judaïsme. Voir ces différents mots.

LIVRES SAINTS (NOMS DES -) ■ Les Juifs ont pour habitude de nommer leurs livres par le premier mot du premier chapitre. C'est ainsi que les cinq livres de la Torah portent les noms ci-après : la Genèse : *Berechit* (« Au commencement ») ; l'Exode : *Chemot* (« Les Noms ») ; le Lévitique : *Wayiqra* (« Et Il dit ») ; les Nombres : *Bamidbar* (« Dans le désert ») et le Deutéronome : *Devarim* (« Les paroles »).

LOGIA ■ En exégèse du Nouveau Testament, on désigne ainsi les paroles de Jésus citées dans les différents textes. Il est à noter que tous les *logia* ne sont pas des « paroles authentiques » (*ipsissima verba*).

LOGOS ■ Dans le christianisme, seconde personne de la Trinité : « ...et le Verbe s'est fait chair ». Le Logos incarné, Jésus-Christ, est aussi appelé Verbe ou Parole.

LO-HAN ■ Dans le bouddhisme chinois, l'*arhat*, le saint (ici nommé *lo-han* ou *luohan*), devient un personnage central auquel on attribue de nombreux pouvoirs magiques. Dans les monastères chinois, on trouve des groupes de 500 statues de *lohan*. Ce chiffre fait référence aux 500 *arhats* qui assistèrent, d'après ce que disent les textes canoniques, au premier concile bouddhique.

LOI DE COPRODUCTION CONDITIONNÉE ■ Loi bouddhique de base. Première tentative de systématisation de la perpétuation de la vie et de l'interdépendance des phénomènes. Cette loi explique aussi bien l'origine et le processus de la transmigration (*samsâra*) que celle de l'entrée dans le *nirvâna*. Au lieu de coproduction conditionnée, on parle également d'origines conditionnées ou d'origines interdépendantes ou de production interdépendante ou encore de production en consécution. On parle parfois aussi de loi de production en consécution ou de théorie des douze causes. Cette loi est l'un des piliers du bouddhisme et son assimilation est nécessaire pour comprendre le mécanisme des renaissances. Toute l'originalité du bouddhisme par rapport aux autres religions tient dans cette loi qui, d'une certaine manière, résume la doctrine de Bouddha et explique l'enchaînement qui de l'ignorance à la naissance entraîne l'individu dans l'existence et le cycle des renaissances. Cette loi — de l'enchaînement des êtres vivants au *samsâra* — montre et explique comment la vie est constituée d'instants successifs conditionnés et impermanents. On pourrait résumer cette conception philosophique de l'existence par la formule « rien n'est sans cause et rien n'est sa propre cause ». Cette loi stipule que tous les phénomènes psychiques et physiques sont liés entre eux dans une succession quasi mécanique d'événements qui se produisent dans un ordre précis de causes et de conditions spécifiques. Les phénomènes sont interdépendants et continus. Il y a une fin mais pas de commencement et les phénomènes proviennent de causes interdépendantes connues. Cette doctrine est étroitement liée à celle de l'*anâtman* (« non-soi »). En gros, la vie est impersonnelle (*anâtman*) et conditionnée (*pratityasamutpada*). Bouddha a découvert ce mécanisme de la production conditionnée

— causalité du *karma* et édifice du *samsâra* — à la veille de son Éveil. Pour Bouddha, les phénomènes intérieurs (propres aux êtres animés), ceux qui nous préoccupent directement pour sortir du cycle infernal du samsâra, sont dépendants de douze liens, facteurs ou « étapes ». Lesquels sont : 1. Les formations karmiques sont conditionnées par l'ignorance. 2. La conscience (dans cette vie) est conditionnée par les formations karmiques (des vies antérieures). 3. Les phénomènes physiques et mentaux sont conditionnés par la conscience. 4. Le nom-et-forme (esprit-matière) est conditionné par les phénomènes physiques. 5. Les six bases (c'est-à-dire les cinq organes physiques + la conscience) sont conditionnés par les phénomènes mentaux et physiques. 6. L'impression sensorielle mentale (ou contact) est conditionnée par les six bases. 7. La sensation (ou sentiment) est conditionnée par l'impression sensorielle mentale. 8. La soif ou désir est conditionnée par l'impression sensorielle mentale. 9. L'attachement est conditionné par la soif ou désir. 10. Le processus du devenir (renaissance) est conditionné par l'attachement. 11. La renaissance est conditionnée par le processus du devenir. 12. La vieillesse et la mort sont conditionnées par la renaissance. Cette chaîne envisage aussi bien la vie présente (étapes 3 à 10) que la vie passée (étapes 1 et 2) ou la vie future (étapes 11 et 12). Chacune des étapes conditionne la suivante : de la cause à l'effet. Prise dans le sens inverse (de la 12 à la 1, c'est-à-dire de l'effet à la cause), elle conduit à la vérité sur l'origine de la souffrance (*duhkha*). On parle d'*anuloma* lorsqu'on descend cette chaîne (cette descente est le lot du *samsâra*) et de *pratiloma* lorsqu'on la remonte (c'est-à-dire que l'on tend vers le *nirvâna*). C'est dans cet ordre inverse que le Bouddha, tout naturellement, découvrit la loi de la coproduction conditionnée. Pour échapper à la loi de coproduction conditionnée, il faut éliminer en soi l'ignorance et la soif de manière à atteindre la Triple science.

LOI LIBÉRATRICE ■ Loi Bouddhique de libération du cycle du samsâra.

LOI ORALE ■ C'est la loi rabbinique. Elle consiste essentiellement en l'interprétation (et les commentaires) de la Torah (la première partie de la loi écrite, le Pentateuque). Pour bien comprendre l'importance que le judaïsme accorde à la loi orale, il est impératif de retenir que pour les Juifs la loi orale fut transmise à Moïse en même temps que la loi écrite. Ensuite, elle fut transmise de bouche à oreille, de maître à disciple. Ce que nous connaissons de la loi orale, nous le tenons donc de la bouche même de Moïse, qui la tenait de Dieu. Pour arriver à cette conclusion, les docteurs de la loi se fondent sur le texte suivant : « Le Seigneur dit à Moïse, monte vers moi sur la montagne et je te donnerai des tables de pierre et la Torah et les Commandements que j'ai inscrits afin de les instruire » (Exode 24,12). Les commandements (le Décalogue et les 613 commandements de la Torah : voir l'article consacré aux commandements) sont trop concis pour pouvoir être érigés en règle de vie. Pour obtenir la règle de vie (*halakha*) — variable en fonction des circonstances et de ce fait évolutive —, il était nécessaire que des commentaires soient fournis. C'est le rôle de la loi orale. On notera, au passage, que contrairement aux musulmans sunnites pour lesquels l'interprétation du Coran est définitivement close (la porte de l'ijtihâd a été fermée au 12e siècle), pour les Juifs l'interprétation est non seulement ouverte mais conseillée. Ce qui explique la différence entre la *charia* (fermée à toute modification) et la *halakha* (ouverte à tout changement — mais il faut, malgré tout, tenir compte des intégristes). Les livres canoniques de la loi orale sont au nombre de trois : le Midrash, le Talmud et le Zohar. On notera que dans la plupart des cas, il s'agit de commentaires de commentaires de commentaires. Ainsi, la Guemara (seconde partie du Talmud) explicite la Michnah qui explicite la Midrash qui explicite la Torah. Outre les règles religieuses directement issues de la Torah (règles mosaïques), la loi orale comprend également des règles concernant les fêtes religieuses (règles rabbiniques), la vie en société (*taqqanah*), les coutumes (*minhag*), la protection de la religion (décret ou *gézérah*). Ainsi, certains décrets (*gézéroth*) avaient pour but « d'élever une barrière autour de la Torah » en empêchant les rencontres sexuelles entre juifs et non-juifs.

LOKA ■ Dans le bouddhisme, c'est le mot utilisé pour désigner le monde.

LOKADHATA ■ Dans le bouddhisme, c'est le mot utilisé pour désigner l'univers mondain.

LOKAPRAJNAPATI ■ Dans le bouddhisme, c'est le mot utilisé pour désigner la cosmologie.

LOLLARD ■ Prédicateur itinérant du wyclifisme (doctrine du 14e siècle annonçant le protestantisme, pour laquelle tous les adeptes naissaient avec la qualité de prêtre (sacerdoce universel). On les appelait aussi *Bible man* car il prêchaient en se servant d'une Bible traduite en anglais par John Wiclif. Voir aussi à wyclifisme.

LOTUS ■ La fleur de lotus est souvent associée au bouddhisme et il n'est pas rare de voir une fleur de lotus dans une peinture bouddhique. Souvent même on peut remarquer un Bouddha assis sur une fleur de lotus bien épanouie. Ceci s'explique car les lotus sont des symboles de régénération spontanée et symbolisent ainsi la naissance divine. Plusieurs variétés de lotus sont représentées dans les œuvres d'art bouddhiques : à 3 ou à 5 fleurs, en blanc, en rouge, en rose, en pourpre ou en bleu. Il peut y avoir ou non des feuilles. La tige est simple, triple ou quintuple (avec une valeur symbolique pour chaque représentation). Si les fleurs de lotus sont présentées sur une coupe, c'est un signe d'hommage.

LOTUS BLANC ■ C'est le lotus de Bouddha. Il symbolise la pureté parfaite et comporte généralement 8 pétales qui correspondent au Noble Chemin Octuple (voir l'article consacré à ce sujet).

LOTUS BLEU ■ C'est le lotus de Manjusri (un bodhisattva japonais représenté habituellement avec un glaive et le texte du Sûtra). C'est le symbole de la Victoire et de la Connaissance. Le lotus bleu est toujours représenté en bouton plus ou moins épanoui mais dont on ne voit jamais le centre.

LOTUS POURPRE ■ C'est le lotus des sectes mystiques du bouddhisme.

LOTUS ROSE ■ C'est le lotus du Bouddha historique.

LOTUS ROUGE ■ C'est le lotus d'Avalokiteshvara (un bodhisattva, voir l'article consacré à ce sujet). C'est le lotus de l'amour et de la compassion.

LOULAV ■ Dans le judaïsme, c'est la palme, la branche du palmier (une des quatre espèces végétales du bouquet de Souccoth).

LOURIA (ISAAC) ■ Surnommé ha-Ari (le Lion), Isaac Louria (1534-1572) n'a rien écrit car, disait-il, « au moment où je prends la plume les visions affluent avec une telle force que ma plume est incapable de suivre, j'ai donc renoncé à écrire ». Tout ce que nous savons de ses théories nous a été transmis par les notes de ses disciples avec lesquels il conversait lors de longues marches. Initié à la kabbale lors de son enfance en Égypte, I. Louria ne doit cependant presque rien à ses maîtres car sa pensée cosmique est tout à fait originale. Il a l'énorme mérite d'avoir imaginé un système qui comprend le passé, le présent, le futur, le monde vivant et le monde divin et cela en conservant — et en sanctifiant — l'organisation orthopraxe du monde juif. C'est, sans doute, ce respect d'une certaine orthodoxie qui a sauvé I. Louria de l'excommunication. On notera, au passage, que comme la plupart des rabbins et des talmudistes, Louria avait un métier très concret : il était dans l'épicerie en gros (marchand de poivre et de céréales). Résumer la pensée cosmique de Louria est impossible en quelques lignes. Retenons simplement qu'on lui doit l'hypothèse du tsimtsoum (ou retrait de Dieu en lui-même), l'acte créateur du monde dont la finalité implique l'homme dans sa vie de tous les jours (voir à *tsimtsoum*).

LUCANIEN ■ Adjectif se rapportant aux travaux ou à l'influence de saint Luc.

LUMBINÎ ■ Bourgade de Kapilavastu où naquit le Bouddha historique. À Lumbinî, figure une colonne érigée par l'empereur Asoka. Sur cette colonne, on peut lire le texte suivant : « Vingt ans après son couronnement, le roi Devânapiya Piyadasi [Asoka] vint ici témoigner de sa dévotion, car c'est ici que naquit le Bouddha. Il fit ériger une colonne de pierre et un bas-relief afin de montrer l'endroit où naquit le Sublime. Il exempta le village de Lumbinî d'impôts… ».

LUNULE ■ Objet liturgique du christianisme : petite boîte contenant l'hostie.

LUSTRAL ■ Désigne ce qui sert à purifier (du latin *lustrum*, un sacrifice expiatoire de l'Antiquité romaine qui avait lieu tous les cinq ans). On parlera d'eau lustrale (pour le baptême), de sang lustral, de flamme lustrale, etc.

LUTHÉRIANISME ■ Mouvement religieux lancé par Martin Luther avec la publication, en 1517, des *Quatre-vingt quinze thèses*. Ce mouvement porte le nom de Réforme car ce que voulait Luther ce n'est point créer un schisme dans l'Église mais bien introduire une réforme à laquelle, par ailleurs, de très nombreux théologiens et religieux catholiques souscrivaient. Étant entré (contre son gré) en rébellion avec le pape, Luther se trouve à la source de très nombreux mouvements religieux dits protestants mais aussi en conflit avec certains réformateurs religieux qui lui sont contemporains (Luther et Zwingli avaient, à un an près, le même âge ; Calvin était plus jeune de 25 ans). Contrairement aux orthodoxes qui n'ont pas de réelle opposition dogmatique avec les catholiques (à l'exception de l'infaillibilité papale), les protestants contredisent de nombreux dogmes et lois du catholicisme (bien entendu l'infaillibilité papale mais aussi l'Immaculée Conception, cinq sacrements, le culte des saints, la transsubstantiation etc.). Sans entrer dans les détails, notons les principales oppositions : non-reconnaissance du pape comme chef de l'Église, refus du dogme de l'Immaculée Conception, adoption de deux sacrements sur sept (baptême et Sainte Cène), liturgie dépouillée, conception différente du mystère de la communion (transsubstantion — dépassement des substances — pour les catholiques et les orthodoxes, consubstantiation — « mélange des substances » — pour les protestants), source de la prédication limitée aux seules Écritures, justification par la foi seule (et non par les œuvres), etc. L'essentiel de la loi protestante se résume en ces trois formules : *sola fides* (par la foi seule), *sola gratia* (par la grâce seule), *sola scriptura* (par l'Écriture seule). Après être parvenu à un accord avec les mouvements protestants dissidents (Concorde de Wittenberg, 1536), Luther rédige l'année suivante ce qui est l'exposé de sa foi (les *Articles de Smalkalde*).

LUTHÉRIEN ■ Voir Luthérianisme.

LUXURE ■ Pour les catholiques, péché capital consistant à rechercher les plaisirs de la chair.

M

MAARIV ■ Office juif du soir (aussi appelé Arvith).

MAASÉH MERKAVAH ■ Mots hébreux signifiant « l'œuvre du Char ». Chez les kabbalistes, ces mots font référence à une expérience mystique, à une vision du Char. Dans le Talmud, l'expression *maaséh merkavah* fait référence à la vision du Char telle que l'a décrite le prophète Ézéchiel. Les kabbaliste qui pratiquent l'expérience mystique du Char sont appelés les *Yordéï merkavah* (« ceux qui descendent dans le Char »). Cette expérience implique une profonde méditation pour visualiser le Trône de Dieu et atteindre les différents palais (voir l'article *Heilakoth*), c'est-à-dire les différents états de conscience mystique mais aussi les cieux.

MACÉRATION ■ Pratique d'ascétisme, de mortification à laquelle on soumet son corps dans un désir de pénitence et pour soumettre la chair à l'esprit.

MACHGUIAH ■ Superviseur (dans les boucheries, magasins, restaurants, communautés, aéroports, etc.) chargé du respect des règles alimentaires juives.

MADHYAMÂ ■ Dans le bouddhisme, c'est le mot utilisé pour désigner ce qui est médian.

MADHYAMA PRATIPAD ■ Dans le bouddhisme, c'est le mot utilisé pour désigner la Voie du Milieu.

MADHYAMAKAVATARA ■ Titre en sanscrit, de l'« Introduction à la voie médiane » (l'ouvrage clé de Candrakirti).

MADHYAMIKA ■ Une des écoles (« Voie du Milieu ») du bouddhisme du Mahâyâna basée sur l'enseignement de Nagarjuna. On dit aussi *madhyamaka*.

MADRASA ■ « Lieu d'étude » consacré à l'enseignement du droit religieux et de la jurisprudence islamique (*fiqh*). Les étudiants des *madrasas* sont les *tâlibs* (ou talibans). Chaque *madrasa* dépend d'une école juridique déterminée (parfois aussi elle est complétée par un sanctuaire). On écrit aussi madrassa.

MAFTIR ■ Personne appelée en dernier à la lecture de la Torah.

MAGISTÈRE ■ 1. Représentation humaine, hiérarchique, du pouvoir doctrinal d'une Église. 2. Enseignement d'une Église.

MAGNIFICAT ■ 1. Premier mot du chant d'action de grâce que la Vierge Marie adresse à Dieu après qu'Elisabeth lui ait annoncé la naissance de Jean-Baptiste (Luc 1, 41-50). 2. Hymne de reconnaissance chanté à différents moments de l'office divin.

MAGUPAT ■ Titre d'un haut représentant du clergé (« archimage ») dans la religion mazdéenne.

MAHÂKÂSHYAPA ■ Un des dix premiers disciples de Bouddha.

MAHÂNIDANASUTTA ■ Une division du Canon pâli.

MAHAPRAJAPATI ■ La tante de Bouddha (et la première moniale bouddhiste).

MAHÂPRAJNAPARAMITASASTRA ■ Traité de la grande vertu de Sagesse (ouvrage majeur de Nagarjuna).

MAHASANGHIKA ■ Dans le bouddhisme, ce sont les « membres de la grande assemblée », c'est-à-dire les partisans du Grand Véhicule.

MAHÂSTHÂMAPRAPTA ■ Un assistant d'Amida.

MAHÂVAIROCANA ■ Un des noms du Bouddha primordial.

MAHÂVAIROCHANA ■ Bouddha de sagesse (dhyâni-bouddha).

MAHÂVIRA ■ Fondateur du jaïnisme, une religion très proche du bouddhisme fondée par un contemporain de Bouddha. Le jaïnisme n'a pas bénéficié de la protection d'un empereur (comme ce fut le cas d'Asoka pour le bouddhisme), d'où sa faible diffusion.

MAHÂYÂNA ■ C'est le Grand Véhicule du bouddhisme. Le Grand Véhicule (*Mahâyâna*), c'est la grande voie pour parvenir à l'Éveil. Ce courant bouddhiste — qui se différencie fortement du bouddhisme originel ou premier (bouddhisme des « Anciens » ou bouddhisme theravadin ou encore Petit Véhicule) — apparaît en Inde au premier siècle de notre ère. On peut le diviser en trois périodes : le Mahâyâna dynamique (1er-4e siècle de l'è.c.), le Mahâyâna scolastique (4e-7e siècle de l'è.c.) et le Mahâyâna ésotérique (7e-13e siècle de l'è.c.). Le courant mahâyâniste est né en réponse à l'élitisme du Petit Véhicule qui ne promettait l'Éveil qu'aux moines arrivant à l'état de sainteté (*arhat*). État auquel aucun laïc et aucune femme (fût-elle nonne) ne pouvaient prétendre. Ce bouddhisme élitiste était loin de satisfaire les fidèles qui savaient (selon l'enseignement du Petit Véhicule) ne pouvoir échapper au cycle du samsâra qu'en devenant moine et en ne comptant que sur leurs propres forces. Le succès du Mahâyâna provient de ce qu'il s'adressait aux masses (et non plus seulement aux moines) et leur promettait plusieurs voies pour parvenir à la salvation : prier et honorer les bouddhas, les bodhisattvas et les nombreuses divinités des autres religions annexées au bouddhisme (dans un syncrétisme incroyable, chaque pays annexait sans difficultés les divinités et les rites des autres religions). Avec le mahâyânisme, le bouddhisme de sagesse devient religion et cela d'autant plus facilement qu'il ne se prive pas d'annexer les divinités, rites et concepts des autres religions (hindouisme en Inde, taoïsme en Chine, shintoïsme au Japon, christianisme nestorien en Chine, religion Bön-po au Tibet, etc.), devenant, par là même, une religion polythéiste. Bouddha n'a jamais non plus renié les dieux de l'hindouisme mais il n'y attachait pas une grande importance. En effet, dans le bouddhisme, les dieux (et les démons) sont des êtres particuliers soumis, eux aussi, au conditionnement et au cycle des renaissances. Dans la cosmologie bouddhiste, les dieux doivent renaître sous forme humaine pour accéder au *nirvâna*.

MAHÂYÂNA (DOCTRINES PHILOSOPHIQUES DU -) ■ À côté d'une pensée religieuse réelle, le bouddhisme du Mahayâna a développé une philosophie d'une rare complexité. Les principalement doctrines sont au nombre de deux : le *Vijnanavada* et le *Madhyamaka*. Le *Vijnanavada* (ou doctrine de la conscience) est aussi appelée *Cittamatra*, « doctrine du rien que pensée », « doctrine de la pensée sans plus » ou, si on insiste sur son aspect pratique, Yogacara (école des pratiquants du yoga). Les principaux penseurs du *Vijnanavada* sont Asanga, Vasubandhu, Dharmapâma et le pèlerin chinois Hiuan-Tsang (602-664) qui a introduit cette philosophie en Chine. Le *Madhyamaka* (ou « École de la voie moyenne ») reproche au *Vijnanavada* d'introduire dans sa philosophie un absolu positif, un soi, un *atman* ; le *Vijnanavada*, lui, reproche au *Madhyamaka* d'être nihiliste. On voit que ce reproche adressé au bouddhisme n'est pas neuf. Le *Madhyamaka* insiste sur la vacuité de toute chose et sur l'exigence de ne tenir aucune position, même la voie moyenne. Les grands penseurs de ce courant sont Nagarjuna, Aryadevan Buddhapali et Candakirti.

MAHÂYÂNA (LES ÉCOLES ET COURANTS DU -) ▪ Le Mahâyâna a donné lieu à de nombreuses écoles et courants divers tant en Inde qu'en Chine, au Japon ou au Tibet. Les écoles les plus importantes sont les suivantes. Inde : l'école de la voie du Milieu (*Madhyamika*, basée sur l'enseignement de Nagarjuna), l'école Rien que Conscience (*Vijnanavada Yogachara*) et le Véhicule du Diamant (*Vajrayâna*). Chine : l'école de la Terre Pure (voir Amida), l'école Chen, l'école Tien-Taï (voir Sûtra du Lotus). Japon : l'école de la Terre Pure, le Zen, le Kegon (basée sur le *Sûtra de la guirlande de fleurs*), l'école Tendaï (identique à l'école Tien-Taï). Tibet : le tantrisme associé au lamaïsme (bouddhisme tibétain).

MAHDI ▪ Le *Mahdi* est le Messie des musulmans chiites. C'est lui qui, à la fin des temps, viendra restaurer l'ordre avant le Jugement dernier. Pour les chiites, le *Mahdi* est un membre de la famille d'Alî ; pour certains, c'est l'imâm caché (c'est-à-dire le douzième imâm duodécimain, lequel a disparu en 874 et dont ils attendent le retour). Comme pour le Messie juif, un « faux » *Mahdi* apparaît à chaque période de crise (ainsi un *Mahdi* s'opposa à Napoléon, un autre aux Anglais, etc.).

MAHOMET (MUHAMMAD) ▪ 1. Mahomet (570-632) est le fondateur de la religion musulmane. C'est le Prophète (*nabî*) et l'Envoyé de Dieu (*rasûl*). Par l'intermédiaire de l'ange Gabriel, la Parole de Dieu est descendue sur lui en langue arabe pure. Il a transmis cette Parole sous la forme des versets qui constituent le Coran. 2. De nombreux sultans turcs portèrent ce nom (de Mahomet I à Mahomet VI, l'avant-dernier calife).

MAHOMETAN ▪ Personne professant la religion du Prophète Mahomet : musulman.

MAHORAGAS ▪ Dans le bouddhisme, c'est le mot utilisé pour désigner des demi-dieux (boas).

MAHR ▪ Dans l'islam, c'est le mot qui désigne la dot versée par le mari à sa femme pour rendre le mariage valide.

MAHURTA ▪ Dans le bouddhisme, c'est le mot utilisé pour désigner une unité de mesure du temps.

MAHZOR ▪ Voir Siddour.

MAIGRE (FAIRE -) ▪ C'est ne manger, pour des raisons religieuses, ni viande ni aliment gras.

MAIGRE (JOUR) ▪ Jour où les Églises catholiques et orthodoxes interdisent la consommation de viande et de graisse.

MAÏMONIDE ▪ Connu également sous le nom de Rambam (un acrostiche obtenu à partir de son nom complet), Maïmonide est l'une des grandes figures de la pensée juive, un encyclopédiste (médecin, philosophe, « théologien », juriste, épistolier), dont l'influence s'est également manifestée, jusqu'à nos jours, dans le monde musulman et dans le monde chrétien.

Maïmonide, de son vrai nom Moïse Ben Maïmon, est né en 1135, à Cordoue (en Andalousie) et est mort en 1204, à Fostat (vieux-Caire). Durant les soixante-dix ans de son existence, il a beaucoup voyagé (Espagne, Provence, Maroc, Palestine, Égypte). Chassé d'Andalousie, en 1148, par les Almohades, il s'installe, dix ans plus tard, à Fez, le bastion des Almohades. Il est vrai qu'entre-temps, il s'était converti à l'islam. Mais cette conversion n'était que de façade et Maïmonide continuait à pratiquer le judaïsme et à s'instruire dans la religion juive. Maïmonide, l'une des principales sources autorisées de la religion juive, est considéré comme la plus grande autorité rabbinique post-talmudique bien que, durant une certaine époque, son œuvre fut excommuniée (*hérém*) par les rabbins qui en interdisaient la lecture ou l'étude. Aujourd'hui encore, certains milieux juifs préfèrent ignorer son œuvre philosophique pour ne retenir que son œuvre purement religieuse (*Michné Torah*). Au niveau de la religion, son champ d'activité fut très vaste : il s'opposa au pouvoir sclérosé des *géonim* (exilarques), aux prétentions des caraïtes, etc. On lui doit plusieurs ouvrages importants, tous rédigés en arabe (à l'exception du *Michné Torah*) qu'il écrivait (comme beaucoup d'intellectuels juifs) avec des caractères hébreux : *Épître sur la persécution*, *Épître aux Juifs du Yémen*, *Michné Torah* (« Répétition de la Loi »), *Guide des Égarés*, etc. On doit également à Maïmonide la synthèse des « dogmes juifs » sous la forme des Treize principes de la Foi (voir article Foi).

MAITHUNA ■ L'union des sexes dans le yoga tantrique.

MAÎTRE SPIRITUEL ET MAÎTRE DE LA DISCIPLINE ■ Dans le bouddhisme, il existe deux maîtres spirituels qui guident les moines (l'un pour la guidance spirituelle, et l'autre pour l'observance des règles monastiques).

Lors de l'entrée dans les ordres, le novice doit ainsi choisir deux maîtres. Au moment de la cérémonie d'ordination, après avoir été interrogé sur les concepts bouddhiques, le nouveau moine doit indiquer le nom de ses deux maîtres (le maître spirituel, *âchârya*, et le maître de la discipline, *upâdhyâya*). Durant les premiers siècles du bouddhisme, le maître de la discipline était considéré comme le plus important ; cela a changé par la suite pour accorder la prééminence au maître spirituel. Dans les monastères mayahanistes, la grande ordination est suivie après quelque temps par les vœux de bodhisattva. En Chine, l'ordination est suivie par la séance des moxas.

MAITREYA ■ Bouddha du futur. Il se matérialisera sur terre lorsque le Dharma (Loi) actuel sera perdu. Successeur du Bouddha historique (Gautama), il vit actuellement dans le paradis Tusita. Maitreya est également un des plus importants bodhisattvas (en compagnie d'Avalokiteshvara et de Manjusri). Ce Bouddha du futur, le successeur de Sâkyamuni (le Bouddha historique), est le cinquième Bouddha de notre *kalpa* (ou période de temps).

MAJORITÉ RELIGIEUSE ■ Pour les juifs, le garçon atteint sa majorité religieuse à treize ans et un jour : c'est alors un adulte qui a des obligations religieuses. On appelle Bar Mitzva (« Fils du commandement ») la cérémonie qui marque, à la synagogue, cette majorité religieuse. La fille atteint sa majorité religieuse plus tôt : à douze ans. En principe, elle n'est astreinte à aucune cérémonie religieuse mais aujourd'hui, le judaïsme « progressiste » a créé la Bat Mitzva (« Fille du commandement »), équivalent de la Bar Mitzva. Pour les catholiques, la majorité religieuse est atteinte vers l'âge de douze ans, au moment de la confirmation. Pour les bouddhistes, la petite ordination n'est pas autorisée avant huit ans et la grande avant vingt ans.

MAKKA ■ Mot arabe pour désigner La Mecque.

MÂLÂ ■ Rosaire bouddhique.

MALABAR ■ Chrétien de rite oriental de l'île de Kerala (Inde du Sud).

MALABARE (ÉGLISE) ■ Église orientale catholique de l'Inde, de rite chaldéen ou syriaque oriental.

MALADES (SACREMENT DES -) ■ Voir Extrême-onction.

MALÂK ■ Dans l'islam, c'est le mot qui désigne les anges. Chez les musulmans, contrairement à ce qui se produit chez les juifs et chez les chrétiens, Dieu ne s'adresse jamais aux hommes qu'à travers des anges.

MALANKARE (ÉGLISE) ■ Église orientale catholique de l'Inde, de rite syriaque occi-dental (dissidente de l'Église malabare).

MALIKITE ■ École juridique musulmane. Elle se réclame de Malik ibn Anas (8e siècle). Faisant grand cas de la tradition du Prophète (hadîths), pour l'interprétation de la loi, cette école fait également intervenir l'intérêt général. Elle est surtout répandue au Maghreb.

MAMAKI ■ C'est le nom d'une shakti qui accompagne les Bouddhas de méditation.

MAMMON ■ Ce terme, utilisé dans le Nouveau testament pour personnifier les forces démoniaques, est simplement le mot araméen pour désigner les richesses (il ne s'agit donc pas d'un « dieu »).

MAMZER ■ Chez les juifs, bâtard (enfant né d'une union interdite par la loi juive).

MANÂT ■ Nom d'une divinité du paga-nisme arabe (il en est fait mention dans le Coran).

MANDALA ■ Un diagrammes rituel. Dans le bouddhisme tantrique, représentations symboliques du cosmos utilisées pour la méditation dans le cadre de pratiques ésotériques. L'origine des mandalas est à chercher dans les anciennes traditions brahmaniques. Le mandala qui obéit à une organisation architecturale déterminée est à la fois une représentation symbolique du cosmos (c'est-à-dire de ses forces, de ses divinités et de l'ensemble de l'humanité) et de l'homme. D'un point de vue « pratique », les mandalas sont utilisés pour favoriser la méditation ou encore pour l'enseignement. En effet, dans un mandala, chaque divinité occupe une place qui démontre son rôle et son pouvoir par rapport à la divinité centrale. Un mandala est formé d'enceintes concentriques circulaires ou carrées munies de quatre « portes ». Chaque enceinte contient une divinité ou un symbole. La divinité centrale est générale-ment entourée de trois cercles de pétales de lotus, de *vajra* (foudres) et de flammes. N'importe quel support convient aux mandalas mais la plupart sont peints sur de la soie ou du papier. On trouve néan-moins des mandalas peints sur bois ou gravés sur du métal. Les mandalas à deux dimensions ne représentent qu'une partie des mandalas. En réalité, l'organisation des mandalas est bien plus générale. Ainsi, dans les temples, la plupart du temps, le groupement des statues des divinités représente un mandala. Mieux encore, tout temple ou stûpa est un mandala dont les terrasses représentent les enceintes concentriques qui entourent la divinité centrale. C'est ainsi que le site tout entier de Borobudur (à Java, en Indonésie) est à lui seul un immense mandala. Aujourd'hui la production des mandalas bi et tri-dimen-sionnels est une des activités préférées des Tibétains : mandalas peints sur toile (*thangkas*), mandalas éphémères réalisés avec du sable peint juste pour la durée d'une cérémonie, mandalas de riz, etc.

MANDEMANT ■ Dans la religion catholique, écrit par lequel un évêque donne des ordres de nature religieuse à ses paroissiens.

MANDILION ■ Pièce d'étoffe représentant la face du Christ. Il s'agirait peut-être de la Sainte Face (voir ce mot). On range ce portrait parmi les icônes achéropoïètes (peintes sans l'aide d'une main humaine). Il existe plusieurs légendes concernant ces images « miraculeuses ». La plus connue a trait au roi Abgard d'Édesse qui demande au Christ de venir pour le délivrer d'une maladie incurable. Ne pouvant venir, il fait parvenir au roi un linge qu'il a pressé sur sa face et qui miraculeusement reproduit ses traits (le Mandilion). Toujours selon la légende, durant son trajet ce linge laissa des empreintes sur divers objets dont une brique (le *Keramidion*). L'origine de cette légende provient de ce qu'une icône doit être, sur le plan terrestre, le reflet exact d'une réalité divine, une « proto-image céleste ». Voir aussi Véronique, Saint Suaire. Dans l'Église orthodoxe russe, on désigne le mandilion par le mot *Oubrous*.

MANDORLE ■ Auréole de glorification, en forme d'amande, qui entoure le visage du Christ lorsqu'il est représente en majesté lors du Jugement dernier.

MANDUCATION ■ Synonyme de communion eucharistique.

MÂNES ■ Dans la religion romaine, ce sont les âmes des morts.

MANGLABITE ■ Bedeau.

MANI ■ Fondateur du manichéisme, né en 216, mort sous la torture en 277. Mani eut sa première révélation à l'âge de quatre ans : un ange, son jumeau céleste, lui apparaît. L'ange lui apparaît une seconde fois alors qu'il a vingt-quatre ans. Il décide alors de prêcher la nouvelle religion (voir Manichéisme). Cette religion atteint tout l'Empire romain et se présente comme une réelle « alternative » au christianisme. À l'inverse des autres fondateurs de religions, Mani écrivit neuf ouvrages et espérait ainsi, grâce à leur diffusion massive, répandre sa religion.

MANICHÉISME ■ Religion fondée au 3e siècle par le Perse Mani, qui se prétendait le dernier des prophètes. Cette religion associe des éléments du christianisme, du bouddhisme, du parsisme et de la gnose. Dans cette religion, le bien et le mal sont deux principes égaux et antagonistes. Se présentant comme une réelle alternative au christianisme, le manichéisme a été l'hérésie chrétienne la plus ouvertement et la plus violemment combattue. Malgré cela, elle a pu s'étendre dans le monde entier du 3e au 15e siècle (au 8e siècle, elle est ainsi devenue la religion officielle de l'État ouïgour) et a donné naissance à quelques mouvements religieux (le paulicianisme, les bogomiles, les cathares, les vaudois). Suite à des révélations, Mani, le fondateur de la religion, quitte l'elkhasaïsme et crée sa propre religion dont il se proclame le Prophète, le Paraclet, envoyé par Dieu. Le Paraclet, l'Esprit saint est son compagnon, son jumeau, son didyme, qui cohabite avec lui. Dans le manichéisme, le monde est dualiste et deux forces divines se le partagent : le Bien et le Mal. Pour combattre le mal, Dieu utilisa sa propre puissance dont émanèrent plusieurs hypostases dont l'Homme Primordial englouti par les démons (on n'est pas tellement loin de l'univers des kabbalistes : les sefiroth émanations divines, l'Adam Primordial et les étincelles divines plongées dans l'univers du mal). Pour les manichéens, un Sauveur, le Fils de Dieu, est déjà venu pour sortir Adam de son « sommeil de mort », il est revenu dans les temps présents et reviendra à la fin des temps où il sera assisté par Mani, l'Avocat suprême, pour juger les vivants et les morts. Puisque tout l'univers est en bien et en mal en relation avec Dieu, les manichéens ressentent pour tout l'univers le même culte que les chrétiens pour le pain et le vin de l'eucharistie. D'un point de vue socio-religieux, les manichéens connaissent deux classes astreintes à des devoirs différents : les Auditeurs (qui vivent plus ou moins normalement) et les Élus (astreints à des règles très contraignantes). Les Auditeurs assistent les Élus et à leur mort se réincarnent en Élus. Ces derniers, de véritables ascètes, doivent renoncer au mariage (procréer, c'est propager l'œuvre du Mal), abandonner tout contact avec la matière (et, en particulier, délaisser tout travail agricole qui fait « pleurer » la nature), s'interdire une série d'aliments. C'est ce qu'on appelle le sceau du sein, le sceau des mains et le sceau de la bouche. D'un point de vue liturgique, les manichéens ne connaissent aucun sacrement et se contentent de réunions collectives où ils prient, lisent des textes saints et glorifient Dieu par le chant. Le manichéisme était ainsi une religion d'une grande spiritualité, loin de la vision simpliste d'un trivial antagonisme entre le bien et le mal que suggère aujourd'hui ce mot.

MANIPULE ■ Dans la liturgie catholique, petit morceau d'étoffe portée par les ministres du culte sur l'avant-bras gauche. Il est le symbole de la servitude du prêtre envers Dieu et les hommes.

MANJUSRI ■ Un des principaux bodhisattvas, celui de la Sagesse ; il est généralement représenté tenant dans une main l'épée de la sagesse et dans l'autre le *prajnaparamitasûtra* (le Sûtra de la grande sagesse).

MANTRA ■ Formule sacrée énoncée dans le cadre du bouddhisme ésotérique (bouddhisme tantrique). Le mantra a pour pouvoir de matérialiser la divinité : chaque divinité ayant ses mantras personnels. Le mantra de base est la syllabe « om », spécialement utilisée dans la formule « Om Mani Padme Hum » (qui signifie, en sanscrit, « Ô toi qui portes le joyau et le lotus »). Ce mantra est celui d'Avalokiteshvara, le bodhisattva de la compassion, protecteur du Tibet dont les Dalaï-Lamas sont les émanations.

MANTRAS (RÉPÉTITIONS DES -) ■ Dans de nombreuses écoles bouddhiques, on pratique la répétition des mantras (formules magiques) et des dhâranîs (formules magiques constituées de courts passages des Sûtras) comme moyen pour parvenir à la méditation. On rencontre la même pratique en islam et dans le christianisme orthodoxe. La prière mystique des musulmans consiste à répéter inlassablement le nom de Dieu ou l'un de ses Beaux Noms (il en possède 99, lesquels correspondent en partie à ses attributs). Cette prière peut être dite de manière solitaire (par exemple en utilisant le chapelet ou *shuba*) ou en groupe. Les mystiques musulmans (soufis) la répètent en litanie (*dhikr*) jusqu'à l'extase. Les chrétiens orthodoxes connaissent également ce type de prière (*dobrotoloubie* ou petite philocalie de la prière du cœur), laquelle était très en vogue chez les ermites russes.

MÂNUSHIBUDDHA ■ Le nom générique de tous les bouddhas terrestres.

MANUTERGE ■ Dans la liturgie catholique, petit morceau de linge avec lequel le prêtre s'essuie les doigts après la prière dite du lavabo.

MAPHORION ■ Manteau ou long voile que portaient sur leurs épaules la Vierge et les saintes.

MAPPAH ■ Bande de tissu qui maintient le rouleau de la Torah.

MAPPÔ ■ C'est, au Japon bouddhique, la période considérée comme celle de la dégénérescence du Dharma. Cette période était supposée annoncer une sorte d'apocalypse de longue durée pendant laquelle les individus étaient incapables d'être guidés par leurs propres forces. Elle vit donc apparaître de nombreux prédicateurs ayant des visées politiques. Comme bien d'autres religions, le bouddhisme a été tenté, durant ses périodes d'instabilité, par l'eschatologie. Ce fut le cas au 9e siècle lorsque le Japon dut faire face à de nombreux désordres politiques (guerres provinciales), religieux (corruption monastique) et sociaux (pillages). En outre, selon la croyance de certaines sectes bouddhistes japonaises, le Japon devait entrer, en 1052, dans la période finale de l'enseignement du Bouddha (ce qu'on appelle le mappô) et la dégénérescence du bouddhisme. Ceci incita les personnes religieuses à se placer sous la protection d'Amida, un Bouddha de compassion qui avait fait le vœu de sauver tous les êtres, dont le pouvoir personnel leur assurait une bonne place dans le « Paradis de la Terre Pure ».

MÂRA ■ Dans le bouddhisme, c'est un des noms du démon tentateur (c'est le démon qui a tenté Bouddha).

MARABOUT ■ Au Maghreb et en Afrique noire, le marabout est un saint personnage qui dispense sa bénédiction (*baraka*) à ceux qui la lui demandent. Au maraboutisme, l'une des manifestations de l'islam populaire, sont liés quantité de cultes (bénédictions, pèlerinages, etc.) tant de son vivant qu'à sa mort. On rencontre cet islam populaire sous diverses formes dans de nombreux pays conquis par l'islam (Indonésie, Inde, etc.).

MARANA ■ Dans le bouddhisme, c'est le mot utilisé pour désigner la mort.

MARCHE PONTIFICALE ■ Hymne officiel du Saint-Siège. Cette marche a été composée, en 1869, par Gounod pour l'anniversaire du couronnement de Pie IX.

MARCIEN ■ Adjectif se rapportant aux travaux ou à l'influence de saint Marc.

MARCIONISME ■ Mouvement religieux hérétique propagé par Marcion. Fils de l'Évêque de Sinope, Marcion était un disciple de saint Paul mais il poussa la logique de son système jusqu'à refuser le Dieu de l'Ancien Testament (pour lui le Dieu Créateur qui commande la guerre est incompatible avec le Dieu de Miséricorde). Pour Marcion, le Dieu supérieur, bon par essence, ne s'est manifesté qu'à partir de Jésus-Christ. Les opinions de Marcion concernant Jésus-Christ ne sont pas non plus orthodoxes. Ce dernier aurait, en quelque sorte, prêté son corps au Fils de Dieu qui serait apparu dans son corps sans avoir eu à connaître l'humiliation d'une naissance humaine. En 144, le docétisme (le Christ n'a qu'une « apparence » de corps humain) de Marcion est rejeté par la communauté romaine, il fonde alors sa propre Église qu'il organise hiérarchiquement et pour laquelle il instaure une liturgie, des règles de vie (ascétisme, célibat, alimentation végétarienne, etc.) et des sacrements spécifiques. Cette Église est restée active en Orient jusqu'au 6e siècle et peut-être même au-delà. À titre anecdotique, on notera que pour certains kabbalistes, exactement comme pour Marcion, le Dieu créateur n'est pas le Dieu véritable (que les uns nomment En-Sof et les autres Dieu de Miséricorde). Pour Marcion, à la fin des temps, le Dieu Créateur devrait d'ailleurs disparaître. La tendance actuelle est de placer Marcion parmi les gnostiques. Pour Irénée, Marcion était le « premier-né de Satan ». Il prêchait un dualisme fondamental avec le rejet total du Dieu démiurge des juifs mais avec une soumission au Dieu bon qui a envoyé Jésus-Christ. Il est cependant à noter que pour Marcion, le Christ n'a connu ni Incarnation, ni Passion véritable. Du point de vue des Écritures, le marcionisme se limitait à l'Évangile de saint Luc et à 10 épîtres de saint Paul. La morale de la secte était particulièrement austère : pas de mariage, de nombreux interdits alimentaires, etc.

MARIAGE MIXTE ■ Mariage où les deux partenaires n'appartiennent pas à la même religion.

MARIAGE MUSULMAN ■ Selon le Coran, tout mariage (nikâh) donne lieu à un contrat de mariage. Dans ce contrat, la femme peut (mais elle n'en a souvent pas les moyens !) faire introduire des clauses à son avantage (comme, par exemple, l'interdiction pour le mari de prendre une seconde épouse sans son consentement). Lors de la conclusion du contrat, le mari verse à sa femme une dot, qui restera sa propriété et dont elle ne devra pas faire usage pour les dépenses du ménage (ce qui est parfaitement normal étant donné la polygamie). En contrepartie, la femme est soumise à l'autorité du mari. Le mariage peut être rompu par la répudiation. On notera qu'un contrat de mariage bien fait (dans lequel des clauses prévoient les cas de dissolution du mariage) permet à la femme de se délier du mariage sans faire appel à la justice.

MARONITE ■ Membre d'une Église uniate de rite oriental syrien implantée spécifiquement au Liban et en Syrie.

MARONITE (ÉGLISE) ■ Église orientale catholique du patriarcat d'Antioche, de rite syriaque.

MARRANE ■ Qualification utilisée, au départ de manière offensante, pour désigner les Juifs espagnols et portugais convertis au christianisme mais dont on mettait en doute la conviction religieuse. Par la suite, ce terme fut employé de manière régulière pour désigner les Juifs convertis — de force ou pour raison de convenances ou d'intérêts économicosociaux — qui continuaient à pratiquer le judaïsme en cachette. L'Inquisition s'est beaucoup intéressée à dépister ces « faux chrétiens » qui pratiquaient en cachette la Loi juive. C'est pour éviter que d'anciens convertis aux convictions fragiles ne soient entraînés par des Juifs à reprendre leurs anciennes pratiques que les rois catholiques décidèrent, en 1492, d'expulser les Juifs d'Espagne. De nombreux marranes s'établirent à Amsterdam où ils reprirent l'observance des commandements de la Loi juive. En règle générale, les communautés juives furent très accueillantes pour ces Juifs convertis de force.

MARTYR ■ Personne qui par idéal à sa foi religieuse a été persécutée, martyrisée et tuée.

MARTYRE ■ 1. Dans l'Église chrétienne, c'est la mort acceptée et subie par fidélité à sa foi. Les martyrs reconnus sont habituellement donnés en exemple et canonisés. 2. Ni chez les juifs, ni chez les musulmans sunnites, ni chez les bouddhistes, le martyre n'a été glorifié (la dissimulation est même conseillée aux juifs et aux musulmans pour préserver leur vie). 3. Contrairement aux sunnites, les chiites, par contre, encouragent le martyre et les mortifications. Comme chez les chrétiens, lors des pèlerinages, on rencontre des groupes de flagellants. Ce culte du martyre s'accompagne de nombreux pèlerinages aux tombeaux des Imâms (Najaf, Sâmarra, Kazemeyn, Karbalâ) et des martyrs où s'effectuent des circumambulations. 4. Les kabbalistes également encourageaient les mortifications mais pas le martyre.

MASA ■ Dans le bouddhisme, c'est le mot utilisé pour désigner une unité de mesure du temps.

MASHIAH ■ Mot hébreu signifiant « oint », c'est-à-dire le Messie. Contrairement aux chrétiens pour lesquels le Messie est déjà arrivé (c'est Jésus-Christ), les juifs attendent encore le Messie, lequel reconstruira le Temple et réunira le peuple élu dans sa patrie (lui seul peut le faire, ce qui explique que le Temple n'a pas été reconstruit en Israël et que les juifs orthodoxes s'opposent à la nation israélienne, laquelle souhaite rassembler les juifs du monde entier en Israël ; rassemblement qui est du ressort du Messie).

MASJID ■ Dans l'islam, c'est le mot qui désigne un lieu de prière, la mosquée.

MASKILIM ■ Disciple de la haskalah, le mouvement juif des Lumières.

MASSORE ■ Exégèse sur le texte hébreu de la Bible, fait par des docteurs juifs.

MASSORÈTES ■ Docteurs juifs qui, du 6ᵉ au 10ᵉ siècle, ont fixé les règles de la lecture et de l'écriture des textes de la Bible. Pour ce faire, ils ont privilégié deux directions : des annotations marginales qui explicitent les difficultés grammaticales et autres des textes bibliques (les massores) et des

signes de vocalisation qui fixent la prononciation et la cantilation de ces textes (le texte hébreu primitif était, en effet, dépourvu de voyelles).

MATERNITÉ MIRACULEUSE DE MARIE ■ Jésus-Christ est né par obombration du Saint-Esprit. Formule peu claire (« de l'ombre du Saint-Esprit ») mais qui signifie qu'il n'a pas de père terrestre et, par extension, que sa mère est restée vierge même après sa naissance. Dans certains ouvrages de théologie, on parle de parthénogenèse, ce qui est inexact, car par parthénogenèse (phénomène naturel chez certains animaux) on ne peut engendrer que des femmes (le chromosome Y est manquant). La maternité miraculeuse de Marie est un dogme de foi pour les chrétiens pour lesquels Marie n'est pas seulement mère du Christ (*christotokos*) mais mère de Dieu (*theotokos*). C'est la raison pour laquelle il était inimaginable qu'à sa mort elle attendît dans un lieu incertain (« Purgatoire », les Limbes ?) la joie de retrouver son fils : elle monta donc directement au ciel (c'est la Dormition de la Vierge). Signalons qu'outre les chrétiens, les musulmans acceptent la maternité miraculeuse de Marie, mère et vierge. Il disent que cela ne posa pas de problème à Dieu qui peut tout faire : il a fait naître Adam sans père ni mère ; Ève est née sans mère, Jésus est né sans père. Ainsi, toutes les possibilités ont été exploitées.

MATHURA ■ École de sculpture de style Gupta. Les statues de Bouddha ont des cheveux lisses et un corps enveloppé dans un drapé asymétrique et transparent.

MATINES ■ Dans la liturgie catholique, office qui se dit au lever du soleil, voire au milieu de la nuit.

MATTHÉEN ■ Adjectif se rapportant aux travaux ou à l'influence de saint Matthieu.

MATZAH ■ Pain azyme (sans levain) consommé par les juifs à Pâque.

MAUDGALYÂYÂNA ■ Un des dix premiers disciples de Bouddha.

MÂYÂ ■ Dans le bouddhisme, c'est le mot utilisé pour désigner l'illusion, les pouvoirs magiques.

MAZDÉISME ■ Autre nom de la religion zoroastrienne encore pratiquée aujourd'hui par quelques communautés (guèbres, parsis). Mazda était le Dieu et Zoroastre son prophète (voir Zoroastrisme).

MECQUE (LA) ■ Lieu saint de l'Islam. C'est le lieu de naissance de Mahomet, c'est le lieu vers lequel on se tourne pour la prière ; c'est le lieu du grand Pèlerinage du *hajj* ; c'est le lieu où Dieu a placé la Kaba. Une partie de la ville, sacrée, est interdite aux non-musulmans.

MÉCRÉANT ■ Quelqu'un qui n'a aucune religion ou qui professe une religion qui n'est pas reconnue comme vraie.

MÉDITATION (LES MÉTHODES DE -) ■ Méditer, c'est se soumettre à une profonde réflexion dans le but de se détacher des contingences matérielles afin de rendre la conscience apte à atteindre un état second que certains appellent l'Illumination, d'autres l'Éveil, le Satori, l'extase, etc. Il existe de nombreuses méthodes ou techniques pour parvenir à la méditation et cela quelle que soit la religion. Cependant, dès que l'on parvient à méditer, on peut abandonner la méthode choisie, exactement comme il ne sert à rien de continuer à traîner son bateau une fois le fleuve franchi. Parmi les méthodes de méditation, citons celles proposées par le bouddhisme, lequel a systématisé les méthodes, mais qui peuvent convenir à tous : le Hatha-Yoga (exercices physiques et respiratoires) ; l'utilisation des *mandalas* (concentration sur des formes symboliques) ; l'utilisation des *thangkas* (concentration sur des formes symboliques) ; l'utilisation des *yatras* (concentration physique du souffle en adoptant des positions symboliques ; l'utilisation des *mantras* (concentration par la répétition de syllabes) ; l'utilisation des *dhâranis* (concentration par la répétition de formules courtes) ; utilisation des *koans* (concentration sur des paradoxes) ; utilisation de la position *zazen* (concentration en position assise) ; l'utilisation des rêves : yoga du rêve, *milam* (concentration et influence consciente sur ses songes par la répétition de sons), etc.

MÉDITATION BOUDDHIQUE ■ Pour les bouddhistes, il existe plusieurs voies et étapes pour parvenir à la véritable méditation, celle qui permet d'accéder à l'Éveil. Bien qu'elle ne soit pas la pierre angulaire du bouddhisme premier, la méditation y occupe une place très importante car c'est ainsi que Bouddha est parvenu à l'Éveil. À la différence des méditations pratiquées par d'autres religions (comme, par exemple, l'hindouisme), la méditation bouddhique s'accompagne d'une sapience, c'est-à-dire d'une sagesse et d'une connaissance. La connaissance étant indispensable pour combattre l'ignorance, la méditation s'associe à la lecture et à l'étude des textes sacrés. Cependant, pour certains courants bouddhistes, comme le zen, la méditation est la voie royale vers l'Éveil (Satori) et la connaissance des textes sacrés n'est que secondaire. Méditer n'est pas simple et nécessite un véritable travail sur soi-même. Pour prendre un exemple de la vie courante, on peut, d'une certaine manière, comparer la pratique de la méditation à l'entrée dans le sommeil. Rares, très rares, sont les personnes capables de s'endormir à volonté à n'importe quelle heure, en n'importe quel lieu. Pour s'endormir, la plupart des personnes réclament des conditions particulières (heure, lieu, condition physique, état de la digestion, environnement, etc.) et pour certaines, même, le coucher doit s'accompagner d'un véritable rituel sans lequel le sommeil ne vient pas. Il en est de même pour la méditation. Il est plus difficile encore de méditer que de s'endormir (car pour cette dernière fonction nous avons été programmés). Pour entrer en méditation, il faut apprendre les techniques favorisant l'entrée dans cet état particulier et aussi créer les conditions extérieures les plus propices à la méditation (repos, calme, confort, etc.). Apprendre à méditer nécessite une double instruction : celle du corps et de l'esprit. C'est la raison pour laquelle, les maîtres bouddhistes (lamas, gourous, moines) proposent à leurs élèves des exercices corporels et spirituels qui acheminent l'homme vers l'état de méditant. Il s'agit, le plus souvent, d'exercices de contrôle de la respiration (exercices de yoga) ; cependant, d'autres exercices amenant la décontraction du corps et la libération de l'esprit sont également proposés. Pour les bouddhistes, la méditation fait partie des six pratiques de perfection (*paramitas*) que doivent pratiquer les bodhisattvas (les êtres de compassion) pour réaliser l'Éveil. La méditation est bien antérieure au bouddhisme et était déjà pratiquée dans l'hindouisme à partir d'exercices de yoga). Le bouddhisme zen estime même que la méditation est la seule voie pour purifier le cœur et parvenir à l'Éveil. Les techniques de méditation s'acquièrent généralement sous la conduite d'un maître et commencent par une position du corps qui soit propice à celle-ci. La position la plus fréquente est celle du lotus (assis en tailleur, jambes croisées), adoptée par Bouddha lors de la méditation, sous l'arbre Bodhi ; elle lui fit atteindre l'Éveil. La première étape pour entrer en méditation est le rejet du désir, lequel nous libère des contingences de temps, d'espace et de lieu. Après avoir rejeté le désir, le méditant peut pénétrer dans la seconde phase de la médiation (la pensée unifiée), puis dans la troisième (l'indifférence dans la joie) et enfin dans la quatrième qui est faite d'indifférence dans la pureté. C'est l'accès à cette dernière étape qui permet au corps d'adopter durant des jours et parfois même des années des positions extrêmes (que l'on songe aux yogis indiens, aux anachorètes du désert, aux stylites, etc.).

MÉGILOT ■ Mot hébreu désignant les « cinq rouleaux » (Ruth, Cantique des cantiques, Qohélet, Lamentations et Esther).

MÉGUIL(L)A ■ Dans le judaïsme, rouleau sur lequel sont écrits les livres sacrés.

MÉHITSA ■ Dans le judaïsme, séparation des hommes et des femmes dans les lieux de prière.

MELCHISÉDECH ■ Roi de Salem, dans l'Ancien Testament (Genèse 14, 18), il est présenté comme « prêtre du Dieu Très-Haut ». Dans la tradition chrétienne, il symbolise le sacerdoce et le sacrement de l'ordre qui ne s'efface jamais (« Tu es prêtre selon l'ordre de Melchisédech » — Psaumes 109, 4).

MELINDA ■ Le nom bouddhique du roi grec Ménandre.

MELIORAMENTUM ■ Chez les cathares, mot désignant la vénération que les « croyants » devaient aux « Parfaits ».

MÉLISMOS ■ Dans la liturgie de l'Église orthodoxe, fraction du pain eucharistique après la consécration mais avant la communion.

MÉLITSA ■ Rhétorique rabbinique pas toujours compréhensible.

MELKITE (ÉGLISE) ▪ Église (héritière légitime des trois sièges apostoliques d'Alexandrie, d'Antioche et de Jérusalem). Elle doit son origine aux deux conciles de Nicée (325) et de Chalcédoine (451) et son nom à sa fidélité à l'empereur (*malka*, en syriaque) Marcion qui avait réuni le dernier concile. Contrairement aux autres Églises orientales (dites monophysites), qui n'approuvèrent pas les dispositions du concile de Chalcédoine concernant les deux natures de Jésus-Christ, elle est restée fidèle à ce concile. Depuis le 18e siècle, l'Église melchite est divisée en deux Patriarcats : le Patriarcat d'Antioche de Église grecque melchite catholique et le Patriarcat d'Antioche de l'Église grecque orthodoxe (laquelle a renoncé à l'appellation melchite). Cette Église particulière (dont une moitié des fidèles, presque tous arabes, vit au Moyen-Orient et l'autre en diaspora) constitue en quelque sorte un pont entre le catholicisme et l'orthodoxie ; ce dont devait être conscient son patriarche (Maximos IV) lorsqu'il s'exprimait à Vatican II au nom des chrétiens melchites. L'actuel Patriarche de l'Église melchite catholique est Maximos V Hakim.

MÉNANDRE ▪ Le roi grec qui dialogua avec le moine Nâgasena.

MENDELSSOHN (MOÏSE) ▪ Fervent défenseur de l'émancipation des Juifs, le philosophe allemand Mendelssohn (1729-1786), surnommé le « Socrate allemand », a traduit en allemand la Torah et a beaucoup œuvré pour l'intégration des Juifs dans la société. C'est le chef de file des philosophes de la Haskalah (La Philosophie juive des Lumières).

MÉNÉE ▪ Dans l'Église orthodoxe, ce terme désigne un livre liturgique. Contrairement au bréviaire catholique qui est « complet », les orthodoxes ont besoin de plusieurs livres différents lors de la célébration de la divine liturgie.

MENNONITES ▪ Membres d'un mouvement pacifiste protestant appartenant à la secte des anabaptistes, fondé par le prêtre hollandais Menno Simonz (1496-1561). Ce mouvement est une dissidence du zwiglianisme ; il invite les fidèles à se retirer du monde pour vivre plus sainement.

MÉNOLOGE 1. Recueil contenant les vies des saints classées selon le calendrier. 2. Type d'icône représentant un calendrier des saints.

MENORAH ▪ Chandelier (ou candelabre) liturgique juif à 7 branches. Il est devenu aujourd'hui l'un des symboles du peuple juif et l'emblème de l'État d'Israël. Dans la Bible (Exode 25, 31-38), Dieu donne à Moïse des indications précises pour sa réalisation. La Menorah en or du Second Temple a été emportée comme butin de guerre ; refaite, elle a disparu lors de la destruction du Temple par Titus (70 è.c.). Il ne faut pas confondre la Menorah avec la Hanoukiah qui est un chandelier à neuf branches. Dans les motifs litirgiques anciens, il était classique de représenter des animaux (lion, oiseaux, etc.) ainsi qu'une menorah.

MENOROT ▪ Dans la liturgie juive, c'est un petit signet utilisé dans le livre de prière. Joliment décoré, il contient le psaume 67.

MENSE ▪ Revenu ecclésiastique.

MERCREDI DES CENDRES ▪ Dans la liturgie catholique, premier jour du Carême. À cette occasion, le fidèle se rend à l'église où le prêtre lui trace au moyen de cendres une croix sur le front.

MÈRE DE DIEU ▪ Pour les chrétiens, Marie est mère de Dieu et le Christ, son fils, a été conçu de manière miraculeuse par « obombration » (du verbe obombrer, couvrir d'une ombre). Le titre de Theotokos (mère de Dieu) — et pas seulement Christotokos — a été attribué à Marie par le concile d'Éphèse (en 431).

MESSE ▪ Dans la religion catholique (les protestants parlent de Cène et les orthodoxes de Divine Liturgie), c'est la célébration eucharistique (transformation du pain et du vin en corps et en sang du Christ) avec sa préparation et sa conclusion. Dans le catholicisme, il existe différentes liturgies pour dire la messe mais la plus fréquente est celle issue de Vatican II, dite messe de Paul VI.

MESSE DE PAUL VI ▪ Messe catholique selon la nouvelle liturgie approuvée par le concile Vatican II (constitution *Sacrosanctum Concilium*). Avant cela, les prêtres disaient la messe tridentine (ou messe de Pie V).

MESSE DE SAINT PIE V ▪ Messe catholique selon l'ancienne liturgie (jusqu'en 1965) précédant la liturgie approuvée par le concile Vatican II (constitution *Sacrosanctum Concilium*). Cette liturgie de la messe a été promulguée suite au concile de Trente (1545-1563), elle porte, dès lors, aussi le nom de messe tridentine. Elle est encore célébrée par certains prêtres catholiques qui en ont reçu la dispense pour cela (indult) et aussi par certains prêtres intégristes en rupture avec le Saint-Siège.

MESSE TRIDENTINE ▪ Voir messe de saint Pie V.

MESSIANIQUE ▪ Se dit de ce qui est relatif au Messie ou à sa venue.

MESSIANISME JUIF ▪ Croyance en la venue d'un messie. À l'origine, la religion juive n'était pas une religion messianique car, en fin de compte, elle s'occupait assez peu de la vie éternelle. Ce n'est qu'à partir de l'époque du Second Temple (et surtout dans les années autour de sa destruction) que l'idée des fins dernières fut associée à l'arrivée d'un Messie. Durant cette période, de nombreuses sectes messianiques sont apparues dont on découvre seulement aujourd'hui l'existence. La plus célèbre est la secte des esséniens que l'on connaît grâce aux manuscrits de la mer Morte. Les Juifs ont glorifié de nombreux Messies — qui se sont tous révélés de « faux Messies » — mais à chaque fois ils conservaient l'espoir car leur déception ne pouvait, selon les rabbins, que provenir de leur inaptitude à recevoir le Messie à cause de leurs péchés. Même si les prières annoncent la venue d'un Messie et si Maïmonide en fait un des « actes de foi » de la religion juive, les docteurs de la Loi sont peu portés sur le messianisme. Ne dit-on pas dans le Talmud, « si on t'annonce l'arrivée du Messie, termine d'abord ton travail et va voir le Messie plus tard ». Aujourd'hui, le messianisme a été quelque peu sécularisé et certains mouvements juifs ont même supprimé toute référence au messie dans leurs livres de prière.

MESSIE ▪ C'est l'envoyé de Dieu, l'être oint, dont la mission divine est d'annoncer la volonté de Dieu et de sauver le peuple. Pour les chrétiens, le Messie est déjà arrivé : c'est Jésus-Christ mais il reviendra à la fin des temps pour instaurer la paix universelle et le Jugement Dernier (Parousie). Pour les juifs, le Messie doit encore arriver bien que durant son histoire le judaïsme ait eu à se frotter à de nombreux faux Messies dont le plus célèbre est Sabbataï Tsvi (lequel a ébranlé la communauté juive mondiale et a terminé sa vie comme converti à l'islam au service du Grand Vizir Turc). Dans la religion juive, ce mot a changé de sens au cours des âges. À l'époque du Premier Temple, le judaïsme n'était pas une religion messianique et le messie désignait toute personne investie d'une mission divine (un prêtre, un prophète, un roi, etc.). Ce n'est qu'après le retour de captivité de Babylone et la reconstruction du Second Temple que le judaïsme s'intéressa à la « fin des temps » et que le mot messie prit son sens actuel. Le Messie est celui qui rendra à la maison de David son trône sur terre, ramènera tous les Juifs en Israël, ouvrira une ère de paix où seul Yahveh sera honoré et, en fin de compte, préparera le monde aux fins dernières et au Jugement dernier (avec la résurrection des morts, la rétribution des mérites, etc.). Pour certains kabbalistes, l'âme du Messie est celle de l'Adam Qadmon (« l'homme primordial » du symbolisme du Zohar). D'abord réincarnée dans le roi David, cette âme sera, à nouveau, réincarnée dans le Messie. Certains musulmans (les chiites) attendent également le Messie (le *Madiah*) lequel est le douzième imâm qui s'est occulté au 10e siècle.

MÉTANIES ■ Gestes physiques de repentir (inclinaison du buste, prosternation jusqu'à terre, etc.) effectués par le fidèle pour accompagner le mouvement de l'âme.

MÉTANOÏA ■ Action de l'esprit qui se détourne du monde pour aller vers Dieu en le remerciant pour sa bonté envers le pécheur repentant.

MÉTATRON ■ Dans la mystique kabbalistique de l'œuvre du Char (*maaséh merkavah*, voir ce mot) et des palais (*heikhaloth*, voir ce mot), l'ange Métatron occupe une position privilégiée. Métatron, c'est Hénoch (le fils de Caïn et le père de Mathusalem), celui qui ne mourut pas car il fut enlevé par Dieu. Selon la kabbale, Métatron règne sur tous les anges et certains affirment même qu'il fut l'instructeur de Moïse.

MÉTHODISTES ■ Voir Méthodisme.

MÉTHODISME ■ Une des sectes de l'anglicanisme (fondée en 1729 par John Wesley). Elle se caractérise par une très grande rigueur morale et des règles de vie très strictes.

MÉTROPOLE ■ Ville pourvue d'un archevêché où réside un archevêque métropolitain.

MÉTROPOLITE ■ 1. Évêque de la capitale d'une province ecclésiastique. 2. Peut aussi désigner le chef de quelques Églises autocéphales. 3. Dans l'Église orthodoxe, titre donné à un archevêque.

MEURTRE RITUEL ■ Accusation portée par des chrétiens contre des juifs accusés de tuer des enfants chrétiens la veille de Pâques. Ces accusations de meurtre rituel sont à l'origine de nombreux pogroms. On notera que des papes émirent des bulles interdisant d'accuser des Juifs de meurtre rituel sans preuve explicite et cela sous peine d'excommunication. Une ordonnance similaire fut émise par le tsar Alexandre 1er (1817) car les accusations de meurtre rituel (généralement suivies d'effets tels les pogroms) se comptaient, en Russie, par dizaines.

MEZOUZAH ■ Terme hébreu signifiant « linteau de porte ». C'est un étui, fixé sur le montant droit du chambranle de la porte. Il contient deux passages bibliques (Dt 6, 4-9.11.13.21). Le mot Chaddaï (une des appellations de Dieu, disant à la création « assez ») est visible à travers une ouverture. Chaddaï est aussi l'acrostiche de *Chomer delatot Israël* (« gardien des portes d'Israël »).

MICHNAH ■ En hébreu, ce mot signifie « répéter ». 1 C'est la loi orale dans tous ses aspects. 2. Dans un sens plus restrictif, c'est une partie du Talmud (chaque section du Talmud commence par un texte théorique, la Michnah, puis son commentaire, la Guemara).

MICHNÉ TORAH ■ Code du comportement du juif religieux à partir des commentaires de la Michnah, c'est-à-dire la première partie du Talmud. Ce code, rédigé par

Maïmonide, le place parmi les plus grands talmudistes et comme le maître du droit rabbinique (*halakha*). Cet ouvrage, d'une grande rigueur et dépouillé de toutes les sources qui en rendraient la lecture impossible, est aujourd'hui encore considéré comme l'un des fondements du judaïsme ; c'est la seule œuvre de Maïmonide rédigée en langue hébraïque (les autres l'étant en arabe). Excellent talmudiste, brillant médecin, Maïmonide est également un grand philosophe comme l'atteste son chef d'œuvre le *Guide des Égarés* (ou, plus exactement, le Guide des Perplexes).

MIDRASH ■ Ce mot hébreu signifie « interroger », « étudier ». C'est un commentaire rabbinique de la Bible. Le midrash contient plusieurs recueils de textes exégétiques concernant le Tanakh. Il s'agit de l'exégèse biblique des scribes, docteurs, prêtres et rabbins « experts dans la Torah ». Dans le texte de la Torah, les scribes découvraient des règles (*halakhoth*) adaptées aux nouvelles situations ; on appelait ces règles : « déclaration des scribes » et elles avaient le statut de lois bibliques. Il s'agit, en effet, de règles découlant directement de textes bibliques. La littérature midrashique s'étend de l'année 330 avant l'ère commune au début du 15e siècle, c'est-à-dire entre deux dates « clôtures » : l'institution du Canon biblique et celle de la constitution des anthologies aggadiques. Tout commentaire, exégèse ou interprétation rabbinique d'un texte biblique est appelé Midrash. Le Midrash représente donc une œuvre excessivement vaste, des milliers de documents. On comprendra que cette désignation est davantage utilisée pour évoquer un « style » qu'une œuvre. Les textes du Midrash sont très nombreux, de styles divers (juridiques mais aussi folkloriques) et leur écriture s'étend sur plusieurs siècles. Le psychanalyste Gérard Haddad, résume le Midrash en une formule (excellente) : c'est « le mode singulier juif d'interpréter le texte biblique ».

MIGRATION DES ÂMES ■ Voir transmigration, Gilgoul et Samsâra.

MIHRÂB ■ Dans une mosquée, c'est la niche en forme d'abside creusée dans le mur indiquant la direction de La Mecque. Le *minbar* (la chaire) est à droite du *mihrâb* ; différents efforts ont ainsi été fournis pour construire des niches qui amplifient la voix de l'imâm. Le *mihrâb* est souvent la partie la plus décorée de la mosquée et contient parfois un système d'éclairage. Les grandes mosquées contiennent quelquefois plusieurs *mihrâbs* (lesquels, bien entendu, sont tous orientés vers La Mecque).

MILAM ■ Le yoga du rêve (une des techniques de méditation).

MILAREPA ■ Un des principaux théoriciens du bouddhisme tibétain (sur les statues et les dessins, on le reconnaît à ce qu'étant à l'écoute de la vérité du monde, il tient toujours sa main sur son oreille).

MILINDA ■ Roi grec qui régna, 200 ans avant l'è.c., sur l'Inde du Nord et l'Afghanistan. Son nom est resté célèbre dans les annales bouddhiques du fait de sa rencontre avec le moine Nagasena, lequel a suscité un célèbre débat sur la doctrine bouddhiste. Ce débat, toujours d'actualité, a donné lieu à un texte *: Les questions du roi Milinda*. Il s'agit d'un texte bouddhique indien anonyme composé en langue pâlie vraisemblablement vers l'an 100 avant l'è.c. Le texte le plus ancien connu à ce jour est un manuscrit datant de 1495 de l'è.c. Le texte complet de la discussion comprend plus de 400 pages compactes (toute la littérature bouddhique est très touffue, avec de nombreuses redites commandées, sans doute, par le discours à l'origine du texte). L'organisation de cet ouvrage est assez simple mais fort didactique : le roi Milinda (Ménandre pour les grecs) pose une question, le moine Nagasena y répond. Ensuite, pour bien s'assurer qu'il a compris, le roi réclame une comparaison. Pour le bonheur du roi, le moine use (et abuse) des comparaisons. Lorsque le roi n'a toujours pas compris, il repose la question au moine sous une forme un peu différente. Cette discussion fut la première rencontre entre la culture grecque et le bouddhisme. On sait qu'un peu plus tard, la rencontre entre l'art grec et le bouddhisme a donné naissance à l'art du Gandhâra dont l'importance dans la diffusion du bouddhisme n'est plus à démontrer. *Les questions de Milinda* n'est pas un livre canonique du bouddhisme (bien qu'il ait été inclus dans le canon bouddhique tibétain) mais ceci n'enlève rien à son intérêt.

MILINDAPAÑHA ■ Nom d'un ouvrage (*Les questions de Milinda*) reprenant un dialogue, tenu un siècle avant l'ère courante, entre un moine bouddhiste (Nagasena) et le roi grec Milinda (aussi appelé Ménandre).

MILLÉNARISME ■ Croyance (basée sur Apocalypse 20, 3-6) selon laquelle le Christ régnera sur terre pendant mille ans avant le Jugement Dernier. On parle aussi de Chiliasme (du grec chilioi, « mille »).

MINARET ■ Le minaret est d'apparition assez tardive dans l'architecture des mosquées (vers le 8e siècle). On pense qu'il s'agit d'une adaptation des clochers des églises chrétiennes. Au cours des siècles, le minaret a pu prendre toutes les formes et toutes les hauteurs. Dans les pays musulmans, la hauteur du clocher de l'église devait toujours être inférieure à celle du minaret.

MINBAR ■ C'est l'équivalent de la « chaire de vérité » des églises catholiques. Elle est placée à droite du *mihrab* (niche placée dans le mur indiquant la direction de La Mecque). C'est du haut du *minbar* que l'imâm prononce le prêche (*khoutba*) qui précède la prière collective du vendredi. Certains minbars sont de véritables pièces d'architecture finement sculptées et enrichies de pierres semi-précieuses. Parfois le souverain prenait place sur une des plates-formes inférieures du minbar.

MINISTRE ■ Prêtre d'une religion.

MINYAN ■ Ce terme hébreu signifie « nombre ». Il désigne le quorum de dix hommes disposant de la capacité religieuse (donc juifs, âgés de plus de 13 ans, etc.) nécessaire pour qu'une prière publique puisse être valablement récitée ou qu'une cérémonie religieuse soit valide. Si ce quorum n'est pas atteint, certaines prières ne peuvent être dites. Une des explications de ce chiffre réside dans l'ultime tentative d'Abraham pour sauver les habitants de Sodome : « Peut-être s'en trouvera-t-il dix ? Il répondit : "Je renoncerai à détruire, en faveur de ces dix" ». (Genèse 18, 32) Rappelons que ni rabbin, ni synagogue ne sont nécessaires pour que la prière collective soit valable : il suffit d'un *minyan*. Les femmes peuvent également former un *minyan* à condition qu'il ne comprenne pas d'homme. Dans le judaïsme réformé, les femmes sont valides dans le compte d'un *minyan*. Pour former un *mynian*, il faut donc qu'au moins dix familles juives vivent dans le proche voisinage. On comprend, dès lors, que cette règle maintienne la vie communautaire en exil et en diaspora : il n'est religieusement pas possible pour un juif de vivre dans une ville où ne vivent pas au moins dix familles juives.

MIQWEH ■ Dans le judaïsme, bain rituel.

MISÉRICORDE ■ Bonté de Dieu par laquelle il fait grâce aux hommes.

MISSIONNAIRE ■ Religieux dont la mission est de propager sa religion dans des régions éloignées (physiquement ou mentalement).

MITHRAÏSME ■ Religion à mystères adorant le Dieu Mithra, le soleil. Intégrée au zoroastrisme, cette religion resurgit au 1er siècle de l'è.c. et devient religion officielle de l'Empire romain (juste avant le christianisme qui lui doit pas mal d'emprunts liturgiques).

MIRÂJ ■ Dans l'islam, c'est le voyage nocturne (Ascension ou *al-Mirâj*) du Prophète. Ce « Voyage nocturne » est un épisode assez controversé de la vie de Mahomet. Réveillé par l'ange Gabriel, il se rend, de nuit, à Jérusalem chevauchant al-Bûraq, une monture fantastique. Arrivé au Dôme du Rocher, à Jérusalem, il emprunte une échelle céleste, visite les sept cieux, rencontre Moïse et, enfin, Dieu. Après quoi, la même nuit, il revient à La Mecque (voir la sourate XVII-1).

MITHRIACISME ■ Culte de Mithra.

MITRE ■ Coiffure haute fendue sur le milieu que portent le pape, les évêques et certains prêtres lors de cérémonies pontificales.

MITZVA ■ Dans le judaïsme, commandement, acte méritoire (pluriel : *mitsvoth*).

MIXTE (MARIAGE) ■ Mariage entre deux personnes de religions différentes. Ce mariage est prévu par toutes les religions à condition de respecter certaines règles. Dans l'islam, l'homme peut épouser une femme d'une autre religion mais le contraire est interdit. Dans la religion juive, il est nécessaire que le futur conjoint se convertisse d'abord mais il est explicitement dit que le seul mariage ne peut être un but licite pour la conversion. Chez les catholiques, il faut obtenir une dispense.

MÔBEDH ■ Le plus haut titre dans la hiérarchie religieuse du mazdéisme.

MODALISME ■ Doctrine chrétienne du 2e siècle, représentée par Sabéllius, selon laquelle le Père, le Fils et le Saint-Esprit sont des modes de manifestation d'un Dieu unique. Selon cette doctrine, qui nie les trois hypostases distinctes, c'est donc Dieu qui s'est incarné et a souffert.

MODÉRATEUR ■ Président d'une Église protestante. Président du synode de l'Église luthérienne.

MODERNISME ■ Doctrine apparue à la fin du 19e siècle et tendant à moderniser l'Église catholique et à adapter la théologie aux découvertes scientifiques. Cette doctrine a été condamnée par différents papes depuis Pie IX. Pie X fit même l'obligation au prêtre de prêter un serment anti-moderniste..

MOHA ■ Dans le bouddhisme, mot figurant au centre de la roue de la vie et signifiant erreur.

MOHEL ■ Mot hébreu pour désigner le circonciseur.

MOINE BOUDDHISTE ■ La tradition dit que le bouddhisme n'est pas implanté dans un pays tant qu'un moine indigène n'a pas été consacré. Elle dit aussi que là où l'ordre meurt, le bouddhisme meurt aussi. C'est dire l'importance du monachisme dans le monde bouddhiste ; bien plus encore que dans le monde chrétien pour autant que l'on puisse comparer le moine bouddhique (qui peut à tout moment revenir à la vie civile) et le moine chrétien (à qui cette possibilité n'est, en principe, pas accordée). Outre son rôle dans la conservation de la Loi (Dharma), l'ordre joue également un rôle important dans la conservation des écritures, sans lesquelles le bouddhisme risque de sombrer dans l'oubli. Il ne faut pas oublier que Bouddha ne s'intéressait qu'aux moines. Dans le bouddhisme premier (Petit Véhicule), le Sangha (la Communauté) n'était représenté que par les moines et les nonnes ; ce n'est que plus tard, dans le Grand Véhicule, que le Sangha s'enrichit également des laïcs. Dans le bouddhisme premier, seuls les moines pouvaient atteindre le *nirvâna* (l'immense partie des discours de Bouddha s'adressent aux moines) ; les laïcs — à qui cette possibilité n'était pas ouverte pour des raisons d'ordre pratique — avaient essentiellement pour rôle d'aider les moines à subsister au moyen de dons. On comprend que de nombreux laïcs (et même des moines) n'aient pas entièrement souscrit à cette vision élitiste, restrictive du salut : c'est là, sans doute, l'origine du mouvement qui a donné naissance au Grand Véhicule. Le moine joue un rôle primordial dans le bouddhisme, bien que différent selon le véhicule considéré. Les cinq premiers moines furent les cinq compagnons de Bouddha durant sa vie d'ascète. Ils furent convertis durant le Sermon de Bénarès. Au début, la communauté monastique ne concernait que les hommes mais petit à petit, malgré les réticences très nettes de Bouddha, des femmes demandèrent à rejoindre le Sangha (la Communauté). Au bout de nombreuses hésitations Bouddha finit par accepter la création d'une communauté de moniales mais en signalant qu'à cause de cela la communauté perdrait sa pureté après 500 ans au lieu de 1000 ans. En règle générale, l'ordination se fait très simplement en prononçant la formule « Viens moine ». Il ne reste plus au moine qu'à respecter les nombreuses règles imposées (elles sont plus nombreuses pour les moniales que pour les moines et varient selon les couvents). Les obligations du moine ne l'engagent pas pour toute sa vie et il peut quitter l'état monastique quand il le désire. En réalité, l'ordination se fait en deux étapes : la sortie du monde (ou petite ordination) et l'ordination proprement dite (ou grande ordination). Même s'il arrive de rencontrer des moines très jeunes, il est à noter que la petite ordination (après laquelle il devient novice) est interdite avant l'âge de huit ans et la grande avant vingt ans.

MOINE CHRÉTIEN ■ Le mot moine signifie « solitaire » (du grec *monachos*). 1. Les premiers moines chrétiens sont les ermites et anachorètes du désert égyptien. Par la suite, les moines se sont également organisés en collectivité (ce sont les cénobites). Le premier ermite, le premier moine chrétien, fut saint Antoine (vers 250-350) qui s'établit dans le désert de Haute-Égypte. 2. Les moines catholiques sont les bénédictins, les chartreux, les cisterciens et les trappistes. Les chanoines réguliers sont les capucins, les carmes, les prémontrés, les dominicains et les franciscains. 3. Dans l'orthodoxie, puisque le prêtre (pope) peut être marié, le moine est le seul à pouvoir devenir évêque. La principale communauté des moines orthodoxes est établie au Mont-Athos. Il n'existe pas, comme chez les catholiques, différentes congrégations. 4. Le protestantisme refuse la condition monacale (à l'exception toutefois du mouvement d'Oxford anglican). 5. Le monachisme n'existe ni dans le judaïsme ni dans l'islam (ceci principalement parce que l'individu doit fonder une famille et engendrer).

MOÏSE ■ La vie de Moïse est racontée dans deux livres de la Bible : l'Exode et le Deutéronome. Vers 1300 av. J.-C., le Pharaon d'Égypte ordonne de jeter dans le Nil tous les garçons nouveau-nés. Moïse, comme d'autres enfants, est abandonné dans un panier voguant sur le fleuve, mais est sauvé par la fille de Pharaon (qui est considérée comme une des quatre femmes pures de l'islam). Il est ensuite élevé à la cour de Pharaon et reçoit une instruction égyptienne. Devenu adulte, Moïse, dit la Bible, est « un très grand personnage au pays d'Égypte, jouissant de la faveur des courtisans de Pharaon et de son peuple ». La Bible raconte qu'un jour Moïse surprend un Égyptien maltraitant des Hébreux ; dans la rixe qui s'ensuit, il le tue et fuit dans le désert. Là, au mont Sinaï, il reçoit l'ordre de Dieu de libérer son peuple. Il retourne en Égypte et adresse sa demande à Pharaon, qui refuse. Dix plaies s'abattent alors sur l'Égypte mais le Pharaon refuse toujours de libérer les Juifs. Sous la conduite de Moïse, les Hébreux s'enfuient précipitamment d'Égypte et, par un miracle, traversent les eaux de la mer qui s'entrouvrent à leur passage mais se referment sur les troupes de Pharaon, lesquelles sont noyées. C'est ensuite la pérégrination dans le désert pendant 40 ans. Durant cette période, Dieu s'adresse plusieurs fois à Moïse et lui donne, sur le mont Sinaï, les Dix Commandements (Décalogue). Après avoir ramené plusieurs fois les siens à l'adoration du Dieu unique en les écartant des pratiques idolâtres (le Veau d'Or, par exemple), Moïse conduit son peuple à l'entrée du pays de Canaan, la Terre Promise. Dieu ne lui permettra cependant pas d'y entrer (à cause du ressentiment que Moïse avait à quitter sa communication avec Lui) et il meurt peu de temps avant l'entrée des Juifs dans la Terre Promise, sous la conduite de Josué.

MOJTAHED ■ Dans le monde musulman, c'est celui qui pratique l'ijtihâd (voir ce mot).

MOKSHA ■ Dans le bouddhisme, c'est la libération du samsâra.

MOLÉBEN ■ Dans l'orthodoxie slave, rite d'intercession (cérémonie avec prières) pour les vivants. En grec, on parlera de *paraclesis*.

MOLINISME ■ Doctrine visant à concilier la liberté de l'homme et son libre arbitre avec la grâce de Dieu. Cette doctrine a été forgée au 16ᵉ siècle par Luis Molina, jésuite espagnol.

MOLLAH ■ 1. Savant spécialisé dans les sciences religieuses. 2. Chef religieux des talibans (étudiants du Coran). 3. Religieux de base chez les chiites.

MONACHISME ■ Ce qui se rapporte au moine et à l'organisation de sa vie.

MONARCHIANISME ■ Selon cette doctrine chrétienne, d'un monothéisme strict, c'est Dieu le Père qui est à l'origine de tout. Cette doctrine qui nie les trois hypostases divines (Dieu le Père, le Fils et le Saint-Esprit), est aussi connue sous le nom de Modalisme. Rappelons la position actuelle du christianisme : une seule substance, trois hypostases distinctes et, pour le Fils, deux natures (vrai homme et vrai Dieu).

MONASTIQUE (VIE) ■ Comme le christianisme (orthodoxe et catholique), le bouddhisme propose aux âmes pieuses de se retirer du monde et de ses valeurs éphémères pour adopter la vie monastique. Cette singularité n'existe pas dans d'autres religions. Tout au plus peut-on rappeler les confréries des musulmans, assez éloignées cependant de la vie monastique. Rappelons cependant que les moines bouddhistes — contrairement aux catholiques et aux orthodoxes — ne prononcent, en principe, pas de vœux perpétuels et qu'ils sont, dès lors, libres de quitter l'état de moine quand ils le souhaitent. Contrairement aux ascètes et anachorètes chrétiens, les ascètes bouddhistes refusaient toute pratique provoquant la douleur telles que postures prolongées dans des positions difficiles (que l'on songe, par exemple, aux stylites chrétiens), jeûne prolongé, flagellations, blessures volontaires, etc. Bouddha avait, lui-même, exprimé l'inutilité de ces méthodes. Il faut cependant noter que, dans le bouddhisme tibétain, les vœux sont pris pour la vie. Le moine qui souhaite rompre ses vœux doit se confesser pour cet acte et se purifier par une pratique spirituelle ; en effet, le fait de rompre ses vœux entraîne un dommage en termes de *karma*. Certains moines sont réputés pour leurs pouvoirs : thaumaturge, devin, guérisseur, etc. Bien entendu, leur mode opératoire provient de croyances qui sont tout à fait étrangères au bouddhisme mais qui ont été « adaptées » de manière à être incorporées au rituel bouddhique. C'est surtout le cas dans le bouddhisme lamaïque (Tibet). Signalons aussi une adaptation très particulière des vertus bouddhiques, celle des moines soldats. On ne sera pas étonné que ces moines soldats apparaissent d'abord au Japon et soient entraînés pour défendre leur monastère. Par la suite, dès son apparition au Japon, à la fin du 12e siècle, le mouvement zen gagna les guerriers et, en retour, des moines se firent guerriers. En 1905, lors de la guerre contre la Russie, les moines zen, se voulant patriotes, déclarèrent la « cause juste » et le meurtre de l'ennemi compatible avec la compassion. En 1931, alors que le Japon envahissait la Mandchourie russe, des adeptes de l'école de Nichiren et des officiers zen fondèrent le « Bouddhisme de la Voie Impériale » qui faisait du monarque japonais le « Dieu unique de l'univers ».

MONAZONTE ■ Celui qui vit en solitaire, comme un moine.

MONDAIN ■ Qui appartient au monde, au siècle (par opposition à ce qui dépasse le monde, le siècle : ce qui est sacré).

MONDE D'ABSENCE DE FORME ■ Dans le bouddhisme, un des trois étages cosmiques (*tridhatu*). C'est dans ce « monde d'absence de forme » que vivent les dieux purs esprits.

MONDE D'ICI ET MONDE À VENIR ■ Dans son ensemble, le judaïsme distingue le « monde d'ici » (*ou ha olam ha-zeh*) et le « monde à venir » (ou *ha olam ha-ba*) mais sans réellement décrire ce que sera le *ha olam haba*, pour lequel il existe de nombreuses divergences selon les époques et selon les mouvements religieux. Entre autres, les juifs n'ont pas une position tranchée concernant les ayants droit du monde à venir. Il est pourtant admis que les justes, même s'ils ne sont pas juifs, y auront une place. La majorité des juifs orthodoxes pensent cependant que l'âme quitte le corps à sa mort mais qu'elle erre pendant les douze premiers mois — une sorte de « purgatoire de l'âme » —, partant et revenant jusqu'à la décomposition complète du corps (c'est la raison pour laquelle les juifs pieux prient douze mois pour leurs morts et que la stèle funéraire n'est placée qu'un an après le décès).

MONDE DE FORME ■ Dans le bouddhisme, c'est l'un des trois étages cosmiques (*tridhatu*). Dans le « monde de forme » vivent les dieux demeurant dans les quatre méditations.

MONDE DE LA MÉDITATION ■ Dieux, diables, paradis, enfers sont assez communs dans toutes les religions (même si les dieux et les démons du bouddhisme ont l'étrange particularité — et le « privilège » — de ne pas vivre éternellement et de pouvoir renaître sous condition humaine). La particularité de la cosmologie bouddhique est d'avoir imaginé un monde supérieur aux paradis du « monde du désir », un monde au-dessus du monde des dieux : le monde des pratiquants de la méditation (*dhyâna*, en sanscrit ; *jhana* en pâli ; *chan* en chinois ; *zen* en japonais et *bsam-gtan* en tibétain). Il ne s'agit plus, ici, du « monde des désirs » mais du « monde de forme » ou du « monde d'absence de forme ». Ainsi quiconque le souhaite (et les pratiquants zen ne manquent pas de le rappeler) peut accéder à un monde supérieur à celui des dieux, simplement en pratiquant la méditation. Sans entrer dans les détails, notons que le « monde du dhyâna » est composé de quatre niveaux : au premier niveau les fonctions mentales persistent mais elles ne sont plus polluées par le désir ; au second niveau, il n'y a plus de pensée discursive ni de raisonnement ; au troisième niveau la joie de méditation est éliminée ; au quatrième niveau souffrance et plaisir sont transcendés. Ce monde contient huit paradis. Nous n'en dirons pas plus nous contentant de relever, une dernière fois, que la cosmologie bouddhique, merveilleuse architecture en 4D (temps y compris), exprime parfaitement — même si c'est parfois de façon assez tordue — la pensée de Bouddha, pour lequel rien n'est supérieur à la méditation qui mène à l'Éveil.

MONDE DU DÉSIR ■ Dans le bouddhisme, un des trois étages cosmiques (*tridhatu*). Le « monde du désir » comprend la terre et les cieux inférieurs.

MONDO ■ Dans le bouddhisme zen, c'est le dialogue bref et coupant entre le maître et le disciple. L'élève pose une question et le maître répond de manière instantanée laissant ainsi, selon les adeptes du zen, « apparaître la véritable nature du Bouddha »

MONIALE ■ Religieuse qui vit en clôture.

MONITION ■ 1. Dans l'Église catholique, avertissement que l'autorité ecclésiastique adresse avant d'infliger une censure. 2. Dans la liturgie orthodoxe, appel et commandement du diacre au cours de la célébration.

MONITUM ■ Avertissement adressé par l'autorité religieuse catholique à la personne qui se prépare à commettre un délit ou sur laquelle pèse un soupçon de délit.

MONOPATRISME ■ Pour les catholiques, hérésie de Photius (820-895) pour qui le Saint-Esprit procède du Père seul. C'est la position de l'Église orthodoxe laquelle ne veut en rien diminuer la fonction du Saint-Esprit en le faisant procéder également du Fils. Pour les catholiques, il procède du Père et du Fils (voir l'article Filioque).

MONOPHYSISME ■ Dans le christianisme, hérésie (professée par Eutychès, 5e siècle) ne reconnaissant qu'une seule nature au Christ, la divine. Les Églises monophysites (coptes, arméniennes, éthiopiennes et syriennes-jacobites) sont dites Pré-Chalcédonniennes car elles n'ont pas accepté les décisions du concile œcuménique de Chalcédoine (451).

MONOPHYSITE ■ Doctrine de celui qui prône qu'il n'y a qu'une seule nature en Jésus-Christ : la nature divine et la nature humaine n'en formant qu'une seule. Le monophysisme s'oppose au docétisme (seule la nature divine compte, la nature humaine n'est qu'une apparence), au nestorianisme (les deux natures coexistent et il y a deux personnes en Jésus-Christ) et à la position officielle de l'Église : il y a deux natures distinctes en Jésus-Christ (vrai homme et vrai Dieu) dans une seule personne (c'est l'union hypostatique).

MONOTHÉISME ■ Vraisemblablement apparu pour la première fois en Égypte, quatorze siècles avant Jésus-Christ, sous le pharaon Aménophis IV, sous la forme du culte au Dieu Aton, le monothéisme ne prend réellement racine qu'avec Abraham, la religion juive puis le christianisme et, enfin, l'islam, les trois grandes religions monothéistes (mais il en existe d'autres, dont les Bahaï, les zoroastriens, les sabbéens, etc.). Pour les musulmans, Dieu est unique et n'a pas d'associé. Le crime le plus grave que puisse commettre un musulman est le *shirk* ou associationnisme. Les musulmans estiment que la religion chrétienne et son Dieu Trinitaire n'est pas réellement monothéiste ; pour eux, la seule religion réellement monothéiste — rattachée directement à Abraham/Ibrahim — est l'islam. Alors que l'histoire des religions nous enseigne que le monothéisme succède au polythéisme (en passant par une phase d'hénothéisme ou reconnaissance de la supériorité d'un seul dieu), certains historiens des religions estiment que le polythéisme n'est que la phase de dégénérescence du culte originel, lequel n'adorait qu'un seul Dieu). Notons au passage que la kabbale avec ses dix émanations de Dieu (les *séfiroth*), les trois hypostases de Dieu (Ein Sof, l'inconnaissable ; Yahvéh, le Dieu créateur et la Chekhina « féminine », la présence de Dieu), n'est pas non plus parfaitement monothéiste.

MONOTHÉLISME ■ Hérésie chrétienne selon laquelle le Christ ne possédait qu'une seule volonté, la volonté divine. Cette hérésie fut condamnée par le concile de Constantinople III (680-681) .

MONT-ATHOS ■ Ensemble de monastères et communautés orthodoxes. La « Sainte Montagne », où vivent 1400 moines orthodoxes dans vingt monastères, est un nome (subdivision territoriale) de la République grecque qui jouit d'un statut particulier. Les vingt monastères forment une communauté théocratique autonome (République monastique du Mont-Athos ; traité international de Lausanne, 1926). Les moines sont appelés *athonites* ou *aghiorites*. En dehors des monastères, le Mont-Athos abrite également des communautés cénobitiques (appelées *skites*). Les monastères ne sont pas exclusivement grecs mais appartiennent aux différentes communautés orthodoxes (russes, à Saint Panteleimon ; serbes, à Chilandar ; bulgares, à Zographou ; roumaines, aux skites de Prodromou, etc.). La Vierge Marie est considérée comme l'higoumène (abbesse) de tous les athonites. C'est la seule femme admise en ces lieux où, par ailleurs, à l'exception des poules (dont les œufs sont nécessaires pour « écrire » les icônes), aucun animal femelle n'est autorisé. C'est, depuis le 10ᵉ siècle, le haut-lieu de la spiritualité orthodoxe. D'après les traditions, c'est la Vierge qui aurait interdit l'accès de ce monastère aux femmes.

MONT DES OLIVIERS ■ Voir Gethsémani.

MONT SUMERU ■ Ce mont de la cosmologie bouddhique repose au centre de la couche terrestre en or ; il est entouré par les chaînes montagneuses qui empêchent l'eau de tomber dans le vide. Le mont Sumeru est constitué de quatre joyaux (l'or sur le flanc nord, l'argent sur le flanc est, le lapis lazuli pour le flanc sud et le cristal pour le flanc ouest). La hauteur du mont Sumeru est de 160 000 *yojanas* (soit plus d'un million de km de hauteur, dont une partie seulement est sous l'eau !). Il est vraisemblable que le mont Sumeru était conçu comme l'axe du monde. Il semblerait que le stûpa (sanctuaire bouddhique contenant les dépouilles de Bouddha ou d'un saint) serait une représentation du mont Sumeru et de la cosmologie bouddhique en général (les parasols figurent les paradis, le pavillon carré représente le ciel des trente-trois dieux, le mat est le mont Sumeru, l'axe du monde). Des recherches sur les fondations des grands stûpas, montrent qu'elles adoptent une disposition qui représente parfois la Roue du Dharma.

MONTANISME ■ Mouvement eschatologique extatique et hérésique du 2ᵉ siècle annonçant la prochaine parousie. Les protagonistes de ce mouvement sont Montan (un chrétien de Phrygie qui finit par se prendre pour le Saint-Esprit) et deux prophétesses (Prisca et Maximillia) qui, sous l'influence de l'Esprit Saint, en extase, prêchent le jeûne et l'abstinence. Ce mouvement, condamné par plusieurs conciles, fit cependant de nombreux adeptes. La répression finit cependant par en avoir raison ; aussi certains membres s'enfermèrent dans leur sanctuaire de Phrygie et se suicidèrent en y mettant le feu.

MOQADDAM ■ Chef d'une confrérie religieuse musulmane.

MORDATE ■ Chrétien qui a apostasié deux fois sa religion.

MORISQUE ■ Musulman d'Espagne obligé de se convertir ou de s'exiler après la Reconquista (1492). Les chrétiens vivant en Espagne musulmane avant la Reconquista sont désignés comme mozarabes. Voir aussi Marranes.

MORMONS ■ Voir Mormonisme.

MORMONISME ■ Église de Jésus-Christ et des saints des derniers jours. Église fondée par Joseph Smith (1805-1844) qui emprunte des éléments de sa doctrine (décrite dans le *Livre de Mormon*) aux trois religions monothéistes. Ils estiment qu'il y a deux sources de vérité : la Bible et le *Livre de Mormon*. Joseph Smith affirme avoir reçu en songe les informations lui permettant de retrouver, dans l'État de New-York, un livre caché depuis deux mille ans : *Le Livre de Mormon*. Au départ polygames, les mormons estiment que pour être sauvé il faut avoir été baptisé, même mort. Pour cette raison, il constituent des banques de données des humains, lesquelles sont consultées par les généalogistes du monde entier. Les mormons, aujourd'hui très prospères, ont joué un rôle considérable dans la colonisation des États-Unis. Signalons qu'en 2001, l'Église catholique, par l'intermédiaire de la Congrégation pour la doctrine de la foi, a déclaré que le baptême administré par les mormons n'est pas valide.

MOSAÏQUE ■ Qui a rapport à Moïse et à la loi juive.

MOSQUÉE ■ La mosquée est l'édifice où le musulman accomplit les prières rituelles obligatoires (*salât*) ou les prières surérogatoires (*nawâfil*). L'importance de l'édifice dépend des moyens de la communauté. On distingue essentiellement deux types de mosquées : les mosquées sans chaire (*minbar*) et les mosquées avec chaire. La mosquée sans *minbar* est généralement une petite mosquée (parfois une simple pièce) de quartier. En principe, elle ne convient pas pour la prière du vendredi. La mosquée avec *minbar* (ou grande mosquée ou *jâmi*) est le lieu de rassemblement pour la prière collective du vendredi. La première mosquée — lieu de prosternation devant Dieu ou *masjid* — fut édifiée par Mahomet, à Médine, contre sa maison. Une simple tenture séparait sa chambre à coucher de la mosquée. Au fil des conquêtes et des richesses, les mosquées devinrent de plus en plus riches et imposantes (parfois d'anciennes églises furent transformées en mosquées comme c'est le cas de Sainte-Sophie, à Istanbul, ou de la Grande Mosquée à Cordoue). Lieu de réunion privilégié de la communauté, la mosquée devint le pôle central de la vie communautaire. Il n'est donc guère étonnant que plusieurs édifices publics y furent accolés comme, par exemple, les écoles coraniques (*madrasas*), les bibliothèques, les cantines pour les pauvres et même des hôpitaux ou des mausolées. Lieu sacré, la mosquée ne peut être fréquentée que déchaussé et en état de pureté rituelle. C'est la raison pour laquelle des pièces d'eau sont mises à la disposition des fidèles à l'entrée de la mosquée. On notera cependant que la mosquée n'est pas — contrairement aux églises catholiques — la maison de Dieu mais seulement un espace de réunion pour se prosterner devant Dieu. Les deux plus anciennes mosquées encore visibles sont le Dôme du Rocher (à Jérusalem, 691) et la Grande Mosquée des Ommeyyades (Damas, 705). Il s'agit de mosquées dites hypostyles, c'est-à-dire des édifices soutenus par des colonnes. On peut ainsi, à volonté, agrandir l'édifice selon la croissance de la population (comme ce fut le cas, par exemple, à Cordoue). Comme la mosquée, contrairement aux édifices religieux juifs et chrétiens, ne contient pas de marques de délimitation entre clercs et fidèles, cette architecture convenait parfaitement et fut adoptée dans le monde entier. Les minarets sont apparus assez tardivement dans la construction. On suppose qu'ils sont inspirés des clochers des églises catholiques (dans les pays musulmans, le clocher ne pouvait dépasser le minaret). De très nombreuses formes, typiques des différents styles, ont été données à ces minarets. C'est d'un minaret que le *muezzin* lançait l'appel à la prière avant que sa fonction ne soit remplacée par des haut-parleurs.

MOSQUÉE DE L'ENVOYÉ DE DIEU ■ C'est, à Médine, la mosquée construite à l'emplacement de la maison de Mahomet, l'envoyé de Dieu (*rasûl*). Cette mosquée reconstruite par différents califes contient le tombeau de Mahomet et celui des deux premiers califes (Abû Bakr et Omar).

MOTION ■ Grâce efficace.

MOTUS PROPRIO ■ Acte promulgué par le pape « de sa propre autorité », ce qui n'a rien à voir avec le dogme de l'infaillibilité papale.

MOURIDISME ■ Confrérie soufie fondée par le chaykh Serigne Ahmadou Bamba (décédé en 1945) qui s'est déclaré chargé par l'ange Gabriel (Jibrîl) de rénover l'islam au Sénégal. Pour Ahmadou Bamba, contrairement aux autres mystiques, une voie importante de la rédemption est le travail manuel. Confrérie très active au Sénégal chez les wolofs ; elle s'opposa vivement au colonialisme. Les mourides (= novices, terme générique utilisé dans l'Andalus du 12e siècle pour désigner les soufis) représentent aujourd'hui un quart de la population du Sénégal. La ville de Touba, où est enterré Ahmadou Bamba, est le lieu d'un pèlerinage annuel obligatoire pour tous les mourides.

MOUTON ■ Animal du sacrifice d'Abraham, lequel substitue cet animal à son fils

Ismaël. Aujourd'hui, lors de la fête de *l'aïd el-kebir* (aïd-el-adha), on continue à sacrifier un animal : mouton, chèvre, bélier. Dans les premiers temps de l'islam, le sacrifice le plus répandu était certainement celui d'un chameau.

MOZARABE ■ Chrétien vivant en Espagne jusqu'à la Reconquista (1492), c'est-à-dire sous domination musulmane. Les musulmans restant en Espagne redevenue chrétienne sont désignés comme morisques.

MUCHRIK ■ Dans l'islam, c'est le mot qui désigne la personne qui donne un associé à Dieu (c'est le plus grand des péchés).

MUDRÂ ■ Dans son sens le plus général, un *mudrâ* est un geste symbolique (un « sceau ») réalisé par une ou deux mains ; c'est un langage par signe indiquant une attitude mentale d'un Bouddha ou d'un bodhisattva ou encore les pouvoirs d'une divinité. La très grande majorité des représentations des Bouddhas et des bodhisattvas font appel aux *mudrâs*. Les *mudrâs* symbolisent des forces ou des manifestations divines. Certaines divinités ayant ainsi leur mudrâ spécifique. La plupart des *mudrâs* sont des gestes de compassion ou d'apaisement mais il existe également des *mudrâs* des formes terribles émanant, le plus souvent, de divinités. Pour bien comprendre la signification des statues bouddhiques, il est indispensable de connaître la symbolique du langage des mains. Chaque école bouddhique possède ses propres *mudrâs* (dont tout spécialement le bouddhisme du Véhicule du Diamant et le bouddhisme tibétain) mais certains sont universellement utilisés. Outre leur utilisation dans les arts (statues, peintures), les *mudrâs* sont utilisés par les moines et les fidèles dans leurs pratiques rituelles. Certains *mudrâs* sont ainsi associés à des paroles incantatoires (dont la célèbre incantation à Chènrezi, le bodhisattva de la compassion, *Om Mani Padme*

Hum). Les *mudrâs* sont très nombreux et on en énumère trente et un pour les Grands Bouddhas, cinquante-sept pour les grandes divinités et quatre-vingt-cinq pour les autres ; soit plus de cent vingt *mudrâs* différents.

MUEZZIN ■ Musulman (*mou adhdhin*) qui, du haut du minaret, fait l'appel à la prière (*adhân*) du vendredi et des cinq prières quotidiennes. Le premier *muezzin* fut un esclave noir du nom de Bilâl, connu pour sa belle voix. L'appel à la prière date du tout début de l'*hégire* et, aujourd'hui, varie selon qu'il s'agisse d'une mosquée sunnite ou chiite (dans ce cas, le *muezzin* chante une formule de plus). À ses côtés, les grandes mosquées occupent également des prédicateurs (*khatib*) et des auxiliaires (*ratib*) chargés de veiller à la bonne organisation de la prière collective du vendredi.

MUFTI ■ Spécialiste du droit religieux islamique. Il donne une opinion autorisée sur un point de doctrine. Cette opinion porte le nom de *fatwa*.

MUJTAHID ■ Chez les chiites, savant dans les sciences religieuses ayant terminé ses études.

MULTIPLICATION DES PAINS ■ Un des miracles du Christ qui a multiplié quelques pains et poissons de manière à donner à manger à une foule considérable (voir Matthieu 6, 34-44).

MUMIN ■ Dans l'islam, c'est le mot qui désigne le croyant.

MUNI(E) DES SACREMENTS DE L'ÉGLISE ■ Si cette mention figure sur un acte de décès, c'est que le (la) décédé(e) a pu recevoir les derniers sacrements : confession, onction des malades (extrême-onction) et viatique (communion).

MUR DES LAMENTATIONS ■ C'est actuellement le principal lieu de pèlerinage des Juifs. La plupart pensent qu'il s'agit d'un des murs du Temple alors qu'il s'agit simplement d'un mur de soutènement du mont du Temple construit sous Hérode à l'époque où il agrandissait et embellissait l'édifice sacré. De nombreux Juifs se rendent devant ce mur pour prier car les prières qui y sont prononcées seraient particulièrement efficaces. Il est de tradition également de glisser entre les fentes du mur de petits papiers sur lesquels on note ses demandes (un service Internet est même disponible pour les Juifs qui ne peuvent se déplacer...).

MUSLIM ■ Dans l'islam, c'est le mot qui désigne le musulman (celui qui se soumet à la volonté de Dieu).

MUSULMAN ■ Est musulman celui qui se soumet à Allah et adhère aux dogmes de la religion musulmane. La communauté des croyants — la Umma — est forte aujourd'hui de près d'un milliard d'hommes répartis sur les cinq continents. La plupart des musulmans ne sont donc pas Arabes et ne parlent pas la langue arabe (même s'ils récitent le Coran en langue arabe « pure », l'arabe littéraire, la seule admise pour les prières).

MUTA (MARIAGE) ■ Voir Femme en milieu chiite.

MUTASHÂBIH ■ En exégèse coranique, texte pouvant donner lieu à plusieurs lectures.

MUTAZILITES ■ Un mouvement religieux de l'islam. Le mutazilisme — qui donnait à la raison un rôle majeur dans l'interprétation de la loi — fut la doctrine « officielle » durant le califat de al-Mamûn (9e siècle), pour disparaître ensuite. Aujourd'hui, les thèses mutazilites, notamment concernant le libre arbitre de l'homme, subissent un regain d'intérêt chez les penseurs de l'islam. Les thèses mutazilites sont les suivantes : 1. Le Dieu créateur est spirituel et ne peut être vu ni dans ce monde ni dans l'autre (négation des attributs divins et du Coran « créé »). 2. Dieu ne peut vouloir que le bien. L'homme est responsable de ce qu'il fait et Dieu le punira ou le récompensera (affirmation du libre arbitre humain). 3. Avoir la foi, c'est accomplir les actes prescrits par le Coran. 4. Le pécheur n'est ni vraiment croyant, ni vraiment impie mais reste membre de la Communauté. 5. La « commanderie du bien » est une obligation pour tout musulman.

MYRON ■ Synonyme de saint chrême.

MYROPHORES ■ Désigne les femmes (dont Marie de Magdala) porteuses de parfums au tombeau du Christ.

MYSTAGOGIE ■ 1. Dans la religion catholique, explication théologique et symbolique des rites liturgiques. 2. Initiation aux mystères de la religion (mais aussi de la magie et de la sorcellerie).

MYSTÈRE ■ 1. Dans la religion chrétienne, c'est un dogme révélé qui n'est pas accessible à la raison. 2. Enseignements secrets révélés aux seuls initiés.

MYSTICISME ■ Attitude religieuse (méditation, contemplation, etc.) censée conduire à une approche intime avec Dieu. En règle générale, le mysticisme ne concerne que les religions monothéistes. Le problème du mystique, c'est qu'il souhaite l'union (et parfois même la fusion, la communion la plus intense) avec Dieu. Ainsi, tout en voulant rester fidèle à sa religion, il s'en démarque assez rapidement ; aussi le risque est-il grand qu'il ne se présente, tôt ou tard, comme le propagandiste d'une nouvelle religion. Cette simple analyse explique pourquoi les Églises se méfient des mystiques.

N

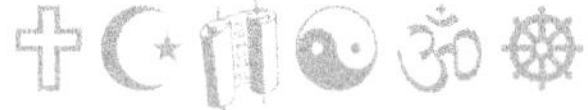

NABI ■ **1.** Chez les Hébreux, Prophète, homme inspiré par Dieu. **2.** Pour l'islam, il existe deux types de prophètes. Les uns ont pour rôle d'avertir simplement les hommes de l'arrivée de certains événements et les avertir du châtiment divin : ce sont les *nabi*. Les autres, les envoyés (*rasûl*), ont un rôle complémentaire qui consiste à transmettre la parole de Dieu, laquelle sera consignée dans un livre et sera à l'origine d'une nouvelle religion. Mahomet est ainsi le *rasûl Allâh* (ou envoyé de Dieu).

NAFS ■ Dans le monde musulman, c'est le mot utilisé pour désigner une âme. Pour les musulmans, l'homme est composé d'un corps, d'une âme (*nafs*) et d'un esprit (*rûh*).

NAGARJUNA ■ Sans doute l'un des plus grands philosophes bouddhistes. Il serait né vers l'an 150 dans le sud-est de l'Inde. Sur sa vie réelle on ne connaît pas grand-chose bien que les légendes soient nombreuses. On sait cependant qu'il se convertit au bouddhisme et, dès lors, propagea un enseignement de la « voie moyenne », juste milieu entre les excès du Petit Véhicule et ceux des sympathisants de ce qui allait devenir le courant *mahâyâniste* (ou Grand Véhicule). Cependant, aujourd'hui, on rattache Nagarjuna au courant du Grand Véhicule (*Mahâyâna*). Pour Nagarjuna, dans la droite lignée du bouddhisme orthodoxe, il n'existe pas d'« en-soi » et donc pas de système de référence. Il est faux, disait-il, d'affirmer soit l'existence, soit la non-existence, soit les deux à la fois, soit ni l'un, ni l'autre. Car en affirmant une de ces propositions on se réfère toujours à un « en-soi » qui n'existe pas. Cependant, cela n'empêche pas Nagarjuna d'affirmer que les phénomènes sont réels mais seulement en tant que phénomènes. C'est ainsi que le mahâyânisme affirme qu'il existe une vérité conventionnelle et une vérité absolue. La vérité conventionnelle est celle du sens commun, de la vie quotidienne faite d'actions, de désirs, de manifestations, de rites, etc. Elle fait partie de notre quotidien et elle seule permet d'arriver à la vérité ultime, celle à laquelle on ne parvient qu'après une longue discipline intellectuelle et méditative. Mais, disait-il, l'idéal est de faire comme le Bouddha qui gardait le silence lorsqu'on l'interrogeait sur l'essence des choses, la métaphysique et les fins dernières. Rappelant que le bouddhisme est peut-être, et avant tout, une médecine du corps-esprit, il proposait le chemin vers l'Éveil en s'écartant de tout ce qui n'était pas nécessaire pour y parvenir. Signalons que son *Traité de la grande vertu de Sagesse* (*Mahâprajnaparamitasastra*) a été magistralement traduit (en 36 ans, de 1944 à 1980) par Étienne Lamotte. Les cinq volumes contiennent, outre le texte de Nagarjuna, de très nombreuses notes.

NAGASENA ■ Nom du moine qui répond au roi grec Ménandre (Milinda) dans le *Milindapanha* (*Questions au roi Milinda*).

NAG-HAMMADI ■ Région de l'Égypte où furent découverts en 1946 des textes gnostiques dont certains apocryphes (Évangile de Thomas, etc.).

NAHJ AM-BALÂGHAH ■ Recueil et propos de l'imâm Alî rassemblés par Ash-Shazrîf ar-Radî (Seyyed Shârif Râzî). C'est un des ouvrages de base du chiisme.

NAJAF ■ Petite ville située dans le sud de l'Irak, elle contient le sanctuaire dédié à Ali, le troisième calife et gendre de Mahomet. Selon la tradition, Ali aurait été assassiné à l'entrée d'une mosquée par un musulman kharijite qui contestait sa décision d'accepter une médiation concernant la nomination du calife. Najaf, l'un des « Seuils sacrés » des chiites, est aussi un centre intellectuel des chiites duodécimains.

NAMA-RÛPA ■ Dans le bouddhisme, c'est le mot utilisé pour désigner le concept « Nom-et-forme ».

NARTHEX ■ Partie du fond de l'église primitivement réservée aux catéchumènes.

NASKH ■ En exégèse coranique, c'est l'abrogation. Le verset abrogeant est dit *nâsikh* et le versé abrogé est appelé *mansûkh.*

NASSI ■ Dans le judaïsme, président du Sanhédrin.

NATIVITÉ ■ Naissance du Christ (25 décembre), de la Vierge Marie (8 septembre) ou de saint Jean-Baptiste (24 juin).

NATS ■ Dans le bouddhisme birman, ce sont des divinité locales intégrées au panthéon bouddhique.

NATURANT ■ Qui agit en tant que principe créateur : Dieu naturant, la nature naturante.

NATURE ■ En théologie, synonyme de essence. Pour les chrétiens, il y a deux natures en Jésus-Christ : la nature humaine et la nature divine qui ne sont ni confondues, ni séparées (définitions des conciles d'Éphèse, 431, et de Chalcédoine, 451). Beaucoup d'hérésies (monothélisme, monophysisme, docétisme, etc.) sont en rapport avec le refus de chrétiens d'accepter ces deux natures.

NATURE DU BOUDDHA ■ Pour le Grand Véhicule, cette nature du Bouddha (ou bouddhéité) est cachée en chacun de nous, il suffit de la découvrir. Pour le Petit Véhicule, plus élitiste, la nature du Bouddha n'existe pas en chaque homme.

NAVETTE ■ En liturgie, petit récipient où l'on conserve l'encens.

NAZARÉEN ■ 1. Surnom donné au Christ par les Juifs. 2. Par extension, c'est également le nom donné par les Juifs aux premiers chrétiens. 3. C'est également le nom d'une secte du début de l'ère chrétienne.

NEF ■ Partie centrale de l'église réservée aux fidèles.

NÉFÈSH ■ Mot hébreu pour désigner l'âme.

NÉGATIVE (THÉOLOGIE) ■ Voir apophatique.

NEGRO-SPIRITUAL ■ Chant religieux noir. Il insiste sur l'analogie entre le peuple noir et le peuple d'Israël. On y trouve de nombreuses citations de l'Ancien Testament (le gospel, lui, ne cite que le Nouveau Testament).

NEMBUTSU ■ Dans le bouddhisme japonais, c'est la formule d'invocation d'Amida (*Namu Amida Butsu* ou Honneur au Bouddha Amida), qui donne accès au paradis. La pratique de l'« école de la Terre Pure » (*Jôdo-shû*) consiste uniquement à répéter cette formule rituelle, ce qui constitue une « voie facile » (contrairement à la « voie sainte difficile » de la discipline et de l'effort) pour entrer dans le paradis d'Amida puis parvenir à l'Éveil.

NÉOCORE ▪ Sacristain des églises grecques.

NÉOMÉNIE ▪ Nouvelle lune : dans le calendrier juif, c'est le début d'un mois. Le jour de la néoménie était fixé par le Sanhédrin d'après des témoignages oculaires. Aux âges bibliques, la néoménie était une véritable fête qui donnait lieu à des réjouissances (Nombres 10, 10 ; 28, 11).

NÉO-PAGANISME ▪ Mouvement de résurgence du paganisme antique — lequel n'aurait jamais totalement disparu et resurgirait toujours dans des manifestations populaires — mais mâtiné d'influences celtiques, d'ésotérisme, de superstitions et de sorcellerie. Certains mouvements néopaganistes récents sont ouvertement fascistes et possèdent des connexions avec le nazisme. Les principaux courants néopaganistes actuels sont le druidisme, l'odinisme, l'Asatruarfelagid islandaise (Association de la foi des Ases, une religion reconnue dans ce pays), la wicca (néo-sorcellerie). Chacun de ces courants possède autant de ramifications qu'il existe de dieux ou de rites.

NÉOTESTAMENTAIRE ▪ Qui a trait au Nouveau Testament (pour l'Ancien Testament on utilisera l'adjectif vétérotestamentaire).

NÉOVULGATE ▪ Nouvelle version latine de la Vulgate. Adaptée aux découvertes récentes (documentaires et exégétiques), elle a été promulguée en 1979 par le pape Jean-Paul II. C'est la Bible officielle du Vatican.

NÉPOTISME ▪ Favoritisme de certains papes envers leur famille.

NEPTIQUE ▪ Voir Pères neptiques.

NEPTIQUES (PÈRES) ▪ Dans la tradition de l'hesychasme orthodoxe (tranquillité dans la prière perpétuelle), on désigne ainsi les Pères qui pratiquent la sobriété spirituelle. L'encyclopédie des textes spirituels de l'hesychasme a été publiée par le moine grec Nicodème l'Hagiriote sous le nom de *Philocalie des Pères neptiques*.

NESCIENCE ▪ L'ignorance (ou nescience ou *avidyâ/avijjâ*) est la racine de tout ce qui est malsain dans le monde. Lorsqu'un bouddhiste parle de l'ignorance, il veut parler essentiellement de l'ignorance des Quatre Nobles Vérités, c'est-à-dire de l'ignorance de la douleur (*duhkha*) constitutive de toute vie humaine. L'ignorance, à l'origine du désir et de l'envie, est la raison de notre attachement à ce monde ; c'est la cause du cycle des renaissances, c'est le premier stade de la coproduction conditionnée et c'est, dès lors, le dernier des Dix liens d'attachement. L'ignorance empêche de distinguer entre permanence et impermanence, entre apparence et réalité, entre réalité et illusion. Tout comme la transmigration (*samsâra*), elle est sans commencement mais, comme tous les facteurs de la transmigration, elle est dynamique et s'articule en faux savoirs et vues fausses. Pour le Grand Véhicule, l'ignorance c'est aussi (outre l'ignorance de l'enseignement du Bouddha), l'ignorance de la vraie nature des choses (c'est-à-dire de la vacuité).

NESTORIANISME ▪ Doctrine professée au 5e siècle par le patriarche de Constantinople Nestorius. Pour lui, il existe deux personnes en Jésus-Christ : une personne divine et une personne humaine. Dès lors, la Vierge Marie est la mère de l'homme Jésus-Christ (*Christotokos*) et non la mère du Dieu Jésus-Christ (*Theotokos*). Le nestorianisme a été condamné par le concile d'Éphèse (431).

NESTORIEN ■ Partisan d'une doctrine hérétique (professée par Nestorius, hérésiarque du 5e siècle, patriarche de Constantinople) affirmant que le Christ possède deux natures distinctes, l'une divine et l'autre humaine. Cette double nature du Christ (vrai homme et vrai Dieu) a été validée par les conciles mais l'hérésie de Nestorius consistait à dire que du fait de la double nature, Marie était la mère du Christ (*Christotokos*) et non la mère de Dieu (*Theotokos*). C'est pour éviter cela que la proclamation de l'Église dit que les deux natures ne « sont ni confondues, ni séparées ».

NÉVIIM ■ Troisième et dernière partie du corpus hébraïque de la Bible (les « Prophètes »). La première partie est la Thora (Pentateuque) et la seconde le *Kétoubim* (les « Écrits »).

NICCA ■ Dans le bouddhisme, c'est le mot utilisé pour désigner la permanence.

NICHIREN ■ Moine bouddhiste japonais né en 1222. En 1253, il abandonne son nom pour prendre celui de Nichiren qui signifie Lotus de Soleil et proclame sa foi dans le Sûtra du Lotus. Personnage belliqueux, il s'insurge contre les autres sectes bouddhistes (zen, *nembutsu*, etc.) et, en 1260, en opposition avec toute la dogmatique de tolérance des bouddhistes, il écrit au gouvernement pour l'adjurer d'interdire toutes les autres sectes en dehors de la sienne. L'action de Nichiren survient au moment où le Japon traverse une série de catastrophes naturelles (tremblement de terre, famine, épidémies) et politiques (invasion des Mongols). Dans sa vision apocalyptique du monde (il pense que son époque est la dernière de la Loi), le sentiment de Nichiren est qu'il faut sauver le Japon et que lui seul en est capable. L'intolérance et la violence de Nichiren ne se sont pas éteintes avec sa mort.

Aujourd'hui encore, plusieurs sectes japonaises (*Nichiren-shô-shû*, *Soka Gakaï*), à visée politique, et à structure paramilitaire, se revendiquent de son enseignement.

NICODÉMITE ■ Par analogie avec le pharisien Nicodème qui vient trouver Jésus la nuit, terme utilisé par Calvin pour décrire celui qui adhère à la Réforme mais reste officiellement catholique par peur ou par intérêt.

NICOLAÏSME ■ Dans l'Église catholique, mouvement des clercs qui au 11e siècle refusaient le célibat ecclésiastique (l'origine de ce terme provient de Nicolas, un diacre, condamné par les apôtres pour avoir voulu garder sa femme).

NIDANA ■ Dans le bouddhisme, c'est le mot utilisé pour désigner les liens d'interdépendance.

NIDANA SAMUYTTA ■ Une division du Canon pâli (voir ce mot).

NIDDAH ■ En hébreu, ce terme signifie « femme impure ». C'est la période d'impureté pendant laquelle la femme doit être isolée. Après cette période, et l'immersion dans la *mikvèh* (édifice du bain rituel), elle sera à nouveau permise à son mari. Cette exclusion de la femme est complète (on perd sa pureté rituelle en lui donnant la main, en mangeant à la même table qu'elle ou même en touchant la chaise sur laquelle elle a été assise...) et très complexe (nous ne nous étendrons donc pas sur ce sujet mais sachez que les rabbins ont analysé toutes les pathologies de la femme : un vrai manuel de gynécologie religieuse !). Signalons cependant que cette impureté peut également concerner l'homme qui serait atteint d'une maladie avec écoulement urétral, comme c'est le cas pour la gonorrhée (chaude-pisse, en langage populaire). La période d'impureté de la femme concerne toute la durée de l'écoulement menstruel, à laquelle on ajoute, nous l'avons déjà dit, sept jours supplémentaires. Si cette loi est appliquée avec une grande dureté, c'est en punition du péché d'Ève qui a causé la mort d'Adam... Pour les talmudistes, cette longue période d'abstinence est bénéfique car « le mari devient trop familier avec sa femme, il se lasse d'elle, aussi la Torah lui a-t-elle interdit sa femme de sorte qu'elle reste aimée de lui comme au jour de leurs noces » (Talmud/ Michnah/Niddah, 31b).

NIKÂYA ■ Nom donné aux recueils reprenant les textes de base (Sûtras) du bouddhisme contenu dans les livres canoniques en langue pâli. Les principaux nikaya sont le *Dîgha-Nikâya*, le *Majjhima-Nikâya*, le *Samyutta-Nikâya*, l'*Anguttara- Nikâya* et le *Khuddaka-Nikâya* qui font partie du Sûtta-Pitaka. Le mot équivalent, en sanscrit, est *Âgama*. C'est ce dernier terme qui est généralement utilisé dans la littérature mahâyâniste (Grand Véhicule). Les recueils en langue sanscrite portent ainsi le nom d'*Âgama*.

NIKON ■ Au 17e siècle, le patriarche Nikon décide de rapprocher l'Église orthodoxe russe de l'Église orthodoxe grecque. Pour cela, il modifie considérablement la liturgie (dont, notamment, la manière de se signer) et lutte férocement contre ceux qui s'opposent à sa nouvelle liturgie. Personnage entier, il n'accepta le patriarcat de l'Église orthodoxe russe qu'à la seule condition que « sa parole serait décisive et que nul ne pourrait y contredire ». Cette nouvelle liturgie, prônée par le tsar, est refusée par des nombreux Russes qui s'opposent énergiquement au pouvoir de Nikon (c'est le schisme ou Raskol) et prennent, sous la conduite de l'archiprêtre Avvakum (voir ce nom), la dénomination de « vieux-croyants » ou *starovièri* ou *raskolniki*.

NIMBE ■ Dans l'iconographie orthodoxe, cercle lumineux placé autour de la tête du Christ, des anges ou des saints. La couleur de ce nimbe varie selon les époques et les peintres. Le nimbe est aussi parfois recouvert d'émail et décoré de pierres précieuses. Dans l'iconographie catholique, le halo de lumière peut être triangulaire (pour la Sainte Trinité), cruciforme (pour le Christ), rond (pour les saints), dentelé (pour les personnages réputés saints mais non officiellement canonisés) ou carré (pour les vivants).

NIRMANAKAYA ■ Dans le bouddhisme du *Mahâyâna* (Grand Véhicule), c'est le corps de métamorphose du Bouddha, c'est-à-dire son corps humain.

NIRVÂNA ■ Dans le bouddhisme, c'est l'extinction de tout désir, lequel aboutit à l'arrêt de la roue de la vie et à la libération du cycle du *samsâra*. On notera qu'il est possible d'éteindre tout désir (comme le fit le Bouddha historique) durant sa vie et donc d'atteindre le *nirvâna* dès son vivant. Le *nirvâna* est sans fin et sans commencement. Contrairement à la plupart des phénomènes, il est incomposé. Le bouddhisme distingue deux aspects du *nirvâna* : en ce monde (le nirvâna-existence) et à la fin de l'existence (le nirvâna-anéantissement). En ce monde, le *nirvâna* se confond avec la suppression du désir et la sainteté (*arhattva*). Il reste cependant à l'homme des « éléments d'existence », c'est la raison pour laquelle on parle de *nirvâna* « avec conditionnement restant ». Après la mort du saint nirvâné, il n'y a plus de corps et il n'aura plus de nouvelle existence puisque l'absence de désir a mis fin au cycle du *samsâra* ; c'est ce qu'on appelle le *nirvâna* « sans conditionnement restant ». De ce *nirvâna*, il n'y a rien à dire car nul ne peut en parler. Tout ce qu'on peut dire du *nirvâna*, c'est qu'il est la libération du désir, la fin du *samsâra* (cycle des renaissances), la libération du déterminisme du *karma*.

NIRVÂNA DANS L'HINDOUISME ■ Le concept de nirvâna existait dans l'hindouisme bien avant l'apparition du bouddhisme. Dans l'hindouisme, le *nirvâna* est l'état suprême de la non-existence, l'état de pureté absolue de l'âme, ce qui lui permet de s'intégrer au Cosmos. Le *Brahman* (l'« Absolu ») pouvant être assimilé à l'énergie pure de l'univers, au Dieu suprême (en réalité, étant donné la difficulté de le définir par ce qu'il est, le Brahman est généralement défini par tout ce qu'il n'est pas). On voit donc que dans l'hindouisme le contenu du concept *nirvâna* est très différent de celui du bouddhisme, lequel considère qu'il n'y a pas d'âme. Pour le bouddhisme, rappelons-le, le *nirvâna* (qui peut être atteint déjà sur terre) est d'abord l'extinction des « trois passions » (désir, haine, erreur). Notons également que dans l'hindouisme, on préférera utiliser le mot *moksha* (qui signifie libération du cycle des renaissances) à celui de *nirvâna* (qui signifie extinction du cycle des renaissances). Les différences entre les deux concepts sont cependant assez minimes puisque le *moksha* peut être atteint (comme le nirvâna) dans cette vie ou seulement après la mort. La différence essentielle entre l'hindouisme et le bouddhisme ne réside pas dans les « techniques » utilisées pour atteindre le *nirvâna* (méditation, vie morale exemplaire, dévotion envers une divinité, yoga, etc.) mais dans sa définition : fusion de l'âme avec le Brahman, pour les hindouistes ; extinction des passions pour les bouddhistes (du moins pour le bouddhisme premier).

NIRVÂNA DANS LE MAHÂYÂNA ■ La doctrine du Grand Véhicule se différencie du Petit Véhicule en ce qu'elle affirme une double vérité, une double réalité (la vérité conventionnelle et la vérité ultime), d'une part et, d'autre part, que tout est vacuité. Dès lors, pour les adeptes du Grand Véhicule, il n'existe pas de véritable différence entre le *samsâra* et le *nirvâna*.

NITSOTSOTH ■ Mot hébreu pour dire « étincelles ». Un des concepts de base de la kabbale lourianique. Les *nitsotsoth* sont les étincelles divines — disséminées lors de la brisure des vases (voir article *tsimtsoum*) — qui sont prisonnières des écorces (*qlipoth*), c'est-à-dire des forces du mal. L'application par l'homme des commandements divins (*mitsvots*) permet la libération de ces étincelles et ainsi facilite la Rédemption (l'homme participe ainsi directement à celle-ci). Comme ces étincelles sont également disséminées au niveau des forces du mal, certains kabbalistes estiment que plonger dans des univers maléfiques est parfois un acte saint.

NITYA ■ Dans le bouddhisme, c'est le mot utilisé pour désigner ce qui est permanent.

NIYATA ■ Dans le bouddhisme, c'est le mot utilisé pour désigner la certitude.

NIYYATA ■ Dans l'islam, c'est le mot utilisé pour désigner « l'intention droite », la base de tout acte cultuel.

NOACHIDES (LES LOIS) ■ Ce sont les sept lois imposées par Dieu à Noé. À l'opposé des 613 commandements de la Torah qui ne sont imposés qu'aux juifs, les 7 lois noachides sont imposées à toute l'humanité. Tout homme juste qui respecterait ces 7 lois pourrait participer « au monde à venir ». Ces 7 lois noachides sont : l'obligation d'établir une justice civile, l'interdiction du blasphème, le rejet de l'idolâtrie, l'interdiction des délits sexuels (inceste, adultère, etc.), l'interdiction du meurtre, l'interdiction du vol et l'interdiction de la cruauté envers les animaux.

NOACHIQUE ■ Adjectif désignant ce qui se rapporte à Noé. La première Alliance entre Dieu et les hommes (suite au Déluge) est appelée alliance noachique et a donné lieu aux lois noachiques qui engagent chaque être humain. Voir Alliance triple.

NOBLE CHEMIN OCTUPLE ■ Dans le bouddhisme, c'est le chemin qui permet de parvenir au *nirvâna* ; il comprend la compréhension juste, la pensée juste, la parole juste, l'action juste, le moyen d'existence juste, l'effort juste, l'attention juste et la concentration juste.

NOÉ ■ Fils de Lemekh, il trouva grâce aux yeux de l'Éternel, lequel était décidé à exterminer toute vie de la terre (Genèse 6, 7). Anticipant le Déluge, il construit une arche et emmène un couple d'animaux de chaque espèce. Après le Déluge, Dieu fait alliance avec Noé (voir les lois noachides).

NOËL ■ La plus populaire des fêtes chrétiennes. Elle célèbre la naissance du Christ, dans une étable, entouré d'un âne et d'un bœuf. Fêtée à différentes dates de l'année (y compris le 14 Nisan, date anniversaire de la ligature d'Isaac), la fixation définitive d'une date pour toute la chrétienté est, sans doute, l'œuvre de l'empereur Aurélien en 275. Il fut décidé que Noël serait fêté le jour du solstice d'hiver, le 25 décembre.

NOLI ME TANGERE ■ Venue au tombeau du Christ, Marie-Madeleine eut la joie de reconnaître le Christ (qu'elle avait d'abord pris pour un jardinier). Lorsqu'elle voulut le toucher, Jésus lui dit *Noli me Tangere* (Ne me touche pas).

NOMBRES ■ Le quatrième livre du Pentateuque (Torah ou Loi de Moïse).

NOMOCANON ■ On désigne ainsi les lois mixtes issues du pouvoir temporel et du pouvoir spirituel. Il s'agit essentiellement des lois promulguées dans les pays de confession orthodoxe où l'importance du pouvoir temporel était extrêmement importante. Plusieurs collections de lois ont ainsi été assemblées formant différents nomocanons (Nomocanon en 50 titres, Nomocanon en 14 titres, etc.)

NON-CONFORMISTE ■ Protestant qui, en Grande-Bretagne, ne se rattache pas à l'Église anglicane.

NON-DUALITÉ ■ Dans le bouddhisme, c'est l'état de « ni pensée ni non-pensée », qui est l'état le plus élevé. Cet état de non dualité (« neti, neti » : « pas ceci, pas ceci ») est au cœur de la notion d'Éveil. Il peut s'exprimer de différentes manières : « ni pensée ni non-pensée », « non né, non détruit », « non souillé non pur », etc. Cette non-dualité nie toute idée de relativité ou d'opposition : c'est la philosophie de l'Absolu, celle du bouddhisme pour lequel tout ce qui est relatif n'est que temporaire, une illusion des sens.

NONE ■ Dans la liturgie catholique, une des sept heures canoniales (on récite les prières de none à la neuvième heure du jour, vers 15 heures).

NONNES BOUDDHISTES ■ Ce n'est qu'à contrecœur que Bouddha accepta de conférer l'ordination aux femmes. Les nonnes sont dépendantes des moines à qui elles doivent le respect absolu. En réalité, si on veut rester rigoureux, il n'y a aucune raison pour une femme de devenir nonne car le seul avantage de cet état religieux est de faciliter l'Éveil et d'atteindre le nirvâna. Mais pour entrer dans le nirvâna, il est obligatoire de renaître sous la condition masculine...

NOTARIKON ■ C'est, pour les kabbalistes, la science sacrée des acrostiches. Cette « science » permet ainsi d'obtenir de nouveaux mots à partir d'abréviations en utilisant les premières ou les dernières lettres d'un mot ou d'une phrase. Ainsi, Adam est la *notarika* de Abraham, David et Moïse. Pour les kabbalistes, le *notarikon* n'est qu'une des techniques permettant d'utiliser les lettres des mots pour obtenir des significations cachées. Les deux autres techniques, très utilisées, sont la *guématria* et la *temourah* (voir ces mots).

NOTIONNEL ■ Dans le langage théologique, se dit de ce qui se rapporte à une personne divine.

NOTRE-DAME ■ Synonyme de la Vierge Marie.

NOUVEAU TESTAMENT ■ C'est la partie chrétienne de la Bible chrétienne. Le Nouveau Testament, entièrement écrit en grec (son titre est *Hê kainê Diathêkê*, ce qui signifie la « nouvelle alliance »), comprend les 4 Evangiles (Matthieu, Marc, Luc et Jean), les Actes des Apôtres, 14 épîtres de saint Paul, 7 épîtres catholiques (c'est-à-dire adressées à tous les chrétiens et non à une communauté spécifique) et l'Apocalypse de saint Jean. Ce qui se rapporte au Nouveau Testament est dit néotestamentaire (pour l'Ancien Testament on utilisera l'adjectif vétérotestamentaire).

NOUVEL ADAM ■ Nom quelquefois donné par les chrétiens à Jésus pour souligner qu'il est mort pour libérer l'humanité du péché originel (le péché d'Adam).

NOUVELLE ÈVE ■ Nom quelquefois donné à la Vierge Marie.

NOVICE ■ Celui qui vient d'entrer dans un ordre religieux.

NUIT DE LA DESTINÉE ■ La « Nuit de la Destinée », ou *laylat al-qadar* (ou « Nuit du Destin »), ou « Nuit de la Détermination » est célébrée pendant la nuit du 26e au 27e jour du mois de ramadan. C'est durant cette nuit qu'Allah — par l'intermédiaire de l'ange Gabriel — révéla à Mahomet l'entièreté du Coran : « Nous l'avons fait descendre durant la Nuit de la Destinée. Qu'est-ce qui t'apprendra ce qu'est la Nuit de la Destinée ? La Nuit de la Destinée vaut mieux que mille mois. » (97:1-3). Notons que, par la suite, le Coran est descendu par fragments ; Mahomet ayant « oublié » le contenu de la première descente. C'est durant cette nuit que les Anges et l'Esprit descendent sur terre « pour régler toutes choses ». Retenons le parallèle entre cette « Nuit de la Destinée » et le « Jour du Grand Pardon » (*yom hakippurim*) des juifs où Dieu remit à Moïse les secondes Tables de la Loi et qui est également un jour de jeûne pour les juifs. Les exégètes retiennent d'ailleurs d'autres similitudes entre ces deux fêtes religieuses juives et musulmanes. Si en pratiquant le jeûne durant le Ramadan, les musulmans peuvent éviter l'Enfer, ils peuvent obtenir des grâces spéciales en récitant le Coran durant cette nuit. L'islam populaire affirme que durant cette nuit le destin de chaque homme est fixé par Dieu.

NYINGMAPA ■ École du bouddhisme tibétain.

O

OBIT ■ Dans la religion catholique, messe dite pour un défunt à la date de son décès.

OBITUAIRE ■ Ce qui est relatif au décès.

OBJETS DE VÉNÉRATION DU BOUDDHISME ■ Dans tout monastère figurent généralement un stûpa (dans lequel sont conservées des reliques de Bouddhas ou de saints), un arbre Bodhi (en souvenir de celui sous lequel Bouddha atteignit l'Éveil) et une statue de Bouddha. Ces trois objets sont vénérés l'un après l'autre. D'après les traditions, de véritables reliques de Bouddha seraient conservées dans certains temples. Ainsi, une dent du Bouddha serait conservée au Sri Lanka (à Candy) et des cheveux de l'Éveillé se trouveraient dans une pagode de Birmanie. Enfin, le bol à aumône du saint homme serait, à en croire Marco Polo, en Chine. Les bouddhistes vont au temple lors de la pleine lune, de la nouvelle lune et des quartiers de lune. Là, ils prennent refuge dans le Bouddha, le Dharma et le Sangha et récitent des textes canoniques agenouillés devant l'un des trois objets de vénération. Ensuite, comme dans toutes les cérémonies religieuses, ils allument des lampes, brûlent de l'encens et offrent des fleurs aux trois objets de vénération.

OBLAT ■ 1. Désigne le pain et le vin utilisés pour la célébration eucharistique. 2. Nom donné aux membres de certains ordres religieux qui observent une règle religieuse mais qui ne prononcent pas de vœux.

OBLATION ■ Don à une divinité ou à l'un de ses représentants.

OBOMBRATION ■ Expression théologique pour décrire la manière (« couverte d'ombres ») dont la Vierge Marie a été fécondée par le Saint-Esprit.

OBSCURE (NUIT) ■ D'après le mystique chrétien saint Jean de la Croix, état où ne pénètre aucune lumière extérieure intellectuelle ou naturelle ; cet état favorisant un rapprochement avec Dieu.

OBSÉCRATION ■ Prière par laquelle on implore Dieu.

OCCURENTES (FÊTES) ■ Fêtes religieuses qui tombent le même jour.

OCTAVE ■ Dans la liturgie chrétienne, huitième jour après la célébration de Noël, Pentecôte et Pâques.

OCTUPLE NOBLE SENTIER ■ Dans le bouddhisme, l'Octuple Noble Sentier ou Voie Octuple (*atthangika magga*) est la conséquence directe des Quatre Nobles Vérités et tout principalement de la dernière : c'est, en effet, la voie (*magga*, en pâli ; *marga* en sanscrit) conduisant à l'extinction de la souffrance (*duhkha*), c'est le chemin de la libération, de la délivrance (*vimukti*). L'Octuple Sentier est, en quelque sorte, le code de vie des bouddhistes, mais aussi leur morale, pour atteindre la délivrance. Cette Voie octuple comprend : la compréhension juste, la pensé juste, la parole juste, l'action juste, les moyens d'existence justes, l'effort juste, l'attention juste et la concentration juste. C'est en se basant sur l'Octuple sentier qu'on a pu construire un code de conduite bouddhique valable tant pour les négociations commerciales que pour les conduites sexuelles. Bien entendu, cette « voie » n'est pas un chemin balisé qu'il faut suivre aveuglément, en fonction d'un mode d'emploi car, contrairement aux religions révélées (ce que n'est pas le bouddhisme), il n'existe pas, ici d'orthopraxie mais seulement une voie à découvrir personnellement pour atteindre le nirvâna, pour parvenir à l'extinction de la souffrance (*duhkha*). D'ailleurs, le Bouddha s'exprimait très clairement au sujet de l'orthopraxie en disant : « Il ne faut pas accepter mon enseignement (*Dharma*) par respect ; il faut d'abord l'éprouver comme on éprouve l'or par le feu ».

ODEUR DE SAINTETÉ ■ Odeur agréable dégagée par le corps de certains saints durant leur vie ou, plus souvent, après leur mort. L'odeur de sainteté est réputée assez fréquente chez les saints catholiques mais se rencontre également chez les saints ou personnages édifiants des autres religions.

ŒCUMÉNIQUE ■ 1. Désigne les sept conciles chrétiens tenus durant le premier millénaire (c'est-à-dire les conciles communs à tous les chrétiens, à l'exception des chrétiens préchalcédoniens (voir le mot Chalcédoniens). 2. Se dit de ce qui concerne ou réunit tous les catholiques ou tous les adeptes des religions chrétiennes. 3. Dans une acception plus récente, c'est la tendance à la réunion de toutes les religions dans un esprit de communion et de respect (voir « Esprit d'Assise »). Il est cependant à noter que, même dans l'œcuménisme chrétien, la véritable concélébration est impossible (ainsi catholiques et protestants ne peuvent concélébrer la messe puisque l'eucharistie n'a pas le même sens dans les deux courants religieux) mais bien une célébration simultanée. L'œcuménisme, au sens moderne du terme, est donc essentiellement une position éthique par rapport à d'autres croyances.

ŒCUMÉNIQUES (CONCILES) ■ L'œcuménisme concernant toutes les églises. Dans ma chrétienté, *stricto sensu*, l'œcuménisme a été rompu lors du schisme d'Orient (1054). Ainsi, les orthodoxes ne considèrent comme œcuméniques que les seuls 7 premiers conciles. L'Église catholique continue cependant à considérer et à nommer ses propres conciles généraux comme œcuméniques (l'œcuménisme provient de la présence de tous les évêques catholiques en communion avec le pape).

ŒCUMÉNISME ■ Mouvement tendant à rassembler tous les chrétiens en une seule Église.

ŒIL DE LA LOI ■ Dans le bouddhisme, c'est la faculté de voir clairement, « avec ses propres yeux », les vérités enseignées par Bouddha. On parle aussi de « l'œil de Bouddha ».

OFFERTOIRE ■ Dans la liturgie catholique, une des principales parties de la messe où le prêtre offre à Dieu le pain et le vin qui seront consacrés.

OFFICE ■ Toute cérémonie du culte d'une religion. Synonyme de messe (pour les catholiques), de Sainte Cène (pour les protestants) de divine liturgie (pour les orthodoxes). On parle aussi de service divin.

OGDOADE ■ Chez les gnostiques, groupe des huit divinités primitives.

OINDRE ■ Appliquer les huiles sacrées sur une personne pour lui administrer les sacrements ou pour la sacrer.

OINT ■ Qualité de celui qui est consacré par une onction.

OKLAD ■ Dans l'iconographie orthodoxe, revêtement métallique qui dissimule une partie de l'image en recouvrant généralement le fond et les nimbes. Les peintres qui utilisaient cette technique finissaient pas ne plus peindre que les parties visibles. Ce procédé data de la période du déclin des peintures d'icônes. Voir aussi Riza.

OLAM ■ Mot hébreu signifiant « le monde », « l'univers ». Le judaïsme fait régulièrement référence à cette notion. Ainsi, dans les textes, il est régulièrement fait mention de *Olam assiah* (le monde de l'action) ; *Olam atsilouth* (le monde de l'émanation), *Olam briah* (le monde de la Création), *Olam haba* (le monde à venir), lequel est opposé à *Olam hazéh* (le monde dans lequel on vit), etc.

OLIFA ■ Dans l'iconographie orthodoxe, vernis définitif qui recouvre les icônes.

OM ■ La syllabe mystique OM est très ancienne et se retrouve dans les premières religions indiennes. Constituée de trois sons « A », « U » et « M », dans la religion brahmanique, elle appelait les trois divinités Brahma, Vishnu et Shiva. Dans le bouddhisme tantrique (Véhicule du Diamant ou *Vajrayâna*), elle est censée réveiller les trois corps du Bouddha. Le mantra *Om Mani Padme Hum*, attribué au bodhisattva Avalokiteshvara, est l'un des plus anciens du bouddhisme tibétain.

OM MANI PADME HUM ■ Ce mantra tibétain signifie « hommage à celui qui tient le joyau et le lotus ».

OMER ■ Dans le judaïsme, nom de la période séparant Pessah de la Pentecôte juive.

OMOPHORE ■ Bande d'étoffe, ornée de quatre croix, portée par l'évêque en symbole de son rôle de bon pasteur. Par extension, l'expression « sous l'omophore » signifie sous la juridiction d'un évêque.

OMOPHORION ■ Voir Homophorion.

ONCIAUX (MANUSCRITS) ■ Manuscrits rédigés uniquement en lettres capitales. La plupart des manuscrits canoniques chrétiens sont rédigés en caractères grecs majuscules. L'écriture grecque en lettres minuscules ne fut mise au point, à Byzance, qu'au 9e siècle.

ONCTION ■ Rite consistant à oindre une personne ou une chose (avec de l'huile sainte, du saint chrême), en vue de lui conférer un caractère sacré.

ONDOIEMENT ■ Dans la religion catholique, baptême effectué dans l'urgence sans cérémonie extérieure.

OPUS DEI ■ Institut séculier original dont les membres sont des prêtres et des laïcs ayant des responsabilités dans la société. Fondé en Espagne en 1928, il promeut un catholicisme traditionnel et militant. L'Opus Dei est une « prélature personnelle » dépendant directement du Saint-Siège. Son fondateur (Josémaria Escriva de Balaguer) a été canonisé. La première devise de l'Opus Dei est : « Sanctifier notre travail, nous sanctifier dans notre travail et sanctifier par notre travail ».

ORANT ■ Personnage en position de prière.

ORATOIRE ■ Dans la religion catholique, lieu consacré à la prière.

ORDALIE ■ Aussi appelé jugement de Dieu, l'ordalie consistait en une épreuve physique éprouvante. Celui qui réussissait l'épreuve était réputé avoir raison.

ORDINAIRE ■ Dans le catholicisme, partie invariable de la liturgie et des diverses « heures » de l'office divin.

ORDINATION ■ Acte liturgique par lequel est conféré le sacrement ou la qualité de l'ordre. Dans le catholicisme, ce terme n'est utilisé que pour les ordres majeurs, essentiellement la prêtrise.

ORDINATION MAJEURE ■ Dans le bouddhisme, c'est l'état de moine (à comparer à celui de novice, lequel reçoit l'ordination mineure).

ORDINATION MINEURE ■ Dans le bouddhisme, c'est l'état de novice (à comparer à celui de moine, lequel reçoit l'ordination majeure).

ORDO ■ Calendrier liturgique annuel de l'Église catholique contenant l'ensemble des règles à suivre pour la célébration des offices.

ORGANISATION DU CORAN ■ L'organisation du Coran est assez particulière et il est utile de la connaître pour comprendre les sourates qui sont abrogées par d'autres sourates plus récentes. L'ordre des chapitres du Coran n'est pas celui de la révélation. Les chapitres (ou sourates) sont rangés selon leur longueur. Personne ne peut expliquer ce qui a présidé à ce choix. Mahomet a d'abord vécu à La Mecque et puis à Médine. Les spécialistes distinguent ainsi les éléments du Coran qui ont été révélés à La Mecque (sourates mekkoises) et ceux révélés à Médine (sourates médinoises). Une sourate médinoise abrogera donc une sourate mekkoise traitant du même sujet.

ORIENT (ÉGLISE(S)) ■ 1. L'Église d'Orient est l'église orthodoxe. 2. Les églises d'Orient sont les églises de rites oriental ou latin ayant des liens d'attache avec Rome. Il s'agit principalement des Églises orthodoxes ou préchalcédoniennes revenues à Rome après le schisme d'Orient (ces Églises sont dites uniates).

ORIENTAL (RITE -) ■ Rite pratiqué par les Églises d'Orient, lesquelles peuvent être orthodoxes ou uniates (c'est-à-dire revenues à Rome après un schisme).

ORIENTALISME ■ On désigne ainsi tout ce qui a trait à l'étude, à la connaissance et à la description de l'Orient (et tout spécialement du Moyen-Orient) par des savants mais aussi par des peintres (les fameuses écoles « orientalistes »), des géographes, des voyageurs, etc.

ORPHIQUE ■ Ce qui se rapporte à la religion orphique dont Orphée serait le fondateur.

ORTHODOXE ■ 1. Désigne une Église chrétienne restée fidèle aux doctrines de sept conciles œcuméniques après la scission de 1054 entre l'Orient et l'Occident. 2. Se dit de ce qui est conforme au dogme ou à la tradition d'une religion.

ORTHODOXIE ■ 1. C'est la croyance et l'application de la doctrine officielle d'une religion. 2. Les religions possédant une instance supérieure de gouvernement (comme l'Église catholique) déterminent ce qui est orthodoxe ou non pour l'ensemble des fidèles. 3. Les injonctions des Églises autocéphales (comme c'est le cas des Églises orthodoxes) sont limitées aux fidèles de l'Église. 4. Chez les protestants, l'orthodoxie consiste à ne suivre que les Écritures. 5. Dans le bouddhisme (à l'exception du courant tibétain), comme il n'y a pas de clergé, ni d'instance supérieure, l'orthodoxie se résume à l'enseignement de base du Bouddha dont l'élément fédérateur est l'inexistence d'un soi personnel (*anâtman*). Aucune école, aucun courant bouddhique ne s'est écarté de ce « dogme » (alors que les concepts de *samsâra*, *nirvâna*, *karma*, loi de coproduction conditionnée, etc., sont interprétés de diverses manières selon les courants religieux). 6. Pour les musulmans sunnites, l'orthodoxie consiste à suivre le Coran et les hadîths. 7. Pour les musulmans chiites, l'imâm a encore le droit d'interpréter les textes sacrés et de modifier la doctrine officielle.

ORTHODOXIE (TRIOMPHE DE L'-) ■ Fête commémorant la victoire, en 843, des iconodoules (les partisans des images saintes et des icônes) sur les iconoclastes (les destructeurs des images saintes et icônes). Cette fête est célébrée le premier dimanche du Carême.

ORTHOPRAXIE ■ Type de comportement religieux où tous les actes quotidiens laïcs ou religieux sont exécutés conformément aux commandements de la religion. Le fidèle orthopraxe refusera, par exemple, de manger certains aliments interdits par la religion. Pour l'orthopraxe, c'est l'observance des obligations de vie qui est le fait déterminant de l'appartenance religieuse. L'orthopraxie concerne essentiellement la religion juive (où le fidèle doit observer dans les 613 commandements de Dieu ceux qui s'appliquent à sa personne) et l'islam ; c'est-à-dire les religions où il n'existe pas de véritable séparation entre la religion et la vie privée.

ORTHROS ■ Dans l'Église orthodoxe, office des matines.

OSTENSION ■ Exposition des reliques d'un saint.

OSTENSOIR ■ Dans la liturgie catholique, pièce d'orfèvrerie destinée à recevoir l'hostie consacrée.

OSTROG (BIBLE D'-) ■ Traduction en langue russe de la Septante (la Bible, en grec, des juifs d'Alexandrie). C'est la Bible utilisée tant par les orthodoxes fidèles au patriarche Nikon que par les vieux-croyants (mouvements schismatique apparu en Russie au 17ᵉ siècle).

OTH ■ Mot hébreu pour désigner un signe religieux.

OUBROUS ■ Mot russe pour désigner le Mandilion. On notera que contrairement au suaire occidental de sainte Véronique, l'*oubrous* (ou mandylium ou mandylion) ne représente pas l'image de la couronne d'épines.

OULÉMA ■ Les oulémas (ou *mollahs*) sont des savants musulmans spécialisés dans les sciences religieuses. Pour devenir ouléma, le jeune, âgé de quinze ans au moins, entre dans une école coranique (*madrasa*) où il suit pendant une dizaine d'années un enseignement portant sur les sciences religieuses (c'est-à-dire le droit (*fiqh*), le fondement du droit (*usûl al-fiqh*), la Tradition (les *hadîths*), l'exégèse (*tafsîr*) et la théologie (*kalâm*)). Les *mujtahids* sont des oulémas ayant terminé leurs études ; ils sont aptes à enseigner et pratiquent l'*ijtihâd* (c'est-à-dire l'effort de réflexion). Le savant qui a accédé au rang de *mujtahid* porte le turban, la barbe, le manteau et des babouches. Les *mujtahids* chiites sont considérés comme les porte-parole de l'imâm caché et peuvent, dans une certaine mesure, interpréter la loi. Cette interprétation de la loi est défendue aux savants sunnites pour lesquels la « porte de l'ijtihâd » est définitivement fermée ; dans leurs raisonnement juridiques, ils ne peuvent plus appliquer que l'imitation (*taqlîd*).

OUMILIÉNIE (VIERGE) ■ Dans la typologie orthodoxe des icônes, c'est la Vierge de tendresse (le mot *oumiliénie* signifiant, en russe, tendresse, attendrissement).

OUMRAH ■ Nom du petit pèlerinage musulman. Contrairement au Grand Pèlerinage (*Hajj* ou *Hadj*), il n'est pas obligatoire et peut être effectué à n'importe quel moment de l'année.

OUSHPIZIN ■ Mot hébreu signifiant « invités ». Selon les kabbalistes, ce sont les saints invités, lesquels sont Aaron, Abraham, David, Isaac, Jacob, Joseph et Moïse.

OUSIA ■ Ce qui constitue la permanence de l'être, par opposition à ce qui change. On peut également comparer l'*ousia* à l'essence de l'être, à sa substance. Pour les chrétiens monothéistes, se pose un véritable problème : comment définir dynamiquement la Trinité et, au sein de celle-ci, comment définir les rapports du Fils (vrai Dieu et vrai homme) avec le Père (son *ousia* est-elle distincte de celle du Père ?). La quasi-totalité des « hérésies » chrétiennes des premiers siècles ont pour origine une réinterprétation des rapports au sein de la Trinité. Le schisme de l'Église orthodoxe repose également sur une interprétation différente de la dynamique de la Trinité (problème du Filioque, voir ce mot). Le Concile de Constantinople fait le point sur la question et définit une unité de substance pour le Père, le Fils et le Saint-Esprit (*homoousios*) mais précise qu'il s'agit de trois personnes distinctes (ou hypostases). Le Christ, lui, en outre, possède deux natures (une nature divine et une nature humaine) mais une seule hypostase (ce qui évitait l'écueil des deux « fils » de Dieu).

OUSPIÉNIE BOGOMATIÈRIE ■ Dénomination russe (« endormissement de la mère de Dieu ») de la fête de la Dormition de la Vierge (l'Assomption chez les catholiques).

OVATE ■ Dans la hiérarchie druidique, prêtre gaulois, entre les druides et les bardes.

P

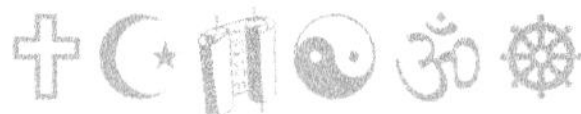

PACHEN-LAMA ■ L'une des trois « autorités » du bouddhisme tibétain, lesquelles sont le Pachen-Lama, le Dalaï-Lama et le Karmapa. Le Pachen-Lama (Joyau de sagesse) est l'incarnation du Bouddha Amitabha (Amida). Dans le bouddhisme tibétain, il est l'autorité spirituelle (le Dalaï-Lama, lui, étant l'autorité temporelle et spirituelle suprême). La troisième autorité est le Karmapa (« celui qui répand l'activité des bouddhas ») dont les réincarnations sont plus anciennes que celles du Dalaï-lama (elles débutent en 1184). Les Karmapas sont ainsi la première lignée spirituelle désignée par réincarnations successives. Le dernier Karmapa a pris la route de l'exil en 1959, peu avant le Dalaï-Lama, et est mort en 1981. La désignation de son successeur a donné lieu à de nombreuses polémiques et, à l'heure actuelle, deux « réincarnations » se disputent sa succession.

PADA ■ Dans le bouddhisme, c'est le mot utilisé pour désigner un verset.

PADMÂ ■ Dans le bouddhisme, c'est le mot utilisé pour désigner le lotus.

PADMASAMBHAVA ■ Le moine indien fondateur de l'école Nyingmapa (bouddhisme tibétain).

PADMÂSANA ■ Dans le bouddhisme, c'est le mot désignant la position du lotus.

PAGANISME ■ À la fin de l'Empire romain, nom donné par les chrétiens aux rites païens pratiqués par les Romains polythéistes.

PAGANO-CHRÉTIENS ■ Durant les premiers siècles du christianisme, ce sont les païens convertis au christianisme. Le premier païen (c'est-à-dire non juif) converti fut le centurion Corneille. Au moment de l'Église naissante, l'une des principales questions concernait les rapports entre la nouvelle secte et le judaïsme. Sous l'influence de l'apôtre Paul (« l'apôtre des Gentils »), il fut admis qu'il était possible de devenir chrétien sans passer par le judaïsme (contrairement à ce qu'affirmaient les « judaïsants » qui voulaient imposer aux chrétiens la circoncision — signe de l'Alliance avec Dieu — et la Loi). En même temps que l'admission des païens se généralisa, le christianisme abandonna non seulement la circoncision mais également la plupart des lois juives, dont les lois alimentaires.

PAGODE ■ Édifice conçu pour recevoir les reliques du Bouddha. Il s'agit donc d'un monument funéraire exactement comme le sont les stûpas indiens dont leur forme s'inspire. Comme chaque représentation de Bouddha émet une certaine énergie, les pagodes contenaient parfois de nombreuses petites statues de l'Éveillé, leur addition étant censée cumuler leur énergie. Les pagodes sont caractéristiques de l'architecture chinoise et japonaise.

PAÏEN ■ Se dit du pratiquant d'une religion polythéiste.

PALAIOIMÉROLOGISTE ■ Orthodoxe grec qui s'est séparé de l'Église grecque orthodoxe lorsqu'elle a remplacé, en 1924, le calendrier julien (toujours utilisé par les

Slaves orthodoxes) par le calendrier grégorien.

PALAMISME ■ Doctrine de saint Grégoire Palamas (1296-1359), l'un des principaux « théologiens » orthodoxes, selon laquelle Dieu est essence (à laquelle l'homme n'a pas accès) mais se manifeste, communique et se révèle à l'homme par des énergies non créées. Une doctrine semblable est également affirmée par les kabbalistes (voir le mot *séfira*).

PALE ■ Dans la liturgie catholique, pièce de tissu avec laquelle le prêtre recouvre le calice pendant la messe.

PALEIA ■ Dans l'orthodoxie russe, compilation de vieux textes et légendes hagiographiques.

PALÉOCHRÉTIEN ■ Se dit de l'archéologie et des arts des premiers temps du christianisme.

PALÉOLOGUE ■ Nom d'une famille impériale de l'Empire byzantin (13e au 15e siècle). On assiste durant leur règne à une modification du dessin des icônes rendues plus humaines. Les visages et les corps prennent du volume, les vêtements sont drapés, un espace (encore limité) apparaît, les couleurs sont puissantes, etc. (cette période est désignée par les historiens de l'art comme la « Renaissance des Paléologues »).

PÂLI ■ Langue sacrée du bouddhisme du Theravâda. C'est la langue dans laquelle fut rédigé le Canôn pâli et son commentaire (*Visuddhimagga* ou *Chemin de la complète purification*) par Buddhaghosa. Voir aussi Sanscrit.

PALIMPSESTE ■ Ce mot signifie « raclé à nouveau » et désigne un manuscrit qui a été écrit au-dessus d'un manuscrit plus ancien. Au moyen de techniques modernes, on parvient aujourd'hui à prendre également connaissance du premier manuscrit.

PALINGINÉSIE ■ Nouvelle naissance. Dans le christianisme, cette nouvelle naissance s'opère par le baptême. Dans d'autres religions, elle peut s'affirmer sous la forme de la réincarnation. Signalons également le mouvement de re-naissance (*rebirth*) de certains mouvements religieux américains.

PALLADIUM ■ Image protectrice, sanctuaire protecteur.

PALLIUM ■ Vêtement liturgique des Églises catholique et orthodoxe. C'est une bande d'étoffe blanche ornée de six croix que l'évêque porte autour du cou. Étroite chez les catholiques, elle est large chez les orthodoxes.

PANAGHIA ■ Voir Panagia.

PANAGIA ■ 1. Nom donné à la Vierge Marie dans l'Église orthodoxe (de « panagios » qui signifie tout à fait saint). Par extension, ce mot indique également une fête en l'honneur de la Vierge, une image de la Vierge, etc. 2. Dans le culte orthodoxe, médaillon à deux volets qui renferme l'image de la Mère de Dieu. 3. Type canonique d'icônes (on écrit aussi panaghia).

PANCA NIYATA ■ Dans le bouddhisme, c'est l'expression utilisée pour désigner les Cinq certitudes.

PANCA SKANDHA ■ Dans le bouddhisme, c'est l'expression utilisée pour désigner les Cinq agrégats.

PANDAKA ■ Dans le bouddhisme, c'est le mot utilisé pour désigner l'abstinence de sexe.

PANDARAVASINI ▪ Une shakti qui accompagne les Bouddhas de méditation.

PANENTHÉISME ▪ Croyance qui pose le monde comme immanent à Dieu, lequel reste transcendant.

PANNIKHIDE ▪ Dans l'Église orthodoxe, court office en commémoration d'un défunt. Il est célébré entre le décès et les funérailles puis les 3e, 7e et 40e jours après le décès et aux anniversaires.

PANNUCHIE ▪ Dans les monastères de rite byzantin, veillée de prière qui dure toute la nuit précédant une grande fête.

PANTANASSA ▪ Type canonique d'icônes représentant la Vierge reine du monde.

PANTHÉISME ▪ Doctrine qui considère que Dieu est la somme de ce qui existe ou, en d'autres mots, qu'une parcelle de Dieu existe dans chaque chose.

PANTHÉON ▪ Ensemble des divinités d'une religion polythéiste.

PANTOCRATOR ▪ Dans l'iconographie orthodoxe, c'est un type d'icône du Christ qui manifeste sa Majesté divine de Créateur et Sauveur. Il est représenté assis sur un trône de gloire ; il bénit de la main droite et tient dans la main gauche un livre (l'Évangile).

PÂPA ▪ Dans le bouddhisme, c'est le mot utilisé pour désigner le mal.

PAPABILE ▪ Mot italien désignant celui qui pourrait devenir pape, celui qui possède le plus d'atouts pour accéder au pontificat. Cependant, un dicton dit « celui qui entre pape au conclave, en sort cardinal » (*chi entra papa al conclave, n'esce cardinale*).

PAPAUTÉ D'AVIGNON ▪ Voir Grand schisme d'Occident.

PAPE ▪ 1. Successeur de saint Pierre, promu par le conclave à la tête de l'Église. Il est souverain de l'État du Vatican, Évêque de Rome, patriarche d'Occident et primat d'Italie. 2. Titre du patriarche copte orthodoxe.

PAPILLOTES ▪ Tresses portées par les Juifs orthodoxes devant ou derrière les oreilles. Ces mèches de cheveux (*payes* ou *pèyes*, en yiddish ou *péot*, en hébreu) tressés ont pour origine une interdiction biblique (« Ne taillez pas en rond les extrémités de votre chevelure, et ne rase pas les coins de ta barbe », Lévitique 19, 27) qui a été interprétée par les juifs orthodoxes comme étant l'interdiction de se couper les favoris. En français, on utile également le terme cadenettes.

PAPISME ▪ Doctrine des partisans du pouvoir absolu du pape (on parle aussi d'ultramontanisme).

PÂQUE ▪ Fête juive mobile célébrant la sortie d'Égypte.

PÂQUES ▪ Fête chrétienne mobile célébrant la résurrection du Christ.

PARABOLE ▪ Court récit qui compare (en grec, *parabolè* = comparaison) deux situations. Jésus-Christ a généreusement utilisé les paraboles pour illustrer de manière analogique, symbolique ou énigmatique son enseignement (*Parabole du bon pasteur, Parabole de l'enfant prodigue,* etc.).

PARACHA ▪ Un ou plusieurs paragraphes de la Torah.

PARACLÈSE ■ Du grec *paraklêsis*, ce mot prend plusieurs sens dans la Bible et le Nouveau Testament. 1. Appel au secours, prière. 2. Exhortation, dans ce cas il se rapporte plus précisément aux différentes exhortations que l'on retrouve dans les écrits de saint Paul. 3. Consolation (généralement dans une homélie).

PARACLESIS ■ Type canonique d'icônes représentant la Vierge de l'intercession.

PARACLET ■ Dans la théologie chrétienne, le Paraclet est un des noms de l'Esprit saint. Il n'existe pas de bonne définition pour ce terme ; les traductions les plus utilisées sont l'Avocat, l'Aide, le Consolateur, etc. Le terme *parakletos* est surtout utilisé par saint Jean dans cinq références du Nouveau Testament. Une lecture superficielle des Évangiles de saint Jean (14-16, 14-26, 15-26, 16-7 à 11, 16-13 et ss) permet d'imaginer que le Paraclet est une « personne », *un don des derniers temps*, lequel annonce les fins dernières et accomplit ce que le Christ a promis. Cette approche ontologique de l'Esprit saint — une personne en attente des fins dernières — n'est pas sans poser quelques problèmes au christianisme monothéiste. Le Saint-Esprit a, par ailleurs, toujours posé un problème théologique au sein du christianisme. Sans entrer dans les détails signalons, le Filioque (pour les orthodoxes, l'Esprit saint procède du Père seul ; alors que pour les catholiques, il procède du Père et du Fils), citons également les liens entre l'Esprit saint et le mystère pascal ou la très intéressante question de l'intervention du Saint-Esprit dans l'épiclèse eucharistique (la transformation ou transsubstantiation du pain et du vin lors de la consécration eucharistique). On comprend que les différents mouvements chrétiens adoptant une position particulière vis-à-vis du Saint-Esprit sont rapidement qualifiés de schismatiques par l'Église officielle. Dans le contexte de l'attente eschatologique des premiers siècles, plusieurs prophètes chrétiens (dont Montan — l'un des fondateurs du montanisme, une communauté chrétienne du 2e siècle) se sont attribué le qualificatif de Paraclet. Mahomet (qui était surtout en contact avec des communautés de chrétiens schismatiques et dont les connaissances en théologie chrétienne n'étaient pas toujours très « orthodoxes ») a imaginé que son arrivée — le Paraclet — était déjà annoncée dans le Nouveau Testament. Tout dans le contexte de l'islam naissant était favorable à cette interprétation. Signalons également que Mani — le fondateur du manichéisme, une religion qui fut pendant plusieurs siècles une alternative sérieuse au christianisme — croyait (comme Mahomet) qu'il était le Paraclet, le Prophète, qui achèverait la Révélation commencée par le Christ (Jean 14, 26 et 15, 26).

PARACLISIS ■ Dans l'Église orthodoxe, c'est un office, en période d'affliction ou de péril, pour la guérison des âmes et des corps.

PARACLITIQUE ■ Dans l'Église orthodoxe, il s'agit d'un livre liturgique.

PARADIS ■ La plupart des religions décrivent un paradis, lequel est le lieu mythique où vécurent Adam et Ève (judéo-christianisme), le lieu où vivent les bouddhas avant leur séjour terrestre, le lieu de rassemblement des âmes après la mort (christianisme, amidisme), etc. Chez les juifs, le paradis porte le nom de jardin d'éden céleste (*gan eden*), lequel est une « reproduction » de l'éden terrestre dans lequel vivaient Adam et Ève avant d'en être chassés pour avoir consommé le fruit de l'« arbre de la connaissance du bien et du mal ». Les poètes religieux ont décrit cet éden comme le pays où, bordés d'arbres, bercés par les chants de six cent mille anges, coulent des fleuves de lait, de miel, d'ambre et de vin pendant que Dieu, lui-même, explique la Torah aux bienheureux. Dans le Talmud, il est écrit que « dans le monde futur, il n'y a ni nourriture, ni boisson, ni relations sexuelles, ni commerce, ni haine, ni jalousie, ni concurrence. Il n'y a que des sages assis et heureux dans la contemplation de la présence divine » (Berakhot, 27)

PARADIS BOUDDHIQUES ■ Comme les enfers, ils sont multiples. Leur description occuperait au moins un ouvrage de l'épaisseur de celui-ci. Retenons simplement qu'il existe Quatre Grands Rois Célestes qui vivent à la base du mont Sumeru et gardent les quatre directions géographiques. Ils sont souvent représentés dans la statuaire chinoise (ce sont Dhrtarastra, Virudhaka, Virupaksa et Vaisravana). Au sommet du mont Sumeru se trouve le paradis des trente-trois dieux. Ce paradis est divisé en plusieurs cités où vivent des dieux différents. Ces dieux vivent dans le monde du désir mais, à la différence des hommes, leur passion se dissipe avec une éjaculation de vent. C'est ainsi aussi que naissent leurs enfants, déjà âgés à leur naissance. Selon le paradis qu'ils habitent ces dieux peuvent satisfaire leurs désirs de façon sublimée (simple étreinte pour le paradis Yama ; une poignée de main pour le paradis Tusita, un sourire pour le paradis Nirmana-rati et un simple regard pour le paradis Para-nirmita).

PARADIS DE LA TERRE PURE ■ Paradis du Bouddha Amida, paradis de l'Ouest. Le Bouddha Amida a promis que quiconque l'invoquera renaîtra dans son paradis et qu'il n'y aura plus jamais, pour lui, de régression.

PARADIS TUSITA ■ C'est l'un des paradis (le quatrième dans la cosmologie bouddhiste) où Bouddha a séjourné avant de naître pour la dernière fois sur terre afin d'y atteindre l'Éveil. Avant de quitter ce paradis, Bouddha y a placé Maitreya, le Bouddha du futur (c'est-à-dire un bouddha qui doit naître une dernière fois sur terre mais dans une époque encore inconnue). Lorsque Maitreya renaîtra sur terre, un autre bodhisattva, Simha (?), prendra sa place dans le paradis Tusita. Selon la croyance populaire, tous les bodhisattvas passent également par ce paradis.

PARAKKAMABÂHU ■ Le roi du Sri Lanka qui imposa le Petit Véhicule.

PARALIPOMÈNES ■ Les deux livres de l'Ancien Testament qui constituent un supplément au *Livre des Rois* et dévoilent des « choses omises » dans les livres précédents.

PARAMANU ■ Dans le bouddhisme, c'est le mot utilisé pour désigner un atome.

PARAMÂRTHASATYA ■ Dans le bouddhisme, c'est le mot utilisé pour désigner la Vérité réelle (ou ultime).

PARAMENTIQUE ■ Science de la connaissance des vêtements liturgiques.

PARAMITAS ■ Il s'agit des perfections que doit réaliser le bodhisattva au cours de ses vies. Ces perfections étaient six au départ mais quatre autres furent intégrées plus tard. Les dix perfections sont : la charité, la moralité, la patience, l'énergie, la méditation, la sagesse et aussi l'action correcte, les vœux pieux, la résolution et la connaissance de la juste définition de tous les *dharmas*.

PARAMONIE ■ Dans le rite byzantin, veille de certaines grandes fêtes (Noël, Épiphanie, Purification de Jésus au Temple).

PARASCÈVE ■ 1. Dans le judaïsme, c'est la préparation du chabbat (de *parakéon*, qui signifie préparation). 2. Dans le christianisme, c'est l'ancienne appellation du Vendredi Saint.

PARATESTAMENTAIRE ■ Nom donné à certains ouvrages qui n'entrent pas dans le canon de l'Église catholique : ils n'appartiennent ni au canon de l'Ancien Testament, ni à celui du Nouveau Testament. Certains préfèrent les appeler apocryphes, pseudépigraphiques ou intertestamentaires.

PARC DES GAZELLES ■ Endroit (près de Bénarès) où Bouddha prononça son premier discours et mit ainsi en route, pour la première fois, la roue de la Loi.

PARDÈS ■ Mot hébreu signifiant « le verger », « le paradis ». Pour les mystiques, les kabbalistes, c'est le domaine de la connaissance ésotérique. Ce mot est formé des quatre consonnes initiales des quatre niveaux d'études de la Torah : P (*pshatt*, la Torah étudiée selon le sens littéral), R (*remez*, la Torah étudiée, selon le sens allégorique), D (*derash*, la Torah étudiée selon le sens figuré) et S (*sod*, la Torah étudiée selon le sens secret, le sens herméneutique).

PARECCLÉSION ■ Dans les Églises orthodoxes, chapelle latérale.

PARÈDRE ■ Divinité de rang inférieur associée à une autre divinité de rang supérieur. La parèdre est aussi la divinité secondaire qui est soit l'épouse soit l'émanation d'une divinité masculine à laquelle elle est associée. Généralement, les deux divinités sont représentées en même temps ; parfois dans une position d'accouplement (voir *yab-yum*).

PARÉNÈSE Ce mot signifie « exhortation ». 1. Prédication, discours moral, qui exhorte à pratiquer les vertus. 2. Dans l'exégèse biblique, il se rapporte aux différentes exhortations que l'on retrouve dans les écrits de saint Paul.

PARENTÉ SPIRITUELLE ■ Dans le Droit canonique catholique, parenté née à l'occasion d'un sacrement (baptême, confirmation) entre l'officiant, le parrain et la marraine et celui qui reçoit le sacrement. Le nouveau Code de droit canonique (1983) a supprimé certains des empêchements nés de la parenté spirituelle (ainsi, jadis, le Parrain ne pouvait épouser sa filleule).

PARFAITS ■ Cathares qui, ayant reçus le *consolamentum* (voir ce mot), entraient dans une vie d'ascèse très dure pour se rapprocher du Dieu bon.

PARINIRVÂNA ■ Entrée du Bouddha dans le *nirvâna* ; c'est-à-dire la mort de Bouddha. Le *parinirvâna* est identique au *nirvâna*, c'est la cessation des cinq agrégats d'existence (voir l'article consacré à ce concept). On parlera cependant plus volontiers de *parinirvâna* (ou *nirvâna* complet) lorsqu'on désigne la mort de Bouddha ou d'un être saint (*arhat*).

PARLER EN LANGUE(S) ■ Dans la tradition chrétienne (Actes des Apôtres 10, 44-46), cette expression signifie parler dans une langue que seul Dieu et les anges comprennent. Dans une des ces Épîtres, saint Paul écrit : « celui qui parle en langue ne parle pas aux hommes mais à Dieu ; personne, en effet, ne le comprend : il dit en esprit des choses mystérieuses. (...) Celui qui parle en langue s'édifie lui-même, celui qui prophétise édifie l'assemblée » (*Épîtres aux Corinthiens* 14, 2-4). Le parler en langues est réapparu ces dernières années dans les mouvements pentecôtistes.

PARNASSIM ■ Notables et dirigeants d'une grande communauté juive ashkénaze.

PAROKHÈTH ■ Dans la liturgie juive, voile du Temple. Il séparait le « saint » du « saint des saints » où se situait l'Arche d'Alliance. Ce rideau était en velours rouge, vert ou bleu et est orné de divers motifs et parfois de dédicaces.

PAROUSIE ■ 1. Pour les chrétiens, c'est le dernier avènement glorieux du Christ sur terre, à la fin des temps. 2. Pour les musulmans chiites, c'est la venue du Mahdî.

PARSIS ■ Ce mot (qui signifie « Persans ») désigne les membres de la communauté zoroastrienne établie en Inde.

PARSISME ■ Religion des parsis.

PARTICULARISME ■ Doctrine chrétienne qui enseigne que le Christ est mort sur terre uniquement pour certains élus. Cette doctrine est condamnée par l'Église catholique.

PARTICULE ■ Dans la liturgie catholique, petite parcelle de l'hostie consacrée que le prêtre laisse tomber dans le calice contenant déjà le vin transformé en sang.

PARTSOUF ■ Mot hébreu signifiant « personnification ». Dans la kabbale, c'est la personnification des *séfiroth*, les émanations du Dieu infini (En-Sof). Cinq des personnifications sont très présentes dans les exégèses kabbalistiques : Arik Anpin (le grand visage), Abba (le père), Imma (la mère), Zeir Anpin (le petit visage) et Nouqva (la féminité). Chacune de ces personnifications est attachée à une ou plusieurs séfiroth.

PASSIONS LATENTES ■ Le bouddhisme décrit sept passions latentes ou penchants (*anushaya*/*anusaya*). On parle de passions latentes parce qu'elles ont tendance à revenir constamment même lorsque l'homme croit en être définitivement guéri. Ces passions latentes impriment donc à l'homme (ou plus exactement à sa « série personnelle » d'incarnations) une orientation défavorable. Ces sept passions latentes sont : le désir sensuel, l'aversion, l'opinion, le doute, la prétention, l'instinct de vie et l'ignorance (*avidyâ*).

PASTEUR ■ 1. Ministre du culte (homme ou femme) chez les protestants. Le pasteur n'est pas un prêtre car, chez les protestants, il n'y a pas de clergé et le sacerdoce est universel (chaque homme est, selon la parole biblique, prophète, prêtre et roi). Le pasteur est élu parmi les fidèles mais on lui demande, malgré tout, de posséder un bagage théologique. Chez les luthériens, sans que cela soit un sacrement, il y a ordination du pasteur ; ce qui n'est pas le cas dans les autres courants religieux du protestantisme. 2. Dans le christianisme, c'est celui à qui est confié le soin de veiller sur un groupe de fidèles. Ainsi, le curé de village, l'évêque ou le pape sont des pasteurs.

PATALIPUTRA (CONCILE DE -) ■ Troisième concile bouddhique organisé en -340, à Pataliputra (Patna, aujourd'hui), à l'initiative de l'empereur Asoka. Ce concile a été contrait de constater la rupture au sein de la communauté entre le Petit Véhicule (Hinayâna, bouddhisme originel) et le Grand Véhicule (Mahayâna, courant « moderniste » ou bouddhisme des sectes).

PATAÑJALI ■ L'auteur des « Aphorismes sur le Yoga », la première mise par écrit, il y a 3000 ans, des techniques méditatives connues sous le nom de yoga.

PATARIN ■ Membre d'une secte chrétienne hérétique. Cette appellation a été appliquée aux fidèles de nombreuses sectes hérétiques, mais principalement à la communauté bogomile implantée en Bosnie et en Italie du Nord.

PATÈNE ■ Dans la liturgie catholique, vase servant à recevoir l'hostie et à recouvrir le calice.

PATER ■ La principale prière des chrétiens. Elle aurait été enseignée par Jésus lui-même (on la désigne également sous le nom de Pater noster ou « Notre Père »).

PATERIKOS ■ Dans l'orthodoxie, compilation de la vie des saints.

PATIMOKKHA ■ Règles monastiques à l'usage des moines (227 règles) et des nonnes (311 règles) bouddhistes.

PÂTRA ■ Dans le bouddhisme, c'est le mot utilisé pour désigner un bol à aumône.

PATRIARCAT ■ 1. Dans l'Église catholique de rite oriental, c'est le siège épiscopal ayant le pouvoir d'administration sur un ensemble de diocèses suivant le même rite. Les cinq patriarcats traditionnels sont celui de Rome (rite latin), celui de Constantinople (rite byzantin), celui d'Alexandrie (rite copte), celui de Jérusalem (divers rites), celui d'Antioche (rite syrien). Les titres de patriarche de Venise et de patriarche de Lisbonne sont purement honorifiques. Le pape porte le titre de patriarche d'Occident. 2. Dans l'orthodoxie, c'est le siège épiscopal du patriarche. Il y a neuf patriarcats : Constantinople, Alexandrie, Antioche, Jérusalem, Moscou, Belgrade, Bucarest et Sofia. Certains patriarcats se recoupant, il est parfaitement possible qu'un patriarcat soit administré par un patriarche orthodoxe et un autre patriarche catholique.

PATRIARCHES ■ 1. Ce sont les fondateurs du peuple Juif. Il s'agit d'Abraham, d'Isaac et de Jacob. Ils sont tous les trois enterrés à Hébron (grotte de Makhpélah). On connaît l'épreuve d'Isaac, le second fils d'Abraham. On connaît également la transaction commerciale de Jacob, le second fils d'Isaac. Il rachète à son frère aîné (Esaü) son droit d'aînesse contre un plat de lentilles puis, par ruse, aidé par sa mère, il obtient de son père, aveugle, la bénédiction qu'il réservait à son aîné. Jacob aura douze fils qui donneront les douze tribus d'Israël… Son préféré est Joseph, lequel est vendu par ses frères… mais fait fortune en Égypte et y fait venir toute sa famille. 2. Titre des hiérarques des quatre premières Églises orientales autocéphales (Constantinople, Alexandrie, Antioche et Jérusalem), et des quatre plus récentes (Moscou, Belgrade, Bucarest et Sofia).

PATRISTIQUE ■ Étude des Pères de l'Église (voir ce mot). 1. Pour les catholiques, la tradition patristique est terminée depuis l'an 750 ; le relais ayant été pris par les Docteurs de l'Église (le dernier, promulgué en 1997, est une femme, sainte Thérèse de l'Enfant Jésus et de la Sainte Face). 2. Pour les orthodoxes, la tradition n'est pas interrompue, ce qui explique que pour la théologie orthodoxe contemporaine on parle de théologie néopatristique.

PATROLOGIE ■ Ensemble des enseignements formulés par les Pères de l'Église grecs et latins.

PATRON (SAINT) ■ Dans la religion catholique, personnage saint qui est censé protéger une personne (nom de baptême), une institution, une ville, etc. Ainsi, le saint patron de l'Internet est saint Isidore (son œuvre est construite comme une base de données) et celui de l'Europe est saint Benoît.

PAULICIANISME ■ Hérésie des 7e et 8e siècles qui affirme que le Christ a été « adopté » par Dieu le Père. Elle fait de nombreux emprunts au manichéisme, dont la tradition dualiste. Cette doctrine aurait inspiré les Bogomiles.

PAULIEN ■ Adjectif se rapportant aux travaux ou à l'influence de saint Paul.

PAULINIEN ■ Ce qui est relatif à saint Paul ou à son enseignement.

PECCABLE ■ Désigne ce qui est susceptible de pécher.

PECCAMINEUX ■ Qui est de l'ordre du péché.

PÉCHÉ ■ Acte par lequel l'homme commet volontairement (c'est-à-dire en pleine connaissance de cause et de sa pleine volonté) le mal en désobéissant à un des commandements de Dieu (et, le cas échéant, de l'Église). 1. Dans le judaïsme antique, toute offense à Dieu devait être réparée par un sacrifice. Dans le judaïsme actuel, le péché ne concerne que la relation de l'homme avec Dieu ; cependant, le juif doit réparer le tort fait à son prochain. Il est d'interprétation juive constante que tous les malheurs qui surviennent au peuple juif ont pour cause son état de péché. 2. Dans l'islam, la notion de péché est très éloignée de ce que connaissent les chrétiens et les juifs. Le péché originel n'existe pas et les musulmans n'imaginent pas la possibilité d'un péché collectif ; ainsi, personne ne peut être rendu responsable de la faute commise par un autre. En outre, le péché est réellement une affaire « privée » entre Dieu et le pécheur. Si l'acte est commis dans la discrétion, il n'y a pas de péché non plus (Allah ne voit pas ce que la communauté ne voit pas). Pour ce qui concerne les interdits alimentaires, le Coran insiste plusieurs fois sur l'absence de péché s'il n'y a pas la volonté de commettre le péché : « Mais quiconque est contraint à en manger sans l'intention d'être rebelle ou transgresseur, nul péché ne sera sur lui. Allah est absoluteur et miséricordieux. » (II-173). Les musulmans distinguent entre les grands péchés (*kabâir*) et les petits péchés (*saghâir*). Le plus grand des péchés est celui contre le monothéisme : donner un associé à Dieu. 3. Pour les chrétiens, le péché est le refus de l'amour de Dieu (il est donc distinct de la faute). Les catholiques possèdent une nomenclature des péchés car tous ne sont pas de même gravité : ils distinguent les péchés véniels et les péchés mortels. 4. Dans le bouddhisme, le péché concerne uniquement les moines ; cependant, le fait de commettre un acte (bon ou mauvais) agit automatique sur le karma (voir ce mot) et donc sur le devenir de l'homme dans cette vie ou lors de l'une de ses réincarnations.

PÉCHÉ ORIGINEL ■ Péché commis par Adam et Ève qui, désobéissant à Dieu, voulurent connaître de l'Arbre du bien et du mal. Pour les chrétiens, ce péché retombe sur tous les êtres humains (à l'exception de la Vierge Marie : voir Immaculée Conception) mais a été racheté par Jésus-Christ dont le sacrifice permet le salut éternel des âmes baptisées ou réceptives à celui-ci (baptême de désir). Péché central pour les catholique, il est plus ou moins ignoré par les orthodoxes.

PÉCHÉS DE DAMNATION-IMMÉDIATE ■ Dans le bouddhisme, les péchés les plus graves s'accompagnent de damnation-immédiate (*ânantarya*) : tuer sa mère, un *arhat*, son père, diviser la communauté, provoquer une effusion de sang avec un sentiment de haine. La question de savoir si les animaux (qui ne sont qu'une des étapes du *samsâra*) pouvaient être coupables de péchés entraînant la damnation-immédiate a provoqué de nombreuses discussions parmi les docteurs bouddhistes. Certains admettaient que des animaux à l'intelligence éveillée pouvaient encourir la damnation-immédiate.

PEINES LÉGALES ■ Dans l'islam, il existe assez peu d'actions qui sont interdites par la loi divine et pour lesquelles il existe — dans l'application de la *charia* ou loi religieuse — une peine légale (coups de fouet, section d'un membre, mort). La plupart du temps, l'homme est libre de ses actes et c'est Dieu qui le punira ou le récompensera à sa mort. Le droit islamique distingue entre les droits d'Allah (qui sont susceptibles d'une sanction pénale) et les droits des hommes. Les actes interdits sont au nombre de cinq : apostasie (*ridda*), brigandage, fornication (*zinâ*), vol (*sâriqa*) et consommation du vin (*khamr*). On notera que la loi (*charia*) est très stricte sur les preuves à fournir, rendant ainsi l'application de ces peines quasi impossible. En outre, les faux témoignages et les peines excessives (quelques coups de fouet de trop) sont également sévèrement punis.

PÉLAGIANISME ■ Hérésie chrétienne (4ᵉ siècle). Le moine Pélage nie la transmission du péché originel d'Adam et Ève à leurs descendants ainsi que le rôle de la grâce divine. Combattue par saint Augustin, cette hérésie est condamnée par les conciles de Carthage (411 et 418).

PÉLAGONITSSA ■ Type canonique d'icônes représentant la Vierge du plateau de Pélagonie (Macédoine).

PÈLERINAGES JUIFS ■ Depuis que le roi Salomon a construit le Temple, trois pèlerinages annuels (obligatoires pour les juifs de sexe masculin) ont pour but Jérusalem (à l'époque des Juges, la ville des pèlerinages était Silo). Après la destruction du Temple, les juifs continuèrent à se rendre à Jérusalem mais c'était pour y pleurer sa destruction (d'où le nom donné par les non-juifs au mur occidental du Temple : Mur des Lamentations). Aujourd'hui, le Mur des Lamentations est certainement le principal lieu de pèlerinage des juifs, bien qu'il n'existe plus d'obligations de pèlerinage, comme c'était le cas lorsque le Temple existait. Le pèlerinage s'effectuait lors des trois fêtes juives pour lesquelles Dieu l'avait ordonné ; ce sont Pessah (sept jours en Israël), Chavouoth (un jour en Israël) et Souccoth (huit jours en Israël). Si l'obligation du pèlerinage disparut avec la destruction du Temple, l'obligation de se réjouir durant ces fêtes (à signification nationale et agricole) persista. On notera que d'autres lieux, comme Safed qui abrite la tombe de nombreux sages, sont, aujourd'hui encore, des destinations de pèlerinage.

PÈLERINAGES MUSULMANS ■ Une sourate entière (XXII) est consacrée aux pèlerinages. L'islam distingue deux pèlerinages : le majeur (ou *hajj*) que l'on ne peut effectuer qu'à une époque précise de l'année et le mineur (ou *umra*), moins complet, que l'on peut effectuer à tout moment de l'année. Le Pèlerinage rituel à La Mecque (la ville natale de Mahomet), que tout musulman qui en a les moyens doit accomplir une fois dans sa vie — appelé le Pèlerinage majeur — s'effectue chaque année à une date précise : durant la première quinzaine du mois *dhû l-hijja* (le dernier mois du calendrier musulman, soit trois mois après le Ramadan). Comme il s'agit d'un calendrier lunaire, le *hajj* s'effectue chaque année à une date différente. Le Pèlerinage rituel fait partie des cinq piliers de l'islam. Le Pèlerinage du *hajj* reprend presque point par point les stations du pèlerinage préislamique. Lorsqu'il arrive à La Mecque, le pèlerin mâle doit procéder à des ablutions complètes (entre autres, se couper les cheveux et les ongles) et revêtir un vêtement spécifique (deux pièces de tissu blanc non cousues et des sandales). Ce vêtement doit être revêtu avant d'arriver à La Mecque. La plupart du temps, les pèlerins portent déjà ce vêtement dans l'avion qui les conduit à l'aéroport de Jeddad. Pour les femmes, les prescriptions vestimentaires sont beaucoup moins sévères. Lorsqu'il a procédé aux ablutions et revêtu le vêtement, le pèlerin est en état d'*ihram* (c'est-à-dire de sacralisation). On remarquera que les pèlerins sont tous identiques, et si ce n'est la qualité des lunettes, plus rien ne distingue un riche d'un pauvre, un puissant d'un malheureux ; l'égalité voulue par l'islam est, ici, manifeste. Ensuite, le pèlerin doit, dans l'ordre, et selon un horaire assez précis : effectuer les sept circumambulations autour de la kaba, sans oublier de baiser la Pierre Noire ; parcourir sept fois la distance entre les deux collines sacrées de Safa et de Marwa ; gagner (à pied ou en bus) la plaine d'Arafat, y faire la station et accomplir deux prières rituelles, à midi puis dans l'après-midi ; se rendre à al-Muzdalifa pour y passer la nuit ; se rendre à Minâ pour procéder à la lapidation rituelle du Diable (trois jours de séjour en tente) ; se raser les cheveux ; retourner à La Mecque pour procéder à une nouvelle circumambulation ; revenir à Minâ pour procéder à de nouvelles lapidations ; sacrifier un animal, à Minâ (voir *aïd elkebir*) ; revenir à La Mecque pour effectuer de nouvelles circumambulations ; enfin, procéder à la désacralisation finale.

PÉNITENCE ■ 1. Profond regret d'avoir offensé Dieu avec l'intention de ne plus recommencer et la volonté de réparer sa faute. 2. Peine que le confesseur impose au pénitent.

PENTARCHIE ■ Dans l'Église chrétienne primitive (jusqu'au 8e siècle), ensemble des cinq Patriarcats (Rome, Constantinople, Antioche, Alexandrie et Jérusalem).

PENTATEUQUE ■ Les cinq premiers livres de la Bible. La tradition attribue à Moïse l'intégralité des cinq livres du Pentateuque (ou Torah). La Torah débute avec la création du monde et se termine avec la mort de Moïse. La Torah, comme l'indique son nom grec, est composée de cinq parties. En réalité, elle a été divisée, un peu après l'exil à Babylone (vers -500 è.c.), en cinq rouleaux distincts, en cinq livres, qui sont : la Genèse, l'Exode, le Lévitique, les Nombre et le Deutéronome. En français, les cinq livres tirent leur nom de leur contenu. En hébreu, les noms des cinq livres sont les premiers termes significatifs de chacun. Ainsi, la Genèse porte en hébreu le nom de *Berechit*. Le Pentateuque porte aussi le nom de Torah écrite car la loi de Dieu ne peut se comprendre et devenir Loi sans son complément indispensable qui est la loi orale, la Torah orale (c'est-à-dire le Talmud).

PENTECÔTE ■ 1. Dans la religion juive, fête de la promulgation de la Torah au Sinaï. 2. Dans la religion chrétienne, fête de la descente de l'Esprit-Saint, sous la forme de langues de feu, sur les Apôtres réunis autour de la Vierge Marie (septième dimanche après Pâques).

PENTECÔTISTE ■ Voir Pentecôtisme.

PENTECÔTISME ■ 1. Mouvement religieux protestant apparu aux États-Unis en 1906 (à l'initiative de l'évangiliste W.J. Seymour), dans les milieux baptistes. Ce mouvement accorde une large place à la présence actuelle du Saint-Esprit et aux charismes. 2. Aujourd'hui, on range sous cette rubrique de nombreuses communautés chrétiennes dont le lien principal est l'attachement qu'elles portent aux manifestations du Saint-Esprit. On ne s'étonnera pas que des manifestations particulières (glossolalie, parler en langue, transes, etc.), se manifestent lors des réunions spectaculaires auxquelles assistent de nombreux membres. 3. Ensemble des mouvements chrétiens (protestants et catholiques) qui estiment que le don de l'Esprit saint (charisme) doit être réactualisé et revalorisé dans l'Église.

PÈRES APOSTOLIQUES ■ Dans le christianisme, ce sont les Pères de l'Église ayant été en contact direct avec les apôtres. Ils sont peu nombreux : Clément de Rome, Ignace d'Antioche et Polycarpe de Smyrne. Certains y ajoutent Barnabé et Papias d'Hiérapolis. Leurs successeurs (jusqu'au

8e siècle, pour les catholiques ; jusqu'à aujourd'hui pour les orthodoxes) sont les Pères de l'Église. Ensuite, pour les catholiques, viennent les Docteurs de l'Église. Ce dernier titre est encore décerné aujourd'hui par l'Église catholique.

PÈRES DE L'ÉGLISE ■ La chrétienté donne ce titre à des auteurs religieux qui répondent aux quatre critères ci-après : ancienneté, sainteté de la vie, pureté de la doctrine et approbation de l'Église. Les Pères de l'Église sont donc des auteurs anciens ayant vécu avant le 8e siècle. Signalons cependant que pour les orthodoxes, l'Esprit souffle toujours et la liste n'est donc jamais close. La liste des Pères de l'Église étant relativement longue, nous ne citerons que les principaux : Irénée (d'après le pape Benoît XVI, c'est « le véritable fondateur de la théologie catholique »), Origène, Novatien (le premier a avoir écrit en latin), Basile de Césarée (le père du monachisme oriental), Grégoire de Nazianze et Syméon le Nouveau Théologien, Eusèbe de Césarée (le père de l'histoire ecclésiastique), etc.

PÈRES DU DÉSERT ■ Moines (anachorètes et cénobites) de la Haute-Égypte (Thébaïde) qui fondèrent du 4e au 6e siècle le monachisime chrétien.

PERIBLEPTOS ■ Type canonique d'icônes représentant la Vierge illustre.

PÉRICHORÈSE ■ Dans la théologie trinitaire, perpétuel mouvement d'interpénétration, d'amour et de communion des trois personnes de la Sainte Trinité. On parle également d'inhabitation.

PÉRICOPE ■ 1. Versets sélectionnés de la Bible dont la lecture est assignée à un jour ou à un office. 2. En exégèse biblique, court passage qu'on a isolé du fait de son unité littéraire.

PEROUKH ■ Commentaires talmudiques de Rachi.

PEROUTA ■ Dans le judaïsme, petite monnaie de cuivre (utilisée pour acter un contrat).

PERSONNE DIVINE ■ Dans le christianisme, il y a trois personnes (ou hypostases) divines : le Père, Le Fils (Jésus-Christ) et le Saint-Esprit. Chaque personne est distincte mais néanmoins unie aux deux autres par une pénétration réciproque (périchorèse et circumincession). Le Christ possède une seule personne mais deux natures (une nature divine et une nature humaine) et donc deux volontés distinctes. De très nombreuses hérésies proviennent de la négation de l'équation Jésus-Christ = une personne, deux natures et deux volontés distinctes.

PESHITTA ■ Traduction, au 3e siècle, de la Bible complète en syriaque à partir d'un texte grec.

PESSAH ■ Nom de la Pâque juive. Elle célèbre la sortie d'Égypte. Cette fête est caractérisée par un repas solennel (*séder*) au cours duquel le père lit la Haggadah (récit de la sortie d'Égypte). Le juif a obligation de manger de la *matzah* (pain sans levain, encore appelé pain azyme) le soir de Pessah. Par contre, il lui est interdit de consommer tout aliment à base de pâte levée durant les huit jours de la fête. Il est à noter que Pessah est une fête qui demande une très longue préparation. En effet, le juif doit respecter le commandement biblique qui lui interdit de posséder le moindre aliment à base de pâte levée ou susceptible d'entrer dans un processus de fermentation (certains s'interdisent même le riz et les légumineuses). Il est donc obligatoire de nettoyer toute la maison et de casheriser la cuisine (voir l'article consacré aux lois alimentaires). Par simplicité — et aussi par sûreté —, la plupart des familles juives possèdent une vaisselle et une batterie de cuisine réservées exclusivement à la période de Pessah.

PETIHA ■ Dans le judaïsme, ouverture de midrash homilétique (c'est-à-dire une prédication). Par extension, c'est le midrash homilétique lui-même.

PETIT VÉHICULE ■ Désignation courante du bouddhisme des origines. Ce bouddhisme est encore vivant aujourd'hui dans de nombreux pays du sud de l'Asie. Ce bouddhisme est resté très « pur », très proche de l'enseignement de Bouddha. Il refuse aussi bien les « innovations » du Grand Véhicule (nature du Bouddha en chacun de nous, participation des êtres de compassion — les bodhisattvas — au salut des faibles, rites, sûtras non canoniques, ésotérisme, magie, etc.) que celles de l'évolution des mœurs (place de la femme dans la société, pratiques sexuelles élargies, etc.). Plus philosophique que religieux, il présente paradoxalement un visage très religieux car étant donné que seuls les moines peuvent accéder au *nirvâna*, ceux-ci sont omniprésents dans les pays où le bouddhisme theravadin (c'est-à-dire des anciens) est quasi une religion d'État (Sri-Lanka, Thaïlande, Birmanie, etc.).

PETITE ÉGLISE ■ Église chrétienne schismatique (ne reconnaissant pas l'autorité du pape) constituée suite au refus par ses membres du concordat napoléonien de 1801.

PÉTRINIEN ■ Qui a rapport au pape (successeur de saint Pierre, d'où l'adjectif). On parlera ainsi de privilèges pétriniens.

PEUPLE ÉLU ■ Ayant été choisi par Dieu, Israël est un « peuple élu ». Ce sentiment d'une élection est omniprésent dans le monde juif et serait pour la conscience juive « un dogme non formulé ». Pour de nombreux penseurs juifs cette élection loin de constituer un avantage entraîne au contraire bien des devoirs. On notera que cette situation de « peuple élu » n'empêche pas quiconque le souhaite (et accepte les différentes alliances avec Dieu, dont la circoncision) de devenir juif : s'il existe un peuple élu, il n'y a, par contre, pas d'élus. Le contrat avec Dieu est un contrat d'association, presque un contrat synallagmatique, ouvert à quiconque veut en respecter les termes.

PHALA ■ Dans le bouddhisme, c'est le mot utilisé pour désigner le fruit, le résultat, d'une action karmique.

PHANAR ■ Quartier d'Istanbul où résidaient jusqu'à la moitié du 19e siècle la plupart des chrétiens orthodoxes (appelés aujourd'hui encore « rum ») grecs et turcs. En effet, après la conquête de Constantinople, le sultan Mehmet II encouragea l'installation des chrétiens orthodoxes à Istanbul où il créèrent le quartier chrétien du Pharar (on parle aussi parfois du « Patriarcat du Phanar ») où vivaient plusieurs patriarches.

PHARISIENS ■ Appelés en hébreu les *perouchim*, ils représentent à l'époque du Second Temple, comme les sadducéens, un groupe politique et religieux puissant. C'est parmi les pharisiens que se recrutent les penseurs, les enseignants ; ce sont les intellectuels du monde juif. Très populaires, ils surent s'adapter aux contingences nouvelles consécutives à la destruction du Second Temple. Leurs discussions sont aujourd'hui encore source d'enseignement pour les Juifs. Après la destruction du Temple, ce fut un penseur pharisien qui obtint la permission de créer l'académie de Yavneh, qui, se substituant à Jérusalem, désormais interdite aux Juifs, deviendra le centre d'étude et de décision du monde juif, reformulant les règles de la Torah pour une religion maintenant privée de Temple.

Le judaïsme actuel est l'héritier direct des pharisiens. Les pharisiens étant très rigoureux dans l'application de la Loi et des commandements, le Christ les accusait d'hypocrisie, ce qui n'était pas rendre justice à leurs qualités.

PHÉLONION ■ Dans l'Église orthodoxe, chasuble du prêtre (vêtement sans manche ne comportant qu'une seule ouverture pour passer la tête ; correspond à la Casel romaine).

PHILOCALIE ■ Anthologies de textes spirituels liés à la prière hésychaste (prière permettant le recueillement, la tranquillité, la « paix » nécessaires pour la rencontre avec Dieu). Il existe de nombreuses encyclopédies de textes hésychastes dont les plus connues sont la « Philocalie des Pères neuptiques » et la « Petite philocalie de la Prière du cœur ». Cette dernière ne quittait jamais les pèlerins russes et a eu une incroyable influence dans le monde orthodoxe. Comme dans le *dhikr* (voir ce mot) des soufis ou le *nembutsu* (voir ce mot) des bouddhistes amidiens, le pèlerin était invité à prononcer, en litanie, des milliers de fois le nom de Jésus.

PHILOXÉNIE ■ Dans l'iconographie orthodoxe, c'est la représentation d'Abraham offrant l'hospitalité (*philoxénia*) aux trois anges de la trinité de l'Ancien Testament. On utilise également cette dénomination pour toutes les icônes inspirées par les personnages du Livre de Moïse (Thora) ; c'est-à-dire de l'Ancien Testament.

PHOTIENNE (QUERELLE) ■ Querelle, au 9e siècle, entre les chrétiens orientaux (dépendant du patriarcat de Constantinople) et les chrétiens occidentaux (dépendant de Rome). Photius, le patriarche de Constaninople, est déposé par le pape Nicolas 1er, puis réhabilité par le concile de Constantinople. La querelle photienne porte, en partie, sur le Filioque et, dans l'es-

prit des orientaux, symbolise les griefs de Constantinople contre Rome.

PHOTINIEN ■ Hérétique chrétien, disciple de Photin (évêque de Smirmium, 4e siècle). Cette hérésie refuse à Jésus-Christ la qualité de personne divine ainsi que sa double nature humaine et divine. Elle a été condamnée par le concile d'Antioche (345).

PHOTISPHÈRE ■ C'est le nom, en Orient, du baptistère, c'est-à-dire l'édifice utilisé pour recevoir le baptême.

PHOTIUS ■ Patriarche de Constantinople pendant vingt ans (de 857 à 867 et de 877 à 889), Photius est considéré par certains comme le responsable du schisme d'Orient, lequel ne s'est concrétisé que 200 ans plus tard après une période d'accalmie, laquelle s'explique aisément car l'Église byzantine et l'Église romaine s'ignoraient. Important homme d'Église, Photius doit aussi sa gloire à un vaste ouvrage (*Bibliothèque*) qui répertorie ses lectures et propose des résumés — et d'importantes citations — de textes grecs importants qui sans lui nous seraient inconnus. Partisans d'une stricte orthodoxie religieuse et adversaire du Filioque (qui dit, dans le Credo, que le Saint-Esprit procède du Père *et du Fils*), Photius dénonce les hérésies latines ce qui lui vaut une première excommunication par le pape Basile II, lequel le rappelle par la suite et le fait réhabiliter par un concile. Refusant également la primauté romaine, il se fait déposer par Léon VI peu avant de mourir.

PHOTIZOMÈNE ■ Nom donné dans les Églises d'Orient au catéchumène.

PHYLACTÈRES ■ Voir Tefillin.

PHYLÉTISME ■ Hérésie orthodoxe condamnée par le synode de Constantinople en 1872. Ce nationalisme ecclésiastique consistait à assimiler les différentes églises autocéphales aux nations ortho-doxes.

PHYSIS ■ Mot grec pour désigner la « nature » des choses. Durant les premiers siècles du christianisme, plusieurs courants religieux se sont opposés quant à la hiérar-chie des deux natures du Christ (sa nature humaine et sa nature divine). Voir Monophysisme.

PIACULAIRE ■ Qui sert à apaiser la colère divine.

PIC DU VAUTOUR ■ Endroit où Bouddha prononça son second discours et mit ainsi en route, pour la seconde fois, la Roue de la Loi. Cette seconde mise en route, où Bouddha, selon certains, dévoila un ensei-gnement plus ésotérique, correspond à la doctrine du Grand Véhicule.

PIERRE NOIRE ■ Pierre encastrée dans un mur de la Kaba. Les pèlerins touchent cette pierre au moment de la circumambulation autour de la Kaba lors du grand ou du petit pèlerinage. La légende dit que cette pierre — qui, au Paradis, servait de siège à Adam — était blanche à l'origine et est devenue noire suite aux péchés des croyants. De nombreuses légendes gravitent autour de cette pierre qui était déjà vénérée à l'époque préislamique. Cette Pierre Noire était, en effet, adorée, de diverses manières, par la plupart des caravaniers ainsi que par la tribu des Qoraichites qui dominait la région. Cette Pierre Noire, au centre de cultes divers, n'était pas la seule pierre divine adorée par cette population litholâtre. Assez curieusement, si on la compare aux autres civilisations (grecque, romaine, égyptienne, mésopotamienne, etc.), la civilisation préislamique, bien que polythéiste, n'utilisait aucune représenta-tion humaine ou animale pour figurer ses dieux : les pierres étaient adorées dans leur simplicité naturelle, même si parfois les forces de la nature avaient sculpté ces bétyles. La civilisation litholâtre n'était donc pas une civilisation idolâtre. Le lieu du culte était entouré par une zone sacrée (le *harâm*) où hommes, animaux et même végétaux bénéficiaient du privilège excep-tionnel de l'asile. À certains moments de l'année, un chameau était sacrifié, son sang versé sur les bétyles et des proces-sions étaient organisées, ponctuées de stations de bétyle en bétyle.

PIÉTÉ ■ Grand attachement à la pratique d'une religion.

PIÉTISME ■ Courant religieux fondé par le luthérien Philipp Jakob Spener (17e siècle) qui a traversé toute le protestantisme. Le piétisme insistait sur la nécessité d'une piété personnelle (plus importante que l'adhésion à un quelconque Credo) une réforme des mœurs, une catéchèse d'édifi-cation, etc. En un mot, selon la formule de Spener : « la tête dans le cœur ».

PILOTE ■ Principal recueil canonique de provenance byzantine. Il était connu et utilisé par tous les prêtres russes. Sa composition était double : des textes de droit canonique (textes des 7 conciles reconnus par l'Église orthodoxe, textes des conciles provinciaux, canon des apôtres, etc.) et des textes de droit civil (constitu-tion des empereurs, etc.). Il en existe deux éditions : celle de 1650 utilisée par les vieux-croyants (voir Raskol), et celle postérieure à 1650 modifiée par le patriarche Nikon, lequel est à l'origine des modifications liturgiques dans l'Église orthodoxe russe. Voir aussi Nomocanon.

PILPOUL ■ Il s'agit d'une méthode d'inter-prétation basée sur l'analyse et le rappro-chement de subtiles analogies, très prisée par certains talmudistes. En français, on dira que c'est une méthode de « coupeurs de cheveux en quatre ». Certains rabbins estimaient cependant que cette méthode était non seulement une perte de temps mais aussi un vrai danger, car si elle aiguisait l'esprit elle éloignait souvent les jeunes étudiants des études traditionnelles.

PINDOLA BHARADVÂJA ■ Un des seize arhats à qui Bouddha aurait confié la garde de la Loi. C'est aussi un médecin.

PIRKÉ AVOTH ■ Important ouvrage religieux du judaïsme aussi appelé « Les Traités des Pères ». C'est un des traités de la Michnah (première partie du Talmud) composé d'aphorismes.

PIYOUT ■ Poème liturgique juif chanté (le mot provient de la déformation du mot grec « poète »).

PLAIES D'ÉGYPTE ■ Selon le récit de la Genèse, ce sont les dix plaies (eau changée en sang, grenouilles, moustiques, mouches, peste, ulcères, grêle, sauterelles, ténèbres et, enfin, la mort des premiers-nés) envoyées par Dieu à Pharaon pour qu'il libère le peuple hébreu esclave en Égypte.

PLATYTERA ■ Type canonique d'icônes représentant la Vierge orante.

PLÉRÔME ■ C'est la plénitude, l'accomplissement. 1. Dans le christianisme, c'est l'ensemble des bénédictions que Dieu communique à son Fils pour qu'il les transmette à son tour aux hommes. 2. C'est le corps mystique du Christ à la fin des temps. 3. Dans le gnosticisme, c'est le monde divin qui émane du Dieu transcendant (par opposition au monde humain qui est la création du démiurge).

PLUVIAL ■ Dans la religion catholique, manteau liturgique porté en certaines occasions.

PNEUMATIQUE ■ Celui qui est inspiré par l'Esprit saint.

PNEUMATOLOGIE ■ Partie de la théologie concernant le Saint-Esprit.

PNEUMATOMAQUES ■ Théologiens qui, durant les premiers siècles du christianisme, niaient la divinité de l'Esprit saint en se basant sur des textes de l'Évangile, lesquels insistaient sur le lien fort entre le Fils et le Père sans nommer le Saint-Esprit. Les pneumatomaques furent condamnés au concile de Constantinople (381).

PNEUMATOPHORE ■ Celui qui est inspiré par l'Esprit saint.

PODÉA ■ Étoffe brodée accrochée à la partie inférieure d'une icône.

PODLINNIK ■ Dans l'iconographie orthodoxe russe, recueil de dessins modèles, « authentiques » à partir duquel les artistes reproduisirent les différents personnages proposés à la vénération sur les icônes. Le *podlinnik* permet d'obéir sans risque d'erreur aux canons iconographiques. Le mot *podlinnik* est un mot russe qui signifie original. Chez les orthodoxes grecs, ce type d'ouvrage porte le nom d'*herménéia* et contient également des explications concernant les techniques de peinture (en russe, ce sera un *ikonografitcheski podlinnik* ou un *litchevoï podlinnik*).

POÊLE ■ Dans la liturgie catholique, drap funéraire qui recouvre le cercueil.

POGROM ■ Mot russe qui signifie détruire entièrement (de *po*, « entièrement » et *gromit*, « détruire »). Il s'agit de la destruction des Juifs d'un ghetto. Massacre exécuté avec l'accord du pouvoir en place et la bénédiction de l'Église orthodoxe. Signalons, pour son ampleur, à l'époque, le progrom de Kichinev (Moldavie, 1903) ; pour sa cruauté toute particulière, celui de Kielce (en Pologne, 1946), visant les Juifs rentrés des camps de concentration.

POINTEUR DE LECTURE DE LA TORAH ■ Objet liturgique juif. Étant donné l'interdiction de réciter la Torah par cœur et l'interdiction de toucher le parchemin sacré avec son doigt, la plupart des utilisateurs se servent d'un pointeur de lecture. Il s'agit d'un petit bâton terminé par une main d'où pointe un doigt. Le pointeur de Torah, ou *yad* (c'est-à-dire main), est souvent en argent et richement travaillé.

POKROV BOGORODITSY ■ Dans l'orthodoxie russe, fête de l'Intercession de la Vierge (en souvenir du miracle de la Vierge Marie apparue dans l'Église des Blachernes à Constantinople en tenant son voile en signe de protection particulière). Les Russes jouent sur la double signification du mot *pokrov* qui signifie à la fois voile et protection.

POKROV ■ Type canonique d'icônes représentant la Vierge dont le voile est porté par deux anges (Vierge de protection).

POLYSTAURION ■ Dans la liturgie de l'Église orthodoxe, chasuble ornée de nombreuses croix portée par les évêques.

POLYTHÉISTE ■ Celui qui croit en plusieurs dieux. Les termes paganiste ou païen sont assez proches.

POMPE ■ Mot désignant les vanités du monde.

POPE ■ 1. Prêtre de l'Église orthodoxe. Dans le langage courant, on confond dans cette appellation aussi bien le prêtre que le moine-prêtre (hiéromoine) et le moine. Dans l'Église orthodoxe, le diacre peut se marier mais non le prêtre ; c'est-à-dire qu'avant de devenir prêtre le diacre doit choisir entre le mariage et les vœux monastiques. S'il est ordonné dans l'état de célibataire, il ne pourra plus se marier. 2. Nom donné au pape par les anglais catholiques.

PORRECTION ■ 1. Dans la liturgie catholique, rite consistant lors d'une ordination à présenter et à faire toucher par le prêtre les instruments traditionnels de sa charge (Évangile, patène, calice). 2. Lors d'une confirmation catholique, léger soufflet (équivalent à un baiser de paix) donné par l'évêque au fidèle.

POSADHA ■ Dans le bouddhisme, réunion se produisant à la pleine et à la nouvelle lune. Tous les religieux assistent à cette réunion au cours de laquelle ils se confessent.

POSÈQ ■ Dans le judaïsme, mot hébreu désignant un décisionnaire.

POSSESSION ■ État d'une personne qui se sent habitée et dirigée par un être surnaturel maléfique.

POSTILLA ■ Commentaires bibliques chrétiens. Les plus célèbres sont les *Postillae* de Nicolas de Lyre.

POST-TRIDENTIN ■ Ce qui se rapporte à la réforme catholique qui a suivi le concile de Trente (1545-1563).

POSTULANT ■ Personne qui demande à entrer en religion.

POTALA ■ Palais du Dalaï-Lama. Construit au 17ᵉ siècle par le cinquième Dalaï-Lama sur une montagne dédiée à Avalokiteshvara, le bodhisattva de compassion, protecteur du Tibet, c'est un vaste ensemble qui abritait également un monastère de plus de 200 moines. Depuis l'invasion du Tibet, en 1959, ce palais est devenu un musée.

POURIM ■ Fête religieuse juive des « sorts », la journée la plus joyeuse de l'année juive. À Pourim, au mois de mars, tout est organisé pour s'amuser, s'offrir des cadeaux, etc. On fête le renversement des « sorts » grâce à l'intervention d'Esther. C'est, en effet, grâce à elle que le stratagème utilisé par Haman, vizir du roi Perse Assuérus (5ᵉ siècle avant notre ère), pour décider de la date d'extermination des juifs, ne se réalisa pas. Lors de cette fête, qui ne dure qu'un jour, les juifs mangent des pâtisseries en forme d'oreilles (« oreilles d'Haman »), des petits pains fourrés aux dattes et recouverts de grains de pavot (« poches d'Haman »).

PRA PIM ■ Dans le bouddhisme, images pieuses ou amulettes de petite dimension (les « saintes empreintes »). Ces images sont habituellement des objets en terre cuite ou en bronze produits par moulage ou estampage. Les Pra Pim attestent de la visite des lieux saints et sont également utilisées pour honorer de nouvelles constructions dans la maçonnerie desquelles elles sont enfouies.

PRABHÛTARATNA ■ Un Bouddha de vénération (un Bouddha terrestre ayant précédé le Bouddha historique).

PRAJNA ■ Dans le bouddhisme, la sagesse immédiate.

PRAJNAPARAMITA ■ Dans le bouddhisme, c'est le mot utilisé pour désigner la connaissance transcendante.

PRAJNAPATI ■ Dans le bouddhisme, c'est le mot utilisé pour désigner la voie de la connaissance supérieure.

PRANAYAMAS ■ Le nom des techniques respiratoires dans le yoga tantrique.

PRANG ■ C'est, en Thaïlande, une tour sanctuaire qui contient, comme le stûpa, des reliques. Contrairement au stûpa qui est souvent de construction assez rudimentaire, le prang est de construction élaborée et contient souvent plusieurs *cella* (chambres) et parfois des étages fictifs en gradins (comme les pagodes). Souvent complété par une toiture hypertrophiée, il est parfois aussi flanqué de tours secondaires.

PRATILOMA ■ Dans le bouddhisme, c'est la remontée de la chaîne de la coproduction conditionnée, c'est-à-dire l'ascension de l'homme vers le nirvâna.

PRATIMOKSA ■ Dans le bouddhisme, recueil des règles à respecter par les moines et les moniales. Ce recueil porte le nom de *pratimoksa* en sanscrit et de *patimokkha* en pâli. Il contient plus de 200 règles (227, 253 et 250 selon l'école bouddhique) classées par thèmes et par ordre de gravité. Quatre délits sont considérés comme majeurs et entraînent automatiquement l'expulsion de l'ordre. Ce sont la fornication, le vol, le meurtre et l'usurpation de perfections spirituelles. Aucune des règles n'impose d'être charitable et d'aimer son prochain. En effet, la vie du moine (tout spécialement dans le bouddhisme du Petit Véhicule) était une vie assez égoïste dont le seul but était d'arriver au salut sans se préoccuper des autres (cela a changé dans le bouddhisme du Grand Véhicule, plus compatissant et plus solidaire). La vie du moine était donc assez confortable : il lui suffisait de vivre dans une certaine nonchalance sans se préoccuper d'autre chose que d'obtenir la nourriture et les effets nécessaires à son confort. Les laïcs, trop contents de pouvoir ainsi, eux aussi, s'approcher du salut, lui fournissaient tout ce dont il avait besoin. Signalons, pour terminer, que dans le Petit Véhicule, très rigoriste et basé sur la discipline, le manquement aux règles entraîne rapidement l'exclusion de la communauté. Dans le cas du Grand Véhicule, le manquement aux règles est, par contre, considéré avec une certaine bienveillance s'il est la cause d'un secours porté à autrui.

PRATITYASAMUTPADA ▪ Loi de la coproduction conditionnée. Loi fondamentale du bouddhisme. Elle explique comment, à partir de l'ignorance, en douze chaînons, les phénomènes s'engendrent et se conditionnent mutuellement de la naissance à la mort. Dans le sens descendant, elle suit le cycle de la transmigration (*samsâra*) ; dans le sens inverse, le sens qu'a suivi Bouddha, elle permet d'atteindre l'Illumination.

PRATYAKSA ▪ Dans le bouddhisme, c'est le mot utilisé pour désigner la perception.

PRATYAYA ▪ Dans le bouddhisme, c'est le mot utilisé pour désigner la causalité.

PRATYEKABUDDHA ▪ C'est le bouddha-pour-soi, l'illuminé solitaire, le saint qui arrive à l'Éveil par lui-même.

PRAZNIKI ▪ Dans l'Église orthodoxe russe, ce sont les douze grandes fêtes et leur représentation sur l'iconostase (panneau orné d'icônes qui sépare la partie de l'église où s'effectue la consécration du pain et du vin de la partie réservée aux fidèles).

PRÉCHALCÉDONIENNES (ÉGLISES) ▪ Églises ayant rompu leurs liens avec Rome lors du concile de Constantinople. Il s'agit des Églises coptes, arméniennes et syriaques.

PRÊCHE ▪ Dans les Églises protestantes, sermon qui consiste en la lecture commentée d'un passage des Écritures. Ce prêche constitue l'essentiel de l'office (d'où parfois l'utilisation de ce mot pour désigner le culte).

PRÉDESTINATION ▪ Doctrine selon laquelle le destin de l'homme et de l'univers a été fixé par Dieu de toute éternité. Les homme sont privés du libre arbitre et sont promis dès leur naissance soit au salut, soit à la damnation.

PRÉDICATEUR ▪ Personne qui a la charge ou l'habitude de prononcer des discours dont les thèmes sont habituellement d'ordre moral ou religieux.

PRÉFACE ▪ Dans la liturgie catholique, partie initiale de la messe.

PREMIÈRE COMMUNION ▪ Dans le catholicisme, communion que fait l'enfant dès qu'il a l'âge de raison (sept ans). Elle est précédée d'une première confession. Dans l'orthodoxie, cette première communion n'existe pas. Suite à l'immersion du baptême, l'enfant reçoit la chrismation (le prêtre oint le front, les yeux, les narines, la bouche, les oreilles, la poitrine, les mains et les pieds de l'enfant en prononçant à chaque onction la formule rituelle : « Sceau du Don du Saint-Esprit »).

PRÉNOM ▪ Le Code de droit canonique catholique n'impose plus aux parents de choisir un prénom figurant dans le calendrier général des saints. Il suffit que le prénom ne soit pas incompatible avec la foi chrétienne (canon 855).

PRESBYTÉRAL ▪ 1. Chez les catholiques, ce qui est relatif aux prêtres. 2. Conseil de prêtres catholiques réunis pour assister l'évêque. 3. Chez les protestants, consistoire assistant le pasteur.

PRESBYTÉRIANISME ▪ 1. Mouvement protestant initié en Écosse par John Knox (16e siècle). 2. Doctrine de l'Église protestante calviniste selon laquelle l'autorité de l'Église doit être exercée par des assemblées élues. 3. Nom donné à la confession réformée dans les pays anglo-saxons.

PRESBYTÉRIEN ■ Voir Presbytérianisme.

PRESBYTÉRIENNE (ÉGLISE) ■ Église protestante née d'un affinement de l'Église anglicane. Pour les presbytériens, la seule autorité est l'autorité de la communauté locale des croyants.

PRESBYTÉRIEN-SYNODAL ■ Dans le protestantisme, organisation ecclésiastique qui s'oppose autant à la direction par les évêques (épiscopalisme) qu'à la direction par les paroissiens (congrégationalisme). Dans le régime presbytérien-synodal, le pouvoir est confié à des anciens (laïcs) et à des pasteurs réunis en synodes.

PRESBYTERIUM ■ 1. Dignité sacerdotale du prêtre. 2. Ensemble des prêtres de la communauté. 3. En architecture religieuse, c'est le chœur, partie de l'Église où sont assis les prêtres.

PRETA ■ Dans le bouddhisme, c'est le mot utilisé pour désigner un revenant-affamé (voir cette expression).

PRÉTERNATURELS ■ Dons et protections que possédait Adam avant le péché originel et perdus ensuite.

PRÊTRE ■ C'est un membre du clergé séculier, c'est donc l'opposé d'un laïc. Chaque religion possède ses propres règles pour dispenser la prêtrise. Il est à noter que ni les juifs, ni les musulmans sunnites ne disposent d'un clergé et donc de prêtres. Pour les juifs, la prêtrise a disparu avec la destruction du Second Temple. La prêtrise peut être héréditaire mais habituellement elle est conférée par l'ordination. Selon les religions, le prêtre peut porter différents noms : pope (orthodoxie), pasteur (protestantisme), imâm (islam chiite). Chez les

bouddhistes, la « fonction » du prêtre est remplie par les moines.

PRÉVÔT ■ Nom donné au supérieur de certains ordres religieux.

PRIE-DIEU ■ Meuble en bois sur lequel on s'agenouille pour prier.

PRIER ■ C'est s'adresser à Dieu, à une divinité, à un personnage saint. On distingue les prières privées et les prières collectives. On prie dans toutes les religions, chez soi ou dans un lieu réservé (Églises, synagogue, mosquée, temple, stûpa, oratoire, etc.). Les prières collectives sont toujours organisées selon un rituel assez compliqué. Certaines prières ne peuvent être que collectives et nécessitent un endroit particulier consacré. Chez les juifs, avant la destruction du Temple, la prière était individuelle et la Bible atteste de nombreuses circonstances où des hommes adressent individuellement des suppliques, des demandes ou des prières à Dieu. Pour adresser une prière à Dieu, il n'était nul besoin d'un lieu particulier, ni Temple, ni synagogue. Par contre, les rites publics, eux, se pratiquaient au Temple ; il s'agissait essentiellement des sacrifices (pour l'expiation des péchés) et des offrandes pour les remerciements mais accompagnées souvent d'invocations. Le Temple ayant disparu (le Second Temple a été détruit en l'an 70 par Titus), certains des rites qui s'y pratiquaient ont été transférés à la synagogue mais pas tous. Ainsi, les sacrifices ont été remplacés par les prières publiques dites à la synagogue, ces prières devenant l'essentiel du service divin. La prière publique s'effectuant toujours dans la direction de Jérusalem. Pour les prières collectives, les juifs doivent former un groupe de dix hommes adultes. Pour les prières hebdomadaires, les musulmans ont besoin d'un tapis propre. Par contre, pour la prière du vendredi, une mosquée pourvue d'un *minbar* est nécessaire et pour les prières des deux fêtes canoniques (*aïd el-kebir* et *aïd el-fitr),* une esplanade (*musalla*) est recommandée. Chez les musulmans, contrairement à ce qui se passe dans la religion chrétienne — mais exactement comme chez les juifs —, celui qui dirige la prière n'est pas un prêtre mais seulement l'homme le plus apte à cette direction. Actuellement, c'est généralement un imâm qui dirige la prière. C'est lui qui fait également le sermon qui précède la prière ou suit celle-ci (dans les grandes fêtes). Dans toute les religions, les prières mystiques sont généralement des litanies ininterrompues de courtes prières amenant le fidèle à un état de plus grande réceptivité psychique et physique.

PRIÈRE DE JÉSUS : Prière d'invocation du Saint Nom de Jésus. Prière répétée sans fin dans la spiritualité hésychaste (voir Philocalie).

PRIÈRE OBLIGATOIRE ■ La prière est toujours recommandée aux fidèles ; il est rare qu'elle soit obligatoire. Chez les musulmans, la prière quotidienne (*salât*) est obligatoire et doit être prononcée cinq fois par jour et uniquement en langue arabe. Les cinq prières sont prononcées à des heures fixes : aurore/aube, midi, après-midi (entre le midi et le coucher du soleil), au coucher du soleil, le soir (une heure après le coucher du soleil). Dans les pays musulmans, le *muezzin* lance son appel du haut du minaret à des moments déterminés en fonction de la position du soleil. Vers 5 heures du matin, il réveille la population. La prière doit être accomplie en état de pureté rituelle tout en se prosternant dans la direction (*qibla*) de La Mecque. Cette prière obligatoire quotidienne et solitaire se double d'une prière collective (uniquement pour les hommes) qui se dit en certaines occasions précises : tous les vendredis midi, pour la fête de *l'aïd el-fitr* (la rupture du jeûne du Ramadan), pour la

fête de *l'aïd el-kebir* (fête du sacrifice à la fin du pèlerinage de La Mecque), à la mort d'un croyant, en cas de grande sécheresse ou en cas de guerre. Tout lieu convient à la prière pour autant qu'il soit propre. À cet effet, le musulman pieux ne se déplace pas sans son tapis de prière. La direction (*qibla*) est toujours celle de La Mecque. La prière consiste en une séquence (*raka*) composée de paroles (dont la sourate liminaire du Coran ou *Fâtiha*, des passages coraniques de son choix et, enfin, la profession de foi ou *shahâda*) et de prosternations.

PRIME ■ Dans la liturgie catholique, première heure de l'office du jour (vers six heures du matin).

PRIMUS INTER PARES ■ Titre (« premier entre égaux ») autrefois attribué à l'évêque de Rome (pape) ; actuellement, ce titre est réservé au patriarche de Constantinople.

PRISE DE VOILE ■ Chez les chrétiens, équivalent pour les femmes de la prise d'habit ; c'est-à-dire la première étape (noviciat) de l'entrée dans un ordre religieux (il ne s'agit donc pas de l'émission des vœux).

PRIVILÈGE DE LA FOI ■ Dans l'Église catholique, privilège accordé à la partie catholique dans un mariage où les deux mariés ne sont pas catholiques. S'il existe un danger pour la foi, la dissolution du mariage peut dans certaines conditions être accordée car « le privilège de la foi jouit de la faveur du droit » (canon 1150). Voir aussi Privilège paulien et Privilège pétrinien.

PRIVILÈGE PAULIN ■ Possibilité pour le Pape de dissoudre un mariage entre deux non-baptisés dont l'un s'est converti et a reçu le baptême. Ce privilège de la foi (*in favorem fidei*) fait référence à saint Paul qui avait examiné ce cas dans son épître aux Corinthiens (7, 12-15).

PRIVILÈGE PÉTRINIEN ■ Possibilité pour le pape de dissoudre le mariage dans le cas d'un mariage dispar (c'est-à-dire entre un baptisé et un non-baptisé) ou en cas de polygamie. L'adjectif pétrinien fait référence à saint Pierre, le premier pontife.

PRIYADARSHIN ■ Un des noms de l'empereur Asoka (« Soucieux du bien-être de ses sujets »).

PROBATION ■ Temps du noviciat religieux.

PROCESSION ■ Dans le christianisme, production d'une personne divine par une autre. Le Fils procède du Père et le Saint-Esprit procède selon l'Église : du Père et du Fils (Églises chrétiennes latines) ou du Fils par le Père (Église orthodoxe).

PRODROME ■ C'est le nom donné à Saint-Jean Baptiste par les orthodoxes. Le mot prodrome (utilisé dans le langage médical courant) signifie le signe précurseur.

PROFANE ■ Ce qui est dépourvu de caractère religieux, hors de l'espace sacré, hors de la religion.

PROFÈS ■ Celui qui a prononcé les vœux qui l'engagent dans un ordre religieux.

PROFESSION DE FOI BOUDDHISTE ■ Voir triple refuge.

PROFESSION DE FOI MUSULMANE ■ La *shahâda* tient en une seule phrase : « Il n'y a de Dieu qu'Allah et Mahomet est son Prophète. » Chaque musulman prononce régulièrement cette phrase qui fait partie des prières.

PRÔNE ■ 1. Dans l'architecture religieuse chrétienne, grille séparant la nef du chœur. 2. Discours de piété qu'un prêtre fait à la messe paroissiale du dimanche.

PROPHÈTE ■ C'est l'interprète (*nabî*) et l'envoyé d'un Dieu (*rasûl*). Dieu a créé l'homme pour qu'il le glorifie et mène une vie vertueuse. Comment pourrait-il accomplir cette obligation divine sans être informé de ce que Dieu attend de lui ? C'est pour lui donner cette information que Dieu a envoyé un prophète à chaque nation. Les prophètes sont des intermédiaires entre Dieu et les hommes. En principe, il n'y a de prophètes que pour les religions monothéistes. Il y a eu de nombreux prophètes juifs : des « grands » et des « petits » (plusieurs livres de la Bible leur sont même consacrés). Citons simplement : Isaïe, Jérémie, Ézéchiel, Daniel, Osée, Joël, Amos, Abdias, Jonas, Michée, Nahum, Habacuc, Sophonie, Aggée, Zacharie, Malachie. Il y en a eu aussi, mais peu, dans le christianisme (ainsi Hildegarde von Bingen, 12e siècle, a été déclarée prophétesse par le pape Eugène III). C'est dans l'islam que le prophète prend tout son sens. L'islam a une vision toute particulière des prophètes, lesquels font partie d'une chaîne historique d'envoyés de Dieu. Les prophètes transmettent la volonté de Dieu et s'inscrivent dans une chaîne car le message divin forme une unité. Le prophète ne doit donc pas s'écarter de ce qui a été révélé avant lui ou pourrait l'être après lui (ceci ne s'applique naturellement pas à Mahomet, le dernier, le « sceau des prophètes », le *khâtam alanbiyâ*). L'islam a constaté que chaque prophète a toujours été choisi par Dieu comme étant le meilleur membre de sa communauté. Pour l'aider dans sa mission, Dieu lui a confié un pouvoir. Ce pouvoir variant selon le milieu dans lequel évolue le prophète et a été choisi par Dieu pour mieux l'aider dans sa tâche : ainsi Moïse était un grand magicien (il devait s'opposer aux Mages) ; Jésus-Christ avait la possibilité de faire des miracles (il devait s'opposer aux médecins) et Mahomet avait reçu le don de l'éloquence et de la Poésie (il devait s'opposer à l'éloquence des autres prophètes de son temps). L'islam respecte tous les prophètes antérieurs à Mahomet et croit en leur mission car ils sont tous les messagers de Dieu. C'est ainsi que Jésus-Christ, considéré comme un prophète, est respecté par la religion islamique. Le contenu de la prophétie est, en soi, assez simple mais fondamental car il nous parle de domaines spécifiques, surnaturels et spirituels, qui ne peuvent être explorés par la science ou même par l'expérience mystique. La prophétie nous parle de Dieu et de sa création tant dans le monde visible que dans celui de l'invisible (les anges, les *djinns*, le Paradis, l'Enfer). Elle nous dit aussi ce que Dieu attend de nous et les récompenses que nous pouvons attendre suite à une vie exemplaire. Le nombre de prophètes est inconnu, mais le Coran dit que Dieu a envoyé un prophète à chaque nation. Certains savants musulmans (dont l'historien Tabari) disent que ce nombre est proche de 124 000. Le Coran, cependant, n'en cite que 25. Toutefois, il indique qu'il en existe d'autres dont Mahomet n'a pas entendu parler. Les prophètes les plus connus sont : Adam, Noé (Nûh), Abraham (Ibrâhîm), Moïse (Mûsa), David (Dâûd), Salomon (Sulaymân), Jésus (Isâ), Marie (Myriam) et Mahomet, le dernier de la liste. On remarquera la présence d'une femme (Marie). Dans toutes les religions, les femmes, même lorsqu'elles n'avaient pas accès au sacerdoce, pouvaient fort bien s'adonner, avec bonheur, à la prophétie.

PROPHÈTE JÉSUS ▪ Pour les musulmans, Jésus, bien que né sans père, n'est pas Dieu mais simplement un prophète ayant reçu le pouvoir de faire des miracles et même de ressusciter des morts. Pour expliquer la création de Jésus sans père, le Coran cite l'exemple d'Adam qui fut, lui aussi, créé sans père (et sans mère) : « Jésus auprès d'Allah, est à l'image d'Adam : Il l'a créé de poussière puis a dit à son propos : 'Sois !' et il fut. » (III-59). Signalons également que,

dans l'imaginaire musulman, le Nouveau Testament annonce la venue de Mahomet (voir l'article Paraclet).

PROPHÈTE MAHOMET ▪ Mahomet est le dernier d'une longue série de prophètes : c'est le « sceau des prophètes », le *khâtam al-anbiyâ*. Avec Mahomet, la parole divine est définitivement close. C'est la raison pour laquelle les musulmans ne peuvent accepter les religions monothéistes apparues après l'islam (comme, par exemple, le bahaïsme).

PROPHETE ZOROASTRE ▪ Voir Zoroastrisme.

PROPHÈTES (LA CHAÎNE DES) ▪ Pour l'islam, les prophètes forment une chaîne ininterrompue. Cette chaîne commence à Adam et se termine à Mahomet, le dernier des prophètes ou « sceau des prophètes ». C'est la raison pour laquelle les musulmans considèrent que Dieu n'annoncera plus rien aux hommes après Mahomet. Tout ce qui concerne de près ou de loin la prédication divine, les contacts privilégiés des mystiques avec Dieu, les nouvelles révélations, les tentatives d'exégèse, est extrêmement mal reçu par les musulmans pieux, car tout est dit dans le Coran. Ajoutons à cela que l'interprétation du message coranique est définitivement close depuis le 12e siècle. Ces deux éléments permettent de comprendre comment et pourquoi l'islam, malgré son ambition unique de créer déjà le Royaume de Dieu sur terre, est terriblement figé.

PROPHÈTES JUIFS ▪ Les prophètes de l'Ancien Testament prédisent et expriment la volonté de Dieu. Ce sont : Élie, Élisée, les quatre « grands prophètes » (Isaïe, Jérémie, Ézéchiel et Daniel) et les douze « petits prophètes (Osée, Joël, Amos, Abdias, Jonas, Michée, Nahum, Habacuc, Sophonie, Aggée, Zacharie et Malachie).

PROPITIATION ■ Acte rendu pour rendre sa personne ou sa requête favorable à un dieu.

PROPITIATOIRE ■ Ce qui est fait pour rendre la divinité propice, favorable ; ce qui est fait pour obtenir la rémission de ses péchés.

PROSCOMÉDIE ■ Aussi appelée Prothèse ou Préparation, c'est, dans la religion orthodoxe, un office qui se déroule au début de la Divine Liturgie dans un espace latéral (côté nord) du sanctuaire. Durant cet office, le prêtre prépare le pain (prosphore) et le vin pour la célébration eucharistique. La table de préparation de cet office porte le nom de prothèse.

PROSCYNÈSE ■ Voir Proskynèse.

PROSÉLYTE ■ Personne nouvellement convertie à une religion.

PROSÉLYTISME ■ Zèle déployé pour répandre une religion et lui obtenir de nouveaux convertis.

PROSKYNÈSE ■ Dans les églises orthodoxes ou de rite oriental, mouvement du corps qui accompagne le mouvement de l'âme : inclination ou prosternation en signe d'adoration ou de vénération.

PROSKYNÉTARION ■ Piédestal sur lequel, dans les églises orthodoxes, on place une icône particulièrement vénérée.

PROSPHORE ■ Dans la religion orthodoxe, c'est un petit pain rond dans lequel le prêtre découpe, lors de la phase de préparation au début de la liturgie (proscomédie), une partie carrée appelée l'« agneau ». Seule cette partie est destinée à être consacré lors de la liturgie.

PROSTRATION ■ Dans la liturgie catholique, action de s'étendre complètement sur le sol, face tournée vers le sol, lors de certaines cérémonies.

PROTESTANT ■ Adepte d'une Église issue de la Réforme, séparée de Rome depuis le 16e siècle et rejetant l'autorité du pape. Certains courants religieux sont historiques (les luthérien, les calvinistes, les anglicans), d'autres sont plus récents (les amish, les anabaptistes, l'armée du salut, les baptistes; les darbystes, les évangéliques, les mennonites, les méthodistes, les mormons, les pentecôtistes, les presbytériens, les quakers et les témoins de Jéhovah (pour une brève description de ces mouvements, le lecteur est invité à se reporter aux différents noms).

PROTESTANTISME ■ Religion chrétienne issue de la Réforme (mouvement religieux du 16e siècle dont le but était de ramener l'Église catholique à la pureté originelle). Sous la conduite de Luther, de Calvin, de Zwingli, etc., le mouvement religieux s'est séparé de l'Église catholique pour former d'autres Églises. Aujourd'hui, les protestants sont séparés des catholiques sur de nombreux points doctrinaux (dont le sacrement de l'eucharistie, la prédestination, le libre arbitre, etc.). Ils n'admettent que deux sacrements (le baptême et la communion). Ils refusent l'autorité du pape, le culte des images et celui de la Vierge et des saints. Sans pouvoir décisionnaire central, le protestantisme a essaimé en de très nombreux courants religieux. Toutes les Églises protestantes sont cependant réunies autour d'une commune détermination religieuse : *sola fides* (par la « foi seule »), *sola gratia* (par la « grâce seule »), *sola scriptura* (par l'« écriture seule »).

PROTHÈSE ■ En liturgie orthodoxe, ce mot revêt plusieurs sens. 1. La table où s'effectuent les préparations du pain et du vin pour le mystère de l'eucharistie. Cette table est située à gauche de l'autel de célébration. Durant cet office qui précède la Divine Liturgie proprement dite, le diacre détache, du pain à consacrer (prosphore), le morceau qui sera consacré (appelé Agneau) et le dépose sur la patène. Ensuite, il verse dans le calice du vin mêlé d'eau bouillante dans le vin. 2. Le pain et le vin (ce que les orthodoxes appellent les « dons ») qui servira pour l'eucharistie. 3. La liturgie de la préparation du pain et du vin qui seront consacrés lors de la divine liturgie. Voir aussi Prosphore et Proscomédie.

PROTOCANONIQUES ■ Livres sacrés qui furent admis comme tels avant même l'existence des Canons.

PROTOCLITE ■ Titre donné par l'Église orthodoxe à saint Thomas, le « premier appelé ». Son frère, Pierre, est appelé choryphée, celui qui est à la tête de l'Église.

PROTOMARTYR ■ 1. Dans l'Église catholique, titre donné au premier martyr d'un pays ou d'une Église. 2. Titre donné à saint Étienne.

PROTOPOPE ■ Chef d'une église russe.

PROZYMITE ■ Celui qui utilise du pain levé pour le sacrement de l'eucharistie. C'est le cas des orthodoxes, contrairement aux catholiques lesquels utilisent du pain sans levain (pain azyme).

PSALMODIE ■ Manière de chanter, de dire les psaumes.

PSAUME ■ Chacun des 150 poèmes religieux attribués au roi David, repris dans la Bible et récités tant par les juifs que par les chrétiens. La plupart des psaumes sont connus par les deux ou trois premiers mots qui les composent dans la traduction latine (*De profondis*, *Miserere*, etc.).

PSAUTIER ■ Recueil des psaumes (en hébreu : « Livre des Louanges » ou *Sefer tehillîm*). Une erreur de numéroration des psaumes fait qu'aujourd'hui les différentes Bibles ne numérotent pas les psaumes de manière identique. Pour la Néo-Vulgate (voir ce mot), Jean-Paul II a fait rétablir la numérotation de la Bible juive.

PSEUDÉPIGRAPHIQUE ■ Ouvrage rédigé par une autre personne que celle qui s'en prétend l'auteur. L'exemple le plus connu est celui du Zohar qui a, selon toute vraisemblance, été rédigé (ou du moins compilé) au 13ᵉ siècle (par Moïse ben Chem Tov de Léon, dit Moïse de Léon) mais dont l'auteur réel prétendait qu'il s'agissait de l'œuvre de Rabbi Siméon bar Yohaï, un célèbre rabbin du 2ᵉ siècle.

PSHAT ■ L'un des quatre niveaux de lecture ésotérique du texte de la Torah. *Pshat* est le niveau de l'interprétation au sens littéral, c'est-à-dire sous la forme de la simple compréhension des mots. Le domaine de la connaissance ésotérique est désigné par les kabbalistes sous le nom de pardès (le verger, le paradis). Ce mot est formé des quatre consonnes P (*pshatt*, le sens littéral), R (*remez*, le sens allégorique), D (*derash*, le sens figuré) et S (sod, le sens secret, le sens herméneutique).

PSYCHOPOMPE ■ Celui qui conduit l'âme des morts dans l'autre monde.

PSYCHOSABBATON ■ Culte païen mais pratiqué dans les premiers siècles du christianisme et, aujourd'hui encore dans certaines contrées. Il consiste à prendre un repas dans un cimetière, en se servant de la dalle funéraire comme d'une table.

PSYCHOSOSTRIA ■ Type canonique d'icônes représentant la Vierge du salut des âmes.

PUBLICAIN ■ Collecteur de fonds juifs au service de l'occupant romain.

PUDGALA ■ Dans certains courants du bouddhisme, c'est la « substance » qui transmigre. La définition du pudgala est très vague, aussi de nombreuses écoles bouddhiques se sont disputées et continuent de le faire au sujet du support de la transmigration. Il y a pourtant consensus sur le fait que le pudgala « n'est pas identique aux agrégats mais qu'il n'en est pas différent non plus… ; de plus, il n'est ni dans ces agrégats, ni en dehors d'eux ». Thèse qui ne fait, en réalité, que compliquer la compréhension du support de la transmigration car elle semble introduire, sous un autre nom, la notion de « soi », formellement condamnée par le bouddhisme. Alors ne vaut-il pas mieux, comme le conseillait vigoureusement Bouddha, ne pas disserter sur les sujets qui échappent à notre compréhension et qui, surtout, ne sont guère utiles pour atteindre le Salut. Lui-même, par ailleurs, refusait pour cette raison toute discussion sur certains sujets bien qu'il connaissait les questions ayant trait à la vie future qui préoccupaient les brahmanes et certains de ses fidèles.

PUJA ■ Dans le bouddhisme, rite religieux quotidien.

PURGATOIRE ■ Chez les catholiques, lieu où les âmes non entièrement purifiées attendent d'être admise au paradis. Il n'existe pas de purgatoire pour les protestants et aucune doctrine à ce sujet chez les orthodoxes.

PURITAIN ■ Membre d'une secte protestante apparue au 16e siècle. Les membres de cette secte sont très attachés à la lettre de l'Écriture.

PURNÂ ■ Un des dix premiers disciples de Bouddha.

PUSÉYSME ■ Aussi appelé *Mouvement d'Oxford*, ce courant religieux protestant (dû à E.B. Pusey) souhaite une renaissance religieuse du protestantisme sous forme d'un rapprochement avec l'Église catholique surtout au niveau rituel et liturgique.

PU-TAÏ ■ Moine très représenté dans le bouddhisme chinois. Il serait une incarnation de Maitreya, le Bouddha du futur. Dans la statuaire chinoise, il est assis, le ventre rond ; dans l'imaginaire populaire, c'est souvent lui qui est assimilé au bouddha.

PYXIDE ■ Petite boîte où l'on conserve l'Eucharistie.

Q

QADARITES. ◼ Membres d'une secte musulmane qui rejette la prédestination. Pour eux, l'homme dispose d'un pouvoir particulier (*qadar*) lui permettant de décider de ses actes.

QADI ◼ Dans l'islam, c'est le mot qui désigne le juge (en matière de religion).

QALB ◼ Chez les soufis, ce mot désigne le cœur. Pour les mystiques soufis, le cœur est le seul à pouvoir établir un contact avec Dieu. D'où, chez eux, une terminologie et une science des états et des qualités du cœur (resserré, étendu, apaisé, etc.).

QASS ◼ Dans l'islam, sermonnaire religieux dont le rôle consistait à faire des sermons religieux sur la place publique. Cette fonction était souvent conjuguée à celle de *cadi*.

QIBLA ◼ Dans l'islam, c'est le mot qui désigne la direction de la prière (c'est-à-dire la direction de La Mecque). Dans les premiers temps de l'islam, la *qibla* indiquait la direction de Jérusalem. Dans les mosquées, la *qibla* est indiquée par une petite niche (*mihrâb*).

QIDDOUCH ◼ Prière récitée pour sanctifier le chabbat ou les jours de fête. La prière s'effectue sur une coupe de vin. Il est à noter que le Qiddouch ne peut être récité que là où il y a un repas (s'il est récité à la synagogue une collation est servie après l'office). Le texte du Qiddouch est le suivant : « Sois loué, Éternel, notre Dieu, Roi de l'univers qui nous as sanctifiés par tes commandements et qui dans ton amour et dans ta bienveillance nous as donné en héritage ton saint jour de chabbat, souvenir de la création du monde. Ce jour est la première des solennités, instituée en mémoire de la sortie d'Égypte. Oui, c'est nous que tu as choisis entre tous les peuples et que tu as sanctifiés, et c'est à nous que dans ton amour et ta bienveillance tu as donné ton saint jour de chabbat en héritage. Sois loué, Éternel, qui sanctifies le chabbat ».

QIYAMAH ◼ Dans l'islam, c'est le mot qui désigne le jour du jugement dernier.

QLIPAH ◼ Mot hébreu pour désigner « l'écorce » ou « la coquille ». Dans la kabbale, ce mot a un sens très particulier car il désigne les forces du mal qui sont une résultante de la brisure des vases (voir l'article *Tsimtsoum*). Ces forces du mal retiennent prisonnières les étincelles divines (*nitsotsoth*), lesquelles leur communiquent la force pour agir. Le kabbaliste Louria a développé tout un système basé sur le retrait de Dieu (*tsimtsoum*), la brisure des vases (*shévirath hakélim*), les étincelles (*nitsotsoth*), les forces du mal, (*qlipoth*), les commandements (*mitsvoth*), le messianisme, la réparation (*tiqoun*) le rôle de l'homme sur terre, etc.

QOHÉLET ◼ Autre nom du livre de l'Ecclésiaste (voir ce mot).

QOM ◼ Ville située à 150 kilomètres de Téhéran, c'est le plus grand centre théologique des chiites et aussi un lieu de pèlerinage (la sœur du 8e imâm y étant enterrée). Outre les pèlerins, des étudiants viennent

"

du monde entier pour s'inscrire dans une des écoles théologiques de la ville. C'est de la ville de Qom, bastion des opposants politiques aux Pahlavis (dont le dernier chah d'Iran, Muhammad Riza), que fut lancé le mouvement qui conduisit à la révolution islamique de l'ayatollah Khomeini, en 1979.

QORAÏCH ■ Nom d'une tribu de la Mecque à laquelle appartenait Mahomet. Il en est fait régulièrement mention dans le Coran.

QORÂN ■ Voir Coran.

QORBAN ■ 1. Chez les juifs : voir Hourban. 2. Chez les musulmans : voir Aïd el-kébir.

QOUMRÂN ■ Localité au bord de la mer Morte où furent découverts de 1947 à 1958 d'importants documents bibliques. La plupart des manuscrits retrouvés (dont certains presque complets) sont en hébreu mais on a également trouvé des traductions en araméen et en grec. De nombreux écrits portent la marque des esséniens et ont livré de nombreux éclaircissements sur cette secte dont les aspirations « annoncent » le christianisme.

QUADRAGÉSIMAL ■ Propre au Carême.

QUAKERISME ■ Religion des quakers (dont le nom signifie « ceux qui tremblent devant Dieu »). Mouvement religieux protestant fondé en Grande-Bretagne (en 1652 par John Fox) et implanté aux États-Unis (Pennsylvanie, 1682). Selon leur doctrine, l'expérience de Dieu est personnelle et il n'y a nul besoin de sacrements mais seulement d'une prière silencieuse et de l'appui d'une communauté.

QUAKERS ■ Membre d'un mouvement religieux protestant. Le nom provient de ce que leur dirigeant avait un jour crié au juge qui l'avait fait comparaître : « Vous devriez trembler devant le Tout-Puissant ».

QUATRE ATTENTIONS (LES -) ■ Dans le bouddhisme, il s'agit de l'attention au corps, de l'attention aux sensations et aux émotions, de l'attention aux activités de l'esprit et de l'attention aux phénomènes.

QUATRE ATTENTIONS RAPPROCHÉES (LES -) ■ Dans le bouddhisme, les quatre attentions rapprochées sont des techniques de méditation pour obtenir l'Éveil. Le but des quatre attentions rapprochées est de favoriser le non-attachement au corps et l'abandon des quatre méprises (prendre pour permanent ce qui est impermanent, prendre pour le bonheur ce qui est souffrance, prendre pour pur ce qui est impur et prendre pour soi ce qui est non-soi). Les quatre attentions rapprochées ou techniques de médiation sont les suivantes : l'attention au corps, l'attention aux sensations, l'attention à l'esprit et l'attention aux objets mentaux.

QUATRE NOBLES VÉRITÉS (LES -) ■ Dans le bouddhisme, ce sont les vérités du chemin du Milieu qui mènent à l'Éveil. Ce sont : la vie est souffrance, le désir est la cause de cette souffrance, en supprimant le désir on supprime la souffrance, le désir peut être supprimé par le noble chemin octuple. C'est ce que Bouddha a expliqué dans ce qu'on appelle le Sermon de Bénarès. Le Grand Véhicule n'a rien innové concernant les Quatre Nobles Vérités mais, en revanche, il a donné une nouvelle définition de la vérité et donc une nouvelle interprétation sur « la vérité sur la souffrance » et sur « la vérité sur la voie qui mène à la cessation de la souffrance ». Les deux vérités (ou réalités) mises en avant par le Grand Véhicule sont la vérité conventionnelle (*samvrtisatya*) et la vérité ultime (*paramârthasatya*). La vérité conventionnelle est celle du sens commun, de la vie quotidienne faite d'actions, de désirs, de manifestations, de rites, etc. Elle fait partie de notre quotidien et elle seule permet d'arriver à la vérité ultime. La vérité absolue est la vérité ultime, celle à laquelle on ne parvient qu'après une longue discipline intellectuelle et méditative. Dans la vérité conventionnelle, les choses ont une réalité alors qu'elles sont vides au sens de la réalité absolue. Bien entendu, cette notion de double réalité conduit à un certain nivellement des choses et, par exemple, confond (sans que pour autant cela soit identique) le *samsâra* et le *nirvâna*.

QUIDDITÉ ■ Ce qui constitue l'essence d'une chose, ce qui fait qu'elle est ce qu'elle est.

QUIÉTISME ■ Doctrine mystique selon laquelle la contemplation de Dieu suffit à la perfection chrétienne. En outre, pour les quiétistes, toute activité personnelle, au lieu de faciliter l'union avec Dieu, risquait de la contrecarrer. Les mystiques ne sont guère aimés des pouvoirs en place. Le quiétisme ne fit pas exception. Il fut condamné une première fois, en 1687, par Innocent XI. En France, à la cour de Louis XIV, il fut soumis à un acharnement de la part de Bossuet qui avait l'oreille du Roi. Sur les « conseils » de ce dernier, le pape Innocent XII le condamna une seconde fois. La spiritualité française mit fort longtemps à s'en remettre.

R

RABB ■ Dans le Coran, désignation habituelle de Dieu, le suzerain.

RABBAN ■ 1. Dans le judaïsme, désigne un rabbin. 2. Dans l'Église chaldéenne catholique, désigne un moine.

RABBIN ■ Ce titre signifie, en hébreu, « mon maître ». Il est octroyé à une personne faisant autorité en matière religieuse et, dès lors, apte à prendre des décisions en matière de loi religieuse juive (*halakha*). Avant la destruction du Temple, cette fonction était dévolue aux prêtres ; ce n'est qu'après la destruction du Second Temple (avec la disparition de la prêtrise) que le rabbin occupera un rôle important dans la communauté juive. Le rabbinat est donc une sorte de doctorat universitaire mais en aucune sorte un sacrement. Rappelons que le rabbin n'est pas un prêtre ; par ailleurs il est généralement marié et père de famille. Sa fonction a beaucoup varié au cours des âges. Durant la période de la constitution de la Torah, c'est un sage versé dans les écritures ; jusqu'au Second Temple, c'est l'interprète autorisé de la loi religieuse (avec une réelle autorité juridique) ; jusqu'à l'émancipation des Juifs, c'est l'interprète autorisé de la loi religieuse (avec une autorité juridique limitée mais possédant un réel pouvoir sur les jugements civils, le règlement des litiges commerciaux, les nominations ; actuellement (en Diaspora), c'est un « sage » de la communauté et, en Israël, c'est un interprète autorisé de la loi religieuse (avec une réelle autorité juridique). Son titre ne lui confère aucun privilège au niveau du rituel à la synagogue, si ce n'est le droit de prononcer des discours lors d'événements importants. Il occupe diverses fonctions religieuses, sociales, pédagogiques et surtout communautaires comme, par exemple, prononcer des sermons aux grandes occasions, diriger l'enseignement religieux, contrôler l'abattage rituel, donner des conseils, assurer la médiation des litiges civils, etc. Sa fonction l'occupant de plus en plus, le rabbin est aujourd'hui salarié par la communauté (laquelle peut donc donner son préavis à un rabbin qui ne lui convient plus à condition, toutefois, de respecter les règles du contrat). Contrairement aux ministres des cultes des autres religions, le rabbin n'est pas rattaché à une hiérarchie mais, tout au plus, à un mouvement religieux (orthodoxe, réformé, hassidique, etc.) ou culturel. Dans l'État d'Israël, où le statut personnel est toujours sous le contrôle de la religion (mariage, divorce, conversion, etc.), il existe un grand rabbin séfarade et un grand rabbin ashkénaze. Dans de nombreux pays, dont la France, on trouve des écoles pour la préparation des rabbins. Seuls les rabbins diplômés par ces écoles (qui attestent donc des connaissances religieuses acquises par leurs diplômés) peuvent exercer comme rabbins appointés. En France, le Séminaire rabbinique, d'abord à Metz, a été transféré à Paris. Les termes rabbin et rabbi sont équivalents. Historiquement, les rabbins étaient des membres ordonnés du Sanhédrin, mais comme l'ordination ne pouvait s'effectuer qu'à Jérusalem, les « sages de Babylone » — n'étant pas ordonnés — portaient le titre de « rav » mais exerçaient une fonction identique. Le terme « rebbe » désigne un « sage » hassidique, un tsaddiq.

RACHAT DU PREMIER-NÉ ■ Rappelons qu'avant la sortie d'Égypte, seuls les premiers-nés juifs furent épargnés par l'Ange de la mort. En souvenir de cette grâce, tous les premiers-nés d'une femme sont consacrés à Dieu. Le père est donc tenu de racheter l'enfant au trente et unième jour de sa naissance. Le rachat s'effectue auprès d'un Cohen (un successeur des prêtres) et la somme a été fixée à cinq sicles (ce qui représente exactement 94 grammes d'argent pur, soit une dizaine d'euros).

RACHI DE TROYES ■ Maître du Talmud et de la Torah. « Que dit Rachi ? » C'est la question traditionnelle chaque fois que l'on se pose une question face à un texte de la Bible ou du Talmud. De son vrai nom Salomon Ben Isaac, ce maître français de la Torah et du Talmud (1040-1105) est connu surtout sous le nom de Rachi, lequel est soit l'acronyme de Rabbi Shlomo Isaac soit encore celui de *Rabbi Shlomo Cheykhié*, ce qui signifie « Rabbi Salomon, qu'il vive longtemps », ou encore celui de *Raban chel Israël* (« le maître d'Israël »). L'œuvre de Rachi, entièrement composée en hébreu, est extrêmement vaste mais Rachi est surtout apprécié pour ses commentaires du Talmud ainsi que pour ses *responsa*. Jusqu'au 15e siècle, le commentaire talmudique de Rachi circulait librement sans être associé « physiquement » au Talmud. Ce n'est qu'en 1484 que, pour la première fois, un éditeur imprime les commentaires de Rachi à côté du texte du Talmud. Depuis lors, il n'est pas de Talmud qui soit publié sans les commentaires de Rachi. Cette publication assez tardive explique qu'un maître comme Maïmonide (né un siècle après Rachi) ne connaissait pas les commentaires de Rachi. Les commentaires de Rachi ont été complétés par ses gendres (et leurs enfants) : ce sont les *tossafistes*, c'est-à-dire les auteurs de « suppléments ».

Aujourd'hui, toutes les éditions du Talmud se présentent de la manière suivante : au centre, le texte du Talmud ; à droite, les commentaires de Rachi ; à gauche, les commentaires supplémentaires des *tossafistes*. Commentateur du Talmud, décisionnaire (*posèq*) par ses *responsa*, Rachi est également poète de prières liturgiques (le *piyout*) et de prières pénitentielles (*selihot*). Pour les linguistes francophones, Rachi est également intéressant à un autre titre : lorsqu'il ne disposait pas du terme *ad hoc* en hébreu, il utilisait le terme français pour désigner avec précision un outil, une plante, etc. L'étude des gloses françaises de Rachi (*laazim*) est donc un véritable apport pour l'étude du français médiéval. Pour la petite histoire, signalons encore que Rachi était vigneron.

RAGA ■ Dans le bouddhisme, mot sanscrit désignant la passion (ce mot figure au centre de la Roue de la vie).

RÂGAVIDYÂRÂJA ■ Dans le bouddhisme, un Roi de Science Magique.

RAHMÂN-RAHÎM ■ Dans le Coran, désignation de Dieu, le Très-Miséricordieux. C'est la formule utilisée dans la Basmala, la formule qui ouvre chaque sourate (sauf la neuvième) et qui est prononcée lors de chaque moment important de la journée.

RÂHULA ■ Le fils de Bouddha et l'un de ses dix premiers disciples.

RAHULA ASURA ■ Dans le bouddhisme, le plus célèbre des *asuras* (anti-dieux). Il règne sur un immense territoire sur les rives du grand océan. Il combat les dieux et monte parfois sur le mont Sumeru pour voir les vierges célestes. Cependant, en raison de la luminosité du soleil, il est incapable de les voir : il couvre alors le soleil avec sa main droite, ce qui provoque une éclipse de soleil.

RAISONNEMENT SEPTUPLE SUR L'INEXISTENCE DU MOI ■ Pour illustrer cette illusion d'un soi (ou moi), simple désignation nominale d'un ensemble d'agrégats, les bouddhistes se servent habituellement du raisonnement du célèbre moine et philosophe indien Candrakirti (4e siècle), lequel établit en sept points à l'inexistence du moi en prenant pour exemple un char, lequel est différent de chacune de ses parties. On ne parlera de char que lorsque toutes les parties sont assemblées. Il en est de même pour l'homme qui est distinct de chacun des cinq groupes (voir l'article consacré aux agrégats) et n'existe que si ceux-ci sont assemblés. Tous les ouvrages traitant de bouddhisme reprennent sous une forme ou l'autre ce raisonnement.

RAJAGRHA (CONCILE DE -) ■ Premier concile bouddhique, peu après la mort de Bouddha. C'est là qu'ont été fixés, d'après les récits d'Ananda (le disciple préféré de Bouddha), les enseignements directs de Bouddha (les Sûtras), c'est-à-dire les livres canoniques.

RAKSACAKRA ■ Dans le bouddhisme, c'est un cercle de protection.

RAKUSU ■ Dans le bouddhisme, c'est un petit carré d'étoffe formé de morceaux de toile cousus ensemble. Il symbolise la robe élimée de Bouddha. Dans le bouddhisme zen, il est remis au postulant avant qu'il ne prononce ses vœux.

RAMADAN (JEÛNE) ■ Le jeûne du Ramadan est légal et fait partie des cinq piliers de l'islam. Seuls les enfants en bas âge, les malades, les voyageurs, les femmes enceintes (ou réglées) sont dispensés du jeûne du Ramadan. Malgré cela, durant ce mois, la plupart des musulmans se sentent réellement solidaires de la communauté (*umma*) et participent au jeûne, même lorsque leur condition physique ne le leur

permet pas. En principe, toute journée non jeûnée doit être rattrapée par la suite ou compensée par une action charitable.

RAMADAN (MOIS DE -) ■ Le mois de Ramadan est le neuvième mois du calendrier de l'*hégire*. Au moment où il fut fixé, par Mahomet, au début de son installation à Médine, comme mois de jeûne, c'était un mois de grandes chaleurs (*Ramadan*). Comme le calendrier musulman est lunaire, la fête du Ramadan tombe en différents moments de l'année. L'application stricte des règles est donc plus ou moins pénible selon le mois durant lequel il est célébré. Le mois du Ramadan est également le mois pendant lequel on célèbre la « Nuit du Destin ». Dans l'Arabie préislamique, le mois de Ramadan était également celui de la trêve durant laquelle les guerres et razzias entre tribus étaient interdites.

RAMADAN (ORGANISATION SOCIALE DU -) ■ Dans un pays musulman, il est inimaginable pour un musulman de ne pas jeûner durant le Ramadan. Il en résulte que la vie sociale prend une autre dimension : les activités sont au ralenti, les bureaux ferment plus tôt, les commerces ouvrent à des heures différentes, les terrasses sont vides, les radios et télévisions diffusent des enregistrements du Coran, la nuit remplace le jour, etc. Les rues sont silencieuses et aucune musique forte ne trouble la tranquillité religieuse ambiante. Par contre, les mosquées sont remplies et tous les habitants se concilient les grâces de Dieu en se réconciliant avec leurs ennemis, en rendant visite aux malades, etc., car il est dit que « si quelqu'un accomplit son devoir durant le Ramadan, cela équivaut à 70 devoirs accomplis durant d'autres mois ». Dans certaines régions (c'est le cas, par exemple, au Maroc), des veilleurs sont chargés de réveiller les dormeurs avant l'aube de manière à ce qu'ils puissent prendre une dernière collation avant l'instauration du jeûne. Ainsi, durant un mois une nouvelle organisation de la vie s'instaure dans la plupart des villages (les villes, elles, ne pouvant, bien entendu, vivre au ralenti). Les prières, les rassemblements, les réveils de nuit ponctuent les heures du mois de Ramadan, lui donnant ainsi un cachet particulier, qui en assure certainement le charme auprès des musulmans, qu'ils soient pieux ou non.

RAMEAUX (DIMANCHE DES -) ■ Chez les chrétiens, c'est le dimanche qui précède la fête de Pâques. C'est la commémoration de l'entrée triomphale de Jésus à Jérusalem, une semaine avant la crucifixion.

RÂSHIDÛN (LES -) ■ Ce sont les quatre premiers califes « bien dirigés ». Abou Bakr (632-634), le premier calife, est le père de Aïcha, la femme préférée de Mahomet. C'est un compagnon de l'Hégire. Omar (634-644), le second calife, est le calife des grandes conquêtes de l'islam. Le troisième calife est Uthmân (644-656). C'est un gendre de Mahomet ; on lui doit la vulgate du Coran. Il meurt assassiné et c'est alors que les ennuis commencent car sa succession n'est pas facile. Elle aboutit d'ailleurs au premier schisme de l'islam et à la création de trois sectes différentes : les sunnites, les chiites et les kharijites. Ali (657-?) est le quatrième calife *râshidûn* (bien dirigé). C'est aussi un gendre de Mahomet et il meurt également assassiné ; ses partisans sont les chiites et les kharijites. Pour les chiites, Ali est leur premier imâm.

RASKOL ■ Mot russe signifiant schisme. C'est le schisme qui divisa la Russie orthodoxe au 17e siècle suite à l'introduction par le patriarche Nikon d'une nouvelle liturgie calquée sur la liturgie grecque. Malgré la pression du tsar et les campagnes sanglantes menées par Nikon contre les dissidents, de nombreux russes (sous la conduite de l'archiprêtre Avvakum) refusèrent la nouvelle liturgie. On les appelles les « vieux-croyants » (*staroviéri*) ou schismatiques (*raskolniki*). Persécutés par le pouvoir, ils se réfugièrent en Russie septentrionale et en Sibérie où, tourmentés et torturés, ils vécurent dans des conditions très difficiles.

RASKOLNIKI ■ Membres du mouvement schismatique russe (en russe, schisme se dit *raskol*) opposés, au 17e siècle, aux modifications liturgiques de l'Archiprêtre Nikon. Ils portent également le nom de « vieux-croyants » (*staroviéri*). Ce mouvement est né suite aux positions divergentes des deux archiprêtres Nikon et Avvakum quant à la politique religieuse à suivre pour sortir l'Église russe de l'isolement dans lequel elle se trouvait suite à la chute de Byzance. Signalons que c'est la tsarine Elisabeth Petrovna qui, par un oukase (1745), a fait l'obligation aux russes d'utiliser le terme *raskolniki* au lieu de celui de « vieux-croyants » (*staroviéri*).

RASON ■ Dans l'Église orthodoxe, manteau noir monastique à larges manches porté par les moines novices. Lorsque le novice reçoit ce manteau, il devient « moine rasophore ».

RASSOUL ■ Dans l'islam, c'est le mot qui désigne le messager de Dieu ; c'est-à-dire le prophète en possession de tous les pouvoirs, celui qui apporte une Loi et/ou un Livre divin. L'islam cite cinq messagers : Nouh (Noé), Ibrahim (Abraham), Moussa (Moïse), Issa (Jésus) et Mouhammad (Mahomet). Pour les musulmans, Mahomet est le « sceau des Prophètes » (*khâtam alanbiyâ*), il ne peut y en avoir après lui (d'où l'intolérance des musulmans pour toutes les religions postérieures à l'islam). Le fondateur du manichéisme (Mani) se prétendait aussi le « sceau des Prophètes ». Le mot s'écrit également *rasûl*.

RASÛL ■ Voir Rassoul.

RATIONAL ■ Titre de certains ouvrages liturgiques contenant les raisons symboliques ou mystiques des actes liturgiques.

RATNAPÂNI ■ Un bodhisattva transcendantal.

RATNASAMBHAVA ■ Le bouddha du Sud (« l'origine des Joyaux »), un bouddha de sagesse (dhyâni-bouddha).

RAVIR ■ C'est transporter au ciel.

RÉARMEMENT MORAL ■ Courant d'origine protestante fondé par le pasteur Frank Buchman, aussi connu sous le nom de « First Century Christianism » ou de « groupe d'Oxford ». Le mouvement est basé sur des valeurs morales : l'honnête absolue (c'est-à-dire, avant tout ôter les masques qui nous dissimulent), la pureté absolue, le désintéressement absolu et l'amour absolu. Selon la doctrine de ce mouvement, sa puissance motrice est le Saint-Esprit. Il s'agit donc bien d'un mouvement religieux. L'Église catholique était fortement opposée à ce mouvement car elle lui reprochait d'être d'essence religieuse sans pour autant l'affirmer et n'avoir aucune organisation ecclésiastique propre et, selon le cardinal Suenens, « ni crédo défini, ni temple, ni culte, ni sacrements, ni hiérarchie ». En 2001, le mouvement a changé de nom pour devenir « Initiatives et Changement » et insiste davantage sur son rôle éthique.

RECHIMOU ■ Mot hébreu signifiant « empreinte ». Pour les kabbalistes, ce sont les traces divines de Lumière Infinie qui sont restées après le retrait de Dieu (*tsimtsoum*) ; cette « lumière originelle » est à l'origine de tous les événements du monde.

RÉCOLLECTION ■ Retraite spirituelle consistant à se recueillir, par la méditation et la prière.

RÉCONCILIATION (SACREMENT DE LA -) ■ Il s'agit du sacrement de la pénitence tel qu'il est pratiqué par les catholiques et les orthodoxes. Il suppose trois éléments essentiels : la contrition, la confession, la satisfaction (ou pénitence). Orthodoxes et catholiques ne présentent cependant pas une unité de vue concernant l'application de la satisfaction (très codifiée chez les catholiques, elle est laissée à la discrétion du pécheur chez les orthodoxes).

RECONQUISTA ■ Lente reconquête par les Espagnols des territoires espagnols conquis par les musulmans. En 1492, Grenade passe aux mains des Rois Catholiques ; cette victoire signe la fin de la Reconquista. Les musulmans vivant sur les territoires chrétiens (appelés morisques) doivent se convertir ou s'exiler.

RECONSTRUCTIONNISME ■ Mouvement philosophique juif américain selon lequel, puisque les Juifs ne croient plus en la vie éternelle, il convient de réaliser le salut dans ce monde. Pour le fondateur du mouvement (M. Kaplan), le judaïsme est aujourd'hui une « civilisation religieuse dynamique » mais dont les commandements ne sont plus adaptés au monde moderne.

RECTEUR ■ Prêtre qui a la charge d'une église qui n'est ni paroissiale ni en rapport avec une abbaye comme, par exemple, une église d'un lieu de pèlerinage.

RECTO TONO ■ Sur un ton régulier. Manière de réciter certains textes liturgique à voix haute en gardant un ton unique.

RÉDEMPTION ■ Selon la théologie chrétienne, c'est le rachat du genre humain par le Christ mourant sur la croix. La Rédemption constitue un des principaux mystères de la foi,

RÉDIMER ■ Synonyme de racheter.

RÉFORMATEURS (LES -) ■ Il s'agit des auteurs (Luther, Calvin, Zwingli) de la Réforme protestante du 16e siècle.

RÉFORME ■ Mouvement religieux qui au 16e siècle (sous l'impulsion de Luther, Calvin, etc.) voulut réformer l'Église pour la ramener à ses valeurs primitives. De la Réforme sont nés divers mouvements religieux (Églises, sectes) que l'on regroupe habituellement sous le nom de protestantisme. La Contre-Réforme est le mouvement de réforme catholique qui, tout en s'opposant à la Réforme protestante, insista également sur la nécessité d'un renouveau dans l'Église. Concrètement, la Contre-Réforme se manifesta par le Concile de Trente (trois sessions de 1545-1563) qui débute un an avant la mort de Luther.

REFUGE (PRISE DE-) ■ Acte d'adhésion au bouddhisme. Lors de la cérémonie du refuge, l'aspirant est agenouillé et récite trois fois le texte de la prise de refuge, ensuite le représentant du Sangha monastique (le chef de la communauté) lui coupe une mèche de cheveux en signe de renoncement au *samsâra* (cycle des renaissances) et d'adhésion au Dharma (la Loi). Pour terminer, un nom du Dharma (un nom religieux) est donné à celui qui vient de prendre refuge. La formule traditionnelle de prise de refuge, et donc d'entrée dans le bouddhisme, est : « Je prends refuge dans le Bouddha, je prends refuge dans le Dharma, je prends refuge dans le Sangha ». Cette formule est répétée trois fois. Signalons que, dans le bouddhisme indotibétain (ou

Véhicule du Diamant ou *Vajrayâna*), on prend également refuge dans les trois racines qui sont le *guru* (le maître), le *deva* (déité de méditation) et les *dâkinis* (les déités de sagesse et d'enseignement). Le bouddhisme est très tolérant mais la prise de refuge dans le Bouddha, dans le Dharma et dans le Sangha nécessite que l'on accepte un certain mode de vie, que l'on agisse en fonction de certains préceptes. Après la prise de refuge dans le Bouddha, il faut éviter certains refuges auprès d'êtres mondains mais, par contre, respecter toutes les représentations de Bouddha. La prise de refuge dans le Dharma nécessite une conduite de compassion à l'égard de tous les êtres vivants et, enfin, suite à la prise de refuge dans le Sangha, il ne faut plus fréquenter les personnes dont l'influence est négative mais, par contre, respecter tous les membres du Sangha. En pratique, le nouveau bouddhiste aura un comportement de grand respect pour le Bouddha et ses diverses représentations ainsi que pour les textes canoniques qu'il placera toujours en position élevée de manière à éviter qu'on ne marche dessus, qu'ils ne soient enjambés, etc. Parfois aussi il construira un petit autel à domicile, mais c'est là plus particulièrement une pratique des bouddhistes tibétains. Enfin, il renouvellera chaque jour sa prise de refuge en récitant par trois fois la formule rituelle : « Je prends refuge dans le Bouddha, le Dharma et le Sangha ». Bien que cela ne soit ni ordonné, ni recommandé par les textes canoniques, il est de tradition pour les bouddhistes d'effectuer des offrandes aux trois joyaux (fleurs, fruits, etc.).

RÈGLE DE SAINT BENOÎT ■ Règle monastique codifiée au 6e siècle par saint Benoît de Nursie. Cette règle qui propose une vie partagée entre la prière et le travail est appliquée par presque tous les ordres monastiques.

RÉGULIER (CLERGÉ) ■ Désigne le clergé qui vit en communauté, selon des règles strictes.

RÉINCARNATION ■ Incarnation d'une entité spirituelle dans un nouveau corps. On parle également de métempsycose ou de palingénésie. La plupart des religions asiatiques (bouddhisme, jaïnisme, hindouisme, etc.) croient à la réincarnation mais sans préciser ce qui se réincarne (pour le bouddhiste, ce n'est en tout cas pas l'âme qui n'existe pas). Les kabbalistes juifs croient également en la réincarnation. Voir aussi Pudgala.

RÉITÉRATION ■ Nouvelle administration d'un sacrement (baptême, confirmation, ordination) à celui qui l'a reçu dans des conditions douteuses.

RELAPS ■ Pour les catholiques, c'est celui qui, après avoir abjuré une hérésie, est retombé dans celle-ci.

RELAXADO ■ Personne condamnée par l'Inquisition espagnole et remise au bras séculier pour l'application de la peine.

RELEVAILLES ■ Dans la liturgie catholique, cérémonie d'action de grâce pour une femme qui retourne pour la première fois à l'église après son accouchement.

RELIGIEUX ■ 1. Qui est relatif à une religion. 2. Personne entrée en religion (clerc).

RELIGION JUIVE (HISTOIRE DE LA -) ■ Grosso modo, on peut dire que l'histoire de la religion juive peut se scinder en deux périodes précises : la période qui précède la destruction du Second Temple (en l'an 70 è.c.) et la période qui suit cette disparition. Pour les Juifs, la destruction du Temple est un événement d'une extrême importance, une catastrophe (*hourban*). Le Temple étant détruit, la vie religieuse ne peut plus s'effectuer comme auparavant : les sacrifices sont interdits, la prêtrise n'existe plus, certains commandements (*mitzvoth*) sont inexécutables, le peuple juif vit dans un état perpétuel d'impureté religieuse... On peut même se demander comment la religion juive a pu survivre à cette catastrophe. Bien entendu, la synagogue s'est substituée, en partie, au Temple mais toutes les fonctions du Temple ne sont pas, loin de là, transférées à la synagogue ; les rabbins ont remplacé les prêtres mais ils n'exercent plus les mêmes fonctions, n'étant pas ordonnés. Pour ce qui concerne la seconde période, qui s'étend de la destruction du Temple (70 è.c.) à aujourd'hui, le sort du peuple juif a toujours été (à de rares exceptions près) celui de l'Exil, celui de la Diaspora. Il faut cependant retenir quelques dates et éléments-clés sans lesquels bien des événements ne seraient pas compréhensibles. Retenons :

- La destruction du Premier Temple et l'exil à Babylone (-566)
- La fin de la dernière dynastie juive, les Hasmonéens (-63)
- La destruction du Second Temple (70)
- La disparition de la Judée et la révolte de Bar Kokhba (132)
- La Première Croisade (1095)
- L'Inquisition (1231)
- L'expulsion des Juifs de France (1394), d'Espagne (1492), du Portugal (1496)
- Les pogroms des troupes de Chmielnicki en Pologne (1648)
- L'émancipation des Juifs de France (1791)
- La Shoah (1940-1945)
- La création de l'État d'Israël (1948).

RELIGIONNAIRE ■ Membre de la religion réformée (protestantisme).

RELIGIOSITÉ ■ Attirance sentimentale pour une religion ou pour la pratique d'un culte mais sans adhésion formelle à ses dogmes.

RÉMANENCE ■ Ce qui persiste après la disparition de sa cause. Pour les catholique et les orthodoxes, le sang et le corps du Christ subsistent dans les espèces transformées même après la messe. Pour les luthériens, dès que l'assemblée eucharistique disparaît, le sang et le corps du Christ disparaissent également des espèces. Voir Transsubstantiation et Consubstantiation.

REMEZ ■ L'un des quatre niveaux de lecture ésotérique du texte de la Torah. *Remez* est le niveau de l'interprétation au sens allusif, c'est-à-dire sous la forme de découvertes dans les mots de l'écriture. Le domaine de la connaissance ésotérique est désigné par les kabbalistes sous le nom de pardès (le verger, le paradis). Ce mot est formé des quatre consonnes P (*pshatt*, le sens littéral), R (*remez*, le sens allégorique), D (*derash*, le sens figuré) et S (*sod*, le sens secret, le sens herméneutique).

RENAISSANCE (LA) ■ C'est, après la mort, la renaissance d'une « entité » (l'âme pour les kabbalistes, le pudgala pour les bouddhistes) dans une autre entité. Dans le bouddhisme, la renaissance peut s'effectuer dans divers mondes : celui des hommes, des animaux mais aussi celui des dieux. Notons que le dieu bouddhique est lui aussi soumis au cycle des renaissances. Aucun dieu bouddhique n'est éternel, ni parfaitement heureux. Aucun dieu n'est omniscient, ni omnipotent. Le sort d'un dieu bouddhiste n'est que partiellement enviable car, pour parvenir au *nirvâna*, il doit d'abord renaître sur terre dans la condition d'homme. Pour les kabbalistes aussi, certaines âmes peuvent renaître dans d'autres corps (voir Gilgoul).

RENAISSANCES (MÉCANISMES DES -) ■ Le bouddhisme décrit quatre types de renaissances possibles : la naissance vivipare (mammifères, dont l'homme), la naissance ovipare (reptiles, oiseaux), la naissance dans l'eau et l'humidité (poissons, vers) et la naissance par métamorphose, c'est-à-dire par la force du *karma* mais sans l'intervention d'une mère (c'est le cas pour les êtres célestes ou Devas, les « revenants affamés » ou Pretas, les habitants des Enfers ainsi que pour les êtres d'un univers nouvellement créé). Cette dernière forme de « naissance » est une explication intéressante à l'apparition des hommes sur un monde neuf.

RENÉGAT ■ Personne qui renie sa religion.

RÉPROUVER ■ Destiner aux peines éternelles.

RÉPUDIATION ■ L'acte de répudiation ne doit jamais être fait à la légère. Les principales religions ont prévu des garde-fous. Ainsi, pour que la répudiation soit effective, dans la religion juive, le mari doit remettre un document à sa femme. Dans l'islam, le mari doit prononcer trois fois la formule « je te répudie ». Pour éviter que le mari ne prononce cette formule à la légère, il a été prévu que l'homme ne peut se remarier avec sa femme répudiée qu'après que celle-ci ait été mariée avec un tiers, que le mariage soit consommé puis résilié. La dot acquise par mariage reste la propriété de la femme, même après la répudiation. Dans la religion chrétienne, la répudiation est interdite sauf dans le cas d'adultère (incise mathéenne, voir divorce).

REQUIEM ■ Dans la liturgie catholique, introït de la messe des morts.

RÉSIPISCENCE ■ C'est la reconnaissance de sa faute avec la volonté de s'amender.

RESPONSA ■ Les *responsa* (en hébreu : *téchouvoth*) sont des réponses écrites rédigées par des experts du Talmud. Ces réponses font suite à une question provenant d'un collègue, d'une communauté ou de l'un de ses membres. L'origine des questions est donc extrêmement diversifiée mais, la plupart du temps, ces questions portent essentiellement — mais pas toujours — sur des problèmes concernant la vie pratique. Aujourd'hui encore, les *responsa* sont une source très importante pour les décisions que les rabbins sont amenés à prendre concernant des problèmes liés à la vie du vingt et unième siècle et à la création de l'État d'Israël. Les *responsa* sont de pratique courante dans la communauté juive depuis la rédaction du Talmud, c'est-à-dire 200 ans avant les débuts de l'è.c. De nombreux érudits juifs (Maïmonide, Rachi de Troyes, etc.) ont publié des recueils de questions et réponses (*chéélot outechouvoth*), dans lesquels ils nous fournissent également des informations sur la vie juive et le fonctionnement des communautés aux différentes époques. Comme les *responsa* étaient des réponses à des questions précises où les personnes en conflit étaient généralement citées, il fut nécessaire, pour en faire des compilations à usage général, d'en gommer les indications personnelles trop précises (on fait la même chose aujourd'hui lorsqu'on publie des jugements pouvant faire jurisprudence). Il a donc été décidé de remplacer le nom des hommes par celui de l'une des douze tribus, celui des femmes par le nom d'une matriarche et le nom du lieu par celui d'une grande ville de Terre sainte (ainsi Ruben est opposé à Simon, Sarah à Rachel, etc.).

RESSUSCITER ■ Revenir à la vie. Dans la Bible plusieurs résurrection sont décrites (en tant que miracle produit par une cause externe) mais le Christ est le seul à s'être ressuscité lui-même.

RÉSURRECTION DES CORPS ■ Cette doctrine est essentielle pour les rabbins juifs. En effet, elle sépare les pharisiens (c'est-à-dire le monde juif actuel) des

saducéens. Pour les pharisiens, celui qui niait la résurrection n'aurait pas de participation à l'au-delà alors que les saducéens rejetaient toute idée de résurrection. Pour les pharisiens, par la résurrection, à la fin des temps, les âmes des morts s'uniront à leur corps recomposé : « Beaucoup de ceux qui dorment dans la poussière du sol se réveilleront, les uns pour une vie éternelle, les autres pour être un objet d'ignominie et d'horreur éternelle. » (Daniel, 12, 2)

RETABLE ■ Panneau peint placé derrière un autel dans une église chrétienne.

RÉTRIBUTION ■ En langage théologique, récompense que le fidèle espère se voir accorder dans l'au-delà en vertu des mérites accumulés ici-bas.

RÉVÉLATION ■ 1. Annonce aux hommes des vérités divines. Les trois religions révélées sont le judaïsme, le christianisme et l'islam car dans chacune de ces religions Dieu a parlé aux hommes (ou à leurs prophètes) pour leur faire découvrir des mystères divins et leur annoncer la voie à suivre pour parvenir à l'ultime félicité (Dieu a parlé très peu aux juifs, pendant plus de trente ans aux chrétiens et pendant près de 20 ans aux musulmans). Les chrétiens sont les seuls à avoir été en contact direct et permanent avec Dieu dans l'hypostase de Jésus-Christ. 2. Les découvertes par le Bouddha des vérités menant à l'Éveil.

REVENANT AFFAMÉ ■ Dans le bouddhisme, les revenants affamés (les *pretas*) sont l'une des six classes de renaissances des êtres vivants (titans, dieux, êtres humains, animaux, preta, en enfer). Dans le cadre du cycle des transmigrations (samsâra), suite à leur karma, les revenants affamés reviennent sur terre sous une forme éthérée et doivent continuer à vivre en subissant divers supplices (on n'est pas loin du concept juif des *dibbouks*, voir à ce sujet l'article Gilgoul).

RÉVÉREND ■ Titre honorifique donné à un religieux d'une église chrétienne.

RÉVERSIBILITÉ DES MÉRITES ■ Dans la religion chrétienne, du fait du dogme de la communion des saints, les mérites des saints et des âmes justes souffrantes reviennent à la communauté toute entière. La pratique des indulgences (voir ce mot) est basée sur cette réversibilité.

REVIVAL ■ Assemblées religieuses tenues par certains courants religieux protestants dans le but de ranimer la foi religieuse des assistants.

REVIVIFIER ■ Ramener quelqu'un à la vie spirituelle.

RÉVOCATION DE L'ÉDIT DE NANTES ■ L'Édit de Nantes (1598) donnait la liberté de culte aux protestants. En 1685, par l'édit de Fontainebleau, Louis XIV révoque l'édit de Nantes. Le culte protestant est interdit et c'est l'« exode protestant ».

RHIPIDION ■ Dans la liturgie de l'Église orthodoxe, éventail orné d'images d'anges.

RIBÂ ■ Dans le droit islamique, c'est l'usure laquelle est interdite par le Coran. Dans l'islam, divers systèmes ont été imaginés pour contourner l'interdiction du prêt à intérêt fixe (*ribâ*) ; l'un des plus utilisés est celui de la double vente fictive. En même temps que s'organise le prêt, l'emprunteur achète un objet au prêteur. Plus tard, il le lui revend mais à un prix inférieur à celui de l'achat, la différence (sa perte) constituant l'intérêt pour la somme prêtée. Un autre système permettant de contourner la *ribâ* est le contrat de commandite, lequel offre une participation dans les bénéfices d'une entreprise. Enfin, pour un musulman, le plus simple pour emprunter de l'argent est encore de s'adresser à un usurier juif ou chrétien.

RICHONIM ■ Mot hébreu signifiant « les premiers », il désigne les autorités juridiques antérieures au *Choulhane Aroukh* (« La Table dressée »).

RIDDHI ■ Dans le bouddhisme, pouvoir que possèdent certains *arhats* (saints) de se multiplier, de se rendre invisible, de marcher sur l'eau, de se transformer en d'autres personnes, etc.

RIGORISME ■ Respect irréfragable des commandements de la religion.

RINPOCHÉ ■ Mot sanscrit signifiant « précieux ». Dans le bouddhisme, titre des grands maîtres des monastères bouddhiques tibétains.

RINZAÏ ■ Une des deux écoles du bouddhisme zen (l'autre étant le *soto*). Le but étant de parvenir au *Satori* (l'Éveil) par le *zazen* et la pratique des *koans* (voir ces mots).

RITES ■ Gestes codifiés pour la célébration d'une cérémonie religieuse, d'une liturgie ou d'un pèlerinage.

RITES LITURGIQUES CATHOLIQUES ■ Les rites admis par l'Église catholique sont très nombreux du fait, surtout, des Églises catholiques orientales et du zèle des missionnaires. Afin d'éviter des querelles infinies, la Congrégation de la propagande estima qu'il était inutile de dresser la liste des rites autorisés et des rites interdits et qu'il était préférable de s'en remettre à la conscience des prêtres. Les principaux rites liturgiques catholiques sont les suivants : rite latin (rite romain, rite ambrosien, rite lyonnais, rite mozarabe), rite des églises orientales (rite byzantin, rite alexandrin, rite syriaque, rite arménien, rite maronite, rite chaldéen).

RIZA ■ Dans l'iconographie orthodoxe, revêtement métallique d'une icône qui ne laisse apparaître que les visages et les extrémités des membres. Voir aussi *oklad*.

ROGATIONS ■ Dans la religion catholique, cérémonies précédant les trois jours de l'Ascension. Le but est d'attirer la bénédiction divine sur les récoltes et les travaux des champs.

ROIS CÉLESTES ■ Dans le bouddhisme, les Quatre Grands Rois Célestes vivent à la base du mont Sumeru et gardent les quatre directions géographiques. Ils sont souvent représentés dans la statuaire chinoise (ce sont Dhrtarastra, Virudhaka, Virupaksa et Vaisravana).

ROIS DE SCIENCE MAGIQUE ■ Dans le bouddhisme, ils correspondent aux Cinq Jina et à divers bodhisattvas dont ils sont les émanations terribles. Leurs représentations sont, elles aussi, terribles (dans les flammes, entourés de glaives, de dizaines de bras, etc.). Ils sont parfois représentés avec leur parèdre féminine, en *yab-yum* (c'est-à-dire en union sexuelle, en « père-mère »). Les principaux sont : Achalanâtha, Kundalî, Râgavidyârâja, Trailokyavijaya, Vajrayaksha et Yamântaka.

ROSAIRE ■ Ce mot provient de l'usage, au Moyen Âge, de couronner d'une guirlande de roses les statues de la Vierge. Les roses étant le symbole des prières adressées à Marie. C'est un grand chapelet. Ce terme est également utilisé dans le bouddhisme.

ROSAIRE BOUDDHIQUE ■ Le chapelet bouddhique (*mâla*), surtout utilisé au Japon (*juzu/tuzu*) et au Tibet, est composé de 108 perles qui symbolisent la totalité des désirs terrestres. Le chapelet accompagne le pratiquant dans les prières car il permet de compter le nombre de fois où le nom de Bouddha est cité. Il sert également à compter le nombre de prosternations ou de récitations qui font partie du rite. Il sert

aussi à poser l'attention et est un support à la vigilance. On l'utilisera donc spécialement dans la récitation du nom du Bouddha Amida (*nembutsu*), lors de la récitation des *mantras* et des *dhâranîs* (formules magiques porteuses). En Chine, les moines n'hésitaient pas à se faire tatouer un *mâla* complet sur le torse. Il est souvent terminé par trois grains plus gros qui symbolisent les Trois Joyaux. Au Tibet, sa couleur varie selon la divinité tutélaire du pratiquant. Dans les sectes tantriques, les grains représentent parfois des têtes de mort, ce qui signifie que le pratiquant a vaincu la peur.

ROSAIRE CATHOLIQUE ■ Grand chapelet de l'Église catholique. Chacune des quinze dizaines de grains (représentant la prière à la Vierge) est précédée par un grain plus gros (représentant le Notre Père).

ROSAIRE ORTHODOXE ■ Voir Tchotki, Komboskini.

ROSH HACHANA ■ C'est le Nouvel An juif. Cette fête commémore le jour anniversaire de la création du monde ainsi que le passage en jugement de toute créature. Cette fête marque le début des « dix jours terribles » (entre Rosh Hachana et Yom Kippour) durant lesquels Dieu pèse la « valeur » de chacun pour l'inscrire dans son registre (le « livre de Vie ») à la date de Yom Kippour. Cette fête qui dure deux jours donne lieu à diverses manifestations liturgiques. Le blanc est de rigueur à la synagogue pour les linges rituels, le rabbin, le chantre… et les plus pieux des fidèles. Le chofar (corne de bélier sans défaut) est sonné cent fois. Cette sonnerie rappelle le sacrifice d'Isaac, appelle Dieu à la clémence et invite les fidèles à l'examen de conscience. Une cérémonie de piété populaire, la cérémonie du *tachlikh*, consiste à jeter symboliquement ses péchés dans un cours d'eau.

ROTE ■ Tribunal ordinaire du Saint-Siège. L'origine du nom de ce tribunal (créé en 1331) provient de ce que les magistrats s'installaient sur un banc circulaire (*Rota*) pour siéger.

ROUAH ■ Mot hébreu pour désigner le « souffle ». C'est le souffle de l'existence.

ROUE DE LA LOI ■ Voir Dharmachakra.

ROUE DE LA LOI (MISE EN MOUVEMENT DE LA -) ■ Dans le bouddhisme, mettre en mouvement la Roue de la Loi, cela signifie commencer la prédication de la Doctrine du salut. Néanmoins, comme il est spécifié dans les ouvrages canoniques, la Roue de la Loi n'est mise en mouvement que si dans l'auditoire il y a au moins une personne qui comprend de quoi il s'agit.

ROUELLE ■ Petite roue de couleur jaune ou rouge imposée aux juifs par le concile de Latran IV (1215).

ROULEAU DE LA LOI ■ Le Séfèr Torah est un parchemin, réalisé dans une matière noble, sur lequel la Torah est écrite, sans aucune faute, en utilisant une calligraphie traditionnelle. Toute erreur d'orthographe rend le *Séfèr Torah* inutilisable. Ce rouleau est placé dans une boîte cylindrique revêtue de velours. Une housse en velours, ornée de divers motifs, est également prévue pour protéger le rouleau de la Loi.

RUBÂIYÂT ■ Mot arabe pour désigner un quatrain. De nombreux mystiques musulmans (principalement des soufis) ont rédigé des quatrains mystiques. Il est de tradition de désigner ceux-ci sous le nom de Rubâiyat. Les plus connus sont les Rubâiyat de Omar Khayyam (poète et mathématicien persan du 11e siècle) et les Rubâiyat de Rûmî (Djalal al-Din Rûmî est un poète mystique soufi du 13e siècle).

RÛH ■ Chez les musulmans, ce mot possède plusieurs significations. 1. C'est le souffle de vie (*rûh* chez les musulmans, *roûah* chez les juifs, *pneuma* chez les chrétiens). 2. C'est le don que Dieu accorde à ses prophètes. 3. C'est l'ange messager de Dieu (*rûh al-qods*). Voir aussi Esprit saint.

RUKINO NYORAI ■ Un bouddha de médecine (nom japonais).

RUPA ■ Dans le bouddhisme, c'est le mot utilisé pour désigner la forme.

RUPASKANDHA ■ Dans le bouddhisme, c'est le mot utilisé pour désigner l'agrégat des formes.

RUPTURE DU JEÛNE ■ Chez les musulmans, fin de la période de Ramadan. La fête de la rupture du jeûne porte le nom d'Al-Fitr.

RUTHÈNE ■ Chrétien catholique uniate appartenant à une des Églises orientales dépendant de la métropole de Kiev (Ukraine).

S

SABAOTH ■ Mot hébreu pour signifier « armée ». Dans l'Ancien Testament, il est souvent question du Dieu des armées (*Elohim Sabaoth*), lequel commande les étoiles du ciel, les anges mais aussi les troupes terrestres qui doivent assurer la victoire aux Hébreux. Ce mot figure toujours dans la liturgie catholique.

SABBATAÏ TSEVI ■ Faux Messie, né en 1626 à Smyrne (aujourd'hui Izmir). Atteint de troubles nerveux, il était considéré comme fou jusqu'à sa rencontre avec le kabbaliste Nathan de Gaza. Celui-ci le persuada qu'il était le Messie. Sous la conduite de Nathan de Gaza, son action et ses discours enflammèrent le monde juif et cela même lorsqu'il encourageait le péché (nécessaire pour libérer les étincelles de pureté, voir l'article sur le Tsimtsoum). Pour sauver sa peau, ce « roi juif » se convertit à l'islam, imité en cela par des milliers d'autres Juifs.

SABBATHIEN ■ Membre d'une secte chrétienne fondée par Sabbathius (14e siècle). Elle célébrait la Pâque(s) le même jour que les juifs.

SABÉENS ■ Les sabéens — aussi désignés comme mandéens, chrétiens de Saint-Jean et Baptistes d'Iran — cités par Mahomet comme appartenant à une religion monothéiste, existent toujours en Iran et en Irak où ils forment une petite communauté de quelques dizaines de milliers de personnes. Ce sont les derniers fidèles de Jean le Baptiste (lequel baptisa le Christ). Ils pratiquent toujours le baptême par immersion dans les eaux vives d'un fleuve et vivent en cercle fermé dans lequel ils n'acceptent aucun étranger. Du temps de Mahomet, les communautés sabéennes étaient vraisemblablement chrétiennes mais pratiquaient une religion dualiste teintée de gnosticisme. Le livre sacré des sabéens est le Ginza (trésor). On notera que l'ayatollah Ali Khamenei, le guide suprême de la révolution islamique iranienne, les a reconnus comme gens du Livre

SABELLIANISME ■ Une hérésie dans l'Église chrétienne. Sabellius niait la Sainte Trinité et prétendait que Père, Fils et Saint-Esprit ne sont pas trois personnes divines distinctes. La doctrine de l'Église étant : une substance unique pour le Père, le Fils et le Saint-Esprit, trois personnes (ou hypostases) distinctes et, pour Jésus-Christ, deux natures distinctes (vrai homme et vrai Dieu).

SABELLIEN ■ Disciple de la doctrine (ayant pour fondateur l'hérésiarque Sabellius) niant le dogme de la Sainte Trinité.

SACCANAMA ■ Un nom du Bouddha historique (« celui dont le nom est vérité »).

SACERDOCE ■ Dignité et fonction d'un ministre du culte. Dans les Églises chrétiennes (hormis les protestants), le sacerdoce est le sacrement de l'ordre. Pour Luther, et les Églises protestantes, le sacerdoce n'est pas un sacrement mais seulement un rite.

SACERDOCE UNIVERSEL ■ Pour les Églises protestantes, tous les baptisés possèdent la même dignité et les mêmes privilèges. Le pasteur n'est pas ordonné car il n'existe pas de sacrement de l'ordre.

SACERDOTAL (CORPS) ▪ 1. Corps ecclésiastique considéré en tant que puissance hiérarchisée. 2. En exégèse biblique, textes rédigés par les prêtres liés au temple.

SACRAMENTAUX ▪ Ce sont des signes sacrés (comme, par exemple, le Signe de la croix ou une bénédiction avec imposition des mains) proches des sacrements dont on attend des effets spirituels.

SACRÉ COLLÈGE ▪ Dans l'Église catholique, c'est l'ensemble des cardinaux.

SACREMENT ▪ 1. Concept essentiellement chrétien, le sacrement est le signe de la grâce divine institué par Jésus-Christ. C'est une action par laquelle le culte rendu à Dieu sanctifie la personne qui en est l'objet. Les Églises chrétiennes possèdent en commun deux sacrements : le baptême et l'eucharistie. L'Église orthodoxe distribue, comme l'Église catholique, sept sacrements : le baptême, la chrismation (confirmation des catholiques), l'eucharistie ou communion, la pénitence (confession et absolution), l'ordre (ordination à la prêtrise), le mariage et l'onction des malades. Le rituel accompagnant ces sacrements n'est cependant pas identique chez les uns et les autres. En outre, les orthodoxes ne se sont jamais prononcés sur le nombre exact de sacrements et certains ajoutent à la liste l'office funèbre et la tonsure (qui n'existe plus chez les catholiques). Les sacrements non réitérables sont le baptême, la confirmation et l'ordre. Pour les religions chrétiennes, les différences entre un sacrement et un sacramental, c'est que le premier a été institué par Jésus-Christ lui-même et qu'il procure la grâce de l'Esprit saint. 2. Dans l'Ancien Testament, il est parfois question de sacrement mais cela ne se rapporte pas à un signe ou à un rite particulier.

SACRIFICE ▪ Action par laquelle une personne offre à la divinité, selon un rite, un animal mis à mort (réellement ou symboliquement) ou des produits de la terre. 1. Au départ, la religion juive était une religion sacrificielle. Plusieurs fois par jour, les juifs se rendaient au Temple pour faire des sacrifices perpétuant en cela les « sacrifices historiques » de Caïn et d'Abel, de Noé, des Patriarches, etc. Aujourd'hui, depuis la disparition du Temple, il n'y a plus de sacrifices dans la religion juive mais, aux heures prévues pour les sacrifices, des prières publiques sont dites dans les synagogues. L'absence des sacrifices est responsable d'un état permanent d'impureté rituelle ; la pureté rituelle ne pouvant revenir qu'après la reconstruction du Temple. Le sacrifice est présent depuis les commencements de la religion juive, c'est-à-dire depuis l'édification du premier lieu central de culte. Dans l'histoire du judaïsme, il y eut quatre lieux centraux de culte : le Sanctuaire dans le désert (lorsqu'il était dressé les sacrifices commençaient, chaque tribu sacrifiant à tour de rôle), le premier Sanctuaire permanent à Silo, le Premier Temple à Jérusalem puis le Second Temple, dans la même ville. Le sacrifice a toujours existé dans les religions païennes. Le sacrifice juif remplit ainsi, en fonction du motif du sacrifice, l'un de ces quatre buts : rapprocher l'homme de Dieu (sacrifice cultuel), faire comprendre à l'homme l'énormité de sa faute (c'est l'homme coupable qui aurait dû se trouver en lieu et place de l'animal sacrifié), sanctifier l'animal que l'on va manger (l'acte profane mais nécessaire de tuer pour manger est ainsi transformé en culte), éviter que le peuple ne sacrifie à des idôles. Une liste des divers sacrifices et des moments appropriés figure dans le Pentateuque (Nombres 28 et 29). On notera que le sacrifie humain était interdit chez les juifs contrairement à ce qui se pratiquait chez les païens. C'est vraisemblablement pour marquer cette différence — et non pour tester la fidélité du Patriarche — que Dieu a demandé à Abraham de sacrifier son fils unique Isaac, et a arrêté sa main au dernier moment. Pour le judaïsme orthodoxe, le remplacement des sacrifices par les prières est temporaire et le culte sacrificiel reprendra à la restauration du Temple (c'est ce qui est repris dans la prière de l'Amidah). Pour les judaïsmes réformé et conservateur, il n'y a plus lieu de restaurer le culte sacrificiel (pas plus d'ailleurs que la reconstruction du Troisième Temple). La prière de l'Amidah a donc été modifiée en ce sens. 2. Chez les chrétiens, il n'y a plus de sacrifices car Jésus-Christ (l'Agneau de Dieu) s'est sacrifié pour tous les hommes. D'une autre manière, on pourrait dire que le sacrifice est renouvelé chaque fois que le prêtre consacre le pain et le vin. 3. Chez les musulmans, le sacrifice du mouton donne lieu chaque année à l'égorgement de millions de bêtes (voir Aïd el Kébir). 4. Chez les païens, les sacrifices étaient quotidiens et parfois même la victime immolée était un être humain.

SACRIFICES (FÊTES DES -) ▪ Jour où les musulmans, à La Mecque et dans le reste du monde, sacrifient des animaux. Cette fête porte le nom de *al-adha*.

SACRIFICES (ORIGINE DES -) ▪ Les sacrifices ont toujours été pratiqués dans la religion juive. Que l'on se souvienne de Caïn et d'Abel, de Noé ou d'Abraham. À la disparition du Second Temple, les sacrifices ont été remplacés par les prières rendant ainsi la religion juive plus spirituelle (c'est à ce moment également qu'elle est devenue la religion du Livre, de l'étude). Aujourd'hui, seuls les juifs ultraorthodoxes pensent encore qu'il y aura un rétablissement des sacrifices lors de la reconstruction du Temple. Ceci dit, on peut se poser la question de l'origine de ces sacrifices : qu'est-ce

qui pouvait bien plaire à Dieu dans ces pratiques ? Pour Maïmonide, il faut chercher cette origine uniquement dans la volonté qu'avaient les anciens de transférer sur le culte de Yahvé les pratiques idolâtres, et ainsi de détacher les juifs des agissements de leurs voisins.

SACRILÈGE ▪ C'est la profanation de ce qui est sacré.

SACRISTAIN ▪ Dans la religion catholique, c'est celui qui entretien l'église et prépare les objets rituels nécessaires aux différentes cérémonies.

SACRISTIE ▪ Local annexé à une église. Le sacristain y entrepose les objets liturgiques (vases sacrés, vêtements sacerdotaux) ainsi que divers registres (baptêmes, mariages, enterrements).

SACRISTINE ▪ Femme qui s'occupe de l'entretien d'une sacristie (pièce attenante à une église où sont rangés les objets du culte).

SADAQAH ▪ Dans l'islam, c'est le mot qui désigne la charité.

SADDUCÉENS ▪ Appelé en hébreu les *tsedouqim*, ils représentent à l'époque du Second Temple un groupe politique et religieux puissant. C'est parmi les sadducéens que se recrutent les plus hauts dignitaires du culte ; ce sont les aristocrates du monde juif. Les sadducéens s'opposaient aux pharisiens, leurs principaux rivaux, sur plusieurs points importants. En effet, ils refusaient la loi orale (Talmud), ne croyaient pas à l'immortalité de l'âme ni à la résurrection des corps. Attachés au Temple et à ses rites, psychorigides, mal aimés du peuple, ils perdirent lors de la destruction du Temple leur raison d'être et disparurent de la scène juive laissant aux pharisiens, leurs ennemis, la mainmise sur l'ensemble de la doctrine juive. Leur nom tire son origine du grand prêtre, du temps du roi David, Sadoq (ce qui explique qu'en hébreu, ils sont désignés comme *tsedouqim*).

SAEKI MAO ■ Le véritable nom de Kukaï (un autre nom : Kôbô Daishi). Kukaï, un moine japonais, partit en Chine en 804 pour ne revenir que deux ans plus tard après avoir reçu l'initiation ésotérique complète au bouddhisme du Grand Véhicule. Il est le fondateur du Shingon, la secte ésotérique japonaise qui allait marquer profondément le Japon (voir Bouddhisme ésotérique).

SAHÂ ■ Dans la cosmologie bouddhique, terre émergée du Sud, le monde où l'on vit (mot appartenant au vocabulaire du Grand Véhicule).

SAICHO ■ Le fondateur de la secte Tendaï au Japon.

SAINT ■ Ce qui possède un caractère sacré. Il peut s'agit d'un objet (ustensile liturgique, monument, etc.) ou d'une personne. Le saint boudhiste porte le nom d'*arhat* (voir ce mot).

SAINTE FAMILLE ■ Dans le christianisme, c'est la famille composée de Marie, son époux Joseph et Jésus.

SAINTE MONTAGNE : Voir Mont-Athos.

SAINT-ESPRIT ■ Dans le christianisme, l'une des trois personnes de la Sainte-Trinité. Voir Esprit saint.

SAINTETÉ (LES DEGRÉS DE LA -) ■ 1. Chez les chrétiens, l'Église reconnaît la sainteté d'une personne par sa béatification puis par sa canonisation. Chez les orthodoxes, chaque Église autocéphale peut déclarer ses propres saints (ainsi le tsar Nicolas II a été récemment canonisé par l'Église orthodoxe russe hors frontières). Les protestants naturellement refusent toute canonisation. 2. Dans le bouddhisme du Petit Véhicule, l'*arhat* est au sommet de la sainteté alors que dans le Grand Véhicule, il est dépassé par le *bodhisattva*. Nous pouvons donc dresser, ci-après, une échelle de la sainteté dans le bouddhisme mais il faut noter que, contrairement à ce qu'on pourrait croire, les dieux et divinités ne font pas partie de cette échelle car ils ne peuvent parvenir au *nirvâna* sans revenir d'abord à la condition humaine. Un *arhat* est donc « supérieur » du point de vue sainteté à un dieu. Première étape de la sainteté : l'homme qui « entre dans le courant » ; deuxième étape : l'homme qui « ne revient qu'une fois » ; troisième étape : l'homme qui « ne revient plus » : quatrième étape : le saint (l'*arhat* ou le *bodhisattva*).

SAINT-OFFICE ■ Dans l'Église catholique, congrégation fondée au 16e siècle pour diriger l'Inquisition. Le tribunal du Saint-Office pouvait, en toute légalité, pratiquer la torture et prononcer la peine de mort contre les supposés hérétiques et les marranes (supposés judaïser en secret), mais il se déchargeait de l'application de la peine sur le bras séculier.

SAINT-PÈRE ■ Dénomination courante pour désigner le pape de l'Église catholique.

SAINTS DONS ■ Nom donné, dans l'Église orthodoxe, au pain et au vin qui vont être consacrés. On désigne également ce pain et ce vin sous le nom de prosphore (ce qui signifie offrande) car à l'origine les fidèles apportaient eux-mêmes les espèces.

SAINT-SÉPULCRE ■ Tombeau du Christ, à Jérusalem.

SAINT-SUAIRE ■ Voir Face sainte.

SAKKOS ■ Dans la liturgie de l'Église orthodoxe, vêtement du clergé supérieur. Vêtement long, ample et très décoré.

SÂKSHIN ■ Dans le bouddhisme, c'est la conscience de témoin ; une étape ultime dans les degrés de la méditation.

SÂKYAMUNI ■ C'est le nom du Bouddha historique. La tradition indo-tibétaine décrit la vie du Bouddha en douze étapes : « les douze actes du Bouddha ». Certaines des étapes sont miraculeuses (ainsi la descente des cieux Tusita et l'entrée dans la matrice à l'aide de la trompe d'un éléphant blanc à six défenses, etc,) ; d'autres sont plus vraisemblables (comme la découverte de l'Éveil sous l'arbre de la Bodhi, un figuier). La dernière étape de sa vie est appelée le *parinirvâna* (la mort terrestre). À l'âge de quatre-vingts ans, suite à l'ingestion d'un plat de porc (ou, plus vraisemblablement d'un plat de champignons), Bouddha, couché sur le flanc droit, quitta définitivement, à Kusinara, le monde terrestre pour atteindre le *nirvâna* complet (*parinirvâna*). Son corps fut incinéré et les cendres divisées en huit parts. Pour les contenir, on érigea huit stûpas.

SÂKYAPA ■ Une des écoles du bouddhisme tibétain.

SALAFISME ■ C'est le retour à l'islam des ancêtres. Le salafisme est à l'origine de mouvements divers dont certains réclament le retour du califat et d'autres un islam de tolérance et d'ouverture dont une des clés serait la réouverture de la porte de l'*ijtihâd*.

SALAFIYYA ■ Mouvement islamiste réformiste né en Égypte au 18e siècle. Son but est de revenir à l'islam du premier âge, à un retour à la foi originelle, à la foi des « ancêtres » (*salaf*). Les adeptes de ce mouvement sont les salafites.

SALAT ■ Dans l'islam, c'est le mot qui désigne la prière (qui ne peut être prononcée qu'en langue arabe). Il y a cinq prières obligatoires par jour : *Fjar* (avant le lever du soleil), *Dhouhour* (à Midi), *Asr* (l'après-midi), *Maghrib* (immédiatement après le coucher du soleil) et *Isha* (la nuit). Avant de prier, le musulman doit remplir certaines obligations rituelles (ablutions), ne pas être souillé et être habillé.

SALÉCIEN ■ Relatif à saint François de Sales ou à son charisme.

SALLE DE PRIÈRE ■ Endroit dédié à la prière publique. Il peut s'agir d'une église, d'une mosquée, d'un temple, etc. Plus modestement, il peut s'agir d'un oratoire, d'une chapelle, etc. Si pour les chrétiens, le lieu est important, pour les juifs n'importe quel local peut faire l'affaire pour autant que l'on dispose des cinq rouleaux de la Torah et qu'il soit possible de constituer le quorum de 10 membres adultes (*minyan*). Pour les musulmans, plus encore que l'endroit, c'est l'état de purification de l'individu qui importe.

SALOMON ■ Fils de David. On lui doit de nombreux succès politiques et la construction du Premier Temple. Malgré sa grande sagesse proverbiale, il s'intéressa de très près à d'autres dieux. Salomon serait l'auteur du *Cantique des cantiques*. Sa vie est décrite dans le premier *Livre des Rois*.

SALOS ■ Mot grec (signifiant « agitation ») désignant le « fol en Christ » (voir ce mot).

SALUT ■ C'est la félicité éternelle. Cette dernière dépend, bien entendu, de la religion envisagée. Pour les bouddhistes, il s'agit de la fin du cycle des renaissances (*samsâra*) ; pour les chrétiens et les musulmans, il s'agit du Paradis ; pour les juifs, les positions doctrinales varient selon les mouvements religieux.

SALVATION ■ C'est une action efficace pour le salut de l'âme.

SALVIFIQUE ■ Qui a le pouvoir de sauver (du latin *salvificus*), d'apporter le Salut. Ce terme peut se rapporter à la miséricorde divine, au Christ, à la foi. La grâce salvifique (toujours gratuite) est un mystère, pour le croyant comme pour le non-croyant.

SAMÂDHI ■ Dans le bouddhisme, c'est l'effort de pensée profond, la concentration, qui permet de parvenir à un type de méditation. Dans la méditation *samâdhi*, on se concentre sur une seule pensée, sur un objet unique, de manière à réduire l'activité de l'esprit et tarir le flux des passions. Signalons que, puisqu'il existe une différence entre le « monde des formes » et le « monde d'absence des formes », il existe également un paradis spécifique pour ceux qui parviennent au « monde d'absence des formes » grâce à la pratique du *samâdhi*.

SAMANTABHADRA ■ Un bodhisattva transcendantal.

SAMAPATTI ■ Dans les religions asiatiques, ce sont des exercices de méditation qui, par la contemplation, permettent d'arriver à un niveau d'intériorité défini.

SAMARITAINS ■ Appelés en hébreu les *koutim*, ils représentent à l'époque du Second Temple un groupe politique et religieux nettement moins puissant que les sadducéens ou les pharisiens. Ils n'acceptent que la loi écrite (les cinq livres de la Torah) et rejettent toute la loi orale (le Talmud). En règle générale, les autres juifs fréquentaient peu les samaritains (on se souviendra de la Parabole du Bon Samaritain et de Jésus rencontrant la Samaritaine — Évangile selon saint Jean IV, 1-42) à qui ils reprochaient d'être les descendants de tribus non juives converties au judaïsme. C'est la raison pour laquelle il leur était interdit d'offrir des sacrifices au Temple. Aujourd'hui, la communauté samaritaine est réduite à quelque 500 personnes qui vivent en Israël aux environs de Naplouse et de Holon.

SAMAYA ■ Les vœux spécifiques qui scellent la relation entre maître et disciple dans le Véhicule du Diamant.

SAMAYATARA ■ Une shakti qui accompagne (et complète) les bouddhas de méditation.

SAMBENITO ■ Vêtement dont on revêtait une personne condamnée par l'Inquisition. On y écrivait ses péchés. La couleur variait selon la sanction (jaune s'il s'agissait d'une simple pénitence, noir si la condamnation était le bûcher).

SAMBHOGAKAYA ■ Dans le bouddhisme du Mahâyâna (Grand Véhicule), c'est le corps lumineux du Bouddha (ou corps de rétribution ou de fruition) présentant les diverses marques de la sainteté.

SAMDHABHASYA ■ Dans le bouddhisme, c'est le mot utilisé pour désigner le langage intentionnel.

SAMSÂRA ■ Dans les religions d'Asie, c'est le cycle infini de naissances et de morts, l'« écoulement circulaire ». Le *samsâra* (transmigration perpétuelle), ou cycle des renaissances, désigne les phases de la vie qui consistent à naître, grandir, vieillir, mourir, renaître (sous différentes formes) et cela sans fin ; à moins que dans sa dernière naissance — sous la forme d'un humain mâle — l'être ne parvienne à l'Éveil et n'entre dans le *nirvâna*. Pour prendre une image, on pourrait considérer les différentes réincarnations comme appartenant à une seule vague de vie, tantôt homme, tantôt dieu, tantôt animal ou démon, il ne s'agit que de formes différentes d'une seule vie, laquelle prend fin à l'Éveil. Le *samsâra* (ou transmigration) oblige les êtres à renaître en changeant de destinée (*gati*) en fonction des actes passés (*karma*). La transmigration est un état instable, changeant perpétuellement. Lorsqu'on le quitte pour entrer dans le *nirvâna*, on entre dans un état stable et définitif. Dans le cadre du *samsâra*, une vie humaine n'est qu'un instant d'une période de temps infinie. Ainsi, dans l'optique bouddhiste, une vie humaine ne doit être considérée que dans le cadre nettement plus large des renaissances successives. Le moteur des renaissances est le *karma* en fonction duquel (ou, plus exactement en fonction des empreintes karmiques duquel) on peut renaître dans des conditions favorables (c'est-à-dire permettant d'accéder à l'Éveil — la seule condition favorable étant celle de mâle humain) — ou défavorables (en enfer, sous forme animale, etc.). Dans des conditions agréables (riche, beau, puissant) ou désagréables (pauvre, laid, malade). Notons également, la renaissance sous forme de « revenant affamé », les *pretas*, qui sont condamnés à vivre sur terre au milieu des hommes, en subissant divers supplices (on n'est pas loin des dibouks de la religion juive). Le « but » ultime de la vie étant donc d'échapper au *samsâra*, le cycle des renaissances, par la cessation des passions, par l'absence absolue de désir, dont celui de renaître. En d'autres termes, on pourrait dire qu'on quitte le *samsâra* lorsqu'on ne produit plus de *karma* (en d'autres mots, plus d'énergie). D'ailleurs, les bodhisattvas — aux portes du *nirvanâ* mais refusant d'y entrer par compassion humaine — ne sont plus affectés par les actes karmiques. Atteindre l'Éveil, c'est s'affranchir de la Loi de l'acte (*karma*) et de la Loi de la coproduction conditionnée. Pour y parvenir, il faut supprimer tout désir et, par la connaissance, l'ignorance fondamentale. On y parvient par trois voies : en menant une vie morale, en s'instruisant avec les livres saints et par la méditation. Pour les bouddhistes, la vie d'homme est une chance, car elle seule permet d'entrer dans le *nirvâna*. Il

faut donc en profiter d'autant plus que le *nirvâna* peut déjà être atteint sur terre mais ce n'est pas l'acquisition des richesses matérielles qui y contribue.

SAMSÂRA (LES DIX LIENS DU -) ■ Dix liens rattachent l'homme au cycle des réincarnations (*samsâra*). Lorsqu'il a rompu ces dix liens, le saint, l'*arhat*, l'éveillé peut parvenir au *nirvâna*. Ces dix liens sont : l'ignorance, l'illusion de la personnalité, l'attachement aux rites et aux règles, le désir des sens, la rancune, le désir de non-corporéité, l'orgueil, l'agitation, le doute et la rancune.

SAMSÂRA DANS L'HINDOUISME ■ Le concept de *samsâra* était présent dans l'hindouisme bien avant la naissance de Bouddha. On notera, par ailleurs, que ce concept de renaissance (ou, plus exactement, de transmigration) est également présent dans la philosophie grecque. Néanmoins, il existe quelques différences entre le *samsâra* de l'hindouisme et celui du bouddhisme. En effet, pour le bouddhiste il n'existe pas de soi, pas d'âme, alors que dans l'hindouisme c'est une entité (que nous appellerons âme par commodité), « prisonnière du karma », qui se transmet au cours du cycle des renaissances. La quête de l'hindouiste étant que cette âme se libère (*moksha*) du *samsâra* pour rejoindre le Brahman (l'Absolu). Rappelons aussi que pour les bouddhistes, renaître dans la condition d'être humain est une grande chance (c'est la seule occasion pour parvenir au *nirvâna*) et qu'il faut donc en profiter pour gagner son salut. Le cycle des renaissances (*samsâra*) est régit par les lois du *karma*.

SAMSÂRA DANS LE GRAND VÉHICULE ■ Le Grand Véhicule a considérablement modifié certains concepts du bouddhisme originel (Petit Véhicule). Ainsi, pour les courants du Grand Véhicule, puisque tout est vacuité, il n'existe pas de différence fondamentale entre le *samsâra* et le *nirvâna*. « Le *nirvâna* est, en effet, le *samsâra* évacué ; et le *samsâra*, le *nirvâna* occulté par le voile des apparences.

SAMSKRTA ■ Dans le bouddhisme, c'est le mot utilisé pour désigner ce qui est composé, confectionné.

SAMVATSARA ■ Dans le bouddhisme, c'est le mot utilisé pour désigner une unité de mesure du temps.

SAMVRTISATYA ■ Dans le bouddhisme, c'est le mot utilisé pour désigner la vérité apparente, conventionnelle.

SAMYAK ■ Dans le bouddhisme, c'est le mot utilisé pour désigner ce qui est juste.

SAMYAKSAMBUDDHA ■ Le bouddha de l'Éveil parfait.

SAMYUTTANIKAYA ■ Le Livre des discours mêlés (une division du Canon pâli).

SANCTIFIANT ■ Qui conduit à la sainteté.

SANCTORAL ■ Ensemble des fêtes des saints célébrées durant l'année selon l'ordre du calendrier.

SANCTUAIRE ■ 1. Édifice consacré à une religion pour la célébration d'un culte. 2. C'est le lieu le plus saint d'un édifice religieux.

SANCTUS ■ Dans la liturgie catholique, prière du début de la messe commençant par le mot *Sanctus*, répété trois fois.

SANDAQ ■ Parrain lors de la circoncision juive.

SANGHA ■ Ensemble de la communauté bouddhique. Ce terme a évolué au cours des temps. Dans le Petit Véhicule, il dési-

gnait uniquement les moines et les saints (*arhats*). À partir du Grand Véhicule, il désigne également les laïcs (puisque ceux-ci peuvent parvenir au *nirvanâ*, ce qui leur était impossible auparavant). Le Sangha est le troisième des trois joyaux (le Bouddha, le Dharma, le Sangha). Quiconque devient bouddhiste prend refuge dans les trois joyaux, c'est-à-dire qu'il accepte les valeurs de ces joyaux et accepte de mener une vie conforme à leurs principes. Cette notion de communauté est assez restrictive dans le bouddhisme des origines car elle ne comprend effectivement que les moines (« ceux qui sont entrés dans le courant »), « ceux qui ne reviennent qu'une fois », « ceux qui ne reviennent pas » et les *arhats* (saints). Dans le bouddhisme plus tardif, celui du Grand Véhicule, la communauté comprend également les *bodhisattvas* et, plus tard, même certains laïcs. Il convient de noter que la communauté bouddhique n'est aucunement identique aux communautés telles qu'on les rencontre dans les religions monothéistes, où ce mot a le sens de la communauté des croyants.

SANGÔSHIKI ■ Le « Traité des Trois doctrines » (un ouvrage fondamental de Kukaï).

SANHÉDRIN ■ Ce mot, en araméen, signifie simplement assemblée. Pour les Juifs, dans l'Antiquité, il s'agissait d'une cour de justice soit locale, soit générale (Grand Sanhédrin). Son origine remonte aux soixante-dix sages élus par Moïse. Ce n'est cependant qu'à l'époque du Premier et du Second Temple que le Grand Sanhédrin, véritable cour suprême, siégeant dans l'enceinte du Temple, à Jérusalem, prend toute sa puissance (il compte alors 71 membres). Le pouvoir du sanhédrin était énorme tant du point de vue religieux (nomination du grand prêtre, solution des litiges, fixation du calendrier, fixation des règles de la *halakha*, etc.) que politique (nomination du roi, décision de guerre, etc.) ou judiciaire (litiges, peine de mort, etc.). La charge de président (*nassi*) était héréditaire et revenait de droit aux héritiers de Hillel (voir ce nom). Le Grand Sanhédrin survécut à la destruction du Second Temple. Il fut simplement transféré à Yavneh (avec des pouvoirs réduits). Ce n'est qu'au 5ᵉ siècle que la fonction de *nassi* (président) fut définitivement supprimée, et par là même le Grand Sanhédrin. D'une certaine manière Napoléon peut être considéré comme un bienfaiteur du peuple juif même s'il ne s'écria jamais « je suis Juif », comme il le fit avec l'islam. En 1791, tous les Juifs de France acquièrent la nationalité française (voir l'article consacré à l'émancipation des Juifs). En 1806, Napoléon réunit une Assemblée de 111 notables, lesquels durent répondre à une série de douze questions dont le but était de déterminer si les lois juives sont compatibles avec le droit français. L'assemblée répondit que la loi talmudique ordonne aux Juifs « de regarder comme loi suprême la loi du prince en matière civile et politique ». Cette réponse donne à Napoléon l'idée de réunir un Grand Sanhédrin « à l'ancienne », composé de 71 membres dont les deux tiers seraient des rabbins. La particularité de ce Sanhédrin était d'être limité dans le temps. Une première séance s'ouvrit le 9 février 1807, sous la présidence d'un rabbin promu *nassi*. Les séances se multiplièrent jusqu'au 9 mars et le Grand Sanhédrin remit ses conclusions à l'Assemblée des notables qui continua ses travaux encore pendant un mois. Une année plus tard, Napoléon promulgua ses lois. On retiendra un décret positif (la création de Consistoires juifs composés de rabbins, de simples fidèles et de notables) et un « décret infâme » (imposant aux commerçants juifs une patente particulière). Ce « faux pas » de Napoléon fut supprimé à la chute du régime (en 1814).

Plus près de nous, en Israël, malgré la proposition d'un ministre des affaires religieuses, la création d'un Sanhédrin dans le nouvel État juif ne fut pas accueillie avec grand intérêt par les rabbins orthodoxes. Elle ne donna donc pas lieu à la création d'un nouveau Sanhédrin ayant comme l'ancien un pouvoir étendu sur les Juifs d'Israël et de la Diaspora.

SANSCRIT ■ Langue indo-européenne utilisée par le bouddhisme du Grand Véhicule pour consigner les textes sacrés. Le Petit Véhicule, lui, consignait les textes en langue pâlie. Il s'agit d'une langue artificielle forgée vers le 4ᵉ siècle avant l'è.c. pour donner une langue commune aux intellectuels de toutes les régions de l'Inde. Le Bouddha parlait un dialecte du nord de l'Inde proche du sanscrit vernaculaire. Les Védas ont été rédigés en sanscrit (en « sanscrit archaïque ») ainsi qu'un nombre important de textes bouddhiques (en « sanscrit hybride »). Une toute petite population de l'Inde possède encore le sanscrit comme langue maternelle mais, même aujourd'hui, cette langue est encore considérée comme la langue des intellectuels et enseignée dans les écoles.

SANÛSIYA ■ Confrérie soufie marquée par le wahhabisme. Outre le retour aux sources de la foi, cette confrérie a lutté contre la pénétration italienne en Lybie.

SAPIENTIAUX (LIVRES) ■ Il s'agit des livres de sagesse, ou de moralité, de l'Ancien Testament (*Sagesse de Salomon, Ecclésiaste, Siracide, Livre de Job, Psaumes, Proverbes, Cantique des cantiques*).

SAQAR ■ Terme coranique désignant l'Enfer.

SÂSANA ■ Dans le bouddhisme, c'est l'enseignement par un Bouddha.

SASTRAS ■ 1. Dans le bouddhisme, traité qui n'est pas la parole de Bouddha (*Sûtra*) et qui possède, dès lors, un auteur. C'est le cas, par exemple, du *Traité de la grande vertu de Sagesse*, de Nagarjuna, dont le titre en sanscrit est *Mahâprajnaparami-tasastra*. Ce titre est facilement décomposable en *mahâ* (grand), *prajna* (sagesse), *paramita* (vertu) et *sastra* (traité). Signalons que les traités (*sastra*s), lesquels ont généralement un auteur, sont des ouvrages d'exégèse et ne sont pas canoniques alors que les *Sûtras* sont canoniques et anonymes puisqu'ils sont la parole du Bouddha. 2. Dans la littérature en langue sanscrite, les sastras désignent également trois disciplines rationnelles majeures : la grammaire, la logique et l'exégèse. 3. Dans les écrits en sanscrit ou en pâli, on utilise également ce terme pour désigner tout savoir codifié.

SATIPATTHÂNASUTTA ■ C'est le nom bouddhique du « Sûtra de l'établissement de l'attention rapprochée ».

SATORI ■ Le Satori, c'est l'Éveil bouddhique revu par le zen. Ce que le zen veut combattre à tout prix, c'est la pensée rationnelle, les opérations logiques, les opérations de classification en catégories. Le but des *koans* (ou énigmes) est de ramener tout cela à l'absurde de manière à permettre au disciple d'utiliser d'autres voies que la voie rationnelle (comme, par exemple, l'intuition) et ainsi de parvenir subitement à l'Éveil (Satori). Dans le zen, l'Éveil porte le nom de *Satori* mais sa nature est différente de ce qu'elle est dans le bouddhisme traditionnel : ici, le Satori / Éveil est la découverte de la véritable vision des choses. Ainsi, on peut multiplier les Satoris ; certains distinguent même différentes catégories de Satoris (le grand, le petit, le final). Le Satori final, celui qui permet de « vivre vivant comme si on était mort », c'est-à-dire détaché de toutes choses, n'est atteint qu'après des années de méditation.

SATTVA ■ Dans le bouddhisme, c'est le mot utilisé pour désigner l'Être.

SAÜL ■ Premier roi d'Israël, oint par le prophète Samuel après une élection par tirage au sort. Il se suicida après une bataille perdue contre les Philistins, associés à David, le futur roi.

SAWM ■ Mot arabe pour désigner le jeûne du mois du Ramadan. Il commence à l'aurore et dure jusqu'au coucher du soleil. Durant la période de jeûne, il est interdit de manger, de boire, de fumer, de se parfumer et d'entretenir des relations sexuelles. Les dispenses pour motifs légitimes sont temporaires (lorsque le motif disparaît, il faut remplacer les journées de dispense par un nombre équivalent de jours de jeûne ou par des œuvres de bienfaisance). Seul le jeûne du mois de Ramadan est obligatoire, les autres jeûnes sont surérogatoires.

SAYYED ■ On désigne ainsi, surtout chez les chiites, les descendants en ligne masculine de la famille du Prophète. Chez les sunnites, on parlera plus volontiers de chérif (pluriel *chorfa*).

SAYYIDS ■ Les sayyids sont les descendants des imâms. Ils participent à la vie religieuse, généralement comme enseignants. On fait aussi très souvent appel à eux lors des naissances pour qu'ils fassent la bénédiction.

SCAPULAIRE ■ Dans la religion catholique, vêtement porté par certains prêtres par-dessus la robe.

SCEAU DE SALOMON ■ Étoile à six branches.

SCHÉOL ■ Dans la Bible, lieu où séjournent les morts.

SCHISME ■ Séparation au sein d'une Église ou d'une communauté de croyants. On notera que la notion de schisme n'implique pas nécessairement une question de dogmes mais se base plutôt sur l'importance numérique de la dissidence. Pour les chrétiens, c'est le refus de la soumission au pape. On peut donc être schismatique sans pour autant être hérétique.

SCHISME D'OCCIDENT (GRAND) ■ Au 14e siècle, division de la direction de l'Église entre deux papes : le Français Clement VII et l'Italien Urbain VI (l'Italien se trouvant en France, à Avignon et le Français se trouvant à Rome). La double direction se prolongea jusqu'au concile de Pise (1409) qui désigna un 3e pape. Enfin, en 1417, le concile de Constance obtient la démission des trois papes, la nomination de Martin V et le retour du pape à Rome. Le schisme d'Occident était terminé.

SCHISME D'ORIENT ■ Séparation, en 1054, de l'Église orientale qui rompt avec l'Église catholique. De part et d'autres, il y a excommunication (levées, en 1965, par Paul VI et Athénagoras). Voir Filioque et Orthodoxie.

SCOTISME ■ Ce qui se rapporte à la doctrine de John Duns Scot, théologien franciscain (1266-1308). Il est le propagateur et premier théoricien de ce qui deviendra le dogme de l'Immaculée Conception de la Vierge Marie.

SCRIPTURAIRE ■ Qui appartient à l'Écriture sainte.

SECTAIRE ■ En religion, se dit d'une personne qui fait preuve d'intolérance.

SECTE ■ 1. Dans le sens « classique » (mais toujours utilisé dans l'histoire des religions), une secte est un courant religieux, un ensemble de personnes qui professent une doctrine commune qui ne s'écarte pas énormément de la doctrine officielle. On parlera ainsi des sectes juives, des sectes musulmanes, etc. Ce mot appartient au vocabulaire théologique normatif. Est une secte, le courant religieux qui s'oppose d'une manière ou d'une autre à l'enseignement magistral d'une Église mais sans qu'il ne soit hérétique ou schismatique. 2. Au niveau du catholicisme, le problème des sectes se pose autrement car le Magistère suprême ne laisse que très peu de latitudes aux dissidents qui deviennent vite des schismatiques (s'ils refusent l'autorité du pape) ou des hérétiques (s'ils refusent les décisions dogmatiques du pape ou d'un Concile). 3. Au niveau protestant, on peut parler de sectes pour désigner les divers courants et tendances (anabaptistes, mennonites, mormon, quakers, etc.) mais la mode consiste plutôt à parler d'Églises (Église des saints du 7e jour, Église mormone, etc.). 4. En pratique, aujourd'hui, le mot secte se réfère plutôt à une organisation mystique ou politique dont les buts et l'organisation sont dissimulés. Les sectes « modernes » se caractérisent par l'embrigadement des corps, le lavage des cerveaux, les pressions morales, physiques et pécuniaires, etc. En général, la secte est dirigée par un individu qui y exerce une position dominante. On notera que certaines s'autorisent même du titre d'Église (comme, par exemple, l'Église de scientologie). L'État français a dressé une liste officielle des sectes qui sévissent en France. Puisque le mot secte n'a pas toujours eu le sens qu'il possède aujourd'hui, on devrait donc toujours distinguer les sectes historiques (pour lesquelles on devrait utiliser plus volontiers l'expression « courant religieux ») des « nouvelles sectes », lesquelles sont habituellement syncrétistes et mélangent le religieux avec l'occultisme, le paganisme, l'orientalisme, le messianisme, etc.

SECTES JUIVES ■ Aux alentours de la destruction du Second Temple (an 70 de l'è.c.), on dénombre vingt-quatre sectes (*minim*) juives. Les plus connues sont les pharisiens, les sadducéens, les esséniens, les samaritains, et les judéo-chrétiens (aussi nommés nazaréens). Après la destruction du Second Temple, la plupart des sectes disparurent entièrement du paysage juif, lequel ne sera plus représenté durant des siècles que par les pharisiens. On notera cependant quelques sectes dissidentes vers le huitième siècle (comme, par exemple, les karaïtes) et surtout les nombreuses divisions au sein du judaïsme contemporain.

SECTEUR BANCAIRE ISLAMIQUE ▪ Ce secteur bancaire s'est constitué pour respecter les lois de la charia. En 1998, création du SAMI (*Socially Aware Muslim Index*). C'est le premier index de cotation globale en Bourse. Près de 400 sociétés, dont les formes d'investissements sont conformes à la charia, lui sont rattachées. Quelques pays ont un secteur bancaire entièrement islamique. Ce sont : l'Iran, le Pakistan et le Soudan. Quelques pays ont un secteur bancaire mixte : islamique et traditionnel. Ce sont : la Tunisie, l'Égypte, l'Indonésie, la Malaisie, etc. Le secteur bancaire mondial ne pouvait, bien entendu, laisser les milliards de dollars du monde islamique aux seules mains des banques musulmanes. Il fallait faire quelque chose. L'idée fut de créer des guichets islamiques ou, mieux, des succursales islamiques pouvant ainsi faire oublier au client que la maison mère n'était pas islamique. Dans leurs supports publicitaires, ces banques précisent qu'elles travaillent « au service de l'économie islamique, par application de la charia ». C'est-à-dire qu'elles ne distribuent qu'un revenu *halâl* ou « licite » et que toutes les activités sont conformes à la charia.

SÉCULARISATION ▪ Passage d'un état religieux (communauté) à la vie laïque. La sécularisation concerne aussi bien les personnes que les biens.

SÉCULIER ▪ Caractéristique de ce qui vit dans le siècle, de ce qui n'est pas religieux (ordre religieux et/ou clerc). S'il s'agit d'une personne, ce sera un laïc ou une laïque. Le « bras séculier », c'est l'autorité civile à laquelle l'Inquisition remettait les condamnés pour qu'elle leur applique la peine prononcée.

SÉDÈR ▪ Dans le judaïsme, rituel de cérémonie (en particulier celui de la cérémonie de Pessah).

SÉDÈR DE PESSAH (ASSIETTE DU -) ▪ Cette assiette ne sert que pour Pâque, la fête juive commémorant la sortie d'Égypte. Cette assiette contient six emplacements, un pour chaque type de nourriture : un os cuit (pour symboliser l'agneau sacrifié lors de la sortie d'Égypte, la première Pâque), un œuf cuit (pour symboliser les sacrifices), des légumes verts (pour symboliser le renouveau de la vie), la haroset, pâte composée de noix et de fruits écrasés (pour symboliser le mortier utilisé par les esclaves juifs), des herbes amères broyées et ces mêmes herbes entières (pour symboliser l'amertume de l'esclavage).

SEDIA GESTATORIA ▪ Siège d'apparat du pape sur lequel il prenait place lors de certaines cérémonies. Ce siège était porté par plusieurs hommes et permettait aux fidèles de voir le pape. Aujourd'hui ce siège n'est plus utilisé et a été remplacé par la papamobile.

SÉFARADES ▪ Au sens large, tous les Juifs qui ne sont pas Ashkénazes (donc essentiellement les Juifs d'Espagne, du Portugal, d'Afrique du Nord, du Maghreb). Étant donné l'expulsion des Juifs d'Espagne et du Portugal (1492, 1496), les deux communautés se sont très vite côtoyées dans les mêmes pays (Amsterdam, par exemple, était un important foyer séfarade et on y parlait le judéo-espagnol).

SÉFÈR TORAH (PRÉSENTATION DU -) ▪ Malgré l'arrivée du livre, le rouleau reste utilisé dans la religion juive pour la liturgie. Ainsi, le « rouleau de la Torah » (ou *Séfèr Torah*) est toujours utilisé à la synagogue. Il s'agit d'un rouleau de parchemin monté sur deux manches de bois ornés de fleurons de métal (*rimonim*, c'est-à-dire grenades). Sur ce parchemin, un scribe officiel a recopié sans aucune erreur ou rature les cinq livres de la Torah. Lors de la liturgie, le *Séfèr Torah* est extrait de l'Arche, porté à la table de lecture puis présenté aux fidèles debout. Le rouleau de parchemin porte le nom de *Megilah*. Aujourd'hui, on réserve cette appellation au Livre d'Esther, le seul livre qui soit obligatoirement lu à la synagogue à partir d'un rouleau de parchemin. Les quatre autres rouleaux sont lus dans la Torah manuscrite ou dans un texte imprimé.

SÈFER YETSIRAH ■ Le « Livre de la Formation ». Un des textes fondateurs de la mystique juive. Il contient des spéculations concernant la création du monde à partir des 22 lettres de l'alphabet hébraïque.

SÉFIRA ■ Pour les kabbalistes, les dix *séfiroth* (pluriel de *séfira*) sont les dix attributs de Dieu. Bien que ces *séfiroth* soient le produit d'une émanation unique, elles entretiennent entre elles des rapports complexes. On notera que certaines sont masculines, d'autres féminines. La dernière *séfira*, Malkhout (« Royauté »), est féminine et sa dissociation des autres *séfiroth* plonge le monde dans le désordre et la désolation.

SEIN D'ABRAHAM ■ Dans la théologie chrétienne, lieu où étaient retenues les âmes des justes morts avant la Rédemption des péchés par le Christ. Le dogme chrétien dit que Jésus-Christ est descendu « aux enfers » pour délivrer ces âmes (Abraham, Moïse, etc.) après sa résurrection et avant de monter au ciel. Ce lieu porte aussi le nom de limbes ou d'enfers.

SELIHA ■ Dans le judaïsme, prière pénitentielle.

SEMAINE SAINTE ■ Dans le christianisme, semaine qui s'étend du dimanche des Rameaux au dimanche de Pâques. Les trois principaux jours de cette semaine sont le Jeudi Saint (Dernière Cène), le Vendredi Saint (mort du Christ sur la croix, jour de jeûne) et le Samedi Saint (le corps du Christ repose dans le cercueil, c'est le « repos du Chabbat »). On parle aussi de Semaine peneuse.

SÉMINAIRE ■ Établissement d'enseignement supérieur pour les futurs prêtres de religion catholique.

SÉPARATISTES ■ Sectes dissidentes par rapport à l'Église anglicane.

SEPTANTE (LA) ■ Traduction grecque de l'Ancien Testament, réalisée à Alexandrie au 3e siècle avant Jésus-Christ. D'après la tradition, vers le 3e siècle avant l'ère commune, les Juifs résidant à Alexandrie (Égypte) souhaitent disposer d'une Bible rédigée dans leur langue, le grec. Soixante-douze savants se mettent à la tâche et rédigent cette Bible qui porte le nom de *Septante* (de son nom latin). Elle a été réalisée sur la proposition d'un roi grec voulant réformer le système judiciaire de son État. Pour cela, il lui était nécessaire de disposer en langue grecque des traductions des textes juridiques des diverses ethnies. Ainsi, traduite en grec, la Loi juive deviendra une loi grecque pour les Juifs. Le nombre de traducteurs de la Septante provient d'un simple calcul à double composante (humaine et divine) : 6 traducteurs par tribu, soit 72 interprètes (il s'agit bien d'interprètes et non de *drogmans* ou traducteurs : le travail était personnel et non une traduction mot à mot). Pour faire intervenir Dieu, on en retire 2 par tirage au sort. Cette Bible contient des textes qui n'ont été intégrés ni dans la Bible hébraïque (fixée, au second siècle par l'académie de Yavneh), ni dans la Bible chrétienne (fixée au Concile de Trente). C'est la seule version de l'Ancien Testament qu'utilise l'Église orthodoxe (catholiques et protestants possèdent d'autres versions).

SEPTMANIENS ■ Voir Ismaéliens.

SÉRAPHIN ■ Ange. Dans la nomenclature chrétienne, il appartient à la première catégorie des anges dont le rôle est de louer Dieu.

SERMON DE BÉNARÈS ■ C'est le premier sermon de Bouddha (à Bénarès) devant les cinq ascètes avec lesquels il avait partagé une partie de sa vie, lesquels devinrent ses cinq premiers disciples. Ce discours, prononcé par le Bouddha 49 jours après son Éveil, est considéré comme le premier lancement de la Roue de la Loi, c'est-à-dire du Dharma.

SERMON SUR LA MONTAGNE ■ Discours du Christ concernant les Béatitudes, code de vie du chrétien (Matthieu 5, 3-12).

SERVICE DIVIN ■ Synonyme d'office divin (messe, cène, liturgie).

SERVITEUR DES DEUX HARAMS ■ Depuis 1924, le souverain de l'Arabie Saoudite porte le titre de Serviteur des deux Harams (*khâdim al-haramayn*). Les deux territoires sacrés (ou *haram*) étant La Mecque et Médine, dont l'entretien est à la charge de ce souverain, lequel est également responsable de l'organisation du Pèlerinage à La Mecque (*hajj*).

SETH ■ C'est le troisième fils d'Adam et d'Ève, né après le meurtre d'Abel. C'est de Seth que procède l'humanité entière. D'après la Bible, Seth (dont on ne connaît

pas la femme !) vécut 912 ans (ce n'est que bien plus tard que Dieu décida que les jours de l'homme seront limités à 120 ans (Genèse 6, 3).

SEUILS SACRÉS ■ Voir Kerbela.

SEXE ET RELIGION ■ 1. Pour le judaïsme, le but des relations sexuelles n'est pas uniquement la procréation mais aussi le plaisir (selon la théorie qu'un acte sexuel agréable est aussi plus fécondant et que, si Dieu s'occupe de la fécondation, l'homme peut s'occuper du plaisir). L'homme doit donner du plaisir à la femme, laquelle a droit à des relations sexuelles régulières (lois de l'*ona*), lesquelles sont toutefois limitées par les lois du *nidda* (voir ce mot). En outre, il ne lui appartient pas d'initier les relations sexuelles bien que cela ne soit pas défendu. Pour celles qui ont ce « courage », on trouve dans le Talmud (Erouvin 100b) la prédiction suivante : « Elles auront des enfants tels qu'il n'y en eut pas, même dans la génération de Moïse ». On sait que pour les mystiques juifs une relation sexuelle réussie possède une composante spirituelle où la présence de Dieu n'est jamais loin (l'acte sexuel entre un homme et une femme est l'union entre la sagesse et la raison : il crée la connaissance nécessaire au divin). D'ailleurs les rabbins recommandent de pratiquer l'acte sexuel le jour du chabbat, le jour le plus saint de la semaine. Enfin, notons aussi que le *Cantique des cantiques* (texte érotique où une femme exprime sa sexualité sans médiation), bien qu'il ne contienne aucune référence à Dieu, est considéré par le rabbin Aqiva comme le « plus saint de tous les livres saints ». 2. Pour les chrétiens, le but de la sexualité est également la procréation. Alors que les catholiques sont très rigoristes à ce niveau, les autres courants religieux sont beaucoup plus pragmatiques. 3. Pour les bouddhistes, la procréation n'est pas une « chose sacrée » puisque le but ultime est de quitter le cycle du *samsâra*. Pourtant, assez curieusement, les bouddhistes sont très réservés pour ce qui concerne les relations sexuelles hors mariage ou les relations sexuelles entre partenaires du même sexe. La raison en est que ces relations sont une source de plaisir et donc empêchent le détachement nécessaire pour atteindre l'Éveil. 4. Pour les musulmans, le sexe est un composant important de la vie et les interdits entre un homme et une femme sont rares. Néanmoins, les relations sexuelles sont régies par la Loi de Dieu et les transgressions doivent être punies. Pour toutes les religions, la perte de semence est une « abomination », ce qui explique la condamnation quasi universelle de l'homosexualité par les religions.

SHAAH ■ Verbe hébreu signifiant « prêter attention à ». Pour les kabbalistes, c'est la durée de la méditation.

SHADDAÏ ■ Voir Chaddaï.

SHAHÂDA ■ La profession de foi du musulman. Elle tient en une seule phrase : « Il n'y a de Dieu qu'Allah et Mahomet est son Prophète. » Chaque musulman prononce régulièrement cette phrase qui fait partie des prières. On écrit aussi Chahâda.

SHAITAN ■ Dans l'islam, c'est le mot qui désigne Satan. Parfois aussi appelé Iblis, Satan est un *djinn* (ou *jinn*), un être invisible.

SHAKER ■ Voir Quakers.

SHAKTISME ■ Culte des divinités féminines. Le bouddhisme tantrique dote tous les bouddhas et bodhisattvas d'un pendant féminin (le pôle énergétique, actif d'une divinité, son énergie (*shakti*), est féminin). Beaucoup de divinités sont donc représen-

tées avec leur complément énergétique féminin, la *Shakti*. L'union sacrée ouvrant le chemin de l'Éveil et du salut. La représentation d'un bodhisattva accouplé à sa *shakti* est habituelle au Tibet (ce qu'on appelle le *yab yum*).

SHARIPUTRA ■ Un des dix premiers disciples de Bouddha.

SHAS ■ Dans le judaïsme, acrostiche hébreu pour désigner les six ordres (*shisha sedarim*) de la Michnah.

SHAYKH ■ Maître spirituel soufi, maître d'une congrégation soufie (voir Soufisme).

SHEHITA ■ Abattage rituel juif.

SHEKINA ■ Mot hébreu signifiant « demeure ». Il indique la présence de Dieu parmi son peuple. Dans la kabbale, la shekina a pris un développement considérable et est associée à la dixième et dernière sefira (Malkut). C'est le principe féminin qui reçoit les énergies des séfiroth supérieures et les transmet à l'homme. On écrit aussi Chekina ou Chekhina.

SHIKIN ■ Nom d'un Bouddha terrestre ayant précédé le Bouddha historique

SHINBUTSU SHUGO ■ Union divine entre un *kami* et un bouddha. Dans la statuaire bouddhique japonaise, certains bouddhas furent accouplés à une divinité protectrice (*kami*) spécifique dans une union divine.

SHINGON ■ École ésotérique du bouddhisme japonais, fondée par Kukaï.

SHINTÔ ■ Religion traditionnelle du Japon. Cette religion a précédé le bouddhisme au Japon. Pendant des siècles, il y eut un syncrétisme certain entre les deux religions. En 1868, les deux religions furent séparées et le *shintô* devint la religion officielle du Japon. Il s'agit d'une religion polythéiste où le culte de l'Empereur est exalté.

SHIOUR QOMAH ■ Mots hébreux signifiant la « mesure du corps ». Ouvrage de mystique juive antérieur aux ouvrages fondateurs de la kabbale (Sèfer hà-Bahir, Zohar, etc.) mais contemporain des ouvrages mystiques « prékaballistiques » traitant des « œuvres du char » (*maasséh merkavah*) et de la contemplation des palais (*heikhaloth*). Dans cet ouvrage, l'auteur donne les mesures du corps de Dieu et les met en concordance avec les mesures de l'univers.

SHIRK ■ Dans l'islam, c'est le fait d'associer des partenaires à Dieu. Dans cette religion monothéiste, c'est le plus grand des péchés.

SHOAH ■ C'est l'extermination des Juifs par les nazis et leurs affidés — méticuleusement, minutieusement, bureaucratiquement, un à un — pour l'unique raison qu'ils étaient juifs selon les lois allemandes. Une catastrophe d'une telle importance ne pouvait rester sans réponse de la part des penseurs juifs, hommes de religion ou philosophes. Pour les Juifs traditionalistes, cette catastrophe est le troisième hourban. Comme les deux premiers hourban (la destruction du Premier puis du Second Temple), il s'agit d'une volonté mystérieuse de Dieu que l'homme ne peut comprendre. Pour certains rabbins, le monde juif étant dans le péché, cette punition divine n'était pas inutile et le peuple juif, serviteur de Dieu, allait permettre de remodeler le monde (un raisonnement identique a été utilisé pour expliquer les autres catastrophes dont le peuple juif n'a jamais été épargné : « à cause de nos péchés, nous souffrons l'exil et la mort »). Pour d'autres penseurs juifs, Dieu s'est retiré du monde... ou s'est caché. D'autres encore disent que Dieu est mort ou qu'une nouvelle alliance s'est créée dans laquelle l'homme est un nouveau partenaire plus actif, etc. Ce qu'il faut retenir, c'est que depuis la Shoah, deux faits importants conditionnent les rapports des Juifs avec le monde extérieur : la naissance de l'État d'Israël et le sentiment de culpabilité des chrétiens. Depuis la Shoah, les Juifs ne sont plus déicides... Un nouveau rapport s'est établi avec les chrétiens qui se sentent quelque peu responsables de ce qui est arrivé (« tout chrétien vivant après Auschwirtz doit fondamentalement transformer sa foi », J.B. Metz). Depuis la Shoah, un 614e commandement s'est ajouté aux 613 mitzvoth : « Les Juifs doivent survivre » (E. Fackenheim).

SHOBOGENZO ■ « Le Trésor de l'œil de la Vraie Loi », l'œuvre maîtresse de Eihei Dongen, l'un des fondateurs du bouddhisme zen..

SHOKELIN ■ Mot yiddish désignant le balancement du corps des juifs en prière. Ce balancement n'est aujourd'hui abandonné que par le judaïsme réformé. Son origine serait historique et à mettre en rapport avec la cherté des livres à une certaine époque. Le manque de livres obligeait plusieurs juifs à se réunir autour d'un seul livre ; chacun à son tour devait reculer pour permettre aux autres de lire.

SHÔTOKU ■ Le prince japonais qui fut assimilé au Bouddha (572-622).

SHTETL ■ Village juif d'Europe centrale tel qu'il existait avant la Seconde Guerre mondiale.

SHTRAYMEL ■ Chapeau de fourrure à large bord porté essentiellement par les hassidim ; les treize queues de zibeline représentent les aspects de la miséricorde divine.

SHUGENDO ■ Religion syncrétique japonaise qui fusionne des éléments du shintoïsme, du bouddhisme et du taoïsme.

SHURA ■ Consultation du grand conseil islamique.

SIDDHARTHA GAUTAMA ■ Nom personnel du Bouddha.

SIDDOUR ■ Mot hébreu signifiant ordre. Le siddour est le livre des prières qui contient l'ordre et les textes des prières réglementaires (on parle aussi de « mahzor ») que l'on récite, en famille, chez soi ou à la synagogue. Juifs ashkénazes, séfarades ou hassidim utilisent des livres de prières légèrement différents, il en est de même d'ailleurs pour les divers mouvements religieux (judaïsme réformé, etc.). Les livres les plus récents contiennent de nouvelles prières pour commémorer les victimes de la Shoah et la naissance de l'État d'Israël. Actuellement, le culte à la synagogue comprend bien entendu des prières en hébreu (ou en araméen) mais également des éléments en langue vernaculaire (comme, par exemple, un sermon ou des lectures). On fait également appel à la musique (orgue) et certaines prières sont mises en chanson. Sans qu'un « Vatican II » rabbinique soit passé par là, le texte de nombreuses prières a été modifié en fonction de la dignité humaine (ainsi, le juif ne remercie plus Dieu « de ne pas l'avoir fait femme » et se contente de le remercier de l'avoir fait « à son image »).

SIDRA ■ Section de la Torah que l'on lit le jour du chabbat.

SIGNE DE CROIX ■ Geste symbolique utilisé par les chrétiens rappelant la Passion du Christ et la réalité doctrinale de la Sainte Trinité. Le geste est pratiqué de manière différente par les catholiques et les orthodoxes. La main droite se porte au front, puis sur l'abdomen puis sur l'épaule gauche (catholiques) ou sur l'épaule droite (orthodoxes) et, enfin, sur l'épaule opposée. Plusieurs significations symboliques sont attribuées à ce signe de croix. Notons également que dans l'Église orthodoxe, une querelle religieuse, un schisme local (voir Raskol), a opposé les fidèles sur la manière de joindre les doigts de la main droite au moment d'effectuer le signe de croix.

SIKHIN ■ Nom d'un des Bouddhas terrestre ayant précédé le Bouddha historique (Bouddha de vénération).

SILA ■ Dans le bouddhisme, c'est la conduite éthique (la morale). Elle est différente pour les moines et pour les laïcs. Elle comprend des vertus négatives (ne pas faire ceci…) et des vertus positives (faire cela…).

SILENCES DU BOUDDHA ■ Le bouddhisme présente la particularité d'être un athéisme (il n'y a pas de Dieu créateur) mais avec dieux. En effet, indépendamment des divinités omniprésentes (dieux et déesses qui vivent dans divers paradis mais ne sont ni parfaitement heureux, ni créateurs, ni aptes à parvenir au *nirvâna* qu'ils ne peuvent atteindre que s'ils renaissent sous condition humaine), le bouddhisme évite de se prononcer sur le Dieu créateur, lequel est ineffable. Bouddha évitait de se prononcer sur Dieu, l'origine du monde, la vie après la mort, etc. Toutes les questions métaphysiques étaient bannies de ses discours et il préférait de pas s'exprimer sur ces divers sujets. C'est ce qu'on appelle les « silences du Bouddha ». Pour expliquer ces silences, Bouddha disait que les réponses à ces questions ne pouvaient en aucune manière aider l'homme à progresser dans la voie du salut car elles ne contribuaient ni à vaincre ses passions ni à acquérir la sagesse. Pour mieux faire comprendre son attitude, Bouddha utilisait la parabole, aujourd'hui bien connue, de l'homme empoisonné par une flèche. Conduit chez le médecin, si celui-ci refuse qu'on lui enlève la flèche avant de savoir qui est celui qui la lui a envoyée, quelle est sa famille, sa taille, la couleur de se peau, etc., il mourra avant qu'on ne puisse la lui retirer. Il en est de même, disait-il, de l'homme qui cherche à obtenir les réponses à des questions métaphysiques qui sont inutiles pour son salut. On dit souvent que le bouddhisme est une voie spirituelle apophatique (*apophasis* signifiant le refus de la parole). Une telle voie était également connue des philosophes grecs (Philon d'Alexandrie disait que « le bien le plus grand est de comprendre que Dieu, selon son essence, est incompréhensible ») et des pères grecs de la tradition catholique, lesquels refusaient de discuter de la nature de Dieu plutôt que d'en dire des approximations. Elle se retrouve également chez les mystiques (« la nuit obscure »). Ce refus de discuter de la nature de Dieu est également de tradition dans de nombreux courants religieux des autres religions monothéistes (islam, judaïsme) même si le nom de Dieu est affublé de multiples qualificatifs. Rejoignant les « silences du Bouddha », dans son célèbre ouvrage *Le Pèlerin chérubinique*, le mystique Angelus Silesius écrivait (au 17e siècle) : « Si tu veux dire l'être de l'éternité, il te faut d'abord rompre avec toute parole » affirmant ainsi que la fin de toute théologie négative (ou apophatique) est le silence.

SILSILA ■ Chaîne de transmission initiatique chez les soufis. Voir Confréries soufies.

SIMA ■ Trace laissée sur le front des musulmans pieux par les nombreux contacts avec le sol. Pour certains, elle est un signe visible de leur piété. Signalons que les chiites portent sur eux un petit pavé d'argile sainte pour poser le front au moment de la prière. Le Coran fait allusion à cette marque : « Leur marque propre est sur leur visage ; à la suite de leur prosternation. » (XLVIII-29)

SIMANDRE ■ Dans les monastères orthodoxes, planche de bois sur laquelle on frappe avec un marteau de bois pour annoncer les offices.

SIMARRE ■ Soutane d'intérieur portée par le pape.

SIMHAT TORAH ■ Fête juive de la « réjouissance de la Torah ». Cette fête célèbre la donation de la Torah à Moïse. Le cycle de sa lecture à la synagogue s'achève le jour de Simhat Torah et reprend immédiatement, le même jour. Durant cette journée de fête, tous les rouleaux de la Torah sont extraits de l'Arche et sont portés en procession par les fidèles qui tournent sept fois autour de l'estrade de lecture (*bimah*). Lorsqu'on souhaite honorer un membre de la communauté, on lui fait lire la dernière section du Deutéronome (il est appelé le « fiancé de la Torah ») ou la première section de la Genèse (il est appelé le « fiancé du commencement »).

SIMONIE ■ Vente d'un bien spirituel contre des biens matériels.

SINDON ■ Mot grec pour désigner un linceul. C'est une des appellations du Suaire de Turin (voir Face sainte).

SION ■ Autre nom de Jérusalem.

SÎRA ■ Ce terme, qui signifie « manière d'agir, conduite », désigne habituellement les biographies de Mahomet ou, plus rarement, de certains souverains ou imâms. La biographie de « référence » de Mahomet est certainement celle de Ibn Ishâq, écrite un siècle et demi après la mort du Prophète. Considéré comme un document annexe de la Sunna, l'ouvrage de Ibn Ishâq jouit dans le monde arabe d'un prestige immense malgré les nombreuses restrictions qu'y apportent les historiens modernes. Pour un musulman, toute critique de cet ouvrage est absolument irrelevante malgré l'invraisemblance d'une partie de son contenu. La *Sîra*, comme d'ailleurs toute la tradition du prophète, a été dogmatisée dans le monde musulman alors que rien ne la prédisposait à un statut canonique ou normatif. La sîra et les hadîths constituent la Tradition (la Sunnah).

SIRACIDE ■ Voie Ecclésiastique.

SIRR ■ Chez les mystiques soufis, ce mot possède un double sens. 1. Les secrets divins. 2. La conscience spirituelle de ces secrets divins.

SIX MONDES DE RENAISSANCE ■ Dans le bouddhisme, lors de la renaissance, l'être peut renaître dans un des six mondes suivants, lesquels font partie de la cosmologie bouddhique (on notera qu'aucune des destinées (gati) n'est définitive) : les enfers où les êtres souffrent, le domaine des esprits avides où les êtres sont sujets à d'importantes privations, le monde animal, le monde humain où il y a équilibre entre les douleurs et les souffrances et où la liberté est assez grande pour atteindre le nirvâna, le monde des asuras (anti-dieux, titans) où les êtres luttent sans cesse et ne peuvent, dès lors, parvenir au nirvâna, le monde des dieux où les êtres sont orgueilleux et obnubilés par leurs passions. Le seul monde permettant de parvenir au nirvâna est donc celui des hommes. L'idéal, pour le Petit Véhicule, est de naître homme dans le monde des hommes (les femmes devant renaître sous condition d'homme pour accéder au nirvâna).

SIXTE ■ Dans la liturgie catholique, sixième heure de l'office du jour (vers midi).

SKANDA ■ Dans le bouddhisme, c'est une divinité mineure (une des douze devas).

SKANDHA ■ Mot sanscrit pour désigner un agrégat (en pâli, ce sera *khandhas*). Les agrégats se combinent pour donner naissance aux phénomènes de l'univers.

L'homme est composé de cinq *skandhas*. Rien n'est permanent : tout change. Nous ne sommes pas aujourd'hui tels que nous étions hier, ni même tels que nous étions il y a quelques minutes, nous changeons continuellement et ce n'est pas la biologie qui nous dira le contraire sachant que des millions de cellules s'autodétruisent en permanence et que d'autres naissent perpétuellement durant la vie (même après la mort physique, les poils continuent à pousser). Ce qui est vrai pour le corps, l'est également pour l'esprit (nos pensées changent continuellement) et aussi pour les sentiments (qui varient d'un instant à l'autre). L'impermanence des choses, leur vacuité, est à la base de la philosophie bouddhique. Pour Bouddha, tous les phénomènes que l'homme ignorant considère comme constitutifs de son moi (soi ou personnalité) peuvent être réunis en cinq groupes d'attachements ou agrégats. Déjà dans le premier sermon qui inaugurait son enseignement, il déclarait que « les cinq agrégats d'attachement sont souffrance ». Ces cinq groupes ou agrégats sont : 1. Le groupe des formes. 2. Le groupe des sensations. 3. Le groupe des perceptions, et sentiments. 4. Le groupe des formations karmiques. 5. Le groupe de la conscience. Pour que l'homme existe, il est nécessaire que ces cinq agrégats soient tous présents.

SKHIMA ■ Dans l'Église orthodoxe, c'est un habit monastique (aussi appelé Schème).

SKITES ■ 1. Dans l'Église orthodoxe, ce sont les habitations monastiques du Mont-Athos occupées par un ou quelques moines. 2. Nom donné aux communautés cénobitiques du Mont-Athos.

SKOPTZY ■ Secte dissidente née du schisme dans l'Église orthodoxe russe. Les « vieux-croyants » (ou *raskolniki* ou, mieux, *starovièri*) se divisaient en deux groupes : les « prêtrisants » (*popovcy*) et les « sans prêtres », lesquels ont donnés divers courants sectaires dont les *skoptzy*. Ces derniers (aussi appelés « blanches colombes »), persécutés en Russie, ont émigré en Roumanie vers le 18e siècle mais se sont éteints aujourd'hui. Très pieux, ils pratiquaient une morale sexuelle très rigoriste (avec castration de l'homme et castration symbolique de la femme).

SLAVON ■ Langue liturgique utilisée par les Églises de Russie, de Bulgarie et de Serbie. Le slavon a été créé par les frères Cyrille et Méthode, deux moines bulgares du 9e siècle. Le slavon est, d'une certaine manière, l'ancêtre des langues slaves. Le slavon utilise des caractères différents du cyrillique et n'est plus compris par les jeunes qui n'ont pas été formés à ses subtilités ; ils rencontrent ainsi des difficultés à suivre la liturgie. La renaissance de l'Église russe s'accompagnera peut-être de l'abandon du slavon pour le russe.

SMRTYUPASTHANA ■ Dans le bouddhisme, c'est le mot utilisé pour désigner l'établissement des quatre attentions rapprochées.

SOBORNOST ■ Dans la théologie russe, ce mot désigne la réunion des fidèles, la communion des fidèles, l'accord des fidèles sans lesquels aucune définition s'appliquant à la foi, même portée par un concile, n'est valide.

SOCIANISME ■ Doctrine de Léo Socin et de non neveu Fausto Socin (16e siècle) qui se séparent de la Réforme luthérienne et calviniste en niant en bloc : le péché originel, la Sainte Trinité, la consubstantialité du Père et du Fils, la grâce justifiante, la Rédemption des péchés, etc. Ils annoncent le protestantisme libéral.

SOCIÉTÉ EN COMMANDITE ■ Société créée pour une courte période de manière à réunir les intérêts de plusieurs individus.

Dans la société en commandite (*qirâd mudâraba*) des sociétés médiévales arabes, les commanditaires remettaient une certaine somme à un négociant pour l'exercice d'un commerce (par exemple organiser une caravane). Chaque commanditaire pouvait ainsi prendre part, en toute licité, aux bénéfices de l'opération. C'est ainsi qu'il n'était pas rare de voir tout un village participer à l'organisation d'une caravane et suivre la progression de celle-ci avec une vive attention. Ce principe a été repris par les banques islamiques car il respecte parfaitement les lois de la charia.

SOD ■ L'un des quatre niveaux de lecture ésotérique du texte de la Torah. *Sod* est le niveau de l'interprétation au sens ésotérique, c'est-à-dire sous la forme de la compréhension des choses mystérieuses et surnaturelles. C'est à propos du *Sod* que la tradition ésotérique dit que le Talmud possède soixante-dix niveaux de lecture. Le domaine de la connaissance ésotérique est désigné par les kabbalistes sous le nom de *Pardès* (le verger, le paradis). Ce mot est formé des quatre consonnes P (*pshatt*, le sens littéral), R (*remez*, le sens allégorique), D (*derash*, le sens figuré) et S (*sod*, le sens secret, le sens herméneutique).

SŒUR ■ Dans la religion catholique, synonyme de religieuse et de nonne. La supérieure du couvent porte généralement le nom de mère.

SOI INDIVIDUEL ■ Pour les bouddhistes, le soi individuel n'existe pas ; la « vie » est composée d'un fluide de processus qui apparaissent puis s'autodétruisent. Ces phénomènes concernent autant les productions physiques que mentales. Il n'y a donc pas de véritable soi individuel et pas d'âme non plus. Difficile dans ce cas de préciser ce qui passe d'un corps à l'autre lors des transmigrations ou des renaissances. Sans en dire davantage sur ces questions, Bouddha a clairement précisé que ce n'est pas le « soi » qui souffre (car il n'existe pas) ni le « soi » qui entre en *nirvâna*. Pour les bouddhistes, le « soi » individuel est en rapport avec les cinq agrégats ; pour faire court, on pourrait dire qu'il est la simple collection dynamique des cinq agrégats. Voir aussi Pudgala.

SOIF ■ Les bouddhistes utilisent très souvent le mot soif (*trsna*) pour désigner ce qui est à l'origine de l'insatisfaction, de la souffrance ou douleur (*duhkha*). Le contenu du *Samyuttanikâya*, un des livres canoniques, confirme que c'est la soif qui produit la réexistence et le redevenir. Ainsi, si on a vécu des expériences agréables, on aura tendance à les répéter et surtout à chercher avidement à les répéter et ainsi à entretenir l'insatisfaction, la *duhkha*. C'est la raison pour laquelle la vie des moines est on ne peut plus frugale (nourriture limitée à l'essentiel, pas de sexe, rien qui flatte les sens, etc.) et qu'aux laïcs, Bouddha recommandait une sexualité sans excès. Si l'homme multiplie les contacts qui engendrent la soif (et son corollaire la *duhkha*), c'est par suite de l'ignorance et des méprises qui lui font prendre pour pur ce qui est impur, pour permanent ce qui est impermanent, pour soi ce qui est non-soi, pour agréable ce qui est douleur.

SOKA GAKKAÏ ■ Organisation laïque japonaise devenue organisation internationale. Elle est issue de l'école bouddhique nichiren shoshu. Organisation politique, elle est aussi, selon certains, une secte. Contrairement aux autres écoles bouddhistes, la Soka Gakkaï est prosélyte et peut être considérée comme une véritable religion (bien qu'en France elle soit davantage considérée comme une secte, plutôt dangereuse) avec croyance dans la révélation du saint fondateur et piétisme. Malgré ses visées politiques (bien loin des préoccupations de Bouddha), la Soka Gakkaï se considère comme le bouddhisme orthodoxe et s'oppose, sans tolérance, aux autres formes de bouddhisme.

SOLA FIDES ■ Par la « foi seule ». Voir Protestantisme.

SOLA GRATIA ■ Par la « grâce seule ». Voir Protestantisme.

SOLA SCRIPTURA ■ Par l'« écriture seule ». Voir Protestantisme.

SOLEA ■ Partie surélevée de quelques marches devant l'iconostase d'une église.

SOLENNELLE (COMMUNION) ■ Synonyme de profession de foi. Dans la religion catholique, elle a lieu vers l'âge de douze ans au cours de la cérémonie accompagnant le sacrement de confirmation où le communiant renouvelle, cette fois volontairement, son adhésion au catholicisme. Chez les orthodoxes, cette cérémonie n'existe pas car le baptême est immédiatement suivi de la chrismation (voir ce mot).

SON ■ Version coréenne du *chan* chinois. La médiation bouddhique (*dhyâna*) a donné le *chan* en Chine, lequel s'est diversifié en *zen*, au Japon, et en *son*, en Corée.

SOTA ■ Dans le judaïsme, femme « déviante », soupçonnée d'adultère (un traité éponyme de la *Michnah* est d'ailleurs consacré à ce sujet).

SOTÉRIOLOGIE ■ Partie de la théologie qui s'intéresse au salut et à la rédemption par un sauveur ; le Christ, pour les chrétiens, Amida, pour certains bouddhistes, le Mahdi pour les musulmans chiites, etc.

SOTO ■ Une des deux écoles du bouddhisme zen (l'autre étant le *rinzaï*). Le but étant de parvenir au *satori* (l'Éveil) par le *zazen*, ou méditation assise. Contrairement à l'Éveil « classique », le *satori* est instantané. Le fondateur de cette école est le moine bouddhiste Eihei Dogen, qui a vécu au 13e siècle.

SOUBHA ■ Chapelet islamique (on écrit aussi *shuba*).

SOUCCA ■ Dans le judaïsme, « cabane » rituelle construite pour la fête de Souccoth.

SOUCCOTH ■ Fête juive des cabanes » ou appelée « fête des tabernacles »). Cette fête commémore la vie des Hébreux à la sortie d'Égypte après leur libération de l'esclavage par Moïse. Rappelons que l'errance dans le désert a duré 40 ans et que les conditions de vie étaient très précaires ; entre autres, le logement sous tente. Souccoth est une des trois fêtes de pèlerinage (voir ce mot). Durant les sept jours de la fête, le fidèle mange et dort dans une « cabane » dont le toit laisse voir le ciel. Le septième jour, à la synagogue, pour la fête de Hochana Rabba (« la grande cérémonie de Hochana »), le fidèle tourne sept fois autour de la chaire pour commémorer la manière dont, dans le Temple, on tournait autour de l'autel (circumambulation). Cette dernière journée est particulièrement importante pour les juifs car c'est la dernière possibilité donnée au fidèle d'obtenir le pardon des fautes accumulées au cours de l'année. Les kabbalistes passaient la nuit de Hochana Rabba en prières. Lors des liturgies, le fidèle agite dans tous les sens un fagot réalisé à partir de quatre espèces de plantes spécifiques (palmier, cédrat, myrte et saule). La légende dit que quiconque ne voit pas son ombre au cours de la dernière nuit de Souccoth est destiné à mourir dans l'année.

SOUFFRANCE ■ Pour les bouddhistes, la souffrance (*duhkha*) est le trait le plus important du monde soumis au cycle de la vie (*samsâra*).

SOUFISME ■ Le soufisme (*tasawwuf*) est le mouvement mystique de l'islam. Son nom proviendrait du mot laine (*sûf*), matière dans laquelle étaient fabriquées les bures des premiers adeptes de cette secte de l'islam. Certains éléments de vie des soufistes imitent les moines chrétiens. Le mouvement soufiste, né en Syrie et en Égypte, est apparu très tôt dans l'islam, sans doute au contact des anachorètes chrétiens des déserts arabiques. Comme ces anachorètes et ermites, les soufistes prônaient un détachement des biens du monde et une totale soumission à Dieu. Comme les anachorètes chrétiens, leur combat était dirigé contre les passions humaines (le grand *jihâd*) tout en cherchant à atteindre le contact avec Dieu par l'extase. Divers moyens étaient utilisés pour atteindre cette extase, dont le *dhikr* ou prière mystique, laquelle consiste à répéter inlassablement le nom de Dieu ou l'un de ses Beaux Noms. Les soufis répètent cette prière en litanie (*dhikr*) jusqu'à l'extase. Dans l'islam ancien, les soufis — comme les anachorètes — devenaient des modèles respectés, parfois même assimilés à des saints (bien que cela ne corresponde pas au mode de pensée musulman). Jusqu'au 9e siècle, le soufisme était essentiellement l'affaire de mystiques isolés qui, même s'ils professaient des doctrines en contradiction avec la foi islamique, ne gênaient pas trop le monde musulman, même si certains furent condamnés à mort. Ainsi, l'un d'entre eux, Husayn al-Hallâj, exécuté en 922, professait qu'il n'était pas nécessaire de faire le pèlerinage à La Mecque (pourtant l'un des piliers de l'islam) car on pouvait trouver la Kaba en son cœur. Le même, dans ses moments mystiques, criait « Je suis Dieu ». Ce n'est cependant qu'à partir du moment où ils se groupèrent en confréries sous la direction d'un directeur de conscience (ou *cheikh*) qu'ils posèrent de réels problèmes au monde musulman, d'autant que plusieurs de leurs pratiques étaient en contradiction flagrante avec les concepts musulmans (don des larmes, célibat, ascèse, direction spirituelle, etc.).

SOUNYAMOURTI ▪ Un des noms du Bouddha historique (« la forme du Vide »).

SOURAH ▪ C'est le mot arabe pour désigner une sourate.

SOURATES ▪ Une sourate est un chapitre du Coran. Chaque sourate porte un nom et un numéro. Ainsi, par exemple, la sourate VIII a pour nom *Le Butin* (*Al-Anfâl*). Le Coran est composé de 64 sourates. Le classement actuel des sourates est tout à fait particulier : à l'exception de la première (*La Liminaire — Al-Fâtiha*), toutes les sourates sont classées par ordre décroissant de longueur. Or, les sourates les plus longues sont celles de Médine et non celles de La Mecque où le Coran est descendu sur Mahomet. On lit donc le Coran dans l'ordre inverse où il a été reçu. En outre, le corpus est aussi un mélange de sourates mekkoises et de sourates médinoises. Personne ne comprend la raison pour laquelle le calife Uthman a souhaité une Vulgate proposant un tel rangement des sourates. Pour déterminer si une sourate est médinoise ou mekkoise, les exégètes utilisent quantités d'éléments tels que le style, le contenu, le vocabulaire, etc. Toute une science s'est établie sur ce sujet. Les exégètes considèrent qu'il y a quatre périodes dans l'apostolat de Mahomet. Le style de la première période est fait de versets courts, à rime unique. Ces sourates contiennent également beaucoup de formules, lesquelles sont souvent répétées. Les sourates de la seconde période sont composites et exposent des points de doctrine. Le ton n'est plus passionné, la rime est presque abandonnée. Il n'y a plus, non plus, de clichés. Les sourates de la troi-sième période, qui s'adressent à un public plus vaste, contiennent fréquemment l'expression « Ô gens ! Ô hommes ! ». Les sourates de la quatrième et dernière période sont maintenant celles d'un chef qui commande et lutte contre les juifs, les hypocrites, les polythéistes, etc. Les textes deviennent nettement plus denses et ont trait à l'organisation de la vie. Certaines locutions nouvelles surgissent mais surtout Mahomet organise sa religion (c'est à cette époque, par exemple, qu'Abraham devient le père de l'islam, etc.).

SOUTANE ▪ Longue robe boutonnée sur le devant que portent certains ecclésiastiques.

SPHRAGIS ▪ Mot grec désignant un sceau. On désigne ainsi le caractère indélébile du baptême, lequel dans l'Église primitive était concrétisé par le sceau d'une croix sur le front (comme on le pratique aujourd'hui le Mercredi des cendres).

SPIRATION ▪ Synonyme de Procession (voir ce mot).

SPUTATION ▪ Ancien rite catholique qui consistait à utiliser la salive lors du baptême. Le catéchumène, pour marquer sa renonciation à Satan, crachait par terre. S'il s'agissait d'un enfant à baptiser, le prêtre prenait un peu de sa salive et lui touchait les narines et les oreilles.

SRADDHA ▪ Dans le bouddhisme, c'est la foi.

SRAVAKA ▪ Dans le bouddhisme, nom donné à celui qui aspire à l'état de sainteté (*arhat*).

SRAVAKAYÂNA ▪ Dans le bouddhisme, c'est le mot utilisé pour désigner le Véhicule des Auditeurs.

SROTA-APANNA ■ Expression bouddhique signifiant « entrée dans le courant » : c'est l'entrée définitive, sans possibilité de retour, sur le chemin qui mène à l'Éveil.

STABAT MATER ■ Dans la liturgie catholique, prose évoquant la douleur de la Vierge Marie au pied de la croix. Le *Stabat Mater* se récite ou se chante le Vendredi saint et le 15 septembre (fête de la Croix glorieuse).

STARETS ■ Dans l'orthodoxie, moine ou personne qui a passé sa vie dans l'ascèse et a acquis une grande expérience spirituelle (le mot, en russe, signifie « ancien »).

STATION ■ Dans le christianisme, chacun des quatorze arrêts du Christ durant sa montée vers le Golgotha pour y être crucifié puis mis au tombeau.

STAUROPHORE ■ Dans la liturgie orientale, acolyte qui porte la croix durant les processions.

STAUROTHÈQUE ■ Reliquaire contenant une parcelle de la vraie croix du Christ.

STHAVIRA ■ Dans le bouddhisme, mouvement religieux comprenant les anciens (c'est-à-dire les partisans du Petit Véhicule).

STICHARION ■ Dans l'Église orthodoxe, habit liturgique (il correspond à l'aube catholique romaine).

STICHÈRE ■ Dans la liturgie orthodoxe, versets de psaumes.

STICHOLOGIE ■ Dans la liturgie orthodoxe, lecture continue du Psautier, à vêpres et à matines.

STIGMATES ■ Dans le christianisme, les cinq plaies du Christ crucifié ou encore ces mêmes plaies lorsqu'elles apparaissent chez certains mystiques.

STOGLAV ■ Ce mot, en russe, signifie « Les Cent Chapitres ». Il s'agit du recueil des procès-verbaux du concile réuni à Moscou en 1551 sur ordre du tsar russe Ivan le Terrible. Ce recueil fait partie des textes « canoniques » de l'Église orthodoxe russe.

STRIGOLNIKI ■ Nom des partisans d'une brève hérésie née au sein de l'orthodoxie russe, à Novgorod, au 14e siècle. Les membres de cette secte avaient pour habitude de confesser leurs péchés, non pas aux prêtres, mais à la Terre. Ils se servaient également de la terre pour se purifier les mains.

STÛPA ■ Au départ, les stûpas (*thupa*, en pâli) bouddhiques étaient de petits monticules funéraires pareils à des mastabas égyptiens ou à des tumuli de la préhistoire. Ils étaient construits pour recevoir les restes de la crémation des rois et des personnages importants. À la mort de Bouddha, ses restes furent partagés entre plusieurs disciples et on éleva quelques stûpas pour les recueillir. Par la suite, surtout sous le règne d'Asoka, le stûpa se généralisa et devint pour tous les bouddhistes le symbole du *nirvâna* et un objet de culte autour duquel les fidèles avaient l'habitude d'organiser des processions. La construction d'un stûpa obéit à certaines règles. Bien que les formes varient selon les pays, il s'agit généralement d'une forme hémisphérique (parfois cylindrique) qui repose sur une haute base. Le sommet de la structure cylindrique est orné d'une sorte de boîte qui est surmontée par des parasols. Au Tibet, le dôme prend un aspect bulbeux et le stûpa prend le nom de *Chorten*. Autour des stûpas, on trouve assez souvent des constructions en pierre qui déterminent des chemins de circumambulation ; le fidèle pénètre dans ces chemins par des portes (*torana*) et tourne autour du stûpa dans le sens des aiguilles d'une montre. Certains stûpas sont ornés de bas-reliefs qui racontent les vies antérieures de

Bouddha (*jâtaka*). Si certains stûpas contiennent des reliques (de Bouddha ou de saints), d'autres sont seulement des constructions symboliques qui commémorent la mort de Bouddha. Les stûpas peuvent prendre toutes les dimensions du gigantesque stûpa-mandala de Borobudur au minuscule stûpa votif (dans le bouddhisme birman chacun doit construire au moins un stûpa dans sa vie). Les stûpas ne sont pas toujours construits à l'air libre ; en effet, les sanctuaires bouddhiques construits dans le roc (*caitya*) contiennent généralement un stûpa contenant habituellement des textes sacrés. La symbolique du stûpa est simple : le dôme représente le *nirvâna*, la base carrée la discipline et les parasols sont un emblème royal qui rappelle l'origine princière de Bouddha (ils symbolisent aussi, pour certaines écoles, le paradis). Selon les pays, le stûpa peut prendre des formes différentes ; certains ont des formes tout à fait aberrantes. La pagode est, en quelque sorte, une évolution d'un stûpa. Outre son rôle commémoratif, le stûpa est aussi un diagramme, une écriture, un mandala, pour communiquer avec les divinités.

STYLITE ■ Dans le christianisme primitif, ermite solitaire (anachorète) qui plaçait sa cellule au sommet d'une colonne et ne la quittait pas pendant des mois, et même des années, s'y adonnant à l'ascèse stricte et à la méditation.

SUBBHUTI ■ Un des dix premiers disciples de Bouddha.

SUBITISME ■ Dans le bouddhisme, théorie selon laquelle l'Éveil est immédiat. Durant le concile de Lhassa, un débat concernant le subitisme fut organisé entre deux camps. Le camp chinois prétendait que l'Éveil pouvait se déclencher de manière subite, et le camp indien, qu'il ne pouvait être que progressif. À l'issue de la joute, l'indien Kamalaçila l'emporta. On se serait attendu au contraire car, à bien y voir, l'instantanéité est à la base du bouddhisme où le temps est discontinu, formé d'instants juxtaposés sans intervalles.

SUBORDINATIANISME ■ Doctrines chrétiennes (dont fait partie l'arianisme) apparues durant les premiers siècles du christianisme selon lesquelles le Fils de Dieu est subordonné, inférieur au Père, le seul à être inengendré. Apparu après lui, il n'est pas non plus de même essence (*ousia*) que le Père. Ce qui est d'application pour le Fils, l'est également pour le Saint-Esprit. Rappelons la position actuelle du christianisme : une seule substance (*ousia*) mais trois hypostases (ou personnes) distinctes et, pour le Fils, deux natures distinctes (vrai homme et vrai Dieu).

SUBSTANCE ■ La substance est ce qui est fondamental dans une chose, qui en indique ce qu'elle est vraiment (ainsi, par exemple, le bois qu'il soit peint en rouge, en vert ou en jaune reste du bois, c'est sa substance). De la même manière, chez les chrétiens orthodoxes et catholiques, lors de l'eucharistie, la substance du pain et du vin se change réellement en corps et en sang du Christ, elle devient le corps et le sang du Christ. C'est ce que nient les protestants.

SUBTIL (CORPS) ■ Corps ayant la possibilité de traverser la matière.

SUBURBICAIRE ■ Dans la religion catholique, ce qui fait partie des sept diocèses qui entourent Rome.

SUCCUBE ■ Démon prenant la forme d'un corps féminin dans le but d'avoir des relations sexuelles avec un homme.

SUCI ■ Dans le bouddhisme, c'est le mot utilisé pour désigner ce qui est pur.

SUFFOQUER ■ Tuer en empêchant de respirer. Dans le judaïsme, on parlera de viande suffoquée pour désigner la viande provenant d'un animal dont on n'a pas fait couler tout le sang. La viande est, dès lors, selon les lois alimentaires juives (mais aussi musulmanes), impure et impropre à la consommation.

SUFFRAGANT ■ Dans la religion protestante, celui qui est candidat à la fonction de pasteur.

SUICIDE ■ Acte consistant à se tuer soi-même. Le suicide doit, bien entendu, être distingué du martyre ou du sacrifice lorsque l'individu décide de donner sa vie pour une « cause supérieure ». Toutes les religions interdisent le suicide. Contrairement à une opinion répandue, dans l'Église catholique, le Code de Droit canon n'interdit plus la sépulture ecclésiastique à ceux qui se sont suicidés.

SUISSE ■ Au Vatican, membre de la garde suisse du pape. Jadis, dans les paroisses, le bedeau revêtait cet uniforme pour les mariages et les enterrements.

SUJUD ■ Dans l'islam, c'est le mot qui désigne la prosternation.

SUKHA ■ Dans le bouddhisme, c'est le mot utilisé pour désigner le bonheur.

SUKHÂVATI ■ Nom du paradis du Bouddha Amida.

SUMERU ■ Point central de la cosmologie bouddhique. Le Stûpa symbolise, d'une certaine manière, ce mont Sumeru. Le mont Sumeru repose au centre de la couche terrestre en or ; il est entouré par les chaînes montagneuses qui empêchent l'eau de tomber dans le vide. Il est constitué de quatre joyaux (l'or sur le flanc nord, l'argent sur le flanc est, le lapis-lazuli pour le flanc sud et le cristal pour le flanc

ouest). La hauteur du mont Sumeru est de 160 000 yojanas (soit plus d'un million de km de hauteur, dont une partie seulement est sous l'eau !).

SUNNA ■ La Sunna (« conduite ») est la seconde source, après le Coran, du droit religieux (*fiqh*). La Sunna du Prophète est la transmission de sa conduite, de son « plan de vie » ; c'est-à-dire de ses paroles et de ses actions. Ce n'est donc pas la biographie de Mahomet, laquelle est connue sous le nom de *sira* et constitue seulement une première approche, une introduction à la Sunna. Dans la religion musulmane, le concept de caprice ou de gratuité n'existe pas. Dieu n'a pas créé le monde par amusement mais selon un plan, une « conduit ». Il en est exactement de même avec la « conduite », la Sunna, de Mahomet : rien n'est gratuit, rien n'est caprice... Ainsi tout ce qui nous éclaire sur sa conduite peut servir pour déterminer les règles du droit religieux. On comprend mieux, ainsi, pourquoi les musulmans sont tellement attachés à l'étude des moindres gestes et paroles de Mahomet sources du droit et exemple à suivre. Ceci explique également pourquoi ces gestes et paroles ont été dogmatisés sous le nom de Tradition. Le contenu de la Sunna relève d'une double source : les paroles du Prophète et tous les témoignages de ses compagnons (concernant son comportement, ses faits, ses gestes, ses actions, ses désapprobations, ses silences même...). Ce contenu est divisé en trois corpus : les dits du Prophète (ce sont les paroles rapportées du Prophète ou *hadîths*, regroupées dans d'énormes corpus contenant plusieurs milliers de dits), les *hadîths quansi* (ce sont les paroles du Prophète rapportées comme étant d'origine divine mais n'étant pas insérées dans le Coran car elles n'ont pas été révélées par l'intermédiaire de l'ange Gabriel mais au cours d'un songe ou d'une inspiration), le *khabar* (ce sont les paroles de Mahomet ou de ses proches compagnons rapportées fidèlement, comme il était d'usage dans la transmission du savoir des tribus).

SUNNISME ■ Les musulmans qui suivent la Tradition (la Sunna). Le monde musulman est composé de dizaines de sectes différentes (le mot secte n'a, ici, aucun sens péjoratif). Les deux sectes les plus importantes étant les sunnites (près de 85 % du monde musulman) et les chiites (10 % des musulmans). Les sunnites représentent les héritiers de la première communauté musulmane dont se sont séparés les chiites et les autres sectes. Ils incarnent donc (pour autant que cela ait un sens dans le monde musulman) l'orthodoxie musulmane, une certaine tradition religieuse et doctrinale. Du point de vue historique, le premier gouvernement exclusivement sunnite est celui des Omeyyades. Du point de vue terminologique, les sunnites doivent leur nom à la Sunna, la Tradition du Prophète car leur foi se base sur le Coran et la Sunna (ils sont *ahl al-sunna wa-l-jamâa* : « partisans de la Sunna et de l'union communautaire »). Lorsqu'on parle de l'islam, c'est généralement à l'islam majoritaire que l'on fait allusion, donc à l'islam sunnite. Pour ce qui concerne les dogmes, il n'existe pas de réelles différences entre les diverses sectes musulmanes. C'est essentiellement au niveau de l'interprétation de la loi et des coutumes que les différences se manifestent (voir l'article consacré au chiisme). Contrairement au chiisme, le sunnisme n'a pas connu véritablement de schismes. Les différentes interprétations possibles n'ont pas donné lieu à des sectes mais seulement à quatre écoles juridiques, ayant toute le même statut. Ces écoles juridiques sunnites sont nommées — d'après le nom de leur fondateur — le malikisme, le hanafisme, le chaféisme et le hanbalisme (ou traditionalisme). Chacune de ces écoles interprète le droit à sa manière et toutes les quatre jouissent d'une même estime. Néanmoins, chacune des écoles juridiques possède son champ géographique d'application. Ainsi, le hanbalisme est surtout actif en Arabie Saoudite (voir l'article consacré à l'islamisme). Parallèlement aux écoles juridiques (*fiqh*), des écoles théologiques (*kalâm*) se constituèrent durant les premiers siècles de l'islam. Ces écoles de théologie spéculative (qui portent un discours sur Dieu, sa nature, ses attributs) n'eurent jamais l'importance des écoles juridiques. Les principales écoles théologiques sont : le traditionalisme (le respect littéral des textes), le mutazilisme (ou l'islam rationnel), le maturidisme (proche du mutazilisme), l'acharisme (ou néo-traditionalisme) et le réformisme (tendance moderne aussi désignée comme salafisme — voir l'article consacré à l'islamisme). Pour ce qui concerne les écoles théologiques, le sunnisme a adopté majoritairement les thèses de l'acharisme. On est donc en droit de dire que l'islam (du 10e siècle à aujourd'hui) est majoritairement sunnite acharite.

SÛNYATÂ ■ Terme sanscrit bouddhique pour désigner la vacuité.

SUPPEDANEUM ■ Tablette ajoutée à la croix sur laquelle reposent les pieds du Christ.

SUPRALAPSARISME ■ Qualité de ce qui est antérieur au péché originel (la faute d'Adam et Ève). Pour certains protestants calvinistes (dont les gomaristes), la décision de Dieu de destiner certains hommes au salut est antérieure au péché originel, donc supralapsariste.

SURÉROGATION ■ Prière supplémentaire, libre, de dévotion, dite en complément de l'office divin ou du cadre liturgique.

SÛRYA ■ Dans le bouddhisme, c'est une divinité mineure (une des douze devas).

SUSCEPTION ■ Le fait d'être admis et de prendre un sacrement.

SUSPENSE ■ Dans l'Église catholique, peine ecclésiastique ne pouvant frapper que les clercs, à qui il est interdit d'exercer certaines fonctions.

SÛTRA ■ Enseignement du Bouddha selon ses propres mots. Littéralement ce mot signifie « fil » du discours. Dans le bouddhisme, ce mot a un double sens : seul, il désigne tous les aphorismes ou textes qui sont réputés contenir la parole même de Bouddha telle qu'il l'a exprimée ; accompagné d'un complément déterminatif (Sûtra du Lotus, Sûtra de l'Estrade, etc.), il désigne un discours particulier de Bouddha portant sur une doctrine ou une idée. On réserve généralement un complément déterminatif (comme, par exemple, Le Sûtra du Cœur) aux discours du Bouddha, d'un accès plus difficile, qui se rapportent à la deuxième ou à la troisième mise en mouvement de la Roue de la Loi (Dharma). Ces Sûtras particuliers ne sont pas acceptés par les adeptes du bouddhisme premier (Petit Véhicule) mais, par contre, sont abondamment utilisés par les bouddhistes tibétains, les adeptes du zen/chan, etc. La recension des Sûtras a commencé lors du premier concile bouddhique (un an après la mort de l'Éveillé), suite à l'intervention d'Ananda (cousin et disciple principal de Bouddha) qui récita de mémoire tout ce que Bouddha avait dit. Son intervention ayant eu lieu sous forme de question-réponse, chacune de ses interventions commence ainsi par la phrase « Ainsi l'ai-je entendu » (ce qui donne en sanscrit : *evam maya srutam*), c'est cette phrase liminaire qui, canoniquement, signe un Sûtra émanant de Bouddha. D'abord mémorisé et récité, les Sûtras n'ont été couchés sur papier que bien plus tard (aux environs du troisième concile) et on a tout lieu de penser que les Sûtras actuels sont bien différents des Sûtras récités par Ananda lors du premier concile. D'ailleurs, les bouddhistes chinois ont classé les Sûtras (un peu à la manière des musulmans qui classèrent les hadîths du prophète en fonction de la qualité de « la chaîne des transmetteurs ») en cinq catégories : les Sûtras recensés par le Canon, les Sûtras d'origine indéterminée, les Sûtras d'origine particulière, les Sûtras douteux, les Sûtras apocryphes.

SÛTRA DU GRAND VÉHICULE ■ Le Sûtra de l'Estrade (*Tan jing*) est une suite de causeries doctrinales. Il s'agit d'un texte de l'école bouddhique chinoise (*chan*) qui aurait été composé au 8e siècle à la gloire de Huineng (ou Houei-neng), le sixième patriarche du Chan. Ce Sûtra est très lu par les bouddhistes chinois et les adeptes du zen. Huineng lui-même ayant reçu son illumination de manière instantanée, la théorie du subitisme (voir ce mot) y est largement développée. Le Sûtra du Cœur est un texte mahâyâniste (Grand Véhicule) qui consiste en un dialogue entre le bodhisattva Avalokiteshvara et Shariputra (disciple de Bouddha, en charge de la discipline, décédé peu de temps avant lui). Ce Sûtra (dont il existe une version courte) est psalmodié en japonais tous les matins dans les monastères zen car sa lecture aurait la faculté de dissiper les difficultés d'ordre spirituel. La phrase clé du Sûtra du cœur dit : « La forme n'est que vide. Le vide n'est que forme ». Le Sûtra du Diamant est également utilisé par les bouddhistes zen. Il s'agit également d'un Sûtra non reconnu par les adeptes du Petit Véhicule car il fait partie du *prajnaparamitasûtra*, c'est-à-dire un ensemble de textes qui se rapportent à l'enseignement du Bouddha lors de la seconde mise en mouvement de la Roue du Dharma. Le Sûtra du Nirvâna est aussi d'inspiration mahâyâniste et expose la nature du Bouddha inhérente à chaque être, nature qu'il suffit de « réveiller » ou de

« révéler ». On notera que cette vision de la nature transcendantale du Bouddha (nature de Bouddha en chacun de nous) est typique du mahâyânisme et n'est pas partagée par les bouddhistes du Petit Véhicule. Le Sûtra du Lotus est certainement le Sûtra le plus important du bouddhisme du Grand Véhicule (*Mahâyâna*).

SÛTRA DU LOTUS ■ Un des textes principaux du Grand Véhicule du bouddhisme. Ce texte n'est pas reconnu par le Petit Véhicule. Ce Sûtra est abondamment cité par les bouddhistes tibétains, chinois et japonais. Il en existe différentes versions dans plusieurs langues et il a donné lieu à de nombreux commentaires. Certains bouddhistes considèrent le Sûtra du Lotus comme l'enseignement définitif et parfait du Bouddha ; ils considèrent que les autres Sûtras ne sont qu'un enseignement provisoire décrivant une vérité conventionnelle alors que le Sûtra du Lotus décrit la vérité ultime. Selon les *mahâyânistes*, Bouddha aurait prononcé ce Sûtra au Pic du Vautour (ce serait le second lancement de la Roue du Dharma). Le Sûtra du Lotus est la pierre angulaire des écoles Tien-Taï (Chine) et Tendaï (Japon), deux écoles du bouddhisme mahâyâniste ayant développé une vision du monde extrêmement complexe avec, quelquefois, des visées politiques. Signalons que Nichiren (13e siècle), considéré par certains bouddhistes japonais comme le Bouddha de l'époque mappô, se réclamait du Sûtra du Lotus. C'est le cas également pour le Soka Gakkaï, une secte religieuse devenue mouvement politique et troisième parti au Japon. La plupart des Sûtras du bouddhisme mahâyâniste n'existent plus aujourd'hui que dans leurs traductions en chinois ou en tibétain, les versions en sanscrit ayant été détruites. Les Sûtras sont écrits en vers et en prose entremêlés et sont ainsi rédigés pour que les vers fournissent la théorie et que la prose l'explique.

SÛTRAPITAKA ■ La troisième corbeille de la « Triple Corbeille » (*tripitaka*) des canons bouddhiques ; c'est la corbeille qui comprend les textes des Sûtras. Certains textes du Sûtra (les théories de base) portent le nom de *Nikâya* (en pâli) et de *Agama* (en sanscrit). C'est ce dernier terme qui est généralement utilisé dans la littérature mahâyâniste (Grand Véhicule).

SÛTRAS (CLASSIFICATION) ■ La classification la plus didactique des Sûtras est celle des « Trois Roues du Dharma » qui se rapporte à la mise en route par Bouddha de la Roue du Dharma (la Loi). La première mise en route eut lieu à Bénarès où Bouddha enseigna les Quatre Nobles Vérités. L'ensemble de cet enseignement figure dans le Canon pâli. Ce sont les seuls Sûtras qui sont acceptés par les adeptes des trois véhicules (Petit Véhicule, Grand Véhicule, Véhicule du Diamant). La seconde mise en route eut lieu au pic des Vautours où Bouddha enseigna la vacuité des phénomènes. La troisième mise en mouvement de la Roue eut lieu en plusieurs endroits (dont le mont Malaya) et Bouddha y enseigna, entre autres, la nature du bouddha en chacun de nous. Les Sûtras des deux dernières mises en mouvement de la Roue ne sont acceptés que par les adeptes du Grand Véhicule (*Mahâyâna*) et ceux du véhicule du Diamant (*Vajrayâna*).

SYLLABUS ■ Dans l'Église catholique, liste de propositions émanant de l'autorité ecclésiastique.

SYMBOLE ■ Formule, sommaire ou résumé, dans laquelle l'Église résume sa foi. On parlera aussi de Credo ou de profession de foi. Pour les chrétiens, citons le Symbole des Apôtres ou le Symbole de Nicée-Constantinople (élaboré aux conciles de Nicée, en 325, et de Constantinople, en 381). Ce dernier est le plus utilisé dans l'Église orthodoxe.

SYMBOLE DE NICÉE-CONSTANTINOPLE ■ Symbole de foi commun à toutes les Églises chrétiennes à l'exception de la partie consacrée au Fils (Filioque) qui n'est pas approuvée par l'Église orthodoxe. Ce symbole doit son nom aux deux conciles durant lesquels il fut rédigé (Nicée, en 325, et Constantinople, en 381). Le Filioque a été ajouté au 9ᵉ siècle, sous l'influence de Charlemagne.

SYMBOLE DES APÔTRES ■ La plus ancienne des professions de foi de l'Église chrétienne (2ᵉ siècle). Il est plus court que le Symbole de Nicée-Constantinople.

SYMMAQUE ■ Une des versions grecques de la Bible (postérieure à la Septante).

SYNAGOGA ■ En latin, le terme *synagoga* désigne à la fois l'édifice et le peuple juif. À partir du 12ᵉ siècle, la tradition chrétienne représente la *synagoga*, c'est-à-dire le peuple juif, sous la forme d'un personnage féminin ayant les attributs de la déchéance : les yeux sont bandés, la couronne a glissé de la tête, les Tables de la loi glissent de ses mains. On peut voir de telles représentations dans de nombreuses cathédrales (dont celle de Strasbourg).

SYNAGOGUE ■ Dans le judaïsme, lieu de réunion (*beth knesset*) pour la prière collective mais aussi pour l'étude de la Loi ou d'autres activités communautaires. C'est l'institution religieuse centrale du judaïsme contemporain. La synagogue n'est pas seulement le lieu pour la prière publique et la lecture rituelle de la Torah, elle est également « le lieu de rassemblement » pour de nombreuses autres activités religieuses ou communautaires : réunions, mariages, enseignement, etc. La synagogue est apparue à l'époque de l'exil de Babylone (vers -586), c'est-à-dire après la destruction du Premier Temple. Cependant, ce n'est qu'au premier siècle de notre ère, c'est-à-dire après la destruction du Second

Temple, qu'elle devient une véritable institution de la vie juive. À cette époque, on comptait près de 500 synagogues à Jérusalem et sans doute plus encore en Diaspora (on le sait grâce à saint Paul qui prêchait la « Bonne nouvelle » d'abord dans les synagogues…). Comme on vient de le dire, l'apparition et le développement des synagogues suit la destruction de chacun des temples. Le Temple n'existant plus, la synagogue devient l'institution centrale du judaïsme. Néanmoins, pour les juifs, il y a toujours une distinction très nette entre le Temple et la synagogue. Si certains des rites du Temple furent transférés à la synagogue, d'autres furent expressément interdits pour que la distinction entre l'un et l'autre restât nette. Les prières remplacent les sacrifices communautaires du Temple. Le prêtre, inexistant, a été remplacé par un quorum de dix hommes (*minyan*) et tout homme juif instruit peut diriger la prière. La lecture publique de la Loi a lieu le samedi matin, le samedi après-midi, le lundi matin et le jeudi matin. Au début, il n'y avait pas de lieu réservé aux femmes. Au 13ᵉ siècle, un espace (généralement un balcon) leur fut attribué (la séparation des hommes et des femmes porte le nom de *méhitsa* et trouve sa source dans le Temple où un espace était octroyé aux femmes) : la « cour des femmes » (*erzat nashim*). Aujourd'hui, dans beaucoup de synagogues, hommes et femmes sont mélangés. Certaines synagogues sont très riches, d'autres beaucoup plus modestes. Le mobilier indispensable n'est composé que d'une armoire (arche de synagogue) où sont placés les cinq rouleaux manuscrits de la Loi, d'une estrade-tribune (*bimah*) pour le lecteur et d'une lampe qui brûle en permanence. L'arche est toujours dirigée vers Jérusalem et l'estrade est soit au centre de la synagogue (ce qui ne manquait pas de poser des problèmes) soit près de l'arche de synagogue dans les édifices les plus récents. Il existe des synagogues de tous les types architecturaux (même Art

Nouveau). Cependant, comme durant de longs siècles la synagogue ne pouvait dépasser en hauteur l'église (comme le clocher de l'église, sous domination musulmane, ne pouvait dépasser la hauteur du minaret), les architectes ont imaginé de construire les synagogues en dessous du niveau de la rue : ainsi ils pouvaient gagner en hauteur intérieure. Pour ce qui est du décor, il est généralement constitué d'étoiles à cinq (Étoile de Salomon) ou six (Bouclier de David) branches. Malgré l'interdiction biblique de la représentation d'êtres humains, certaines synagogues étaient décorées avec des représentations humaines et même parfois, très étonnamment, avec des statues. Toutes les synagogues, même désaffectées, sont des lieux consacrés (sans que le bâtiment ne soit ni saint ni sacré). C'est la raison pour laquelle il est, en principe, interdit de vendre un local ayant été utilisé comme synagogue sans respecter des prescriptions légales très complexes. Une légende ne raconte-t-elle pas qu'à la fin des temps, toutes les synagogues en Diaspora seront transportées miraculeusement en Israël ? C'est aussi le moment de rappeler que beaucoup de synagogues contiennent une pièce (la *genizah*) réservée aux objets du culte hors d'usage car objets du culte et livres saints ne peuvent être détruits.

SYNAGOGUES EN FRANCE ■ Le document le plus ancien signalant l'existence d'une synagogue en France date du 14 mai 576. Il relate la destruction de la synagogue de Clermont-Ferrand par une foule chrétienne conduite par l'évêque Avit qui propose aux Juifs la conversion ou l'exil. Malgré l'interdiction de la loi romaine, quelques synagogues sont construites ; cependant les papes interviennent régulièrement pour demander que l'interdiction soit respectée. Aux 12e et 13e siècles, des synagogues sont bâties puis souvent détruites. À partir du 14e siècle, toutes les constructions sont interdites (en 1394, Charles VI expulse définitivement tous les Juifs du Royaume de France). Dans les États Pontificaux, les Juifs furent, paradoxalement, autorisés à construire des synagogues. Louis XVI autorise, en 1784, l'édification d'une synagogue et en 1812 la première synagogue consistoriale (voir l'article consacré au Sanhédrin) fut érigée à Bordeaux. C'est le début d'une longue série de constructions dont, à Paris, la synagogue Art Nouveau (rue Pavée).

SYNAXAIRE ■ Dans l'Église orthodoxe, livre contenant la vie des saints.

SYNAXE ■ Dans l'Église orthodoxe, ce mot revêt plusieurs sens. 1. Assemblée de croyants réunis pour une prière commune. Par extension, ce mot est également utilisé pour désigner un office liturgique. 2. Fête célébrée le lendemain d'une grande fête. 3. Regroupement de saints ou d'anges sur une icône. 4. Le mystère de l'eucharistie.

SYNCELLE ■ Membre du clergé. Dans l'Église catholique de rite oriental, c'est l'équivalent d'un vicaire épiscopal.

SYNCRÉTISME ■ Fusion de plusieurs doctrines religieuses en une seule dans le but de se créer, par conviction ou par facilité, une religion personnelle, une religion « à la carte ». Certaines religions, plus que d'autres, facilitent le syncrétisme. C'est le cas du bouddhisme japonais et du shintoïsme qui fusionnèrent réellement en une religion où les divinités bouddhiques originelles (*honji*) se manifestèrent dans des kami spécifiques (*suijaku*). Cette synthèse *honji-suijaku*, caractéristique essentielle de la religion japonaise, se manifesta dans la pensée, la littérature et les arts. Dans le cas du bouddhisme, le syncrétisme a été la règle dans tous les pays. Il y a syncrétisme entre le bouddhisme et de très nombreuses religions car le bouddhisme est davantage considéré comme une philosophie que comme une religion concurrente. Les principaux syncrétismes sont bouddhisme et hindouisme (Inde), bouddhisme et shintoïsme (Japon), bouddhisme et confucianisme (Chine), bouddhisme et taoïsme (Chine), bouddhisme et bön-po (Tibet) et même bouddhisme avec des religions monothéistes comme le judaïsme (les « jubus », les juifs bouddhistes). Il semblerait, mais le sujet est peu connu, qu'il n'y ait eu peu de syncrétisme avec l'islam, sans doute suite à l'attitude très guerrière des combattants musulmans (signalons les yezidis — un mélange d'éléments chrétiens, islamiques, gnostiques et zoroastriens — et la tentaive de Muhammad Akbar de créer une religion mêlant l'islam, le christianisme et l'hindouisme)). C'est aussi par syncrétisme que le mahâyânisme (bouddhisme du Grand Véhicule) a incorporé de très nombreuses divinités locales dans son panthéon (dont toutes les divinités de l'hindouisme). Outre le bouddhisme, l'animisme est également un facteur de syncrétisme. Ainsi, dans de nombreuses régions d'Afrique, les fidèles vénèrent à la fois des divinités locales et des saints chrétiens.

SYNODE ■ 1. Assemblée des personnalités dirigeantes d'une Église dans le but de débattre de questions concernant la vie de l'Église et accessoirement de questions religieuses. Les religions juive, catholique, protestante et orthodoxe organisent régulièrement des synodes. 2. Le Saint Synode est la réunion des évêques d'une Église orthodoxe sous la présidence de leur chef (patriarche, métropolite, archevêque). C'est donc le conseil suprême d'une Église orthodoxe autocéphale.

SYNOPSE ■ Colonnes parallèles. C'est l'une des façon pour présenter les trois premiers évangiles qui sont très proches et décrivent les mêmes événements. On utilise également cette méthode pour présenter un texte en deux ou plusieurs langues différentes.

SYNOPTIQUES (ÉVANGILES) ■ Ce sont les Évangiles de Luc, Marc et Matthieu parce qu'ils décrivent les mêmes événements rangés selon le même ordre. Ceci permet de disposer les textes sur trois colonnes parallèles et de visualiser l'ensemble de ceux-ci d'un seul coup d'œil. L'Évangile de Jean, lui, dans son plan et sa description, s'écarte des Synoptiques.

SYRIAQUE (RITES) ■ Dans l'Église catholique de rite oriental, il existe deux rites syriaques majeurs : le rite de l'Église d'Antioche (syriaque occidental) et le rites de l'Église de Babylone (syriaque oriental). Dans le rite syriaque occidental, il y a deux rites : le maronite et le malankar. Le rite syriaque oriental comprend également deux rites : le rite assyrien (ou chaldéen) et le rite malabar (en Inde du Sud).

SYRO-MALABARES ■ Chrétiens de rite syrien oriental vivant en Inde du Sud (sur la côte du Malabar, dans l'État du Kerala). Ils se réclament de l'apôtre saint Thomas.

T

TAANITH ■ Mot hébreu pour désigner le jeûne.

TABERNACLE ■ 1. Dans le judaisme, depuis l'Exode dans le désert, le tabernacle est le sanctuaire construit pour recevoir l'Arche d'Alliance et les Tables de la Loi. Le tabernacle symbolise la présence divine (la *Chekhina*). Selon la tradition, le premier Tabernacle s'édifia tout seul sous la dictée des lettres hébraïques lues par Beçalel, le décorateur menuisier de Moïse (Exode 31). 2. Dans la liturgie catholique, armoire dans laquelle sont déposées les hosties consacrées.

TABERNACLE (FÊTE DES -) ■ Fête juive. Voir Souccoth.

TABLE DRESSÉE (LA) ■ Voir Choulhane Aroukh.

TABLES DE LA LOI ■ 1. Pierres plates sur lesquelles étaient gravés les dix commandements que Moïse reçut de Dieu sur le mont Sinaï. 2. Important ouvrage de l'Église orthodoxe russe. Il fut imprimé, en 1656, sur ordre du patriarche Nikon et approuvé par le concile (1656). Cet ouvrage de 1600 pages contient non seulement des commentaires sur le Credo, une explication du symbolisme et de la liturgie russe, mais aussi divers documents qui expliquent et justifient la réforme introduite dans l'Église russe par le patriarche Nikon. Cette réforme est connue sous le nom de Raskol (voir ce mot).

TABORITE ■ Membre d'un mouvement religieux issu de la postérité de Jan Huss. Après la mort de ce dernier, les hussites se révoltèrent et exigèrent dans leurs *Quatre articles de Prague* (1420) la liberté de prédi-cation, la communion sous les deux espèces, l'interdiction pour les prêtres de posséder des biens temporels et des sanctions publiques contre les péchés mortels (tout particulièrement contre la simonie). Ils n'eurent partiellement gain de cause que 13 ans plus tard et seulement pour ce qui concerne la communion sous les deux espèces. Les plus modérés (les calixtins) acceptèrent, les plus extrémistes (les taborins) refusèrent et continuèrent la lutte. Un groupe de taborites fonda l'organisation des Frères moraves.

TAFSÎR ■ Mot arabe désignant l'exégèse coranique.

TAISEN DISHIMARU ■ Principal propagateur du bouddhisme zen en Occident.

TAISHÔ ISSAIKYO ■ C'est le nom, en japonais, du Canon chinois. La Chine ayant définitivement abandonné le bouddhisme, c'est donc au Japon que s'effectuent aujourd'hui les nombreuses recherches sur ce Canon.

TAIZÉ ■ Communauté œcuménique fondée en 1940 par le protestant suisse Roger Schutz (1915-2005). Elle attire des chrétiens du monde entier surtout depuis la tenue régulière, à partir de 1970, du « concile des jeunes » européens pour l'approfondissement de la foi.

TAKANA ■ Mot hébreu pour désigner une ordonnance religieuse.

TALAPOIN ■ Prêtre bouddhiste de Birmanie ou du Siam (de *tala poi*, monseigneur, titre des moines bouddhistes).

TALETH ■ Voir Tallit.

TALION ■ Loi introduisant un strict principe de proportionnalité : « Œil pour œil, dent pour dent ». Le mot talion provient du latin *talis* (« tel que »).

TALLIT ■ Dans le judaïsme, châle de prière. C'est un grand châle blanc, souvent rayé de noir, dont les quatre coins sont garnis de franges rituelles (*tsitsit*). Ce châle, qui se porte sur les épaules ou sur la tête, est utilisé par les hommes pieux au moment des prières. L'obligation de porter le tallit est biblique : « Parle aux enfants d'Israël, et dis-leur de se faire des franges aux quatre coins de leurs vêtements, dans toutes leurs générations, et d'ajouter à la frange de chaque coin un cordon d'azur. Cela formera pour vous des franges dont la vue vous rappellera tous les commandements de l'Éternel, afin que vous les exécutiez… » (Nombres 15, 37-39).

TALMID ■ Mot hébreu pour désigner un élève, un étudiant.

TALDUD ■ Code de la loi orale juive (il comprend la Michnah et la Guemara). Le Talmud, c'est la loi transmise oralement depuis Moïse et mise par écrit dans un volume nommé la Michnah dont les commentaires portent le nom de Guemara. L'ensemble des écrits (Michnah et Guemara) portent le nom de Talmud. Comme il existe deux sources de commentaires de la Michnah (l'une provenant de Babylone et l'autre de Palestine), il existe également deux Talmuds : celui de Babylone et celui de Jérusalem. Le Talmud constitue la Loi orale ; la Loi écrite étant le Pentateuque (aussi appelé Torah). Pendant fort longtemps, la Loi orale est restée exclusivement orale. En effet, il était interdit de lui donner une forme écrite pour deux raisons : d'abord pour ne pas la figer dans le texte et d'autre part pour qu'elle ne soit pas « spoliée » par d'autres religions, comme ce fut le cas pour la Bible. Ce n'est qu'au moment où les Juifs — en diaspora — se sont rendu compte qu'ils risquaient de perdre définitivement cette « mémoire religieuse » qu'il a été décidé de lui donner une forme écrite. La Loi orale n'a donc pris la forme d'un écrit qu'assez tard dans un ouvrage nommé Talmud. Malgré cette forme écrite, on continue à parler de la Loi orale car, dans ce cas, l'écriture n'est qu'un épiphénomène. Le Talmud (enseignement) — ou plus exactement le Talmud Torah (enseignement de la Torah) — a adopté une disposition des textes qui n'a plus varié depuis près de 500 ans. La disposition des textes et la typographie sont, à peu de chose près, celles de l'édition Bomberg, publiée à Venise (vers 1520). Néanmoins, comme chaque édition du Talmud se veut la plus complète possible, les versions apparues depuis l'édition Bomberg contiennent souvent de nouveaux commentaires. L'édition la plus utilisée est celle parue à Vilnius en 1886. La disposition du texte du Talmud est assez particulière : en haut, à gauche, le numéro du feuillet (pour ce faire, les éditeurs utilisent toujours les caractères hébraïques : chaque caractère ayant la valeur d'un chiffre). Les chiffres arabes sont également utilisés mais seulement au verso de la page, en haut à droite. Le caractère hébraïque indique donc le feuillet (recto et verso) tandis que le caractère arabe indique la page. Comme l'indication d'un texte fait toujours référence à la numérotation hébraïque, il faut donc indiquer en plus du caractère s'il s'agit du recto (*alef* ou a) ou du verso (*beth* ou b) du feuillet. Une indication de page sera donc du type Méguilla 21b (c'est-à-dire verso du feuillet 21). Ceci n'est cependant exact que pour le Talmud de Babylone (le plus utilisé). Concernant le Talmud de Jérusalem (imprimé sur deux colonnes), on indiquera en outre la colonne de référence (le recto étant signalé par les lettres a ou b, et le verso par les lettres c ou d). Le titre courant comprend trois parties : le nom du chapitre, le numéro du chapitre et le nom du traité. Au centre de la page figure le texte du Talmud (c'est-à-dire la Michnah puis la Guemara). Pour ce texte, on utilise toujours une typographie « carrée ». Le texte du Talmud est encadré par les textes des commentaires dont les deux plus importants sont les commentaires de Rachi de Troyes (à droite de la page, dans la reliure intérieure) et ceux des Tossafistes, c'est-à-dire les héritiers de Rachi de Troyes (ce texte est toujours disposé à gauche). Pour ces commentaires, on utilise une écriture spécifique (laquelle est la version imprimée de l'écriture cursive séfarade), dite de Rachi (bien que Rachi ne l'utilisât pas). Sur la plupart des pages des Talmud, outre ces deux commentaires, indispensables, figurent encore (en caractères plus petits et disposés aux deux extrémités de la page) d'autres gloses de sources diverses.

TALMUD (ARCHITECTURE) ■ Le Talmud est composé de six sections (les *sedarim* ou ordres) et de quelques petits traités complémentaires. Chaque ensemble est divisé en traités (*massèkhtoth*) : ceux-ci sont au nombre de 63. Les six ensembles sont : les Semences (*zeraïm*), les Saisons ou, plus exactement, le « Temps fixé » (*moéd*), les Femmes (*nachim*), les Infractions ou les Dommages (*nezikin*), les Choses sacrées (*kodachim*) et les Choses pures (*teharoth*). Chaque section est composée d'un certain nombre de chapitres. Chaque chapitre du Talmud s'ouvre sur une *Michnah* dont le texte ne dépasse que rarement une page. On trouve ensuite le texte du commentaire de la *Michna*, c'est-à-dire la *Guemara* qui s'étend sur plusieurs pages. Ce texte est découpé en unités thématiques (*sougya*) et comprend souvent des notes et des explications. L'ordre habituel des *sougyoth* est

le suivant : analyse littéraire de la *Michnah*, questions-réponses, versets bibliques en rapport avec la *Michnah*, comparaison de textes, etc. Le Talmud est ainsi constitué d'une série de Michna-Guemara.

TALMUD (COMMENTAIRES) ■ Comme la Bible (*Tanakh*), le Talmud a, lui aussi, donné lieu à des explications et commentaires. Les commentaires les plus utilisés sont ceux de Rachi de Troyes (9ᵉ siècle, France). Même s'ils ne s'adressent pas à un débutant, les commentaires de Rachi sont devenus indispensables et sans lui beaucoup de passages du Talmud resteraient obscurs. Signalons que lorsque Rachi ne trouvait pas la traduction en hébreu d'un mot araméen, il en donnait l'équivalent en français. Le dernier commentaire du Talmud a été rédigé en Union soviétique par R. Isaac Krasilchikof. Sorti clandestinement d'URSS, il a été publié en Israël en 1980.

TALMUD (COMPOSITION DU -) ■ Le Talmud est composé de deux parties : la *Michnah* (ce qui signifie la « répétition ») et la *Guemara* (ce qui signifie « la finition »). Les rabbins de la Michnah sont appelés les Tanaïm alors que les rabbins de la Guemara sont appelés les Amoraïm. La Michnah a été codifiée vers l'an 200 de notre ère tandis que la Guemara s'étend sur une plus longue période ; elle contient les discussions des rabbins au sujet de cette Michnah. Discussions qui se sont prolongées durant deux siècles en Israël et pendant trois siècles à Babylone. Alors que la Michnah est une nomenclature sèche de préceptes (une sorte d'anthologie), la Guemara est plus diversifée car elle conserve toutes les étapes des discussions des rabbins. En outre, elle ne se contente pas de l'aspect législatif (*Halakha*) mais contient également des commentaires bibliques (*Midrash*), moraux, coutumiers et même folkloriques (*Aggadah*). Pour être précis, il n'y a eu qu'une seule Michnah mais deux Guemara : la Guemara des rabbins de Palestine et la Guemara des rabbins de Babylone. On distingue ainsi deux Talmud : le Talmud des Occidentaux (dit Talmud de Jérusalem bien qu'il n'ait pas été rédigé dans cette ville) et le Talmud de Babylone. Ce dernier est le plus important tant numériquement (deux millions et demi de mots) que pour son influence au niveau religieux. Au 3e siècle è.c., le rabbin Yehouda ha-Nassi, décide de réunir tous les textes de la loi orale et de les classer en six thèmes différents. Ce fut l'origine de la Michnah, le texte de base de la loi orale.

TALMUD (CONTENU DU -) ■ Aucun sujet n'échappe au Talmud, car aucun sujet n'est en dehors des lois religieuses, lesquelles règlent, du moment de sa naissance au jour de sa mort, tous les instants de la vie d'un juif pratiquant. En expliquant et en proposant des règles strictes, le Talmud « élève une clôture autour de la Torah » et maintient vivante la conscience juive, sa culture éthique et culturelle. Cette clôture a pour but essentiel d'empêcher toute infraction non intentionnelle de la Loi, mais qu'on ne s'y trompe pas : le rôle du Talmud n'est pas de fixer la Loi mais d'en faciliter l'étude. Il faut s'imprégner du fait que le Talmud est un texte vivant, un instantané s'étendant sur plusieurs siècles ; il reflète non seulement les discussions sérieuses des rabbins mais aussi tous les intermèdes, les moments de pause, les explications anecdotiques, les récits folkloriques, les divergences, etc.

TAMETSI ■ Décret du concile de Trente (1563) concernant le mariage. Il rend obligatoire le consentement des époux devant un prêtre et la présence de minimum deux témoins.

TANAÏM ■ Les rabbins auteurs de la Michnah (les « Maîtres »). Ce sont les maîtres de la Loi orale, les sages, les docteurs de la loi, les rabbins qui, en quelque sorte, sauvèrent le judaïsme (qui risquait de disparaître suite à la destruction du Temple puis du centre de Yavneh) en fixant par écrit les commentaires de la Loi et en intervenant, lorsque cela était nécessaire auprès des autorités romaines. La désignation de ces maîtres varie en fonction de l'époque de leur activité ; les deux époques étant séparées par la publication de la Michnah du rabbin Yehoudah ha-Nassi. L'époque des Tanaïm (qui comprend cinq générations) — les « Maîtres » — s'étend de l'an 20 à l'an 200 de l'è.c. On doit aux Tanaïm la rédaction de la Michnah, de la Tossefta, du Midrash Halakha et des baraïtoth. Plus de 120 Tanaïm sont cités dans la Michnah.

TANAKH ■ La Bible (du grec « biblion » : le livre) est le nom usuel utilisé dans les pays francophones pour désigner le « livre saint ». Les chrétiens utilisent également ce terme pour désigner leur livre saint qui comprend la Bible hébraïque (Ancien Testament) et le livre des Apôtres (Nouveau Testament). En hébreu, pour désigner la Bible hébraïque, on utilise d'autres termes, dont *Miqra* (qui signifie lecture) — c'est ainsi qu'on étudiait la Bible : en la lisant à haute voix — et plus souvent encore *Tanakh*, qui est l'acronyme des trois subdivisions de cet ouvrage : Torah (Pentateuque), Neviim (Prophètes) et Ketouvim (Hagiographies) : TNK qui, vocalisé, a donné Tanakh.

TANTRA ■ Dans le bouddhisme, ce mot désigne à la fois un type particulier de textes d'enseignement à vocation pratique et le contenu de ces textes révélés par Bouddha. Pour pouvoir être qualifié de *tantra*, un texte doit répondre à des critères spécifiques dont l'exposition pratique des 10 sujets des *tantras* (la vue, la méditation, l'action, le *mandala*, l'initiation, le moyen d'accomplissement, les offrandes, les activités éveillées, les *mantras* et les *mudrâs*). Les tantras sont appliqués uniquement par le Véhicule du Diamant (*Vajrayâna*). La paternité de nombreux textes tantriques a été attribuée à des maîtres indiens du *Mahayâna* (Grand Véhicule) comme, par exemple, Nagarjuna.

TANTRAYÂNA ■ Autre désignation du bouddhisme du Véhicule du Diamant (*Vajrayâna*).

TANTRIQUE ■ Voir Bouddhisme tantrique.

TANTRISME ■ Le mot tantra signifie tout simplement livre ; il s'agit d'ouvrages qui se présentent comme des manuels de rites pour parvenir plus rapidement à la Délivrance. Pour le bouddhisme tantrique, comme il n'existe aucune différence entre l'esprit et la matière puisque tout est illusion, la pensée doit pouvoir agir sur la matière au moyen de formules magiques, d'incantations, de *mantras*, de syllabes sacrées, de rites. Ce sont ces formules magiques que l'on retrouve dans les tantras. L'ésotérisme des tantras associé à la mystique érotique du *shaktisme* a fortement éloigné le bouddhisme des enseignements de Bouddha. Le tantrisme n'est pas propre au bouddhisme mais à toutes les religions de l'Inde, c'est un courant « panindien » qui a influencé également l'hindouisme et le jaïnisme. C'est sans doute dans l'hindouisme qu'il est apparu en premier lieu, sous la forme de pratiques magiques visant à l'union avec la divinité pour devenir homme-dieu, récupérer une partie des pouvoirs de la divinité féminine et s'échapper du cycle des renaissances. Cependant, même si le bouddhisme a, en apparence, assimilé tous les dieux de l'Inde, ce n'est qu'une apparence car ces dieux ne sont présents qu'à titre d'acolytes et jamais comme divinités de refuge (ce qu'ils peuvent être dans l'hindouisme). L'interprétation des textes est donc fort différente

dans l'hindouisme et le bouddhisme surtout si on tient compte que certains concepts de base (*karma*, *samsâra*, soi/non-soi) possèdent des valeurs différentes dans ces deux religions. Du point de vue du tantrisme, chacun est un bouddha en puissance, un « bouddha-en-soi », un embryon de bouddha (un *tathâgatagarbha*). Puisque tout est vacuité, il n'y a pas de véritable différence entre le *samsâra* et le *nirvâna*, et ce que nous voyons du *samsâra* provient de notre vision impure et fragmentaire. Si, par contre, on ne considère pas l'aspect phénoménal mais la vraie nature du monde, on se rend compte que *samsâra* et *nirvâna* ne sont que des mots et qu'il n'existe pas de différence de nature entre eux. Pour accéder à la vision pure, la réalité absolue, nous devons comprendre la vacuité des phénomènes et leur mutuelle dépendance. Puisqu'il n'y a pas de différence réelle entre le physique et le mental, l'imagination possède un pouvoir extraordinaire et tout peut devenir possible à partir de l'évocation de « formules magiques ». Permettant d'agir aussi bien sur le physique que sur le mental, la parole prend une importance majeure dans toutes les pratiques tantriques. Ceci explique l'abondance des *mandalas*, formules magiques et autres dans les pratiques tantriques. Dans cette représentation du monde, le Bouddha, omniprésent, devient un corps cosmique dont la représentation se retrouve également dans le corps humain (*cakras*). D'ailleurs, le tantrisme ne se contente pas des Trois corps de Bouddha, il introduit un quatrième corps, une sorte d'énergie qui imprègne tous les êtres.

TANTRISME (PRATIQUE DU -) ■ La pratique du tantrisme consiste d'abord à lire des textes des Tantras. Ensuite, lors de séances de méditation, le fidèle visualise sa déité d'élection (*yidam*, en tibétain) et son *mandala*. Il fait des offrandes, accomplit des gestes symboliques (*mudrâs*) et récite des *mantras*. En pratiquant ainsi, il atteint la fruition, c'est-à-dire l'état de Bouddha en trois corps. Chaque adepte peut choisir n'importe quelle divinité comme support individuel pour la réalisation de ses pratiques spirituelles. Bien entendu, le choix d'un *yidam* n'est pas une décision personnelle mais le résultat d'une longue fréquentation d'un maître qui donne l'initiation, la bénédiction du texte, l'autorisation de l'utiliser, etc. La pratique du tantrisme se résume ainsi dans le choix et la fidélité à un maître, dans l'adoption d'un *yidam*, dans le recours à la visualisation comme forme privilégiée de méditation, dans la récitation des formules sacrées liées à ce *yidam*, dans la pratique du *mandala* et, enfin, dans l'accomplissement d'attitudes et gestuelles corporelles. Le *yidam* fait donc partie des « moyens habiles » qui servent de support, de référence pour leurs activités spirituelles.

TANTRISME SEXUEL ■ Pour certains pratiquants du bouddhisme ésotérique, l'Éveil peut également être atteint grâce à l'union du masculin et du féminin, l'acte sexuel et l'orgasme pouvant mener à la découverte de la vérité. Les *ganeshas* enlacés, qui allient le brahmanisme et le bouddhisme, symbolisent cette idée du masculin-féminin, du pouvoir maléfique et bénéfique. C'est aussi le cas des nombreux dieux du bouddhisme tibétain généralement représentés avec leur parèdre féminin. Signalons cependant, pour les Occidentaux tentés par le tantrisme sexuel pour assouvir leurs fantasmes, qu'en principe, selon les textes, « ce plaisir n'est pas fait pour qu'on y prenne du plaisir ».

TAOÏSME ■ Religion populaire d'Extrême-Orient, fondée par Lao-Tseu au 6ᵉ siècle avant l'è.c. C'est un mélange de la philosophie de Lao-Tseu avec des croyances et des pratiques populaires.

TAPIS DE PRIÈRE ■ Pour les musulmans, le tapis (*bisat/ sajjâda*) est non seulement un ornement des demeures et des mosquées mais c'est aussi un accessoire de la prière permettant la prosternation. D'énormes tapis, aux somptueux motifs, ornent toutes les mosquées. Le petit tapis individuel ou « tapis de prière » (*sajjâda*) est généralement orné d'un motif évoquant le *mihrab* (niche indiquant la direction de La Mecque). Pour les musulmans mystiques (les soufis), le tapis peut transmettre l'influence surnaturelle dont bénéficie le saint.

TAPOUHIM ■ Extrémités en bois qui supportent le rouleau de la Torah. Ces extrémités sont travaillées et habituellement coiffées d'ornements. Le mot *tapouhim* signifie pomme, laquelle, dans le Cantique des Cantiques, est le symbole de la révélation.

TAQQANOT ■ Mot hébreu pour signifier les décrets religieux.

TAQWA ■ Dans l'islam, c'est le mot qui désigne la crainte et l'amour qu'un musulman ressent pour Dieu.

TÂRÂ ■ Dans le bouddhisme, c'est une divinité d'élection (*yidam*) très populaire née des larmes d'Avalokiteshvara. C'est donc l'aspect féminin de la compassion. Il en existe des manifestations pacifiques ou « insensées ». L'iconographie bouddhique distingue 21 formes différentes de Târâ. Les plus connues sont la Târâ verte et la Târâ blanche. Elle serait le pendant féminin de Chènrezi (c'est-à-dire Avalokiteshvara, le bouddhisatva de la compassion).

TARGOUM ■ Ce terme araméen signifie simplement traduction. Par ce mot, on désigne aujourd'hui la traduction de la Bible en langues araméennes (c'est-à-dire en araméen galiléen et en araméen babylonien). Certaines traductions étaient très fidèles alors que pour d'autres il s'agissait plus d'adaptations avec commentaires (surtout de jurisprudence) que de traductions. Ces commentaires se révèlent aujourd'hui fort intéressants car ils donnent parfois une interprétation différente de ceux exprimés par le consensus rabbinique. Il existe des targoums pour l'ensemble des livres bibliques. Le Targoum utilisé dans les synagogues est le Targoum d'Onquelos, appelé par les juifs pieux « notre Targoum ». Il a été traduit (et « adapté ») par un Juif converti, neveu d'un empereur romain, sous la direction des disciples du rabbin Aqivah (un sage de l'époque de la Michnah qui était resté, par volonté, analphabète jusqu'à l'âge de 40 ans mais est devenu, par la suite, l'un des maîtres du Talmud). Comme pour les Talmud, il existe deux familles de Targoum ; celle de Babylone (Targoum d'Onkelos) et celle de Palestine (Targum Neofiti 1, Targum Yeruchalmi ou Targum du Pseudo-Jonathan).

TARIKI ■ Dans le bouddhisme, c'est le mot utilisé pour désigner une force extérieure.

TARIQA ■ Dans l'islam, ce mot a un double sens. 1.Il désigne les confréries mystiques soufies ainsi que tout ce qui s'y rattache (chaîne initiatique, méthodes pour parvenir à la transe, etc.). 2. C'est la voie, le chemin du perfectionnement spirituel.

TASAWWOF ■ Mot arabe désignant le fait de faire profession de soufisme.

TATHÂGATA ■ Un des noms du Bouddha : « celui qui est arrivé à la réalité telle qu'elle est ». Bouddha n'aimait pas être appelé par son nom officiel, Gautama. Parlant de lui, Bouddha avait l'habitude d'utiliser cette épithète. Ce mot signifie celui qui est « venu ainsi », celui qui est allé dans l'ainsité (*tathatâ*). En d'autres mots, on pourrait dire que c'est celui qui est allé dans l'Éveil sans connaître les limites du *samsâra* ou du *nirvâna*. D'autres traduisent également ce terme par « le Parfait » ou encore par l'« Absolu ». Ce terme est également utilisé dans le mahâyânisme pour indiquer la « vraie nature des choses », le contraire de ce qui est apparent, c'est-à-dire la vérité ultime par rapport à la vérité conventionnelle.

TATHÂGATAGHARBA ■ C'est l'embryon de Bouddha qui est en chacun de nous et n'attend qu'à être éveillé : « la nature du bouddha » (la bouddhéité). Cette théorie mahayâniste (Grand Véhicule) n'est pas acceptée par les fidèles du Petit Véhicule.

TATHÂTA ■ Dans le bouddhisme, ce mot indique l'ainsité.

TAU ■ Lettre grecque. 1. Bâton pastoral des évêques au Moyen Âge. 2. Sceau marqué par l'Ange de l'Apocalypse sur le front des élus. 3. Sceau marqué par l'Église primitive sur le front des baptisés (sphragis).

TAVAÏOLLE ■ Dans la liturgie catholique, la *tavaïolle* (de l'italien *tavagliola*, serviette de table) est un petit linge en dentelles que l'on utilise pour présenter l'enfant à baptiser.

TAWHID ■ Dans l'islam, c'est le mot qui désigne le fait de confirmer l'unicité de Dieu.

TAWIL ■ Mot coranique désignant l'interprètation du Coran (VII, 51) et celle des signes et énigmes (XII, 6).

TAXES ■ Tarif des indulgences papales établies par Léon X.

TAYAMMUM ■ Dans l'islam, c'est le mot qui désigne l'ablution sèche en cas de manque d'eau (elle est alors réalisée avec du sable ou de la terre). Une pratique identique existe chez les juifs si l'eau manque.

TCHENREZI ■ Autre orthographe pour Chènrezi, le nom tibétain d'Avalokiteshvara, le boddhisattva de la compassion, gardien du Tibet, dont le Dalaï-Lama est une émanation. Son mantra est *Om Mani Padme Hum*.

TCHIETI-MINIEI ■ Dans l'orthodoxie russe, recueil de la vie des saints.

TCHINE ■ Dans l'orthodoxie russe, ensemble iconographique comprenant le panneau complet de la Déisis (panneau de trois icônes comportant 7 personnages) et d'autres icônes d'orants.

TCHOTKI ■ Petit chapelet des orthodoxes russes (voir Chapelet, Komboskini).

TE DEUM ■ Dans la religion catholique, hymne (dont les premiers mots sont *Te Deum laudamus*, toi qui es Dieu nous te louons) qui se chante en diverses occasions solennelles pour louer Dieu.

TEFFILIN ■ Ce sont deux petites boîtes en cuir, contenant quatre passages de la Bible, que le juif pieux porte en semaine pendant l'office du matin. Sur chaque boîte figure la lettre hébraïque *chin*. À partir de sa majorité, chaque juif porte un teffilin (ou phylactère) sur le bras gauche et un autre sur la tête. Les teffilin sont fixés par des lanières terminées par un nœud. Les nœuds forment les lettres *daled* et *youd*. L'ensemble *chin*, *daled* et *youd* forme le mot *Chaddaï*, l'un des noms de Dieu. Les Juifs pieux utilisent également des sacs richement décorés pour ranger les teffilin et le châle de prière.

TEFILLA ■ Mot hébreu pour désigner la prière.

TEHIROU ■ Mot hébreu signifiant « espace vide ». Pour les kabbalistes, c'est l'espace vide laissé par Dieu lorsqu'il se retira en lui-même pour créer le monde lors du processus du *tsimtsoum* (voir ce mot). Il y a cependant laissé des étincelles divines, qui sont à l'origine de tous les événements du monde, le *rechimou* (voir ce mot). Certaines étincelles sont tombées dans le domaine du mal et il est impérieux pour les juifs de les en retirer.

TÉLÉÉVANGÉLISTE ■ Prédicateur s'adressant à une foule par le moyen de la télévision ou à l'occasion de très grandes réunions. Cette manière de prêcher est d'abord apparue aux États-Unis mais avec l'apparition, en Europe, de chaînes de télévisions exclusivement réservées à la religion (dont KTO, pour les catholiques), il faut s'attendre à un téléévangélisme européen.

TÉMOINS DE JÉHOVAH ■ Groupement religieux, très prosélyte, issu du protestantisme, fondé par Charles T. Russell au 19e siècle. Les Témoins de Jéhovah ont pour seule autorité la Bible. Ils nient la plupart des dogmes des Églises chrétiennes (dont la Sainte Trinité) et refusent le service militaire, le vote et la transfusion sanguine. Par contre, ils insistent sur l'imminence du Jugement dernier.

TEMOURAH ■ C'est, pour les kabbalistes, la science sacrée de la combinaison et de la permutation des lettres au sein d'un mot. Ce jeu sur les mots permet de découvrir un sens caché dans n'importe quel texte religieux. Ainsi, soumis à la *temourah*, tout texte devient ésotérique. Voir aussi Notarikon et Guematria.

TEMPLE ■ Édifice religieux. 1. Ce mot était utilisé chez les juifs pour désigner le principal édifice religieux de Jérusalem où s'effectuaient les sacrifices. 2. Aujourd'hui, ce mot est essentiellement utilisés par les protestants pour désigner un lieu destiné à la prière collective. 3. Certains courants juifs utilisent ce mot à la place de synagogue.

TEMPLE JUIF ■ Aujourd'hui encore, alors que le dernier Temple a été détruit il y a près de deux mille ans, celui-ci joue un rôle important dans la vie juive. En effet, rien ne l'a remplacé : depuis sa destruction, il est interdit aux juifs d'effectuer des sacrifices (voir l'article consacré à ce sujet) et si certains éléments liturgiques ont été transférés vers la synagogue, celle-ci ne remplace en aucune manière le Temple. Du fait de la disparition du Temple, les juifs ne peuvent plus obéir à certains des commandements (*mitzvoth*), ni les mettre en pratique. Avant que les rois d'Israël n'envisagent la construction du Temple, le peuple hébreu a toujours réservé un espace sacré, un sanctuaire, pour Dieu. Dans le désert, ce fut la tente transportable construite par Moïse selon les directives divines ; elle fut remplacée, lorsque la tribu se fixa, par le sanctuaire de Silo, détruit vers -1050 è.c. par les Philistins. Cette tente, puis ce sanctuaire et, plus tard, le Temple contenaient divers objets cultuels mais surtout l'Arche d'Alliance. Le Temple était le sanctuaire central du peuple juif. Au cours des trois millénaires du judaïsme, il n'y eut que deux Temples, les deux furent édifiés sur le même emplacement, le mont Moriah, à Jérusalem. Par un hasard de l'histoire, à plusieurs siècles de distance, les deux temples furent détruits le même jour. Les bases de la construction du Premier Temple furent jetées par le roi David mais Dieu, par l'intermédiaire de son prophète Nathan, s'opposa à ce projet ; aussi, c'est son fils, Salomon, qui le construisit, vers -960 è.c.

D'après les descriptions, ce temple était magnifique. Il fut détruit, par Nabuchodonosor, roi de Babylone, vers -586 è.c. Le Second Temple, plus modeste, fut édifié, sur autorisation de Cyrus (un roi pratiquant le zoroastrisme), à l'emplacement de l'ancien après le retour de l'exil de Babylone, vers -515 è.c. Restauré et agrandi par Hérode, il fut détruit par les Romains, sous Titus, en l'an 70 è.c. La destruction du Second Temple fut une véritable catastrophe (*hourban*) spirituelle pour le peuple juif. Elle ouvrait pour les juifs une nouvelle ère, à tel point qu'il devint habituel de dater les événements à partir de la destruction de ce Second Temple. Comme chaque fois qu'une catastrophe s'abattait sur le peuple juif, les chefs religieux l'expliquaient comme une punition des péchés d'Israël. L'Exil après la destruction du Temple étant une expiation nécessaire pour les péchés du peuple. Aujourd'hui que l'État d'Israël est à nouveau maître des lieux, on pourrait se demander pourquoi les Juifs du monde entier n'exigent pas la reconstruction d'un Troisième Temple ? Il faut savoir que cette reconstruction, selon la *halakha*, ne sera possible que lorsqu'un certain nombre de conditions seront remplies : ce qui est loin d'être le cas.

TEMPLON ■ Dans les églises orthodoxes, clôture en marbre, percée de trois portes, qui sépare les fidèles (dans la nef) de l'autel (dans le *bêma*). C'est l'iconostase (voir ce mot) primitive.

TEMPORAL ■ Dans la religion catholique, partie du missel ou du bréviaire qui contient les différents offices de l'année liturgique.

TENDAÏ ■ Une des écoles du bouddhisme japonais issue de l'école chinoise Tien-Taï. Aujourd'hui, cette école est fort peu représentée.

TENDZIN GYATSO ■ Nom de l'actuel Dalaï-Lama. Tendzin Gyatso (né en 1935), s'est réfugié à Darmasala (en Inde) avec plus de 100 000 de ses compatriotes. De là, il a diffusé son enseignement en veillant à ce que la tragédie tibétaine ne sombre pas dans l'oubli et que le bouddhisme tibétain ne perde sa spécificité. Personnage très médiatisé, prix Nobel de la paix (1989), il donne de très nombreuses conférences et a publié plusieurs ouvrages d'initiation au bouddhisme tibétain. En octobre 1990, il recevait, à Dharamsala, en Inde, plusieurs rabbins de différentes obédiences car, esprit très ouvert, il voulait comprendre, lui le chef spirituel en exil, comment le judaïsme a pu survivre à 2 000 ans d'exil.

TENGYUR ■ Le Tengyur ou *Tenjur* est la traduction de la doctrine du Bouddha. Le Tengyur représente les exégèses indiennes des textes reprenant les paroles de Bouddha (*Kangyur*). Le Tengyur comprend également des traités de poésie, de médecine, etc.

TENJUR ■ Un des livres du Canon tibétain (voir Kengyur).

TENTES (FÊTES DES -) ■ Fête juive (Lévitique 28,34). Synonyme de fête des Tabernacles ou de Souccoth (voir ce mot). Le septième jour de cette fête est appelé Hoshana Rabba (il y a circumambulation autour de la chaire avec les 4 sortes de plantes). Le huitième jour est appelé Chemini Atzèret (voir ce mot).

TERMA ■ Dans le bouddhisme, c'est un « trésor caché ». Reprenant une tradition indienne, les bouddhistes tibétains ont imaginé de cacher certains textes religieux (essentiellement tantriques) car, selon eux, l'heure n'est pas encore venue pour leur interprétation. Ces textes cachés puis redécouverts portent le nom de terma (trésor). De nombreux textes ont été ainsi cachés au 8e siècle et redécouverts (souvent à la suite d'un rêve) par des chercheurs, bien plus tard. Certains ont même été cachés une seconde fois ; ces textes sont alors connus sous le nom de « Trésors cachés deux fois ».

TERRE BOUDDHIQUE ■ La cosmologie bouddhique est assez complexe. Elle comprend des terres, des cieux, des mots, des mers, etc. L'une des terres émergées, triangulaire, au sud, est notre monde, lequel porte le nom de *Jambudvipa* (du nom d'un arbre donnant des fruits très sucrés) ou de *Sahâ* (dans le bouddhisme mahâyâniste). Cette terre est habitée par des hommes et des animaux. Si on regarde de près la description qu'en donnent les textes, on constate qu'elle possède la forme du sous-continent indien et que son organisation (avec les montagnes et les fleuves) représente ce que les Indiens connaissaient, à l'époque, de la géographie de l'Inde. La description fournie par les textes bouddhiques est très complète et chaque montagne, chaque fleuve y a reçu un nom et y est minutieusement décrit. D'autres terres sont également décrites ainsi que leurs habitants (généralement des dieux ou demi-dieux). Si les humains et les animaux vivent sur la surface de *Jambudvipa*, les autres êtres vivants vivent dans l'un des trois étages du monde (*loka*). Ces trois étages cosmiques (*tridhatu*) sont le « monde du désir » (comprenant la terre et les cieux inférieurs), le « monde de forme » (où vivent les dieux demeurant dans les quatre méditations) et le « monde d'absence de forme » (où vivent les dieux purs esprits). Ainsi, pour les bouddhistes, les esprits des morts et les divinités démoniaques vivent sous terre ; par contre, les dieux vivent au-dessus de la terre dans un des mondes décrit ci-dessus.

TERRE CHEZ LES JUIFS ■ En principe, chez les Juifs, les terres ne sont jamais définitivement vendues mais seulement les récoltes. Au bout de cinquante ans, les terres vendues reviennent à leur ancien propriétaire. Par ailleurs, tous les sept ans, les terres doivent être mises en jachère (pour des raisons économiques, cette année sabbatique n'a cependant pas été respectée en Israël lors de la création des kibboutz ; néanmoins, pour respecter la loi, durant l'année sabbatique, la terre était provisoirement revendue à un non-juif). Enfin, il est interdit de mélanger des semences différentes dans un même champ (de même les pollinisations croisées de fruits ou les greffes hétérogènes sont également interdites). La plupart des Hébreux étaient des agriculteurs, il n'est donc guère étonnant que le calendrier et les fêtes religieuses soient calqués sur les saisons. Il n'est guère étonnant, non plus, que de nombreux commandements aient un rapport avec l'agriculture. Enfin, personne ne sera surpris qu'une section entière du Talmud soit consacrée à ce sujet (« Les Semences » ou *Zeraïm*). Beaucoup de prescriptions à propos de l'agriculture ne concernent que la terre d'Israël mais certaines doivent être exécutées dans le monde entier.

TERRE PURE ■ Nom du paradis du Bouddha Amida.

TÉTRAGRAMME DIVIN ■ Seul le Tétragramme divin — révélé à Moïse lors de l'épisode du buisson ardent — est le vrai nom de Dieu, tous les autres noms ne sont que des noms descriptifs. Le grand-prêtre, uniquement, avait le droit, une fois l'an, de prononcer ce véritable nom de Dieu lorsqu'il était dans le saint des saints. Aujourd'hui, nous n'avons aucune idée de la manière dont on prononçait ce Tétragramme. Selon les kabbalistes, le monde a été créé par le Tétragramme et sa contemplation peut mener à l'extase, sa possession peut donner la vie (voir Golem).

TÉTRALEMME ■ Il s'agit d'un raisonnement logique utilisé principalement dans le bouddhisme (où il porte le nom, en pâli, de *catuskoti*). Il en est fait usage lorsqu'un sage est contraint de parler de l'indicible alors qu'il conviendrait mieux de se taire. Ce raisonnement est déjà connu des Grecs (Platon, Aristote) mais ils ne l'aiment guère. Platon préconise l'usage du tétralemme lorsqu'il s'agit de décrire des choses en mouvement qui, en vertu même du déplacement, sont indéterminées. C'est pour une raison identique (l'impermanence des choses, le non-soi, le flux constant de la vie) que les bouddhistes utilisent ce raisonnement logique. On retrouve également cette logique particulière dans le rêve et, parfois, sous une forme bancale, dans les mouvements ésotériques où, comme dans le bouddhisme, deux vérités coexistent (la vérité conventionnelle et la vérité définitive), où la volonté finale du locuteur est celle de la non-décision, de la non-conclusion, de la non-contradiction. Bouddha avait ébauché la structure du tétralemme en posant la question « peut-on dire que le monde est éternel, non éternel, les deux à la fois, ni l'un ni l'autre ? » Un exemple correct de tétralemme (proposé par Nagarjuna) est le suivant : « Tout est vrai. Tout est non vrai. Vrai et non vrai. Ni vrai ni non vrai ». Pour qu'il y ait tétralemme, il ne suffit pas qu'il y ait quatre propositions, il faut aussi que la première soit une affirmation, que la deuxième soit la contradiction de la première, que la troisième soit l'addition des deux premières et que la quatrième soit l'annulation des deux premières.

TÉVAH ■ Dans une synagogue, pupitre devant lequel se tient l'officiant.

THANGKA ■ Peinture bouddhique tibétaine sur étoffe en rouleau. Cette peinture représente des *mandalas* ou encore des « saints » du bouddhisme tibétain. Les deux autres systèmes de peintures religieuses sont la peinture murale et l'illustration des manuscrits. La réalisation d'un thangka (du moins dans les premiers temps) obéit à des règles assez précises comme, par exemple, la division de l'espace sacré et de l'espace profane. Cette division est symbolisée par plusieurs couleurs qui entourent le dessin central. Comme pour les icônes orthodoxes, le choix des sujets et leur disposition n'est pas laissé au hasard mais obéit à des canons précis. Il en est de même pour la taille (plus le thangka est grand, meilleur sera son pouvoir) et sa consécration. Puisque la plupart des divinités et des bodhisattvas possèdent une couleur emblématique, cette couleur est toujours respectée dans les thangkas. En règle générale, les bodhisattvas sont peints avec des couleurs pastels ; les couleurs plus vives sont réservées aux divinités tutélaires alors que les déités terrifiantes sont représentées avec des couleurs sévères comme le bleu ou le noir. Puisque tout doit répondre à un code, la liberté du dessinateur est surtout utilisée pour l'arrière-fond.

THAUMATURGE ■ Celui qui accomplit des miracles.

THÉANDRIQUE ■ Qui est à la fois homme et dieu.

THÉANTHROPE ■ Terme affirmant que Jésus-Christ est à la fois Dieu et homme.

THÉOCRATIE ■ Forme de pouvoir considéré comme émanant de Dieu et exercé par l'autorité suprême de la religion. Au sens strict, il n'y a plus aucune théocratie sur terre. Dans un sens plus large (exercice du pouvoir par le chef religieux d'un état religieux), le Vatican, la République du Mont-Athos, le Tibet (jusqu'à l'invasion chinoise), la République islamique iranienne sont des théocraties. D'un point de vue historique, citons, le Royaume du Penjâb sikh (1799-1848) et l'État madhiste (musulman) indépendant du Soudan.

THÉODICÉE ■ 1. Partie de la métaphysique qui traite, en se basant sur la raison et l'expérience, de l'existence et de la nature de Dieu et de ses attributs. 2. Tentative d'explication du mal malgré la bonté de Dieu.

THÉODOTION ■ Une des versions grecques de la Bible (postérieure à la Septante).

THÉOGONIE ■ 1. Récit mythique de l'origine des dieux et de leur généalogie. 2. Ensemble des dieux d'une religion polythéiste.

THÉOLOGAL ■ Qui se rapporte à la théologie.

THÉOLOGIE ■ Science de Dieu, de ses attributs et de ses rapports avec l'homme et l'univers.

THÉOLOGIE DE LA LIBÉRATION ■ Théologie, née en Europe et importée en Amérique latine, qui avait pour préoccupation majeure l'engagement envers les pauvres. L'Église catholique s'est opposée à cette théologie car, dit-elle, elle empruntait, de manière non critique, des concepts à la pensée marxiste et lisait l'Évangile d'après un contexte politique propre à l'Amérique latine.

THÉOLOGIEN ■ 1. Dans la définition classique, le théologien est le spécialiste de la théologie, c'est-à-dire de la science de Dieu. 2. Pour les orthodoxes, la théologie est plus exactement un service d'Église et l'approche de Dieu par la voie de l'expérience de l'Église. C'est la raison pour laquelle l'Église orthodoxe n'a accordé le titre de théologien qu'à trois personnes qui n'étaient pas particulièrement des penseurs philosophes : saint Jean l'Évangeliste, saint Grégoire de Nazianze et saint Syméon le Nouveau Théologien.

THÉOLOGOUMENON ◾ Dans la religion orthodoxe, opinion théologique qui ne relève pas de la doctrine de foi proprement dite.

THÉOPASCHITES ◾ Courant religieux anti-nestorien (lequel prônait une dualité des natures en Jésus-Christ) qui — durant la période qui s'étend du concile de Chalcédoine (451) à celui de Constantinople II (553) — veut imposer la formule « Un de la Trinité a souffert dans sa chair ».

THÉOPHANIE ◾ Manifestation de Dieu à l'homme. Dans la religion juive, Dieu se manifeste régulièrement à l'homme (par exemple lors de l'épisode du Buisson ardent ou sur le Mont Sinaï). Dans la religion chrétienne, il est permis de croire que Dieu s'est manifesté à l'homme durant toutes les années de la vie terrestre du Christ mais tout particulièrement lors de son baptême et de la Transfiguration. La fête de la Théophanie (le 6 janvier) célèbre le baptême du Christ.

THÉOPHILANTHROPIE ◾ Religion « naturelle » apparue pendant la Révolution française. Combattue aussi bien par les catholiques que par les républicains, elle ne résista pas au concordat de 1801.

THÉOPHORE ◾ Qui porte ou manifeste Dieu.

THÉOSOPHIE ◾ 1. Doctrine ésotérique visant à une connaissance des mystères de l'univers et des rapports de l'homme avec Dieu. 2. Secte relevant de l'occultisme (c'est-à-dire un mouvement de religiosité mêlant la kabbale, l'astrologie égyptienne, la gnose, l'ermétisme, etc.).

THÉOTEUCTE ◾ Se dit d'un objet créé par Dieu, c'est-à-dire non fait par une main d'homme (*achéiropoïète*). Le mandilion peut être considéré comme un objet théoteucte.

THÉOTOKOS ◾ 1. Titre principal de la Vierge Marie (Mère de Dieu). Ce titre, lui a été attribué par le troisième concile œcuménique réuni à Éphèse en 431. Ce concile a condamné l'hérésie nestorienne affirmant que Marie était seulement mère du Christ (*christotokos*). 2. Type canonique d'icônes représentant la Vierge mère de Dieu.

THERAVÂDA ◾ École bouddhique. Ce mot signifie l'enseignement des anciens. Il s'agit d'une école bouddhique qui, pour des raisons portant sur les règles de la discipline, s'est séparée du bouddhisme initial. Elle constitue aujourd'hui la plus ancienne école bouddhique et la seule qui subsiste dans le bouddhisme du Petit Véhicule ; c'est la raison pour laquelle, aujourd'hui, les expressions bouddhisme du Theravâda et bouddhisme du Petit Véhicule sont considérées comme équivalentes. Ce bouddhisme est très répandu dans les pays du sud-est asiatique (Sri Lanka, Birmanie, Thaïlande, Cambodge, Laos). Ce bouddhisme premier est basé sur le salut individuel qu'on obtient en menant une vie monacale alors que dans le bouddhisme du Grand Véhicule, le salut, plutôt collectif, est obtenu grâce à des êtres de compassion, les bodhisattvas. D'ailleurs, en Birmanie, jusqu'il y a peu, tout laïc, avant sa majorité, était tenu de faire un stage dans une bonzerie. En Thaïlande, ce n'est pas une obligation mais c'est une coutume à laquelle il est difficile de se soustraire. L'enseignement du Theravâda est le plus proche de celui de Bouddha. Ce courant coïncide avec l'école de Ceylan ; c'est la raison pour laquelle on parle aussi de courant cingalais. Par rapport au Grand Véhicule, le bouddhisme du Petit Véhicule s'oppose à de nombreux « nouveaux concepts » tels que le bodhisattva de compassion (dans le Petit Véhicule ce concept possède un sens bien plus restreint) et la théorie des Trois corps du Bouddha (voir l'article). Bien entendu, le

Petit Véhicule ne reconnaît pas les Sûtras du Grand Véhicule et certains de leurs livres canoniques. Pour le Petit Véhicule, le seul Canon authentique est le Canon Pâli (15 000 pages contre plus de 100 000 pour le canon mahâyâniste et près de 200 000 pour le canon tibétain). En résumé, le bouddhisme du Theravâda est le bouddhisme primordial, c'est une sagesse de vie telle que l'a enseignée le Bouddha. Dans ce bouddhisme, la seule manière d'accéder au salut est la méditation (en principe, seulement accessible aux moines) et le respect des règles de vie monastique et éthiques. Chacun doit y arriver par lui-même et c'est extrêmement difficile d'y parvenir si on reste dans la vie laïque. C'est la raison pour laquelle le bouddhisme du Petit véhicule s'intéresse principalement aux moines. Destiné à une élite, ce bouddhisme ne s'embarrasse ni de dieux ni de démons ni de rites.

THÉURGIE ■ 1. Connaissance et utilisation des forces secrètes qui permettent de faire intervenir des forces divines. 2. Dans le langage de la mystique, pratiques supposées permettre d'accéder à l'union mystique.

THOMISME ■ Doctrine de saint Thomas d'Aquin conciliant la pensée d'Aristote avec les dogmes chrétiens. Le thomisme est la philosophie officielle de l'Église catholique depuis 1879 (Léon XIII).

THORMA ■ Dans le bouddhisme tibétain, offrande de farine et de beurre.

THRÈNE ■ Dans l'Église orthodoxe, ce mot possède deux significations. 1. Chant funèbre. 2. Iconographie de la Lamentation des Témoins sur le corps du Christ. Dans la Septante (Bible hébraïque traduite en grec, vers les années soixante-dix, par des juifs d'Alexandrie), c'est le nom donné au Livre des Lamentations du prophète Jérémie.

THURIFÉRAIRE ■ Dans la liturgie catholique, clerc chargé de l'encensoir et de la navette au cours des cérémonies solennelles.

TIABLO ■ Dans l'iconostase, c'est la partie de la charpente décorée qui sert de présentoir aux icônes.

TIARE ■ Imposante coiffure portée par les papes jusqu'à Paul VI (lequel a considérablement simplifié la liturgie et les accessoires liturgiques).

TIBÉTAIN (ART RELIGIEUX) ■ La richesse de l'art tibétain (statuaire, *thangkas*, etc.) rend impossible sa description en quelques lignes. Nous y renonçons donc. Néanmoins, il est important de savoir que l'art tibétain se différencie de l'art indien par une représentation des diverses divinités sous un double aspect : l'aspect paisible et l'aspect insensé. On pourrait dire que chaque divinité possède un côté Yin et un côté Yang, comme dans la philosophie chinoise. En effet, pour les bouddhistes tibétains les énergies négatives jouent également un rôle important dans le chemin de l'Éveil. En outre, les bouddhas sont souvent représentés avec leur parèdre féminin dans des positions d'union sexuelle (ce que les tibétains nomment *yab-yum*). Enfin, dans la représentation tibétaine, Le livre des morts (*Bardo Thödol*) énumère 42 divinités paisibles et 58 divinités furieuses. Les trois principales caractéristiques de l'art tibétain sont l'utilisation des couleurs très vives, la figuration des dieux terrifiants et une iconographie basée sur l'être humain idéal, lequel compte neuf niveaux qui représentent la disposition du cosmos (une règle identique est aussi utilisée pour la construction des stûpas).

TIBÉTAIN (BOUDDHISME) ■ Le bouddhisme tibétain appartient au Troisième Véhicule, le véhicule tantrique (ou Véhicule du Diamant ou *Vajrayâna*), une branche du Grand véhicule qui apparaît en Inde vers le 7e siècle. Ce bouddhisme constitue le syncrétisme le plus étrange qui soit : l'association du bouddhisme tantrique, ésotérique et érotique, avec la religion bön-po, peuplée de dieux, de déesses et de démons. Le bouddhisme tibétain présente plusieurs particularités extraordinaires : ainsi, d'être né dans une région totalement isolée du monde (le Tibet), d'avoir donné naissance à une théocratie (le Dalaï-Lama, chef temporel et spirituel est un monarque dont le pouvoir se transmet par transmigration), d'avoir enrichi le bouddhisme de nombreux concepts nouveaux (le royaume des morts, le *tülkou*, c'est-à-dire les réincarnations des maîtres dans des corps d'enfants à des moments et dans des circonstances de renaissance clairement indiqués dans une lettre laissée par le mort, etc.), un art tout à fait particulier d'une grande richesse picturale (*thangkas*) et, le plus étonnant, d'avoir conquis et séduit, en peu de temps, le monde occidental réputé peu accessible à la magie et à l'ésotérisme. Sans entrer dans l'histoire du bouddhisme tibétain, on signalera cependant que celui-ci n'a plus guère changé depuis sa réforme au 14e siècle. On peut également ajouter que de l'avis des rares explorateurs à avoir pénétré au Tibet, la vie qui s'y déroulait avant l'entrée des Chinois était théocratique et moyenâgeuse.

TIBÉTAIN (CANONS) ■ Malgré les particularités du bouddhisme tibétain (aussi appelé, pour cette raison, lamaïsme), il ne faut pas oublier que ce bouddhisme a hérité de l'Inde, *in extremis*, un vaste patrimoine littéraire. Ce vaste patrimoine a été traduit en tibétain et colligé pendant des siècles. Certains textes ne sont d'ailleurs plus disponibles qu'en langue tibétaine. Le travail de collationnement fut terminé, sous la direction de l'encyclopédiste Buston, vers la fin du 14e siècle. De nombreuses copies manuscrites en furent alors réalisées et une édition imprimée (xylographique) fut réalisée au 18e siècle. Cette édition imprimée comprend cent volumes de « Paroles de Bouddha en traduction » (le *Kanjur*) et deux cent vingt-cinq volumes de commentaires, notes, etc. (le *Tenjur* ou « Doctrine de Bouddha en traduction »).

TIBÉTAIN (ÉCOLES DU BOUDDHISME -) ■ Le bouddhisme tibétain compte quatre grandes écoles qui sont le *Nyingmapa* (fondée au 7e siècle par le moine indien Padmasambhava), le *Sâkyapa* (fondée au 9e siècle), le *Kagyupa* (fondée au 12e siècle et fidèle aux enseignements du poète Milarepa) et l'école *Gelupka*, fondée par Tsongkhapa à laquelle appartient le Dalaï-Lama. La description des subtilités entre ces écoles dépasse largement le cadre de cet ouvrage. Notons cependant que le bouddhisme tibétain offre la particularité de procéder des trois véhicules : pour la discipline, il s'inspire du Petit Véhicule ; pour le bien d'autrui et la compassion, il procède du Grand Véhicule ; pour l'utilisation magique des tantras il est dans la droite ligne du Véhicule du Diamant.

TIBÉTAIN (LA MORT DANS LE BOUDDHISME -) ■ Une des spécificités du lamaïsme, par rapport au bouddhisme orthodoxe, est celle de la gestion des événements qui entourent la mort. Pour les bouddhistes tibétains, un temps relativement long sépare la mort physique de la renaissance dans l'une des six espèces possibles. Pendant ce délai de 49 jours, il est possible d'aider le mort, d'améliorer son sort postmortem. Déjà pendant le coma, le lama va aider le mourant à ne pas sombrer dans le coma en lui signalant le départ des diverses consciences et en veillant que son esprit s'évade du sommet du crâne. Le Livre des morts tibétain (*Bardo Thödol*), donne des informations sur le passage délicat de la mort à la renaissance et la manière d'aider le mort à renaître dans de bonnes conditions.

TIBÉTAINS (RITES) ■ Le bouddhisme tibétain est haut en couleur et les fêtes se succèdent aux fêtes. Contrairement aux autres bouddhismes qui n'utilisent que peu d'objets rituels, les tibétains en possèdent une panoplie dont les plus connus sont les clochettes et le moulin à prières. Ce dernier contient une bande de papier sur lequel est inscrit le mandra de base (*Om mani padme Hum*, que l'on pourrait traduire par « hommage à celui qui tient le joyau et le lotus »). Ainsi, en faisant tourner le moulin rapidement, on peut répéter virtuellement un nombre considérable de fois la formule (certains ont calculé qu'un bouddhiste habile peut ainsi formuler plusieurs millions de prières à l'heure). Alors que le bouddhisme orthodoxe prohibe les rites religieux et la magie, les Tibétains en font un très grand usage.

TICHA BE AV ■ Fête religieuse juive. Ticha be Av signifie « le neuf du mois de Av ». Il s'agit d'un jour de deuil et de jeûne qui commémore la destruction des deux Temples de Jérusalem (-586 è.c., pour le premier, et 70 è.c., pour le second). Durant cette commémoration, dans les synagogues, la lumière est tamisée et les fidèles ne portent ni châle de prière ni *teffilin*. Le jeûne de ce jour de deuil commence, comme celui de Yom Kippour, la veille (contrairement aux autres jeûnes qui commencent au lever du soleil).

TIERCE ■ Dans la liturgie catholique, troisième heure de l'office du jour (vers 9 heures).

TIERS ORDRE ■ Dans certaines congrégations religieuses, ordre des laïcs qui souhaitent mener une vie pieuse tout en restant dans le siècle.

TIQOUN ■ Mot hébreu signifiant « réparation ». Pour les kabbalistes, suite au *tsimtsoum* (la création de l'univers par le retrait de Dieu en lui-même) et à la dissémination des étincelles divines (*qlipoth*) au sein des forces du mal, il devient nécessaire de rassembler ces étincelles pour réparer l'univers et le restaurer à son état princeps. Cette opération de réparation, le *tiqoun*, a presque réussi deux fois mais le « péché » d'Adam et Ève puis l'adoration du Veau d'Or par les Hébreux ont replongé le monde dans l'abîme. Selon la kabbale, il appartient à tout juif de participer à cette réparation (*tiqoun*) en pratiquant les commandements (*mitsvoth*) et des intentions appropriées.

TIQOUN NESHAMOT ■ Dans le judaïsme, c'est la purification de l'âme.

TOHU ■ Mot hébreu signifiant « informe », « chaos ». C'est l'état de l'univers avant la Création.

TOHU BOHU ■ Mots hébreux signifiant « chaos et désolation ». État de la terre avant la création (le chaos total). Dans le Genèse (1,2), il est dit : « la terre était informe et nue ». La kabbale insiste sur le fait que les ingrédients du monde étaient disponibles avant la « création » et que cette dernière a consisté en une destruction du Tohu puis en une reconstruction. Signalons que pour certains kabbalistes, le Dieu Créateur du monde (le Dieu des juifs) et le Dieu infini (*En Sof*) ne sont pas identiques.

TOLEDOT (FORMULE DE -) ■ En exégèse biblique, formule décrivant la généalogie d'un personnage. Le mot hébreu *toledot* signifiant « générations ».

TORAH ■ Ce mot désigne « l'enseignement ». 1. Au sens étroit, c'est le Pentateuque, c'est-à-dire les cinq premiers livres de la Bible (Genèse, Exode, Lévitique, Nombres et Deutéronome). Ces livres racontent le monde depuis sa création jusqu'à la mort de Moïse. La Torah contient tous les préceptes de la loi religieuse ; c'est la raison pour laquelle on dit qu'elle est la Loi écrite (le Talmud étant la Loi orale). 2. Au sens large, c'est l'ensemble de la Loi juive.

TORAH (LECTURE DE LA -) ■ À la synagogue, trois jours sont consacrés à la lecture de la Torah (le samedi, le lundi et le jeudi ; cela « afin qu'Israël ne reste point plus de trois jours sans Torah »). Pour que l'intégralité de la Torah puisse être lue en une année, samedi après samedi, celle-ci a été divisée en 54 sections (*sidroth*) ; ce qui correspond au nombre maximum de chabbats pour l'année la plus longue. En principe, sept personnes sont appelées à la lecture de la Torah. Ainsi, chaque section (*sidra*, pluriel : *sidroth*) de la Torah est divisée en sept parties (ou *paracha* ; pluriel *parachioth*). La première personne à être appelée est un *Cohen*, laquelle est suivie par un *Lévite*. La dernière personne a être appelée est nommée le *Maftir*. Lors de la fin du cycle de lecture de la Torah, la dernière personne à être appelée — qui lit donc la dernière *paracha* du Deutéronome — est appelée le « fiancé de la Torah » ; la personne qui ouvre le nouveau cycle — et lit donc la première *paracha* de la Genèse — est « le fiancé du Commencement ».

TORAH D'ÉZÉCHIEL ■ Partie finale du livre d'Ézéchiel où il propose, au retour d'Exil, une reconstruction du Temple et la réorganisation du culte (Ézéchiel 40-48).

TOSEFTA ■ Supplément à la Michna (c'est-à-dire un commentaire supplémentaire à la Michna, la partie théorique du Talmud).

TOSSAFOT ■ Commentaires sur le Talmud rédigés par les rabbins français et allemands du 12e au 14e siècle (il s'agit principalement des gendres et des héritiers de Rachi).

TOUSSAINT ■ Dans la religion catholique, c'est la fête de tous les saints qui n'ont pas été officiellement canonisés. Cette fête, qui a lieu le 1er novembre, précède la fête des morts qui n'a lieu que le 2 novembre bien que les morts soient habituellement honorés à la Toussaint.

TRADITEUR ■ Durant les premiers siècles du christianisme, « traître » chrétien qui livrait aux païens les livres et les objets liturgiques sacrés pour échapper au supplice.

TRAILOKYAVIJAYA ■ Dans le bouddhisme, un Roi de Science Magique.

TRANSFIGURATION ■ Transformation du Christ sur le mont Thabor où il se montre (accompagné des prophètes Elie et Moïse) revêtu de gloire à trois de ses disciples (Pierre, Jacques et Jean). La transfiguration est fêtée le 6 août.

TRANSLATION ■ Transfert liturgique des reliques d'un saint.

TRANSMIGRATION ■ Voir Samsâra.

TRANSSUBSTANTIATION ■ Chez les catholiques et les orthodoxes, mystère de la transformation dans l'Eucharistie du pain et du vin qui deviennent réellement le corps et le sang du Christ. Pour les protestants, il y a impanation (voir ce mot).

TRAVERSÉE DU DÉSERT ■ Rappel de la traversée du désert par le peuple hébreu. Les Hébreux, sous la conduite de Moïse, mirent quarante ans pour atteindre la Terre Promise (dans laquelle Moïse ne fut pas autorisé à pénétrer).

TRAYA ■ Dans le bouddhisme, désigne ce qui est protégé.

TREMBLEUR ■ Voir Quaker.

TRENTE-DEUX MARQUES DU BOUDDHA (LES -) ■ Les marques extérieures (comme, par exemple, la touffe de poils blancs entre les sourcils) ou « médailles » qui témoignent que le Bouddha a accompli des actes méritoires dans des vies antérieures.

TRIBULATION ■ En langage théologique, c'est le tourment moral. Dans certains textes traitant des fins dernières, l'Apocalypse est appelée « La Grande Trubulation ».

TRICHILIOCOSME ■ Dans la terminologie bouddhique, ce mot désigne un univers considérable constitué de milliards de mondes, chaque monde étant l'équivalent de notre système solaire. Cet univers est soumis, comme les êtres vivants, au cycle de la renaissance (disparition/réapparition). Il faut cependant noter, et c'est capital pour comprendre les concepts bouddhiques, que les mondes de la méditation (*dhyâna*), c'est-à-dire les trois « mondes des formes » et le « monde d'absence de formes » ne font pas partie de l'univers car ils ne sont pas soumis au cycle des renaissances. Cependant, les êtres qui y habitent ont des durées de vies de quatre-vingt mille grands kalpas, c'est-à-dire des milliards d'années.

TRICKSTER ■ Dans certaines mythologies, personnage divin qui apparaît souvent aux côtés du dieu créateur pour contrecarrer ses plans par maladresse ou à dessein. Fort heureusement, le plan ainsi modifié se révèle meilleur que le plan initial.

TRIDENTIN ■ Se dit de ce qui se rapporte au concile de Trente.

TRIDHARMACAKRASUTRA ■ Nom sanscrit de l'ouvrage, le « Sûtra des trois roues du Dharma ».

TRIDHATU ■ Dans le bouddhisme, mot utilisé pour désigner les trois étages.

TRIDVARA ■ Dans le bouddhisme, mot utilisé pour désigner les trois portes (c'est-à-dire les trois unités de l'être animé).

TRIKÂYA ■ Dans le bouddhisme du Grand Véhicule, mot utilisé pour désigner les trois corps de Bouddha (voir l'article les Trois corps d'un Bouddha).

TRIKSANA ■ Dans le bouddhisme, mot utilisé pour désigner les trois natures.

TRILAKSANA ■ Dans le bouddhisme, mot utilisé pour désigner les trois signes distinctifs des choses conditionnées.

TRINE ■ Qui a rapport avec la Sainte-Trinité.

TRINITÉ (SAINTE) ■ Union des trois personnes divines, le Père, le Fils et le Saint-Esprit en un Dieu unique, créateur du ciel et de la terre. Ces trois personnes divines (ou hypostases) sont d'une seule substance divine mais le Fils possède deux natures distinctes (la nature divine et la nature humaine) réunies en une seule personne (union hypostatique).

TRIOMPHANTE (ÉGLISE) ■ Pour les catholiques, ce sont les Bienheureux qui sont dans le ciel (en opposition à l'Église militante).

TRIOMPHE DE L'ORTHODOXIE ■ Dans l'Église orthodoxe, c'est la célébration de la victoire contre les iconoclastes (concile de 843), laquelle est fêtée le premier dimanche du Carême.

TRIPITAKA ■ Les trois parties (les « trois corbeilles ») du Canon bouddhique. La corbeille des textes (*Sûtrapitaka*) comprend tous les enseignements du Bouddha, la corbeille de la discipline (*Vinayapitaka*) comprend les règles monastiques et la corbeille de la doctrine suprême (*Abhidharmapitaka*) comprend la systématisation de l'enseignement de Bouddha, des gloses et des œuvres érudites traitant de nombreux sujets en rapport avec l'enseignement de Bouddha.

TRIPLE ALLIANCE ■ Voir Alliance triple.

TRIPLE REFUGE ■ Formule rituelle de prise de refuge dans le bouddhisme, c'est-à-dire l'adhésion à la sagesse et à la morale bouddhique. « Je vais au Bouddha comme refuge. Je vais au Dharma comme refuge. Je vais au Sangha comme refuge. » (Ou, selon une autre formulation : « Je prends refuge dans le Bouddha. Je prends refuge dans le Dharma. Je prends refuge dans le Sangha. »). Cette formule est répétée trois fois.

TRIPLE SCIENCE ■ La Triple science (*vidya*) est l'illumination qu'a connue le Bouddha au moment de l'Éveil. Elle comprend la connaissance des existences antérieures, la connaissance de la Loi de coproduction conditionnée (la nature impermanente et conditionnée de tous les phénomènes), la connaissance de la vie et de la mort (c'est-à-dire la vision du *karma* de tous les êtres et la ronde des renaissances). Cette Triple science permet l'élimination totale des désirs, sources des renaissances. Au lieu de Triple science, on parle parfois aussi de Connaissances supramondaines.

TRISAGION ■ Acclamation liturgique où le mot saint est prononcé trois fois.

TRIVULCI ■ Représentation de la Sainte Trinité sous la forme d'une tête à visage triple. Elle a été formellement interdite par l'Église (par Urbain VIII, en 1628).

TROIS CONNAISSANCES SUPRAMONDAINES ■ voir Triple science.

TROIS CORBEILLES ■ Voir Tripitaka.

TROIS CORPS D'UN BOUDDHA ■ Concept de base du bouddhisme du *Mahâyâna* (Grand Véhicule). Le *trikâya* représente les trois corps d'un bouddha, lesquels sont le corps absolu (*dharmakâya*) et les deux corps formels au service des êtres (*sambhogakâya* et *nirmanakâya*). Dans le Grand Véhicule, le besoin populaire d'un Bouddha à diviniser, qui ne soit pas uniquement humain (comme s'en contentent les fidèles du Petit Véhicule), a abouti à la création d'un Bouddha pourvu de trois corps. Le corps terrestre est celui du Bouddha historique, Gautama, c'est le corps de métamorphose ou *nirmanakâya*. Mais au-delà de ce corps terrestre, Bouddha est pourvu d'un corps absolu, le *Dharmakâya* qui est ineffable, inconcevable et n'est perceptible qu'aux Bouddhas. Ce Bouddha abstrait est parfois nommé *Mahavairocana*. Enfin, entre les deux se situe le corps de fruition, ou de jouissance (ou *sambhogakâya*), qui est imperceptible pour les êtres ordinaires mais est perceptible à certains bodhisattvas.

TROIS JOYAUX DU BOUDDHISME (LES -) ■ Ce sont le Bouddha, le Dharma (la Loi) et le Sangha (la communauté bouddhique). Tous les bouddhistes prennent refuge en prononçant la formule : « Je vais au Bouddha comme refuge. Je vais au Dharma comme refuge. Je vais au Sangha comme refuge. »

TROIS RACINES DU MAL (LES -) ■ Pour le bouddhisme, les trois racines du mal sont le désir de jouissance (*kâma*), la haine (*dvesa*) et l'erreur (*moha*) : tant que ces trois racines continuent à exister, la roue de la vie continue à tourner.

TROISIÈME ROME ■ Selon les orthodoxes russes, vers l'an 1000, Rome et Constantinople étant tombées, Moscou représente la troisième Rome.

TRÔNE DU BOUDDHA ■ Ce trône est généralement représenté par une fleur de lotus, un lion, une montagne en forme de sablier (laquelle représente le mont Meru ou Sumeru) ou le corps enroulé de neuf serpents (le rappel d'une visite de Bouddha au roi des serpents). Devant le trône, figurent parfois deux gazelles (ce qui évoque le premier sermon de Bouddha dans le « Bois des Gazelles », près de Bénarès).

TROPAIRE ■ Dans la liturgie orthodoxe, courte strophe poétique entrant dans la composition (comme résumé, entrée ou pièce intercalaire entre les versets) des offices religieux.

TRSNA ■ Dans le bouddhisme, mot utilisé pour désigner la soif (le désir).

TSADDIQ ■ Dans le judaïsme, personnage particulièrement respectable, saint. Le mouvement hassidique est organisé autour de différents « sages », encore appelés *tsaddiq*, lesquels se placent sous l'influence d'un « chef spirituel » ou *rebbe* ou *rabbi* (en yiddish) (à ne pas confondre avec le rav ou le rabbin). En Israël, le chef spirituel portait aussi le nom d'Armor (qui est l'acrostiche, en hébreu, de « notre souverain, notre guide et notre maître »). Chaque tsaddiq avait ses disciples qui écoutaient ses paroles, participaient à ses fêtes et tissaient un lien étroit avec celui-ci (une manière de se rapprocher de Dieu en observant la façon dont vit et se comporte le *tsaddiq* dans la vie quotidienne). En outre, l'attachement perpétuel du tsaddiq à Dieu (la *devéqout*) rejaillissait sur le disciple.

TSEDAQAH ■ Ce mot hébreu signifie charité. On désigne sous ce terme une petite boîte à aumône qui est largement distribuée dans les familles et les commerces juifs.

TSENO URENO ■ Il s'agit d'une traduction commentée de la Bible en langue yiddish parue en 1622 sous la plume du Juif polonais Jacob Ben Isaac Ashkenazi. Tseno Ureno signifie « Sors et Vois ! ». Cet ouvrage a été pendant plusieurs siècles l'ouvrage de référence des femmes juives.

TSÉROUF ■ Mot hébreu signifiant « combinaison ». C'est une technique de combinaison de lettres utilisée par les kabbalistes pour décrypter les textes sacrés.

TSIMTSOUM ■ Première étape de la création du monde : Dieu se retirant de lui-même en lui-même. Le *tsimtsoum* est certainement l'une des approches religieuses les plus intéressantes concernant Dieu et la création de l'univers. Elle est due à l'une des figures emblématiques de la seconde kabbale (la première étant celle du Zohar) : Rabbi Isaac Louria (1534-1572). Alors que la première kabbale s'intéressait essentiellement à l'origine du monde, au contenu caché de la Torah, la nouvelle Kabbale se préoccupe d'eschatologie, de la fin du monde et de sa rédemption, dont les explications passent nécessairement par une compréhension de la création du monde. Le grand mérite de Louria est d'avoir non seulement répondu à la question qui préoccupait tous les Juifs (« Pourquoi l'Exil ? »), mais aussi d'avoir responsabilisé l'homme juif et le peuple juif tout entier en lui donnant une part du fardeau (laquelle n'est possible que du fait de l'exil) de la création et de la rédemption du monde. Rappelons que la kabbale est une réponse au désarroi du peuple juif après son expulsion d'Espagne (1492), laquelle fut vécue avec la même intensité dramatique que la chute du Second Temple (en l'an 70). Le *tsimtsoum* est la première étape, l'étape fondamentale, de la création du monde : Dieu se retire « de lui-même en lui-même », il se retranche dans un « exil volontaire ». Ce retrait de Dieu en lui-même (*tsimtsoum*) laisse une place vide pour le monde à venir. Néanmoins, et c'est primordial, en se retirant « en lui-même », Il laisse des « étincelles » de sa plénitude dans cette place vide. Pour Louria, l'espace vide porte le nom de *tehirou* et les étincelles divines sont appelées *rechimou*. La théorie de Louria est extrêmement complexe et fort intéressante (même si au premier abord elle paraît parfaitement farfelue). Les conséquences de ce *tsimtsoum* sont au nombre de deux. D'abord, l'homme doit retrouver les étincelles divines en exil et les libérer. Ensuite, il doit respecter les commandements de Dieu. En effet, l'« exil » de la présence divine explique l'imperfection du monde. Pour compenser cette nouvelle brisure, Dieu donne la Torah. La « réparation du monde » n'est possible qu'avec le respect des 613 commandements de la Torah (*mitzvoth*) et la séparation « sacrée » du pur de l'impur. Le respect des commandements divins n'est donc plus un acte sans signification ou réalisé simplement pour « aimer et plaire » à Dieu mais il acquiert ainsi une dimension cosmique. Cette mission cosmique, c'est la mission du peuple juif, laquelle passe par l'exil et le respect des commandements.

TSITSIT ■ Petit châle en laine ou en lin comportant quatre franges. Ce châle (aussi appelé *tallit qatan* ou petit *tallit*) est porté sous les vêtements. Alors que le *tallit* couvre tout le corps, le *tsitsit* ne pend que sur les jambes. Chacune des 4 franges est composée de 8 fils (le *tsitsit* du pan, selon les prescriptions bibliques, contient un fil bleu coloré à l'aide d'un mollusque, le

hilazon). L'ensemble des 32 fils symbolise les 32 sentiers de la Sagesse. En pratique, le *tsitsit* rappelle au juif pratiquant les commandements de Dieu mais le fil bleu est un objet de contemplation, de méditation qui ouvre la voie mystique.

TSOK ■ Mot tibétain pour dire offrande.

TSONGKHAPA ■ Le fondateur de l'école Gelupka (bouddhisme tibétain).

TÜLKOUS ■ Ce sont les êtres de réincarnation du bouddhisme tibétain. Selon le bouddhisme tibétain, les saints lamas donnent avant leur mort des indications concernant leur renaissance. Cette réincarnation, connue à l'avance, a ainsi permis de conserver pendant des siècles des lignées qui ont contribué à la stabilité politique du Tibet. La plupart des écoles religieuses possèdent leurs tülkous : Dalaï-Lama (émanation d'Avalokiteshvara), Pachen-Lama (émanation du bouddha Amida), Karmapa, etc.

TÜLKOUS (LA RECONNAISSANCE DES -) ■ Cette reconnaissance est possible car, avant de mourir, il est fréquent qu'un *tülkou* donne des indications sur sa future naissance. Quelques années après sa mort, on se base sur les indications laissées pour commencer les recherches. Lorsqu'on trouve un enfant susceptible d'être la réincarnation cherchée, il est soumis à une série de tests. Ensuite, l'enfant reconnu est retiré de sa famille et confié à des précepteurs. Lorsque son éducation est terminée, il reçoit le titre de Rinpoché, c'est-à-dire de « très précieux ».

TUSITA ■ Le paradis du Bouddha Maitreya (à l'ouest de l'univers).

TYKU ■ Abréviation d'une formule hébraïque (*tichbi yétarets kouchiot* *uba'yot*) qui signifie : « le prophète Élie réglera les difficultés et les problèmes ». Cette formule est utilisée dans le Talmud lorsque les rabbins ne parviennent pas à résoudre un problème. Cette référence au prophète Élie, capable de résoudre les problèmes, est constante dans tout le monde juif.

TYPICON ■ Dans la liturgie orthodoxe, livre contenant le cérémonial liturgique.

TYROPHAGIE ■ Dans l'Église orthodoxe, dernière semaine avant le Grand Carême, pendant laquelle on peut manger des laitages et des œufs.

U

UBIQUISME ∎ Théorie de Luther expliquant que si le corps et le sang du Christ sont réellement présents dans l'hostie consacrée, cela s'explique par l'omniprésence divine, laquelle à été communiquée à la nature humaine de Jésus-Christ.

UDANA ∎ Une partie du Sûtrapitaka, un ouvrage canonique du bouddhisme.

ULTRAMONTANISME ∎ Défense du pouvoir absolu temporel et spirituel du pape. L'ultramontanisme est une réponse au gallicanisme qui revendique pour la France une autonomie religieuse par rapport à Rome.

UMMA ∎ Chez les musulmans, la Communauté des croyants. La umma est l'une des premières dispositions prises par Mahomet, à son arrivée à Médine, pour assurer la cohésion et la solidarité au sein de son groupe et assurer sa propre sécurité. Les règles de cette communauté furent définies dans ce qu'il est convenu d'appeler la « Constitution de Médine ». Son but était de remplacer la solidarité tribale par une nouvelle solidarité basée sur la foi en Allah. Ainsi, de fait, toute société musulmane est une société religieuse et assez égalitaire (rappelons que les esclaves pouvaient diriger la prière… et même devenir rois). Le rôle de la umma varie selon les époques, les écoles juridiques et les sectes. Ainsi, pour la désignation du calife, ce rôle est différent chez les sunnites (où elle a, en principe, tout pouvoir pour désigner le calife) et chez les chiites (où le nouveau calife ne peut être désigné que par son prédécesseur). Le verset ci-après est un remarquable résumé de ce qu'est un musulman (soumis à Dieu dans une communauté soumise à Dieu) : « Seigneur ! fais de nous des Soumis à Toi (*muslim*) et, de notre descendance fais une communauté soumise à Toi. » (II-122). En gros, les règles de la umma prévoyaient, du point de vue social, la solidarité entre les membres de la communauté ; du point de vue politique, la défense du chef de la communauté et du point de vue religieux, l'importance du consensus, l'un des fondements du droit religieux. La umma a pour mission de continuer la Tradition du Prophète et de garder intacte l'unité des croyants. Elle est donc la garante de l'orthodoxie religieuse. Chez les sunnites — majoritaires dans l'islam —, son rôle était extrêmement important car il se manifestait dans l'élection du calife, dans la vie politique, dans la vie sociale, etc. Aujourd'hui, la notion de communauté islamique est une entité toujours vivante qui se manifeste, en politique, de différentes manières.

UMRA ∎ La umra est le Pèlerinage mineur à La Mecque. Il peut s'effectuer à n'importe quelle période de l'année et consiste en circumambulations et en « courses » d'un rocher à l'autre. À côté des pèlerinages canoniques (Hajj et umra), d'autres pèlerinages sont effectués (surtout dans le monde chiite) aux tombeaux des saints, aux mausolées des martyrs, aux villes saintes, aux mosquées historiques, etc.

UNIATES (ÉGLISES) ∎ Églises devenues orthodoxes suite au schisme d'Orient et qui sont, pour partie, revenues au cours des siècles à l'Église romaine dont elles acceptent l'autorité papale et les dogmes tout en conservant des rites propres. Les uniates gardent ainsi les rites et les traditions des églises orientales, c'est-à-dire le plus souvent le rite byzantin de l'Église orthodoxe (mais d'autres rites sont également utilisés). Dans la nomenclature du Vatican, il s'agit des 21 Églises catholiques de rite oriental. Elles possèdent leur propre Droit canon, différent de celui des Églises occidentales (il date de 1990). À l'exception de l'Église maronite (qui n'a jamais rompu avec Rome) et de l'Église syro-malabare, tout entière revenue à Rome, toutes les Églises catholiques orientales sont uniates. Signalons également qu'en Russie, les Églises uniates furent supprimées par Staline en 1947 et, plus tard, dans d'autres pays du bloc socialiste. Aujourd'hui, les Églises uniates se manifestent à nouveau dans les pays de l'ex-bloc soviétique suscitant l'ire du patriarcat de Moscou (lequel, par mesure de rétorsion, a toujours refusé les visites de Jean-Paul II en terre sainte russe).

UNION DIVINE ■ Dans la statuaire bouddhique japonaise, certains bouddhas furent accouplés à une divinité protectrice (*kami*) spécifique dans une union divine (*shinbutsu shugo*). C'est le cas aussi, et surtout, dans le tantrisme et dans le bouddhisme tibétain (voir *yab-yum*).

UNION HYPOSTATIQUE ■ Cette union définit le rapport entre les deux natures du Christ (nature divine — vrai Dieu — et nature humaine — vrai homme). Ces deux natures ne sont pas divisées ou partagées en deux personnes : elles sont unies dans la même personne, dans la même hypostase. S'il y avait deux personnes, Dieu aurait deux Fils. Rappelons que Père, Fils et Saint-Esprit sont de même substance (*homoousios*) : il n'y a donc qu'un Dieu. Il y a cependant trois personnes (trois hypostases) en Dieu : le Père, le Fils et le Saint-Esprit.

UNIONISTES ■ 1. Hérétiques chrétiens niant la Sainte-Trinité. 2. Nom donné aux diverses tentatives d'union des Églises chrétiennes avant les déclarations œcuméniques de Vatican II.

UNITAIRE ■ Chrétien hérétique qui nie la Trinité divine.

UNITARIEN ■ Chrétien hérétique qui nie la Trinité divine.

UNITARISME ■ Doctrine religieuse née au 16e siècle refusant les déclarations des premiers conciles œcuméniques concernant la Sainte Trinité.

UNITIVE (VIE) ■ Étape finale de la vie mystique, ascétique ou contemplative, où l'âme est en union intime avec Dieu.

UPÂDHYÂYA ■ Maître de la discipline. Dans le bouddhisme, il existe deux maîtres spirituels : l'un pour la guidance spirituelle, et l'autre pour l'observance des règles monastiques. L'upâdhyâya est le maître de la discipline.

UPÂDHYÂYA ■ Dans le bouddhisme, pour un moine, c'est son maître de la discipline.

UPAK ■ Dans le bouddhisme, mot utilisé pour désigner ce qui est secondaire.

UPAKIESA ■ Dans le bouddhisme, mot utilisé pour désigner une passion secondaire.

UPALI ■ Un des principaux disciples de Bouddha, célèbre pour sa connaissance des règles monastiques.

UPANISHADS ■ Textes religieux de l'hindouisme, rédigés vers le 4e siècle avant l'è.c. Ils forment une partie de la littérature védique.

UPASAKA ■ Dans le bouddhisme, frères laïcs.

UPASIKA ■ Dans le bouddhisme, sœurs laïques.

UPOSATHA ■ Dans le bouddhisme, fête lunaire pratiquée à chaque nouveau quartier de lune. Le but de cette fête est d'appeler le laïc, par une discipline sévère et le jeûne, à une réflexion religieuse. Le culte consiste en une explication de la doctrine par un moine, des offrandes (mets, fleurs, encens, lumière, eau), la proclamation de la prise de refuge (« Je prends refuge dans le Bouddha, le Dharma, le Sangha ») et une méditation.

URBI ET ORBI ■ Bénédiction solennelle que le pape donne à la ville de Rome et au monde à partir du balcon de la basilique de la place Saint-Pierre, à Rome.

ÛRNÂ ■ Touffe de poils blancs d'où émane une lumière, généralement symbolisée par une tache. Cette ûrnâ orne le front des Bouddhas (c'est un signe de clairvoyance psychique).

USNISA ■ Protubérance crânienne du Bouddha, elle symbolise sa connaissance supramondaine. Au départ, ce n'était qu'un chignon, une manière de se peigner...

V

VACHE ROUSSE (RITE DE LA -) ■ Il s'agit d'un rite biblique (Nb 19) dont les docteurs de la loi estiment qu'il n'est « pas dans les pouvoirs de l'homme d'en percer le mystère ». Il s'agit donc d'un des commandements qu'il convient d'exécuter, sans chercher à en comprendre le sens, simplement parce qu'il a été ordonné par Dieu. Sans entrer dans les détails, ce rite consistait à brûler une vache de pelage roux et à mélanger les cendres avec de l'eau de source. Cette eau servait à la purification des personnes et des choses.

VACUITÉ (LA) ■ Dans son sens habituel, le mot vacuité signifie « vide » et désigne l'absence d'un contenu, c'est-à-dire un « manque » par rapport à un état « complet » ou encore le néant. Dans le cas du bouddhisme, ce mot a un sens plus profond puisqu'il ne désigne pas l'absence d'un contenu, le manque, mais désigne la véritable nature des choses qui sont vides, insubstantielles, et n'existent que de manière éphémère en interdépendance (c'est-à-dire qu'elles procèdent selon un ordre rigoureux en fonction d'un élément précédent et d'un élément suivant). Selon les écoles bouddhiques, le mot *sunyata* (vacuité) peut revêtir différents sens mais jamais celui de néant. Dans le Petit Véhicule, la vacuité, c'est essentiellement l'absence d'un moi. Dans le Grand Véhicule, la vacuité désigne, bien entendu, l'absence d'un moi mais aussi l'absence des phénomènes extérieurs (c'est ce qu'on appelle la double vacuité, laquelle débouche sur la double réalité). Dans la nomenclature des seize vacuités, les bouddhistes classent aussi le *samsâra* (le cycle des renaissances, lequel n'a pas de début), le *nirvâna* (vacuité des insubstantiels, qui n'a ni début, ni fin) et même la vacuité des vacuités, signifiant par là que la vacuité elle-même est vide d'existence en soi. Il faut cependant être attentif à ne pas confondre la vacuité avec le nihilisme. La vacuité est une des notions les plus subtiles du bouddhisme : la vacuité ne change rien aux choses, elle ne leur ajoute rien, elle ne transforme rien, elle dit seulement ce que sont les choses ; un peu comme le mot mirage qui se contente de dire le phénomène sans rien lui ajouter, ni l'expliquer. Vacuité et impermanence vont de pair pour expliquer le monde des choses substantielles et insubstantielles : tout change constamment, c'est sans doute ce qui explique la vacuité des choses. Les choses sont vides parce qu'elles sont composées, confectionnées, et impermanentes. Pour expliquer ce concept au roi Milinda, un moine a utilisé le concept du char, lequel ne se réduit pas à l'un de ses composants mais n'existe pas sans. Le concept de vacuité est présent dans tous les bouddhismes mais c'est certainement le zen qui l'a illustré de la manière la plus symbolique dans son art.

VACUITÉ DANS LE GRAND VÉHICULE ■ À la vacuité (*sunyata*) de la personne, le Grand Véhicule ajoute la vacuité des constituants de la réalité (*dharmas*). Ainsi, tout est vacuité, ce qui entraîne un nouveau regard sur le monde mais aussi sur certains concepts bouddhiques dont le samsâra et le nirvâna.

VACUITÉ ET TANTRISME ■ Dans le bouddhisme tantrique, le concept de vacuité prend une nouvelle dimension : puisque tout est vacuité, tout est phénomène mental ; dès lors, l'imagination possède un pouvoir illimité et le recours aux pratiques rituelles et magiques est capable de changer le cours des choses. Le bouddhisme tantrique (Véhicule du Diamant) accorde ainsi une très large place aux rites magiques, bien que la magie ait été formellement rejetée par le Bouddha qui avait même vertement réprimandé un moine qui volait au-dessus d'une foule pour l'impressionner. Puisque tout est illusion, les miracles le sont également et le Grand Véhicule en usera généreusement sous forme de rites, de formules magiques, etc. On se rend compte que, né sous la pression des laïcs (assez insatisfaits du sort qui était le leur dans le Petit Véhicule) — ayant adopté envers ceux-ci une doctrine nettement plus avantageuse (ils peuvent maintenant atteindre le *nirvâna* non plus par leur seuls mérites personnels mais du fait de l'intercession des *bodhisattvas*, et cela parfois même au cours d'une seule vie), leur proposant à la dévotion quantité de bouddhas, *bodhisattvas* et divinités, organisant un rituel et une ambiance sacrée —, le Grand Véhicule répond encore à leurs attentes en proposant diverses conduites magiques et des « miracles », dont sont friands tous les peuples. Tout en organisant ces diverses actions (on ne peut plus concrètes), qui correspondent à la demande des laïcs, le bouddhisme du Grand Véhicule parvient cependant à affirmer sa doctrine de la vacuité universelle (on ne peut moins concrète). Il est donc tout à fait exact d'affirmer que le bouddhisme, au départ sagesse, est devenu religion lors de sa mutation, au 2e siècle, du Petit vers le Grand Véhicule.

VAIROCHANA ■ Le Bouddha de sagesse (dhyâni-bouddha). Vairochana (*Dainichi Nyorai*, en japonais), un des cinq Bouddhas transcendantaux est généralement représenté effectuant un *mudrâ* ésotérique ou encore celui de la mise en route de la Roue de la Loi. On notera que pour les bouddhistes japonais, Vairochana est considéré comme le Bouddha solaire. Dans les *mandalas*, il est situé au centre et les autres bouddhas gravitent autour de lui. La présentation de Vairochana exécutant le *mudrâ* ésotérique (dont le nom est *Chiken-in*, en japonais) est typique des bouddhismes japonais et coréens. Ce *mudrâ* ésotérique symbolise aussi l'unité de la divinité avec sa *Shakti* (c'est-à-dire son pendant féminin).

VAISÂLÎ ■ La ville du second concile bouddhique.

VAISRAVANA ■ Dans le bouddhisme, un des Quatre Rois Célestes.

VAISSEAUX ■ Nom donné par les shakers (« trembleurs ») aux individus en transe chez qui l'Esprit saint se révèle.

VAJRA ■ Poignard bouddhique. Il est censé représenter la dureté du Diamant et l'énergie de la foudre. Il symbolise ainsi le caractère indestructible de la Vérité.

VAJRADHARA ■ Un des noms du Bouddha primordial.

VAJRADHATVESVARI ■ Dans le bouddhisme, c'est une shakti qui accompagne (et complète) les Bouddhas de méditation.

VAJRAPANI ■ Nom du bodhisattva d'énergie.

VAJRAYAKSHA ■ Dans le bouddhisme, c'est un Roi de Science Magique.

VAJRAYÂNA ■ Le Vajrayâna (ou Véhicule du Diamant) est un prolongement du Grand Véhicule, aussi nommé Troisième Véhicule, *Mantrayâna* secret, *Tantrayâna* ou bouddhisme tantrique. Le but du Vajrayâna est d'arriver très vite, en une vie si possible, à l'Éveil. Pour cela, le Véhicule du Diamant se dote de méthodes et de moyens habiles (les « expédients salvifiques »). Ce courant essentiellement ésotérique trouve sa source (et sa justification) dans le troisième lancement de la Roue du Dharma par Bouddha. Le bouddhisme tantrique se caractérise donc par son mysticisme et son ritualisme complexe. Puisque le Véhicule du Diamant est un prolongement du *Mahayâna* — apparu en Inde vers le 7e siècle —, il requiert la connaissance et la pratique des éléments proposés par ce courant bouddhique majeur : la vacuité des choses, l'importance de la *bodhicitta* (aspiration à l'Illumination) et de la compassion, l'acceptation de la « nature de bouddha » (*tathâgatagarbha*) chez tous les êtres vivants. Sans une bonne connaissance et compréhension des bases du bouddhisme mahâyâniste, l'utilisation des moyens et méthodes spécifiques du Véhicule du Diamant (lecture des *tantras*, formules votives, etc.) appliqués pour effectuer les exercices s'avérerait dangereuse. Notons, en passant, qu'il en est de même chaque fois qu'il est question d'ésotérisme religieux (c'est le cas, par exemple, chez les juifs, pour qui la pratique de la kabbale est déconseillée avant l'âge de quarante ans). Contrairement à une conception assez générale, le tantrisme n'est pas exclusivement limité au Tibet. Né en Inde sous l'influence d'ascètes en opposition avec les règles de la société, le tantrisme s'est propagé dans d'autres pays et a certainement influencé le mahâyânisme (Grand Véhicule) pour ce qui concerne la notion d'embryon de bouddha en chaque être (*tathâgatagarbha*). Au 8e siècle, l'époque de la construction du vaste mandala de Borobudur, le tantrisme se déplace en Indonésie, en Birmanie, en Chine puis au Japon et, enfin, au Tibet. Actuellement, le bouddhisme tantrique est essentiellement pratiqué au Tibet. Le *Vajrayâna* est un bouddhisme ésotérique duquel sont éloi-

gnés — comme dans les sociétés secrètes — les fidèles qui ne respectent pas les conditions d'entrée. Dans les tantras (textes ésotériques, souvent des livres « redécouverts » après une longue disparition volontaire), les formules sont codées et les symboles sont généreusement utilisés. Autant dire qu'il est impossible de pratiquer le bouddhisme du Véhicule du Diamant sans une initiation rigoureuse confiée à un maître auquel on reste fidèle sa vie durant, jusqu'à l'Éveil. L'engagement maître-disciple est d'ailleurs scellé par des vœux spécifiques (*samaya*) qui établissent un lien indéfectible. Si le lien est endommagé, cela donne lieu à une séance de confession puis de purification. Alors que le bouddhisme premier faisait tous les efforts possibles pour échapper au monde souillé, à l'inverse, le bouddhisme ésotérique (comme d'ailleurs tous les mouvements religieux ésotériques) ne tente pas d'échapper aux désirs mondains car, dit-il, le monde est une manifestation du Bouddha cosmique. Au début de sa diffusion, le bouddhisme tantrique se pratiquait dans des lieux secrets, par petits groupes, sous la direction d'un maître et commençait par l'étude des *tantras*, c'est-à-dire de textes ésotériques transmis par Bouddha à ses disciples ou encore transmis par les grands bodhisattvas. Après lecture et décodage de ces textes, les fidèles les mettaient en pratique. Les « moyens habiles » ayant pour but de purifier la perception du corps et de l'environnement et de transformer les aspects impurs en aspects purs.

VALLÉE DE LARMES ■ La vie terrestre considérée comme une période de souffrance.

VARIANTES DES TEXTES SACRÉS ■ Étant donné que nous ne possédons, pour aucune des religions révélées (à l'exception du manichéisme), de texte manuscrit de la main de l'auteur ou de son secrétaire ; que d'autres part, les textes sur parchemins (ou autre supports) se détériorent vite (nécessitant ainsi de nombreuses copies), il est normal qu'il existe pour tous les textes sacrés de nombreuses copies proposant différentes variantes. La plupart de ces variantes proviennent d'une erreur involontaire du copiste. Pour les spécialistes, les erreurs les plus fréquentes sont la confusion de mots ou de lettres qui se ressemblent, la dittographie (répétition d'une ou plusieurs lettres ou d'un ou plusieurs mots), l'homoioteleuton et l'homoioarkon (omission d'un passage), l'homophonie (confusion de consonnes), l'haplographie (omission d'une ou de plusieurs lettres ou d'un ou de plusieurs mots) et la métathèse (inversion de deux lettres). Ces erreurs sont d'autant plus graves pour les langues qui s'écrivent (comme l'hébreu ou l'arabe) sans voyelles : tout le sens d'une phrase peut ainsi être changé du fait de l'erreur d'un copiste portant sur une seule consonne.

VARUNA ■ Dans le bouddhisme, c'est une divinité mineure (une des douze devas).

VASUBANDHU ■ Le frère d'Asanga. Le fondateur de l'école mahâyâniste *Yogâcâra* (aussi appelée *Vijnanavada*).

VAUDOIS ■ Mouvement religieux chrétien fondé en 1170 par un marchand lyonnais (Pierre Valdès). Les vaudois prêchaient un retour à la pauvreté de l'Évangile mais refusaient les sacrements et la hiérarchie de l'Église catholique. Ils furent excommuniés en 1184.

VÂYU ■ Dans le bouddhisme, c'est une divinité mineure (une des douze devas).

VEAU D'OR ■ Pendant que Moïse recevait les Tables de la Loi, Aaron, son frère, laissait les Hébreux construire une idôle avec leur or (un Veau d'Or). Au retour, apercevant le veau d'or, Moïse entra dans une grande fureur et « jeta de ses mains les Tables et les brisa au pied de la montagne » (Exode 32, 19). Pour se justifier, Aaron expliqua à son frère que la demande émanait du peuple effrayé de ne pas savoir ce qu'il était devenu : « Fabrique-nous un dieu qui marche à notre tête, puisque celui-ci, Moïse, l'homme qui nous a fait sortir du pays d'Égypte, nous ne savons pas ce qu'il est devenu. » (Exode 32, 23). Selon les kabbalistes, cette érection est responsable de l'échec du *tiqoun* (voir ce mot).

VEAU GRAS (TUER LE -) ■ Expression utilisée dans la parabole de Jésus consacrée au fils prodigue. Elle signifie qu'en période de fête, il faut pouvoir se réjouir sans regarder à la dépense comme on le fait les jours ordinaires.

VEDA ■ En sanscrit, veda signifie « connaissance ». Ce sont les écrits sacrés les plus anciens de l'hindouisme, composés en sanscrit archaïque. Les écrits védiques dateraient de -1800 è.c. à -300 è.c. On utilise ce mot comme nom générique de la littérature brahmanique. Les Vedas sont composés de recueils de textes (hymnes, formules rituelles, etc.).

VÉHICULE ■ Le mot véhicule (ou *yâna*) désigne le chemin proposé par le bouddhisme pour parvenir à l'Éveil. Étant donné qu'il existe différents bouddhismes, il existe également plusieurs chemins (ou voies ou moyens) pour parvenir à l'Éveil. On distingue essentiellement trois chemins, c'est-à-dire trois véhicules. Le bouddhisme premier (ou *Hînayâna*) se distingue du bouddhisme plus tardif (*Mahâyâna*) et aussi du bouddhisme ésotérique, encore plus tardif (ou *Vajrayâna*). Le premier porte le nom de « Petit Véhicule » alors que le second est désigné comme le « Grand Véhicule ». Le troisième chemin est celui du « Véhicule du Diamant ». Une autre distinction porte sur les moyens (ou véhicules) utilisés pour parvenir à l'Éveil. On distinguera ainsi le véhicule de la cause, le véhicule du fruit, etc. Par Petit Véhicule, on désigne le bouddhisme premier (*Hînayâna*) dont le but est la libération individuelle des *arhats* (saints). Le Petit Véhicule, le plus proche de l'enseignement de Bouddha, s'intéresse quasi exclusivement aux moines masculins, les seuls ayant les qualités nécessaires pour quitter le cycle des renaissances (*samsâra*) et atteindre le *nirvâna*. Ce terme était au départ quelque peu méprisant et polémique. Il était utilisé par les tenants d'un bouddhisme plus tardif (*Mahâyâna*) dont le but est la libération individuelle de tous les individus grâce à l'intervention et l'intercession d'êtres de compassion (les *bodhisattvas*). Ce but étant considéré comme plus parfait, plus complet que la seule libération des *arhats*, les adeptes parlaient donc du Grand Véhicule. Par la suite, cette distinction est restée et, aujourd'hui, l'ensemble des écoles bouddhistes se rattachent soit au Petit Véhicule, soit au Grand Véhicule (lequel comprend donc également, malgré les énormes différences entre ces écoles, le Véhicule du Diamant, le Zen et le bouddhisme tibétain). La plupart des écoles du Petit Véhicule ont disparu et il ne reste plus que l'école du *Theravâda* (au Sri Lanka). Cette école est donc confondue avec le bouddhisme du Petit Véhicule et on parle indifféremment de Petit Véhicule, d'*Hînayâna* ou de *Theravâda*. Initialement, le bouddhisme était élitiste et égoïste. Sapience (c'est-à-dire sagesse et connaissance) d'une petite minorité (les moines), il ne concernait guère la partie la plus importante de la population : les laïcs et les femmes. Ceux-là, tout au plus, pouvaient espérer, en aidant les moines pour ce qui concerne le quotidien, une meilleure renaissance, laquelle leur ouvrirait dans une autre vie le chemin vers le *nirvâna*. On comprend qu'un tel programme ne pouvait satisfaire les foules. Le bouddhisme

s'adapta donc. C'est ainsi qu'on vit apparaître les êtres de compassion (les *bodhisattvas*) sensés aider les humains à parvenir au nirvâna le plus facilement et le plus rapidement possible. Le Grand Véhicule était né. Profitant de l'occasion d'une refonte plus adaptée au grand nombre, le bouddhisme modifia — sous la pression des laïcs — son culte. Jusque là, ce dernier était très dépouillé et ne concernait que le Bouddha, lequel était considéré exclusivement comme un homme. Le Grand Véhicule fit plus et mieux : il divinisa le Bouddha, lui adjoignit d'autres Bouddhas (des Bouddhas d'hier et de demain, ainsi que leurs multiples émanations) et créa une quantité de *bodhisattvas* ainsi que diverses déités. De sapience, le bouddhisme devint religion. C'est sa première transformation. Laquelle commença plus ou moins au début du premier millénaire. En même temps qu'il offrait au public de nombreuses occasions de dévotion, le bouddhisme affinait sa doctrine fondamentale du non-soi. Ce n'est plus seulement l'homme qui est dépourvu d'un soi véritable mais c'est l'univers tout entier qui est un non-soi. Ainsi naissait le concept de vacuité. Développant ce concept, plusieurs écoles du bouddhisme du Grand Véhicule en vinrent à penser que puisque tout est vacuité, il n'existe pas de différence non plus entre le mental et le physique. On ouvrait ainsi toute grande la porte à l'ésotérisme, aux pratiques magiques, à la fantasmagorie. Mieux, les bouddhistes du nouveau courant affirmèrent que les « consignes » magiques sont écrites dans des textes (*tantras*) qui proviennent de l'enseignement du Bouddha (c'est-à-dire de la troisième mise en route du Dharma). C'est la seconde transformation du bouddhisme qui déboucha sur le bouddhisme tantrique aussi appelé bouddhisme du Véhicule du Diamant. Un autre courant bouddhique, d'inspiration chinoise, se basant également sur la vacuité des choses et sur l'enseignement de Bouddha, argumenta sur l'Illumination subite, laquelle survient essentiellement lors de la méditation en position zazen. C'est la troisième transformation importante du bouddhisme. Ici, nous sommes loin des textes (dont l'enseignement n'est pas indispensable), loin de la religion, loin de l'ésotérisme. Ni *Hînayâna*, ni *Mahayâna*, ni *Vajrayâna*, le bouddhisme zen est la quatrième voie de l'enseignement du Bouddha. Au sujet du bouddhisme tibétain, on pourrait parler de quatrième transformation sachant que ce bouddhisme tient du Petit Véhicule (pour la discipline), du Grand Véhicule (pour la doctrine), du Véhicule du Diamant (pour la pratique), de la religion bön-po (pour les rites) et de ses propres ressources pour une infinité d'innovations parfois bien éloignées de la pensée bouddhique primitive (comme, par exemple, le parcours des morts avant la renaissance, les chaînes de réincarnations (*tülkous*), la théocratie, la peinture cosmique, les divinités malfaisantes, etc.).

VÉHICULE DU DIAMANT ■ Autre nom du bouddhisme tantrique.

VELUDVAREYYA SUTTA ■ Une partie du Suttapitaka, un ouvrage canonique du bouddhisme.

VENDREDI ■ Chez les musulmans, c'est le jour de la prière commune, qui a toujours lieu dans une mosquée. La prière commune (qui a lieu lorsque le soleil a dépassé le méridien) est généralement précédée d'un prêche (*khoutba*) fait par l'imâm. Le thème du prêche, assez libre, dépend des convictions de l'imâm. La prière collective du vendredi (*salât al-joumoua*) est obligatoire pour les hommes pubères. Sans être obligatoire pour les femmes, elle ne leur est cependant pas interdite. Dans les pays musulmans, le vendredi n'est pas un jour chômé car, contrairement au Dieu des chrétiens, Allah a créé le monde en six jours et n'a pas eu besoin de repos le septième jour. On notera que la prière collective du vendredi est une obligation coranique : « Ô vous qui croyez ! quand on vous appelle à la Prière, le vendredi, accourez à l'invocation d'Allah et laissez vos affaires ! Cela sera un bien pour vous, si vous vous trouvez savoir. » (LXII-9)

VÉNÉRABLE ■ En droit canonique catholique, une des étapes vers la sainteté : on est d'abord vénérable, puis bienheureux et, enfin, saint.

VÉNIEL (PÉCHÉ) ■ Dans la théologie catholique, péché qui, contrairement au péché mortel, ne fait pas perdre la grâce sanctifiante.

VÊPRES ■ Chez les catholiques et les orthodoxes, office divin se célébrant dans l'après-midi ou le soir.

VERBE ■ Désigne la deuxième personne de la Sainte Trinité, le Fils de Dieu, le Christ.

VÉRITÉ (DEUX TYPES DE -) ■ Le bouddhisme du Grand Véhicule distingue deux types de vérité : la vérité conventionnelle et la vérité absolue. La vérité conventionnelle (ou vérité apparente ou *samvrtisatya*) est celle qui apparaît comme réelle aux hommes, bien qu'en réalité elle n'existe pas. Elle ne se manifeste que suite à la loi de la production conditionnée. La vérité absolue (ou vérité suprême, ou vérité définitive (vérité ultime ou *paramârthasatya*) est impossible à exprimer par des mots ; c'est celle de la vacuité de tous les phénomènes. Cette vérité ne peut être perçue qu'intuitivement (et, pour certains, de manière subite, immédiate). La plupart des écoles, cependant, estiment que les deux vérités coexistent et que la véritable libération, c'est de se débarrasser de l'illusion. Notons en passant que, pour un esprit scientifique, conscient de la limite de nos sens, la co-existence de deux vérités ne fait pas problème sachant à quel point nous pouvons être facilement trompés, dupés, dans notre appréhension du monde.

VÉRONIQUE ■ Linge représentant le visage du Christ non réalisé de main d'homme (*achéiropoïète* ou *achiropite*). Ce visage aurait produit par impression miraculeuse sur un linge que présentait sainte Véronique à Jésus lorsqu'il montait au Golgotha. Le nom Véronique proviendrait de *vera icon* (= véritable image). Cette scène est méditée dans la sixième station (voir ce mot). Voir aussi Mandilion et Face (sainte).

VERRE À QIDDOUSH ■ Le qiddoush est une prière récitée sur une coupe de vin à l'occasion du chabbat, d'un mariage ou d'une fête. On peut, bien entendu, se servir d'un verre ordinaire, mais pour donner plus de majesté à la prière, on trouve dans le commerce des verres à vin spécialement ornés dont le pied est généralement doré ou en métal précieux.

VERSET ■ Une division de la Bible. Pour faciliter le repérage d'une citation, l'imprimeur Robert Estienne eut l'idée, en 1551, de diviser les chapitres de la Bible en versets. On procède toujours ainsi tant pour l'Ancien que pour le Nouveau Testament. Ainsi, Gn 3, 7-10, renvoie aux versets 7 à 10 du chapitre 3 de la Genèse. La division en chapitres, plus ancienne, est due à Etienne Langton avec la Bible latine de l'Université de Paris (vers 1230).

VERT (COULEUR) ■ C'est la couleur de l'islam car c'est la couleur du Prophète, la couleur des Élus du Paradis (XVIII-31), la couleur des sofas du Paradis (LV-76) et la couleur de la robe d'Ali. Il est donc présent dans les mosquées, sur les drapeaux, etc. Par contre, le vert est rarement utilisé pour les tapis de prière.

VERTU (CONNEXION DES -) ■ Thèse des Pères de l'Église selon laquelle toutes les vertus ont un lien entre elles, si bien que, selon la formule de saint Grégoire le Grand, une « vertu sans les autres soit n'existe pas, soit est imparfaite ».

VERTUS CARDINALES ■ En théologie chrétienne, ce sont la prudence, la tempérance, la force et la justice. Il s'agit de vertus humaines mais ainsi désignées car toutes les autres convergent vers elles.

VERTUS THÉOLOGALES ■ En théologie chrétienne, ce sont la foi, l'espérance et la charité qui sont infusées par Dieu au moment du baptême.

VESAKH ■ Dans le bouddhisme, cérémonie majeure qui se déroule lors de la pleine lune du mois de *vesakha* (avril/mai). Durant cette fête, on célèbre à la fois la naissance de Bouddha, son éveil et sa mort (*parinir-vâna*).

VESPÉRAL ■ Dans la liturgie catholique, livret contenant les prières des offices du soir (complies et vêpres).

VÊTEMENTS SACERDOTAUX ■ Dans la liturgie de l'Église orthodoxe, les principaux vêtements sacredotaux sont l'*analabe*, l'*epitrachelion*, l'*homophorion*, le *phélonion* et le *polystaurion* (voir ces différents mots pour une description).

VÉTÉROTESTAMENTAIRE ■ Désigne ce qui a trait ou se rapporte à l'Ancien Testament.

VÊTURE ■ Dans la religion catholique, prise d'habit par un postulant qui entre dans un ordre religieux.

VETUS LATINA ■ Première traduction en latin, au 2e siècle, de la Septante et du Nouveau Testament. On parle aussi de « Vieille latine ».

VIATIQUE ■ Dans le christianisme, c'est le nom donné à la communion eucharistique apportée aux malades et aux mourants.

VIDYA ■ Dans le bouddhisme, c'est la Triple science (connaissance des existences antérieures, connaissance de la loi de coproduction conditionnée, connaissance de la vie et de la mort).

VIERGE (ICONOGRAPHIE) ■ Dans l'iconographie orthodoxe, les différentes représentations de la Mère de Dieu ont reçu un nom. Ce sont :
Blachernitsa : Vierge Marie en position d'orante que l'on trouve au monastère des Blachernes (à Constantinople).
Catafige : Vierge de refuge.
Eléousa : Vierge de miséricordieuse.
Episkepsis : Vierge protectrice.
Glycophilousa : Vierge au doux baiser.
Haghiosoritissa : Vierge à la sainte ceinture.
Hodighitria : Vierge qui montre le chemin, conductrice.
Oumiliénie : Vierge de tendresse.
Panaghia : Vierge toute sainte.
Pantanassa : Vierge reine du monde.
Paraclesis : Vierge de l'intercession.
Pélagonitssa : Vierge du plateau de Pélagonie (Macédoine).
Peribleptos : Vierge illustre.
Platytera : Vierge orante.
Pokrov : Vierge dont le voile est porté par deux anges (Vierge de protection).
Psychosostria : Vierge du salut des âmes.
Theotokos : Vierge Mère de Dieu (titre décerné par le concile d'Ephèse en 431).

VIEUX CATHOLIQUES ■ Courant religieux de l'Église catholique. Les Vieux Catholiques se sont séparés de Rome après le Concile de Vatican I (1870) car ils refusaient les dogmes de l'infaillibilité papale, de l'Assomption et de l'Immaculée Conception de la Vierge Marie. En outre, ils admettaient le mariage des prêtres. À ne pas confondre avec les « vieux-croyants » qui sont un mouvement schismatique de l'Église orthodoxe russe.

VIEUX-CALENDRISTES ■ Groupe schismatique grec qui a refusé la décision de l'Église de Grèce (en 1923) de suivre le calendrier grégorien plutôt que le calendrier julien pour les fêtes fixes.

VIEUX-CROYANTS ■ Mouvement schismatique de l'Église orthodoxe russe né au 17e siècle suite au schisme (raskol, en russe) engendré par la nouvelle liturgie imposée avec force par le patriarche Nikon. Parmi les nouveautés liturgiques, deux provoquèrent la fureur des *staroviéris* (les « vieux-croyants ») ou schismatiques (*raskolnikis*) : l'obligation de se signer avec deux doigts (au lieu de trois) et les prosternations à deux genoux pendant la lecture de la prière de saint Ephrem.

VIGILE ■ Dans la religion catholique, jour précédant une fête. Jadis c'était un jour d'abstinence ou de jeûne.

VIHARAS ■ Lieu de repos des moines bouddhistes. Pendant la saison des pluies, le moine ne pouvait quitter des frontières prescrites (le *vassavanas*). Le lieu de repos était nommé *aramas* et lorsqu'il fut organisé de manière permanente, il prit le nom de viharas. Plus tard, les viharas furent groupés de manière à former des monastères (*gomas*, en tibétain).

VIJNANAVADA ■ Le Vijnanavada (ou doctrine de la conscience) est aussi appelée *Cittamatra*, « doctrine du rien que pensée », « doctrine de la pensée sans plus » ou, si on insiste sur son aspect pratique, *Yogacara* (école des pratiquants du yoga). Pour cette école, la variété du monde est la manifestation de germes (*bija*) qui ont été déposés dans une « conscience réceptacle » (*alaya-vijnana*) et s'actualisent par la suite. Les principaux penseurs du Vijnanavada sont Asanga, Vasubandhu, Dharmapâma et le pèlerin chinois Hiuan-Tsang (602-664) qui a introduit cette philosophie en Chine.

VIMUKTI ▪ Dans le bouddhisme, c'est le mot qui désigne la délivrance.

VINAYA ▪ Code de discipline bouddhique.

VINÂYAKA ▪ Une divinité mineure (une des douze devas, assimilée au dieu Ganesh).

VINAYAPITAKA ▪ Dans le *Tripitaka* (Canon bouddhique), c'est la Corbeille de la discipline.

VINAYAPITAKA DES DHARMAGUPTAKA ▪ Le livre de la discipline des moines chinois et japonais.

VIPARYAYA ▪ Dans le bouddhisme, c'est le mot qui désigne la méprise.

VIPASHYIN ▪ Un Bouddha terrestre ayant précédé le Bouddha historique (Bouddha de vénération).

VIPASSANA ▪ C'est la plus ancienne forme de méditation qui consiste à analyser la véritable nature des choses, pour en arriver à assimiler le concept de vacuité et parvenir à l'Éveil.

VIPASYIN ▪ Un des Bouddhas terrestre ayant précédé le Bouddha historique (Bouddha de vénération).

VIRUDHAKA ▪ Dans le bouddhisme, un des Quatre Rois Célestes.

VIRUPAKSA ▪ Dans le bouddhisme, un des Quatre Rois Célestes.

VISABHU ▪ Un des Bouddhas terrestre.

VISHVABHÛ ▪ Un des Bouddhas terrestre ayant précédé le Bouddha historique (Bouddha de vénération).

VISHVAPÂNI ▪ Un bodhisattva transcendantal.

VISITATION ▪ Visite faite par la Vierge Marie à sainte Elisabeth alors enceinte de Jean-Baptiste (qui, plus tard, baptisera le Christ). La fête commémorant cet événement est fixée au 31 mai.

VISNU ▪ Une des principales divinités de l'hindouisme. Pour les hindouistes, Bouddha est un avatar de Visnu.

VISUDDHIMAGGA ▪ Le nom pâli du *Chemin de la complète purification* (l'ouvrage clé de Buddhaghosa, moine du 5ᵉ siècle). C'est le plus célèbre traité du Petit Véhicule.

VLADIKO ▪ Dans l'orthodoxie russe, c'est le mot désignant l'évêque.

VOCALISATION ▪ L'hébreu ne s'écrit qu'avec des consonnes ce qui, à la longue, peut poser des problèmes tant au niveau de la prononciation que de la signification des mots. Pour éviter cela, très tôt, les savants juifs décidèrent d'ajouter des voyelles sous forme de petits points et de petits traits sous ou au-dessus des consonnes : c'est ce qu'on appelle la vocalisation. La première vocalisation eut lieu à Babylone (5ᵉ siècle), la seconde, la plus utilisée, eut lieu à Tibériade (9ᵉ siècle). Le groupe de Tibériade (les Massorètes) fixa définitivement les consonnes et les voyelles de la Bible en ajoutant au texte de petits commentaires (les *massores*).

VOCATION ▪ Mouvement intérieur par lequel on se sent appelé par Dieu.

VOIE DU MILIEU ▪ 1. Il s'agit d'un concept fondamental de la pensée de Bouddha. Pour Bouddha, il faut refuser les extrêmes (ni ascèse, ni abondance). Dans son premier discours ne disait-il pas : « Évitez ces deux extrêmes : l'attachement aux plaisirs des sens, qui est bas et vulgaire, et le goût de la mortification, qui est douloureux — l'un et l'autre n'étant d'aucun profit ». 2. Pour l'école de Nagarjuna (« école de la Voie du Milieu ») ou *Mâdhyamika*, la voie du milieu (*Madhyama pratipad*), c'est englober tous les aspects aussi bien le oui que le non, que le non-oui, le non-non, la vérité absolue et la vérité relative.

VOILE ■ 1. La société musulmane est particulièrement pudique tant pour les hommes que pour les femmes. Il est donc conseillé aux uns et aux autres de se couvrir de vêtements amples. Cette habitude a peut-être été prise suite à une longue fréquentation des déserts dans lesquels rien ne protège mieux du soleil qu'un vêtement couvrant. Il est également conseillé de se couvrir la tête par respect pour Dieu (comme c'était également l'habitude dans l'Église catholique jusqu'il y a peu de temps, et comme c'est toujours le cas chez les orthodoxes et chez les juifs ; ce commandement n'a donc rien d'exceptionnel). Dans le Coran, Mahomet s'exprime plusieurs fois par rapport au voile : « Dis aux croyantes de baisser leurs regards, d'être chastes, de ne montrer de leurs atours que ce qui en paraît. Qu'elles rabattent leurs voiles sur leurs gorges ! Qu'elles montrent seulement leurs atours à leurs époux… » (XXIV-31). On a beaucoup discuté de ce que Mahomet entendait par « voile » : en tout cas ce n'était pas le vêtement complet grillagé qui recouvre tout le visage. Au départ, le voile avait essentiellement pour mission d'éviter qu'on ne confonde les femmes du Prophète avec les prostituées. Dans les premiers temps de l'islam, le voile n'avait aucune portée religieuse. Le voile, comme la réclusion, n'avaient pour seul but que d'établir une distinction de classe. 2. Dans la religion orthodoxe, la femme est toujours voilées à l'Église et il n'y a pas si longtemps c'était le cas également pour les catholiques. Beaucoup de religieuses sont, par ailleurs, toujours voilée. Le port du voile dépasse donc de loin la seule religion musulmane.

VORLAGE ■ Mot allemand signifiant « copie ». En exégèse biblique, ce terme désigne un document utilisé comme source par un autre.

VULGATE ■ Traduction de la Bible par saint Jérôme (347-420) de l'hébreu et du grec (lorsqu'il ne possédait pas le texte en hébreu) en latin. Depuis le concile de Trente, elle est considérée comme la Bible officielle de l'Église catholique. Depuis Vatican II, une nouvelle version (la Néo-Vulgate), tenant compte des progrès de l'exégèse et de la découverte de nouveaux documents (par exemple, à Quomran, au bord de la mer Morte), a été rédigée. En 1979, elle a été promulguée Bible de l'Église catholique par Jean-Paul II.

W

WAHDA ■ Mot arabe désignant l'unicité de Dieu (dogme fondamental de l'islam).

WAHHABISME ■ Il s'agit d'un mouvement politico-religieux intégriste né en Arabie en 1744, mais dont les sources sont à chercher au 14ᵉ siècle (chez Ibn Taymiyya, un docteur de l'École hanbalite). Ce mouvement est né de l'alliance d'un chef tribal, Mohammed Ibn Séoud (dont on connaît le prodigieux destin de la famille pour sa mainmise sur l'Arabie Saoudite et ses puits de pétrole), et d'un prédicateur, Mohammed Ibn Abd el-Wahhab (lequel a donné son nom au mouvement). Le wahhabisme, qui règne en maître en Arabie Saoudite, est extrêmement rigoriste et impose aux hommes et aux femmes une conduite de vie et un code vestimentaire, interdit la musique, le cinéma et le tabac mais aussi tout l'islam populaire (culte des saints — dont il détruit les mausolées, usage du chapelet, etc.). Tous ceux qui refusent ce rigorisme sont déclarés hérétiques (aussi bien les chiites que les sunnites). C'est ce mouvement qui a conquis les principales villes saintes de l'Islam (dont La Mecque et Médine) ; c'est ce mouvement également qui extermine tous les « hérétiques » suspectés de s'adonner à la drogue, à la boisson, à la prostitution ou, tout simplement, dont le malheur est d'être nés chiites (c'est ainsi qu'en 1803, la population de la ville sainte chiite de Kerbela est massacrée).

WAKAMIYA HACHIMAN ■ Un *kami* (divinité de la religion japonaise, le *shintô*), identifié au légendaire empereur Ojin. Ce *kami* est considéré par les bouddhistes japonais comme une incarnation du bouddha Amida.

WISÂL ■ Dans le soufisme, c'est l'union mystique entre Dieu et le croyant.

WOUDOU ■ Dans l'islam, c'est le mot qui désigne la purification, l'ablution obligatoire avant la prière ou la lecture du Coran.

WYCLIFISME ■ Doctrine du théologien anglais John Wyclif (1328-1984). Bien avant Luther, il proclamait le sacerdoce universel (ce qui signifie que tous les baptisés sont prêtres et que l'ordination n'est pas un sacrement), l'absence de transsubstantiation au moment de l'eucharistie, l'égalité de tous les pécheurs et aussi… la distribution des biens de l'Église à tous. Il fut condamné par deux fois (concile de Londres en 1382 et concile de Constance 1414-1418). Les prédicateurs itinérants du wyficlisme étaient appelés *lollards* (voir ce mot).

X

XÉNOGLOSSIE ■ Don des langues. Dans le christianisme, c'est la possibilité miraculeuse de comprendre immédiatement une langue étrangère, c'est un des dons procurés par le Saint-Esprit. Le jour de la Pentecôte, les apôtres « parlent en langue » (c'est le fait de parler une langue incompréhensible aux hommes mais compréhensible par Dieu et les anges) et sont compris en diverses langues (xenoglossie). Le Saint-Esprit accomplissait ainsi un double miracle : chez le locuteur d'abord, chez l'auditeur ensuite.

XLYSTY ■ Secte dissidente née du schisme (*Raskol*) dans l'Église orthodoxe russe. Les *xlysty* (ou « Hommes de Dieu ») se caractérisaient par une déification de l'homme, l'attente eschatologique du royaume de Dieu et par des conduites érotiques diverses (bien que non prouvées). Cette secte secrète n'a laissé ni écrits, ni hérésiarque historique ; ceci explique que de nombreux « explorateurs » ont laissé libre cours à leur imagination pour en parler (comme ce fut le cas pour toutes les sectes secrètes : les vaudois, les yézidis, les ophites, etc.). Cette secte serait à l'origine de la secte des *skoptzy*.

XP ■ Monogramme du Christ.

XUANZANG ■ Pèlerin chinois parti en Inde (629-645)pour étudier le véritable bouddhisme. Il fréquente la célèbre université de Nalanbda et rapporte de son voyage de très nombreux documents. Ceci explique que certains textes bouddhiques ne sont plus disponibles aujourd'hui qu'en chinois. Il est aussi connu sous le nom de Hiuan-Tsang ou de Siun-Tsang.

Y

YAB-YUM ■ Union mystique « père-mère » qui consiste en la représentation d'un *bodhisattva* accouplé à sa *shakti* (son énergie féminine représentée par une déesse).

YAD VACHEM ■ C'est, à Jérusalem, sur le mont du Souvenir, le mémorial de la Shoah. Ce mémorial a pour but de perpétuer le souvenir des victimes, de rassembler le témoignage des survivants, d'illustrer des épisodes héroïques, de rendre hommage aux « Justes des nations », etc. Le nom Yad Vachem est tiré du verset d'Isaïe : « J'accorderai, dans ma maison et dans mes murs, un monument, un titre (...) ; je leur accorderai un nom éternel, qui ne périra point. » (Isaïe, 56,5)

YAKSAS ■ Dans le bouddhisme, demi-dieux (sauvages et farouches).

YAMÂNTDAKA ■ Dans le bouddhisme, un Roi de Science Magique.

YAMARÂHA ■ Dans le bouddhisme, un roi des enfers.

YAMIN NORAÏM ■ Dans le judaïsme, les dix jours redoutables (entre Rosh Hachana et Yom Kippour).

YÂNA ■ Mot sanscrit, utilisé dans le bouddhisme, pour désigner le « véhicule ».

YANTRA ■ Dans le bouddhisme du Véhicule du Diamant, images ou diagrammes utilisés pour initier la méditation. Ces supports de méditation sont les prédécesseurs des mandalas qui sont des figures bien plus complexes.

YATRAS ■ Dans la méditation bouddhique, une position symbolique de contrainte du souffle.

YAZIDISTE ■ Voir yezidis.

YECHIVA ■ École talmudique de niveau avancé où on étudie la Torah et surtout le Talmud (au pluriel : *yechivoth*). On écrit aussi yeshiva.

YEZIDIS ■ Secte musulmane qui n'est ni chiite, ni sunnite. Elle prend naissance après la bataille de Kerbela où al-Hussein, le petit-fils de Mahomet, fut tué. Elle doit son nom au calife Omeyyade Yazîd, qui régnait alors. La doctrine des yezidis, très œcuménique, est un mélange de données provenant de plusieurs religions : juive, chrétienne, musulmane, zoroastrienne, sabéenne, manichéenne et gnostique. La religion est monothéiste mais Dieu est entouré de sept anges dont le plus important est Satan, réhabilité. Aujourd'hui, les yezidis, des Kurdes, sont surtout disséminés autour de Mossoul (Irak) et d'Alep (Syrie). Pour les musulmans, les yezidis sont tout simplement des adorateurs du Diable.

YHVH ■ C'est le seul nom véritable du Dieu des juifs. C'est le nom que Dieu (*Adonaï*) se donne au moment de sa révélation à Moïse lors de l'épisode du buisson ardent. C'est aussi le nom qu'il se donne, plus tard, lors de la sortie d'Égypte, etc. Ce nom est le Tétragramme divin qui, depuis le 3ᵉ siècle avant l'è.c., n'est plus jamais prononcé à voix haute mais lu comme *Adonaï* (Seigneur). En appliquant au Tétragramme divin la vocalisation d'Adonaï, on obtient

YaHoVaH, c'est-à-dire Jéhovah. En lui appliquant une autre vocalisation, on obtient YaHVeH. À l'époque du Temple, seul le grand prêtre pouvait prononcer le Tétragramme divin à Yom Kippour à condition qu'il se trouve dans le Saint des Saints (la partie la plus sacrée du Temple, à laquelle seul le grand prêtre avait accès).

YIDAM ■ Déité d'élection du bouddhisme (comme, par exemple, Târâ). Dans le bouddhisme tibétain, elle est aussi un Refuge (le nombre de Refuges y est passé de trois à six). La divinité d'élection est choisie avec soin car elle est le vecteur de la croissance spirituelle. Voir aussi l'article sur le bouddhisme tibétain.

YIHOUDIM ■ Mot hébreu signifiant « unions ». Les *yihoudim* sont des exercices de méditation pratiqués par certains kabbalistes.

YIZKOR ■ C'est un office commémoratif (« que Dieu se rappelle… ») à la mémoire des parents, des martyrs de la première croisade (1096 è.c), des victimes de la shoah. Cet office est célébré à Yom Kippour et selon les traditions à d'autres dates de l'année (le 4e jour de Pessah, le 8e jour de Souccoth, etc.). Il est de tradition qu'en ces jours de commémoration beaucoup de Juifs ferment leur magasin et s'abstiennent d'activités professionnelles. À la synagogue, au moment du Yizkor, les Juifs ayant encore leurs deux parents quittent l'office.

YOGA ■ Technique permettant de parvenir à la méditation. Le yoga enseigné en Europe est seulement la phase préliminaire à la méditation, celle permettant de se mettre dans les meilleurs conditions physiques pour commencer à méditer. La pratique du Yoga a été imaginée il y a plus de 4000 ans. Déjà Yajnavalkya prescrivait qu'à un certain âge on se retire dans les forêts en vue de s'adonner à la contemplation mystique. Bouddha, lui aussi, pratiquait le yoga. Son premier maître, Alara Kamala, était un adepte du yoga et lorsqu'il pratiquait celui-ci, « assis au bord du chemin, il ne prenait pas conscience d'une caravane de cinq cents chariots passant auprès de lui dans leur vacarme ». Lorsqu'il atteignit l'Éveil, Bouddha était en méditation, en posture de yoga, sous un arbre (l'arbre de la Bodhi). Cependant, ni de l'ascèse, ni du yoga Bouddha ne nous parle beaucoup, sans doute parce qu'il préconise toujours la « voie du milieu » qui n'est ni de la pure méditation, ni de l'ascèse stérile. Ce que nous savons du Yoga à l'époque de Bouddha, nous le devons essentiellement aux *Aphorismes sur le Yoga* de Patañjali. En religion, toute voie menant à la connaissance de Dieu peut être appelée Yoga. Il existe plusieurs types de yoga et plusieurs stades dans sa pratique. En Occident, lorsqu'on parle de yoga, on a généralement en vue le Hatha-Yoga, le « yoga corporel » basé sur l'association d'exercices physiques et de techniques respiratoires. Il faut savoir que ce yoga — absent de toute dimension spirituelle — n'est, pour les Indiens, qu'une phase préparatoire au yoga méditatif, c'est-à-dire, au stade élémentaire, l'isolement de la conscience des sensations physiques. À un stade plus avancé, c'est l'isolement de la conscience des pensées mentales. En fin de compte, au quotidien, le yoga sert essentiellement à contrôler nos attitudes mentales et nos émotions. À un stade plus achevé, il permet d'atteindre d'autres sphères de la conscience. Pour les bouddhistes, le yoga n'est jamais « l'union de l'être individuel au principe suprême » mais simplement une technique de méditation qui, accessoirement, épuise les passions.

YOGA DANS LE BOUDDHISME ■ Dans le bouddhisme, les quatre techniques de yoga sont les *dhyâna* (méditation), les *samâdhis* (méditation profonde : exercices conduisant à l'unification de la pensée), les *sama-*

pattis (exercices de méditation permettant d'arriver à un niveau d'intériorité défini) et les *bhâvanâs* (les créations psychiques : la méditation est poussée jusqu'à ce que la représentation soit aussi claire qu'une vision réelle de l'objet comme, par exemple, la méditation sur le cadavre destinée à renforcer le sentiment d'impermanence.

YOGA DU RÊVE ■ Il s'agit d'une des « Six doctrines de Naropa » (ascète et professeur à l'université bouddhique de Nâlandâ, 1016-1100) qui consiste à utiliser les images du rêve (*milam*) pour développer sa spiritualité. En exerçant une influence sur ses propres songes, le fidèle en arrive à considérer l'état de veille comme un simple rêve. On saluera cette découverte de Naropa (le « rêve éveillé ») qui est utilisée fréquemment par les psychothérapeutes et psychanalystes dans différentes indications.

YOGÂCÂRA ■ Une des écoles du bouddhisme fondée par Asanga et son frère Vasubandhu. Elle est aussi appelée école *Vijnanavada*. Le *Madhyamaka* (ou « École de la voie moyenne ») reproche au *Vijnanavada* d'introduire dans sa philosophie un absolu positif, un soi, un *atman* alors que le *Vijnanavada* reproche au *Madhyamaka* d'être nihiliste.

YOGAM ■ Dans l'Église catholique syromalabare, c'est le mot qui désigne la réunion, l'assemblée.

YOGASÛTRA ■ Les aphorismes du Yoga. Ce texte, attribué à Patañjali, constitue le premier traité de base du Yoga.

YOM KIPPOUR ■ Fête juive. Le jour de l'expiation, le jour du grand pardon est le jour le plus saint du calendrier juif. Ce jour, Dieu accorde son pardon pour les péchés commis contre lui. Par contre, chacun doit demander personnellement pardon aux personnes offensées ou lésées (dans ce cas, le responsable de l'injustice doit également réparation). Toute la journée se passe à la synagogue en prières et supplications afin d'obtenir le pardon et une « bonne inscription » dans « le livre de la vie et de la mort » pour l'année à venir. Certains Juifs récitent même des prières de commémoration toute la nuit. Un jeûne strict de 25 heures est obligatoire pour les adultes et cela même si la fête tombe un jour de chabbat. C'est également le jour où chacun se confesse (rappelons que la confession juive n'a pas besoin, comme chez les chrétiens catholiques, d'intermédiaire entre Dieu et l'homme). Pour Yom Kippour le respect des cinq règles de mortification est obligatoire (pas de nourriture, pas de relations sexuelles, pas de chaussures en cuir, pas de cosmétiques, pas de nettoyage du corps, sauf les yeux et les mains).

YOURIDIVI ■ Mot russe pour désigner les « fols en Christ » (voir cette expression).

Z

ZAFU ■ Dans le bouddhisme zen, coussin rond sur lequel on s'assied pour pratiquer le *zazen* (méditation assise).

ZÂHIR ■ En exégèse coranique, c'est ce qui est apparent (en opposition à ce qui est caché, ésotérique ou, en arabe, *bâtin*).

ZÂHIRITE ■ École juridique musulmane. Cette école avait pour principe de ne s'appuyer que sur la signification littérale (*zâhir*) du Coran et de la tradition du Prophète. Elle rejetait toutes les autres techniques d'élaboration du droit (raisonnement personnel, analogie, consensus, etc.) et cela quelles qu'en soient les conséquences pratiques. Pour l'école zâhirite, il était beaucoup trop dangereux en matière de religion de suivre l'avis de n'importe quel homme (à l'exception du Prophète), c'est-à-dire de n'importe quel consensus des hommes. C'est la raison pour laquelle elle n'acceptait ni *ijtihâd* (la réflexion personnelle), ni le *taqlîd* (l'imitation des anciens). On comprendra aisément que, ne voulant suivre ni les uns, ni les autres, cette école n'a pas survécu.

ZAÏDITES ■ Membres d'un courant religieux musulman sunnite qui vénère cinq imâms. Ils mettent l'accent sur la fidélité à la tradition (*sunna*) et se considèrent comme orthodoxes par rapport au chiites.

ZAKÂT ■ Chez les musulmans, cette aumône légale est une sorte d'impôt « purifiant » dont le montant est déterminé par le Coran en fonction des biens possédés (or, argent, récolte, troupeau, arbres fruitiers, etc.). Il y a (comme pour l'impôt actuel) un seuil minimum d'imposition ; ensuite cet impôt est progressif et variable selon les biens. Plusieurs passages du Coran sont consacrés à l'aumône légale, dont le montant ne peut en principe être utilisé que pour des œuvres charitables ou humanitaires. En principe, le Coran distingue l'aumône légale (*zakât*) de l'aumône volontaire (*sadaqa*).

ZAMZAM (PUITS DE -) ■ Puits situé non loin de La Mecque. C'est grâce à l'eau de ce puits qu'Ismaël fut sauvé de la mort. La source de Zamzam est, aujourd'hui encore, intégrée dans le pèlerinage de La Mecque. À cette source sont rattachés les souvenirs d'Adam, d'Abraham et d'Ismaël. La légende dit aussi que c'est le grand-père de Mahomet qui était chargé de donner à boire l'eau du puits de Zamzam aux pèlerins qui venaient à la Kaba. Cette tradition s'est perpétuée jusqu'à aujourd'hui. L'islam populaire affirme aussi que tremper son vêtement dans l'eau de la Zamzam facilite l'entrée au Paradis. Les courses entre les deux collines sacrées de Safâ et de Marwa (non loin de La Mecque) qu'effectue tout croyant lors du *hajj*, rappellent la course qu'effectua Agar, la concubine d'Abraham, à la recherche d'eau pour sauver son fils Ismaël. Pour sauver l'enfant, l'ange Gabriel creusa la terre d'où jaillit la source.

ZAND ■ Traduction en langue pehlvi (persan) et commentaires de l'Avesta (le livre sacré des zoroastriens).

ZANDAQA ■ Mot arabe pour désigner la doctrine des manichéens (aussi appelée *al-mânawiya*).

ZAPONE ■ Plaque ou camée orné d'une image pieuse. Ce terme est parfois utilisé pour désigner une icône sur métal.

ZARATHOUSTRA ■ Voir Zoroastrisme.

ZARDHUSHTIS ■ Communauté zoroastrienne (mazdéenne) dans l'Iran actuel.

ZAWIYA ■ Centre religieux islamique.

ZAZEN ■ Dans le bouddhisme, c'est la méditation en position assise.

ZAZEN (FAIRE -) ■ C'est s'asseoir confortablement dans la position du Lotus (position assise, jambes repliées), faire le vide autour de soi et entrer en méditation. Remarquons, qu'il y a unanimité des écoles pour affirmer que s'asseoir et méditer sont deux choses différentes : ce n'est que dans des conditions très précises qu'elles n'en font qu'une.

ZÉÏR ANPIN ■ Mots hébreux signifiant « petite face ». Dans la kabbale, Zéïr Anpin représente la conduite divine basée sur la justice. Dans le processus de personnification divin (*partsouf*), Zéïr Anpin personnifie l'ensemble des six dernières *séfiroth* (émanations – ou énergies – du Dieu infini).

ZÉLOTES ■ Ce sont, au premier siècle, les partisans d'une résistance armée à Rome. Résistance voulue implacable, quel qu'en soit le prix, y compris la mort. Le mouvement zélote, extrêmement pieux et messianique, estimait que toute acceptation d'un pouvoir païen relevait de l'apostasie. Ne pouvant plus résister à l'occupant romain, mais décidés à aller jusqu'au bout de leurs convictions religieuses, les derniers partisans de ce mouvement se sont suicidés en 74 è.c., dans la forteresse de Massada (près de la mer Morte), bien que le suicide soit interdit par la religion juive. Aujourd'hui, la forteresse de Massada est un haut lieu de la mémoire nationale israélienne (au même titre que la forteresse de Bethar, près de Jérusalem, où s'achève, en 135, une autre révolte contre les Romains, celle de Bar Kokhba).

ZEN ■ Au départ, ce mot est la traduction en japonais du mot méditation (*dhyâna*). Sous l'influence chinoise (*chan*) puis japonaise (*zen*), ce mouvement est devenu une véritable école de pensée qui privilégie l'instantanéité par rapport à l'exégèse des textes. Les quatre concepts doctrinaux du zen sont : 1. La transmission spéciale en dehors des écritures orthodoxes. C'est-à-dire surtout de maître à élève. 2. L'indépendance à l'égard des mots et des lettres. La transmission peut se faire à partir d'un geste, d'un cri, d'un sourire. 3. L'action directe vers le cœur de l'homme. 4. La contemplation de sa propre nature et la réalisation de l'état de bouddha.

ZEN (ÉCOLES) ■ Les deux principales écoles zen sont l'école Sôto (qui base son enseignement sur la méditation *zazen*) et l'école Rinzaï (qui base son enseignement sur la méditation *zazen*, le *mondo* et les *koans*). L'école Rinzaï a été fondée par Ensaï, en 1191. L'école Sôto lui est postérieure. Elle a été fondée en 1227 par Eihei Dogen ; il s'agit, en quelque sorte, d'un retour aux sources indiennes : seule la méditation (*dhyâna*) permet de parvenir à l'éveil.

ZEN ET ZAZEN ■ Le bouddhisme zen est apparu d'abord en Chine (sous le nom de *chan*) sous l'inspiration du moine Bodhidharma pour ensuite se développer (survivre, disent certains) au Japon sous le nom de zen. Selon Bodhidharma, l'Éveil peut être obtenu autrement que par de longues études doctrinales, simplement par la méditation laquelle s'effectue en position *zazen* (position du lotus, assis en tailleur, jambes repliées ; c'est la position qu'adopta Bouddha pour parvenir à l'Éveil).

Pour les adeptes du bouddhisme zen, l'Éveil (ici appelé *Satori*) s'obtient subitement mais nécessite un long apprentissage sous la conduite d'un maître, lequel n'hésite pas à utiliser des *koans* ou énigmes (école Rinzaï) ou à frapper le méditant au moyen d'un bâton spécial (le *kyosaku* ou bâton d'éveil). Le maître utilise le *kyosaku* quand l'élève tient mal la posture ou que trop de pensées l'assaillent. Le point classiquement stimulé se trouve à la base du cou, en haut des épaules. Le zen se distingue du bouddhisme traditionnel par plusieurs points : il estime les rites inutiles, la confrontation intellectuelle avec la doctrine sans nécessité mais, par contre il donne la priorité à l'expérience de l'Illumination subite. Très connu en Occident, le bouddhisme zen y a trouvé un vaste écho grâce à son art du dépouillement (peinture, art floral, décoration, etc.) et à sa sensibilité à la nature (les jardins japonais, etc.). Dans le zen, la parole est loin d'être nécessaire : un regard, un coup de bâton, un geste suffisent parfois à apporter l'Illumination. Les « théoriciens » du zen font remonter cette pratique au sermon de Bouddha sur le pic du Vautour. Alors qu'une assemblée importante s'était réunie autour de l'Éveillé pour entendre son discours, celui-ci se serait contenté de lever une fleur en l'air, sans dire un mot. Seul un disciple (Kâshyapa) aurait eu la brusque Illumination et, selon les adeptes du zen, le Bouddha le confirma — sous le nom de Mahâkâshyapa — en tant que premier patriarche indien de la ligne de transmission du zen. Qu'est-ce que le zen ? À cette question, posée par un disciple à son maître, la réponse du maître peut être « trois livres de lin », « une nouille qui pourrit », « un vase puant » ou n'importe quoi d'autre. Le maître zen n'apporte jamais d'explication rationnelle mais a pour fonction de désarçonner son disciple afin qu'il parvienne à l'Éveil (Satori). La formule « magique » du zen est : soyez spontanés, éliminez la réflexion, privilégiez l'intuition.

ZÉON ■ Dans la liturgie orthodoxe, c'est le récipient qui contient l'eau bouillante que l'on verse dans le vin consacré avant la communion. Cette eau bouillante rappelle la présence du Saint-Esprit au mystère eucharistique.

ZOHAR ■ Le livre de la « Splendeur » est l'œuvre de base de la mystique juive et de la kabbale. Considéré comme un livre canonique, il trouve sa place à côté de la Bible et du Talmud. De nombreux passages de ce livre ont été introduits dans la liturgie de la synagogue. Cet ouvrage n'a commencé à circuler qu'au 13e siècle. Il s'agit, selon les spécialistes, soit de l'œuvre de Moïse ben Chem Tov de Léon (dit Moïse de Léon), un mystique du 13e siècle, soit de l'œuvre de Rabbi Siméon bar Yohaï, célèbre Maître du 2e siècle de notre ère ayant vécu en Galilée, un des auteurs de la Michnah. La réponse à « Qui est l'auteur du Zohar ? » n'est pas claire bien qu'aujourd'hui la plupart des spécialistes plaident plutôt pour une compilation au 13e siècle à partir d'éléments de sources diverses (le Zohar serait donc un corpus littéraire réuni sous un titre). Le livre relate principalement des discussions entre Bar Yohaï et ses disciples. Ces discussions sont des commentaires du Pentateuque, du Cantique des Cantiques, du livre de Ruth et du livre des Lamentations. Les thèmes sont principalement la connaissance de Dieu ainsi que la compréhension des dix principaux attributs de Dieu : les *séfiroth*. Le Zohar opère selon deux grands principes : la Torah parle des choses d'en bas, mais se réfère en réalité aux choses d'en haut. Outre le sens patent du texte, chaque mot possède un sens caché qu'il s'agit de scruter et de dévoiler.

ZOROASTRISME ■ Religion perse aussi connue sous le nom de mazdéisme (du nom du dieu Ahura Mazda qui a créé le ciel et la terre et dont Zoroastre était le prophète). Elle a été pendant plus de deux mille ans la religion de l'Iran, jusqu'à la conquête arabe. Le mazdéisme (autre nom du zoroastrisme), pour autant qu'on puisse le dater, est donc presque contemporain du judaïsme et bien antérieur au bouddhisme, au christianisme et à l'islam. Signalons que ce sont des rois perses zoroastriens (Cyrus, Darius et Artaxerxès) qui sont à l'origine du renouveau de la religion juive après son effondrement suite à l'Exil à Babylone. L'une des maximes des zoroastriens étant que « la vérité n'appartient à aucun peuple ; à aucun pays, à aucune race ». Résumée en quelques mots, la doctrine du mazdéisme est la suivante. Deux dieux, nés d'un même père, Ohrmazd (bon et parfumé) et Arhiman (mauvais et puant), s'opposent de toute éternité. La terre est créée pour servir de théâtre aux combats. La création se fait en six stades et le couple primordial naît d'une rhubarbe. L'existence des hommes est gâchée par les démons. À la naissance de Zarathoustra (un contemporain de Bouddha), Ahriman et ses démons s'enfuient sous terre. Le livre sacré des mazdéien est l'Avesta ou « science » écrit dans une langue proche des Védas (les livres saints de l'hindouisme). Du point de vue liturgique, vers l'âge de 10 ans, tout enfant zoroastrien reçoit un cordon qu'il noue autour de la taille (pour séparer les deux parties du corps) ; il ne le quittera plus. De très nombreux rites et commandements positifs et négatifs (comme chez les juifs) font partie de l'organisation sociale et liturgique de cette religion. Du point de vue social, le mariage était obligatoire et spécialement recommandé au sein de la famille. Il est intéressant de noter que cette religion, qui n'a plus guère d'importance aujourd'hui, pourrait se glorifier de la sauvegarde de notre héritage culturel grec. Lorsque les premiers califes abbassides prirent possession de la Perse, ils eurent à trouver une « formule » qui leur assurait la sympathie des zoroastriens. L'une de celles-ci consista à traduire en arabe tous les textes grecs. En effet, pour les zoroastriens, toutes les connaissances humaines (y compris donc la culture grecque) trouvent leur origine dans les Avesta. Traduire les écrits grecs (en quelques sortes pillés aux Perses), c'était faire revenir au bercail un peu du contenu des Avesta. Manœuvre qui ne pouvait que plaire aux zoroastriens. À l'époque de Mahomet, le zoroastrisme était la religion d'État de l'Empire Perse des Sassanides. En Iran, l'islam a complètement remplacé le zoroastrisme mais il reste, aujourd'hui, quelques dizaines de milliers de zoroastriens en Iran. On en trouve également en Inde.

ZWINGLIANISME Doctrine religieuse de Zwingli (exposée en 1523), lequel a introduit la Réforme protestante à Zurich. Plus radicale que le luthéranisme, cette doctrine présentait la messe comme une simple commémoration du sacrifice du Christ et finit par l'abolir. Elle ne conserve qu'un seul sacrement, le baptême. Cette doctrine a influencé le calvinisme (voir ce mot).

Bibliographie

A. Dictionnaires, anthologies et encyclopédies

- Albani (Paolo) et Buonarroti (Berlinghiero). Dictionnaire des langues imaginaires. Les Belles Lettres. 2001. 576 pages.
- Aletti (Jean-Noël) et coll. Vocabulaire raisonné de l'exégèse biblique. Cerf. 2005. 160 pages.
- Arguillère (Stéphane). Le vocabulaire du bouddhisme. Collection « Vocabulaire de … ». Ellipses. 2002. 126 pages.
- Atias (J.-C.) et Benbassa (E.) Dictionnaire de civilisation juive. Les Référents. 346 pages. Larousse. 1998.
- Bazin (Germain). Dictionnaire des styles. Somogy. 1987. 400 pages.
- Bebe (P.) Isha. Dictionnaire des femmes et du judaïsme. Calmann-Lévy. 2001. 440 pages.
- Boëlle (Cathy) et coll. Petit dictionnaire des religions. Comprendre les quatre grandes religions du monde. Pocket jeunesse, n° 1299. 2004. 220 pages.
- Bricout (J.). Dictionnaire pratique des connaissances religieuses. Librairie Letouzey et Ané. 1925. 6 tomes + suppléments. ± 10 000 pages.
- Cabanel (Patrick). Les mots de la religion dans l'Europe contemporaine. Presses universitaires du Mirail. 2001. 128 pages.
- Cannuyer (Christian) et coll. Dictionnaire illustré de la Bible. Bordas. 1990. 600 pages.
- Catéchèse orthodoxe. Vocabulaire théologique orthodoxe. Cerf. 1985. 206 pages.
- Chavot (Pierre). Le dictionnaire de Dieu. Éditions France Loisirs. 2005. 754 pages.
- Chebel (Malek). Dictionnaire des symboles musulmans. Albin Michel. 2000. 502 pages.
- Cornu (Philippe). Dictionnaire encyclopédique du bouddhisme. Seuil. 2001. 842 pages.
- Dailly (J.). Dictionnaire biblique. Desclée. 1964. 1260 pages (+ cartes).
- di Nola (Alfonso M.). Le Livre d'Or de la Prière de tous les peuples et de tous les temps. Marabout université, n° 37. S.d. 380 pages.
- Dictionnaire critique de théologie (sous la direction de Jean-Yves Lacoste). Collection « Quadrige ». PUF. 2002. 1314 pages.
- Dictionnaire d'éthique et de philosophie morale (sous la direction de Monique Canto-Sperber). PUF. 2001. 1810 pages. L'ouvrage a été repris dans la collection « Quadrige » PUF en 2004.
- Dictionnaire de l'histoire du christianisme. Encyclopædia Universalis. Albin Michel. 2000. 1174 pages.
- Dictionnaire de l'homophobie (sous la direction de Louis-Georges Tin). PUF. 2003. 452 pages.
- Dictionnaire de l'Islam. Encyclopædia Universalis. Albin Michel. 1997. 922 pages.
- Dictionnaire de la sagesse orientale. Collection « Bouquins ». Robert Laffont. 1989. 752 pages.
- Dictionnaire du Bouddhisme. Encyclopædia Universalis. Albin Michel. 1999. 658 pages.
- Dictionnaire encyclopédique du judaïsme. Bouquins. Cerf/Robert Laffont. 1996. 1636 pages.
- Dictionnaire historique du Japon. Maison franco-japonaise. Maisonneuve & Larose. 2002. 2 tomes. 2994 pages.
- Dictionnaire illustré de la Bible. Bordas. 1990. 600 pages.
- Dreyfus (Anne-Marie). Lexique pour le Dialogue. Cerf. 2000. 262 pages.
- EDMA. Encyclopédie du monde actuel. Les chrétiens. Livre de Poche, n° 4463. 1976. 252 pages.
- Encyclopædia Judaica. Jérusalem. 1972 (20 volumes).
- Encyclopédie de philosophie universelle (sous la direction d'André Jacob). PUF. 1998. 4 tomes.
- Fouilloux et coll. Dictionnaire culturel de la Bible. Marabout, n° 8549. 1995. 344 pages. (Existe également en édition illustrée aux éditions Cerf-Nathan. 1999).
- Frédéric (Louis). Dictionnaire de la civilisation indienne. Robert Laffont. Collection « Bouquins ». 1994. 1276 pages.
- Frédéric (Louis). Les dieux du bouddhisme. Guide iconographique. Flammarion. Collection « Tout l'art ». 2001. 358 pages.
- Histoire des mœurs (sous la direction de Jean Poirier). Folio histoire n° 109 à 114. 6 volumes. 2002. 5152 pages.
- Hôbôgirin. Dictionnaire encyclopédique du bouddhisme d'après les sources chinoises et japonaises. Maison Franco-japonaise. Tokyo et Librairie d'Amérique et d'Orient Maisonneuve. 1930- ?. L'ouvrage contient plusieurs fascicules et est loin d'être terminé.
- Huet (Gérard). Lexique sanscrit-français à l'usage de glossaire indianiste. Ce lexique sanscrit-français, de plus de 350 pages, régulièrement mis à jour, comprenant également la

transcription dans l'alphabet phonétique deva-nagari, est disponible en téléchargement à l'adresse suivante : http://sanskrit.inria.fr

■ Khoury (Adel T.) et coll. Dictionnaire de l'Islam. Brepols. 1995. 366 pages.

■ Laby (Georges). Dictionnaire encyclopédique de la Kabbale. Éditions Lahy. 2005. 576 pages.

■ La Bible. Édition du rabbinat français sous la direction de Zadoc Kahn. Colbo. 1966. 1222 pages.

■ Lacoste (Jean-Yves). Dictionnaire critique de théologie. PUF Quadrige. 2002. 1314 pages.

■ Léon-Dufour (Xavier). Dictionnaire du Nouveau Testament. Seuil. Collection « Livre de Vie », n° 131. 1978. 574 pages.

■ Le Code noir. L'esprit frappeur. 2000. 62 pages

■ Le Pentateuque. La Bible d'Alexandrie. Folio essais, n° 419. 2003. 874 pages.

■ Le trésor du Zen. Textes de Maître Dogen commentés par Taisen Deshimaru. Albin Michel. Collection « Spiritualités vivantes », n° 203. 2003. 374 pages.

■ Les danses sacrées. Anthologie. Seuil. Collection « Sources orientales ». 1963. 496 pages.

■ Les religions. Les dictionnaires marabout université. 1974. 660 pages.

■ Le Tourneau (Dominique). Les mots du christianisme. Fayard. « Bibliothèque de culture religieuse ». 2005. 742 pages.

■ Lebrun (François) et coll. Les grandes dates du christianisme. Larousse. Collection « Essentiels ». 1989. 216 pages.

■ Mathieu-Rosay (Jean). Dictionnaire du christianisme. Marabout Histoire, n° 493. 1990. 316 pages.

■ Mourre (Michel). Le Petit Mourre. Bordas. 2004. 1424 pages.

■ Norman (Pierre). Dictionnaire chronologique des papes. Maxi-poche. Collection « Histoire ». 2003. 248 pages.

■ Norman (Pierre). Dictionnaire encyclopédique de la Bible. Maxi-poche. Collection « Connaissance ». 2005. 414 pages.

■ Nyanatiloka. Vocabulaire bouddhique de termes et doctrines du Canon pâli. Adyar-Paris. 1961. 336 pages.

■ Paroles du Bouddha tirées de la tradition primitive. Textes choisis, présentés et traduits du chinois par Jean Eracle. Collection « Sagesses », n° 40. Seuil. 1991. 246 pages.

■ Potin (Jacques) et coll. Dictionnaire des monothéismes. Bayard. 2003. 560 pages.

■ Poupard (Paul) et coll. Dictionnaire des religions. P.U.F. 1985. 1838 pages.

■ Rahner (K.) et Vorgrimler (H.). Petit dictionnaire de théologie catholique. Cerf. Collection « Livre de Vie », n° 99. 1970. 508 pages.

■ Renard (Xavier). Les mots de la religion chrétienne. Belin. Collection « Le français retrouvé ». 1993. 512 pages.

■ Rops (Daniel). La Bible apocryphe. Choix de textes. Cerf-Fayard. 1975. 338 pages.

■ Salchiero (Patrick) et coll. Dictionnaire des miracles et de l'extraordinaire chrétien. Fayard. 2002. 888 pages.

■ Sèngué (Tcheuky). Petite encyclopédie des divinités et symboles du bouddhisme tibétain. Claire Lumière. 2002. 536 pages.

■ Sfeir (Antoine) et coll. Dictionnaire mondial de l'islamisme. Plon. 2002. 518 pages.

■ Sourdel (D. et J.). Dictionnaire de l'islam historique. PUF. 1996. 1010 pages

■ Sourdel (D. et J.). Vocabulaire de l'islam. PUF. « Que sais-je ? » 2002. 128 pages.

■ Suire (Éric). Vocabulaire historique du christianisme. Armand Colin. 2004. 234 pages.

■ Talmud Berakhot I. Édition de A. Steinsaltz. Pocket n° 11242. 2001. 484 pages.

■ Théo. L'Encyclopédie catholique pour tous. Droguet & Ardant/Fayard. 2003. 1328 pages.

■ Thiollier (Marguerite-Marie). Dictionnaire des religions. Marabout université, n° 375. 1982. 384 pages.

■ Thoraval (Yves). ABCdaire de l'Islam. Flammarion. 2000. 120 pages.

■ Thoraval (Yves). Dictionnaire de Civilisation musulmane. Larousse. 2001. 344 pages.

■ Thibaud (Robert-Jacques). Dictionnaire des religions. Maxi-poche. Collection « Références ». 2000. 286 pages.

■ Touati (François-Olivier). Vocabulaire historique du Moyen Âge. 2002. 334 pages.

■ Vernette (Jean) et Moncelon (Claire). Dictionnaire des groupes religieux aujourd'hui. PUF. Collection « Quadrige ». 2001. 252 pages.

■ Weber (Edgar). Petit dictionnaire de mythologie arabe et des croyances musulmanes. Éditions Entente. 1996. 386 pages.

■ Werckmeister (Jean). Petit dictionnaire de droit canonique. Cerf. 1993. 240 pages.

B. Ouvrages consacrés aux bouddhismes

■ Brahimi (Richard) et Grison (Guylaine). Guide pratique du bouddhisme. J'ai lu, n° 4593. Collection « Aventure secrète ». 1997. 254 pages.

■ Crépon (Pierre). Le bouddhisme et la spiritualité orientale. Pocket n° 4784. Collection « L'âge d'être ». 1994. 224 pages.

■ Crépon (Pierre). Les fleurs de Bouddha. Anthologie du bouddhisme. Albin Michel. Spiritualités vivantes, n° 88. 1998. 312 pages.

■ Arvon (Henri). Le bouddhisme. PUF. Collection « Que sais-je ? ». 1991. 128 pages.

■ Bareau (André). La voix du Bouddha. Philippe Lebaud. Collection « Les intemporels ». 2001. 192 pages.

■ Bareau (André). Les premiers conciles bouddhiques. Annales du Musée Guimet. PUF. 1955. 150 pages.

■ Bechert (Heinz) et Gombrich (Richard). Le monde du bouddhisme. Thames et Hudson. 1999. 294 pages.

■ Bercholz (S.) et Chödzin Kohn (S.). Pour comprendre le bouddhisme. Pocket n° 4794. 1995. 428 pages.

■ Blondeau (Anne-Marie) et Buffetrille (Katia). Le Tibet est-il chinois ? Albin Michel. Sciences des religions. 2002. 476 pages.

■ Bokar Rimpotché. Chènrézi. Nature de la divinité. Principes et méthodes de la médiation. Claire Lumière. 1994. 102 pages.

■ Boisselier (Jean). La sagesse du Bouddha. Gallimard. Collection « Découvertes », n° 194. 2001. 192 pages.

■ Borges (Jorge Luis) et Jurado (Alicia). Qu'est-ce que le bouddhisme ? Folio. Collection « Essais », n° 293. 1996. 124 pages.

■ Brosse (Jacques). L'univers du Zen. Albin Michel. 2003. 284 pages.

■ Bugault (Guy). L'Inde pense-t-elle ? PUF. 1994. 352 pages.

■ Burnouff (E) et Lassen (C). Essai sur le pâli ou Langue sacrée de la presqu'île au-delà du Gange. Librairie orientale de Dondey-Dupré Père et fils. 1826. 222 pages + annexes.

■ Bussagli (Mario). L'art du Gandhâra. La pochothèque. 1996. 544 pages.

■ Chan (Victor). Tibet. Le guide du pèlerin. Édition Olizane. Les guides du voyageur. 1994. 1211 pages.

■ Choisy (Maryse). Exercices de Yoga. Collection « Action et Pensée ». Éditions du Mont-Blanc. 1968. 140 pages.

■ Commaille (J.) Guide aux ruines d'Angkor. Hachette et Cie. 1912. 242 pages.

■ Conze (Edward). Le bouddhisme. Petite Bibliothèque Payot, n° 223. 2002. 306 pages.

■ Cornu (Philippe). Padmasambhava. La magie de l'Éveil. Seuil. Collection « Sagesses », n° 116. 1997. 278 pages.

■ Dalaï-Lama. Cent éléphants sur un brin d'herbe. Enseignement de sagesse. Seuil. Collection « Sagesses », n° 120. 1997. 252 pages.

■ Dalaï-Lama. Terre des Dieux, malheur des hommes. Livre de poche, n° 14044. 1996. 186 pages.

■ Das (Lama Surya). Éveillez le Bouddha qui est en vous. Pocket n° 10736. 1999. 492 pages.

■ David-Neel (Alexandra). Mystiques et magiciens du Tibet. Pocket n° 1921. 1980 (réédition de 1929). 310 pages.

■ David-Neel (Alexandra). Le Bouddhisme de Bouddha. Pocket n° 2927. Plon. 1994. 318 pages.

■ David-Neel (Alexandra). Voyage d'une parisienne à Lhassa. À pied et en mendiant de la Chine à l'Inde à travers le Tibet. Plon. 1951. 332 pages.

■ Dhammapada. La voie du Bouddha. Seuil. Collection « Sagesses », n° 177. 2002. 184 pages.

■ Droit (Roger-Pol). Le culte du néant. Les philosophes et le bouddha. Seuil. 1997. 370 pages.

■ Droit (Roger-Pol). L'oubli de l'Inde. Une amnésie philosophique. Seuil. Essais, n° 527. 2004. 254 pages.

■ Drewermann. L'immortalité des animaux. Cerf. 1992. 82 pages.

■ Dufour (Jean-François). Le bouddhisme.Les essentiels Milan. 1997. 64 pages.

■ Edou (Jérôme). Machik Labdrön femme et dakînî du Tibet. Seuil. « Sagesses », n° 188. 2003. 234 pages.

■ Elia (Mircea). Techniques du yoga. Gallimard. Collection « Idées ». 1975. 314 pages.

■ Étienne (Bruno) et Liogier (Raphaël). Être bouddhiste en France aujourd'hui. Hachette littératures. Collection « Pluriel ». 2004. 288 pages.

■ Faure (Bernard). Sexualités bouddhiques. Entre désirs et réalités. Le Mail 1994. 236 pages.

■ Fisher (Robert). L'art bouddhique. Thames & Hudson. 1995. 216 pages.

■ Gira (Dennis). Comprendre le bouddhisme. Livre de poche n° 14366. 2002. 222 pages.

■ Grigorieff (Vladimir). Religions du monde entier. Eyrolles Pratique. 2004. 256 pages.

■ Grousset (René). Histoire de la Chine. Librairie Arthème Fayard. 1942. 428 pages.

- Grousset (René). Sur les traces du Bouddha. Plon. 1929. 328 pages.
- Guillon (Emmanuel). Les philosophies bouddhistes. PUF. Collection « Que sais-je ? ». 1997. 128 pages.
- Head (J.) et Cranston (S.L.). Le livre de la réincarnation. Livre de Poche n° 14414. 1998. 766 pages.
- Hofinger (Marcel). Le congrès du lac Anavatapta(Vie des saints bouddhiques). Extraits du Vinaya des Mûlasarvastivadin Bhaisajyavastu. Tome 1 : Légendes des anciens (Sthavirâvadâna). Publications de l'Institut Orientaliste de Louvain (n° 28). 1982. 348 pages.
- Hofinger (Marcel). Le congrès du lac Anavatapta (Vie des saints bouddhiques). Extraits du Vinaya des Mûlasarvastivadin Bhaisajyavastu. Tome 1 : Légendes du Bouddha (Buddhâvadâna). Publications de l'Institut Orientaliste de Louvain (n° 38). 1990. 158 pages.
- Hopkirk (Peter). Bouddhas et rôdeurs sur la route de la soie. Picquier poche. 1995. 348 pages.
- Humphrey (Caroline) et Vitebsky (Piers). L'architecture sacrée. Evergreen. Collection « Sagesses du Monde ». 1997. 184 pages.
- Hutin (Serge). Les secrets du tantrisme. Marabout. 1973. 254 pages.
- Jigmela Rinpoche. Les mots-clés du bouddhisme. Michel Lafon. 2003. 238 pages.
- Kamenetz (Rodger). Le juif dans le lotus. Des rabbins chez les lamas. Calmann-Lévy. 1997. 302 pages.
- Koestler (Arthur). Le lotus et le robot. Calmann-Lévy. 1961. 362 pages.
- Kolm (Serge-Christophe). Le bonheur-liberté. Bouddhisme profond et modernité. PUF. Collection « Libre échange ». 1982. 638 pages.
- Lamotte (Étienne). Le traité de la grande vertu de sagesse de Nagarjuna (Mahâprajñâpâramitâsâstra). Publications de l'Institut orientaliste de Louvain. 1981. 5 tomes. 2451 pages.
- Lamotte (Étienne). Histoire du bouddhisme indien. Des origines à l'ère Saka. Bibliothèque du Muséon (volume 43). Institut orientaliste. Louvain. 1958. 862 pages + cartes.
- Lêdi Sayadaw. L'enseignement de Lêdi Sayadaw (bouddhisme du Theravâda). Traduction du birman par Charles Andrieu. Spiritualités vivantes. Albin Michel. 1961. 188 pages.
- Le Gall (Dom Robert) et Jigmé Rinpoché (Lama). Le Moine et le Lama. Entretiens avec Frédéric Lenoir. Livre de Poche n° 15512. 2003. 416 pages.
- Lenoir (Frédéric). La rencontre du bouddhisme et de l'Occident. Albin Michel. Collection « Spiritualités vivantes », n° 184. 2001. 394 pages.
- Levenson (Claude B.). Les symboles du bouddhisme tibétain. Assouline. 1995. 128 pages.
- Lévi-Strauss (Claude). Tristes tropiques. Plon. Collection « Terre Humaine ». 1980. 504 pages.
- Lévy (Isabelle). Croyances et laïcité. Guide pratique des cultures et des religions. Estem. 2002. 496 pages.
- Lévy (Isabelle). La religion à l'hôpital. Presses de la Renaissance. 2004. 332 pages.
- Liogier (Raphaël). Jésus, Bouddha d'Occident. Calmman-Lévy. 1999. 300 pages.
- Longchenpa. La liberté naturelle de l'esprit. Seuil. Collection « Sagesses », n° 66. 1994. 288 pages.
- Lowenstein (Tom). L'éveil du Bouddha. Evergreen. Collection « Sagesse du Monde ». 1997. 184 pages.
- Ludwig (Quentin). Le Boudhisme. Eyrolles Pratique. 2005. 372 pages.
- Mackenzie (Vicki). Un ermitage dans la neige. Récit. J'ai lu n° 6767. 2003. 256 pages.
- Mahé (A. et J.-P.). La sagesse de Balahvar. Une vie christianisée du Bouddha. Gallimard. Collection « Connaissances de l'Orient », n° 60. 1993. 156 pages.
- Magin (Paul). Bouddhisme unité et diversité. Expérience de libération. Cerf. Collection « Patrimoines bouddhisme ». 2003. 764 pages.
- Malalasekera (G. P.) et Jayatilleke (K. N.) Le bouddhisme et la question raciale. Unesco. 1958. 72 pages.
- Mandel Khan (Gabrielle). Bouddha. L'Éveillé. Acropole. 2001. 142 pages.
- Marson (Pascale). Le guide des religions et de leurs fêtes. Pocket n° 11081. 2001. 218 pages.
- Migot (André). Le Bouddha. Éditions Complexe. 1990. 302 pages.
- Milarepa. Les cent mille chants (traduit du tibétain par Marie-José Lamothe). Fayard. 1993. 352 pages.
- Milarepa. Ses méfaits. Ses épreuves. Son illumination (traduit du tibétain par Jacques Bacot). Fayard. 1971. 274 pages.
- Milinda-Pañha. Les questions de Milinda (traduit du pâli, présenté et annoté par Louis Finot). Gallimard. Connaissance de l'Orient. 1992. 146 pages.
- Molyneaux (Brian Leigh). La terre et le sacré. Evergreen.Collection « Sagesse du Monde ». 1995. 184 pages.

- Nagarjuna. Conseils au roi. Seuil. Collection « Sagesses », n° 155. 2000. 152 pages.
- Olender (Maurice). Les langues du Paradis. Collection « Essais », n° 294. 1989. 293 pages.
- Pernot (François). Les routes de la soie. Artémis. 2003. 200 pages.
- Rajesh (M. N.) et Kelly (T. L.). Le Monastère bouddhique. MLP. 1998. 98 pages.
- Rachet (Guy). Vie du Bouddha. Extraits du Latitâvistara. Librio. 2004. 94 pages.
- Rahula (Walpola). L'enseignement du Bouddha d'après les textes les plus anciens. Seuil. Collection « Sagesses », n° 131. 1978. 192 pages.
- Revel (Jean-François) et Ricard (Matthieu). Le moine et le philosophe. Le bouddhisme aujour-d'hui. Nil éditions. 1997. 406 pages.
- Sadakata (Akira). Cosmologie bouddhique. Origine et philosophie. Sully. 2002. 244 pages.
- Sahn (Seung). Cendres sur le Bouddha. Seuil. Collection « Sagesses », n°171. 2002. 296 pages.
- Schuon (Frithjof). Trésors du bouddhisme. Éditions Nataraj. Collection « Sophia ». 1997. 180 pages.
- Silburn (Lilian). Aux sources du bouddhisme. Fayard. 1997. 538 pages.
- Sogyal Rinpoché. Le livre tibétain de la vie et de la mort. La Table Ronde. 2003. 588 pages.
- Thevenet (Jacqueline). Un lama du ciel d'Occident. Petite Bibliothèque Payot. 2004. 228 pages.
- Thich (Nhat Hanh). La respiration essentielle. Notre rendez-vous avec la vie. Albin Michel. Collection « Spiritualités vivantes », n° 139. 2001. 184 pages.
- Thich (Nhat Hanh). Le cœur des enseignements du Bouddha. Pocket n° 11621. 2003. 354 pages.
- Thurston (Herbert, s.j.). Les phénomènes physiques du mysticisme. Gallimard. 1961. 508 pages.
- Toula-Breysse (Jean-Luc). Bouddha, bouddhisme. Picquier poche n° 110. 2002. 126 pages.
- Toula-Breysse (Jean-Luc). Les chemins du Bouddha. Hachette. Collection « Phare ». 2000. 128 pages.
- Vallet (Odon). Petit lexique des idées fausses sur les religions. Livre de poche, n° 30183. 2004. 248 pages.
- Van Baaren (Th.). Les religions d'Asie de l'islam au bouddhisme zen. Marabout université, n° 12. 1962. 188 pages.
- Van Goidsenhoven (Jacques). Héros et divinités de la Chine. Éditions de Tijdstroom Lochen-Pays Bas. 1971. 194 pages + cahier photos.
- Van Goidsenhoven (Jacques). Art lamaïque. Art des dieux. Éditions Laconti. Bruxelles. 1970. 286 pages.
- Van Grasdorff (Gilles). Le Dalaï-Lama. La biographie non autorisée. Plon. 2003. 506 pages.
- Wijayaratna (Môhan). Les entretiens du Bouddha. La traduction intégrale de 21 textes du canon bouddhique. Seuil. Collection « Sagesses », n° 168. 2000. 266 pages.
- Wood (Ernest E.). La pratique du Yoga. Les aphorismes du yoga de Patañjali. Petite Bibliothèque Payot, n° 2. 1978. 212 pages.

C. Ouvrages consacrés à l'islam

- Ahmed ibn Souleimân. Le bréviaire arabe de l'amour. Philippe Picquier. Paris. 2002. 288 pages.
- al-Arouss (Touhfat). Le mariage islamique bien-heureux. Dar El Fiker (Beyrouth). 2000. 264 pages.
- Aldeeb Abu-Sahlieh (Sami A.). Introduction à la société musulmane. Fondements, sources et principes. Eyrolles. 2005. 462 pages.
- Andrae (Tor). Mahomet, sa vie et sa doctrine. Librairie d'Amérique et d'Orient. 1979. 192 pages.
- Arkoun (Mohammed). L'Islam. Jacques Grancher. 1998. 288 pages.
- Arkoun (Mohammed). La pensée arabe. PUF. « Que sais-je ? » 1979. 128 pages.
- Arnaldez (Roger). L'homme selon le Coran. Hachette Pluriel. 2002. 218 pages.
- Averroès. L'Islam et la raison. GF Flammarion. 2000. 218 pages.
- Babès (L.) et Oubrou (T.) Loi d'Allah, loi des hommes. Albin Michel. 2002. 364 pages.
- Ballanfat (Paul). Le petit Retz de l'Islam. Retz. 1988. 160 pages.
- Beaugé (Gilbert) et coll. L'image dans le monde arabe. CNRS Éditions. 1995. 322 pages.
- Beaugé (Gilbert) et coll. Les capitaux de l'islam. Presses du CNRS. 1990. 274 pages.
- Ben-Ami (Issachar). Culte des saints et pèlerinages judéo-musulmans au Maroc. Maison-neuve & Larose. 1990. 260 pages.
- Bencheikh (Jamerl Eddine). Poétique arabe. Gallimard Tel. 1989. 280 pages.
- Benkheira (Mohammed H.). Islam et interdits alimentaires. PUF. 2000. 220 pages.
- Benkheira (Mohammed H.). L'amour de la Loi. Essai sur la normativité en islam. PUF. 1997. 408 pages.

- Blachère (Régis). Introduction au Coran. Maisonneuve & Larose. 2002. 310 pages.
- Blachère (Régis). Le Coran. Maisonneuve & Larose. 2002. 748 pages.
- Blachère (Régis). Le Coran. PUF. « Que sais-je ? ». 1969. 128 pages.
- Bled de Braine (J.F.). Cours de langue arabe. Théophile Barrois. 1846
- Boivin (Michel). Les Ismaéliens. Les fils d'Abraham. Brepols. 1998. 224 pages.
- Boubakeur (Cheikh Hamza). Traité moderne de théologie islamique. Maisonneuve & Larose. 1993. 488 pages.
- Boudjenou (M.). Djinns et démons selon le Coran et la Sunna. Tawhid. 1994. 94 pages.
- Bousquet-Labouérie (Christine). Initiation à l'islam des origines. Ellipses. 2000. 174 pages.
- Branine (Saïd) et coll. L'islam est-il rebelle à la libre critique ? Panoramiques. Éditions Corlet. 2001. 224 pages.
- Brunel (René). Le monachisme errant dans l'Islam. Maisonneuve & Larose. 2001. 472 pages.
- al-Bukhari. Le sommaire du sahih al-Bukhari (2 tomes). Dar al-Kotob al-ilmiyah (Liban). 1993. 940 pages.
- Cahen (Claude). L'Islam des origines au début de l'Empire ottoman. Hachette Pluriel. 2002. 416 pages.
- Casanova (P.). Mohammed et la fin du Monde. Deuxième fascicule. Geuthner. 1924. Pages 169-244.
- Chabbi (Jacqueline). Le Seigneur des Tribus. Noêsis. 1997. 726 pages.
- Chebel (Malek). Encyclopédie de l'amour en islam (2 tomes). Petite bibliothèque Payot. Paris. 2003. 900 pages.
- Chebel (Malek). Les symboles de l'Islam. Assouline. 1999. 128 pages.
- Chebel (Malek). L'imaginaire arabo-musulman. PUF. Quadrige. Paris. 2002. 388 pages.
- Chouraqui (André). Le Coran. L'Appel. Robert Laffont. 1990. 1424 pages.
- Clerc (Jean-Pierre). L'Afghanistan otage de l'Histoire. Les essentiels Milan. 2002. 64 pages.
- Collectif. Le point sur l'islam en France. La documentation française. 2001. 78 pages.
- Corbin (Henry). Histoire de la philosophie islamique. Folio essais. 1999. 548 pages.
- Coulson (Noël J.). Histoire du Droit islamique. PUF. 1995. 234 pages.
- Daddy (Ali). Le Coran contre l'intégrisme. Labor. 2000. 176 pages.
- de Prémare (Alfred-Louis). Les fondations de l'Islam. Seuil 2002. 444 pages.
- De Vitray-Meyerovitch (Éva). Islam, l'autre visage. Albin Michel. 2001. 170 pages.
- Delacampagne (Christian). Une histoire de l'esclavage. Livre de Poche références. 2002. 320 pages.
- Delahoutre (Michel). Les Sikhs. Les fils d'Abraham. Brepols. 1989. 244 pages.
- Delcambre (Anne-Marie). L'islam. La Découverte. 2000. 120 pages.
- Delcambre (Anne-Marie). Mahomet. La parole d'Allah. Découvertes Gallimard. 1987. 192 pages.
- Dermenghem (Émile). Le culte des saints dans l'islam maghrébin. Collection « Tel ». Gallimard. 1982. 352 pages.
- Diagne (Souleymane Bachir). Cent mots pour dire l'Islam. Maisonneuve & Larose. 2002. 88 pages.
- Dialmy (Abdessamad). Logement, sexualité et Islam. EDDIF. Casablanca. 1995. 394 pages.
- Djebbar (Ahmed). Une histoire de la science arabe. Points Seuil. 2001. 384 pages.
- Dokali (Rachid). Les Mosquées de la période turque à Alger. SNED (Alger). 1974. 128 pages.
- Du Pasquier (Roger). Découverte de l'Islam. Seuil Sagesses. 1984. 178 pages.
- Ducellier (A.) et Micheau (F.) Les pays d'Islam (7e-15e siècles). Hachette. 2000. 160 pages.
- Dupont (Marie). Les Druzes. Les fils d'Abraham. Brepols. 1994. 224 pages.
- El-Saïd (Rifaat) et coll. Contre l'intégrisme islamique. Maisonneuve & Larose. 1994. 192 pages.
- Encyclopédie de l'Islam. Nouvelle édition. E.J. Brill et G.P. Maisonneuve. 1960-2003. 11 volumes.
- Etienne (Bruno). Islam, les questions qui fâchent. Bayard. 2003. 178 pages.
- Fahmy (Mansour). La condition de la femme dans l'Islam. Éditions Allia. 2002. 144 pages.
- Faure (Claude). Shalom, Salam. Fayard. 2002. 432 pages.
- Filali-Ansary (Abdou). L'islam est-il hostile à la laïcité ? Sindbad. Actes Sud. 2002. 144 pages.
- Fritsch (Laurence). Islam : foi et loi. Presses Pocket. 2002. 252 pages.
- Gafouri (Dr Abdul Hâdi). Islam et économie.Éditions Al Bouraq (Liban). 2000. 356 pages.
- Gardet (Louis). Les hommes de l'Islam. Éditions Complexe. 1994. 444 pages.

- Gaudefroy-Demonbynes (M.) et Blachère (R.). Grammaire de l'arabe classique. Maisonneuve et Cie. 1952. 508 pages.
- Ghéorghiu (Virgil). La vie de Mahomet. Presses Pocket. 1984. 382 pages.
- Gobillot (Geneviève). Les Chiites. Les fils d'Abraham. Brepols. 1998. 224 pages.
- Grabar (Oleg). L'ornement. Formes et fonctions dans l'art islamique. Flammarion. 1996. 180 pages.
- Guellouz (Azzedine). Le Coran. Flammarion Dominos. 1996. 128 pages.
- Gutas (Dimitri). Pensée grecque, culture arabe. Aubier. 340 pages. 2005.
- Hachlaf (Sidi Ali). Les chorfa. Les nobles du Monde musulman (édition bilingue). Publisud. 1995. 156 pages.
- Haghighat (Chapour). Iran, la révolution islamique. Éditions Complexe. 1989. 254 pages.
- al-Hallaj (Hussein Mansour). Dîwân. Seuil Sagesses. 1992. 58 pages.
- al-Hallaj (Hussein Mansour). Poèmes mystiques. Albin Michel. 1998. 128 pages.
- Hanafi (Hassan). Les méthodes d'exégèse essai sur La Science des Fondements de la Compréhension. Thèses universitaires. Le Caire. 1965. 564 pages.
- Hanoun (Leïla). Le Harem impérial au XIXe siècle. Éditions Complexe. 2000. 302 pages.
- Hirsch (E) et coll. Islam et droits de l'homme. Librairie des libertés. 1984. 246 pages.
- Holt (P.M.) et coll. Encyclopédie générale de l'Islam (5 volumes). S.I.E.D. (Lausanne). 1986. 1500 pages.
- Hourari (Albert). Histoire des peuples arabes. Seuil Histoire. 2000. 732 pages.
- Hoveyda (Fereydoun). L'Islam bloqué.Robert Laffont. 1992. 250 pages.
- Hunke (Sigrid). Le soleil d'Allah brille sur l'Occident. Albin Michel. 1991. 414 pages.
- Iogna-Prat (D.) et coll. Histoire des hommes de Dieu. Flammarion. 2003. 298 pages.
- Irwin (Robert). Le monde islamique. Flammarion. Tout l'art. contexte. 1997. 272 pages.
- Jomier (Jacques). L'Islam.Cerf. 1994. 198 pages.
- Kalisky (René). L'Islam. Marabout. 1991. 324 pages.
- Kasimirski. Le Coran. Maxi-Livres. 2002. 672 pages.
- Khawam (R). Le livre des ruses. Phébus libretto. 2001. 448 pages.
- Lacarrière (Jacques). Les hommes ivres de Dieu. Seuil. Collection « Sagesses ». 1983. 288 pages.
- Lammens (H.) s.j. L'Islam, croyances et institutions. Imprimerie catholique Beyrouth. 1926. 288 pages.
- Laoust (Henri). Les schismes dans l'Islam. Payot. 1965. 468 pages.
- Lecomte (Gérard). Grammaire de l'arabe. PUF. « Que sais-je ? » 1968. 128 pages.
- Lelong (Père Michel). L'Église catholique et l'Islam. Maisonneuve & Larose. 1993. 126 pages.
- Lenoir (F.) et Tardan-Masquelier (Y.) Encyclopédie des religions (deux volumes). Bayard Éditions. 2000. 2514 pages.
- Lewis (Bernard). Comment l'islam a découvert l'Europe. Gallimard. Collection « Tel ». 1992. 340 pages.
- Lewis (Bernard). Histoire de l'Islam. NRF Gallimard. 1985. 428 pages.
- Lewis (Bernard). Juifs en terre d'Islam. Champs Flammarion. 1989. 258 pages.
- Lewis (Bernard). Les Arabes dans l'histoire. Office de Publicité (Bruxelles). 1958. 192 pages.
- Lewis (Bernard). Race et esclavage au Proche-Orient. NRF Gallimard. 1993. 266 pages.
- Liati (Viviane) De l'usage du Coran. Mille et une nuits. 2004. 300 pages.
- Ludwig (Quentin). Comprendre l'islam. Mots-clés. Eyrolles Pratique. 2003. 224 pages.
- Mandel-Khân (Gabrielle). L'écriture arabe. Flammarion. 2001. 180 pages.
- Marson (Pascale). Le guide des religions et de leurs fêtes. Presses Pocket. 1999. 218 pages.
- Massoudy (H. et L.). ABCdaire de la calligraphie arabe. Flammarion. 2002. 120 pages.
- Maurer (Andréas). ABC de l'Islam. Ourania (Lausanne). 2002. 156 pages.
- Meddeb (Abdelwahab). La maladie de l'islam. Seuil. 2002. 224 pages.
- Merad (Ali). L'islam contemporain.PUF. « Que sais-je ? » 1987. 128 pages.
- Merad (Ali). La tradition musulmane. PUF « Que sais-je ? » 2001. 128 pages.
- Mervin (Sabrina). Histoire de l'islam. Flammarion Champs Université. 2002. 312 pages.
- Minces (Juliette). Le Coran et les femmes. Hachette Pluriel. 1996. 184 pages.
- Nath (R.). An illustrated glossary of indo-muslim architecture. Jaipur (India). 1986
- Olender (Maurice). Les langues du Paradis. Le Seuil Essais. 2002. 284 pages.

- Piccolomini (Enea Silvio - Pape Pie II). Lettre à Mahomet II. Payot et Rivages. 2002. 180 pages.
- al-Razi (Muhammad ibn Zakariyyâ). La médecine spirituelle. GF Flammarion. 2003. 206 pages.
- Reeber (Michel). Le Coran. Les essentiels Milan. 2002. 64 pages.
- Remacle (Xavière). Comprendre la culture arabomusulmane. Éditions Vista. 2002. 228 pages.
- Ricard (P.). Pour comprendre l'art musulman. Hachette. 1924. 352 pages.
- Richard (Yann). L'islam chiite.Fayard. 304 pages. 1991
- Riesler (Jacques C.). La civilisation arabe. Payot Paris. 1955. 332 pages.
- Roty (Yacoub). J'apprends à faire les ablutions. Maison d'Ennour (Maroc). 1999. 48 pages.
- Roy (Olivierà). Généalogie de l'islamisme. Hachette Pluriel. 2002. 120 pages.
- Saïd (Edward). L'orientalisme. Seuil. 1980. 394 pages.
- Santoni (Eric). L'Islam. Marabout Flash. 94 pages. 1991.
- al-Shahrastâni. Kitâb al-Milal (Les dissidences de l'Islam). Geuthner. 1988. 350 pages.
- Schacht (Joseph). Introduction au droit musulman. Maisonneuve & Larose. 1999. 254 pages.
- Sérouya (Henri). La pensée arabe. PUF. « Que sais-je ? » 1960. 128 pages.
- Smith (W.C.). L'Islam dans le monde moderne. Payot Paris. 1962. 388 pages.
- Souleimân (Ahmed ibn). Le bréviaire arabe de l'amour. Éditions Philippe Picquier. 2002. 288 pages
- Sourdel (Dominique). L'islam. PUF. « Que sais-je ? » 1988. 128 pages.
- Stahl (Robert). Les mandéens et les origines du christianisme. Éditions Rieder. 1930. 214 pages.
- Sublet (Jacqueline). Le voile du nom. Essai sur le nom propre arabe. PUF. 1991. 208 pages.
- Talbi (M.) et Jarczyk (G.). Penseurs libres en Islam. Albin Michel. 2002. 424 pages.
- Tawfik (Younis). Islam. Liana Levi. 1997. 144 pages.
- Touhfat al-Arouss. Le mariage islamique bienheureux. Dar el Fiker. Beyrouth. 2000. 264 pages.
- Ullmann (Manfred). La médecine islamique. PUF. 1995. 156 pages.
- Urvoy (Dominique). Les penseurs libres dans l'Islam classique. Champs Flammarion. 2002. 262 pages.
- Von Grunenbaum (G.E.). L'identité culturelle de l'islam. Gallimard. Collection «Tel». 1989. 294 pages.
- Wade (Makine). Destinée du mouridisme. Cote West Informatique. Dakar. 1987. 194 pages.
- Weber (Edgar). L'islam sunnite contemporain. Les fils d'Abraham. Brepols. 2001. 228 pages.
- Weber (Edgar). L'islam sunnite traditionnel. Les fils d'Abraham.Brepols. 1993. 220 pages (+ cahier couleur).
- Yetkin (S.K.). L'architecture turque en Turquie. Maisonneuve & Larose. 1962. 174 pages (+ planches).
- Zeghidour (Slimane). La vie quotidienne à La Mecque de Mahomet à nos jours. Hachette. 1992. 446 pages.

D. Ouvrages consacrés au judaïsme

- Abécassis (A.). La pensée juive (deux tomes). Biblio essais. Livre de poche n° 4050 et 4051. 1987. 352 pages (pour chaque tome).
- Abécassis (A.). Droit et religion dans la société hébraïque in Archives de philosophie du droit. Sirey. 1993. Tome 38, pages 23 à 34.
- Abitbol (M). Le passé d'une discorde. Juifs et Arabes depuis le VIIe siècle. Collection « Tempus ». Éditions Perrin. 2003. 520 pages.
- Ajchenbaum (J. et Y.-M.). Les judaïsmes. Folio actuel. Collection « Le Monde », n° 79. 2000. 318 pages.
- Anonyme. Lettres de quelques Juifs à Monsieur de Voltaire. Paris. Méquignon junior. 1817. 426 pages (tome I).
- Anski (C.). Le Dibouk. Répertoire pour un théâtre populaire n° 6. L'Arche. 1957. 78 pages.
- Bon (D.) Le midrach. P.U.F. « Que sais-je ? ». 1995. 128 pages.
- Baumgarten (J.). Le yiddish. Histoire d'une langue errante. Présence du judaïsme n° 26. Albin Michel. 2002. 284 pages.
- Carlebach (Joseph). Les trois grands prophètes (Isaïe, Jérémie, Ezéchiel). Albin Michel. Collection « Présences du judaïsme ». 1959. 142 pages.
- Chouraqui (A.). Histoire du judaïsme. PUF. « Que sais-je ? ». 2002. 128 pages.

- Cohen (G.). La grande clarté du moyen âge. Idées. NRF. 1967. 190 pages.
- Collectif La psychanalyse est-elle une histoire juive ? Colloque de Montpellier. Seuil. 1981. 230 pages.
- Dahan (G.). La Polémique chrétienne contre le judaïsme au moyen âge. Présences du Judaïsme n° 4. Albin Michel. 1991. 152 pages.
- Derczansky (A.-P.) et Camus (J.-Y.). Le Monde juif. Les essentiels Milan. 2001. 64 pages.
- Douglas (Mary). L'anthropologie et la Bible. Lecture du Lévitique. Bayard. 2004. 322 pages.
- Emden (J.). Mémoires de Jacob Emden ou l'anti Sabbataï Zewi. Patrimoines Judaïsme. Cerf. 1992. 418 pages.
- Osier (Jean-Pierre). Évangile du Ghetto (L'). Berg International. 1984. 174 pages.
- Fleg (E.). Anthologie de la pensée juive. L'Essentiel. J'ai Lu. 1966. 448 pages.
- Grigorieff (V.). Le judéocide. Evo Histoire. Éditions Vie Ouvrière. 1994. 132 pages.
- Gros (Benjamin). Messianisme et histoire juive. Collection « Encyclopédie juive ». Berg internationnal. 1994. 112 pages.
- Gruber-Magitot (C.). Jésus et les pharisiens. Robert Laffont. 1964. 454 pages.
- Gugenheim (E.). Le judaïsme dans la vie quotidienne. Présences du judaïsme. Albin Michel. 1989. 244 pages.
- Haddad (G.). Maïmonide. Les Belles lettres. 1998. 140 pages.
- Hadot (Jean). Penchant mauvais et volonté libre dans la sagesse de Ben Sira. Presses universitaires de Bruxelles. 1970. 232 pages.
- Jonas (Hans). Le concept de Dieu après Auschwitz. 1994. 72 pages.
- Kamenetz (R.). Le Juif dans le lotus. Des rabbins chez les lamas. Calmann-Lévy. 1997. 306 pages.
- Loewenstein (R). Psychanalyse de l'antisémitisme. PUF. 1952. 50 pages.
- Longton (J.). Fils d'Abraham. Panorama des communautés juives, chrétiennes et musulmanes. Brepols. 1987. 264 pages.
- Ludwig (Quentin). Comprendre le judaïsme. Mots-clés. Eyrolles Pratique. 2003. 224 pages.
- Malka (S. et V.). Le petit Retz du judaïsme. Éditions Retz. 1989. 144 pages.
- Martinez (G.). La Shoah. Mémo. Seuil. 1999. 64 pages.
- Méchoulan (H.). Être Juif à Amsterdam au temps de Spinoza. Présences du judaïsme n° 1. Albin Michel. 1991. 184 pages.
- Novick (P.). L'Holocauste dans la vie américaine. NRF. 2001. 434 pages.
- Ouaknin (M.-A.). Tsimtsoum. Introduction à la méditation hébraïque. Spiritualités vivantes, n° 105. Albin Michel. 2003. 254 pages.
- Rosten (L.). Les joies du yiddish. Calmann-Lévy. 1994. 534 pages.
- Scholem (G.). La Kabbale. Folio Essais n° 426. 2003. 704 pages.
- Scholem (G.). Le Messianisme juif. Essais sur la spiritualité du judaïsme. Coll. Agora. Pocket. 1992. 504 pages
- Scholem (G.). Sabattaï Tsevi. Le messie mystique. Collection « Les Dix Paroles ». Verdier. 1983. 969 pages.
- Schwarz (J.). Ruth. Manuel de la femme juive. Fondation Sefer Paris. S.d. 130 pages.
- Schwarzfuchs (S.).Rachi de Troyes. Présences du Judaïsme n° 3. Albin Michel. 1991. 152 pages.
- Serouya (H.). La Kabbale. Grasset. 1957. 534 pages.
- Strouma (Guy G.). La fin du sacrifice. Odile Jacob. Collection « Collège de France ». 2005. 216 pages.
- Steinsaltz (A.). Personnages du Talmud. Pocket n° 11265. 2001. 212 pages.
- Steinsaltz (A.). Les clés du Talmud. Guide et lexique. Daniel Radford. Collection « Bibliophane ». 2005. 290 pages.
- Zborowski (Mark) et Herzog (Elisabeth). Olam. Plon. Collection « Terre Humaine ». 1992. 556 pages.

E. Ouvrages consacrés aux religions chrétiennes

- Aletti (Jean-Noël) et coll. Vocabulaire raisonné de l'exégèse biblique. Cerf. 2005. 169 pages.
- Barot (Madeleine). Le mouvement œcuménique. PUF. Collection « Que-sais-je ? ». 1967. 128 pages.
- Baudouin (Bernard). La religion orthodoxe gardienne de la tradition. Éditions de Vecchi. 2000. 122 pages.
- Bell (Rudolphe M.). L'anorexie sainte. PUF. « Le fil rouge ». 1994. 300 pages.
- Bouyer (Louis). Du protestantisme à l'église. 1955. 256 pages.
- Cannuyer (Christian). Les catholiques français. Les fils d'Abraham. Brepols. 1992. 276 pages (+ cahier couleur).

- Casalis (Georges). Protestantisme. Encyclopoche Larousse. 1976. 256 pages.
- Clément (Olivier). L'essor du christianisme oriental. PUF. 1964. 124 pages.
- Collectif. Vieux-croyants et sectes russes du XVIIe siècle à nos jours. Revue des études slaves, tome LXIX (1997), fascicule 1-2. 1997. 300 pages.
- Daniélou (Jean). Les symboles chrétiens primitifs. Seuil. Collection « Sagesses », n° 106. 1961. 160 pages.
- De Voragine (Jacques). La légende dorée. GF Flammarion n° 132-133. 1994. 2 tomes (1016 pages).
- Denzinger (Heinrich). Symboles et définitions de la foi catholique. Enchiridion Symbolorum. 38e édition. Cerf. 2001. 1284 pages.
- Dvornik (Francis). Histoire des conciles. Seuil. Collection « Livre de Vie ». 1962. 190 pages.
- Evdonikov (Michel). Les chrétiens orthodoxes. Flammarion. Collection « Dominos ». 2000. 126 pages.
- Garrisson (Janine). L'Homme protestant. Éditions Complexe, n° 33. 2000. 254 pages.
- Gerosa (Libero). Le Droit de l'Église. Cerf. Éditions Saint-Paul. Manuel de théologie catholique volume XII. 1998. 356 pages.
- Gouillard (Jean). Petite Philocalie de la prière du cœur. Seuil. Collection « Sagesses ». 1979. 256 pages.
- Laboa (Juan Maria) et coll. La grande aventure du monachisme entre Orient et Occident. Lethielleux. 2002. 270 pages.
- Lagrée (Michel) et coll ? Figures du démoniaque hier et aujourd'hui. Publications des Facultés universitaires Saint-Louis. 1992. 156 pages.
- Le Boulluec (Alain). Éditeur. La controverse religieuse et ses formes. Cerf. Collection « Patrimoines. Religion du Livre ». 1995. 424 pages.
- Le Tourneau (Dominique). Droit canonique. PUF. Collection « Que-sais-je ? ». 2002. 128 pages.
- Lialine (Dom Clément) et coll. Qu'est-ce que l'orthodoxie ? Vues catholiques. Éditions Universitaires. Bruxelles. 1945. 224 pages.
- Meynet (Roland). La Bible. Éditions Cavalier Bleu. Collection « Idées reçues ». 2005. 128 pages.
- Mondésert (Claude). Pour lire les Pères de l'Église. Cerf. Collection « Foi Vivante ». 1979. 106 pages.
- Niel (Fernard). Albigeois et cathares. PUF. « Que sais-je ? ». 1979. 128 pages.
- Pascal (Pierre). La vie de l'archiprêtre Avvakum écrite par lui-même. Gallimard. 1960. 250 pages.
- Peskov (Vassili). Ermites dans la Taïga. Babel. Collection « Terres d'aventure ». 1995. 300 pages.
- Rops (Daniel). Le peuple de la Bible. Cerf. Collection « Foi Vivante », n° 150. 1970. 412 pages (+ cartes)..
- Stauffer (Richard). La Réforme. PUF. Collection « Que-sais-je ? ». 1970. 128 pages.
- Suenens (Léon Joseph). Que faut-il penser du Réarmement moral ? Les éditions universitaires. 1953. 152 pages.
- Tradigo (Alfredo). Icônes et saints d'Orient. Hazan. 2005. 384 pages.
- Varilion (François). Éléments de doctrine chrétienne. T. 2. Livre de Vie. 1966. 370 pages.
- Velmans (Tania). La fabuleuse histoire de l'icône. Éditions du Rocher. 2005. 256 pages.
- Verbiest (Henri). Les grandes controverses de l'Église contemporaine de 1789 à nos jours. Marabout université, n° 214. 1971. 374 pages.
- Vodopivec (Janez). Saints Cyrille et Méthode patrons de l'Europe. Éditions Saint-Paul. 1986. 192 pages.

F. Ouvrages consacrés aux autres religions, à l'athéisme, à la laïcité

- Bouchet (Christian). B.A-BA du Néo-paganisme. Pardès. 2003. 128 pages.
- Decret (François). Mani et la tradition manichéenne. Seuil. Collection « Sagesses », n° 206. 2005. 182 pages.
- Eliade (Mircéa). Traité d'histoire des religions. Petite Bibliothèque Payot, n° 312. 1977. 390 pages.
- Grigorieff (Vladimir) Les philosophies orientales. L'Inde et la Chine. Eyrolles Pratique. 2005. 320 pages.
- Grigorieff (Vladimir) Religions du monde entier. Eyrolles Pratique. 2004. 256 pages.
- Haarscher (Guy). La laïcité. PUF. Collection « Que-sais-je ? ». 1998. 128 pages.
- Lopez Capillo (Antonio) et Ferreras (Juan Ignacio). Cours accéléré d'athéisme. Éditions Tribord. Bruxelles. 2004. 64 pages.
- MacMullen (Ramsay). Christianisme et paganisme du IVe au VIIIe siècle. Les Belles Lettres. 2004. 376 pages.
- Miller (David L.). Le nouveau polythéisme. Imago. 1979. 116 pages.